河南大学忆往

HENANDAXUE YIWANG

主编 王守中 刘银华

河南大学出版社
·郑州·
HENAN UNIVERSITY PRESS

序

卢克平

　　嵩岳苍苍，河水泱泱，百年河大，文化殿堂。自 1912 年建校以来，河南大学坚持与国家同呼吸、与民族共命运，在时代浪潮中勇当改革创新先锋，形成了独具特色的办学理念与大学文化，为我国高等教育事业和经济社会发展做出了重要贡献。在河南大学建校 110 周年之际，学校迎来了前所未有的发展机遇，承担着建设"双一流"高校、打造河南高等教育"双航母"的历史重任。学校坚持"中国特色、世界一流、中原风格"的办学定位，以打造研究型综合性一流大学为发展目标，全面实施"开放办校、创新兴校、学科立校、人才强校"战略，奋力推动学校各项事业发展迈上新台阶。

　　办好一所大学，营造宁静平和、奋发向上的一流学术生态和文化氛围尤为重要，学校明确提出要"加强文化建设，凝聚发展活力"。档案建设是河大文化建设的重要抓手。进入新发展阶段，为传承历史记忆、积淀河大文化，我校创新档案工作形式，扎实推进知名学者口述档案建设工作，并在此基础上，编辑出版《河南大学忆往》一书，以期为河大文化建设添砖加瓦，为传承弘扬河大精神做出贡献。

　　相较于传统档案重结果、轻过程、重概况、轻细节的基本特征，口述档案以画面和声音形式来记录信息，内容丰富，直观生动，表现力强，在记载学校办学历史和办学成就方面具有不可替代的作用。档案馆筛选对学校历史、重要事件有深入了解的人群进行访谈，通过受访者讲述他们的亲身经历，对相关事件发生和发展的过程做一些更为具体细致的描述，与其他档案相互印证和补充，有助于我们对学校历史有更加多元、更为深入的了解，使校史文化更加丰富饱满，更好发挥"让历史发声，让文化浸润人心"的作用。本书中接受访谈的各位领导、学者，皆秉持认真务实的态度，提前精心准备，对于记忆模糊的时间、地点、人物、事件等，查找资料进行核实，以保证信息的可靠性和完整性，确保了访谈质量。部分高龄学者为确保核心信息的完整性，更是预先准备了讲稿，对访谈工作给予了巨大支持。在此向他们表示诚挚的感谢。

在河南大学110年跌宕起伏、波澜壮阔的发展历程中，涌现出一大批对国家、对社会、对学校做出过突出贡献的各领域英才。他们不仅是河大历史的重要"书写"者，也是河大文化的缔造者和传承者。本书遴选我校33位老领导、老教授、老校友及知名学者，以对话交流的形式记录其亲身经历，镌刻河大历史见证者的"铁塔记忆"。展读本书，字里行间尽显先生们拳拳爱校之情。书中一篇篇满怀深情的讲述，再现了老一辈"铁塔人"奋斗拼搏的生动经历，展示了他们富有启迪意义的人生感悟。他们为学校事业全面发展矢志不渝、呕心沥血，不仅是河大学者心系教育、潜心育人情怀和爱岗敬业、无私奉献品质的体现，更是河大"明德新民、止于至善"校训的传承与践行。阅读他们的故事，能让我们体会到河大发展历程的艰辛和曲折。他们的事迹和经历，不仅是一笔宝贵的精神财富，更是激励年轻一代踔厉奋发、笃行不怠、再创辉煌的生动教材。

习近平总书记指出，"治理国家和社会，今天遇到的很多事情都可以在历史上找到影子，历史上发生过的很多事情也都可以作为今天的借鉴。"本书中的受访者，包括我校原校长李润田教授、原副校长田继善教授以及部分学院的老书记、老院长、老专家。他们不仅是各研究领域的优秀学者，更是某一段历史时期河南大学改革发展的决策者、践行者与见证者。近些年来，面对竞争日趋激烈的国内外办学形势，我校各级

管理者谋篇布局、锐意进取，做出了许多有远见、有魄力的决策，开展了大量高瞻远瞩、面向未来的创造性工作。可以说，我校在学科建设、人才培养等方面取得的一系列巨大成就，与这些勤劳、睿智的河大人忘我付出与奉献密不可分。当前，河南大学正处于全面建设世界一流大学新征程的关键历史节点，比以往任何时期更需要德才兼备、架海擎天的高水平管理人才。读一读前辈们一砖一瓦建设河南大学这座宏伟大厦的回忆，学一学、悟一悟他们的经验与教训，相信新一代河大人在理解与传承"百折不挠、自强不息"的河大精神、高质量推进"双一流"建设的新征程中，志气将更坚，骨气将更硬，底气将更足！

挖掘校史资源，弘扬校史文化，是我们继往开来、再创辉煌的不竭动力。记录、整理、宣传校史文化还有许多工作要做，我们不仅要持续访谈弥足珍贵的老河大人，更要深入挖掘中青年骨干力量的动人奋斗事迹；不仅要记录集个人成长与河大发展于一体的历史瞬间，更要记录熔铸河大办学理念和思想、倾注广大学者毕生心血的学科发展史；我们还要走出去，去发现和整理数十万河大校友的先进事迹和奋斗历程。相信以此书为发端，河南大学档案馆会继续深入做好口述档案采集、征集与建设工作，为当代和未来的河大人了解历史、认识过去创造新的机会，为河大理念、河大精神的镌刻与传承奠定"记忆"基础，让河大记忆历久弥新，不断提升与一流大学相匹配的文化软实力。

是为序。

（作者为河南大学党委书记）

目录

01 / 原校长李润田教授访谈实录 …… 1

02 / 原副校长田继善教授访谈实录 …… 13

03 / 张效房教授访谈实录 …… 25

04 / 王芸教授访谈实录 …… 39

05 / 王立群教授访谈实录 …… 61

06 / 朱绍侯教授访谈实录 …… 90

07 / 林加坤教授访谈实录 …… 114

08 / 魏千志教授访谈实录 …… 126

09 / 苗春德教授访谈实录 …… 150

10 / 姜大为教授访谈实录 …… 177

11 / 周维群教授访谈实录 …… 192

12 / 吴祖谋教授访谈实录 …… 208

13 / 许兴亚教授访谈实录 …… 227

14 / 沙献玉教授访谈实录 …… 256

15／王振铎教授访谈实录 …… 273

16／宋应离教授访谈实录 …… 285

17／董道珍教授访谈实录 …… 320

18／吴可教授访谈实录 …… 332

19／王德建教授访谈实录 …… 342

20／张举贤教授访谈实录 …… 364

21／张仲仪教授访谈实录 …… 377

22／陈志国教授访谈实录 …… 394

23／施昌海教授访谈实录 …… 418

24／卜宏建教授访谈实录 …… 424

25／米新宾教授访谈实录 …… 442

26／周忠和教授访谈实录 …… 453

27／徐有志教授访谈实录 …… 466

28／吕长发教授访谈实录 …… 487

29／蒋达权教授访谈实录 …… 497

30／王崇喜教授访谈实录……………516

31／朱敬修教授访谈实录……………540

32／丁中一教授访谈实录……………559

33／孙黎教授访谈实录………………581

后 记……………………………………613

01 | 原校长李润田教授访谈实录

受访人：李润田
采访人：秦耀辰
时　间：2020年10月19日下午
地　点：河南省委家属院

李润田

男，中共党员，1925年出生于辽宁省新民县。1948年入东北大学教育学系学习，1953年7月毕业于东北师范大学地理系，分配到河南大学任教。历任助教、讲师、经济地理教研室主任、系副主任、系党总支委员、系党总支副书记等职务。1979年12月任副校长、副教授，后晋升为教授。1982年2月任校长，1983年当选为第六届全国人民代表大会代表，1984年8月被选为中共河南省委委员，1988年1月当选为河南省政协常委、副主席、党组成员，同年又被任命为河南省人民政府教育咨询组成员。其他社会兼职有：河南省科协名誉主席、中国古都学会副理事长、中国经济地理研究会副理事长、中国地理学会理事、中国高等教育学会理事、中国地理学会经济地理专业委员会委员、中国地理学会人文地理专业委员会委员、《经济地理》杂志编委、河南省农业区划委员会顾问、河南省经济地理研究所顾问、河南省地理学会理事长、河南省生态学会副理事长、河南省教授协会副会长、河南省社会科联副主席等职。2009年，荣膺国内地理学界最高荣誉——"中国地理科学成就奖"。

秦耀辰

1959年8月出生于陕西西安，1982年1月毕业于河南大学地理专业，留校任教至今。二级教授，人文地理学、地理信息系统专业博士生导师。国家"万人计划"领军人才，国家教学名师，国务院政府特殊津贴专家，全国模范教师，全国高校黄大年式地理学教师团队牵头人。主持创建黄河中下游数字地理技术教育部重点实验室、环境与规划国家实验教学示范中心和科技部黄河流域科学数据共享平台。担任黄河文明省部共建协同创新研究中心首席专家，教育部师范专业认证专家，高校地理学教学指导委员会委员，中国地理学会理事、地理模型委员会副主任，河南省地理学会理事长。主持完成国家自然科学基金委、科技部、教育部和发改委等国家和部门科研项目20余项，发表学术论文310篇，出版著作12部。主持完成的"区域模型与信息系统学科的整合与创新"成果，获第五届高等教育国家级教学成果二等奖。独著《区域系统模型及其应用》一书，1995年获国家教委第三届全国高等学校优秀教材中青年奖。主持完成的"地球系统科学数据共享关键技术研究与应用"课题，2014年获河南省科技进步一等奖。

秦跃辰（以下简称"秦"）：李校长，今天咱们师徒二人就以聊天的方式聊聊过去的事情。您上世纪20年代出生在东北，小学、中学、大学基本上都是在东北完成的，毕业后咋来到了开封，来到了河大？

李润田（以下简称"李"）：这可讲的很多呀。我5岁的时候，赶上日本帝国主义发动了"九一八事变"，由于当时当局采取不抵抗政策，几个月的时间咱们的大好山河落在日本人手里头，以后建立了所谓伪满洲国，东北三省彻底成为殖民地了。我出身于一个很贫困的家庭，多方求助我父亲的一些朋友来支持，我才能继续念中学。那个时候的中学叫国民高等学校，在那学习了4年。毕业以后我就考了那时候的东北大学，在东北大学读了4年本科，

秦：那时候日本人已经投降了，40年代后期您考进了东北大学？

李：对，日本投降以后我考进东北大学。在东北大学念了4年，毕业以后1953年7月6号，那时候都是教育部统一分配，我当时就被分配到河南大学。我就坐火车到学校来报到，那一年雨水特别多，光坐火车坐了一个礼拜。

秦：那就是从长春坐到北京，到北京还要转车，北京到郑州，郑州还要再转到开封。

李：对。到郑州下了车以后，我记得很清楚，我就在大同路火车站旁边那儿走了一圈儿，了解郑州的情况。然后我又改乘由郑州到开封的

火车,坐了几个小时就到了。7月13号我记得到达了开封。到开封了,我就找公共汽车,我知道下火车以后到学校去得坐公共汽车,结果没有公共汽车,有人力车。我当时想一个人不能坐人力车,让人拉你,你在上面坐着不太近人情,所以我就边走边打听,顺开封火车站一直打听到河南大学门口。

秦:走路啊,从火车站走路走到河大,那需要走2个小时!

李:对,边走边打听路咋走,2个多小时后就到达了河南大学。那时候地理系在咱们老校区工字楼,在那报到。

秦:是东工字楼还是西工字楼?

李:东工字楼。在那报到时的秘书是王微之,报到以后给我安排到东一斋,宿舍在东一斋,我就住在那。白天到工字楼去上课,做小助教。那老师叫……记不清了现在,叫魏中谷吧。

秦:魏中谷,讲地质学的。

李:对,在那给他做助教。

秦:7月13号到开封之后,那时候学校还没放假。

李:对,没放假。

秦:那是新中国成立之后,咱们河大地理专业接收的第一批毕业生,您前面没有大学毕业的,都是新中国成立前毕业的那些老先生后来调入的。

李:当时李长傅就是老教授了。

秦:他教人文地理、历史地理,是一位很有成就的老先生。

李:我也给他做助教,他上课时我去听课。做了几年助教,以后一直到80年代,1982年。

秦:我觉得您在东北上学那个经历是非常难得的经历,那个年代您是经历了民国政府、所谓的伪满洲国政府,还有新中国成立之后的中华人民共和国政府,三个时期。您的小学、中学、大学基本上在这三个阶段度过,您刚才讲了一句日语,我印象非常深,您说您那个日语是在那个特殊的年代学的，在日本人统治的时候，那个教育可能对您今天的这个工作，对您现在的思想的形成都会有影响吧？

李：对对对，是这样，这些影响持续了好些年。1979年我任副校长，1982年我又被提升为校长。

秦：对，我们七七级正好那个时期上学，1982年我们毕业。我们毕业的时候非常有意思，我们是1981年底毕业，1982年元月份参加工作。我们毕业的时候毕业证是在1981年12月发的，学位证是1982年发的，我们的毕业证上当时签的章是李林校长，我们的学位证证书上的签章已经是您的章了，您已经接任校长。

李：对对对，我是1982年2月份接的校长。1982年2月份，党委书记兼校长李林同志调任河南省科学院党委书记兼院长，韩靖琦同志任党委书记，我任校长。我对此感到十分突然，而且压力也比较大。我深知在新的形势下，要想把学校办好，必须坚决贯彻党的十一届三中全会重大战略部署和方针政策，实行战略转移，切实把教学、科研摆在学校工作的中心位置，全面贯彻党的教育方针，努力提高教育质量，为国家培养更多更好的高质量人才。上任不久，我就深入基层调研，用3个月的时间走完当时11个系、12个专业。

秦：我觉得您做校长期间做了很多事情，对学校的贡献非常大，其中一个就是更改校名。这个更改校名的事儿您印象还深吗？

李：那时候我是全国人大代表。河南大学历史比较悠久，校友遍布国内外，社会影响特别大，但也由于学校几次改名儿，一些校友，尤其是海外的老河大毕业生与母校失去了联系，有老校友回到河南后想回到母校，而河南大学已经不存在，倍感不高兴。更为重要的还是河南大学原为国立综合性大学，为社会培养了大量的高质量人才，在国内外影响特别大，社会声望很高。但新中国成立后，在50年代中期，由于高校调整，将河南大学改为师范性的，叫河南师范学院。

秦：对，那是50年代改名的，您来的时候还是综合大学。

李：是，后来又改为开封师范学院，从而使学校的发展受到了极大的限制，很难适应全国改革开放对人才培养的要求。基于这种认识和考虑，必须恢复原河南大学的校名，把师范性质的大学变为综合性的，只有这样才能有利于学校进一步发展。这一想法得到了领导的支持。1984年2月11号，中共河南省委顾问委员会副主任、原省委书记韩劲草同志向省委常委书面提出，关于改河南师范大学为河南大学的建议，阐述恢复河南大学校名的深远意义。1984年2月21号，校党委正式向中共河南省委上报了恢复河南大学校名的请示。4月6号，省委常委会议研究决定同意了这个请示，并要求河南省教育厅备案。5月5号，恢复河南大学的请示拿到北京，我是六届全国人大代表，我到北京，跟很多单位进行沟通，最后才把河南大学校名恢复了。

秦：对，前期海内外校友对河大恢复校名的呼声很高，您在校长的位置上发挥了重要作用。在全国人代会上，何竹康何省长是代表团的成员，您跟他在一起，我记得您讲到过何省长如何跟教育部长沟通，那时候教育部长是何东昌。

李：这何竹康也在这个院里住。

秦：何省长现在还在这儿住着吗？

李：对，我有时候还偶尔去看看他。他就在正省级那个院儿里头，我还专门看了他几次。因为他对河南大学贡献特别大，若没有他的帮助，当时也很难恢复。那时候省委书记是刘杰，刘杰家住北京，前几年我们还有联系。

秦：刘杰书记好像已经不在了，103岁去世。他也是一个长寿的老人。

李：对，何竹康、刘杰、韩劲草，他们对河大恢复校名起了很大的作用。我当时是全国人大代表嘛，到处去活动，最后终于把河南大学校名恢复了。

秦：您当时是拉着何竹康省长在人大会上，现场就去找何东昌部长，何东昌部长对您在那个会上讲的就是点头，后来这个事儿才能够顺利地推进。

李：这老事儿你都记得很清楚。

秦：这是您过去讲的啊，是您的原话。

李：我做了10年的校长，这10年我确实把个人的情况全都忘掉了，整天从早晨一直到晚上都在校内忙。早晨我不在家吃饭，我到学校食堂跟学生一起吃饭，晚上到学生宿舍去跟学生谈心，了解学生有什么要求。

秦：您那个时候接触了大量的学生、老师，你了解了很多学校的第一线的最基本的真实情况，这对学校的决策发挥了很重要的作用。

李：对，我做这10年校长，我这个书上我把它总结了，一共是12条。我这个校长不是有名无实啊。第一个就是恢复了河南大学校名，原来是开封师院，后来是河南师范大学，我做校长的时候恢复了河南大学校名。

秦：这已经记入了我们的校史。

李：对。第二个，建立了河南大学出版社，这个是很难的，当时大学建立出版社真是难上加难，但是我千方百计建起了河南大学出版社。第三个就是上了一大批新的、短缺的专业。第四个，我狠抓教书育人，老师上课堂不能光教书不育人，我在这个问题上狠抓这个环节。第五个，开展了校内教学质量检查和校外跟踪调查。第六个，狠抓了研究生工作的学位点和重点专业建设。第七个，大力加强师资队伍建设，培养师资。现在的校长宋纯鹏，他就是我当校长的时候培养起来的一个中青年带头人。第八个，就是我积极抓科研工作，努力提高科研水平，为社会主义现代化建设做更大贡献。第九个，坚持从严治校，不断提高育人质量。第十个，狠抓图书资料和实验室设备的建设。第十一个，抓学校基本建设。原来咱开封师院的时候，没有几个楼。我做校长期间，10年建了很多今天还在发挥重要作用的大楼。

秦：我刚才在车上跟我们刘馆长还在说，艺术楼、体育楼，还有外语楼、历史博物馆、老地理楼，这都是那10年期间建立起来的基础设施。

李：一点也不假。我做校长期间，最后一条是打开国际交流渠道。

原来学校就是关门办学,我做校长期间就把这个问题解决了,首先到日本,然后去美国。我去日本、去美国主要就是沟通这个国际交流渠道。除国际交流外,就是和香港建立关系,也是在我任校长那个时候。

秦:像曾宪梓。

李:对,还有那个谁?邵逸夫,我们学校的逸夫楼都是他给捐的钱。一直到1991年,根据省委的决定,我不再担任校长。所以我做了10年校长,这10年都干啥,在这个书上写得都很清楚。

秦:这十几条对学校那10年的发展有重要影响,有决定性的意义。特别是我想到除了恢复校名,那是一个外在的,还有内涵的工作。您刚才讲到的两条使我印象非常深,一个是学科,我们的学科专业突破了旧有的框架,我们原来就是纯师范专业,那么更改校名之后,我们上了大量的非师范专业,这一批非师范专业对今天河南大学的学科架构的形成,可以说是有战略意义的。再一个有长远价值的就是培养中青年带头人,一个大学人才是第一位的,那时候培养了一批各学科、各专业的中青年学术带头人,这些人在今天、在河大后来的发展过程中都发挥了重要作用。

李:我当校长的时候,9年时间培养了三批学科带头人,宋纯鹏是第三批。

秦:关爱和、宋纯鹏这两任校长,都得益于您这个培养中青年的决策。

李:所以说我做校长,确实下了很大的功夫。那时候,我整天在学校忙,一有时间我就和师生交流、谈心,所以当时河南大学毕业的学生对我都有非常深刻的印象,好多人毕业以后还和我有联系。

秦:那时候一天到晚您都在学校,早出晚归,师母对您没意见吗?

李:有意见,有意见我也不听。我坚持早晨起床整理一下,就到学校去。家里面的事情,我都不管。那时候我老伴儿她很有意见,孩子也很有意见,但是我都不管,精力都放在学校上。

秦:牺牲小家为大家。

李：确实是。

秦：您做了10年校长，深入基层，了解最底层师生的关切，除了您刚才讲到的到食堂，到学生宿舍，也到普通教师的宿舍。我毕业之后，在单身楼上住，您隔三差五到我的宿舍，我现在感觉到，那时候您是想了解青年教师的关切。包括在学校的澡堂也经常能见到您。

李：我跟学生在一个澡堂子洗澡。

秦：大池子，那时候澡堂都是大池子。

李：我不去街上洗，我和学生一样，我也去学校的大池子里洗澡。所以那时候我这个校长没有什么架子，一有空我就到教室去听课，晚上到学生宿舍和他们谈心，征求大家对学校有什么意见。

秦：您在澡堂里边了解到了很多别人听不到的、得不到的信息，了解了很多学生在议论的话题、工人在说的事情。

李：是的，所以我现在回忆起来，我自己感觉心里头没什么愧疚的地方，我这校长就是跟老百姓一样。

秦：当校长10年，后来在校长的任上被增选为河南省政协副主席，后来又做河南省科协的副主席、名誉主席，在这两个主席的位置上，您实际上还在为学校做贡献，能不能聊聊当时在政协、在科协为咱们学校做的事情，还有什么有印象的事？

李：那就是学校里面存在的这些问题。我做省政协副主席时候，我都把它作为建议向上反映，向省人大反映，向省政协反映，向教育部反映。

秦：实际上那时候我们河南高校，河大的校长是省政协副主席，其他高校的校长就没有省政协副主席这个头衔。所以说河大那时候在省里边的影响还是很大的，也能把我们学校的很多信息及时地跟省里相关部门沟通，带到省里，带到北京，带到教育部。

李：因为那时候我是省政协副主席、全国人大代表，所以有一些意见都反映上去了。

秦：那10年，河大在河南高校的地位是首位的。

李：那时候你看这个，李长春。

秦：李长春是从东北调到河南做省长、省委书记，进政治局。我印象中您当时获了一个奖，凭借"河南省人口、资源、环境丛书"获"五个一工程"入选作品奖。您还专门给李书记作介绍的工作，当时他对这个书的评价还是很高的。

李：他是我东北老乡，我们的关系很密切。我那时候有啥事，他是省委书记，我就直接到省委去找他。他的秘书也是东北人，沈阳人，最后调到广州，到广州当书记，唐国忠。李长春调到北京以后跟我还有联系，过年过节还有联系。在地理科学方面，我在全国得了一个杰出奖，在北京专门颁发的。

秦：是中国地理科学杰出成就奖。这个杰出成就奖影响很大，全国80岁以上杰出的地理学家，才有可能获得这个奖。

李：在北京人民大会堂颁奖，地理学界的人都知道。当时有很多人都拍照。

秦：同期跟您获奖的还有好多位院士。

李：对，都是院士。我很遗憾的就是没评上院士，当时报上去，但是最后不知道什么原因没有评上。

秦：它是多次的评选，一轮一轮的，当时我们通过河南省政府推荐上去的。第一轮通过了，后来的环节退出了。但您的贡献、您的学术影响在国内地理学界，大家是认可的。特别是对您在我们国家人文地理学复兴方面做出的贡献印象很深。改革开放之前，我们50年代基本上是向苏联学的，人文地理学就剩下经济地理。改革开放之后，您和李旭旦先生，还有地理界的一批老前辈呼吁复兴人文地理学。在复兴人文地理学方面，您还有什么印象吗？

李：有印象。

秦：包括后来我们获得国家教学成果奖，还有《现代人文地理学》这本书。1979年广州的第四次全国地理学代表大会，您参会了，尚世英、李式金先生也参会了。那时候我还没大学毕业,我大学四年级的时候,您跟尚主任在会上介绍广州会议的情况,那个会议当时跨越了1979年底和1980年元旦。当时习仲勋正在广东做省长,他去看望会议代表,照了合影,您家里还有这张照片。

李:当时我写了一篇文章《中国地理学如何面向21世纪》。习仲勋接见我们代表的时候,当时有照片,我还有印象,当时照相的时候他还专门到我站的地方,跟我握握手。

秦:那次会议是中国地理学承前启后、开始转折的一次重要会议。那次会议之后,您跟李旭旦先生开始呼吁复兴人文地理学。在复兴人文地理学的过程中,您还专门写过文章,提出要加强辩证唯物主义,特别是自然辩证法在我们人文地理学中的地位。咱们写《现代人文地理学》那本书的时候,我写理论方法部分,您特别强调一点,我印象非常深,要把握好人文地理学发展的方向。

李:对,我专门写过《我国人文地理学发展的回顾与展望》。这些都是过去的事儿,没什么值得留恋的。

秦:但您对学科的贡献,历史会记住的。包括对教学的建设,1987年,我们获得国家教学成果奖,您还记得吗?

李:对,我记得。

秦:河大也就是在那个时候,开始把师范专业,就是80年代中期更改校名之后由师范专业向非师范专业调整,建了一大批非师范专业,我们的人文地理专业、国土专业也是在那个时候建起来的。后来我们人文地理专业建设开始加强,您带着人文地理专业的一批老师,包括黄以柱、金学良老师,1987年获得了教育部的国家教学成果奖。在80年代,获得国家教育成果奖的学校专业,当时很少。

李:过去的事情,我这儿都有回忆。

秦:对,之后我们把这个东西再整理整理。

李:你有这个?

秦：有。之后我们把这个书也送到我们档案馆一套。最后再看看您对学校的发展，对地理专业的发展还有什么想法、建议、意见提一提。因为现在大家都很期待您这老一代、我们的老校长，能够对现在的学校如何发展，年轻人如何成长，人才如何培养，队伍如何建设等方面提出宝贵意见。

李：想法建议比较少。最近这一年来，由于年龄的关系，考虑学科的发展比较少，也很少接触。那时候主持学校工作的时候，我还考虑得比较多；现在离学校远了，年龄大了，考虑就比较少。

秦：前几天教师节，闫峻他们几位来看您，您还专门写了几条，要加强学科建设、队伍建设，我们看了之后都很感动。您的大脑没有停止思考我们学科的发展、学校的发展。

李：但是考虑得不是很深刻。与他们的接触少了，和你当院长的时候比，相对少一些。现在他们跟我接触得不多，我也很少去。

秦：在郑州，虽然隔着一段路，我实际上也是很想经常来看看您的。去年年底的时候，我们在全省两会上见了面。

李：我回开封、回学校的次数少了，毕竟还有一段路。

秦：趁着天气好，您身体状况、心情好的时候，再回学校看看。您什么时候想回去，就说一声，学校安排车来接您。祝您开心，健康，长寿！

02 | 原副校长田继善教授访谈实录

受访人：田继善
采访人：史富强
时　间：2020年10月2日下午3点
地　点：明伦校区图书馆一楼贵宾室

田继善

男，1937年生，河南荥阳人。1961年7月毕业于新乡师范学院（今河南师范大学）数学系，分配至开封师范学院（今河南大学）数学系执教。历任助教、讲师、副教授、教授及数学系副主任、主任、硕士研究生导师，西北工业大学兼职博导。1992—1997年任河南大学副校长，分管科学研究和外事工作。长期从事数学函数逼近论的教学与科学研究，曾发表《积分型Stancu算术的逼近定理》等40余篇学术论文，撰写专著、教材多部，并多次在国际学术会议、全国学术会议上宣读有关论文，是享受国务院政府特殊津贴的优秀专家。在负责全校科学研究工作时，本着既要重视基础理论和新兴学科的研究，又要密切联系经济建设实际的原则，使学校科研工作在短期内跨上了新台阶。

史富强

男，汉族，1968年9月生，河南省西平县人，中共党员，副教授职称，1992年7月本科毕业于河南大学历史文化学院历史学专业并留校任教。曾先后任河南大学艺术学院学生辅导员、院团委书记，外语学院党总支副书记、副院长，校党委统战部副部长等职，现任河南大学数学与统计学院党委书记。

史富强（以下简称"史"）：田校长您好，很高兴今天有机会采访田校长。咱们河南大学前身中州大学1923年成立，数理系也是随着中州大学的成立应运而生。到今年为止已经将近100年了。您作为河南大学数学学科发展过程中的见证者和参与者，为我校数学学科的发展建设做出了突出的贡献。今天咱们的采访就围绕这样一个主题来谈。我们都知道，您是从当年的新乡师范学院，也就是现在的河南师范大学数学系毕业，来到咱们河南大学工作的。首先第一个问题就想请您谈一下您当年那些求学的经历。

田继善（以下简称"田"）：我出生在1937年的元月份。我老家在豫西荥阳，是一个贫苦的农民之家。当时我家有20亩地，因此是个小户人家。如果不是解放，我不要说上大学了，估计连小学都上不了。我家虽然是一个很普通的农民家庭，但是我父亲却是我们村唯一读过私塾，还教过一段私塾的私塾先生。大概在1940年以后，我父亲就因为家里有事儿回家了。所以从我记事起，我的父亲就是一个地地道道的农民。受这个家庭影响，因为我父亲毕竟是一个读过书的人，所以我6岁开始读私塾，读了将近2年，抗日战争胜利以后又读了2年所谓的国民小学、村小，我们那里是1948年解放的，从1949年春天开始到完小去读五年级，然后就去读初中，读高中，读大学。

1961年秋天，我从新乡师院毕业，分配到咱们学校，到数学系任教。我时间都记得非常清楚，是1961年的9月11号来到河大。求学期间，我是一个普普通通的学生，并没有什么特别，既不是学习非常优异的尖子生，也不是工作能力很强的活跃分子。但是我应该算是一个学习比较好，上进心也比较强，追求进步，听话的好学生。

我说我学习比较好，也是有事实证明的。因为刚解放的时候，受当时师资的限制，初中、小学发展得比较快，高中、大学师资要求高而发展得比较慢，所以说当我初中毕业升高中的时候就遇到了比较大的困难。当时豫西荥阳、巩县、登封、密县4个县几十个初中，但是高中就只有荥阳高中一个，只招6个班300人。所以说初中升高中的时候，大概也就是有百分之四五的学生能够上高中，但我还是顺利地考上了。从高中升大学，全国的大学本科专科搁在一起只招十万七千人。荥阳高中就应该是优中选优了，但是荥阳高中最后能够升到大学的本科包括专科的人搁在一起不到1/4，相当少。我们班上本科的只有五六个人。所以说当时我的学习还是可以的。另外就是，我当时也不是只知道死读书的一个书呆子，我还是比较积极地参加当时的社会活动。

按现在说，我一直都是班干部和学生会干部。1952年初中一成立团组织，我是第一批参加团组织的团员，1956年我是荥阳高中发展的第一批学生党员。当时我们这一批总共发展了9个人，是一个小班一个人，加上学生会主席，6个班有7个学生入党了，我是其中之一。还有另外2个教师，一个是副校长，一个是教导主任。我们那一批发展了以后，之后就停了，所以说我当时在社会活动上还是积极的参加者。到新乡以后，当时大学的管理体制跟现在不一样，没有辅导员，那个时候政治运动又多，政治运动怎么办呢？就是党总支、团总支领导各班的团支部和班委会，然后再领导学生参加。我到新乡上学以后，我们小班就我一个党员，所以说理所当然地就当了团支部书记。我们的年级大概有十七八个党员，大家公认我是党员干部当中学习最好的一个。这大概就是我学习的简单情况吧。

史：好，谢谢田校长。第二个问题就是，1961年，您大学毕业后从新乡师院分到现在的河南大学，来到数学系工作。想请您谈谈当时数学系的基本情况，还有您在数学系工作的情况。

田：1961年我来到河大的时候，因为当时的数学系是1958年由开封师专合并到开封师院，然后由科变成系的，1959年暑假招了第一届本科生。我来的时候第一届的本科生正好该上三年级，当时数学系师资情况是不甚理想的。我来了以后，为了给三年级开复变函数和微分方程这两门课，数学系还专门从新乡请来两位老师，一个是吕邵明主任，一个是王德杨老师，来这帮助备课，大概来了将近一个月。不要说是科研了，就是应付上课都有点吃力，这就是当时的基本情况。

史：确实当时因为系刚刚成立，原来从专科合并过来升到本科，各方面都弱。

田：对。

史：第三个问题就是，您来了以后到改革开放之前这一段，您在这儿工作的简单情况。

田：我来了以后，按照当时的情况算是助教，参加辅导工作。因为我原来学习还可以，所以我当辅导老师还是可以的。在我来到的第二年，就是1962年的春天，学校已经比较重视学习，当时刚刚贯彻了周总理和陈毅副总理在广州知识分子会议上的讲话精神，这个会议后来被称为"脱帽"，就是把资产阶级知识分子的帽子脱掉。数学系为了贯彻这个精神，曾经开了教师经验交流会，请了4个人发言。一个是付熙如老师，现在还在世，讲如何学外语。一个是底钟英老师，讲如何教课。还有一个女老师，她后来调走了，还有我，我们两个都算助教，讲当辅导教师的经验。所以说刚来这两年，还是真真正正认认真真读了两年书。遗憾的是，我在1976年的10月15号离开河大，到上街滑翔学校去任教。我在上街滑翔学校又干了两年，到1978年又回河大了。所以说从1964年到1978年，这十几年的时间我基本上没有搞这个专业数学，因此从前的业务不仅没提高，还忘得差不多了。

史：请您谈一下从改革开放以后，也就是您调出学校，又回到学校以后，一直到做系主任这段时间的经历。尤其是谈一谈这几年数学学院的发展，对您来说记忆犹新的一些重点事情。

田：可以。我是1978年回到学校的，当时学校已经开始抓教学，老师也开始积极进修学习了。我回来以后，结合我自己的情况来做业务，正像刚才说的，丢得差不多了，因此我想必须开始认真地读书。我曾经说过这样的话，人的一切活动基本上都是为了改造环境，包括你打扫卫生也是改造环境。改造环境使它更适合人类生活和发展，人的活动基本上都是这样。有时候人们也不得不改变自己，去适应已经变化了的环境。这个说法我觉得是有道理的。

现在开始教课了，大家开始注意学习了，可是自己多年没有看书，没有教课，把东西都忘了，那咋办呢？只有改变自己，从认真读书开始。我1979年去北师大进修，根据学校的要求，我当时选了4门课程：实变函数、泛函分析、复变函数，还有点集拓扑，这4门课按现在来说都

是本科生的课，可是那个时候我还得重新学习，这就说明了差距呀！那个时候进修教师大部分都跟我一样，大家开玩笑地说了这样的一句话，啥呢？就是我们这一批人，中年教师的年纪，当时我已经40多了，青年教师的水平，不是教师的工资。为什么说不是教师的工资呢？因为高教最低是十三级，十三级应该是62块钱，我们这些人大部分都是50多块钱。因此当时上级要让你填一个你的工资级别的话，当时我们都没法填，填成什么呢？相当行政二十二级。所以说我们当时是大学老师，像我都当了将近一二十年教师，但从工资算还不算教师。

这就是那个时候的现实，但是我到那以后还是真正认认真真地读了一点书。40多岁开始读书，最大的问题就是记性差，忘性大。上课的时候老师讲的也听懂了，也了解了，但是一下来很快就忘了。那咋办呢？根据这种情况，我就采取一种自己的办法，就是上课除了听讲以外尽量记笔记，下课后根据课本上的叙述、记的笔记和老师的讲解，自己详细地整理一份儿听课记录，它类似于咱现在讲课的时候老师的讲稿。另外为了记忆，我还要整理、综合、提炼，写一份提纲，有时候甚至画图列表记到活页纸上，不断地翻阅记忆。这种办法我常跟同志们讲，是一个很笨、很繁琐、很费时的办法，对这些年轻人来讲肯定不适用，但是对我来讲很适宜，确实使我在这一年之内认真学到了一些东西。再一个就是在这一年的进修期间，我没有歇过星期天，没有歇过节假日，每天都是早上读外语，上午听课，下午复习整理笔记。北京我也去过，但是我从来没有上街转过，这样认真地学习了一年以后确实还真学到了点东西。后来到1980年的春天，我又跟着孙永生先生的研究生班去学了函数逼近论方面的知识，还参加他的研究生的讨论班。一年以后我就返校了，返校以后我下决心要好好搞教学，一定要长期坚持在教学第一线工作。

所以说从1980年秋天开始，一直到2000年退休，我再也没有离开过教学第一线，一直教课，甚至当校长的4年我也在教课。关于这个教课，我还想多说两句。我认为教课不仅是教会学生，而且是提高自己的一个很重要的手段。每教一门新课，我一般要经过4个过程。首先接到新课以后，我要把这书从头至尾通读一遍，了解一下这一本书的重点、难点。然后再逐章逐节地写备课日记，这是第二遍。第三遍就是到上课前再写一个讲课提纲。更重要的是后边讲完课以后，根据学生的听讲情况，我自己实际体会。真正的老师他是了解学生哪些地方听懂,哪些听不懂了,你看学生的反应就知道。根据学生听课时的反应、答疑的情况和改作业的情况，然后我再把我备课的讲稿修改修改，再整理一份东西。这样可以说一二十年下来，我光这样整理的笔记有很厚的好几摞。

史：现在还留着吧？

田：现在还有一份留着呢！尤其是刚回来那四五年，由于我认真教课，经过讲课、答疑、修改、整理笔记，所以说把数学系的基本课程，以及我将来要搞科研的一些东西，基本上都搞清了，弄熟了，也记住了。从1983年开始，我就试着搞一点科研，当然教课这些问题我还想再说一点，就是我从1987年开始招研究生，按说我的水平还达不到招研究生的层次，但是我就是硬要招，就是以教学促进自己学习。从1987年到1997年这10年间，我招了4届，总共6个研究生，虽然我自己的水平不高，但是我觉得我培养的研究生还都可以，这6个人全部考上了博士。而且到1995年的时候，为了进一步培养博士生，西北工业大学还聘请我当博士生导师，我是有聘书的，这不是空的。这个教学方面大致就这些。

史：说说管理方面？

田：在管理方面，从我来校一直到80年代初，咱们系里的科研成果比较少。那咋办呢？改革开放以后大家都觉得要提高业务水平，我1978年回来以后，那年冬天就叫我当教师党支部书记、总支委员，就实际上已经进入到咱系的领导层了。1981年开始当副主任，我负责科研和进修，当时想方设法提高教学水平，提高教师的业务水平。我认为在数学系提高教师水平这方面可以分3个阶段。第一个阶段就从改革开

放以后到 1985 年、1986 年。这一阶段就是提高教师的基本水平,采取的措施是啥呢?第一个措施是尽量让青年教师去上教师进修班,当时有两年的教师进修班,或者是去当进修教师,就是去学习一年或两年。第二个措施就是利用寒暑假,当时全国都有这个问题,都亟需提高教育水平,因此各专业委员会每年假期都要办这个专业学习班。所以说我就尽量让数学系老师都去参加。第三个措施就是要求各个教研室都要成立学习小组,读书、讨论、提高,不仅有专业学习班,还有外语学习班。从 1985 年、1986 年开始,就这样仅仅提高一般的业务水平,高水平的人才出不来,那咋办呢?就想办法送一些人直接到北大、科大、科学院、复旦大学等全国著名大学、院所去读博士。最先去的是王天泽、王明新、卢克平,还有另外一些人后来调走了。当时咱系里派了七八个人到重点院校跟着当时的名师学习。因为当时的博士点很少,博士生导师都是比较厉害的。跟着这些人深入地学习一些东西,这算是第二个阶段。第三个阶段我已经不在系里了,但是我也看出来咱系从 1995 年开始就不满足于外出读博士了,而是要请国内的院士、著名专家或者是在国外留学学成归来的和一些外籍专家来长期讲学和帮助搞科研,譬如说杨亦松。我曾经说过,吴可先生当咱院的院长,还有杨亦松长期坚持每年暑假都来指导咱院的一部分青年教师学习,这对咱这学业和国际接轨,成为高水平的院起了很大作用。我常说你只有学先进跟先进,然后你才能够成为先进,是不是?你只有跟着世界级的专家一块儿学习、一块儿工作,你才能出世界级的成果,对不对?我自己认为咱院之所以发展到现在,博士几十个,教授几十个,具有一定影响的学术论文几十篇,和咱院一直抓住教师进修这个牛鼻子不放,应该是有很大关系的。实际上这不是我说的,但是我信这个事儿,这是陈赓大将说的:"善之本在教,教之本在师。"一个学校办好办不好,成绩突出不突出:在国家是不是有一定位置,在世界是不是有影响,就是看教师水平。我常跟他们说,河南豫剧演得比较好,大家都以常香玉为长,是不是?所以说培养专家级的

人物，这个对学校太重要了。

史：您在做系主任期间，咱们系里发生了几个大的事件，当然一个方面您刚才讲了关于师资力量培养提高这块，另一方面关于咱们系学位点建设等其他方面也有了不小进步，这方面您有发言权，您从副主任到主任当了将近11年系领导。

田：对这个学位点的建设，我常说我是七十斤的力量争担一百斤的重担。为啥我要招研究生，为啥要争取硕士点博士点，因为可以倒逼教师认真提高自己。咱系实际从1985年左右开始就已经很注意申请硕士点了。

史：从70年代末就开始招硕士了。

田：那个时候从全国来讲，国家是主张不管有没有硕士点，你只要认为自己能招就可以招，将来授学位可以到外边去申请。咱系当时刘亚星老师、付熙如老师都招了，但是到1985年以后国家就卡得比较紧了。当时最先不是说必须有硕士点才能招生，没有硕士点也可以招，但是必须责任到个人，就是谁招的研究生谁要负责，你不能说我们系招的研究生，而是某一个人招的，他要负责把这个学生培养成为合格的研究生。咱系真正是下本钱，譬如说我去跑学位点从1986年就开始了，当时我都去了好多次，但是一直到1993年才拿到硕士点。得到硕士点以后，就想办法得到博士点。经过这么多年的努力，尤其是后来王天泽他们当院长时想了很多办法。譬如说1993年为了申请硕士点，要把咱系当时写好的论文印出来，当时系里没钱，我说你用我的科研经费给咱系印论文集。当时还是下了很多功夫的。

史：还有当时咱把陈景润先生请过来这个事儿，您是不是也有参与？

田：当时请陈景润先生的时候，我已经是副主任了，刘亚星老师是主任。陈景润先生能来主要是当时的副校长陈顺卿的功劳。因为跟陈景润关系比较好的张锦文是新乡人，陈顺卿跟他关系比较好，就通过这个

关系把陈景润先生请来了。陈景润当时是咱们国家非常突出的科学家，当时《数学学报》《中国科学》的主编说想请他来这，咱系也准备办这个杂志，争取把他请来。把他请来以后，当时咱又多了个心眼儿，又想着他是不是能够为我们培养个学生，一开始付老师愿意去，后来他有很多不方便的地方就没有去，最后是王天泽去了。

王天泽到中科院以后开始是进修性质，后来就是读博士，他可以说是陈景润的关门弟子。到后来陈景润先生年龄比较大的时候，说话不太清楚，他爱人都听不懂，但是王天泽能听懂。后来就通过陈景润、龚昇等专家，咱们又派了几个人到科大去读硕士和博士，比如说卢克平、刘浩，还有后来的系主任，他们都是到那去。咱系之所以最后发展还不错，就是在80年代中期的时候，跟中国最著名的一些科学家搭上了钩。在这方面，刘亚星的功劳也是不可泯灭的。

史：那下一个谈一谈您后来做了4年副校长，这中间一些值得记忆的事情吧。

田：我是1992年7月14号被正式任命为副校长的，任命为副校长以后，当时校长进行分工，让我管科研处、研究生处、出版社、学报和外事办这5个单位。这5个单位的处长、主任，可以说都是原来在那个单位工作多年的老同志，他们的工作经验都很丰富。我个人虽然是初当校长，但是我毕竟从上学时期开始就做一些社会工作，又在系里锻炼了这么几年，所以说也没有觉得特别不适应。我觉得这4年下来，跟上上下下、左左右右的关系处理得还算是比较顺畅。可以说跟这些同志共事也比较愉快，相互配合得也比较好。

几年下来，我并没有感到好像特别的困难或者不顺心，倒是觉得很痛快，很顺利，这是一个方面。另外我还想说，就是这个校长虽然不算什么官儿，但是毕竟算一个管理者，管理者究竟应该干些什么，这现在从管理学这个角度来讲，好像很难有一个确切的说法。但是我比较同意有一个搞管理的人在《百家讲坛》上讲的内容。他说管理者，实际上的任务就是两项，第一项是明确或重新确定你这个单位的发展目标，就是你是向哪里发展的，就是你的任务是什么。第二项是你有能力、有本事能够组织团结你本单位的人和你一起为完成这个任务，为达到这个目标而努力工作。我觉得这个说法虽然不像数学一样给一个定义，但是他这个说法是有道理的。用这个标准来衡量我当这4年校长的情况，我觉得第一点，我对我分管这几个单位的目标和任务，我的脑子是清醒的。你比如说我上任后第一次主持召开全校科研工作会议，我就讲，科研本身就是一个需要研究的课题，你搞科研不仅是要有这个意愿，还要有方法，要有条件。所以说当时我给科研处定的任务是，第一项是要争取到更多的国家级或省级的科研项目；第二项就是能够组织动员尽量多的人、尽量多的教师搞科研，因为当时咱们学校还有很多人不搞科研；第三项就是根据科研的要求，给科研人员提供必要的条件。当时我在全校的大会上讲，科研工作各个学科需要的条件是不一样的。像文学、历史，它需要查资料；像物理、化学，它需要仪器；像数学，它查资料需要会外语。就是各个学科要想搞科研，必须要有条件，科研处应该了解它需要的条件，然后提供条件。我当时还举个例子，比如说上月球，你要上月球，那你必须有登月火箭，你背着个梯子去了，那你会上得了月球吗？那不行。你要想上月球，你就要研究登月火箭。你要想研究化学，你要想化学分析搞得好，你就要有好的仪器，你背着个大杆秤去称，那怎么能行呢？我说研究生处，你的任务第一必须争取尽量多的系能够有硕士点、博士点，这些硕士点、博士点的多少，不仅说明你现在的水平怎么样，更能够使你提高水平，起个促进作用，所以要争取更多的硕士点、博士点。然后就已经有硕士点的单位，你也要想办法严把这个导师关，不是谁想当研究生导师就可以当的。首先你得先把关，然后严格要求，必须达到标准他才能毕业。他那论文达不到要求，那就不能毕业，这就是你的任务。另外像出版、外事办、学报等，每个单位我觉得我把它的任务都明确了。另外第二项，就是作为团结这些人完成任务的人，我觉得我这脑子也是清楚的，比如说为了争取硕士点，向人家学习汇报，去找有关领导汇报情况，我一年去了北京9次。

因此我觉得我管这几个单位，目标我是明确的，该干的事我也是认真去干着，但是你说干得是不是很好，那是能力问题。但是我就是没有占着茅坑不拉屎，我做了应该做的，不应该做啥、应该如何去干，我心里是清楚的，该干的活我也去干了，所以说今天也不说干出多大的成绩吧，但也算不辱使命，基本称职吧。是不是有遗憾呢？我觉得当校长是有遗憾的，就是按照当时咱学校的情况和水平，1983年那一次咱就应该拿到博士点了。当时是历史系、中文系、外语系、地理系这4个系条件都可以了。这博士点呢，没有博士点的省，1983年要给一个单位有博士学位授予权。那咱河南省就报了一个郑大，当时郑大只有14个硕士点，咱们学校已经有16个硕士点。一直到我不再担任副校长时，也没有获得博士授权点。当时国务院学位办的负责人，是北京航空学院的一个副院长，他是搞计算机的，一说，几乎就是同行，俺俩基本上无话不说，他最后说到啥，他说真给你们1个了，放哪个系合适呢？我跟他说，这几个系都不错，要真给1个，现在外语系都已经有博士生导师了，那你先给外语系吧。另外我说，你要再给1个博士点，我愿意少3个硕士点，这应该说像是朋友了，啥话都讲了，最后真是遗憾。

史：今天下午有机会采访田校长，我本人感触很深，河南大学数学学科现在的发展情况可能和五六十年代田校长刚来的时候的情况不可同日而语。现在已经有2个一级学科博士点，还有2个博士后流动站。可以说从本科、硕士、博士、博士后，形成了一个完整的人才培养体系。今天的河南大学也进入了"双一流"大学，但是我们不能忘记像田校长这样的老专家、老教授为数学学科的发展建设付出的艰辛劳动，一定要继续努力，为我校数学学科的进一步发展，做出我们应有的贡献！

谢谢田校长！

03 | 张效房教授访谈实录

受访人：张效房
采访人：周 晶
时 间：2020年12月10日上午
地 点：郑州大学第一附属医院

张效房

郑州大学教授,郑州大学第一附属医院主任医师,从事眼科教学、医疗和科研工作。1920年10月出生于河南开封,男,回族,中共党员。曾任中华医学会眼科分会委员和常委、眼科分会眼外伤职业眼病学组组长及名誉组长,中华医学会河南分会常务理事及名誉副会长、眼科学会主任委员及名誉主任委员,世界眼科基金会中国分会会长,*J. Ocular Trauma*(美国)杂志编委等。

1945年毕业于国立河南大学医学院;1950年任该院眼科教研室主任,附属医院眼科主任;1980年创建河南省眼科外伤研究所,先后任所长、名誉所长;1988年创建河南省眼科医院,并任名誉院长;1978—2000年任中华医学会全国眼外伤学组组长与名誉组长;1979—1992年任中华医学会眼科分会委员与常务委员;1979年创办《中华眼外伤职业眼病杂志》(中文核心期刊)并任主编至今。张效房是我国眼内异物研究的奠基人和眼外伤专业的学术带头人。1955年以来,张效房在眼内异物定位和摘出方面有38项发明和改进,被认为是我国对国际眼科学事业的两大贡献之一。

至今获国家和省部级科技成果奖13项,国家专利1项,参编其他重要著作22部,其中主编《眼内异物的定位与摘出》《机械性眼外伤》《眼科学》《新编临床眼科学》《眼外伤学》等7部,发表和宣读科技论文248篇,其中180篇为第一作者。2017年11月,荣获第六届全国道德模范提名奖。

周晶

编辑,硕士研究生毕业于郑州大学眼科学,现就职于《中华眼外伤职业眼病杂志》编辑部。

周晶(以下简称"周"):张教授,您是河南大学毕业的吧?请您讲一下您在河南大学的求学经历好吗？

张效房（以下简称"张"）：好的。我名叫张效房，男，回族，1920年出生于开封，我是河南大学的老学生，1939年以统一招生第一名的成绩考入河南大学医学院，是河南大学的第十七期，医学院的第十期。医学院是六年制，1945年毕业，毕业以后留校做兼职助教。1949年被聘为眼科讲师兼附属医院眼科主任。1952年全国院系调整，医学院分出去了。1950年我担任国立河南大学工会副主席，1951年兼任附属医院部门工会主席，1952年任医学院工会主席。

我和河南大学的情结很早就开始了，首先是我伯父张履乾从上世纪30年代初期开始任河南大学的会计主任，就是现在的财务总监，校级领导，一直到40年代后期，他名叫张金龙，字履乾，是我亲伯父。我有个堂兄张振洲是图书馆的馆员，一直工作到上世纪60年代退休。我一个姐丈柴庆昌是财务科职员。我对河南大学的礼堂很有感情。1936年大礼堂刚刚建成，那时候我初中毕业，当时初中毕业生要会考，会考必须有个大的场合，就选在河南大学礼堂。那时候初中学生一看，咦！这么雄伟的礼堂啊！一排排钢椅子，前面还有一个小桌子，全是英国伯明翰生产的，带有"Made in Birmingham"字样。这是1936年。1937年全面抗日战争开始，上海的演剧界组织了抗敌后援会宣传队。第二队和第五队同时到开封，在河南大学礼堂演出。第二队的领队是洪深先生，是非常著名的剧作家和导演，音乐指导是冼星海先生，冼星海先生组织了歌咏队，有三十几个人，我是其中之一，开始叫作"怒吼歌咏队"，后来改称"黄河歌咏队"。大礼堂的后台有很多大房间，我们天天在那里练歌。然后话剧两幕之间把我们拉上台演唱。当时《抗日军歌》："枪口对外，齐步前进，不伤老百姓，不打自己人……"就是冼星海先生那个时候在开封作的，他教我们唱，边教边改。后来他又挑出来十几个人，跟他学大众指挥，其中也有我一个，这是1937年秋天的事了。1945年，抗日战争胜利后又回原校址，我刚毕业，留校当兼职助教。翌年，春节

以前迎新晚会,我们在大礼堂演出话剧——曹禺的《原野》,我饰老村长,又一次登上大礼堂的舞台。新中国成立以后,1951年,我在大礼堂做学术报告,前后两次。第一次是学习苏联的经验,讲了我们做的一批病例的总结。第二次的题目是角膜移植术,我们还引用大量的国外文献。大礼堂新建的时候找人设计这个图,前后房顶下边左右两个角都是弧形向上挑起的,就是所谓的"挑檐"。当时的教育厅厅长李敬斋是留美学建筑的,他把那图纸改了,把弧形向上翘起的改成直的了,他说这样更大方一些。但河南大学不同意,可是没办法,人家是教育厅厅长,管着学校,就改了。前面是这样按他改的,后边还是弧形向上翘起的挑檐,不知道现在还能不能看出来这现象,我当时听说这个情况。那时开封白天还没有电,没有扩音器,大礼堂舞台设计得很好,是抛物线形,站在台上的某一个地方,正好是抛物面的中心,在那里讲话,声音从后边反射出来,全场都可以听得见,当时是这样设计的,不知道后来改了没有。听说大礼堂的建筑费用是25万银元,简直是天文数字。恐怕这细节现在就没有人知道了。

周:是的是的,我第一次听说这些。

张:1939年我自开封高中毕业了,在镇平,镇平是一个统一招生的考点,全国统一招生,我参加了统一招生的考试。考试以后一直没有发榜,河南大学那时候从镇平迁到洛阳的嵩县,听说河南大学自主招生,我又去了嵩县,参加自主招生,就在这个时候统一招生录取结果公布了,是刊登在报纸上,当时叫《中央日报》吧。但是我们不知道,后来参加了嵩县自主招生之后,发榜。那时候发榜就是一张大纸贴到墙上,毛笔字写着一个一个人名。有人说我是"双榜题名"。一个榜有我两个名字。我是统一招生的第一名,本院自主招生的第二名,第一名是我一个学长张传栋,在开封高中比我早一年毕业,毕业那年他有病没有参加考试,在家又复习一年功课,他考的第一名,我考的第二名。这是我在河南大学入学的情况。在高中的时候,1938—1939年,全面抗战第二、三年,生活非常苦，一天三顿小米粥，早上一碗小米粥，就一碗稀粥，晚上也是稀粥，中午是稠粥，还是粥，不是干饭还是小米粥。吃不饱穿不暖的生活，延续了一年半之久。进入医学院以后可以吃饱了，但是只有馒头，只有青菜，常年没有吃过肉，没有吃过豆腐，没有吃过鸡蛋。五年生活，年年如此。生活条件如此，学习条件同样艰苦。学习方面没有课本，本来那个时候大学都没有课本，靠着教授讲课，大家记笔记。没有笔记本，笔记本都是上海、天津生产的，那儿都被日寇侵占了。没有笔记本，自己到杂货店买那种大张的有光纸，自己剪成小纸，拿个做衣服的针线缝成小本子，当然没有格子了。上课老师讲，大家记笔记。没有墨水就到杂货店买紫色和蓝色颜料冲成墨水，拿根蘸水钢笔，蘸着写。晚上没有电灯，第一年点煤油灯，第二年没有煤油了，就点菜油。一个小灯头，两个同学坐在桌子的两边，第二天早上鼻涕、吐的痰都是黑的。住的地方是民房，夏天热得不得了，冬天到处透风冷得不得了。但是教学非常认真，学校（从开封）迁出来的时候，以医学院为例，别的学院我不太了解，所有的图书、仪器、附属医院的药品、X光胶片全部用牛车拉出来。我上一年级的时候学解剖学，老师要求我们画解剖图，到图书馆借书，德文原版的人体解剖图谱有两种，我至今还记得，一部作者是 Roberkupsch，另一部作者是 Sparteholtz。两部德国莱比锡（Leipzig）出版的德文原版书籍，不是一本两本，而是几十本。我们班 60 个学生，可以两个人借一本，有三十几本书，同学们照着书上画图。德国蔡司显微镜，当然都是单筒的，那时候没有双筒显微镜。3 个同学一个小组，可以有一台显微镜。教授基本上没有离开学校，都从开封到镇平，又从镇平到嵩县了。像闫仲彝先生、张静吾先生、鲁彰甫先生、朱德明先生、刘蔚同先生等，还有李赋京教授也在嵩县一段时间。有名的教授，基本上都在，教学非常认真，在第二次讲课的时候提问上堂课的内容，看你复习了没有。学生学习也非常认真，虽然生活艰苦，学习条件艰苦，学习环境艰苦，但是学习非常努力。五年的学习生活都这样过的。大家营

养状态非常差,不少人得了肺结核,还有因肺结核而死的同学,我们班上都有。我是半工半读上完医学院的,我在嵩县县师、县中、县小兼课,后来省立第一小学迁到嵩县,我又在省立一小兼课,还在医院的护士学校兼课。寒暑假当家庭教师,给中学生辅导。虽然这样,我没有太影响学习,各门功课的学习成绩还是不错的。

  河南大学迁到嵩县以后,当时只剩四个学院了,文理农医四个学院。校部和文理农三个学院在嵩县深山(伏牛山)里的潭头,我们医学院在嵩县县城,因为有附属医院,它要看病人,供学生实习,在深山里边不行,交通不便,没有病人,所以医学院在县城。虽然条件艰苦,但教与学都非常认真。在1941年,当时的教育部全国大学的评比中,国立河南大学医学院是全国第三名,其他学院是第几名我不知道。五年这样艰苦的学习,再实习一年毕业了。毕业之后,我们班上出了很多有名的人。像我们医院内科的魏太星教授,是内科特别是心血管内科的学术权威,像上海中医学院骨科的权威郑效文教授,像昆明的潘天成教授,像安徽省人民医院的小儿科主任、副院长常泰吉教授,上海纺织医院的外科主任萧协五等都是我们班同学,还有前几年感动中国人物胡佩兰也是我们班同学。我当然不行了,但是我们班的同学在那样艰苦环境里头学出来,后来能取得成就的,我随便能提出几个人来。这是我印象中的河南大学医学院。

  周:说得非常好,张教授。听了您的话,听了您的求学经历,我感觉您那个时代非常艰苦。2015年您获得了中国最美医生,我想问一下张教授,您为什么选择学医?

  张:两个原因。第一个原因是我父亲是医生,我小时候就在医院跑着玩,我在医院看到有很多人进来的时候愁眉苦脸,出院的时候高高兴兴。有一次我头上额部长了一个脓包,非常疼,现在还有个瘢痕,外科那个大夫拿着个刀尖儿,一挑脓流出来,马上不疼了。我觉得当医生真好,能给人解除痛苦,这是一点。1937年卢沟桥事变,全面抗日战争开始,

全国青年抗日情绪非常高涨,很多同学投笔从戎,到军队去了。我身体不好,我到战场上不行,我学医治疗伤员也是为抗战服务了。说起抗日情绪,最早1931年"九一八事变",我在小学五年级,"九一八事变"虽然发生在东北,但是全国的抗日情绪非常高。当时国家提出来抵制日货,不卖不买日本货。初中小学的小孩儿三五个人组织起来,拿出个小旗儿,写"抵制日货"4个字,到商店里头看到货架有日本货就拿下来销毁。我参加了,我们3个同学,我用纸做个三角形的小旗儿,自己拿笔写上"抵制日货"4个字。我们3个人到商店里头,我记得到开封东大街、西大街几个商店,看哪里有日本货,站在椅子上,拿下来放在人行道上,能烧的当时烧了,不能烧的堆在那里,政府派车拉走销毁。就我们那几个小学小孩儿,店员和老板看着不敢干涉,为什么?他犯法嘛,规定的不卖日货,他卖日货不就犯法吗?当时抗日宣传,我们小学组织抗日演讲,我还得到第一名呢。学生自己写的稿子,老师给改一改,然后在学校演讲,义愤填膺,做抗日宣传。"七七事变"全面抗战开始以后,当时我是开封高中剧社社长和歌咏队队长,因为跟冼星海先生学了抗日歌曲,我就在学校教全校同学唱歌。"七七事变"以后,1937年的暑假开学以后下午不上课了,只是上午上课,下午全是抗日宣传。我们剧社组织宣传队在城市和乡下宣传,后来学校迁到镇平,有时候话剧团自己拉出来,到庙会、人集中的地方去演抗日话剧。常常是出去一个星期,回来继续上课。我记得有一次出去一个星期回来,第二天化学课考试,我自己觉得我功课还算好,那一次考试不及格,我说这可糟糕了。结果是这样,全班没有一个人及格,考的都是一二十分,为什么?之前我们班有人在课堂上对老师不恭敬,得罪了老师,老师故意难为我们。考试后老师问:"你们怎么样,不神气了吧!"这一次考试不算,重新考。这是小插曲吧。"七七事变"以后青年的抗日情绪高得很,对这小日本儿恨得很。很多同学,不是三个五个,而是一大批,都投笔从戎了。"国家兴亡,匹夫有责"嘛,直接就参加军队了。有参加国民党军队的,有到陕北延安去的，有在敌后打游击的。像我那个叫黎辛的同学，他在学校名字叫郭有勇，我们俩非常要好，他就是去延安的。还有上班（上个年级）同学李经纶，在学校的名字是李景论，也去了延安。我因为当时身体不好，我觉得到前线打仗我不行，我去学医，治疗伤病员，为抗战服务，所以当时就下决心学医。我在高中是理科班，理科班的同学都考到工学院去了，我是坚决学医，后来就上医学院。我没有什么成就，没有做出什么成绩，只是在眼科、眼外伤等方面做了一点点工作。

周：张教授，那么艰苦危险的年代您毅然决然地选择了学医，那您为什么对眼科情有独钟呀？

张：学眼科有个原因。我上大学的时候有一个教授是德国留学回来的，叫张资平，他去德国留学时是三个人同时去的，两位是陕西人，一位是河南人，这位河南人是刘蔚同先生。他们三个人一个人学一个小科，从德国留学回来以后三个人互相帮助。刘蔚同先生是河南人，回来以后就在河南大学医学院执教了，教皮肤科学。张资平先生是陕西人，回来以后就在西安工作，在西安的一个医学专科学校。当时西安是没有医学院的，陕西省都没有医学院，只有一个医专。他在医专教书，刘蔚同先生请他来给我们讲眼科学。他做了很多手术，其中一个白内障患者是农村的一个老大娘，眼睛看不见几年了，手术后一揭开纱布，什么都看见了。这老大娘高兴得很，我也受到感动。我觉得眼科真好，就这么个手术，之前看不见，一下子就都能看见了，这太好了，所以我立志做眼科医生。

周：您在眼科方面做了非常非常大的贡献，您发明的眼内异物定位和摘出术当时乃至现在在全世界都很出名，您能讲一下这段心路历程吗？

张：没有做什么贡献。做眼科医生开始接诊了很多病人。最早是沙眼，沙眼非常严重。所以我当眼科医生后不久，主要是新中国成立以后眼科自发地组织农村医疗队，利用每个星期的星期天和节假日到农村（那时候星期六不放假），除非天不好下大雨，不然的话都要去。别的人轮流去，

我是每一次必去。到郊区农村义诊，医院很支持，药品辅料都免费提供。不过那时候医院看病都是不收费的。不管是什么病，不管是门诊住院，不管是手术还是用药，都是不收费的，新中国成立初期是这样。沙眼慢慢地好一些了。省会1954年从开封迁到郑州，郑州的工业发展非常快，新中国成立初期百废待举，特别是工业和建筑业的发展非常迅速，很多农民进城做工人，特别是机械方面的工人，受伤的很多。很多病人从郑州转到开封，到我们医院去治疗。我想着这是个大问题，这么多眼外伤怎么办？我们就立志在眼外伤方面做一些工作。眼外伤中有一种更为严重的外伤，就是"眼内异物"，就是金属的碎块儿、石头、玻璃碎屑崩到眼睛里头去了，眼球里头有个东西那还了得，非常严重，比一般的眼外伤要严重得多。所以我们就制订计划，立志攻破这个难关。但当时我们国家眼内异物摘出（把异物从眼睛里取出来）手术的水平是很低的。国家需要，人民需要，就是对我们的命令。我们在1955年5月制订出计划来攻破这个难关，我们不断在这方面做工作。眼睛里进去异物，大部分是铁的碎屑，但是也有的不是铁，是铜、合金或者是石头或玻璃等。铁有磁性可以在找准位置以后拿个特制的磁铁把它吸出来。不是铁的，没有磁性，不能吸出来，那更麻烦了。当时基本上没有办法摘出眼睛里的非磁性异物，我们设计的一些方法很顺利地摘出来了。这方法的其中一个叫作方格定位法。1959年我们在医学院的学报上发表了一篇文章。1962年在郑州召开了郑州眼科学术会议，也就是第一次全国性的眼科学术会议。在会上我们报告以后，受到大会的很大重视。1965年召开了第一届全国眼科学术会议，这是中华医学会总会召开的，在武汉召开。在会上我又报告了眼内异物论文。当时会议总结的时候，特别提到"河南张效房所设计的方法……"，在总结里提出来某个人的名字，是少有的。翌年，1966年《中华眼科杂志》第一期上，这个总结全文刊登出来了，其中就有这么一段话。这一下不得了啦，全国各地把复杂、困难的眼内异物病人都转给我们了，后来我们统计了一下有全国各个省市自治区，包括西藏、新疆、东北的黑龙江、南边的广东。那时海南还没有建省，但是海南也有病人转来，台湾也有病人来。我们当时也不是所有的异物都摘出来了，80年代初在3000多例的时候，我们统计了一下，眼内异物摘出成功的占99.62%，还有百分之零点几没有摘出来。

周：真的很厉害了。

张：1982年，在美国召开了二十四届国际眼科的学术会议，是全世界的眼科学术会议。这个会议的代表有眼科医生16000多人，如再包括参展的厂家，包括眼科医生所带的夫人、丈夫，带的妈妈、女儿等，那更多了。在这个会上，中国代表，从国内去的代表，在大会报告就选上我们这一篇文章。报告的题目是《三千例眼内异物摘出手术的体会》，体会的英文是 experience，英文题目是 *The experience of 3000 cases of intraocular foreign body extraction*。这个报告当时很轰动，次日当地的报纸以《来自中国的经验》为题目做了报道。当时我报告后一走下讲台就有美国两所大学教授对我说，你不要回去了，你到我们那儿做报告吧，一切费用由我们出。两个大学，我先去了芝加哥的伊利诺伊（Illinois）州立大学，后来在美国一共去了8所大学，日本去了2所大学。都是去做眼内异物摘出的专题讲学，那不是15分钟20分钟，那是一个上午或一个下午。一般是上午从9点开始，我讲两个小时，然后讨论一个多小时，每次都是这样。日本是东京昭和大学，另一个是横滨大学。在美国报告时有一个大学，我报告以后，当天晚上一位老专家去找我了，他说他在中国当过医生，拿个照片，照片上他坐在人力车上，抱一个小孩，他说这是他在中国的照片。抗日战争开始，他回美国了。但是他一句中国话也不会说了。他说他代表医学院的院长来跟我谈一谈，他说你别走了，在我们这儿工作吧，我们给你的工资比你在国内的工资多10倍到15倍。我当然不能在他们那儿了。养育我、培养我的家乡父老、学校、医院，教育我、引导我的亲爱的党，我回来报答恩情还报答不完，为什么我为他们服务？当然我婉言谢绝，语言是婉转的，态度是坚决的。后来还有一个医院，也叫我留在那里，是一个大学的附属医院的眼科主任，我报告以后跟我说你在我们这儿工作吧，我说不行，我一定要回去。他说那我们派一个人到你那去学习吧，领来了一个小伙子，说是医学博士，实习马上就期满了，期满以后到你们那儿进修眼内异物。我说可以吧，我回去商量一下。那个人是美国的白种人，很高的个子，叫什么名字我不记得了。我回来讲了，医院领导也同意，但住的问题没法解决，一般的旅馆不能接待外国人，高级宾馆那么贵，他还是个学生，住不起。在医院找个地方住吧，也不合适，结果没有来成。稍后不久有一个人来学习了，是美国华盛顿大学的医学博士，美籍华人女孩，名叫庄伊兰（Yilan Chuang）。原籍是上海的，父亲母亲都在美国，她在美国出生，在美国上学。一看是中国人，可是说话不行，不会中国话。在这儿将近3个月。我每个星期给她讲，她不懂中文，只能用英文给她讲，每个星期都讲两三次眼内异物的定位与摘出。她每天上午参加我们的查房和手术。

1978年邓小平同志倡议召开全国科学大会，科学大会上要表彰新中国成立以来的科技成果。我院眼内异物摘出是眼科的成果之一。之前上边让报，我们医院就把眼科报上去了，没有想到批准了，我想全国批准的可能很多，到开会时才知道全国眼科受表彰的只有两项。第一项是50年代，北京医学院与北京同仁医院合作的一个项目，沙眼病原体研究；另一个是河南医学院的眼内异物摘出。后来医学界认为中国眼科学对国际眼科学的两大贡献也是这两项。沙眼病原体研究，那太重要了。沙眼一直到上世纪50年代是世界上最主要的致盲眼病，但不清楚病原体是什么。美国、日本、英国都进行了很多研究，都没有找出来，都没有分离出来病原体。中国分离出来了，中国北京医学院微生物教研室的汤非凡教授，与北京同仁医院的眼科主任、副院长张晓楼教授，他们联合进行研究，分离出这个病原体了。当时算是大型病毒，现在不算病毒了，现在属细菌，叫作沙眼衣原体。英国人不相信，可能觉得美国、日本和他们多少年都没研究出来，你们新中国刚成立，你们研究出来，不相信。

中国把标本寄给他们,他们传代成功,接种到动物眼上典型的沙眼出来了,不得不承认。那是第一项,眼内异物摘出是第二项。当时眼科没有后来的玻璃体切除手术,一直认为玻璃体是手术禁区。做白内障手术时有点玻璃体脱出就是大事情,不得了。所以当时摘出眼内异物,只能从外边摘出,眼球里进了异物,在眼球里面,临床上异物常常是看不见的,有白内障,有玻璃体积血,检眼镜看不到眼底,不知道异物在什么地方,只有通过X线、超声,诊断出来异物的位置,异物在里面要找出来在外边相应的位置,必须找到异物所在处相应的眼球面的位置,在相应位置做个切口,才能把异物摘出来,切口偏了就摘不出来,所以说定位非常重要,我们在定位方面下了很大功夫,解决了这个问题。其中最主要的一个是方格定位,说起来非常简单,大致上是这样的。异物在眼球壁的里面某个地方,但在眼球表面对应的是哪个地方呢,那就不好定了,怎么办?因为照X线照片的时候,不显示眼球的轮廓,异物是铁、石头、铜,能显示出来,可是眼球轮廓显示不出来怎么办?我们就做了一个方格,用金属丝做的一个方格,里头有10个小方格,缝到巩膜上,然后照X线片,里面是异物,X线能照出来,外边是金属方格也能照出来,那只隔着一层眼球壁,然后看异物的影像在哪一个方格上,在方格内的什么地方,就在这里做切口,就可把异物摘出来。这说起来很简单,但是国际上没有。这是摘出非磁性异物。如果是磁性异物的话呢,那不用这样。磁性异物的摘出,有很多辅助的定位方法,能够把位置定得很准确,我们一共设计了12种辅助定位方法,能够定位更准确。用方格定位那它更准了。方格定位,即便是拍片子的时候稍微倾斜一点,它的误差也在0.3毫米之内,异物大小一般在1毫米以上。常常是做手术的时候,刀子切开眼球壁,切开巩膜,就碰到异物,切的时候手上有感觉,感觉刀刃碰硬的东西了,甚至也能听见刀刃跟异物磨擦的声音。从切口里面也可以看到异物就在那儿了嘛,那夹出来就行了。有的时候切口两唇的缝线一拉开,这异物自己出来了。为什么自动出来了,因为玻璃体往外涌，而异物正堵在切口，首先把异物推出来。所以有些手术记录上就说："切开巩膜后，异物自动排出。"异物不是那么听话，还会自动出来。那是因为玻璃体要往外涌，异物堵在口上，首先把异物给推出来。后来，在70年代末期，80年代初期，有玻璃体手术了，我们又在国际上最先开展了玻璃体切除眼内异物摘出联合手术。一直到80年代后期，我们所做的玻璃体切除眼内异物摘出联合手术是国际上例数最多、效果最好的。自80年代初期开始，手术越来越多了，我们也没有统计。印象中，自从开展了玻璃体切除眼内异物摘出联合手术以来，所有的眼内异物都成功摘出来了。在眼内异物的定位与摘出方面，我们有36项改进、革新和发明，主要的有薄骨定位法、垂直定位校正法、个体化绘图定位法、电子计算机定位校正法、CT立体定位法、简易生理定位法、方格定位摘出法、磁棒接力摘出法、爪式异物钳摘出法等共36项。其中有些被眼科界称为"张效房法"。

关于白内障手术。上世纪八九十年代，我国居致盲第一位的眼病是白内障。白内障治疗只有手术，但是当时白内障手术较为复杂，大多县级医院还不能开展白内障手术。90年代初，我们由国外引进一种手术方式，在实践中加以改进，形成我国自己的一套完整的手术方式，名为"手法小切口白内障摘出"手术。受中国残联和河南省残联委托，先后举办了八期全国性培训班，积极推广。此手术操作简单，不需特殊机械，基层眼科医生都能开展，其效果可以与后来的超声乳化手术相媲美。当时曾被中国残联定为"视觉第一中国行动"医疗队和治疗点的规范手术方式。二十余年来全国各地进行此手术不下数千万例，不仅节约了数百亿元的医疗费，更重要的是广大基层医院很快就能开展白内障手术，使我国白内障盲人大为减少，在很多地区，白内障盲已退出致盲眼病的行列。我国白内障手术率（百万人口中每年手术的例数）由不足200例升至2000余例，已达国际先进水平，其中"手法小切口白内障摘出"手术起到一定的推动作用。

其实，说起来很简单，我们在学校和医院的领导下，依靠眼科全体同志的努力，依靠有关科室，放射科、超声科、手术室等的有力配合和帮助，做出来一点点成绩。就这样，我就讲到这儿吧。

周：非常感谢张教授接受访谈，您讲得非常好，最后祝您保重身体，愉快安康。

04 | 王芸教授访谈实录

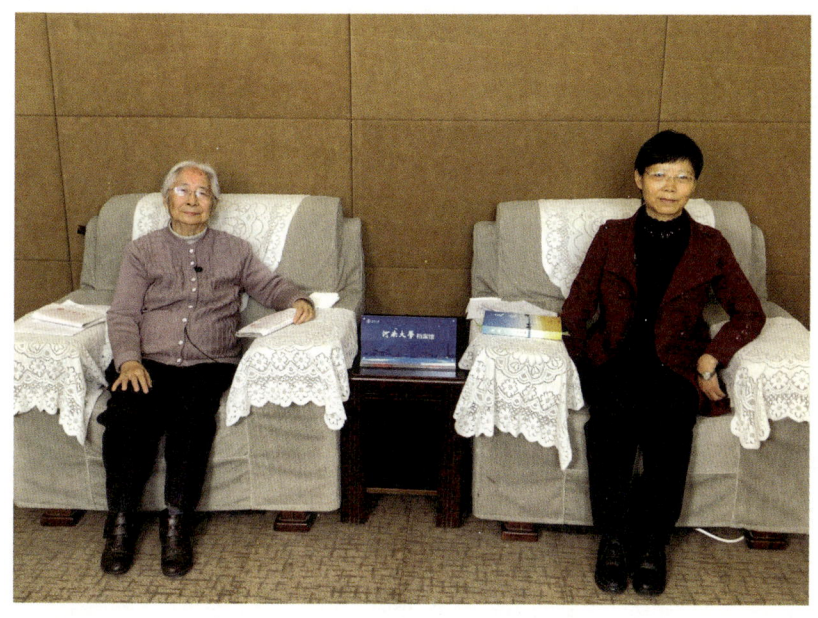

受访人：王　芸
采访人：谢玉娥
时　间：2020年11月28日
地　点：河南大学档案馆（图书馆东楼）

王芸

女，1932年3月生。江苏无锡人，河南大学文学院教授。1947年底结识进步同学，参加地下党领导的学生运动，1949年4月加入地下状态的中国共产党。年轻时从事青年工作，先后任职于无锡市青年文工团及青年团无锡市委、苏南区委、华东工委，后任上海新少年报社及北京中国少年报社编辑。1956年9月至1962年7月在开封师范学院中文系（今河南大学文学院）学习，1962年毕业后留校，从事中国古代文学教学及书刊编审工作，先后任古代文学教研室主任、中文系副主任、河南大学出版社特约编审。曾编著古代文学教材多种及"中华名花颂丛书"中的《梅韵诗情》分册，主编的《写作名句词典》及《文学知识手册》获省级以上图书奖。

谢玉娥

女，河南武陟人，中共党员，出生于1951年5月。1976年7月毕业于开封师范学院中文系，毕业后治病一年，1977年9月留校任中文系学生辅导员，1978年9月到中文系资料室工作。1984年任资料室副主任，1994年任资料室主任、副研究馆员，1993年9月至1995年7月在河南大学文献信息管理专业学历班在职学习两年。2009年任研究馆员。2011年7月退休。

曾编纂、发表多种专题文献资料，发表专业论文多篇，出版《女性文学研究教学参考资料》《女性文学研究与批评论著目录总汇（1978～2004）》《性别·习俗·文化——转型期有关问题的考察备案》《智慧的出场——当代人文女学者侧影》，参编著作多种。曾获河南大学、河南省图书馆学会、河南省教育厅、河南省妇女问题理论研究会、中国妇女研究会、中国当代女性文学委员会优秀成果奖。曾任中国当代文学研究会女性文学委员会副秘书长、河南大学女性/性别研究会副会长。

谢玉娥（以下简称"谢"）：王老师，老朋友了，您在河南大学兢兢业业工作了一辈子，是我从内心深处尊敬的老师、前辈，而且也是我心中真正的共产党员。

王芸（以下简称"王"）：我们是同事，不说前辈。

谢：是同事，也是革命的前辈。您的这一本书（指回忆录《足迹》）很好，我这几天又认真地读了一遍，等于再一次认识您。这本书很全面，记录了您自己的经历、亲属、个人的学业，还有情感经历、婚姻、家庭、事业等等，而且教案都写上了，所以我觉得它很宝贵，就是一份很珍贵的历史档案，这个非常不错了。您到80岁开始写这本书，我觉得您的经历很丰富，知识才华也很丰富，这本书都展现出来了。很想听您亲自讲讲，今天是个好机会，咱们今天就从头讲讲。当年我听说过，这本书里也写了，您还是一个很年轻的高中生的时候，就积极参加了共产党的地下工作，后来又加入了地下党，冒着生命的危险。当时您是怎么想的？那时候那一段经历，您能详细谈谈您的感受吗？

王：你过誉了。我现在年纪大了，思维很迟钝，记忆力也差，唯恐临时很难回答你的问题，所以我事先也准备了一些材料，现在只能看着材料来回答，请你见谅。

谢：行，没问题。

王：我老家在江苏无锡，高中三年，我是在无锡的辅仁中学读书。这所学校的师资力量比较强，学习要求也比较严格，在当地是比较好的一所学校。1946年到1949年，我在辅仁中学读高中，进学校的时候14岁，毕业的时候17岁。这三年，我觉得可以分成两段，正好是两个一年半。前一年半，我是一个循规蹈矩的好学生，规规矩矩地读书，但这只是表面现象。实际上当时我对社会很不满，愤世嫉俗，性格很内向，也很忧郁，相当于现在所说的"愤青"那一类人，但是我不是很外露的那种，所以表面看起来我是一个规规矩矩的好学生，实际上心里对社会是不满意的。当时我对现实不满，主要有这几个方面：第一个是男女不平等，

重男轻女；第二个是贫富差距大，真的是应了杜甫的诗——朱门酒肉臭，路有冻死骨；第三个是当时物价涨得非常快，上午发的钱，下午就不值钱了，民不聊生；还有一个是对国民党政府贪污腐败、专制独裁不满意。也许是因为这么几点，为我后来能够参加进步的活动，转变一些想法，打下了一个基础。这样就过了一年半。后来到了高二上学期，已经到了1947年年底了，当时无锡发生了一个大的运动——劝募寒衣运动，就是让大家捐衣服捐钱，因为那个时候有些在贫困线上挣扎的人，吃不饱饭，穿不上衣服。在1947年的冬天，我参加了劝募寒衣运动，我的思想转变，也就是从劝募寒衣运动开始的。下面主要讲后面一年半的经历。1947年底，我已经是高二了，当时的劝募寒衣运动，好多学校都参加了。无锡有两个大学，其他都是中学，大中学生都参加了。当时我为什么参加劝募寒衣运动？本来我就不满意贫富不均，社会上穷困潦倒的人很多，非常不满意；也是出于人道主义，当时大家参加，我也积极参加。大概到了冬天，就是1948年的元旦，那时候也放假的，就利用这个假期，大家也不怕天冷，走上街头，在指定的闹市区，有的同学站在椅子上去演讲，我们就在底下向听演讲的人劝募，有的出钱，有的出物。也到沿街的商铺和周围的居民那里去劝募，受到了大家的支持。这些劝募到的东西要发给真正的穷人，我们就又组织了下乡调查，看看哪些人是真的贫困，就这样走出了校门，走出了市区，跑到了农村，真正看到了一些人饥寒交迫的状况。参加劝募寒衣运动对我的教育比较大。原来在学校里面虽然不满社会，却沉默寡言，但是在这个运动里面和同学们一起，真正地出了一份力，这个运动给自己很大的教育。当时不知道这个运动是地下党领导的，后来才听说这个运动是地下党领导的。运动结束以后本来就应该回到学校了，但那个时候地下党有个想法，就想趁着这个运动能够把各个学校里面的一些积极分子组织起来，扩大宣传教育，争取能够扩大一些进步势力。我因为在运动里头表现比较积极，就成了他们争取的对象。在运动结束以后，又结交了一些朋友，就这样开始在地下

党领导下,走上了一条新的道路。所以1947年底1948年初的劝募寒衣运动,可以说是我人生的一个转折点。

当时地下党联络群众扩大进步势力,主要是组织读书会、歌咏团,开展一些青年人喜闻乐见的活动,趁着这些活动来进行教育,如举办了一些音乐会、营火会、郊游这样的活动。这些活动我差不多都参加了,也就在这些活动里面慢慢地接受了教育,也慢慢地加入了进步学生的队伍。现在回顾起来,当时参加这些进步活动也有一个发展的过程。首先我最早参加的是一个秘密的读书会,叫野草社。野草社是和几个在劝募寒衣运动中结识的好朋友,有本校的,也有外校的,组织起来的。大家一起读点儿书,讨论讨论。那么野草社先读什么呢?大家都喜欢文艺书,就先读巴金的《家》《春》《秋》,还有鲁迅的一些文艺作品,野草社的名字就来源于鲁迅的《野草》。读书一般是在各自的家里,读完以后,大家在一起进行讨论,在讨论中,大家互相影响,增加了对现实的不满,表达出要求变革的愿望。后来有些骨干他们又带来一些诸如《新人生观》《大众哲学》《中国民族解放运动史》等等进步的政治书和历史书。通过对这些书的阅读和讨论,我就进一步懂得了为什么贫富不均,原来是有压迫剥削,也知道了还有解放区这么一个好地方,还知道了有一个为人民大众谋利益的共产党。读了《新人生观》,也懂得了青年人应该有所作为,应该为大家来谋利益。所以读书会可以说给了我最早的革命启蒙教育,原来就是不满现实,糊糊涂涂的,现在知道有路了。但是野草社维持的时间不长,开始有六七个人,后来有十几个人。它是在同学家里秘密进行的活动,不声张地读这些书。后来因为走漏了风声,所以到暑假以后就停止活动了,大概维持了半年左右的时间。

我参加的另一个进步团体是辅仁中学的歌咏团。无锡原来就有革命歌咏活动的传统,地下党领导的歌咏活动从1947年初开始,首先创办了一个全市性的人报之友歌咏团。《人报》是无锡的一家进步报纸,它组织它的读者唱一些进步歌曲,组织了一个歌咏团叫人报之友,在里面

43

开展了新音乐运动,跟当时流行的靡靡之音不同,它要开创一种健康的风气。人报之友歌咏团建立以后影响扩大了,各个大中学校也就慢慢地成立了自己的歌咏团,辅仁中学也建立了自己的歌咏团。我是在进入高二以后参加的歌咏团,开始的时候只是因为喜欢唱歌,跟着大家一起唱,后来又通过劝募寒衣运动,通过野草社这些进步思想的启蒙,自己的思想也发生了转变,不只跟着大家唱,还帮助一些骨干组织活动,发展新团员。进步歌曲也引起了我一些强烈的共鸣,唱着唱着,自己思想就受到感染了,后来就变成了歌咏团里头的积极分子。那个时候我们班的二十来个女同学差不多都参加了歌咏团,整个年级有80多个同学,大概70%的人参加了歌咏团。唱歌是年轻人普遍喜欢的,通过这些进步歌曲,大家的思想认识慢慢地也都受到了影响。现在回忆起来,当时的歌曲主要是包括了三方面的内容。一个就是揭露黑暗,号召抗争。比如说揭露物价飞涨的,有一支歌叫《五块钱》。它先说这个五块钱的钞票现在没人要了,街头茅房到处有,垃圾堆里也找得到。为什么不值钱了呢?后来这歌词里头又说:"只因为钞票印得多,物价就涨得高,钞票越印越多,越多越没人要。柴米油盐天天涨哟,涨得比天还要高。穷人吃不饱,富人哈哈哈哈笑,这样的日子怎么过哟?快把世界来改造!"这些都是揭露当时的黑暗。也有针对中学生自己的,这支歌的名字我已经忘了,歌词还记得很清楚,它说:"朋友,你苦着脸,你皱着眉,你对着书本,你在想、你在想什么?朋友,可是颇重的家事、年老的爸爸妈妈,整天你无心搞功课!物价呀高涨,生活呀难过,多少人民在挨饿?将来呀梦想,前进呀迷茫,你想叫我们怎么过?朋友,相信钢铁的拳头、钢铁的拳头举起,让大家快乐地来生活!"像这些歌呢,都是号召大家要揭露黑暗,起来斗争,这是一个方面。第二个方面就是传播真理,指明方向。像那个《山那边呦好地方》:"山那边呦好地方,穷人富人都一样,你要吃饭得做工呦,没人为你当牛羊。"这些话都说到我们心里了,大家都知道所谓的山那边就是解放区。还有像《你是灯塔》,就是指明方向的:"你是灯塔,照耀着黎明前的海洋;你是舵手,掌握着航行的方向。年轻的中国学生们,你就是核心,你就是方向,我们永远跟着你走,人类一定解放,我们永远跟着你走,人类一定解放!"这里有一句歌词"年轻的中国学生们",实际上应该是"年轻的中国共产党",唱歌的人都知道。但是在国民党统治区,唱歌是唱给大家听的,你不能直接说年轻的中国共产党就是核心,就是方向,所以当时改了歌词就说"年轻的中国学生们"了。这并不是要去争领导权,而是大家心照不宣的一种说法,都知道山那边的好地方是解放区,而这个"年轻的中国学生们"指代的是中国共产党。就这样,越唱歌大家心里就越亮堂。这个呢就是传播真理,指明方向。还有一类是鼓舞士气、激励斗志的歌曲,这个呢,像《团结就是力量》,这支歌我们现在也还唱,解放以前这个歌就流行了。这支歌最后就是说"向着法西斯蒂开火,让一切不民主的制度死亡,向着太阳、向着自由、向着新中国,发出万丈光芒"!这都已经比较明显了,就是要推翻旧中国,要开创新中国,所以像这样的歌都是鼓舞士气的。还有一个歌激励作用更加大,那就是《跌倒算什么》。特别是在将近解放、白色恐怖最严重的时候,这个歌呢,激励的力量非常强大:"跌倒算什么?我们骨头硬,爬起来再前进!生要站着生、站着生,死也站着死、站着死。跌倒算什么?我们骨头硬,爬起来再前进!天快亮,更黑暗,路难行,跌倒是常事情、常事情。跌倒算什么?我们骨头硬,爬起来再前进!"像这一类歌呢,在解放以前激励的力量是非常强大的。应该说歌咏团的工作在当时是比较危险的,它不像读书会,可以三五个人、七八个人、十几个人在谁的家里不声张地看书啊,讨论啊,朗诵啊,唱歌得组织大家一起唱,你不能关到屋子里唱,而且在解放以前,这种歌咏活动实际上是地下党来团结教育群众,特别是团结教育青年群众的一个主要的方式,不管是选歌、指挥、找场地,然后教大家唱,还是去开音乐会,都是要暴露的,所以歌咏团的骨干在学生运动里被捕的概率是比较大的。唱这些进步的歌曲,要教会大家,又要不断地传唱,这个工作是比较危险的。所以辅仁歌咏团从建立到后来在学校的高压之下不得不停止了活动，但也坚持了一年半左右。它的影响很大，当年的歌声我一直到现在都记得。这一段就是在参加了读书会前后，又参加了歌咏团的活动。

我参加的第三项活动是一个大型的营火晚会，时间是1948年5月24号，所以这个晚会就叫524营火晚会。无锡当时有两所大学，一所叫江苏省立教育学院，一所叫江南大学。这个晚会是由省立教育学院的地下党和进步学生组织的，它的目的是纪念头一年5月20日在南京发生的"反饥饿、反内战、反迫害运动"，这个运动在当时被镇压了，也有人牺牲，所以这个营火晚会是周年纪念活动，邀请了各个大中学校的歌咏团参加，地点就是在教育学院的一个大操场上，我也就跟着辅仁歌咏团一块儿参加了。参加这个晚会的大概有2000来人，主题就是《团结就是力量》歌词的最后一句："向着太阳、向着自由、向着新中国，发出万丈光芒！"它也是要扩大这个进步影响。晚会先是各个学校来拉歌，唱的都是像刚才说的这个《五块钱》啊、《你是灯塔》啊，就是这样一些进步歌曲。大家唱得很热烈，因为歌咏团比较多嘛，都点着名，哪个学校来一个，哪个学校来一个，到最后就是2000来人大合唱，唱的就是《团结就是力量》，就是要向着新中国发出万丈光芒。唱完了歌以后，大家就是围着篝火跳集体舞了，集体舞也是有音乐的，音乐就是我们各个歌咏团平常传唱的那些进步歌曲，大家唱得最起劲儿的，就是有一支叫《唱出一个春天来》的歌，很简单，节奏也很明快。第一段说"年轻的朋友赶快来，忘掉你的烦恼和不快，千万个青年一个心，唱出一个春天来"；第二段就是"西边的太阳下山啦，东边月亮爬上来，从黑夜直到天明，快乐歌声唱不完"。这里的春天、黑夜、天明，当时大家都明白有什么象征意义。大家就围着那篝火又唱又跳，有大圈儿有小圈儿，这样就是把大家好像都组织到一起，有认识的也有不认识的，大家反正都融合在一块儿了，奔向一个共同的目标。我们那天的晚会实际上很难收场,因为大家越跳越起劲儿,谁也不愿意离开,但是因为晚会是在城外,而我们学校在城里,当时规定11点钟就要关城门,所以我们在10点来钟,大家虽然舍不得,也只能恋恋不舍地一边唱一边步行回家了。没有想到,我们离场以后这个晚会又出现了一些波折,因为那么大的晚会你又不限制谁能来谁不能来,所以混进了一些当时比较反动的学生,学校里头也有特务、"三青团"这些,这些人后来就进行捣乱,他们大声喊叫,说像《你是灯塔》啊,这都是共产党的党歌,这样就引起了会场的混乱,他们就围住唱这个歌的江南大学的学生,最早是他们唱,实际上后来大家都唱了,他们围住了江南大学的学生,还打电话说要找城防司令部来抓人。幸亏这些人比较少,大多数人就仗着人多,把江南大学的歌咏团保护起来,过了一夜,第二天才护送他们走。这个营火晚会虽然大家是唱唱跳跳,但是我也是第一次参加,以前读书会也是没几个人,学校歌咏团也是校内的,校外的大型活动我是第一次参加,我自己觉得这好像真是一个革命洪流了,这也增加了我的积极性和主动性,觉得自己也应该投入这个洪流中间去,争取做一些事情。这是第三个活动,就是参加了这个营火晚会。

我还加入了一个秘密据点,参加了一些秘密活动。当年在劝募寒衣运动的朋友里头,有一个是我们辅仁中学的同学,叫虞博文,他也是邀请我们组织读书会野草社的主要成员。这个野草社过了半年就因为走漏风声解散了,但是我们一些在野草社里受到革命启蒙的同学并没有散摊儿,大家还保持着联系。这个时候怎么办呢?就转到虞博文的家里继续活动。虞博文的父亲是一个不容易受到当局注意的资本家,当时开了一家申锡轮船运输公司,申就是上海,锡就是无锡,这个运输公司就在上海无锡之间经营,他这个老爸常年在上海上班,无锡家里只有一个老母亲,还有一个妹妹,老母亲也很好客,这样我们这些进步同学也就转到了虞博文的家里。一开始主要就是看书,他家里好像一个小图书馆,各种各样的书都有。这些书都包着封皮,写着一般的书名,但是实际上都

是一些进步的书刊。我们这些同学下午一放学就跑到他家里去看书,这些书比我们原来野草社的那些读物更进一步了。有的是赵树理写解放区的作品,像《李有才板话》《李家庄的变迁》,还有斯诺的《西行漫记》,还有苏联小说《母亲》《钢铁是怎样炼成的》,还有当时的进步刊物《展望》,还有各地学生运动中油印的一些小报,传递各地的消息,这些小报都是秘密印、秘密传的。特别在他家里还有一台短波收音机,这个收音机可以收听到解放区的广播,这样我们就常常在一起悄悄地收听,然后又很热烈地来议论。这样一边阅读书报,一边收听广播,视野就更加开阔,思想觉悟也就进一步提高了,于是就想我们这些人能不能做点什么具体的事。正好这个时候有一个机会来了,就在1948年的夏天,社会上又掀起了一个运动,这个运动就叫反对美帝国主义扶植日本,从上海、南京也传到无锡,那边大城市有游行示威,小报上都报道了这个消息,我们几个人就合计,咱游行示威不行,就办一个小刊物,宣传宣传这件事。于是就在虞博文家里编印了一个小册子来配合这个斗争,这个小册子就叫《怒火之花》,引起大家对美帝国主义扶植日本的愤怒。当时一共约了十来个同学,有的编写,有的刻钢板,那时不像现在印刷这么方便,钢板要一个字一个字刻的,有的同学负责一张一张油印,有的同学负责装订。因为白天要上课,这些事都只能晚上干,所以接连干了几个通宵。因为是夏天,累了就轮流打个地铺休息一会儿,男的一间屋,女的一间屋。小册子弄好以后,大家就分头到几个学校去悄悄散发,当我们拿到刚印好的、还有油墨香味的小册子,装在书包里头,悄悄地在街上走,心里是又紧张、又神秘、又兴奋、又激动,这种心情是很难用语言表达的。我们还做了另一件事,就是1949年"三八节"快要到了,在这个时候就有同学建议要办一份壁报来纪念"三八节",这个提建议的女同学后来知道也是地下党员。这个建议当然我们都响应了,不敢在学校里干,我们就约了同班的几个进步的女同学,也到虞博文家里去编制。怎么办呢?这个时候已是解放前夕了,白色恐怖已经很严重了,为了保密,

我们自己不敢写稿抄稿了，怕留下痕迹，所以就从一些进步的报刊上裁剪，反正虞博文家里这样的报刊比较多，就挑选了一些介绍"三八节"，介绍苏联妇女，也介绍解放战争进展情况的这样一些文章，从报刊上剪下来，在硬纸板上铺上白纸，把这些贴上去，然后再加上一些花边，配上一些小小的装饰，这样就成功了。那天晚上编了两个纸板，忙了一个通宵，第二天早晨就由两个女同学各拿一个纸板早早提到学校，趁着别的人还没来，赶紧挂到教学楼底下的墙壁上，赶快就走了。我那次没有去挂，匆匆回家吃了早饭，也赶紧赶到学校看看挂出来没有，怎么样了。一看，那个时候好多学生都来了，还没上课，围着看的不少，有的还指指点点在议论，我心里非常高兴。这个事校方很快知道了，当然不愿意，这两个纸板很快就都被摘下来拿走了，但是总是起到了宣传的作用。当时在虞博文家里，实际工作也就是做了这么两件小事。虞博文家的这个秘密据点一直到解放都没有被破坏，就维持下来了，我们在那里学习工作大概有一年左右的时间，在那里大家不断地成长进步着。刚开始的时候，刚懂得一点革命道理的时候，自己情绪是很狂热的，对地下工作充满了新奇感和神秘感，巴不得多做一些写传单、散传单这样的工作。可是虞博文就不断地给我们泼冷水，说不能这样干，要小心谨慎，不能暴露，当你暴露了以后，你被捕了，就会引起很大的麻烦，所以他不允许我们干写标语、散传单这些事。当时我们就觉得他这个人太小心谨慎了，给他起了个外号，就叫他"火烛小心"，自己巴不得多干点事，但是后来白色恐怖越来越严重，看到像上海、南京、杭州这些地方的学生运动中不断有人被捕，甚至牺牲了，自己有一次也发现"长尾巴"了。什么叫"长尾巴"呢？就是有人在后面盯梢跟踪，这是进步同学经常碰到的事。我正好那次也发现有人跟着，这个人我走快他也走快，走慢了他也走慢，幸好当时我们家是在闹市区一条街的拐角口，在一家药房的二楼住着，于是我先走慢点，轮到拐角那里很快就闪进了家里，这样才摆脱了这次跟踪。经过这些事，自己觉得不能盲目地乱来，不能凭着心意想

干什么就干什么,就觉得革命是要有纪律的,如果不守规矩,不受约束,那么惹祸的不光是一个人,你被捕了,坐牢了,就会影响大局,所以自己慢慢地也就冷静下来,把自己的活动隐蔽在群众活动中间,在课后的集体做功课或者和同学一起组织春游时,进行一些隐蔽的工作。在这个地下据点,自己也是受到了教育,慢慢地从幼稚走向成熟,这是我参加的第四项活动。

第五项活动就是加入共产党。1948年秋冬以后,革命形势发展得很快,反动当局也加紧了对学生运动的镇压。先是组织我们去参加营火晚会的那个教育学院在1948年暑假期间开除了他们歌咏团的4个骨干,到了秋天,11月中旬,又发生了教育学院的大逮捕,抓了18个人。这些人大都是歌咏团的骨干分子,因为歌咏团最暴露了,这些人中间也就包含当时组织营火晚会的几个骨干。我们学校里头也加紧了对学生的监管。我们学校是没有住读的,都是走读,下了课以后不准在学校停留,学校里都要清场,一个个都撵走,不准在学校里头搞活动,交头接耳,搞什么事。在那个寒假以前,学校还扣押了我还有几个进步同学的成绩单,扣押了干啥?叫你家长来取。本来成绩单是发给学生自己拿回家的,学校却把我们班几个进步同学的成绩单都扣押住,还说要开除我们,让去找家长。到了1949年4月份,形势更加严峻了。4月1号南京发生了一个惨案,当时南京的十来所高校举行一个"反对假和平,争取真和平"的示威游行,受到暴徒的袭击,牺牲了3人,伤了一百多人。这个消息传来以后大家都非常愤怒,有的主张要成立后援会支援他们,有的甚至主张要游行响应,但是那个时候地下党考虑革命形势发展得很快,看来离解放也不会太远,不要再造成牺牲了,所以响应活动就没有进行。但是白色恐怖越来越严重,又有内线传来消息说城防司令部要逮人了,而且有黑名单,地下党就让这些黑名单上的人紧急转移了,有些比较暴露的也让他们转移了,我们秘密据点里头也有两个骨干转移了,这个时候真是觉得"天快亮,更黑暗"。这个时候我就产生了一个想法,觉得自己应该接过那些死难者的战旗,去增加一些党的力量,填补一下党的队伍。但那个时候真的是不知道党组织到底在哪里,谁是地下党员,那都是以后才知道的。当时也知道自己周围肯定有党员,但是谁是党员?心里有猜测,却也不敢去问。正在我为想入党又不得其门而烦恼的时候,有一个同班的女同学,叫龚瑾娴,这个龚瑾娴也一起在那个地下据点活动过。她就找到了我,她问:"你是不是愿意和我一起参加一个接近共产党、受共产党直接领导的组织?"我一听当然很高兴,就说:"参加!"这时龚瑾娴就告诉我说:"这个组织不是别的,就是共产党,你参加不参加?"听到这话,我当时心里真是激动得很,我一定参加。她就告诉我说:"你要参加就必须要做到三条:第一条就是要遵守秘密工作条例,严守党的秘密。第二条就是要服从党的纪律,服从组织分配。分配给你的事你去干,不分配给你的事你就不要过问。第三条是党的利益高于一切,为革命不怕牺牲。你看现在也正是时局紧张、白色恐怖严重的时候,你考虑考虑能不能做到。"我做出了庄严的承诺。她让我赶紧写个自传,我就连夜写好交给了她。没过几天,她就告诉我,我的入党申请批准了,当时我刚满17岁,从此以后,我就一直在党的队伍里走到了今天。

谢: 您当时害怕不害怕呀?有没有害怕那种心理?就是盯梢啊,或者人家都有的被抓起来了,您害怕不害怕?

王: 那个时候倒不怕,就是开始的时候有些激进,不太稳当。

谢: 王老师,我听您讲这一段一步一步走上革命道路的经历,很坚定,没有那种犹豫、害怕,就是不断地成长、成熟,成为共产党的一员。最早就像您说的,您是循规蹈矩,从外表看您的性格不是反叛的性格,但是您对社会的不满,最早可能跟大家庭男女不平等有关,您是个女孩,在家庭就受到歧视。这个是基础。然后是因为社会上的不平等,贫富差距,政治腐败,国民党的腐败,之后参加进步活动,野草社、歌咏团、营火晚会,一步一步的。

王: 开始只是对这个社会不满,不满怎么办?不知道。

谢：开始就是您个人的不满，参加地下党的组织活动以后，找到了组织，找到了集体的力量。这当中我有一点体会，就是当时这种个人对社会不平等的反抗，必须要投入社会集体之中，有组织地进行，这才有力量。另外妇女的解放也好，家庭也好，社会也好，和民主运动、民族解放都是结合到一块的，对吧？您很坚定，而且一直追求进步，一辈子坚定不移，向您学习。

请您再讲一段，就是无锡解放比较早，无锡先解放，继而全国解放，新中国建立。您当时已经在无锡、苏州、上海、北京这几个地方工作了7年了，但是后来您为什么要坚持继续考大学，怎么来到了河南，这是一个问题。再一个，就是您毕业留校以后一直都在河大文学院（以前叫中文系）担任教学工作。这当中经过了十年动荡，后来又恢复正常教学秩序，然后您备课、上课，还担任了系副主任，负责系里的教学工作，还主持我们系一个很大的工程，就是中文自学辅导中心，当过月刊主编等等，请讲一下您这一阶段的工作情况。

王：我报考大学是在1956年，那年元月，中央召开了一个会议，叫知识分子问题会议，周总理在会上作了关于知识分子问题的一个报告，在这个报告里他就提出了怎么样和发达国家的先进科技水平缩短距离，提出了他的思路，那就是要向科学进军。这个会议以后，大家都响应"向科学进军"这个号召。怎么进军呢？当时有一些措施，其中有一条措施就是允许在职干部去报考大学继续深造，这样毕业以后可以更好地为社会服务，做出贡献。会议精神传达下来以后，全国响应很热烈，各个机关也都支持，在职干部能够离开工作岗位的，就支持他去报考。当时的干部队伍实际上跟现在大不一样，普遍来说，学历水平、文化程度是比较低的，像我就是中学刚毕业就参加工作了。在无锡刚解放的时候，渡江过来的老干部差不多都是打仗打出来的，没有机会好好上学，所以我们这些新解放区的新干部高中毕业就算知识分子了。但是在我后来的实际工作中，特别是在新少年报社和中国少年报社的工作当中，我感到自己的知识储备不够，而且加上我个人的性格，不大适合在报社工作。因为我这个人比较内向，比较安静，而报社的工作要求性格开朗、活跃，要善于和人交往，要能够很快跟陌生人熟悉起来，这样才能采访到东西，是吧？所以我就觉得一个是自己的知识储备不够，另外一个就觉得长期从事报刊工作，不是很适合自己。我从小就想当一个教师，而且我喜欢语文，我就想当个语文教师。

正因为这两个方面，我当时就申请报考。正好那个时候，我原来在上海工作的新少年报社迁到北京和中国少年报社合并，合并以后干部就比较富裕了，所以那个时候领导也就批准我出来考学。决定报考和批准的时候已经到了5月份了，准备时间只有两个来月。好在领导让我可以离职复习，这样我才又拿起了课本。但是毕竟时间很短，再加上考试前夕得了感冒，发高烧，所以影响了成绩。填志愿时我只报考了一个大学，那就是北京师范大学，因为我想当教师，当时又在北京，就报了北师大，不料因几分之差落榜。由于我只填了一个志愿，所以招生办也没有办法帮我选第二志愿，只能够等整个录取工作结束以后，看看哪个学校还有余额再进行补录。当年没有招够学生的师范大学只有两个，一个在山西，一个在河南。我选择了河南，就这样来到了开封师院。看起来当年的这个选择有点偶然，想不到从此和河大结下了不解之缘，在河南工作了一辈子。

我大学毕业以后被留校分配到中文系，当过几年政治辅导员，也干过一些零零碎碎的工作，经历了"文化大革命"，一直到1979年的下半年才稳定到古代文学教研室，分配在唐宋文学段，主要讲宋代文学。我是1983年底被学校任命为中文系副主任的，到1987年9月离休，实际工作不到4年。当时我分管教学，除了尽职尽责地保证全系的教学工作能够有序运转，其他的没有什么建树。比较可以说一说的呢，就是在1985年参与创建了中文自学辅导中心。当时全国推行高等教育自学考试制度，让没有机会上大学的人通过自学考试获得国家承认的学历，

能够更好地为社会做出贡献。河南省是在1984年试行自学考试制度的，取得经验以后第二年就在全省推广。当时河大中文系是自学考试中文专业的主考学校，负责命题、改卷，还要在文凭上签章这样一些工作。那时参加自学考试的人很多，但是考生住得比较分散，有很大一部分人是在农村。那么这些人到哪里去买教材？到哪里去找老师？怎么才能够得到自学考试的一些信息呢？什么时候该考？到哪里考？大家感到很困难。我们作为主考学校了解到这些情况以后，就决定要创办一个全省性的助学机构，帮助广大考生排忧解难，这个助学机构就是中文自学辅导中心。领导班子研究工作的时候，就把这个任务交给分管教学的我来办。

这是一件前所未有的开创性工作，我从1985年春筹建辅导中心开始，到1993年初辞去中文系副主任返聘为止，整整干了8年。首先是搭建机构。先在各地市和考生多的一些县建立了二十多个辅导站，作为辅导中心的下属机构，协助我们铺开工作；然后辅导中心又聘请了两位退休的老职工专职坐办公室，处理日常事务，这算搭起了架子。

辅导中心的工作主要有4项。第一项也是最主要的一项工作就是组织教学。当时我们把中文专业的开考课程分成4个学期，每学期开设2到3门，每一届就是2年，第二年可以招插班生。我们的辅导方式，一种是刊授，一种是面授。刊授就是创办一个专门刊物，那就是《语言文学月刊》。前面几期是叫《中文自学辅导》，出了8期以后改版，就叫《语言文学月刊》。这个月刊的内容主要是讲解各门专业课的基本理论和基本知识，由各门学科的骨干教师来撰稿。稿件方式也多种多样，有深入浅出的讲解，有便于记忆的问答，还有学习方法的指导，等等。此外还设有"试卷评析""答读者问""光荣榜""自学甘苦""学员园地"等栏目，从不同角度向学员介绍知识，沟通思想。自学考试一般都是业余学习，十分艰苦，很难坚持，但如果半途而废，就会前功尽弃。因此，辅导中心很重视对学员的思想教育，在每期刊物的第一页，经常以本刊编辑部的名义发表有针对性的短论，对学员进行思想教育，进行劝导和鼓励，这些短论一般是由担任主编的我来写的。这个月刊受到读者的广泛欢迎，被称为"无声的老师""自考生的良师益友"。在我离开中文系以前，我一直就担任这个月刊的主编，在职期间一共出了59期。第二种辅导方式是面授，为了使学员把各门开考课程都学得更加扎实，也为了解答学员在自学过程里的一些疑问，我们每学期都要派各门开考课程的骨干教师到各个地市去巡回面授，讲解各门开考课程的难点要点，一次面授大概是3到5天。这种授课由各地市的辅导站集中组织，授课的老师分片巡回，讲完这个点，就赶往那个点，上下午连续讲课大概要7个多小时，比在学校辛苦得多，常常累得腰酸腿疼，声音嘶哑。我除了组织全系各个学科的巡回面授以外，还多次参加了古代文学的分片面授。这就是辅导中心最主要的一项工作。

第二项工作是编写教材。本来全国自学考试指导委员会有统一的考试计划，各门课的必读书、参考书都是有规定的。一开始我们就把这些全国统一指定的教材发给学员，在刊物上进行辅导。后来发现这些全国统一指定的书目大多就是在校大学生的课本，这些课本都是大部头，一门课有的有两三册，像古代文学就有好几册，对没有老师讲课的自考生并不适合，辅导时也是吃力不讨好，学员还浪费时间，浪费金钱，所以我们就本着简明扼要、深入浅出的原则，为自考生编写了一套适合于自学的教材和辅导书，这些书仍然由各个教研室的骨干教师来编写。在自学辅导中心，我前后一共工作了8年，有3年是当副主任的时候，有5年是我返聘的时候。在这8年中间，中文系一共出版了自考教材18种，辅导书22种，练习册5本。我亲自参加了古代文学教研室《中国古代文学作品讲析》和《中国古代文学作品选自学读本》的编写。

辅导中心的第三项工作，就是发行书刊。辅导中心每届学员大概有万把人，分散在各地，如果书刊发不到，自学也就没办法进行。我们的教材、辅导书和月刊都是自办发行，为了及时把这些读物发到学员的手里，我们必须通过各个辅导站进行转发，辅导站也有二十多个，每个辅导站书也很多，所以采购教材、发行教材的工作量非常大，时间也很紧迫。负责发行的老师要在一个个出版社、书店和印刷厂之间奔走，常常冒着暑热，顶着严寒，手提肩扛，汗流浃背，牺牲节假日突击发运是常事，从未耽误过学员的学习，工作十分辛苦。

第四项工作就是答复信件。辅导中心每届都有上万名学员，分布在各地，他们和老师的联系主要靠信件。我们的处理原则就是有信必复，有问必答，而且要复得及时。这些信件有的谈思想，有的谈学业，询问最多的是考务方面的问题，负责回信的主要是两位坐办公室的老同志，有些难回的信就交给我来回复。我在辅导中心工作期间一共送走了三届专科学员和一届本科学员，前前后后的回信大概有五万多封，每天平均是 25 封。这些信件针对来信中的不同内容给以劝慰，给以勉励，给以切实的帮助，把知识和温暖送给广大学员，在老师和学员间架起了一座桥梁。以上四项，是中文自学辅导中心的主要工作。

在 1991 年省自考办曾经有个统计，中文专业的专科毕业生有 8051 名，在这些毕业生中辅导中心的学员占了 70% 左右；本科那个时候只有一届毕业生 219 名，辅导中心的学员占了 85% 以上。那么加起来辅导中心的毕业生一共大概有 6000 人，数量很大。这些大量的工作和辅导中心的成绩，是中文系全体教工共同努力的结果。当时全系的教工在刊授、面授、编书、发行这些工作里几乎是人人都参加的，我作为参与创建和主持工作的一分子，也付出了不少的时间和精力。我当年作为中文系的副主任，对系里的教学工作实在是没有什么建树，有了中文自学辅导中心的成绩，心里稍微踏实一些。

谢：您做了大量的工作，也很认真负责，《语言文学月刊》的短评我都看了，言辞恳切，对学员也非常地关注。对工作无论什么方方面面都认真负责，这是您一贯的精神。

王老师，您离开工作岗位以后仍退而不休，接受中文系返聘 5 年，继续承担系里的教学科研任务，主持自学辅导中心的日常工作；接着又

接受学校出版社和《中学语文》编辑部的聘请,参与编审、校对、质检等工作12年;自己还从事科研,编著了《写作名句词典》和《文学知识手册》等书籍;此后直到八十多岁,仍一直为老同学、老朋友们编阅书稿。请详细讲一下您离退以后的工作情况和感想。

王:我是在1987年55岁的时候离休的,按照当时的政策,女教师都是工作到55岁,哪怕有高级职称,到时候也就该退了。当时由于工作的需要,系里决定返聘,一方面继续承担教学、科研任务,另一方面主要还是继续主持辅导中心的工作,工作量仍是很大的。那个时候我几乎天天上班,每天都去系主任办公室,那里还保留了我一张桌子,辅导中心办公室也是我经常去的地方。到了1993年,我61岁了,感到自己精力不足了,就辞去了系里的返聘。这是我离休以后的第一个阶段,就是在中文系实际上又继续工作了5年。辞去返聘以后,我开始过上了"自由人"的生活,因为一向忙惯了,闲下来了倒觉得不大习惯,虽然手边还有一些科研工作,但是还觉得有点余力。这个时候正好咱们学校出版社需要增加外编,听说我有这方面的专长,就聘请我做特约编审,主要承担责任编辑、审稿、校对、质量检查这些工作。到了1995年,又接受《中学语文》编辑部的聘请,为这个刊物承担每月两期的终校,就是他们校对完了以后我最后再校一遍。这两份工作我一直干了12年,一直到2005年。我因为长期糖尿病引起眼睛视网膜病变,视力只剩左眼0.2,右眼0.3,文字几乎看不清楚了,才不得不辞去了这两份工作。在这12年中,受出版社的委托,我担任责任编辑的书有13册,负责二审、三审的有24册,由我校对的书有32册,由我进行质量检查的书有11册,加在一起共80册。受《中学语文》编辑部的委托,为《中学语文》《中学语文园地》进行终校的刊物约230来期,所以我觉得这个阶段的工作还是相当繁忙的,经常还是夜以继日。到2006年以后,我的眼睛在北京动了手术,视力有所恢复,又可以进行一些文字工作了。这个时候我已经七十多岁,不能胜任要赶时间的硬任务了,所以以后这十来年主要是接受一些亲朋好友的约请,为他们帮忙编审书稿。他们要出些回忆录,有些什么文集,就叫我来帮忙"把关"。算起来,这十来年帮助亲朋好友编审的书稿一共大概有20册,最后自己也用了4年左右的时间写了一本回忆录《足迹》,自编自校,2016年自费出版。

  关于科研,说起来我很惭愧,没有多少像样的东西,而且都是和其他同事合作一起来编的。在职期间由于教学工作和一些行政工作相当繁忙,几乎没有时间来兼顾科研,一些项目主要是在离休以后才完成的。大的项目主要是两本著作:一本是《写作名句词典》,这本书是我和同事王宗堂合作主编的,参与的还有当时古代文学教研室的6位骨干教师,大家合作。这本书一共186万多字,其中我写的有22万字。全书从我国古代的诗、文、词、曲中精选出6千多条名句,以便于写作时运用全书分为写景、记人、抒情、论事、说理5编,再细分为36类157项,供读者检索阅读。我们对每个词条都作了深入浅出的注释分析,并提示其对当今写作的借鉴意义。海燕出版社在1992年出版了这本书,社会影响较大,《人民日报》《光明日报》《中国青年报》《河南日报》《教育时报》《萌芽》等先后刊登了评介文章,认为它兼有科学性、实用性、文学性,品位较高。在1993年,这本书获得了河南省社会科学优秀成果三等奖,1994年又获得了河南省写作学会优秀科研成果一等奖。该书曾经在1992年到1997年间先后印了4次,一共发行了22000册。20年以后,海燕出版社因为社会上还有需求,又于2013年再版了一次,改名为《中国古典名句鉴赏写作词典》。第二本是《文学知识手册》,由我主编,还有中文系有关专业的6位骨干教师通力合作完成。这本书107万字,其中我执笔的有10万来字,河南大学出版社1994年出版。它共收2870个词条,主要是写中国古代文学、中国近代文学、中国现代文学、中国当代文学、外国文学、文学理论等方面的一些基本知识,对古今中外的著名作家、著名作品,名著中的主要人物形象,文学理论中的基本观点、思潮流派和主要的名词术语等都做了简明扼要、深入浅出的介绍，囊括了文学基本知识的各个方面，构成了一个完整的科学体系。这本书出版后也产生了较大的社会影响，《中国青年报》《河南日报》《河南新闻出版报》都发表了评介文章，说这本手册能使读者"开卷获益，一册在手，文学知识的精华尽收眼底"，是"文学青年的良师益友"。当年准备报考研究生的学生对这个手册特别欢迎，认为其简明扼要，各种文学知识都有。这个手册出版以后，1995年获得中南地区大学出版社协会优秀学术著作二等奖，1999年它修订再版，又增加了"香港、台湾及海外华文文学"部分15.8万字，新增词目306条，两次一共发行了10000册。从这两本著作可以看出来，我的科研是以普及作为方向的，《写作名句词典》是在普及中国古代的优秀文化，而《文学知识手册》是在普及古今中外的文学基本知识。我还曾经写过面对中小学生的作品，比如海燕出版社曾出版了一套"小学生经典背诵丛书"，其中有一个经典古文分册，我参加了编写，那是一本可以装在孩子们口袋里的小册子。我还曾经应中学生阅读编辑部的约稿，在他们的刊物上连续三期刊登"名句赏读"。我自己编写的那本《梅韵诗情》，也是一册普及梅文化的读物。我觉得普及先进文化是一件好事，所以大事小事我都愿意做，作品的发行量之所以比较高，也和它的普及性有关。

　　我多年从事编校工作，可以说乐此不疲，不管是编辑、审稿还是校对，我都比较认真细致。对每一部书稿，我都是以高度的责任心来对待，每一个文句、每一个标点符号都不放过。为了保证作品在内容上没有错误，我常常跑图书馆和中文系资料室；为了力求文字能够准确，手头的几本常用词典也被翻得破破烂烂。我对工作比较尽心，一些编辑同事和亲朋好友常常乐意找我"把把关"，所以我的编校任务常年不断。有人说编校工作是苦差事，是"为人作嫁衣裳"，让别人风风光光，自己却辛辛苦苦，没名没利。特别是校对，书刊出版后文字上找不出毛病没人表扬，一旦有了差错，就是校对的责任。我觉得，能够让一部优秀作品减少瑕疵，体体面面地问世，就是编校工作者最大的快乐，所以每当我发现问题，

挑出错误,我就觉得高兴。其实这些工作也不仅仅是付出,作者书籍中所涉及的古今中外的广博内容,也使我丰富了知识,开阔了视野,使我的晚年生活更加充实。

我从55岁离休开始,一直工作到85岁左右,这三十来年,我是踏踏实实、高高兴兴地走过来的。我为自己的晚年还能为党的事业、为弘扬先进文化做些小小的贡献感到欣慰。

谢:王老师,今天下午太累了,您做工作兢兢业业、认真负责,一辈子辛劳付出到现在,您多休息休息多保重!

王:好,好。最后我还想说几句心里话:我是河大的一名普通教师,对学校没有什么大的贡献,在校内也没有什么名望,实在够不上被访谈的资格,今天被破格约访,真是感谢各位。我的经历也很平凡,有没有发表的价值,也希望各位多多斟酌。

05 | 王立群教授访谈实录

受访人：王立群
采访人：张召鹏
时　间：2020年10月3日下午
地　点：河南大学档案馆（图书馆东楼）

王立群

男，山东新泰人，1945年3月14日生于安徽省六安市霍山县。1965年8月高中毕业参加工作，在开封市空分设备厂子弟学校教书，先后教过小学、初中、高中。1979年以同等学力考入开封师范学院（河南大学前身）中文系中国古代文学专业，攻读硕士研究生，1982年毕业后留校任教至今。现为河南大学文学院二级教授，博士生导师，曾任中国古代文学学科带头人。曾担任河南省政协第十届委员、第十一届政协委员和常委。

主要学术兼职：中国《文选》学研究会原副会长、中国《史记》研究会顾问、河南省文史研究馆馆员等。

主要荣誉称号有：2002年获批"河南省劳动模范"；2006年获"河南省高等学校第二届教学名师"称号，同年获"河南省教育十大师德标兵"称号；2006年、2007年获"河南省十大教育年度人物"称号；2008年获批"河南省优秀名誉专家"；2009年新中国成立60周年获"河南省十佳师德标兵"称号，同年获批第四届"全国高等学校教学名师"；2015年获批"享受国家政府津贴专家"；2019年新中国成立70周年获"河南省突出贡献教育人物"。开封市"首届文化奖章"获得者。现为国家社科重大项目"《文选》汇校汇注"首席专家。

2007年受原国务院侨务办公室邀请，到美国参加"文化中国·名家讲坛"活动，赴旧金山、洛杉机、纽约等城市，讲述中国传统文化。2011年再次应邀，到比利时、葡萄牙、西班牙三国讲授中国传统文化。

他始终工作在教学一线，长期从事中国古代文学、中国古典文献学的教学与研究，至今在河南大学的讲台上已执教38年，教书育人。先后讲过秦汉魏晋南北朝文学、中国古代文学作品选、中国古代作家作品专题研究、中国古代山水游记研究、《文选》研究等课程。

出版有《中国古代山水游记研究》（中国社会科学出版社）、《现代〈文选〉学史》（中国社会科学出版社）、《〈文选〉成书研究》（商务印书馆）等著作。在《文学评论》《文学遗产》等刊物上发表论文多篇。

2016年始，在央视《百家讲坛》连续主讲了《史记》中的8位帝王和北宋的宋太祖、宋太宗，总集数达270集以上，几乎全部为中宣部"学习强国"平台推荐。2013年担任第十五届"CCTV青年歌手大奖赛"综合素质评委，央视第一季至第六季"中国诗词大会"点评嘉宾。

他的最大贡献是通过央视平台，历时15年，宣传了河南大学，让河南大学为全国人民和海外华侨（通过央视四频道）所认知，其宣传力度之大，是河南大学百年历史上从未有过的。

张召鹏

男，文学博士，河南大学文化产业与旅游管理学院副院长，河南省民间文艺家协会会员，河南大学非物质文化遗产研究中心研究员。主要研究方向为社会文化转型、文化创意策划。出版著作5部，发表学术论文10余篇。

张召鹏（以下简称"张"）：王老师您好，好久不见，距我上次采访您，已经过了15年。我们今天的采访主要是关于您对河大的记忆，咱们就从您读研时候的经历开始。都知道在1978年时研究生考试恢复了，当时你来考研究生是以一个高中生的身份，能不能谈一下当时的一些情形？

王立群（以下简称"王"）：嗯，我跟河大的结缘时间比较长。实际上我来考研，是1979年考的第二届的研究生。我们是82年毕业，我曾经在《今日头条》上发过一个我们的毕业照，这毕业照在网上可以查到，有将近160万的点击率。考研之前，当时这个学校叫开封师范学院，和我当时联系最密切的是开封师院的历史系。其实我考研的时候犹豫了一下，是考中文？还是考历史？曾经犹豫了一下，最后决定还是考中文，就放弃历史，没有考历史。原因是在"文革"的后期，有一场非常大的运动，叫"评法批儒"。它提倡专业院校和当地的工人理论组结合，所以当时的开封师院历史系就和当时我所在的那个厂结合。那个厂，当时是第一机械工业部（开封）空分设备厂，简称为空分厂。它就是把空气抽出来分离成氧和氮，利用氧和氮的沸点不同，氧气用来纯氧炼钢，氮气用来制造化肥。我在那个厂的子弟学校高中部教书。我是从它1965年建校开始，教了7年小学，3年初中，4年高中，一共教了14年。然后在高中教学期间，这个工厂的工人理论组给开封师院历史系两方面结合，结合以后要做一部书，叫《王安石诗文评注》。当时和我们合作的李志学老师是一个年轻的老师，后来调走了。接手负责我们这个工作的就是当时50岁左右的朱绍侯老师，他当时还是个讲师，那时候我们就认识了，他是负责跟我们联系的，最后的稿子也放在朱先生那里，但后来这个书没有出。虽然书没有出，但是我在开封师范学院历史系待了整整3年，那3年是每天从东郊，就是现在的开封宋门外，骑一辆二八自行车，骑到开封师院来。在历史系我们有一个单独的办公室。

分工就是：工厂里来的3个师傅做王安石的散文，我负责做王安石的诗词。所以来到这儿以后，给我审稿的就是中文系的高文教授，所以那时候我就跟高先生很熟了。

然后每天来到这儿以后我就在历史系的资料室看书，资料室有鞠秀熙教授、当时还是副教授的胡思庸。

当时历史系的实力很强，开封师范学院在"文革"中一共只有20个正教授，其中历史系占了10个。历史系为什么这么厉害？是因为省委省政府1954年迁郑的时候，把河南省历史研究所留在开封了，留下来以后，把历史研究所并到历史系了。历史研究所有5个正教授，历史系有5个正教授，加起来就10个正教授。整个开封师院是20个正教授，历史系占了10个，中文系占了7个，剩下来的2个是教育系的，还有

1个是政治系的。所以当时就是文史专业是开封师院的王牌专业,历史系尤其强大。

所以我在那工作了3年,每天都骑车来,当时是每周休息1天,6天工作,每周我来6天。所以在那个时间除了做王安石,还要读《宋史》,除了读《宋史》,还要读《史记》《汉书》《后汉书》《三国志》前四史。

当时很多历史系的老教授没有机会去上课,我来的时候是二十多岁,所以那些老教授想讲课没有机会就把我当作学生给我单独讲课。我在这儿听了很多老师的课,他们都是一对一地给你讲,今天这个给你讲讲,明天那个给你讲讲,哪个老师有空,哪个老师都愿意给一个二十多岁的年轻人讲。所以我当时受惠于历史系的这些教授耳提面命的这种教导,我单独听了他们很多课,所以后来我为什么在高中毕业就能考上研究生,那根子就在历史系,10个正教授身上,加上中文系的一个高文教授。

我每写好一首诗词的解读,就送到高先生那儿叫高先生看,高先生都不急于看,先给你讲讲王安石,讲这个文学史上的名作家,讲着随手就拿着书翻着给我看。所以,当时开封师院的20个正教授,我差不多受惠于十几个,包括中文系的王梦隐教授,他们都给我单独讲过,所以我对开封师院的印象很深,也知道开封师院的根基很厚,有这么一批老教授。

更重要的是这里边我发现了一个问不倒的教授,就是高文先生。高先生文史兼通,能写诗,会填词,书法还一流,他是胡小石先生的弟子。胡小石先生本身就是近代史上的书法名家,他招学生第一条就是必须得会书法。所以现在你像南京大学程千帆先生的弟子很厉害,程千帆先生的夫人是沈祖棻,沈祖棻先生跟高文先生是同学。我有问题就去问高文先生。

当时中文的、历史的两方面的教授,那个时候他们又没有课上,所以很遗憾。当时有一个老师抓住我去给刘坤太他们讲了3节课的王安石变法,我滥竽充数去讲了3节课。这些教授不能去讲,受当时形势的影

响,所以我就经常听他们给我讲,打下了一个非常好的文史功底。

所以,我能够考上开封师院中文系的研究生,最重要的原因之一是我当时就对这个学校非常喜欢,也知道这个学校有一批根基很深厚的教授,你像当时历史系的鞠秀熙教授,他就是美国普林斯顿大学毕业的,咱们学校的正教授能在美国正儿八经的名校毕业的很少,普林斯顿大学那是名校啊!

当然现在我们有一些学校已经宣布自己进入了世界名校这个系列了。世界名校它还是有一些标准的吧,比如世界名校最起码得有10个诺贝尔奖的获得者才能够得上名校的一个基本门槛。世界名校你必须得有一些教授,他们的研究成果能改变人类的科技进步,你才能够成为世界名校;世界名校你必须得有一批著名的校友,在世界中间都是赫赫有名的,你才能进入世界名校这个系列的。普林斯顿大学在美国就是赫赫有名的名校。咱们历史系的鞠秀熙教授就是美国普林斯顿大学毕业的,这些教授他们视野非常开阔,也不保守,我问他们,他们都给我讲。

这里边实际上所有这些教授中,我接触以后,认为最厉害的是中文系的高文教授。所以这些老师给我的言传身教的影响,给我的耳提面命的教诲,使我最后决定报考开封师院。当然我报考时就纠结,是报这么多名教授的历史系,还是报中文系?但是,我在学校教的是高中语文,最后还是报考中文了。在我考试之前、考试之后、毕业留校以后,我向高文先生请教了很多问题。我举一个例子,当时台湾有一个出版社找我,叫我给他们翻译一本书,这本书的名字有很多人都没听过,这个书的名字叫《黄书》,咱们概念中"黄书"就是黄色书刊呀。实际上这个《黄书》是中国历史上非常有名的一本书,作者是王夫之。王夫之写的《黄书》一共就写了7篇,很短,但是特别难读,他这个第一篇,我读了一个月,也没读懂。我就去找高文高先生,高先生拿着一看,马上就把这一篇的大意跟我说了一遍,他一说,我全懂了。像这样的教授很难得,无论是文学,无论是历史,无论是哲学,无论是前期的、中期的,还是后期的,

任何一个名家的著作,很偏僻的一本书,他都能懂。可以说河南大学到现在为止,很多著名教授没有读过王夫之的《黄书》。但是你拿给高文先生,当场问,他就当场给你解答,这就叫问不倒的教授,很难得。

不是每一个教授都经得起学生问的,特别是经得起老师问的,很多教授你是不敢问的,问完就等于给他出了个难题,他不会给你答案的,顶多说我回去查查,你就不敢再问了。但高先生是随问随答。

我好几次参加全国学术会议时说:"我们河南大学,大家别觉得不怎么样,我们有问不倒的教授。"他们就很惊讶地说:"河南大学还有问不倒的教授啊?"我说我这一生只遇到了两个,一个是河南大学的高文先生,一个是中国社科院文学所的曹道衡先生。曹道衡先生是中国社科院文学所所长刘跃进老师的导师,也是北京大学的傅刚教授的导师。他一生就带了4个博士,一个是中国社科院文学所的所长,一个是北京大学的名牌教授,另外两个从政了。曹先生也是问不倒的教授,什么事问他,他给你从先秦开始,原原本本一直讲到你问的那个时候为止,这都是问不倒的教授。

所以你问到我考河大,有这么一段非常曲折的历史。首先是这个学校的根基很厚,再一个是这个学校有一个问不倒的教授,还有这么一批教授都给我讲过课。比如说历史系有一个现在很多人都不知道的赵希鼎教授,赵希鼎教授是咱们学校《史学月刊》的创始人、创办人。赵先生个子不高,他最擅长的是民国史,每周我到他家去听一次民国史,赵先生给你泡上一壶茶,边喝茶边跟你讲民国史,我的民国史全是从赵先生那儿听过来的。

后来我就报考开封师院的研究生,从高中生考上研究生,在这之前是有一个很长的铺垫,这是一个很重要的原因。我了解开封师院的历史,了解开封师院的老师,我对这个学校当时就怀着非常崇敬的心情。所以后来考这个学校,留校,包括我上《百家讲坛》,后来上诗词大会。不管在任何地方,人家让我介绍自己,我第一个介绍的,永远都是河南

大学教授,决不忘了这一条。哪怕什么都不介绍了,把"河南大学教授"介绍完,我王立群的身份也就介绍完了,因为这个学校跟我有很深的渊源。

还有第二个原因是1977年恢复高考。恢复高考以后很多人都要去考,我也去报名。到那儿一报名,人家说我不能报,为什么?他说你是1965年考大学被淘汰的学生,我们现在只招高六六、高六七、高六八这3届超过30岁的。因为我是1945年生,1977年招生的时候我32岁。1976年粉碎"四人帮"后,我才离开开封师院,回到我所在学校。

1977年招生,我就一鼓劲儿的来这报名,不让我报,搞了个小插曲,我没有报考1977年的本科生,但是市里边组织评1977年开封市考生的考卷,我成了阅卷老师。所有当时报考开封市1977年高考的考生,我是他们的语文卷改卷老师,但是我没有资格考1977级的本科生。这是很奇怪的一件事情,我没有资格报考,但是我是评卷教师。后来,我考到这里,上开封师院的研究生的时候,我一见,我们空分厂有一大批人来了,像中文系的张俊山老师,他是从空分厂子弟中学调过来的,王玉梅老师,法学院调过来的杜增新老师,考上数学系的何娟、拜云峰,考上中文系、后来做过开大副校长的王祥云,跟我都是同事。我来到这儿以后,一下发现我们这个空分厂学校,加上我来了7个老师。其中3个调过来做老师,4个进来是做学生。3个本科生,我是考的研究生。

不让我报考1977级,我就感到很懊恼。1978年恢复招研究生,这招研究生的机会千古难逢,这一辈子要上学就剩这一次机会了。但是,1978年我考试没有准备,当时给历史系老师商量,他说:"小王,考我们这儿来,没事,就考我的,我肯定招你,我们太了解你了,你在这儿工作了3年,比在校的本科生的工农兵学员那3年读书还多。"但后来我还是想考中文,当时和我一块准备考研究生的还有另外2个人,一个叫佟培基,一个叫葛景春,我们3个人在一块复习。后来葛景春考入河北大学,读詹锳的研究生去了。佟培基是因为那一年他有一门课没考好,没录取。但是我还没入校,我研究生还没毕业,他就从小车班调到中文系来了。后来我们3个人都学了古代文学，他们一个是调进来的，我是考到开封师院来了，葛景春是考到河北大学读了詹锳的硕士。

咱们学校有一批，包括贾玉英他们，都是跑到河北大学读了博士。因为河北大学它最早有博士点，所以他们就都在河北大学读。

就这样阴差阳错，最后我就报了开封师院的中文系。中文系考试也很传奇，中文系的考试科目，一个是文学史，包括古代文学作品选。我当时的第一个问题就是没有书，不像现在的文献太好找了，网上都能买。当时没有书，那怎么办呢？借！张俊山后来调过来文学院教现当代文学，我就找他借文学史。借了好多书，我算把几本文学史拼齐了。然后又借朱东润的《中国历代文学作品选》、王力的《古代汉语》。全部是自学，但这些书一看都懂。毕竟在历史系研究王安石研究了3年，打下读古文的基础，当时的记忆力也好，很快就把这些东西都背下来了。我是从《诗经》开始背，一直背到《红楼梦》林黛玉的《葬花词》。一年我背了五百多首诗词，要把整个文学史全都背下来，把《古代汉语》全都看懂看完，把《中国历代文学作品选》的名作看完。

那年考试，我政治考得最好，政治课我还复习时间最短，就复习了4天。复习政治课的时候我刚好腰椎出问题了，坐骨神经疼，坐不到那儿，坐到那儿的时间，不能超过10分钟，超过10分钟我就坐不住啦。所以我就躺在床上看。

政治你怎么复习？没有办法复习。但是我非常感谢当时的开封市委宣传部印的白皮小册子，每一个小册子大概就是22页，那个小册子介绍的是什么呦？政治经济学，资本主义部分一册，帝国主义部分一册，社会主义部分一册。我一天看一本，看一本背一本。最后一天，我把艾思奇的《辩证唯物主义和历史唯物主义》这么厚的一本书拿过来，我说看不完呦，看目录吧。看目录背了一遍目录，记记目录。然后去考，那年就政治考的分数最高，考了91.5分。这个嘞，一个得益于我在那个学校教书，每次政治学习我很认真。因为我是个很认真的人，连那个学

校的政治学习我都很认真。十几年工作中的政治学习帮了我很大的忙。再加上宣传部印的那个小册子帮了我很大的忙。所以,这两个加到一块,而且我自己工作了14年,有一定的政治阅历,我会把各方面的知识凑到一块去答题。

改卷子的是政治系的老师,当时没有法律系,什么经济系、管理系,统统没有。一个政治系分了好几个学院,都是从政治系分出来的。所以政治系老师改卷,这个学生考得好啊,考了91.5分,就通知中文系说,这学生你们要不要,不要我们政治系就收了,差一点我跑到政治系去上。后来中文系老师说我们要,当时历史系也要,中文系也要,政治系也要,但最后我还是上了中文系。当时报考研究生的是三批人。数量最大的,占85%的,是老大学毕业生。就是1965年考上大学的,他们1969年毕业,上了一年大学,参加了三年"文化大革命",1969年毕业,哪儿来回哪儿去,这批人有人考。第二批人呢,是"文革"中间后期培养的工农兵大学生。还有极少数,就像我这样的"投机分子",属于没上过大学,来这蒙的。这批人后来我发现还不少,易中天也是这群蒙上的。这个,复旦大学还有一个,叫什么呢,这个搞历史地理的,谭其骧的学生,他也是蒙的。后来我发现全国这个知名学者中间,有百十个都是高中生蒙上研究生的。这批人后来还出了一批人物呢。易中天是1978年考上的,我是1979年考上的。所以考研的这个经历啊,在当时来说,属于一个另类吧,另类考上的。

当然这个和当时那个气候有关,环境有关。如果是1977级毕业的,我们能不能考上就不好讲啦。但是1977级正在上本科,所以我毕业的时候基本上跟1977级、1978级同一年毕业留校。所以考研,我当时难的一个是大学中文4年的课程没有学过。再一个,课本找不到。第三是好多课全部都是靠自学。

比如说外语,我那个年代上高中的时候是中苏友好,我们分在俄语班。我学的是俄语,这个对我一生损害太大了,这个俄语就把我害苦了,那时我高中俄语早就丢了。俄语是33个字母，33个字母怎么读我都忘了，你说怎么考？我在那个厂，是个空气分离设备厂，那个厂工程师主要是西安交通大学深冷专业的毕业生，我找他们，他们都是1965年以前的老大学毕业生，给我拿来的俄语教材都是最粗糙纸印上下两册的西安交通大学工科俄语教科书，苦不堪言。我去找他们学，问他们字母怎么发音，然后我就把工科俄语教材硬啃了一遍，专业词汇淘汰掉，日用词汇全背下来，把俄语的语法全部再学一遍记下来。那一年俄语还考了61.5分，政治考了91.5分，我们的外语录取分数线50分，1978年外语不计成绩，我考的时候要求50分，我考了61.5分，等我毕业以后再考，那就要求更高了。所以当时考的时候，这个就是很传奇。

我就算比较幸运，其实我的幸运得益于在历史系混了几年基础，混这几年也下功夫了。

张：那考上研究生之后，那3年怎么度过了？

王：那就4个字"如饥似渴"。你费这么大的劲儿考上了，因为当时觉得这是唯一的一次升学机会了，后来就真没有了，后来就把考研的门槛提高到大专。那考上以后我们就住在现在这个校区，校医院旁边有一座楼，那个楼好像现在是教工活动室，就在那个楼。咱们学校的研究生教育（管理部门），最早是在教务处研究生科，后来成立研究生处，再后来成为研究生院，我现在还保存着当年的准考证，当年的复试通知书，当年的录取通知书，当年毕业的报到证，我现在都有。1979年考研的准考证原件保存到今天恐怕都不多了，当时觉得这些东西很珍贵。考上研究生，对自己一生的命运改变很大。入校以后我们条件其实还是很艰苦的。1979年研究生考完以后，佟培基开个汽车跑到我们学校，我正在上课，佟培基给我招招手。我把课停下来，培基告诉我："你老幸运，就你过关，咱仨就你过关了，我没过。"我一听很高兴，佟培基给我报了消息，这个我就知道可以参加复试了。大概佟老师给我说过，有一个星期以后，开封师院给我寄了复试通知书，又来我们空分厂学校，

就把这事情汇报给空分厂党委。其实我在当时已经是空分厂学校的教务主任了,党委就派了一个人事科刘科长,他现在已经去世了,刘科长专门到家里去看我,说王老师你别走啦,这个党委已经决定,只要你不参加复试,马上提你做空分厂子弟学校的副校长,而且是第一副校长。我说好,好,我非常感谢单位对我的这个关怀,但是我不能放弃,空分厂学校,一个中学的副校长,和我读书的这个愿望差别太大了。而且在开封师院这几年,我对这个学校感情很深,而且我对教授也太了解了,去过好多教授的家。所以我还是没有听刘科长的话,我还是来这儿参加复试了。参加复试的时候,当时有华锺彦教授、高文教授、王梦隐教授、王宽行老师、李春祥老师,一个一个的老先生在那儿,我们先笔试,笔试完了以后就是面试,还算不错,我们参加复试的学生大概有7个人,最后就确定录取了2个。我们参加初试的是80多个人,80多个人只有4个人来参加复试,其他人淘汰了,最后剩了2个。这2个就算过关了。后来又转过来2个,他们是报考外校没有录取。包括康保成,康保成是报的上海转过来了。这最后分工了,就是何根德(后来去了临汾的山西师大)录取到先秦;我录取了汉魏六朝;屈光录取到唐宋,但屈光老师很快就去世了,他怎么去世了,我们就不知道;康保成录取到元明清,他跟着李春祥老师。就是我们4个人,分4个段就录取了。就住在现在是老干部活动中心的那个大楼上,我们就住在3楼上一个大房间。当时是11个研究生住一个宿舍。当时我们还很不适应,毕竟都是30多岁的人,都工作了多少年,然后突然住在一个房间里。吃食堂,也很不适应,后来就把我调到东三斋,东三斋就3个人住一间屋。

东三斋我住2楼向南的那个房间。我和学外国文学的蒋连杰老师、学中国近代文学的陈绍林老师,3个人住一个房间,毕业以后就留校了。

读研期间那是下了苦功夫了。3年读研期间我跟的老师是王宽行老师,宽行老师的最大特点,是文本解读的穿透能力非常厉害,他给我讲得最多的是《论语》《孟子》,他对《论语》《孟子》的讲解可说是别出心裁,有独到的见解。当时关于陶渊明，文学遗产编辑部发动了一个大辩论，《文学遗产》原来是《光明日报》的一个专栏。进去讨论的全是名家，只有王宽行老师是个刚留校的青年教师，他写了一篇文章，最后登在《文学遗产》的那个栏目中间。后来文学遗产编辑部编的《陶渊明讨论集》（中华书局，1961），就收了王宽行老师的这篇文章。就是他能够通过一首诗讲透一个作家，他这种文本解读能力给我的启发太大了，影响太大了。所以后来，我就一直琢磨着宽行老师这种解读文本的能力，后来我去《百家讲坛》讲课，对我帮助最大的实际上是王宽行老师。我讲课就学王宽行老师这个讲法，养成了一个解读文本、穿透文本，透过文本的字、词、句讲人物的这么一个习惯。所以后来《百家讲坛》来这儿选人的时候，30多个人坐在一块儿选，我是第一个讲的。我就把鸿门宴的前4行讲了一遍，就是：沛公军霸上，未得与项羽相见。沛公左司马曹无伤使人言于项羽曰："沛公欲王关中，使子婴为相，珍宝尽有之。"项羽大怒，曰："旦日飨士卒，为击破沛公军！"一共在课本上就4行，这4行我给《百家讲坛》的人讲了30分钟，你4行怎么讲30分钟？最重要的是解读文本，你把文本解读了，这个字行就讲活了。这个讲法刚好暗中符合了《百家讲坛》的需求，所以他们一眼就看中了，讲完就到隔壁去录像，录像完了就告诉我说，王教授你是河南大学的首选。其实这个得益于我在读研期间宽行老师给我的影响。他没有讲他那种方法，但是他给我一个人上课，他是满屋子跑哇，他不是坐在那儿像一个老师，咱们现在老师上课，一对一的讲课都坐那儿讲，王老师给你讲课他是满屋子跑，他就住在后面的甲排房。他夫人在农村，孩子也都没过来，他一个人在那儿住了几十年，穿得很简朴，一年到头就是一身中山装。所以王宽行老师在我读研期间那个讲法对我影响太深了。他一个人满屋子跑着，讲着讲着"啪"一拍桌子，就这样声色俱厉地讲，所以给我的印象很深。极其投入，感情投入，哪怕对一个学生讲课也是十分投入，现在找不到这样的老师了。所以学生后来听王老师讲课，只闻其声不见其人，他在10号楼那个阶

梯教室里讲课,你光听见王老师的声音,找不到这人。满教室跑,满教室跑着讲着、讲着跑着,就那样的。板书也是一会儿这儿写个字,一会儿那儿写个字儿,即兴式的讲课,就很难找到那样的老师。在读研期间,给我影响最深的就是王宽行老师和他的文本解读的功力。

张:就这些对你后来的成长有什么影响?

王:他直接影响了我后来的教学,给我的教学带来了极大的帮助。

毕竟我对这个学校有很深的感情,为什么今天来我要别一个河南大学的校徽咧,我是河南大学的教授,是吧?你们这个录像将来保存多少年我不知道,但是不论到哪儿去,我的第一张名片就是"河南大学教授",这是最重要的名片。

这次我来之前,刘老师给我打电话说这个国庆节期间要录,他们就给我发这个微信,说怎么介绍我,我说介绍最简单的:河南大学教授,你愿意介绍了,你再加一句,这个"文化学者",不愿意加的,就河南大学教授,后来他们怎么加了,我不知道,我们家的电视现在只能看央视八套,一套也看不成,三套也看不成,所以我就没看。但是我的一些朋友们当时看的,截屏,他们拍的照片发给我看了,我这录完我大体知道一个情况。所以我觉得读研对我的人生来说是最重要的一个环节。

我对河南大学的感情源于河南大学给了我第一个平台,如果没有河南大学这么一个平台,我根本想不到,也不可能再登上《百家讲坛》第二个平台。

成就我的一生的就是两个平台,第一个平台就是河南大学,第二个平台就是央视的《百家讲坛》。

所以这两个平台对我的一生来说太重要了。所以去年宋校长通知我来参加2019年研究生开学典礼,我有一个发言,讲"一万小时定律",在那个发言中间我讲了两句话,叫"人生需要平台,平台造就人生",这个太重要了。

我再能讲课,我是空分厂子弟学校的一个老师,那就没戏了。我只

有来到河南大学做了河南大学的教授，我才有下一个平台的机会。

我上了央视，有一个更大的平台，所以我不可能忘掉第一个平台，我一直感恩于河南大学这第一个平台。这第二个平台给了我更大的空间，所以后来参加青歌赛。2013年第十五届青年歌手大奖赛，我去做那个点评嘉宾，因为在我之前做点评嘉宾的是谁？是余秋雨老师。余秋雨做了那么多年的点评嘉宾，突然间换了我，第一场下来就有人发微博说："这个王立群不行，为什么不行？他缺少余秋雨老师的思辨能力。"所以当时给我的压力也很大。是谁推荐了我呢？极力举荐我的是央视著名主持人周涛，周涛是大型节目制作中心的副主任。后来周涛就把这话告诉我，她说："王老师你一定要说一些具有哲理的句子，把你的发言'没有哲思'这个帽子摘掉。"这个话对我来说压力很大。因为我是点评嘉宾，只点评不打分，打分的评委只能参加每周五场的点评，完了就要换人。因为我不打分，我参加了120名晋级到36名，一共20场的点评。

结果，第四场，机会来了，两个藏族选手在这个抢答题中间，10道题全抢了。因为不会的题可以说"过"，说"过"，你就有时间去答下一道题了。就这两个选手他是10道题全抢了，答对7道题，这个很难得。所以，我一看，脑子里马上冒出来两句话，我说："这两个选手很不容易，藏族选手对于汉族文化为主的抢答题很陌生，他们竟然一题不落地全部答过，宁肯答错，决不错过。所以这就叫什么呢？'过错是暂时的遗憾，错过是永生的遗憾'。"说了这两句还没有2分钟，后边有专门两个人，看那个观众反应的，马上就告诉我说："王教授，你这两句话成了名言了，打响了，现在好评如潮。"因为它是直播的节目，它不像诗词大会是录播。诗词大会，我们要录一个晚上，从晚上8点录到第二天早上6点，需要10个小时的录播，最后剪出来100分钟。这个是直播，是延时5分钟，不会把你的节目立即播出去，在那个导播间他们要看，看完以后觉得没问题就播出了，有问题就把镜头转换到那个直播现场，把你这段掐掉。

这个也得益于读研期间，读研期间因为你对文本的解读给你养成了一个习惯,你听别人发言的时候,你也会知道哪些发言是有分量的,所以你尽量要讲那个有分量的发言。

后来我又讲了一句话,是评一个女选手的,她答得不错,我说:"这个选手有一个很大的特点,就是她把命运掌握在自己的手中了。命运就像手中的掌纹,尽管曲折,毕竟还在你的掌握之中。"这两句话也火了。所以,这20场比赛有了这两句话做渲染,最后就顺利过关了。

所以我觉得到央视的平台上去,其实它的根基是在河大的平台,读研你考上河大,它给了你一个平台,你在这个平台上讲课就是一种锻炼。

我留校以后就留到文学院,讲课当然就评不了优秀教学奖,我也就认了,反正是把课教好,学生满意就行了,评奖不评奖无所谓。但是有一个好处,就是你课讲得好,锻炼的机会多。当时我们的锻炼有这么几种机会,一种机会叫讲函授。

我记得我当时留校不多久,就派我到驻马店去讲函授。那时候讲函授课我的任务是,一天6个小时,讲5天,我嗓子都哑了。下一个来接我的人是古汉语的一个老师。结果院里边、系里边,当时叫中文系,突然打了个电话,说古汉语那个老师他家的小孩有病,他不能去。说王老师你不要回来,你在那儿继续讲5天古汉语。这不要命嘛!我是教古代文学的,古汉语没有听过一天,全是自学的。最后,我就拿着古汉语的教材,晚上备课,第二天上课,又讲了5天古汉语。嗓子都哑了,喷那个消炎药,早上喷喷,上午讲课;中午喷喷,下午讲课。把10天的古代文学、古代汉语课全讲了,就养成了一个"串门"的习惯。后来大家就知道这个老师会"串门",古汉语、古代文学,反正沾着古的,他全能串。

再后来就一个讲课,叫自学考试,河南大学中文系是河南省自学考试的命题单位,所以去辅导。每一年我有一个月不在家,背着个包在全省转。我记得有一次是先在濮阳讲,濮阳讲完去安阳,安阳讲完去洛阳,洛阳讲完去汝阳,汝阳讲完以后去南阳,南阳讲完以后去信阳。我说这

简直是跟"阳"结上冤家。河南省带"阳"的地市几乎我去了个遍,最后从许昌讲完回来,一个月。原来是到一个地方,我讲一天,另一个老师讲一天,两个人交替着讲。后来就说这样跑着太累,两个老师都要跑那么多点儿,说隔一跳一地讲,到一个地方,你讲两天,把两个老师课全讲了,就串着讲。所以这个锻炼对我影响也很大,也锻炼着我成为全能选手了。

还有一种锻炼就是,暑假中间高中语文教师培训,高中语文教师培训是非常重要的一项。当时我们院长是张生汉,张院长就说:"王老师,你代表古代文学来讲,18个地市,每个地市的老师在河大培训3天,其中两天半是古代文学。你的课讲得好,你来讲。"然后一个假期里,大概我讲了45天的课。

所以,我最多是一个假期60天讲45天课,影响了我好多写作。但是好处是给了我好多锻炼讲课的机会。所以后来我就养成了习惯,见啥人讲啥课,包括后来到《百家讲坛》。你看去年咱们这儿,宋校长叫我参加研究生的开学典礼,卢书记叫我参加本科生的开学典礼。本科生开学典礼那天来了信息工程大学的两个校领导,校领导就说:"王教授,能不能去给我们学生讲一次课?"我一想,信大每一年都支持咱们军训,咱们学校也应该回报人家一次,这就算拥军演讲吧。我完了以后又跑信大讲了一次,讲完我就回北京了,一回北京就回不来了。后来就是各种录制,再加上疫情,前年是在空司,给空军司令部讲课,大前年是在西山给总参二部讲课。他们都属于战略支援部队,我基本上每一年要给部队或者中直机关讲课。

在北京的八大处,有中宣部全国宣传教育干部培训基地,给中宣部讲课,对的都是各地市的宣传部长,包括南京市的宣传部长,重庆市的宣传部长。给宣传部长他们讲课就是组织一些材料给他们讲一讲。所以这个读研是个很重要的基础。留校以后,我是两手抓,一方面是教学,另一方面就是科研。我觉得教学是普及,科研是根基,你没有科研的话,

你这个教学根本搞不好。所以我留校以后，我就决定了，把自己的论文定格在我们这个专业的最高刊物——《文学遗产》。所以，我很早就给《文学遗产》投稿。

张：我问一个比较有意思的话题。您工作之后很快赶上了一个事件，原来您上学的时候是开封师院，后来是河南师范大学，后来到了1984年我们改校名为河南大学，您对这个事件有什么样的一个记忆？

王：这些改名对我们来说影响都不大。因为对我们来说，最重要的不在于你学校叫什么名字，哪怕你叫着学院或者师大，这都不重要。重要的是什么？重要的是你能够为这个学校做点什么，这是很重要的一个方面。现在很多学校都想把自己改成什么大学什么的，实际上很多世界一流大学，它并没有，这不是靠自己的牌子的。我们学校有一个特殊情况，老河大，所以大家有一个情结，希望能够恢复它原来的校名。但是依我来看，更重要的是恢复当年的它实力、当年它在全国高校的排名、当年它在全国高校中间的那个地位。这要靠什么呀？这些东西靠的是声口如一，不是一个单纯的名称。我们把河南大学改成河南师范学院，改成开封师范学院，那当然是把这个学校的规格一步一步地降低。但是如果降低到开封师范学院，你仍然保持当年那个实力的话，那你仍然很厉害。即使把你升成河南师范大学、河南大学，升成这个985，你没有那个实力还是不行。所以我们这一代人经历了开封师院到河南师范大学，再到河南大学，再到"双一流"学科大学，这么一个历史进程，当然为母校的发展感到很高兴。但是对于我们这么一个年龄的人来说，更看重的是河南大学目前在中国高校、在全世界高校中间有什么特色，有什么让大家引以为傲的，值得自豪的。现在大学多得很，到处都是大学，但是人们认可不认可，这就是个问题了。

包括前一段，有些高校宣布自己进入世界一流大学，这些也无可厚非，它们确实是中国目前顶级的高校，但是不是世界上都承认的一流大学了？这就是另一个问题了。所以在整个改名过程中间，我入校是开封师范学院，毕业的时候是河南师范大学，工作了是河南大学，但实际上对我们个人来说并没有太大的影响。央视《百家讲坛》来这儿选人的时候就说，开封师院的文史专业很厉害，人家的编导没有改口，开封师院那个时期确实是文史专业很厉害。所以人家选人，那就是奔着学校的实力的。你现在改成河南大学了，但是如果你的文史专业掉下去了，文史专业也没有多少能让人家熟悉的、认可的、称道的人了，那你改成什么其实效果并不大。所以我觉得这些改名我们经历过了，我们更希望的是母校能有自己的实力，你的实力让人家称道。比如目前就科研能力来说，北京、上海、广州、深圳，这都是很有名的。那下面再排什么呢？再往下排，还有哪些能进入这些一线城市的行列中去呢？人家提到的南京、武汉、合肥，特别提到合肥。合肥就有一个中国科技大学撑起了一个城市，中国科技大学的名字好像是加了一个"中国"，国字号，地点是在合肥。这个学校现在名气大得很，它有院士几十个，在世界上也是数一数二，是数得着的大学。这些学校不在于它在什么地方，不在于它叫什么名称，而在于它的实力，就是你能不能有被人们称道的实力。比如说在休息之前我给你讲到我自己做研究，我曾经给自己开了一个玩笑，说过一句自嘲的话，我说我写了一辈子的论文都没有超过我的第一篇论文。它是1989年9月份，我寄给《文学遗产》的一篇论文，叫《晋宋地记与山水散文》，这文章寄去两个月，文学遗产编辑部说采用，并让我把作者简介寄过去。1990年第一期就登了这篇论文。那么这篇文章的价值在哪儿呢？它改变了中国文学史上过去的一个错误看法。召鹏你是中文系毕业的，那么中国山水散文起源于什么时代呢？所有过去的文学史都写起源于北魏时期郦道元的《水经注》，我的那篇文章把它推翻了，我认为起源于东晋末年和刘宋时期的地方志。最有名的像选入中学课本的《三峡》不是取自《水经注》，而是取自于刘宋时期盛弘之的《荆州记》。这是我在《文学遗产》发表的第一篇文章，也是唯一的一篇改变文学史提法的文章。这篇文章出来以后，文学史的提法改变。袁行霈主编的全

国高校通用的文学史教材,以及其他十几种文学史书籍都采用了我这种说法。我看了一下袁行霈编的四大本文学史,提到河南学者的只有我这一个人。那换句话说,你写一篇文章能改变文学史的写法,改变人们对中国山水散文起源的认识,被引率这么高,就是因为这样,一篇高水平的论文远比一本专著重要得多。后来我在那个论文的基础之上扩充了一篇专著,叫《中国古代山水游记研究》。

所以像这样的话,我觉得河大还是应当鼓励更多的教师写出原创性的、足以改变文学史和科技史的提法的文章。袁行霈现在是国家文史馆的馆长,是北大中文系最著名的教授。他写文学史,他把你的说法采用了,说明不仅仅是他一个人认可,是一批学者都认可。

咱们河大的名改成河南大学非常重要,更重要的是名实相符。名,恢复到40年代那个水平;但我们的实力,能不能恢复到40年代群星灿烂的时代,这是个大问题。我们现在都已经属于前浪,后浪怎么样?后浪能不能超越前浪?改写文学史,改写科技史,改写人类历史,就要看我们的后浪了。这就是我经历改名的一些感想。

张: 刚才王老师提到了自己的第一篇论文,这么多年还是记得发表的第一篇论文。这篇论文实际上也跟您后来研究的方向,就是《文选》这一块儿有很大的关系。那么在您整个的魏晋南北朝的研究过程当中,当初为什么会选择《文选》?

王: 其实《文选》只是我研究的一个方面。《文选》是一部书。《昭明文选》可能你知道,因为你受过专业训练,其实有好多人不知道。但是好多人知道《千字文》,《千字文》和《昭明文选》其实关系很密切,《千字文》是《昭明文选》的作者、萧统的父亲萧衍下令编的。萧衍觉得王羲之字写得太好了,所以他从王羲之的字中间挑了1000个写得最好的字给了一个学者,这个学者很有学问,用4字为韵编了一个《千字文》。现在很多人把《千字文》当作启蒙读物,但其实《千字文》的价值不在这儿,《千字文》的价值在于它是书法。隋代的智永和尚《千字文》写得都非常好,因为隋人离这个梁代非常近,他应当看到王羲之的真迹了。所以智永写的那个楷书的《千字文》,我认为是在后来的《千字文》中间写得最好的。所以我的研究大概是集中在山水游记、《史记》、《文选》这三块儿。我在《百家讲坛》讲的时间最长的就是《史记》,总书记最喜欢的也是我讲《史记》。总书记2016年在北京召开全国哲学社会科学工作座谈会,当时的中宣部部长是刘奇葆,刘奇葆给总书记报了一个名单,这名单是要交给总书记审定的。当然这个名单报的时候这个报的人有他的考虑。是怎么考量呢?他是按组织系统报的,比如说中国社科院一个管科研的副院长,带着历史所所长、文学所所长、外国文学研究所所长、哲学所所长、考古所所长,带着6个相关所的所长来开会。然后北大、清华、人大人家都有研究院,他是按这样的系统报上去的。所以中宣部搞了个名单,报给了王沪宁同志,王沪宁同志看完以后又报给总书记。这是后来中宣部通知我去开会的人说的。总书记看完以后,就用红铅笔在这个名单上写了一个"王立群",这名单给了王沪宁,王沪宁马上就明白了,就转给刘奇葆,刘奇葆然后就说找这个王立群通知他。他们当然很有办法,很快就找到我的手机,给我发了个短信,要我去开这个全国哲学社会科学工作座谈会。我接到短信不敢相信,通知就说几月几号到京西宾馆报到,第二天参加中央一个涉密会议。如有疑问,请向河南省委宣传部理论处处长王某某咨询,电话什么什么,然后落款是中宣部理论局。我拿着这个说,省委宣传部我也不认识,我就认识学校的宣传部。我把这个短信就转发给河大宣传部部长李庆春,他很快就回了一个短信说:"王老师,我问过了,是真的。"我说真的我就去开会,假的我就不去了。然后我就报到,谁也不认识,房间里就放了一个通知书说明天早上7点40集合,坐4号车,手机全部留房间,不能带任何东西,不能带照相的、录音的。那第二天就坐4号车去了,到那儿一看,看到了徐光春老书记在那儿,到过人民大会堂北门的时候,安检的人都认出我来了,很客气。总书记讲完,他过来先给徐光春打招呼,然后就

握握手过来,到我这儿开始站起来聊天了。他说:"王教授,你的《百家讲坛》的讲座我大部分都看了,怎么看的呢?是我在福建、浙江工作的时候,我经常出去检查工作,我的秘书跟着我,知道我的习惯。一上车,我闭上眼他就放你的光碟,不能看视频,我听您的音频。"

所以《史记》这一块儿其实我下了很大的功夫,一个是在《百家讲坛》讲,一个是在写论文。我这儿给你带来了一个东西,我没有拿《史记》,拿了一个宋史,这个宋史就是我写的稿子,第一卷宋太宗讲了40集,1个月讲4集,10个月讲完这一个系列。这是用的五号字,五号字的稿子大概要写8000到10000字。但这稿子要打出来,站那儿讲我看不见,眼睛花了。所以我站着讲用什么稿子呢,我得用这么大的字,就是所谓的宋体一号字。我可以不戴眼镜,拿宋体一号字来讲。但是你要知道从这个五号字到一号字它有一个很大的问题,你把这8000到10000字都用一号字打出来,太厚了,找的时候找不到。所以得把这个10000字的稿子压缩,一遍一遍地压缩,一般需要5遍左右才能压缩成大约4000字的一个讲稿。这个讲稿就是一个提纲,更重要的是这个讲稿上会有一些黑体字,这个黑体字将来都是要打成字幕的。打上字幕就说明我这话不是乱讲的,都是引文,而且这引文的出处是什么上面都有。所以我才把它压缩成这。压缩完了,这是一篇稿子。这一篇稿子我就在北京的家里边铺到地上,大概需要铺4行。我大概要花几天的时间,坐到我北京的家的沙发上看着我的稿子,看得累了,就站起来,宋体一号字我站着也能看得见。站起来看,然后想怎么讲,哪个地方讲长哪段讲短。我是按播出时间来讲,播出时间一般是36到38分钟,广告多了播36分钟,广告少了播38分钟。那么我录制40分钟,给2分钟的剪辑余量。因为这有一个考量,与其让一个外行的编辑剪,不如内行的主讲人剪,他剪的话可能把我认为重要的给剪掉了。我剪的办法是,什么我少讲,所以一边讲着一边看着时间,把手表取下来往那桌上一放,看着这时间。他一般是给你一次两个小时开讲,我讲了以后才知道,他要求你第一分钟就进入亢奋状态，这样效果很好。如果你 2 分钟以后才进入状态，那观众就跑了，就调台了。因为观众是拿着遥控器，他可以看，也可以跳，你必须第一秒钟就抓住他。而这些讲解都和你研究的基础离不开。我对《史记》做了大量的研究，这就用上我在校期间学的王宽行老师的文本解读。我曾经在《文学评论》上还发过一篇文章，叫《历史建构与文学阐释》，这篇文章发在《文学评论》2011 年第 6 期上，2012 年《新华文摘》第 6 期全文转载。那篇论文讲了一个非常重要的观点，是什么呢？就讲司马相如和卓文君的故事，我是解读司马相如是劫色、劫财。这样一个观点推翻了所有的历史想法和记载——以前的文学传播。卓文君是一个上当受骗的人，司马相如是一个老谋深算的人，我是这样来解读的。后来，我由此讲出来，历史其实是分为 4 个层次。你像今天我们在座的人，你们看到的是真实的历史，我在这儿讲，你们在听，你们都是历史的见证者，你们最知道我讲什么，你们最知道我怎么讲的。但是你们下去回到寝室，给你们的朋友说上午干什么了，听王老师在那儿采访了，你们再去转述的时候就走样了。你能把我每一句话都记住吗？你能把我的语气、表情、强调的东西都记住吗？不可能。你们只能记住那些你们最感兴趣的东西，记住你们愿意记住的东西。所以等你们下去做实录的时候，"记录的历史"和今天我在这儿讲的"真实的历史"已经有差距了。所以，司马相如和卓文君的故事，等到司马迁写下来的时候已经有了变化了。"记录的历史"和"真实的历史"是不一样的，有了很大的变化。同样一个抗日战争，日本人写的跟中国人写的一样吗？共产党写的跟国民党写的一样吗？英美的学者写的跟这一样吗？现代电影演的是"传播的历史"，是从真实记录到传播。等老百姓看完以后再去讲，那叫"接受的历史"。这历史实际上分为 4 个层次，真实的、记录的、传播的、接受的，都不一样。尽管"历史"看起来只有两个字，但是你要让我讲历史，我能讲一个上午。我能把"历史"两个字讲一个上午。教授的任务是把简单问题复杂化，《百家讲坛》主讲人的任务是把复杂问题简单化，一个学者既能够把简单问题复杂化，又能够把复杂问题简单化，这才是一个完美的学者。你只会把简单问题复杂化，你是个学者，你还不是普及者。你还能把复杂的问题简单化，那你是个完整的学者。我们写东西一方面是为了推动研究、了解真相，另外还有很重要的任务是要普及，讲给老百姓听，这就需要你要能够把它普及下来。所以我觉得历史，特别是《史记》的研究，是我非常重要的一项工作。

当然另一项就是《昭明文选》的研究。《昭明文选》我为什么看好它呢？我觉得它是一个非常了不起的范文。它收录了从先秦屈原开始，一直到梁代的所有的著名作家的代表作。这是不得了的！它培养的目标是什么呢？是让一个读书人学会写最常见的39种文体。这39种文体学会了以后，上，你可以给皇帝做秘书，因为39种文体中间包括皇帝的诏书，皇帝讨伐别人的檄文。《昭明文选》学会了你可以给皇帝做秘书，《昭明文选》学会了你可以为逝去的人写碑文。《昭明文选》最后一类包括祭文、碑文、墓志文，这都会写。会写，这是大本领啊。韩愈挣大钱就是通过写碑文。清代还有一个很有名的人，随园的主人袁枚，33岁就退休了，随园的主人晚年建了一个非常漂亮的随园，请人家去游园、吃饭。吃完饭以后卖食谱。另外他做过皇帝的翰林学士、秘书，会给人家写墓志铭。

现在很多人连碑文、祭文、墓志文的区别都不知道，就别说写了。所以，这些东西恰恰是不仅会写古文，会写古诗，还要写各种文体。你要给河大写一个《河大赋》，谁能够写《河大赋》，并且能够得到大家认可、符合赋的文体？《昭明文选》一共60卷。前19卷是赋，三分之一都是赋。如果不读《昭明文选》，你写不了《河大赋》。所以这些东西它是一个非常好的古文的一个选本。诗、词、赋全有，各种应用文体全有，它把应用文体写得那么有文采，今人一般做不到。它有诗歌，诗歌又分了类。悼亡诗怎么写，怀友诗怎么写，它一类一类给你列出来。所以宋代的陆游才说"文选烂，秀才半"。你真是文选熟了，你什么都会写，你是真

正的文人！所以《昭明文选》我做了大量的研究，拿了两个项目，一个叫"文选版本注释综合研究"，再一个是现在我正在做的一个国家重大项目，我是首席专家，叫"〈文选〉汇校汇注"。

这里边写了三本书，一个叫《现代〈文选〉学史》，就是我做学术的第一步。在我入手之前，所有的研究论文我一网打尽，全部看完，然后分类。《文选》的作者、《文选》序、《文选》的分类、《文选》和《文心雕龙》的关系、文学和《诗品》的关系等等，把所有东西都写完，写这个学术史。写完以后就知道哪些地方的研究还有待深入，哪些地方还有重大缺陷，哪些地方已经研究得差不多了，不必再下功夫了。我先捋了一遍，花了5年时间。

第二步我才去做研究，写出来了《〈文选〉成书研究》。怎么成书的？一般人认为这么大部的书，那还不是手下人帮他编的吗？所以我在《文学遗产》上发了一篇文章，纠正了这个说法。我认为《文选》是一个人编的。前面有那么多大总集，哪一篇好，他用毛笔打个勾，别人一抄就完了，太容易了。

我还研究《文选》成书过程中的变化，因为最流行的清人胡克的家刻本，比我们现在见到的宋人的刻本，往往一个注释能多多少字。我后来写了一篇论文，5万多字，刚好程民生教授是《河南大学学报》的主编，程民生教授有一个很大胆的想法，凡是国家一级学会的副会长以上的人选在学报上发论文，不计字数，多少万字都可以。因为我是文选学会的副会长，文选学会是民政部批准的国家一级学会，所以他就发我的文章，我问他字数多不多，他说不嫌多，越多越好。5万多字一口气全发完，就写胡克家刻本。不是原本的胡克家刻本没有学术价值，就是因为它增加了大量的注释。所以我就觉得这个本子不行，最流行的本子，大家最常用的本子，实际上是最不靠谱的本子。大家都拿它来用，都举它为例子，实际上最不靠谱。这你要深入研究，拿着几个本子和它一个字、一个字地比对。比对出来，它比这个本子多了多少字，它比尤刻本

多了多少字,一条一条地查。我花了四五年的时间,写了一本书,所以应当说在这方面下了很大的功夫。其实我觉得还是值得的。

张:从咱们学校这样的一个平台,到央视的这样一个平台,这两个平台刚才您都说了,一个是基础性的平台,一个是更广阔的平台。那么这两个平台都经历过之后,王老师您自己最大的感悟是什么?

王:最大感悟还是打铁要靠本身硬。你比如考研究生,我当年下功夫下到什么程度了?当年我们在那个厂子里,每周六的晚上都在那个家属院放电影,当时放了一个最有名的电影叫《望乡》,是写一个日本妓女的故事,非常轰动。为了看那个电影,整个家属院的人从中午开始就在那儿排队,我真的没去看。我跑到我们学校去,那个地方没有一个人,我一个人在那背书。要自学的功课太多了,你说大学四年没上差了多少课,你要补过来,最起码把考试要考这几门你得补过来吧。然后我在那儿做教导主任,我还在上课,我在做教学行政工作。哪怕有一节课有时间我就跑到理化实验室,夏天最热,冬天最冷,那儿没有人。那一节课40分钟,我也在看书。早晚看书,寒暑假看书,就这样,一年把大学四年要考的课程全部自学完,那不就得下功夫嘛。下了功夫以后,碰到了宽行老师,讲课讲得好,研究的时候往往有独到的见解。我想学的不是王老师他的见解,我要学的是他那个独到见解是怎么来的,那个东西要学到手,那你的一生都不怕。因为我会讲到《文选》,王老师不研究《文选》,那么我怎么办?我得用那个方法去做《文选》,王老师不给我讲《史记》,我就没法去讲《史记》。所以打铁本身硬还是重要的。

再有就是认真。第一我看原始文献,第二我看所有的研究文章。比如我要研究司马相如和卓文君我就把所有的相关研究文章全部看完,看有没有别人提过这个看法,我一看没有一个人讲,那好了,既然大家都不讲,我就把我的独到看法讲出来。而且我由此引出来一个道理:真实的历史、记录的历史、传播的历史、接受的历史都不相同。所以发到《文学评论》的时候,《文学评论》在那一期的编后记推荐了两篇文章,其中有我这一篇。第二年《新华文摘》第六期全文转载,那篇文章影响很大。就是说你必须得自身硬,你自身不硬不行。很多东西我都能背着讲,但是我要把我背着讲的东西一个字、一个字地写下来。

第一个是你自己下苦功夫,再一个是认真!把你要讲的每一句话都写出来,然后把你要讲那些重点画出来,这要一遍一遍地压缩,这功夫很少有人去下。所以成功固然靠河南大学这第一个平台,靠我在这儿受到很多恩师的教诲,靠我们院长给了我那么多讲课的机会。60天的暑假叫我去讲45天,给了我这么多讲课的机会,我感谢他们,这都是锻炼我的机会。我讲了那么多课,讲过自学考试,讲过函授生,讲过那些专业班的课,讲了太多的课,所以这讲课的感觉就来了。

刚开始我讲的时候观众很多,后来搬到央视里边去,我进门要把身份证压在那儿,换成一个进门卡。然后进去的时候还要人领着,然后再出来。所以我们后期录制《百家讲坛》是无观众录制,没有一个观众,前面两部摄像机,旁边一部摄像机,还有一个大摇臂,在你头顶上旋转。

到了诗词大会,还有一个滑道,滑道上一个摄像机不停地在那滑动,还有飞的那个飞猫从那边对着你就飞过来了,给你拍近景。那录制诗词大会10个小时,你得一直这样坐着,这样坐着,你受不了,你一点儿都不能这样躺着坐,那个录制是很艰苦的,你任何一个动作应该都能录下来。但是我们经过那个训练以后,我觉得一个是要有功底,一个是要办事认真。你如果不认真,你可能就讲不好。再熟悉的东西你也要把你讲的每一句话都写出来,你经过一写,再这么一压缩,再在你的面前铺三天,天天你在那儿围绕着转着看。坐那儿看,坐那儿看着累了站那儿看,站那儿看完以后走着看。那不是烂熟于心了嘛,烂熟于心,越熟越好。讲时你前面除了摄像机以外就是一个大钟,开始讲的时候,它就是时针和分针归零。一开始讲它分针就开始动,动到40我就得停,我一边讲着,脑子里删除键就在开着。这句话,看着时间快到了,这就要删掉不讲了,一边讲一边删,一边讲一边删,40分钟准时录完,休息10分钟,接着录第二集，录完立马走人。这样去录，而且录之前只喝一杯酸奶，不吃饭，所以这么多年养成一个饱吹饿唱的习惯。

张：王老师，我还有最后一个问题。这个问题主要是给这些孩子提的。对于这些青年的学生，尤其是刚上学的本科生，对于他们现在的一个成长，他们未来的发展，你有什么样的一个期待？有什么样的寄语？

王：后浪都比我们前浪厉害。要叫我说，学什么专业不重要，学会怎么做学问，怎么做事，怎么做人更重要。这个社会其实是非常复杂的，你不知道你将来要做什么。我是个理工男，从上小学开始我的理科就特别好。高中三年，每个学期的期末考试要考10门以上的课，我的平均分没有下过97分。我高中的毕业考试还5门考了100分。理工男为什么后来学了中文呢？我报了清华大学土木建筑。为什么报土木建筑呢？一方面是仰慕梁思成，他名气很大，但另一方面是因为当时的形势所迫。我高一是我们班的班长，高二是校团委委员，高三是校团委委员兼我们学校的学生会主席。但是在我们毕业之前两个月，有一个政审。把学生叫过去，通知一部分学生，你们可以报考绝密专业，通知另一部分学生，你们可以报考机密专业，没有通知我开会。我敏感地觉察到家庭出身影响到我，绝密不能报，机密不能报，那就报建筑吧，建筑既不是绝密又不是机密，还有个梁思成是吧？其实觉得这样报还挺好，分数也过了，但是我那个东西没有保存下来。第二年"文化大革命"，学生就把教育局的高考档案室砸了，砸了以后，有人就把我的高考档案袋送给我了，我搬了几次家丢了没有保存下来。我那个成绩和志愿在那上面都列着，我的第一志愿报的是清华大学，第二志愿报的是西安交通大学，第三志愿报的是开封师范学院，我说不管怎样最后开封师范学院能给我收底了吧，结果开封师院也没录取我，我落榜了。接到的安慰信，是一张红纸打的：某某同学，今年有什么原因，希望你可以积极参加国家的社会主义建设。我就失学了。等第二年看到我的高考志愿，牛皮纸的档案袋上面盖了一个蓝章，有6个字"该生不宜录取"，考得再好，顶不

住政审的蓝章。所以当经过了几十年的沉淀，今年我75周岁了，过了年就76了，奔八的人了。对年轻的"后浪"我觉得你们挺幸福的，最起码不会再给你们加盖"该生不宜录取"的章啦。再一个，你们有互联网，有手机，我现在就不行了。你们可以用那个九宫格双手打字，我都不行，我拿着九宫格老记不住这字母在哪儿，我到现在还是用手写，但我更多的还是喜欢在计算机上用五笔字型打字，我这五笔字型可以盲打。我1992年学五笔字型，半年学会，所以一直到现在我都用五笔字型打字。所以你们的条件比我们好，比我们那个时代也好。另外你们吃得也好，我1958年小学毕业上初一，就开始勤工俭学，就长到一米七六的个子，小学毕业，在那儿拉砖养活学校。60年上初三就赶上大饥荒，就吃不上饭，一天基本上就吃一顿。不像你们现在吃得也好，吃得也饱，我们当时什么都没有吃的，我们就吃野菜，吃那个老的柳树叶子。柳树叶子捋下来还是绿的，洗洗煮煮，然后把它蒸蒸，掺一点儿高粱面，然后吃那个东西。苦，然后五分钱一块的辣椒砖，一口辣椒砖一口窝头，就那样长大的。我个子长不高，本来我应该长到一米八多的，就长了一米七多就不长了，饿得长不上去，没有营养，所以你们条件非常好。

我对历史感兴趣，后来又考了文学，教了文学，又去《百家讲坛》讲了历史。跨界无所谓，都很正常。重要的是什么呢？要坚持自学，活到老，学到老。坚持自学，因为只有自学才能保证你一生都处在一个学习的状态，干一行专一行。我昨天才接到通知，今年有我写的两本新书出版，因为现在不能举行新闻发布会了，准备通过网上直播，因为我在抖音上有一百多万粉丝，快手上有七十多万粉丝，头条上有二十多万粉丝。

张：行，王老师今天辛苦了！

06 | 朱绍侯教授访谈实录

受访人：朱绍侯
采访人：龚留柱
时　间：2020年10月3日下午
地　点：河南大学档案馆（图书馆东楼）

朱绍侯

男，1926年生，辽宁新民人。1954年东北师范大学研究部毕业，现为河南大学历史文化学院教授，享受国务院政府特殊津贴。历任河南大学历史系主任，河南大学出版社总编辑。任中国魏晋南北朝史学会、中国秦汉史研究会、河南历史学会顾问。长期从事中国古代史的教学和研究工作，主攻秦汉魏晋南北朝史，是国内对中国古代军功爵制、户籍制度、治安制度史最早进行系统研究的学者之一，已出版《军功爵制研究》《秦汉土地制度与阶级关系》等学术著作8种，主编《中国古代史》《中国古代史研究入门》《今注本二十四史·宋书》等学术著作10种，均在海内外产生较大的学术影响。

龚留柱

男，1950年生，湖北枣阳人。历史学硕士，河南大学历史文化学院教授，博士生导师。自1985年起，一直为大学历史专业本科生讲授中国古代史、中国历史文选、中国古代文化史等课程，为研究生讲授秦汉史概论、秦汉简牍概论、中国古代史料学等课程。主要从事秦汉史和中国古代军事文化的研究，曾出版发表《孙子兵法与中国文化》《国学新读本周易》等著作和学术论文数十篇，并参与《今注本二十四史·宋书》的校勘和注释工作。

龚留柱（以下简称"龚"）：朱先生，您今年已经94岁了。作为一个享誉中外的史学大师，您这一生是怎样走过来的？我们大家都非常想了解。俗话说，"千里之行始于足下"，我们是不是先从您的青少年时代开始，讲讲您的家庭，您生长的社会环境，以及您的早期求学经历，等等。

朱绍侯（以下简称"朱"）：我的青少年时期可分为两段来谈。在我的少年时期，家里边极其穷苦，所以我挖过野菜去卖，当过童工，这个生活是很困难的。当我念小学的时候，因为是义务教育，所以不花钱。我小学毕业之后还想要上中学，当时我的父亲就坚决不让上。他说家里连吃的饭都没有，你还想上中学，不行。这是日本人在东北的黑暗统治时期，没有任何别的出路，再穷也得自己去想办法去活，结果我就去做了个童工。做童工干什么呢？我学的是开铣床、吊车，所以我就掌握了这两项技术。这个工厂离我们家有近20里远，我去和回得用腿来走，真是"披星戴月"。就是早上天不亮就出发，等下班后走回到家，天都已经黑了。当时感觉很苦，特别是我的姐姐们都很可怜我，觉得这么大点儿的孩子就这么吃苦，受这么大的罪。我自己也想，就是这样咬牙坚持下去，最终能得到啥好处？不过就是维持吃饭罢了。所以我就背着家里去报考了沈阳商业学校。沈阳商业学校简称"沈商"，就算是今天的"中专"。因为那个时候，中国的会计记账还是用的老办法，一个人拿着一个记账本儿，用毛笔往上写。而当时社会急需培养的是会使用新的现代记账法的人，而沈阳商业学校就是专门培养使用这种新的记账方法的人，因此这个学校收学费少，学生毕业了，待遇也还可以。只是他这个学校不重视数理化的学习，当时注重的就是教日语和算盘的使用，也有数学课，但是只教给你记账有关的内容。还有一个内容就是军训练武。当时这个学校的教学，除了"满语"（也就是汉语），还学习日语，也是"双语制"。等到日本投降的时候，我的日语程度能达到三级，三级就是一般与人进行日语说话和沟通交流都没有问题。但到现在，我连单词也大部分都忘了。"沈商"毕业以后，我就被分配到"满铁"的一个仓库里去工作，开始没有管账。这个仓库就是负责给日本人提供物资以及物资分配的，如给铁路员工按月发酱油、大米和白面之类的日用物资，也就是专门干分发东西的工作，不累而且待遇也算是比较好。当时中国人一年到头都吃不到这个大米和白面，你要是偷着吃了，就算是"反满抗日"。但是在这个单位工作，它一个月就可以给你供给20斤大米和白面，主要的优待就这么一点。后来我被调到另一个仓库工作，而离开了原来的

那个整个东北的总仓库。把我调到这个小仓库里之后，就开始管会计记账了。到了这时候，日本人也很快就要投降了。我在"沈商"毕业以后工作也就是三个多月，中间换了两个地方。我没念过中学，念的是"沈商"，"沈商"也相当于中学，它是中专性质。等到我20岁的时候，东北就光复了。光复以后，我还参加过国民党的军队。因为东北光复，我心里非常高兴，又接触了一些爱国思想，就去参加青年远征军。青年远征军专收学生，所以我就参加了。我由沈阳跑到锦州去参军，但等到随军由锦州进驻沈阳的时候，国民党派来的接收大员的本相就暴露出来了。他们把日本人的住房还有私人的东西都强归他们个人所有，贪污腐化，遭到人民的普遍反对。我一看就感觉上当了。我参军是为了报国，结果发现国民党这么腐败，所以我就借病退伍。说我的眼睛里长了一片"蒙子"，就是因为上火眼睛里所起来的一层云翳，把这个黑眼球都遮住了。我就利用这个机会申请退伍。其实我这个退伍和一般的退伍军人不一样。一般正常人的退伍，他在以后有需要征用你的时候，你还得去，而我这个退伍就是身体不合格，要彻底跟它脱离关系。我这个少年求学的经历大致就是这样子。

龚：那么您的青年时代，上大学是从什么时候呢？

朱：从中专阶段开始，我的命运就有了转机。东北光复后，国民党建立了一个辽宁省沈阳师范专科学校，它专收中学毕业的学生。它也是专科，但属于大专。这个大专我为啥要去考呢？开始我们家也不知道这件事。因为他们说不想让我念书了，我也是偷着去考的。考的是沈阳师范专科学校，结果就考上了。当时国民党对于师范教育是不收学费的，而且一年还管发一套校服，还管吃住。所以当我考上以后，就跟家里说，上学不但不要钱，还发校服穿，又吃住都管，这样我父亲就没理由再反对，于是就允许我去念书。这个师专我考的是教育系，等念到二年级一半的时候，国民党在东北就垮台了。东北大学看到国民党的驻军垮了，也就随着搬迁到北京去了。我因为念书心切，为了从师专改念一个真正

的大学,所以我就追着它跑到了北京。这个说起来也是胆子够大的,我在北京没有一个熟人,既没亲戚也没朋友,我要是考不上东北大学,就只能流落街头了。但是我很幸运,结果真的就考上了,学校在报纸上正式发布了录取名单。它对学生也是管吃管住不收钱。当时这个东北大学还是国民党的东北大学。北京解放那时,我正在北京,以后东北大学又回到东北。它本来应该是回到沈阳的老校址,但是我们党有个计划,就是要在长春建立一个文化教育城,所以就让我们都到长春去。后来沈阳又重新建立的东北大学,是因为理科学生很团结,他们决心都不去长春。他们当时找借口说,火车路过沈阳都不让回家去看看,就直接把我们开到长春,那不行,我们就要回家看一看。所以我们这些学生都在沈阳待了几天,可是到了该上火车去长春的时候,理科学生一个都没去,于是成了今天东北大学仍在沈阳而不在长春的局面。那时文科学生老实,就都跟着到长春了。到长春后,规定所有学生先是上半年的干部培训班。按说一入干部培训班,就算是参加革命工作了,今天应该享受离休待遇。可是由于我们学校报错了时间,所以我现在也不享受离休待遇。长春的学校后来改名为东北师范大学,但是东北师大它没有设教育系,我本来已经是上了两年半的教育系的学生,它不设教育系就让转学去其他系。当时我觉得喜欢历史,我就转到历史系,像我们学校的李润田就转到了地理系,同样就是这样一个原因。我在这个旧东北大学,就是后来的干部培训班,半年后集训班解散,就改成了东北师范大学。东北师范大学要正式上课,对文科和理科是采取不同的政策。对理科,它承认国民党时期大学从一年级到四年级毕业的全部成绩。而对文科,就算你念到四年级了,也得从一年级重新学起。所以我先前念了二年半的教育系科不算,还得从一年级的历史系重新开始学习。当时在我们学校同学眼中,我是个落后的学生。为什么呢?因为我不爱参加社会活动。当时刚解放,大家都很高兴,很积极,凡是有啥游行活动,或者是庆祝什么的,因为我最不喜欢去凑热闹,就喜欢一个人看看书。等我念到两年半的时候,学校突然给我来个通知,让我转去念研究班。我这个研究班的名额也不是正式考试出来的,而是选拔出来的。我当时感到很奇怪,我这个最落后的学生也能去念研究生?那时候念研究班的,一般都是家庭出身好,像我这样一个落后学生,似乎是不可能的。后来我想起来以往的一件事情,就是当我念到历史系两年半的时候,学校突然通知我,去给我的本科同班同学讲课,而且就讲一堂课,题目叫"秦始皇统一"。当时我就纳闷这是咋回事儿,而且这个讲课还有题目规定啥的,我也不能问他们为啥让我这样做。所以我就给同学们讲了一堂课,大概同学们比较满意,还有教务处长和教师都参加旁听。到这时我才明白,这可能是对研究生进行选拔的一次提前测试。如果你讲得不好,啥都不是,那你也就念不了研究生了。于是我就被转去念了研究生,研究生毕业后我就来到了河南大学。这个研究班原来说是要3年才毕业,但是这是东北师大自己为培养师资而搞的研究班,所以他也不用正式考试,也没有通过教育部批准。当时的校长是成仿吾,成仿吾是中共中央委员,是连毛主席都很尊敬的人,他说他敢当这个家(办研究班)。他说:"东北大学的师资力量现在处于青黄不接的状态。老教授不愿意上课,因为他说他不懂马列主义;另外有的人上课要挨批,所以那些老先生都不敢来上课。而年轻人上课呢,他镇不住学生,觉得自己资历太浅。"所以成仿吾校长的意见是,咱们自己培养师资,只要3年就可以解决问题了。办法是每个专业抽4个同学出来,转念研究生班。另外我还在想,同学都说我落后,那怎么能被选上了呢?我想这个跟我家庭出身有点关系。我自己原来报出身报的是"小商人",后来我一想这个商人也就得有点资本吧,我想这不能够隐瞒,我就改报一个出身"小资本家",到现在我那个档案上我还是小资本家出身。但是学校为了弄清楚情况,还真派人到沈阳去调查了。到沈阳一听说我们家很穷,就是城市贫民,后来学校实际上也承认我是城市贫民出身,也就相当于农村的贫下中农。我要真是小资本家出身,也就没有后来读研究班这个情况了。

龚：那您读大学研究班，您的导师是谁呀？

朱：是陈连庆。我老师学问很深，他是留日的，但是对中国的历史文化从甲骨文、金文一直到唐史，样样精通。即使这样他还说自己不够格做导师，给我们请北京的、上海的有名教授来做学术报告，这样就可以弥补我们知识的不足。他请的第一个人就是北京来的甲骨学专家胡厚宣，两个老先生聊了一夜。第二天胡先生问我们，你们这个老师陈先生，他断代究竟是搞哪一段的？我们说，从甲骨文到唐朝，他都熟，但是他培养我们的名义是秦汉魏晋南北朝史。可见他与胡厚宣之间，谈金文、甲骨文等等不管什么内容都谈到了，结果把胡老先生都给弄糊涂了，弄不清我这个老师到底是搞哪一段的，所以我们这个老师真的是厉害。我们在读研究生期间他是放手的，但他的规定有点跟现在不一样。按规定原来说研究生学制是3年，他说这3年读研究生期间，你们一篇文章都不能发，也不准写文章。因为培养研究生就是要先打好基础，目标是让你们出去以后再工作，而且是到大学去工作的。因为一开始我们研究班就明确了，将来学员是要分配到大学，是培养大学师资的。所以他说，你们应该三年一篇文章都不发表，要打好基础，而且要看原著，指定要看《资治通鉴》和"前四史"，说这些你们都要学好了。所以我们念研究生时，一篇文章都没发。而现在的规定则是相反，没有发表论文还不让你毕业。但我觉得不能因此说哪个好，哪个不好，这是时代不同的缘故，都有其合理性。东北师大这是选拔自己培养的研究生，而且主要目标是为将来充实师资，故这是一种培养法。而现在全国统一招收的研究生，又面向全国分配，要不规定你必须写论文发论文，评核学生优劣就没有证据了，所以现在必须有论文我认为也是正确的，而那时不让我们写论文也是有道理的。所以就我们一般来说，专业基础还是比较扎实的，特别是《资治通鉴》，我真是从头到尾都看了一遍。跟陈先生读研究生，确实学到了很多东西，只可惜才学了一年半，一切就戛然而止了。我们在研究班学到了一年半，原来读本科的同学也到了毕业年限。学校办毕业手续，原来入学时一班是130个人，毕业分配的名单送教育部报批，教育部就问我们（入校）130人怎么变成（毕业）80人了？学校说，因为有一部分人没毕业就调去当干部了，还有人就像我们，留下来作研究生培养了。教育部听后就说，谁让你招研究生了？教育部还没有招，你们怎么就招研究生了？东北师大就说，由于师资青黄不接，我们需要这个研究生来接班和充实师资。教育部说，那样的话你们的研究生不能全留下，你得分给教育部一半名额，每个专业方向4个研究生里边要有2个划给教育部分配，你们自己留2个。这样一说，校方就只好妥协。所以当时这个研究班仓促毕业时，研究生都没有来得及写毕业论文。因为教育部这时还没有出台政策，写毕业论文应该是有严格的格式和程序的。毕业时，学校相关部门问我说，导师为什么没让你们写毕业论文？我说，因为教育部还没有来得及颁布这个毕业论文的详细规定，所以指导教师就临时让每人写一个研究生作业。学校原来说是将来要给你们补这个论文，其实后来也没有补。等到了咱们河南大学报到，开始校系各级领导都不相信，因为根本没有听说过研究生这个名目，怎么你竟然是个研究生出身？我说这里带的有教育部承认研究生学历的文件。研究生毕业的大学教师待遇，当时规定要比本科生毕业的高2级。承认这个高2级，就是二者之间是有差别的。他们一看档案袋里边果然有文件，所以后来我比咱们系里的赵步云老师（东北师大历史系本科毕业）始终高2级工资，原因就在这里。我毕业以后分配到河南大学了，但研究生的培养单位还是东北师大，就算是教育部委托培养的，然后以教育部的名义在全国范围内分配。理由是当时全国高校的师资力量普遍青黄不接，你也不能光顾你们自己。大概教育部给学校下了一份分配去向学校名单，这样我就被分到河南大学了。当知道我将要分配到河南大学的时候，我的导师陈连庆先生跟我说，你分的地方最好。他说，考察中国古代史，这里从原始社会一直到唐宋，都是全国政治、经济、文化的中心，你学的是中国古代史，能分到这个古代的文化中心去，对你将来的教学、科研都

有好处。另外他还交待我说,你到那里要先抓教学,然后再搞科研。你在讲台上站住了脚,你在科研上就不会担心站不住脚了。假如让那些学生都认为你讲课不行,你怎么可能搞好科研呢。所以说,我到这里后,我就先争取早点上课,为此还闹出了一个笑话。我到了这里应该先拜访系主任,那时的系主任是黄元起先生,我就到他家去拜访了。说了几句话以后,我就问黄主任,下一学期给我安排什么课呀?黄主任说,你怎么提出这个问题来呢?下学期的教学工作已经分配给相关老师了,没法再重新分配,这个问题以后再说吧。其实这是一句搪塞的话。后来他又说,你要上课还得有讲稿,你准备讲稿至少也得一年,像这个问题不用急,等你有了讲稿再说。然后我就说,我有讲稿。当我们读研究生的时候,就已经明确毕业后要分到高校做教师,所以要提前准备好讲义,一毕业就得能上课。所以我们在念书时,除了看书就是准备讲稿。他找这个理由堵我口,但是他没想到我说我有讲稿,弄得他也没话说了。后来他说,这样好啦,系里有个教师老有病,如果碰上他请假的时候,你替他讲几堂课。我就说讲几堂课也可以。其实那位老师并没有请假,系里就把我分配给孙海波先生当助教。关于上课,当时系里有一个不成明文的规定,只有教授才有资格讲本系本科的专业课,副教授只能去讲专科,而讲师就只有到外系去讲公共课,助教则无资格讲课,只能给教授做助手。后来孙海波开玩笑说,你这个助教真够胆大的,竟然敢去找系主任要课上。孙海波先生是当时全国有名的甲骨文、金文大家,正好那时候郭沫若给他一个任务,要他修订自己的著作《甲骨文编》,让他赶紧补编出来图片供全国学术界使用。所以他把所有的心思都用在了科研上,上课前根本不备课,就是按照他那个老知识、老学问,不管学生能否接受,只是一味地往下讲。最有意思的是,他每次上课都要问学生,我上次讲到哪儿了?由此你就知道了,他根本没备课,上次讲到哪里都不知道。因为不备课,虽然他自己的学问很广泛很深入,但是他这个课讲得就比较乱,东讲一下西讲一下的,逻辑性差,那他的学生听课可苦了。他们对我说,

你看孙海波还是全国有名的大家,想不到讲课讲得那么烂。我们也不敢给他提意见,你看你是不是跟学校说一下,换个老师来讲。我说你们看这样行不行,大家不是有晚自习吗,有课的时候,白天他讲课,晚间我按他讲的内容给你们辅导和梳理,我说这样的话你们就可以把内容接上了。他们说那行那行。于是孙先生每次讲完课,到晚自习的时候,我再把他讲过的内容梳理一下。就这样过了一段时间后,学生觉得我讲课还可以。还有因为我说话是东北话,跟普通话是基本上一致的,他们都听得懂。当时跟我同时进校的老师多是外省来的,有山西的,有湖北的,还有刘成坤是四川的。他们也是本科毕业,而且还是名牌的学校。但是讲课时分别用四川口音、湖北口音,学生总是说听不懂。就是依靠我这个辅导课,给他们把讲课内容理顺了。

龚:朱先生,现在咱们进行的是第二个问题,还是关于您的大学教学工作。请您接着讲一讲,您是如何给孙先生当助手的事。

朱:后来孙海波先生知道我能给他把课堂上所讲的教学内容理顺,就想更进一步,于是对我说:"绍侯,我给你说个问题,你能不能替我来上课呀?学生说你讲得还可以。"我说:"孙老师,本周就要上课吗?我是一个助教,还没有资格给学生讲课呀。"他说:"不要紧,我给系里说一下。"实话讲,虽然我现在跟你说着话,可我满脑袋都是金文,我根本就没有时间备课,所以你替我讲课这是大好事。我看他没有别的意思,是真诚的,也就答应了。他跟系里一讲,因为学生也已经将情况反映到系里来了,要求找人替换他,系里就说那可以吧,然后就通知我替他讲一段课试试看。这样他就不来上课了,我就替他上课,一直讲到期末。也就是说,他这课的末尾部分都是由我来讲的。到了我提讲师的时候,按学校规定,由助教升讲师需要两年左右的时间,结果我一年半就被升上来了,我想这跟我替孙先生讲课可能有点关系。就这样,我的教学关就算是闯过去了。我上课的时候,新生一入校就有好多人问我,学历史有啥用呀?也不能当饭吃,也不能当衣服穿。我说,历史可有用处

了。他们说有啥用呀？我说，首先一个是爱国主义教育。你学中国古代史，要了解中国古代从古到今的一切内容，你要热爱你生活的这个地方，因此而爱国，如果不爱国，你学了多少知识也没有用。再一个就是弘扬中华民族优秀文化传统。中华5000年的历史，这是全世界唯一的连续传承而不间断的，你一定要把中国的优秀文化传统学到手里，然后宣传出去。再一个就是你学习历史，培养你的辨别是非能力。就是什么样的事情是好事，什么人算是好人，我说你要是没有这个经历，那你就会分不清是非。再一个，我说要总结历史的经验和教训，这很重要，也是要搞清楚的。

龚： 朱先生，您对河南大学的贡献，除了教学方面和培养人才方面，更重要的一个方面就是在学术研究方面。这些年您一共出版了个人的专著和个人的论文集共10部，作为主编出版的著作和教材也有13部，发表的学术论文有200余篇。我想请您谈一谈，自己的这些学术成果，您评价最高的是哪些？道理在什么地方？下边请讲一讲您在科研方面取得的成就，好吗？

朱： 这个问题不能完全按你说的讲，但是可以包括进去。关于教学，别的我不敢自夸，但对教学工作我确实还是尽心尽力的。我每次上课前都要写讲稿和认真备课，但是我上课的时候不带讲稿。为什么呢？我觉得如果上课带讲稿，你把讲稿一翻，资料一念就显得很呆板，你就离不开这个讲稿了。所以我怎么想，我就怎么讲，这样我觉得我讲的课会活泼一些、生动一些，而且逻辑性也很强。在历史系的主要工作，我是先后当了两次系主任。我调到出版社做总编2年以后，又回去做系主任。实际上我在历史系做教师和当系主任的时间加起来是33年。我自己觉得在历史系工作的时候，做了几件比较有意义的工作。第一件就是培养人才。我认为办大学不在你这个楼的高低，也不在设施的先进，在大学办学有两点最重要：一个是人才，你没有高等级的人才，你就培养不出来高等级的学生。再一个就是图书和资料。对理科来说我认为是仪器，如果你没有或者只有很少的仪器，你这个理科还是太糟。咱们学校就是这个情况。有一位在国外学理科的回来了，他心里还是想着要回到河南大学继续教书。但是回来一看，咱们那个仪器设备他都不能用，太落后了，那叫他回来也就没有用武之地。因为我们的仪器不够先进，所以这位先生又回到美国去了。所以这两点是比较重要的。关于人才，特别是"文化大革命"以后，人才确实是稀缺断层了。为什么缺了？因为过去这个运动太多。特别是在"文化大革命"中，一个教授级别的人物能不挨批，不挨斗，不住牛棚，这样的人就很少。所以"文化大革命"一结束，再让他们上课，他们就找各种借口躲避不上了。有的说我老了，登不了讲台了；有的说我从来都没学过马列主义，不会讲了，就用这些借口来推脱。但是年轻一代呢，我们这一代除了研究生毕业的以外，剩下都是本科毕业的，让他们把整个系里的所有课都顶下来，也是有困难的。学校的韩靖琦书记原来在历史系当总支书记，后来提升为学校的党委书记。有一天我散步遇见他，他见着我就开玩笑地说，绍侯呀，历史系要垮了吧？我说历史系怎么能垮了呢？他说，这不明摆着嘛，老先生不能上课了，你们年轻的人又顶不下来全系的课，那你说不垮还能怎么样呢？我说，关于这个问题我有个建议，根据我母校培养研究生的经验，3年就能解决问题。他说这个意见不错。我继续说，当年东北师大教师处在青黄不接的时候，他们每一科都培养4个研究生，3年以后留校任教，师资问题就都解决了。咱们学校要允许历史系招研究生，那我保证3年后会大改样。他说你这个主意很好，我回去跟党委里的同志商量商量，看看大家同意不同意。过后两三天，他就很急切地找我谈，说和学校领导班子研究了，同意历史系招研究生，我就很高兴。回来后我把事情跟咱们系里一说，有的老师表示坚决不招研究生，所以一直都没有招。他们其实可以好好说话，却说我们这些没有读过研究生也没有带过研究生的人，难道就没有资格在大学教书了？结果他们吃了大亏。后来我们这些有研究生的专业，3年后都改成由研究生毕业的年轻人上课了，而他们

却是50多岁了还要自己顶着上课。我们这边已经换人接班了，他们还在课堂上靠老教师继续干。咱们古代史招研究生，第一次招了6个。我跟他们说，我也没有资格带研究生，但是我念过研究生，如果真需要了，我就把我老师的讲稿和笔记拿出来，我照样再给我的学生讲。但是教研究生也简单，你可以放开手，让他们自己学，研究生主要就是靠自学。缺师资，我们也可以请外边的人来给研究生讲课。我们就这样破例招了郑慧生他们那一届研究生。

龚：杨天宇、郑慧生等，一共6个人。

朱：这6个研究生培养下来以后，咱们系里原来就没有教甲骨文的，教天文史学的，现在都可以有人上课了。还有教断代史秦汉的、魏晋南北朝的，紧接着你们也都接续上了。

龚：当时咱们学校还是比较超前的。就是国家还没有正式启动招收研究生的工作，咱们学校就开始招了。

朱：那时候就是这样。咱们学校招研究生的时候，省教育厅、国家教育部也还都没有招。"文化大革命"刚结束，政策还没有招收研究生这一项。我还说从历史上看，我们当初东北师大招研究生的时候，教育部也是还没有招，但后来教育部就都认可了。因为从政策认识上看，我说咱们可以先内部招招试试。所以郑慧生他们毕业的时候也是没有颁发学位证书。

龚：没有学位证？

朱：因为教育部还没有下文件招。他们大概是82年以后才得到政府的同意正式颁发给学位证的。解决师资问题，我觉得还有一个方法，就是得到外边吸引人才。你看赵世超是北大毕业的，他的岳父叫貊奇，跟我住一个院儿，斜对门儿。貊奇托人去找我，我们平常根本没有什么联系，我说有啥事吗？他说我跟你商量一下，我的女婿是北大历史系毕业的，被分配到县里去了，搞文物考古的。他说他不想去，问咱们学校的历史系能不能收他？我一听是北大的学生，那质量一定是不错的，我就说可以，要收的，你安排他转来吧。那时候正缺人才，给学校的人事部门一说进人，他们就答应了，进人还是比较容易的。还有一个家在洛阳的北大毕业生郭绍林，他的老师牛致功先生也是河南人，是陕西师大搞唐代史的。他找我，说手下有个读研究生的，家在河南，他也想去河南大学，问你们能不能收？我问是搞哪段的？他说是隋唐。我说那正好，我们学校就缺少搞隋唐断代史的人。我们那时候招人都是有目的的，按断代史，一段一段的，除了搞元史的我放弃了，别的哪一段都要配上几个人。元史为什么放弃了？那时候听韩儒林先生来做报告，他说研究元史的要会好几种外语，德语、英语还有蒙古民族语言。就这些把我吓住了，所以我说那就放弃元史吧，找不到这样的人才，一个人要会五六种语言。所以就不配搞元史的人，但搞别的断代史的人我都配齐了。

龚：现在可以了，现在有很多元史博士。

朱：对。当时来的那个洛阳人郭绍林，现在在洛阳师院当图书馆馆长。他讲课讲得非常稳健，又很深入。说真的，他学问很好，教得也很好。因为他家在洛阳，他后来又想往洛阳调动。我说你老师当时跟我说了，你是回河南，进河南大学，怎么又要回洛阳了？他说家里确实需要我。我说不行，你不能走。那时候说不让他走他也走不了，不像后来说走就走了。所以那时候我可以说,搞历史每一段的人都很棒。像李振宏，本科毕业就在《历史研究》上连发了两篇1万多字的文章。在秦汉史学会开会的时候，那个会长林甘泉跟我很熟。他问我，李振宏老师怎么没来啊？我说他还没毕业呢，今年才毕业，他怎么能来呀。他说我想像中他已经是老师了呢，文章写得好。李振宏留校的时候，历史系班子很有争议，好多人都不同意留他。我说，那你们讨论吧，我走了。其实我心里想得不是这样，逼他们同意，他们赶紧说别走别走，我们没有说不让他留校，但是他要留系里面的话，不能进中国古代史教研室。我说，我没有说让他一定进中国古代史教研室。他们说那样就给黄元起先生当助手吧，搞理论。所以李振宏是又搞秦汉史又搞史学理论。

龚：对，搞理论。

朱：所以对这样的人才，我当时也都比较注意了。可以说，像现在在国内学术界，河南大学历史系能有一定的地位，根基都是在那时候开始奠定的。

龚：从您担任系主任的时候起，河南大学历史系是个转折，开始了人才辈出的新的兴旺时期。

朱：对。我所做的另一项工作就是改善了当时的办公和教学环境。原来的历史系是在十号楼。当时十号楼有三个系在办公，一个是历史系，一个是中文系，还有一个是理科的系，每个系各占一层楼。后来整个房间不够用，连个开会的地方都没有。我知道那个理科系，为了增加房间面积，它把一个大厅用门窗和轻质墙给封上了。结果一封上，楼里面变得非常黑暗，白天走楼道都要开灯。再一个咱们文物陈列室是供教学用的，结果去仓库一看，文物一堆压一堆，根本没有办法展开陈列，这样的环境怎么能很好地为教学服务呢。当时正好赶上河南省教育厅给历史系转拨资金120万，让我们培育重点系科。那时候的120万比现在的1200万还要管用得多。这钱来了之后，我好高兴。周宝珠老师说，你别高兴太早了，你得有本事把这120万钱都花出去才行。我说，他给我240万，我也能都花掉，咱们东西缺得还多着呢。所以拿这120万怎么办呢？我就给它分别用在了三个方面。

龚：哦，三个方面？

朱：第一，七号楼原来是当图书馆用的，新图书馆建成，正好把七号楼腾出来了。我一看，这是个好机会。因为我到北京大学开会的时候，北大的历史系就是一座古建筑，好让人羡慕，但今天它比咱们这个七号楼要低级得多了。我一看机会来了，就跟学校商量。我说七号楼现在空着了，是不是能给历史系用？学校说不能给你们，因为七号楼多少年都没修整了，学校现在又没有钱修整，没修好就不能让进人。我开玩笑说，把七号楼卖给历史系行不行？他们说这是学校财产，怎么能卖给历史系呢。我说就是花钱买房子的意思,你不说没有钱重新维修吗,要花几十万,我说这个钱让历史系出。我这话是跟校办主任说的,主任说这是个好主意。因为学校早就想修七号楼了,但就是没有钱,你们要肯拿出来修理费,然后你们从十号楼搬到七号楼,这是可以的。结果,历史系就由十号楼搬到了整修一新的七号楼。这样一来不仅咱们靠自己解决了办公环境窄狭的问题,也给中文系和理科系他们提供了更多的使用房间。这是改善环境的一方面。再一个方面,咱们河大历史系收藏的文物比较多。这个文物陈列室说是配合教学用,其实它比仓库还仓库,里边儿的文物都是一堆一堆地摆放着,人根本就没法进门。我说是不是专门修建一个文博楼,让咱们的文物能真正在配合教学上发挥作用,还能够对外供陈列展览用,甚至还可以让外校的文物来这里展览。

龚:就是陈列起来,文物都放到架子上或橱柜里。

朱:对。我给上级组织一说这个想法,他说那钱谁出呀?我说历史系出。我了解的是,估计用40万就可以修个两层楼。咱们现在的文物馆,就是当年用历史系那120万里面的40万修建起来的。修好文物馆以后就可请贵宾来参观,像胡厚宣先生那些北京来的名家一看,河南大学竟有这么好的文物楼,都很羡慕。这也算花钱的一个方面,再一个方面就是购买图书。我曾说过要办好大学,理科要仪器,文科要图书,舍此莫谈。你研究一个项目,还要到处跑着去查资料,就像我老师陈连庆所说的,研究资料要一网打尽,全国那么多图书分散在各处,谁又能一下就打得尽呢。我就想现在有钱了,就要买书,剩下的40万都用来买书了。像台湾商务印书馆影印版的文渊阁《四库全书》,当时连北大、北师大都没有能够买下来,咱们就都买来了。

龚:咱们学校当时是国内头一家购买这套书的高校。

朱:那也是台湾商务印书馆第一次出版,他们赚了大陆很多钱啊。买了《四库全书》,还有甘肃的考古文物图册,都很贵的。一套又一套的进来,买了很多种的书。

龚：还有《居延汉简》和《长沙马王堆帛书》。

朱：后来学校里有人说，这钱让你买专业书，结果买的都是中国史的书，那世界史的资料怎么不买呢？我曾专门派人到上海、北京这两个地方去，只要看是世界史有用的书籍资料，都可以买。结果他跑了一圈儿回来了，就买了不多的几套书，如《大英百科大辞典》等。但改革开放之初，也的确是没有那么多世界史的书籍可采买的。就这样，咱们资料室收藏的图书数量扩大了很多，达到二三十万册。咱们买了《四库全书》之后，北师大的何兹全先生在这里讲课，回去对他们的系主任白寿彝说，白先生，你看人家河南大学都买了整套的《四库全书》，咱们学校也是很有名望的，是不是也商量商量买一套回来？结果白寿彝先生到上边就碰了壁，他们学校说没有钱买。那时候一套《四库全书》十多万元钱，那就相当于今天的一百多万或者是二百万。咱们买的书还有《甲骨文编》。搞甲骨的大专家胡厚宣先生跟我说，我查了买《甲骨文编》的单位，全国只有河南大学买了4部，剩下的顶多有单位买1部，有的干脆就不买，这证明你们确实对图书资料比较看重。河大历史系藏书丰富，在全国也是比较有名的。历史系的王宏斌老师到中山大学读博士，他的导师陈先生为了证明中山大学的图书设备各方面都是全国一流的，就领着王宏斌在他们的图书馆资料室转了一圈儿。然后问他，看了以后感觉怎么样？王宏斌说还可以。他的导师说怎么就是个还可以，那你们河南大学有多少图书？有多少资料？王宏斌说比这多一点儿。这就说明咱们当时收藏的图书资料不算少，比中山大学还要多。

龚：是的。您作为系主任的时候，所采取的几项大措施及其效果都讲到了，下面是先讲出版社的事呢，还是先讲其他的问题？

朱：我想说和教学有关的问题。

龚：那就来讲讲您的科研成果吧。

朱：我想在讲教学的时候，讲讲科研的问题。大家都知道"教学相长"这句话。如果你光教书而不搞研究，那你就只能照本宣科地讲而深入不下去；如果你光搞研究而不重视教学，你的研究就发现不了新问题。所以我主张教学和科研要共同抓，以互相促进。因为当时有些老师，有写作能力，文笔也好，积累也够，但就是不写文章。为什么呢？怕挨批。我就动员他，我说像你这样高水平的专家写出的文章一定会发表，不写不行。我就动员了好多人来写文章。这是我对大家说的。对我自己来说，我是比较重视科研的。有时候对老师们说，你要想在教学站住脚，你就必须要搞科研，要不然你这样讲下去的话也达不到多高的水平。所以根据这个经验，我很注意对核心问题的研究。作为整体的科学研究，看我已经出版的书，有十多部了。除了书以外，我还写了二百多篇论文，这个没法展开说，就只举几个例子。第一个先说军功爵制。从我念中学开始一直到读研究生，所有的老师都没有提到过这个词儿。到我带研究生的时候，我注意到，史书上秦代将领的名字前面，都加有一个头衔，如五大夫、左庶长、右庶长、大庶长等等，我说这是啥意思呢？这些军官不带将军衔，却都带着一个像这类奇怪的头衔。可是所有的老师没有能解释这个问题。读书碰到这个头衔，就这样一念就过去了，也不深入探讨这是什么意思。后来我就查这个头衔究竟是啥意思。查书可费事了，《史记》《汉书》《后汉书》《三国志》里面关于这个问题的描述都是一小段一小段零零星星的，又琐碎又不衔接，所以没人来研究这个问题。我自己不管写得好不好、对不对，总是由自己想出来的问题，别人都没搞过这个东西，那我就专门搞这个东西。我把这个制度从什么时候开始建设，什么时候结束，中间的演变过程如何，以及它授爵位的程序等问题，基本上都搞清楚了。所以说这一点不管你赞成不赞成，反正是我写出了自己的看法。写这个书也感觉挺奇怪的，既没有人赞成也没有人反对。为什么呢？因为他赞成也没有根据，那么琐碎的东西他就没有多留心看过，是不是？他反对呢也没有根据。我的科研再一个就是秦汉的土地制度和阶级关系以及魏晋南北朝的土地制度和阶级关系。这个土地制度本来是个一般的题目，当时史学界研究的人很多，但是我的角度不一样，是通过户籍制度来研究阶级关系。找到这个研究角度，我说我自己是第一人。

另外就是这个名田制和辕田制，过去没有人给起这个名儿的。所以我研究它们的文章发表以后，杨宽先生很赞成，说朱绍侯把商鞅变法的土地制度都起了个名儿，一个叫名田制，一个叫辕田制，这个名字对。还有就是在户籍上看每一个家庭占了多少土地，占了多少奴隶，看他们之间的阶级关系如何，这些研究他们也都比较赞成。

龚：还有您的中国古代史的几部教材。

朱：我现在老了，自己写的东西脑子里都记不住了。还有一个就是刚出版、刚送给我的样书，是我跟你合作，是《今注本二十四史》中的一部，名字叫《今注本宋书》。这个"二十四史"从汉代开始一直到现在，两千多年没有人给它们做过校注，张政烺先生认为这是很遗憾的事，他提倡动员全国的学术力量给"二十四史"做全套注释。他在全国范围内选主编，我也不知道为什么他选中了我。中国社会科学院的朱大渭先生给我打电话，说现在要搞这个"二十四史"，张政烺先生希望你来当《宋书》主编。我一听当然很高兴了，两千多年没有人搞的东西现在要开始搞了，这好事还转到我身上来了。一个是高兴，但是心里头也有点儿胆怯，前人谁都没搞过，我也不比别人高明，这个东西确实很难搞，但是我答应了。张政烺先生选主编的时候，他有几个条件。一个是每部书的主编必须是该领域系统的、长期的研究者；再一个，这个主编的手下要有众多干活的人手，要有资源。因为当时我主编的（教育）部颁高校教材《中国古代史》已经出版了，那编者里头有一些其他高校的教师。其实我后来选出来校注《宋书》的，大部分还都是我的学生。张政烺先生还提出了一些其他的条件。因为他是在全国选主编，他不是一部书只选一个，而是差额选，选了好几个人以后，再由他挑选决定。最终定名单的时候，他要是不赞成谁，就坐在那儿稳稳不动，连头也不动；要是赞成了，就点点头。

龚：老先生心里有数得很。

朱：所以我就觉得很奇怪，他怎么能就想到我了呢？当时接下这个任务，大约是1994年以后，咱们搞了20多年，最近才出版，前天是你给我把样书送来的。7月份正式出版,现在刚刚印出来,对这个我很高兴。这个为"二十四史"作注的工作，要是重新再做的话，我估计50年内没人敢动手。因为这个经济力量、人力基础你必须立足于全国，哪一个单位的任何一个人也不会"二十四史"他都通，他必须从全国最优秀的人群里面广泛地来选。我讲过，到这部书出来的时候，错误肯定还是会有的，中国有句古话说，无错不成书啊。这个"二十四史"那么多部，流传两千多年，到现在还在一直改错呢。咱们这个时候把书印出来也要准备接受一些批评。搞科研也要有一点儿胸怀，不能人家一反对你，你就把人家当成敌人似的，反对他是对你的帮助，批评对了就吸收他的意见，批评不对的也不要挖苦人，不要反对人家。再一部书就是《中国古代史》，是教育部颁布的"高等院校文科教材"，由我主编。我这辈子有几个很幸运的事，都说是从天上掉下来的好事，其实我既没有申请过也没有争取过。像这个《中国古代史》的主编，根本不是我申请当的。当时大家都没有合适的教材用，想联合在一起编一部《中国古代史》。教育部知道之后，让把这部《中国古代史》教材拉到教育部的名下，认定这是教育部组织编写的，其实当初是十院校自发组织的，从酝酿编写规划开始，到定总主编的时候，谁都不愿干。一开始大家推举林剑鸣，他在当时是很有名的学术大家，现在人已经不在了。林剑鸣表态很坚决，十院校合作我愿意参加，让我写哪一章写哪一节，我都干。但是让我当主编，我不干，我退出去。你看这有多么坚决呀，是不是？为什么不干呢？原因我当时就想到了，我也专门问了林剑鸣。我说，你咋这么坚决呢？让你当主编，你就要退出。他说，你没有编过教材吗？我们西北大学同一个教研室的老师，大家合编《中国古代史》，都统一不了意见，各持己见，所以到现在书都编不出来。这十院校里的人，原来谁都不认识谁，你能统一得了大家的意见吗？你能说服得了谁呢？再说"文化大革命"，

首先批的就是历史问题（按：指《海瑞罢官》），从历史界开始搞起来的，原因还是大家都怕挨批。你写书不可能里边没有错误，一有错误，提出来就要挨批，谁愿意挨这个批呀？我说那我也不干了。安徽师大的张海鹏先生，我们关系很好。他私下跟我说，绍侯，你干吧，大家都知道你编写过教材，你又是研究生毕业。你看这个形势，你要不承担这个责任就不行，十院校集合在一起很难的。你要不承担责任，别人也都不干了，那咱们就白集合在一块儿，一切也都完了。我一听这话，张海鹏把责任都推到我身上来了，我要再不干大家就散伙。后来我说那我试试看。结果在讨论编写大纲的时候，大家的意见就总也统一不了，各持己见，很难办。回想当年，我参加过郭老主编的《中国史稿》的编写体例讨论会，也是遇上了众多的不同意见统一不了的局面。郭沫若当时是政务院副总理、中国科学院院长、历史研究所所长，那是全国最高的一个学术权威标杆了，连他都统一不了大家的意见。后来看实在没有办法了，范文澜先生站起来说话了。范先生当时影响也很大，有中央委员的身份呐。他说，我在延安也遇到过这个问题，后来也是没办法，谁当主编谁就说了算，要不然的话咱们就解散。范老他这样一说，参会的人就都说了，郭老当主编，郭老就说了算。于是我把这样的话照着一说，别人在底下也没什么好说的了。大家说，那好，朱老师说了算，朱老师当主编。就这样，这书才编成。现在这书已经出版使用40多年了。现在把所有的中国古代史教材都算上，能存在40多年而不倒的，我觉得这是唯一的例外。当然这是依靠了大家的力量，而不是我一个人的力量能办到的。

龚：科研方面您也简单地讲了，再谈谈出版社的事情吧。

朱：我真想不到我这么一个普通的高校教师，能被派去干出版社的事情。它缘起于教育部当时的一个决定，要在全国批办一百家高校出版社。下边的申请报上，结果河南大学就被批准了，咱们学校很高兴。一个学校被允许办一家出版社，这该多光荣啊！所以当时韩靖琦书记就找到我，他说，绍侯啊，教育部下文准备办一百所高校出版社，咱们学校的申请获得批准（那时候实际才五十多所）。我说，这是好事啊，能让学校办出版社来出书，有利于科研成果的转化。他接着说，但是我找了好几个人来当总编，他们都不干，这样我们就没法子办出版社了。大家都说你写过文章、出过书，跟出版社有联系，说你可能还行。我说，那是两码事儿。出书、写书那是作者的事，那跟办出版社不一样。他说，那你毕竟有熟人呀，你可以联系其他人帮助咱们。说了半天的话，我看无论如何也推不掉，就只好去当这个新设的河南大学出版社的总编辑。当时的副校长陈信春是社长，但是事情多顾不上，所以是挂名而不到位。我是总编辑，由我统管出版社的具体事情，就给我这么一个职能。至于其他事情，得找另一个副校长申志诚来联系，因为他分管学校的钱和人事。申志诚是历史系毕业的，也是我的学生，我都管他叫老申。我说老申，关于办出版社的事情，让我当总编，我说经费、人事都是很重要的事情，我得提一些条件。他说经费给你5万，至于人，你认为哪个系哪个人是适合于做出版工作的，只要跟我说一声，我就调他到出版社来。咱这个高校出版社的身份是很特殊的，（行政上）它是直接归教育厅管，但是（业务上）归河南新闻出版局监管。这两家非常有意思。我到教育厅说，教育部有文件下来了，让河南大学办出版社。当时那个许厅长也是我的学生，他说,办出版社你到教育厅来说什么呢？教育厅也不管出版社。我说，那文件上让教育厅管出版社，我们的主管单位是教育厅，主办单位是河南大学。他说，教育厅是管教育的，怎么会管出版社呢？跟他汇报完了，我又到出版局。我向出版局的领导说，教育部批了河南大学出版社，规定主管单位是教育厅，出版局是监管单位。这出版局的局长马上就变脸了。他说，我们出版局不能管理出版社，怎么还监管？我说，这是有文件的，可能也发给你们了，大概你没注意。因为有个熟人也在那里，他跟我说，还有一个王副局长是分管出版的，但不管教育。我说，上面文件就这样规定的，反正到时候我就要跟你汇报，我们准备出啥书，出坏书了没有，你就应该管。后来因为是很熟的人，就闲谈起来了，问你这

个出版社，学校给多少资金呢？我说给5万。他们就说，你们学校跟你开玩笑的吧，5万就能办个出版社？我说，5万怎么就不能办个出版社？他说，出版社是先支出后收入。比如你要印一部书，假如要印1000册或者10000册，这个纸张钱你得先支付，印刷钱你也得先支付，作者的稿费你还要先支付，除了支出这些钱以外，还要有买仪器呀什么设备的钱。你得把书都卖光了才能把这个钱收回来，你想这5万块钱够干啥用的？我一听也明白了，总之说的是学校给的钱不够。我回来就再找申志诚，把省里说的话原原本本向学校汇报，核心就是拿5万块钱来办出版社太少了，像开玩笑。申志诚说，我的老师啊，学校确实没有钱，也拿不出来更多的，只有5万，这已经很不容易了。我说，那根本办不了实事，那不行。后来我说，你看这样可不可以，老申，你借给我30万，我3年以后再还你。他说这个办法不错，我就借给你30万，3年以后你再还我，这可以。就这样，有了钱，买了纸、仪器什么的，基本上就可以开张了。但这30万实际上还是不够，结果我就到处去跑，去求人，反正咱们学校毕业的学生多，在哪里的教育局当局长的，或者在哪里当什么官的，我都跑到了，到处去求人，结果又筹到了50万。再后来又找到一个办教育杂志的熟人，他一个人就给了我30万，但是这有条件的，要给他们出书。这样50万，再加上30万，就是80万，由此起家，这个出版社就算可以开办运行了。书印出来了，然后就是跑销售。因为我们出版社是新成立的，人家谁都不知道你，没人买，那怎么办？所以我就又带人跑推销，这都是我自己亲自领着去干。

龚：出版什么书籍也有一些原则吧？什么书能出什么书不能出？出版书籍的时候，总编总要先搞选题。请问您在选题方面是怎么来把握的？

朱：我接着就说这个。这不是出版社办起来了吗，能出书了吗，那接着就是选题的问题。这个选题有畅销书，有不畅销的书。那畅销书一出来很快就卖光了，像小说就卖得很快，而科研著作就不行，水平越高的就越卖不出去。所以做选题的时候也是费一番脑筋的。我们出版的第一本书就是高文先生的《汉碑集释》。这个书是别的社退回来的，人家嫌不赚钱，不愿意出。后来我主动找他，我说，咱们学校给你出，你就交给我吧。结果出版以后，得了教育部的一个优秀教材二等奖。像这类是注重社会效益的出版物。再一点就是出版社首先必须要赚钱。我见过国家出版总局局长，我就说，边局长，给你说句老实话，上面提的口号是社会效益第一，经济效益第二；我宣传的时候也这么说，但在实际行动上，我是先想办法赚钱，然后也看社会效益，能够二者兼得就是最好的出版物。除了教育部的正式教材外，我们曾出版一套中学教材参考书，共 36 本，这 36 本卖给普通中学生，你可以想像这得卖多少钱吧！所以我们出版社的经济利润在连续十几年以后，还主要靠这些书在支撑。再一个就是纪念抗日战争胜利六十周年，我看河南出版界哪个社也没有这个方面的选题。我说，咱们出一套纪念抗日战争胜利六十周年的小册子。这类书虽然很薄，但是它卖得很快。这样一来出版社很快就运行顺畅了，没到 3 年，就富起来了。到我退休的时候，出版社账上已经有几千万资金，当时这就是很了不起的事情，一个社的经济基础有几千万之多。

龚：行，今天的采访就到此顺利结束。非常感谢我们的老寿星朱绍侯教授，您能够在百忙中，到这里接受我们的采访，您辛苦了。祝您身体健康，生活幸福，阖家欢乐，长寿无疆！

07 | 林加坤教授访谈实录

受访人：林加坤
采访人：马小泉　林　青
时　间：2020年10月17日下午
地　点：河南大学档案馆（图书馆东楼）

林加坤

男，河南大学历史系教授，1924年7月出生于福建省仙游县。1947年至1949年就读于台湾师范学院（台湾师大前身），1949年4月参加台湾"四·六"爱国学生运动，被校方取消学籍后返回大陆，1949年5月至1949年10月参加福建仙游红色游击队。1950年2月至1952年7月，由全国学联介绍进入北京师范大学历史系学习，担任过校学生会主席、北京市第三届人民会议代表、中南土改第十三团秘书长。1952年8月至1955年10月，在新乡师院历史系任助教、政治辅导员、工会委员。1955年10月因院系调整至开封师范学院（河南大学前身）历史系任教员，讲授世界古代史、马列主义经典著作研读等课程。1979年在史学权威刊物《历史研究》上发表论文《评恩格斯关于〈家庭、私有制和国家的起源〉的若干修改》，为当时"实践是检验真理的唯一标准"大讨论提供理论依据。1983年在《河南大学学报》上发表论文《世界古代史教学怎样为建设社会主义精神文明服务》，被《光明日报》重点介绍。1985年任河南大学历史系系主任，他积极进行教学改革，优化课程设置，增加古文、英文和习作的课时，大力培养青年教师，选送一批年轻教师到名校进修，他们中多数获得博士学位，为招收研究生、学科建设创造了条件，还承办助教进修班、干部专修班等，培养了大批人才，其间还担任中国世界古代史学会理事、河南省史学会副会长、河南省历史教学研究会副理事长，参加《世界古代史》（全国通用）教材的编写，被评为开封市先进教育工作者。1985年9月加入中国共产党，1986年6月晋升教授职称，1988年9月离职休养。

马小泉

河南大学出版社有限责任公司董事，历史文化学院教授，博士研究生导师。

林青

林加坤先生女儿。

马小泉（以下简称"马"）：林先生，今天很高兴把您请过来参加河南大学档案馆组织的一个访谈活动。您今年已经96岁高龄了，阅历丰富，思想深邃，在河南大学几十年，做了突出的贡献。档案馆想通过这个访谈，请您讲一讲您的一些工作、生活的经验。我想先请林先生谈谈您早年的求学生活的经历和家庭子女教育的先进经验。

林加坤（以下简称"林"）：好，我从我家庭说起吧。我家是个城市贫民，划的成分是城市贫民，住在城里头种地的。我祖父、父亲农忙的时候种地，农闲的时候做手工，就是农民兼手工劳动，这是我家里上一代的情况，我祖父、我父亲都是这样。我母亲的情况说的不好听，就是人家说的小姐身丫头的命，她出生在一个富贵的家庭，有钱有地有生意，但是因为她在一个大家庭，那个时候封建思想比较重男轻女，我的外祖母怕生下来是个女孩，所以她提前就离开了老家，到她娘家去生，一生出来是个女孩，大失所望，马上就把她送给别人了，就送给了我（养外）祖父家里，就是送到一个农民的家里。我7岁的时候父亲就去世了，剩下我和一个弟弟，一个妹妹，我弟弟还没有生出来，是遗腹子。我父亲去世以后，母亲才25岁，一直守寡到86岁，就这样一个母亲带着三个孩子熬了过来，就是这样一个家庭。我还有一个亲戚，我叫他叔父，跟母亲是同一辈的，他们家里比较好过一点，总的来说简单的情况是这样。所以我们这个家庭是吃了这一顿，还不知道下一顿有没有，有时候，早晨没有饭吃，只烧点开水喝喝就上学了。

林青：小时候家里比较贫穷，没有钱供您上学，但是您还是挺想读书的。

马：对，那个年代确实比较艰苦，老传统，条件差，生活很艰难。

林青：您讲讲您最难得的是怎么去读书的，后来怎么想办法读书的。

林：在我叔叔的帮助下，后来我勉强上学了，小学还没有上完，就考了一个4年制的简易师范学校。在这4年当中，我遇过两次竞赛的机会，一次是语文竞赛，我在全校考了第一名，另外一次是在县里举办的演讲比赛，我得了第二名。简易师范毕业以后，我在小学里当一名老师，之后又接着上了普通师范两年，普通师范毕业以后我被分派去一个小学当校长，这个小学是全县最大的一个小学——中山镇中心小学，学生有一千多个。我当了一年，但我还想上学，就找机会想办法去上大学，后来经人介绍到台湾去上大学了。我1945年到台湾，1947年考上台湾师范学院。上大学以后学点进步的书籍，是解放区传来的，如《星星之火可以燎原》《新民主主义论》和《联合政府》等。

1949年我因为参加（台湾"四·六"）学生运动被抓起来，他们说是打共产党，我那时候不是共产党员，就被保释出来了，保出来以后经过学校审查又被开除了学籍。

林青：就是搞学生运动，骨干都被开除了。

林：在台湾待不下去了，我就回到大陆，当时有人介绍我到解放区去。我到厦门大学后，人家说你不要去解放区了，连南京都解放了，你还去解放区？所以我又从厦门大学回老家去了，经过我叔父陈啸高的介绍参加了当地的游击队，半年多后，老家就解放了。解放后我到榜头中学教政治课。第二年，也就是1950年春天，我又跑到北京去上学。我到北京经过全国学联的介绍到教育部，教育部又把我介绍到北师大。到了北师大以后，我在班里负责通讯工作，每个礼拜都到郊区去劳动，劳动以后要写一篇报道，我写的通讯稿都广播了，然后慢慢地大家知道我这个人的存在。

林青：就是写通讯稿出名了。

林：后来学生会改选，我被选上，开始是宣传部长，后来是文学院的学生会主席，再后来是整个北师大的学生会主席。选上全校学生会主席以后，我又被选为北京市第三届人民代表大会代表。当了代表后，我参加了两次有意义的活动。一次是到先农坛，参加党成立30周年庆祝大会；另外一次是到中南海，去听刘少奇的报告，从此我的活动面扩大。1951年参加土改，我是中南区第十三土改团的秘书长，到江西于都后，我担任中心组的组长，和县委书记一块，跟贫下中农住一个房间，睡一张床，盖一条被子，还同用一个尿桶。平常没有菜，就吃一点辣椒，腌的辣椒、炸的辣椒。那个山区没有菜，就这些就着馒头，我爱吃辣椒的习惯，就那个时候开始的。那个叫做访贫问苦、扎根串联，找真正的贫下中农，把他们召集起来，组织起来，然后就开展斗地主。当时斗地主的时候，我没有同情地主，因为什么呢？因为我的亲外祖父就是个地主，而且是个大地主，是地主兼商人，可是他就我母亲一个亲生孩子，却对我们非常苛刻，他家里有几十亩的地，没有给我们一分地。平常没有帮助我们，只是每年收谷子的时候，叫我母亲去帮他晒谷子，晒完谷子以后，给她百十斤的谷子做报酬。就是这样一个地主，我怎么会去同情他？

马：在江西土改多长时间？

林：土改半年，土改之后毕业分配。毕业的时候写志愿，那个时候填报志愿就四个字，服从分配，什么要求都不说，叫到哪里就到哪里。当时中国成立一个新的平原省，河南跟山东合起来成立一个新的省——平原省。我就去了新乡，来新乡的有首都八大学院的40多个毕业生，刚好一个车厢，就是首都青年支援新建省专车。到新乡以后，我被分到平原大学，分到大学的只有3个人，2个北师大的，1个北大的，其他的都到中学去了，后来大部分都跑走了，我是一直留在河南，就没有再离开这个地方。到平原大学的时候，我不是党员也不是团员，做政治辅导员，担任班主任参加工会活动。一次提工资给我增加两级，连升了两级。也就是这个时候，我开始往家里寄钱，开始10块，后来增加到20块。1954年院系调整，我从新乡到开封，往后就在开封了。

马：当时来开封的时候还叫开封师范学院吗？当时学校的名字叫什

么？

林：那个时候是河南师范学院一院（开封）和河南师范学院二院（新乡），把开封的理科专业都调到新乡去，新乡的文科专业都搬到开封来，所以开封的文科比较强，新乡的理科比较强。

马：当时院系调整，从新乡过来有多少位老师？一共来了多少人？

林：文科都过来了，包括语文、历史、地理。

马：1954年就来开封了，从新乡到开封来了，院系调整之后就从新乡跟一批人来到开封。

林：开封是知识分子最好的锻炼地方，对现在年轻人来说，他们遇不到这样的机会。刚到开封还没什么，"肃反"以后就开始有差别了。没有经历过"肃反"的人，不会有这个体会。当时有点问题的都得查一下，毕业后也会受审查。当时的审查有的是集中起来审查，有的是背后审查，我没有被集中起来。审查完又调查，到全国各个地方去查。我很配合组织的工作，我说我有100多条的线索给组织提供，帮助去查清我的问题。因为我自己心里没有鬼，我不怕查，查的越多对我越有好处。经过考察，最后得出结论我没有问题。再有一个就是"大鸣大放"，就是鼓励大家发表自己的看法，言论自由，百花齐放，百家争鸣，那个时候对我"特别照顾"，叫我单独发表意见。大字报在墙上贴，后来才知道是要抓牛鬼蛇神的。但是我那时想，我思想比你们还进步，比你们懂得还多，所以不在乎怎么做怎么去查，这就是一个考验。还有后来的运动，这类运动可多了。后来最大的事情就是学习"九评"，我的重点问题就是对"九评"有不同的看法，我当时公开主张，说中苏应该友好，不要当作敌人看待。为什么呢？就是苏联搞社会主义这么多年，它有社会主义的基础，应该是社会主义国家，我们跟他的矛盾应该是内部矛盾，不应该当成敌我矛盾，这是最基本的态度。但因为这个，把我的工作停了，还得下乡去劳改。还有"九评"的一些论点，"三和二全"也是个问题，"三和"就是和平共处、和平竞争、和平过渡，"二全"就是全民的国家、全民的党。所以修正主义就是修在这里。现在回头看看,这个"九评"后来邓小平自己说了一风吹,人家有错误咱们也有错误就吹了,所以也不再提了,现在看世界上还不是和平共处、和平竞争、和平过渡。现在谁都可以申请入党,没有限制,那不就是全民的党、全民的国家,现在这个国家是大家的国家,地主阶级消灭了,资产阶级消灭了,但还没有完全消灭。这个年轻人都不觉得,当时很严重的,学校党委组织一个专门的小组,到系里帮助我转变思想,学校报到省里,省里报到中南局,中南局也有我的名字了,那个时候压力很大。再下面就是"文化大革命","文化大革命"我首先被揪出来挂牛鬼蛇神的牌,后来又加了两个头衔,一个是台湾派来的特务,一个是苏联派来的特务,现代修正主义分子又加上两顶帽子,双料的特务。我开完会以后,回到牛棚去,路上碰到咱们的炊事员,他们就说这就是特务。当时压力很大,别人没有这个帽子戴,大礼堂开会特别叫我伤心的,是跟我住在一个房间的人,跟我好多年在一起的人,却在大礼堂上喊得声音最大——"打倒林加坤"。到1985年才有大转变,1985年我的历史查清了,组织马上接受我成为党员,接着又叫我当历史系的主任。1985年刚好我女儿大学毕业分配工作到北京去,到北京工作都要调查家庭背景。就是这样比较曲折,我这么多年,一直相信组织一定会弄清楚。

马:从54年到开封来,您那时候才30岁,到1985年在这又30年,这30年也正是动荡、艰难的时期,就是赶上这个国家特殊的一个历史时期。

林:但是1985年说变就变的,1985年我工作到1988年,我都60多了,66岁退休的。所以在系里像我这样当系主任的,基础不够,看你昨天还是牛鬼蛇神,现在又去领导他们。但是我做系主任那几年还是做了很多工作。

林青:我问过为什么要选您当系主任,肯定是有原因的,因为河南大学历史系在学校也是比较有声望的,能选您做系主任还是对您的信任和认可。

马：对，给我们讲一讲您做系主任期间的一些事情。

林：因为我以前没有负责过系里的工作，所以我主要参考北京大学的做法，虽然北京大学跟我们有很大的区别，但我想吸收北京大学的好经验。第一个就是提高教师队伍，大量培养年轻教师，能够考研究生的都鼓励他们去考研究生，能够考博士的就考博士，能够到国外培养的就到国外培养。想培养几个洋博士回来，一共送出去 6 个，结果回来的只有 1 个，他叫阎照祥。阎老师学习很刻苦，他考研究生的时候是用俄语，研究生毕业的时候英语是班里最好的，一到美国他就用英语给人家上课。从美国回来以后，他带了一大堆的资料，他写的《英国政治史》被英国大使馆看到了，英国大使馆就邀请他到英国讲学，到英国伦敦大学去当客座教授。从英国回来，他又带回更多的资料，接连在人民出版社出了好几部书，现在还兼复旦大学的教授和浙江大学的教授。像这样培养的教师还有牛建强，是中国史的，送到吉林大学进修，因为他表现得好，一到吉林大学就叫他参加研究生班，后来一直在吉林大学取得博士学位回来。还有马小泉、苗书梅、程民生、李玉洁、杨慧清，还有好几个到上海师大进修的，有的还到香港去工作。

林青：您很注重培养人，利用各种资源，输送了不少学生进修或者出国留学。

林：最重要的一部分就是培养青年教师，尽量提高教师的水平。再一个是改革课程设置，重新调整一下，把学一年的英语变成四年，把英语课程延长时间；把历史文选由一年变两年；重视写作训练，过去学年不写论文，我改成一年写一篇论文，就是想培养学生的阅读能力和写作能力，加一些基础的训练，这样他们将来考研究生的机会就多了，有些人毕业以后考上研究生就是得益于这个训练。还有办了好多进修班，有全国助教进修班，专科进修班，还有干部专修班，所以这个学校里好多基层干部都是历史系毕业的，包括总支书记、副书记等等，重点是培养和提高老师，改变一些课程设置。还有引进一些外校的师资，这个有点冒进，请外面的老师来一定要慎之又慎，人家好老师都请不动，所以请外面的老师来要好好考虑，这是个教训，是做的不好的地方。再一个工作上不好的，是跟大家商量的民主作风不够，一个新的主意大家还没有接受，就推行不好，这是教训。

林青：我记得之前都说您讲课比较好，还在学校大礼堂做过示范，是不是这样？

林：我讲课不愿看讲稿，一般就写一个简单的提纲。讲课的时候注意两点，第一点是"教书育人"，单单教书不行，还得培养人，培养什么样的人就不一样了，要培养社会主义的接班人。再一点是"古为今用"，如何将古代史为现代社会主义服务，我这观点比较明确。1983年我写了一篇论文《世界古代史教学怎样为建设社会主义精神文明服务》，刊登在咱们学报上，后来《光明日报》的记者看到了，在《光明日报》上重点介绍，提倡教学的方向。教学的目的不单单是教书，还得培养人，如果单单教书而不注重培养人，就会出现问题。

还有一个就是我这一辈子里遇到了两个关键的人，我也谈谈，我的好多历史问题跟他们都有关系。一个是我的叔父叫陈啸高，他是1926年上海大学的学生，在上海大学入党的，介绍人是当时有名的瞿秋白。大革命之前，那个时候准备北伐，上海大学是个基地。黄埔军校培养军人，上海大学培养文职人员。咱们杨尚昆主席就是上海大学毕业的。我叔父对我一生影响很大，我去台湾是他介绍的，我从台湾回来参加游击队也是他介绍的，所以我的所有社会关系都跟他分不开。他不仅帮助我，还有全国有名的画家黄永玉，在他最困难的时候，我叔父一家给他很大的帮助，他现在写的回忆录里还专门谈到这个，就是这样的一个人帮助了好多人。他大革命前参加共产党，大革命蒋介石叛变以后和党联系不上了，没有组织了，他在白区生活了几十年，一直到解放，没有做过对不起党的事，没有当过国民党的官，只当过新闻记者，编导剧本，还有改良地方戏，抗战的时候他全部投入抗日宣传。解放后他在福建文化局工作，是一个部门的领导，这是一个影响我一辈子的人。还有一个跟我的历史档案有关系的，叫张兆焕，他毕业于日本早稻田大学，是从日本留学回来的，后来在（国民党）教育部工作，筹办中国海疆学校并担任校长，这个海疆学校是为抗战胜利后收复台湾准备干部的。1945年我叔父介绍我跟他坐一条船去台湾，那个时候买不到好的船票，坐一条300吨的日本渔船在海上漂流了好多钟头，差一点连命都没有了。到台湾后他是省党部的书记长，这个人就整体来说，还是比较进步的，他当官的时候掩护了好多地下党员，跟地下党有联系，他的儿子还在台湾，也是反对国民党的。新中国成立后我回到老家的时候，听说张兆焕被镇压了，后来又平反了。就是这样我跟他一条船到台湾，我是借他的名义去台湾的，到台湾后我没有再找他，也没有再跟他联系。在台湾几年我跟几个老乡，有厦门大学毕业的，有暨南大学毕业的，组织了一个出版社叫成功出版社，出版的刊物一个是《新学生》，一个是《新儿童》，我记得还带回来一本《新学生》，主要是反对内战，主张和平民主，因为那是1945年，内战还没有开始。跟张兆焕有联系的人叫陈俊驱，听说后来陈俊驱也到解放区去了，解放后在北京广播学院任教，他是厦门大学经济系毕业的，还有一个暨南大学毕业的还在台湾叫陈怀东，这两个人跟我历史有关系，那个档案材料可能都有。

马：林先生，您在台湾办这个成功出版社，办《新学生》《新儿童》，这个杂志现在还能找到吗？

林：我带回来了一本，交给了组织，不知道档案里还保留着没有。

林青：您回来以后这个刊物还在办吗？

林：没有了，"二·二八事变"以后都停了。停了以后，我就到小学去教书，然后到47年考大学，上了台湾师院的史地系，就是学历史和地理。在台湾师大学习的时候，我是进步学生，办的一些刊物都是民主党派的主张。我参加了台湾"四·六"学生运动，我们要求释放被捕

的学生会主席郑鸿溪等人，当时和台湾大学的学生一起包围台北警察局，叫警察局局长当众道歉，以后不随便抓学生。就因为这个我们都被捕了，几百人都被拘留起来，一个多月才被保释出来。回来以后一审查，我被开除了，7个被开除的人里面后来有到人大的，也有去北师大的。

马：林老师，我记得我们刚入校的时候，您就教我们世界古代史，我还记得那时候您在《光明日报》发表过一篇文章，同学们的反响都很大。

林：《历史研究》是史学里最高级别的刊物，（1979年）我在上面发表了一篇《评恩格斯关于〈家庭私有制和国家的起源〉的若干修改》，为论证"实践是检验真理的唯一标准"提供了依据。

马：对，就是这篇文章，那时候给我们讲课也是讲这个主题，那时候讲马恩的一些经典著作。

林：另一个就是《世界古代史教学如何为建设社会主义精神文明服务》，就是这篇文章引起了《光明日报》的注意，《光明日报》摘要介绍，还是人家告诉我我才知道。

马：林先生，我想问您，院系调整从新乡到开封来的时候，您还记得有哪些人吗？就是从新乡到开封，历史系还有谁和你一起。

林：韩承文就是从新乡过来的，他是后来反苏联反得厉害，我不同意他，当时他是系里的副主任。我认为苏联是一个社会主义国家，就是这个信念不好动摇。还有一点就是说研究历史跟这个专业方向有很大的关系，最近我写的一篇文章《党心民心，心心相印，大业必成！》也是我的社会主义思想的表达，我希望赶快进行三大改革，我的文章就是主张三大改革，就是看病不要钱，上学不要钱，养老不要钱，就是科学的社会主义，空洞的谈社会主义没有意义。

林青：还有一点就是研究史学跟专业方向有很大的关系，您曾说过，因为当时有历史问题，让您去搞世界古代史，这个又偏又冷，很难做研究。因为缺少资料，再加上当时没有改革开放，缺少渠道，世界古代史这个领域是很难搞好的一个学科。

马：对，但是林先生他们最后选择这个专业方向跟当时工作选择有关系，不过林先生还有李成德先生他们几位就是在世界古代史教研室，我们在学校的时候他们是任课老师，讲得都很不错。

林青：最后一点，就是您小的时候为什么要读书？

林：当时读书没有好目的，没有为社会服务的思想，就是想改变自己的现状，让日子过得好一点，就是这么简单。读书就是一条出路，可以改变自己的命运，仅此而已。直到学了知识以后才慢慢有了为社会主义奋斗的思想，但在当时没有这样的想法。

马：谢谢林先生，您今天讲了这么多丰富的故事，对我们都很有教育意义。感谢林先生能够接受我们这次采访。

08 | 魏千志教授访谈实录

受访人：魏千志
采访人：贾玉英
时　间：2020年10月24日上午
地　点：河南大学档案馆（图书馆东楼）

魏千志

男，1930年3月生，河南滑县人，汉族。河南大学历史文化学院教授，河南省文史研究馆馆员。

长期从事于中国古代史、着重明清史的教学与研究工作，对中国古代犹太人问题也有较为深入的研究。

历任河南大学历史系中国古代史教研室主任，河南省重点学科中国古代史第一学术带头人，河南大学教学督导员，政协开封市第六、七届委员会委员，开封市七届政协文史资料工作委员会副主任，开封市历史学会第四、五、六届理事会会长，河南省古籍整理出版规划学术委员会委员，开封市犹太历史文化研究会顾问等职。

曾参与教育部组织的高等院校文科教材《中国古代史》的编写（任下册主编）和1982年教育部颁布的高等师范院校《中国古代史教学大纲》的制定工作（为定稿人之一）。被教育部聘请为部编高校文科教材《清史》（上册）一书的审稿人。并被国家教委聘请为"国家教委1995年人文社会科学研究优秀成果奖"的通讯评审专家。

1995年被评为河南省优秀教师，后来，又被评为"三育人"河南省先进个人。主要著作有：《明清史概论》、《史海探珠》、《中国历史》第一册（与赵宝俊）、《中国古代史》（主编）、《中国农民起义领袖小传》（主编）、《李文成起义》（主编）、《中国古代史》下册（主编）、《唐宋元明清史论集》（主编）、《东亚之世界史探究》（中日学者合著，日文）、《中国古代史研究入门》（合著）、《中国犹太人》第二册（中美学者合著）。

贾玉英

女，河南郑州人，历史学博士，河南大学历史文化学院二级教授、博士生导师，河南大学黄河文明与可持续发展研究中心专职研究员，河南省文史研究馆馆员，中国河洛文化研究会第三届常务理事，河南省优秀专家,享受国务院政府特殊津贴专家,全国模范教师,河南省第九、十届政协委员,曾任民进河南大学总支委员会主委。2008年9月至2009年10月任日本皇学馆大学客座研究员,到韩国、新加坡等国家高校及科研机构进行学术交流。研究方向为宋史、中国古代政治制度史、旅游文化史。主持完成国家社科基金项目3项:"中国古代监察制度文化的发展研究""唐宋时期国家政治体制变迁与基层社会互动关系研究""宋元明清中央监察机构演变及其职能变迁研究"。主持完成教育部人文社科重点研究基地重大项目"黄河流域旅游文化及其历史变迁研究"及河南省社科规划项目"开封与宋文化研究"等6项。获河南省社会科学优秀成果一等奖1项、二等奖1项,获河南省教育厅及省社联优秀成果二等奖7项。出版专著《宋代监察制度》《中国古代监察制度发展史》《唐宋时期中央政治制度变迁史》《唐宋时期地方政治制度变迁史》《黄河流域旅游文化及其历史变迁》等10多部。在《中国史研究》等学术刊物上发表论文80多篇。指导的博士研究生论文,获"河南省优秀博士学位论文奖"。

贾玉英(以下简称"贾"):魏老师,您是我们尊敬的老师,我们在上学期间就知道您在学术研究、教学科研,还有对学校工作、对学院工作、对全国历史教育工作做出了重要的贡献,我们今天特别想了解一些您的求学、工作等方面的问题,请您谈一下您的求学经历好吗?

魏千志(以下简称"魏"):说起求学,可能一般人的经历好像没我复杂。因为我是刚要上小学的时候,全面抗日战争爆发。我经常开玩笑说:我就是为抗日战争而生的。因为我是1930年生,1931年"九一八事变"。"七七事变"以后,很快我的家乡——河南滑县一带都沦陷了。所以当我该上小学时候,没有小学可上,因为沦陷以后,所有的学校都停止了。日军侵占以后老是出来扫荡。我们村是依着官路的,当时要从北京到开封来,有官路,我们村就是依着官路两边的。日本鬼子出来扫荡的时候顺着官路走，有一次要进到我们村了，群众都跑了，都是牵着牲口跑到附近的亲戚家里去了。当时我还小，也都跟着大人跑，日本鬼子就住到我们村了。为啥住到我们村里来，我考虑一个是我们村是依在官路上的，它顺着路；再一个就是我们村里有寨，寨就是城墙，有寨墙、寨门，日本人觉得那地方好防守，住着保险。日本鬼子走后，我们回来看到，他们把猪、鸡都杀了，烤着吃。他们拿什么烤呢？就是把家具、把桌椅板凳都砸坏拿来烤，乱七八糟的。我有个爷爷年纪很大了，他不走，他说我这么大年纪了，我不怕他。后来我们回来看到我爷爷被打得头破血流。所以那个时候不仅没有学上，而且环境也根本安定不了。日本侵略军一直都这样搞。到什么时候我才上私塾了呢？就是我们家乡一带沦陷以后，当地群众自发组织抗日游击队，后来游击队势力发展很大，日本侵略者就不敢随便出来了，他们就是定期出来扫荡，这样就稍微安定一些了。1941年时村里组织一个私塾，我这个时候才开始上学。多大岁数了？11岁了，11岁我才去上小学，在这之前也就是认识几个字。但是上了一年半，到1942年，河南当时全省大旱、大瘟疫，死人很多，所以私塾也上不成了，也都停止了。这时候日军还经常扫荡，我记得有一次我们几个小孩子，去原来那个私塾老师家里，老师姓苏，上老师家里去看看。苏老师家在我们这村朝北走一二十里地，他家离滑县城比较近。我们找着苏老师正值中午要吃饭的时候，日本侵略军又出来扫荡了，我们饭也没有吃，赶紧就跑。跑也跑不及，因为日军有骑兵大包抄，结果一下子把我们都围住了。当时孩子们年龄都小，就算跑也跑不快，跑一会儿就累了，没有办法，我们就躺在那路边上，算了，日本鬼子愿怎么样就怎么样吧。他们包抄了以后，对孩子他倒是不管，就是抓走大人，刚好我们看到苏老师被抓了。被抓后苏老师说我是个教师，你抓我干什么呀？我们当时看到苏老师就叫苏老师、苏老师。苏老师说，你看看这都是我的学生，但日本兵都不听就这样抓走了。到后来结果怎么样，我也不知道。这说明啥？说明当时环境凶恶，是抗战很艰苦的一段时期。

后来又请了一位私塾老师,我又去上学了,那已经是1943年、1944年的时候。到1945年,过了春节我就出去上初中了,初中叫做河南省立豫北联中。因为日本侵略以后整个豫北的学校都停止了,这个学校是新成立的,就像西南联大一样,这个中学就叫豫北联中,在封丘县一个农村里头的大庙里上课。上私塾没有学过别的课程,主要是学语文,后来学了英语、数学。我记得很清楚,第一次考数学考25分,为啥呢?因为没有学过,不会。后来好努力、好努力才跟上去。到1945年,我正在上初中的时候日本投降了,就是1945年的8月15号日本无条件投降。那个时候我上到初一下期了。当时消息很灵通,日本侵略者8月15号投降,到晚上我们就知道了。为什么呢?因为当时游击队里头有几位美国飞虎队的队员。大家都知道抗日战争时候,美国组织飞虎队来帮助中国。当时在豫北一带飞虎队来轰炸日军的阵地,有一架飞机被打中了,打中以后飞行员跳伞了。当时日本人也去抓,当地群众和游击队也去保护,最后有三四个飞行员被群众保护住送到游击队去,后来他们都在游击队呆着。他们都有对外联系工具,所以他们消息很灵通,他们很快就知道了(日本投降),知道以后就传到我们这里了。所以日本白天宣布无条件投降,到晚上我们就知道了。当时那个心情可以说无法用语言形容。因为当时说是八年抗战,那时候是不包括这个"九一八事变",加上"九一八事变"那就是14年。全面抗战不容易,受了那么多苦,日本投降了。当时师生都非常高兴,怎么表示呢?又蹦又跳。当时也没有锣和鼓,怎么办呢?敲洗脸盆。现在都是塑料盆,敲也不行,那时候没有塑料盆,都是什么盆呢?都是铜盆跟铁盆,洗脸都是用铜盆和铁盆,用棍敲,铛铛铛铛,又蹦又跳,简直全是沸腾的,现在依然历历在目。所以说我上初中一开始就迎接了一个大的胜利,非常高兴。我们学校是在农村的,日本投降以后,这开封就算收复了,学校就带着我们到开封来了,当时是到开封南关。这个时候日本投降了,但是他还没缴械呀。所以我到南关以后,一看,这个南关车站那日本兵还在那站着岗。当时我们都还年轻,觉着小鬼子你投降了,你还在那站着岗,还拿着枪,我们都夺他的枪,夺他的枪他不让,他会说汉语,他说他们统统地缴械可以的,我一个人缴枪不行。当时那个附近的院子里是他们的军营,那日本鬼子在里头哇哇哇喊叫口号,我们问他那日本鬼子喊叫什么,他光笑不说。我估计他们是不甘心投降,还喊叫忠于天皇的话。现在回忆起来当时的一些情况历历在目。当时不但日本鬼子厉害,他那狼狗也特别厉害,只要日本鬼子一吆喝,狗就咬你。日本投降以后有个啥情况呢,我到开封城里一看,哎呀,那个日本狼狗都夹着尾巴到处跑,到处藏。说狗仗人势,真一点不假,我当时都想,日本鬼子投降了,日本狗也夹住尾巴不敢咬人了,哪里人少往哪钻。日本侵略者对我们是烧杀掠夺,但当他们投降以后,我们对他们还是仁至义尽的,就连日军撤走时遗留下来的孤儿,我们也都将他们抚养成人。后来这些日本孤儿回到日本后,都成为中日友好的衷心维护者。在我初中的时候就是这样。我后来上高中,那就是1947年。我上的高中是哪个学校呢?是河南省立郾城中学,地点是在漯河。后来这个学校根据国民党政府的规定,1948年的时候要南迁,河大不也是南迁到苏州去的嘛。那时候是省立的学校一律都得南迁,所以说我们的学校也跟着南迁。南迁到什么地方呢?南迁到这个金华,来到浙江金华。首先是集中到南京,南京是当时国民党政府的首都,把我们都集中到南京。那时全国好多学校都集中在那,学生多得很。当时有一次我们在那说,没有吃的了怎么办呢?于是大批饥饿学生都到行政院去闹。当时是国民党,那叫总统府的行政院,我们当时就到那去了,围着行政院的大门。那时候我们一方面喊着要吃的,同时喊着你们叫我们来了,也不叫我们学习,都集中到南京,你们应当给我们分配个地点让我们上学。当时我还记得国民党行政院的一个次长,次院长吧好像是,姓张还是什么,他出来了。因为我们围他半天了,我们要往门里冲,他把着门不让进。最后他没办法了,他觉得这不安慰安慰也不行了,他才出来了。他就说同学们你们回去吧,回去以后就给你们安排吃的、住的,

也很快给你们找好地方，也能去学习。这之后大伙才回去，也就这些情况。后来我们学校一开始是在浙江金华，后来南京解放以后，学校又叫迁，迁到广西桂林。后来我是到 1950 年春节才跟学校又回来了。这是在高中时期的一些情况，这个可以说是一直在动乱当中吧。学习是这样的情况。后来，我就在 1950 年暑假考到河南大学来，这就是这个大学的阶段了，我考到河大历史系来学习了。在河大学习期间搞了好多运动，那时候真是一边学习一边参加各种运动。什么运动呢？因为我考到河大来学习的时候，刚好是抗美援朝开始。最近同学们、老师们都看到了这个抗美援朝电视片《为了和平》《英雄儿女》，我一看到感到特别亲切，因为这些事情除了打仗我没参加，有关其他的志愿啥的东西我都参加了，感到特别亲切。当时战争一开始，志愿军一出去，学校里都动员参军，不过当时就是独生子女不让去，家里有人去了就不要去了，身体不好那也不行。我回忆当时我们班三分之一都参军了。因为我哥哥他是头一批去抗美援朝的，所以我被排除了，其他的好多身体好的，各方面条件好的，三分之一都参军了。我哥哥魏锡光在中国人民解放军第 15 军 45 师政治部工作，他是和部队一起奔赴朝鲜前线的。他在抗美援朝战斗中曾立三次三等功。上甘岭战役就是他们师在打的。我哥告诉我，当黄继光烈士牺牲后，因战斗紧急，当时就将他的尸体埋在雪里了。等战争稍缓后，才又从雪里将他的尸体刨出来，换上了新衣服。这些情况，当时我哥哥魏锡光都在场。除了参军以外，当时还普遍检查血型。那时候不知道血型是什么样的，干啥的，就是说前线受伤伤员回来要输血。所以当时河大师生都检查了。检查以后，当时我还记得公布的时候是在大礼堂前面，叫大家都去看看，你必须记住你是什么血型。当时我就去看，人太多了，我挤都挤不到里面去。当时我们班有个同学，他挤进去了，后来出来以后我就问他，我说你看见我的了吗？看到了，他说，你跟别人的不一样。我说怎么不一样？他说人家都是一个字，O 呀 A 呀，你是俩个字。我说俩字是啥字呢？他说是 A2 型，那时候我也不知道什么是

A2 型，我记着 A2 型了，后来我才知道我是 AB 型，不是 A2 型，也不知道当时 A2 型和 AB 型是不同的说法，还是学生没看清楚。所以当时就时刻准备着，就是说你不上前线，也要准备着去输血了。另外当时美帝国主义，他搞细菌战，他在咱们东北投这个细菌弹，所以当时全国都搞这个爱国卫生运动，那轰轰烈烈全国都开展。当时河大也开展，开展以后我还记得最后评比的时候，我还被评为了丙等功，发给了奖状，当时历史系立功的就我一个人。这个爱国主义运动，都是干些什么事呢？除了平常搞卫生、除杂草（因为草里藏蚊子）以外，主要任务就是要除"四害"，苍蝇、蚊子、老鼠、麻雀，这叫"四害"。后来证明麻雀是个错案，冤假错案。当时为啥要除麻雀呢，麻雀当时成群结队，它吃粮食，它吃谷子什么东西，当时就把它给弄成"四害"了。后来检查的时候说，它不但吃谷子，它更重要的是吃害虫，还吃草籽什么东西，说不应当"四害"，后来才平反。当时把它当成"四害"，可以说好几年都看不到麻雀了。那时成天不但打老鼠，打苍蝇，打蚊子，还要去挖蝇卵、蝇蛹，消灭蚊子的幼虫以防其滋生，都是搞这些活动。除这以外，还搞什么运动呢？搞土改。那时候全校师生都要参加这个锻炼，全校师生都参加土改。这是什么时候呢？1951 年冬天开始。土改是政策性很强的，所以先学了很长时间文件。1951 年的 12 月下去了。下去以后我是被分到哪去了？分到灵宝县的深山里头，深山区。当时就分散开了，我当时是分管三道山沟。深山里的都不是分村，是一条沟、一条沟的，我分了三道沟。我还记得其中最长的一条沟叫唐沟，十里地长，十里地长没有几家人。而且最大的村有五户人家，小村都是一户一户的，在深山老林里头。那个唐沟，它的尽头是两省三县，是三不管的地方。当时参加土改，结束时刚好是一百天。回校以后没有上课，紧接着又参加"五反"运动。一回到学校，接着又到市里参加"五反"运动。啥是"五反"呢？"五反"就是主要对不法资本家。因为抗美援朝开始后，各方面都很紧张，有些物资紧缺，什么都紧张。一些不法资本家他搞行贿、搞偷税漏税、

搞偷工减料、搞盗窃国家资财、搞盗窃国家的经济情报，搞这些不法行为。所以当时就搞"五反"。我分到什么地方呢？我分的行业叫牛羊屠业，就是宰牛宰羊的。地点在开封回族自治区。当时有的同学是搞商业的、搞手工业的，我分到这个搞牛羊屠业去。搞了大约2个月吧。我记得到1952年的"五一"才回到学校来。也就说从1951年的11月开始，学文件，搞土改，一直到1952年的"五一"结束，这一段时间就搞各种运动了。后来回到学校以后，一面学习，一面又搞运动，搞啥？搞"三反"思想改造。那"三反"思想改造主要是改造老师，改造干部的。学生作为助理，当时一面学习，一面帮助老师进步，当时是这样情况。所以我在河大上学期间也参加了好多的运动，在当时来说就是"不关门来读书"，而是真正地和全国各种形式的运动紧密结合的。后来毕业以后我就留校任教了。但是我留校以后，在1963年、1964年，因为当时教育部有进修教师的制度，根据教育部的安排，我到南开大学历史系进修了。

贾：求学经历谈完了，那再谈谈工作履历这方面吧。

魏：工作履历这方面也没做什么大的事情。在河大历史文化学院，我曾长期担任中国古代史教研室主任，另外我还担任河南省重点学科中国古代史第一学术带头人。我也担任过河南大学教学督导员，担任了8年。另外我还3次担任河南省文史研究馆馆员，一直延续到现在，因为它是不限年龄的。我曾经是开封市政协第六届、第七届的政协委员，第七届政协的文史资料工作委员会的副主任。我还是开封市历史学会的第四届、第五届、第六届理事会的会长。另外我还担任过河南省古籍整理出版规划学术委员会的委员，开封市犹太历史文化研究会的顾问等。这就算是工作履历这部分吧。

贾：那第三个问题，请谈一谈您的学术成就。

魏：我长期从事中国古代史的教学跟研究工作，重点是明清史这一方面。我的主要著作吧，有以下这16种。第一部是《明清史概论》，这是1998年出版的。第二本是《史海探珠》，这是2015年出版的。第三本是《明清史》，是和姚瀛艇、王云海合著的，是1957年出版的。第四部是《宋辽金元史》，这是和王云海合著的，出版于1958年。第五部是《中国古代及中世纪史》第三册，由我主编，出版于1959年。第六部是《中国古代史》下册，出版于1973年，由我主编。第七种是《中国历史》第一册，出版于1973年，这是和赵宝俊先生合著的。第八本是我主编的《中国古代史》，出版于1975年。第九本是我主编的《中国农民起义领袖小传》，出版于1976年。第十本是我主编的《李文成起义》，出版于1979年。第十一本是1980年出版的《中国古代史》下册，我是主编。第十二本是我主编的《唐宋元明清史论集》，出版于1984年。第十三本是《东亚之世界史探究》，这是中日学者合作的，是日文的，1986年在日本出版。第十四本是《中国古代史研究入门》，合著，出版于1981年。第十五本是《魏千志教授访谈录》，2015年历史文化学院打印出来的。第十六本是《旅美漫记》，是今年教师节他们印出来给我的。这本书严格来说还不算正式出版，因为现在中美关系特别紧张，现在出版不太适合，所以出版社说把它作为教师节的礼品送给我。这一共是16本。现在我还正在写《中国古代犹太人概论》这本书，已经写了一部分。这是学术成就方面，这些也不算多大成绩。

贾：这些成绩其实特别突出。那么第四个问题，请您谈一谈您对咱历史文化学院所做的主要贡献。

魏：这个我也可以简单说一下吧。我留校工作那时候是1954年，刚好24岁了。我24岁开始在历史文化学院教书，到67岁退休了，当时我是特批到67岁办理退休手续，整整在历史文化学院教了44年书。在这44年当中，我刚才说了，我长期担任中国古代史教研室主任，又是河南省重点学科中国古代史专业第一学术带头人，在教学和教材建设等各方面做了一点儿工作。第一部分先说讲课吧。在这44年当中，研究生和本科生，我一共讲了8门课。一门是中国古代史下段，再一门是宋辽金元史，还有明清史、明清史专题、明清经济史、明清政治史、明清文化史，还有一个是明清史史料学，后面的四门课都是给研究生讲的，前面那些是本科生的，一共讲了8门课程。第二部分说编写教材。现在的学习不怕没有教材，也不怕没有参考书，可当初不行，当初没有国家统一编的教材，各个学校都是自己编的教材，不编教材，学生就没有教材用。所以那时候的教材建设非常重要。我参加的教材编辑建设一共有7种，一种是《明清史》（合著），第二种是《宋辽金元史》（合著），还有《中国古代史（下册）》（主编）、《中国古代中世纪史第三分册》（主编），还有《明清史概论》，就是明清史专题的讲稿，再一种就是《明清史大事件表》，最后一种是《中国古代及中世纪史地图》。第三方面，就是指导学生写毕业论文和教育实习。选我的学生多，我就指导得多，选的少就指导得少。教育实习主要是在开封市，也有走得远的地方。有一次学生到信阳去教育实习，有一次到商城县去实习。第四是其他方面。首先就是辅导考研。历史文化学院的学生学习都很积极，考研究生的人很多。当时他们准备考研究生的学生，我就先给他们辅导，进行复习、准备，还有一个事情是，当时是叫历史系，现在是叫历史文化学院，每次新生入校时，系里都安排我去讲开封市的名胜古迹，加强新生对开封市的了解。并且，我也经常对同学们做一些专题报告，这是当时系里了解了同学们的思想情况和学习中的困难，安排我来做的。我记得做过"发扬优良传统，搞好专业学习"的报告、"怎样写毕业论文"的报告，因为有些学生觉得写毕业论文最难了。我也做了不少其他方面的报告。这也算是在历史文化学院的工作。这些工作虽不多，但是同事们和学校领导也都看在眼里，是对我的肯定。我先后被评为河南省优秀教师，还被评为"三育人"河南省的先进个人。这算是对自己的一种鼓励，实际上自己还不敢当这样的称号。第四个问题的情况就是这样。

贾：第五个方面，魏老师，请您谈一谈您对河南大学其他方面所做的贡献，这方面我知道您做的很多，请谈一谈。

魏：除了在历史文化学院的工作以外，在河南大学其他方面我大体上做了这以下九个方面的工作。第一个方面是我曾经被聘为河南大学的教学督导员。我在历史文化学院还没有办退休手续的时候,学校已经聘我为河大教学督导员了,后来手续办完之后,学校继续返聘我。所以教学督导员这个职务当了8年,一直做到74岁才把这份工作退了。教学督导员都做什么工作呢?第一个工作是到各院系去抽查听课,就是不通知就到哪个老师的课堂上听课,了解各个院系的教学情况。第二个工作是和河大的教务处一块儿,到各院系去检查教学计划执行的情况,到期中的时候去检查一下,看一看教学计划执行的怎么样。第三个工作是和学校配合、和教务处配合,到各院系去评估院里的工作。第四个工作就是跟教务处一块儿,讨论制定有关教学的文件。教学督导员大体上就做这四个方面的工作。第二个方面是一个比较重要的事情,我建议恢复河南大学校训。我们都知道河大的校训是:明德新民,止于至善。就在南大门内侧的门额之上。校训的恢复有一个过程。在解放初期的时候,当时认为"明德新民,止于至善"是"四旧",因为它是《大学》里面的句子,所以当时就把它从南大门拆除了。后来随着时间的推移,人员的更替,许多人就不知道河大的校训了,更不知道校训曾在南大门上写着。对这一点,我当时一开始觉得是"四旧",到后来就总觉着不对头,真应该把河大的校训恢复了。所以我就趁着2002年河大90周年校庆的时候,当时学校里头就各方面到处去准备,该修理的修理,该整理的整理,我当时就说这是个机会,就写了一个报告说应该恢复河大校训。当时因为我要到美国去,我把这个报告交给张振江老师。因为他是参与校庆的筹备工作的,所以我把这个报告交给他,我说这个事情很重要,一定要好好研究。学校接纳了,两个多月后,我从美国回来了,一看"明德新民,止于至善"八个大字又恢复了,当时我非常高兴,这是个大事。第三方面是解释校训。因为校训恢复以后,许多人不了解校训是什么意思,"明德新民"是从哪里来的?"止于至善"是什么意思?有些人知道点皮毛,但是说又说不清楚,特别是有一个字有分歧,就是"新民"的"新"

字,有的地方说是"亲民"。北京校友会在校庆的时候,送的纪念石上刻的是校训:明德亲民,止于至善。我们这里写的是明德新民,他写的明德亲民,这是怎么回事?许多人是不懂的。我和同学、同事交谈当中也遇到这些问题。再一个我在校园里散步的时候,也常听到有人问这是怎么回事。许多人都不知道怎么回事,因此我想着也该解释一下。所以这第三个方面是我专门写了一篇《河南大学校训浅释》来解释"明德新民,止于至善"的含义是什么。特别地,我解释"新民"和"亲民"的联系和区别,把这个事情说清楚。《大学》原文一开篇就是:"大学之道,在明明德,在亲民,在止于至善。"原文最早的文字是亲民,不是新民。但是在《大学》流传的过程当中,逐渐地把亲民改成新民,所以北京校友会写的"亲民"是原文,河大所写的"新民"是后来流传的版本。这就有一个问题,这什么时候改的?谁改的?我也对其加以解释。首先提出要改的是北宋的哲学家、教育家程颐,也是河南的老乡,他在《伊川先生改正大学》中,在"亲民"的"亲"字底下写了三个字:"当作新"。但是程颐并没有改。谁改的呢?是南宋大理学家朱熹。朱熹秉承程颐的意志,就将"亲"改为"新"。改过以后,就成为"大学之道,在明明德,在新民,在止于至善"。以后都不是亲民了。河南大学校训就取的最后的,就是朱熹改过的。那程颐和朱熹凭什么给它改的呢?这就又牵扯到一个常识了,通假字。在中国古代文献里经常有通假字,什么叫通假字?"假"不是真假,而是假借的意思。就是两个字字音相近,意思相通,可以假借过来。程颐认为,这个"亲"字是个通假字,它通"新"。"亲"和"新"汉语意思是相通的。而当时这个"明德亲民"的意思也是新民的意思,朱熹就根据这个改了,这是一个通假字的问题。有同学问通假字科学不科学,现在还用不用。实际上现在还在用,特别是在中国人用的简化字中,许多都是通假字。我举几个例子,你就知道了。如前后的"后",大家都知道这"后"字很简单的是吧?但之前是"後",笔画稠,现在把"後"字改成"后"了,这就是通假字,简化了。我再给你举几个例子，如斗争的"斗"字。现在是以"斗"代替"鬥"字。如五谷杂粮里的"谷"字，原来的谷字笔画非常稠，现在以"谷"代替原来的"穀"字。如以"吁"代替"籲"字。这都是通假字。所以现在你说通假字好像是古代的东西，离我们很远，实际是很近的，现在好多简化字是用通假字。所以我就把校训的含义、"亲"和"新"怎么回事、怎么改的，写成了《河南大学校训浅释》一文。这也是一个工作，就是恢复了校训以后，觉得这个问题还没解决，所以又写了篇东西。第四个方面我还有个建议，建议恢复六号楼、七号楼的名称。现在六号楼、七号楼大家都知道，是不是？但是在校庆90周年的时候，当时有一位领导想要把河大这些主要建筑改个名，他总觉得6号楼、7号楼这些名称听起来没学问。改成什么呢？把6号楼改成博文楼，把7号楼改成博雅楼。博文楼、博雅楼这名字多好听啊，就给它改了，改了以后还打个牌子钉上去。这个事情我总觉着可别扭了，为啥呢？我觉得这个七号楼、六号楼是河南大学的地标性的建筑，河大好多重要事情都在这两个楼上演出，比如说李大钊先生来做报告，这在传播马列主义多重要啊，还是在六号楼上做报告的。你现在把六号楼改成博文楼，那李大钊要是在天有灵，他想来看看，他去哪找啊？我就说这个七号楼、六号楼它是地标性的建筑，好多主要事情都在这演出的，你把它改掉以后，博雅楼、博文楼很文雅很好，但它跟河大有什么关系？是不是？六号楼、七号楼你要是把它抽掉了，那河南大学的历史在哪里？你要把这些建筑名称都取消以后，这些代表符号都没有了，我觉得这个不对，所以应该恢复，这是一条。再一条呢，六号楼、七号楼都是国家重点文物保护单位，它规定了不准改造、不准变样、不准随便改名，这有《文物保护法》啊。重点文物保护的文件当中写的就是六号楼、七号楼，你改成博文楼、博雅楼，我说你这是擅自改名，这是违反国家文物保护法的，是不是？这是不行的。再一个呢，我觉得河大这个老楼房的名称它有个体系，这个体系你不能随便改的。什么体系呢？这个命名就是方位加数字，这是命名的一个体系，什么叫方位加数

字呢？我给你举个例子吧，东十斋中的东就是方位，十就是数字，方位加数字以后，就是东一斋、东二斋一直到东十斋了。这有什么好处呢？咱可以想想，假设说这不是东一斋、东二斋到东十斋，你起了另外的名字，那名字再好，比如叫辉煌斋什么斋的起了十个名称，记住记不住？十个斋名你都记不住；再一个，那假如谁问找什么什么斋在哪儿呢？你能记住它是第六个、第七个、第八个？记不住啊。你现在，谁说找东一斋嘞，好，从这数第一个就是。找东七斋的，好，第七个就是，一句话就说出来了，所以这里头它是有学问啊。他这样的话是非常简便的，便于记忆，便于平常的这个活动。楼房也是，楼房现在还有六号楼、七号楼，实际上当时准备建十几个楼，西边是单数，东边是双数。双数就是二四六八十，单数就是一三五七九。这样的话，在哪个楼干啥来着一眼就看出来了，所以说这是一个学问。你非要把六号楼、七号楼改了，改成博文楼、博雅楼，就把这整个命名体系完全破坏了。所以我总觉得不对，所以我就经常找这个学校的领导来谈，特别是主持改名的这位领导后来调走了，又来了个党委书记，张秉义书记。我找过他两次，我就给他讲这个道理，一个是地标性建筑不能改，一个是违反文物保护法，一个是破坏了河大的这个命名体系。张书记听了之后说："啊？我咋从来没听说过这种道理。"后来学校就规定在学校正式文件中不再提博文楼、博雅楼，一律都改成六号楼、七号楼。但是问题还没解决啊，经常学校有些报道还说博文楼、博雅楼，为啥呢？因为那个大铁牌子还在楼上钉着呢，六号楼上面写了个博文楼，七号楼上面写了个博雅楼。这东西是个心病呀，你不给它弄下来，那将来还是不行啊。所以我就又给有关单位提建议。最后什么时候弄下来了呢？校庆100周年时候。那时候我找了河大党委宣传部，我说：你们宣传部，这100周年校庆，国内外的校友都要来，特别是一些老校友，来了之后他们看见咱这个建筑，回忆过去，他们在的时候都是六号楼、七号楼啊，哪有博文楼、博雅楼，该找不着了，一看六号楼七号楼都没有了，哪行嘛我说。这后来宣传部下决心了：

改！拿大梯子把那个博文楼、博雅楼的铁牌子都弄掉了。就在六号楼墙上涂个白圆圈，用红字写个6，七号楼墙上涂个白圆圈，写个7，现在同学们看到六号楼七号楼一个6一个7，就是这个时候搞的。我建议还要把这个楼名弄到门额上。学校也下决心了，要标志，在六号楼、七号楼、大礼堂旁边都立石了，在上面刻着楼的名字，再加以介绍，就是避免以后博文楼、博雅楼再在文件上出现。这过程中当然也有一些问题，当时在讨论这个立石的时候我参与了，除了六号楼、七号楼以外，怎么介绍六号楼呀，怎么介绍大礼堂，在过程当中有个同志提出："不要说大礼堂啊，说礼堂多好了，为什么加个'大'字啊？"他意思是你说这是"大礼堂"它就大了吗？礼堂就礼堂嘛何必说大礼堂呢。他不知道这个大礼堂原来就是叫大礼堂，不是咱们后来随随便便叫的，为了大一点就说大礼堂，夸张夸张吧。不是那回事，大礼堂一建好就叫大礼堂，而且到现在，当时的楼房名就在上面刻着的，不知道你注意了没有？

贾：嗯，我注意看了，但是没有这么深的思考。

魏：它就在上面刻着呢一直到现在，那个是篆字，一个门头上一个字。朝南的门，从东往西，第一个门上写的"大"，第二个门上写的"礼"，第三个门上是"堂"字，都是木头雕刻上的，好多人都把它当成雕花了，就没好好瞧，这个大礼堂一建好就叫大礼堂，就在那上面刻着呢。这样的话为什么还会有人提出这个事？说明啥？因为这个是篆字，是圆形的，大家也不注意。所以我就考虑到，张秉义书记说的这个，宣传河大也是应该去做这个事情的，后来我就写了一篇《河南大学校园往事琐记》。这里头分了十七个小题目，比如说"荷花池与深井"，"假山与夷山亭"，"贡院石碑"，"侵华日军神社灯"等。我都给它写出来了，我就想着要普及，让大家都知道。这里我还写了个"苦命的四号楼"。四号楼跟六号楼、七号楼都是同时建造的，那应该说是重点文物保护单位的，可是由于一些当事人不知道，就给它拆了。怎么拆了呢？刚解放的时候，那时候需要维修，觉得这个大屋顶太费事了，没有意思，就给它改成一般的屋顶了，给它改头换面了。这后来呢，很晚很晚了，要建留学生楼，就把它给全部拆除了。现在留学生楼那里就是原来的四号楼的地方。后来建校90周年的时候，学校出了一本画册，编者当时很有心地把这个拆掉的四号楼的图片找出来了，但这图底下标了一个"女生宿舍"。他不知道这叫四号楼，因为当时住过女生，就把它叫做女生宿舍。所以我就写了个"苦命的四号楼"。为啥叫苦命的四号楼呢？第一个是被改头换面，一苦也；第二个是把它的身给拆了，二苦也；第三个是还把它的名字改了，三苦也。这头、身、名都不存了，有这三苦，还不能算是苦命的吗？这有时代因素的影响，更有当事者人为的错误。时代因素的影响就是刚解放的时候经济困难，那个时候经济可以说是相当困难的，可四号楼年久失修啊，可维修经费又不够，那个时候刚解放，对文化传承的重视程度很弱，觉得修这个楼又费时又花钱，干脆就盖成一般的楼顶算了，在那种情况下就把大屋顶给拆掉了。人为的错误就是学校当事者不知那是四号楼，不了解它的历史价值，后来又把它全部拆除了。我觉得拆除这四号楼实在是个大损失啊，所以我就在校园琐记里写了一则"苦命的四号楼"。我意思就是说，要了解校园，热爱校园，不要在不了解校园的情况下做出破坏校园的举动，这也算一个工作吧。再一个，第五个方面，我还建议了个什么呢，建议恢复南大门到大礼堂这个中心大道两边的人行道。现在你看这个，一进大门就是一条大道，两边两条人行道，又宽敞又整齐又方便走路。可是之前有一段呢，这两边人行道不存在了，废除了，人都集中在中间的大道上。车、人都在这，还经常车碰人，因为道路不分了。原因是在1958年的时候，当时学校要建立一个北郊农场，就是在开封市的北郊建立一个农场，而且当时学校提出来说：以养猪为纲。你既然以养猪为纲，那就得大盖猪舍，不盖猪舍上哪养猪啊。这就需要砖瓦。可当时往哪弄砖瓦呀，所以学校就想了个点子：各院系自己想办法，你愿意在哪弄砖瓦就在哪弄。这各院系就八仙过海，各显神通了。有的把贡院的旧房拆了，因为它比较小，也装不下多少东西，就给

拆了。有些院系不知道拆哪里，去的晚了，没地方拆了，那咋办呢？这人行道上有砖，就给这路砖拆了，这样的话就把大道两旁人行道上的砖都刨了，为了建猪舍，刨的话还是坑坑洼洼地刨。这样的话人就不好走了，坑坑洼洼谁走啊，都走大道上了。时间长了，杂草丛生，再加时间一长，新人来了就不知道两边是有人行道的，以为就这一个大道。那时候汽车少，自行车还经常撞人，要是汽车多就麻烦了。后来我就找着这个管后勤的副校长，叫申志诚，我就跟他说："咱这个学校一进大门就这一条路很窄很不好看，人车混杂，经常出问题，咱应该把两边人行道恢复。"他接受建议了，所以就恢复成现在这样了，铺的砖石，也非常好。这也算是当时我的一个建议吧，说不上是贡献，就是方便人们行走，恢复了南大门至大礼堂之间的道路的旧貌，也算是做了一件事情吧。另外，第七个方面，我还做了一件事情，就是咱们学校在中国历史发展上是有一定地位的，除了咱作为文化单位之外，咱们的校园还是中国科举制度的终结地。因为中国几千年的科举制度，什么时候结束的，在哪里结束的呢？就是在咱们校园里结束的。这个事情也显示了河大的一个历史地位，我们经常对外宣传，给来宾介绍。党委宣传部对这个事情也感到说不太清楚。他们就问我："魏老师，你能不能把这个事情写写？这样对外介绍宣传的时候就好办了。"然后我就答应了，写了两篇文章，一篇文章就是《中国科举制度的终结地》，另外一篇文章是《清末河南贡院的一次考场风波》，就是把当时考试制度的各方面说一说，写了这两篇。这样，对于外面了解河大在这一方面的历史地位、对咱们对外的介绍宣传多少有点帮助吧。

贾：帮助非常大。

魏：这也算是一个方面。再一个，第八个方面，就是刚才谈到的这个问题，就是河南大学这个校史的分期问题。有什么问题呢？就是这个国立河南大学它的下限在什么地方，划到什么时间？上限都很清楚，哪一年你是国立河南大学，但在哪一年不是国立河南大学，下限是什么时

候结束呢？咱们校史上写：1949年。说下限是1949年。我一看这个说法，我觉得这个是错的，为啥呢？这国立河南大学的下限，你写了1949年，有什么根据呢？我当时就找到一位参加编写校史的老师，我说你们是根据什么把这国立河南大学的下限定到1949年的？我说你们这是不是想当然呀。我跟他开玩笑说你们这些人可真厉害，你们把中央的有关文件都改了。实际上呢，这个国立的下限，应该是到1950年的9月。为什么呢？1950年9月国务院下发了一个文件。文件上是这样说的，1950年10月以后，各级学校不再冠以国立、省立、市立的称号。就是以后不要说国立什么、省立什么、市立什么，是吧？由于有这个文件，所以咱们学校南大门上的校名就改了，原来是国立河南大学，我来上学时还是国立河南大学。由于这个文件呢，所以学校就执行了，就把"国立"两个字扣掉。扣掉怎么办呢？原来是6个字摆出来，现在只剩下4个字，所以把字的位置重新摆了摆，"河南大学"这四个字还是原来的，没有重新写。所以就是这样，这个国立河南大学的下限，应该是在1950年9月中央下达这个文件以后，那才结束了，是不是？可是咱的校史上呢他就硬写到1949年，是不对的。到现在，不知道将来在建校110周年的时候还改不改写这个校史。我认为不要把国立河南大学的下限再写成1949年了。我们应该按照中央文件办事儿，我这个建议不知道最后如何。

贾：我觉得魏老师这个建议非常好，我们历史专业就是要求言之有据，1950年9月下的文件就应该是1950年的，是不是？

魏：当时是我正在河大上学的,由于将校名上的"国立"二字去掉了，还惹起了一场不小的思想风波。你们都不知道那时候抵触多厉害，都这样说，不管是学生还是啥，啊！怎么河大降级了？"国立"就不叫"国立"了？为这事学校还特别在大礼堂前开个大会，解释为啥去掉。说不是光河大，全国都这样。国家下的文件，以后国立、省立、市立这都不叫了，好一番解释，才平息下去。

贾：这一点这个资料太珍贵了魏老师。

魏：就是这样把"国立"两个字去掉了。可是今天校史上竟然说是1949年。

贾：你今天一说，下次学校肯定是按照文件写了，您看咱们现在特别重视校史的工作，这特别要讲一讲这个故事。

魏：还有一点也是校史上的事，这个我也曾提过建议。

贾：那您想起来就谈一谈，这个校史特别重要。

魏：先前有一版河南大学校史中，列了一个河南大学的沿革表，其中竟然插入了一个中原大学。我一看感到很惊奇，怎么把中原大学写到河南大学的校史中去了？这是怎么回事？我思忖校史的编者可能是从两个方面考虑的：首先，可能考虑到在建立中原大学的时候，河大教授嵇文甫先生参加过筹建这个事儿，还担任一定的领导职务，因而就将中原大学列为河大的一部分，所以就把中原大学也写进河大的校史中去了。后来人家中原大学，就是现在的华中师范大学，人家一看，说你们河大的校史怎么把我们学校给写进去了，那我们成你们的分校了？人家可有意见呢。人家提出的质疑是对的。因为嵇文甫先生去参加中原大学的筹建工作，那个是他的个人行动，他不是代表河大去参加的，是个人活动啊。因而中原大学的建立与河南大学毫不相干，更不能将中原大学看作是河大的一部分。其次，校史的编写者可能是考虑到中原大学曾在河大里呆过。因为当时河大还在苏州没回来，它在河大校园里面呆过一段时间，因而也就将中原大学与河南大学拉扯在一起了，这也是不对的。中原大学当时只是在河大校园里借住，并非成为河大的一部分了。这东北大学还在河大呆过呢，你能说东北大学也是河大的一部分吗？"九一八事变"以后，东北大学就是张学良创建的大学，跑到河南来了，他们在东北待不成了，他跑到河南，借住河南大学。当时他们的老师都在东斋房那住，学生都在大礼堂，当时张学良还来看望过东北大学的师生。我说那东北大学也借用过河大的校园，那能说东北大学也是河大的一部分了？好在后来新的校史给它改了，把中原大学去掉。这国立河南大学的

08／魏千志教授访谈实录

下限，将来这个校史必须改，不改不符合历史。

贾：您说的今天是有1950年9月份的文件，学校肯定会改，他们原来可能不知道。

魏：他们也许是不知道。这是第八个问题吧。

贾：还有最后一个，是刘馆长提出来让您谈谈河南大学发展的节点，看能不能加进去。

魏：那个没啥了。那就再谈点别的事情吧。除了上面这8个方面以外，我还做了另外一些工作，就是参加学校对外的一些接待陪同工作。就是有一些贵宾、外宾来河大访问，学校让我去接待，介绍情况，陪同参观什么的。你比如吧，咱们老校友尹达先生，他是一位著名的历史学家，也是中国社科院历史研究所的领导人，1982年他回来访问母校，并作学术报告，那学校就派我去陪同他，在开封宾馆里住了好几天。后来，学校又派我到北京会见尹达先生，商议合作招收博士研究生的问题，双方达成了协议。可惜尹达先生因患癌症不久去世，合作事宜最终未能实现。再如一位日本外宾，他是一个教授，叫寺田隆信，他是研究中国明清史的专家，他来这访问并讲学，当时也是叫我去陪同他。这寺田隆信除了是个名教授以外，还是日本宫城县的日中友好协会的理事长。后来我们一直保持联系，成为老朋友。再一个，以色列驻华大使南月明，他于1997年率团来开封市访问。为什么他们要专门来开封呢？这有历史的原因，因为中国古代犹太人是以开封为居住中心的。宋朝时期，一批犹太人来到中国，加入了中国的国籍，成为中华民族的一部分。刚才我说了，我正准备要写一本《中国古代犹太人概论》，就是写这件事情。因为犹太人在进入中国以后，在各方面都享受平等待遇，而当时在欧洲各国，则有很多限制，如不叫买地种田，不叫做工，不准经营正常商业，只能放高利贷等等。甚至于只能住在指定的地方，穿一种特殊的衣裳，以示区别。而在中国，一点限制都没有，可以从事任何职业，甚至出现许多高级的文武官员。因此好多以色列的人都对中国有好感，特别

是对开封。所以以色列驻华大使专门率团到开封来访问。当时市里、学校就叫我去陪同。他们在市里参观一些有关中国古代犹太人的历史、文化古迹,留下来的石碑等,并与开封市领导举行会谈。随后来咱学校访问,并和学校领导座谈。以上以色列代表团的所有活动我都全程陪同。当时南月明大使曾要走我三篇关于中国古代犹太人的论文。她回到北京后,又给我寄来数十本有关以色列的书籍。后来,南月明大使还专门来函,邀请河大领导和我,到北京以色列驻华大使馆参加他们的国庆招待会。以上我举了三个例子,这也算是我对于河南大学方面的工作吧。这是第五个方面。

贾:第六个方面,请您谈一谈你对河南省中学历史教学方面的贡献。

魏:好,我说这一方面,就是河南省历史教育方面。在这方面没有做太多的工作,一个工作就是1986年的时候,我曾经参加了河南省历史学科"七五"研究规划的制订工作。这算是一个方面吧。第二个方面,就是我写了两本河南省的中学历史课本。现在这个中学历史课本是全国统一的。有一段时间,不是统一的,各省是各省的历史课本。河南省历史课本我写过两本。一本就是《中国历史》第一册,是1973年写的。是我先列好写作大纲,然后和赵宝俊先生合作完成的。这是一本。第二本就是《中国古代史》,这是由我主编的,这是1975年。就做这么些工作,很少,没有啥贡献。

贾:这些贡献已经很大了。那第七个问题,魏老师请您谈一谈你对全国历史教学工作这方面做的贡献。

魏:好的。对全国历史学科方面也做了一些工作。第一个,1954年的时候,我参加了教育部委托河大历史系编写的《中国古代史教学大纲》的制定工作。当时教育部委托河南大学历史系编写5种历史教学大纲。当时之所以叫河大历史系编写,是因为河大的历史系在刚解放的时候,那是非常有名气的。教育部让河南大学历史系写了哪5部?就是《中国古代史教学大纲》(本科用),《中国古代史教学大纲》(专科用),《中

国近代史教学大纲》,《中国现代史教学大纲》,还有《中国历史要籍介绍及选读教学大纲》,写这 5 门。教育部让一个学校的历史系写了 5 门《大纲》,这充分显示了当时河大历史系在全国史学界的突出地位。这是我为全国历史学科发展所做的第一件工作,就是 1954 年我毕业以后留校,我参加了《中国古代史教学大纲》的制定工作。专科的、本科的,两部。后来教育部又委托河南大学召开中南区高等学校历史教学座谈会,来讨论这些《大纲》,来确定。当时我也参加了这个工作,我还是大会的记录人,这是一个方面工作。第二个工作是我参加了教育部组织编写的高等院校文科教材《中国古代史》的编写工作,我还担任下册主编,最初是上中下三册,后来因为教学时数减少了,改成上下两册,我仍为下册主编。

贾: 我上学的时候都还是三册。

魏: 我是下册主编,朱绍候先生他是全书的主编。该书从 1979 年开始出版发行以来,至今日已 40 余年。每年都出,总共出版多少册呢? 在前 20 年的时候,福建出版社有一个统计,那时候都出版发行 100 多万册了,现在又过了 20 多年,我没有看到新的统计材料。但是前 20 年有 100 多万册,之后这 20 多年,我想至少有几十万册。我不敢瞎说,但是我想该书的总发行量也应该有一百几十万册了。

贾: 那是保守的说法,肯定是将近两百万册。

魏: 这算是对全国历史学科发展的一点贡献吧。该书编成以后,在这 40 多年当中,大修好多次,小修不断,每大修一次,就是一版。现在是第五版。2018 年又大修一次,再出就是第六版了。这算是一个工作。第三方面就是我参与了教育部在 1982 年颁布的《中国古代史教学大纲》的制定工作。我跟朱绍候先生一块参加了这个工作。当时教育部要制定新的教学大纲,叫 3 个学校先各自印,制定一份。哪 3 个学校呢?咱们学校一份,华中师大一份,东北师大一份,一共 3 份大纲。然后在武汉讨论。还有别的学校去参加讨论,看看这个怎么制定好,那当时也是争论很激烈的。最后还是以河南大学的作为底稿，把河南大学的选中了。大会讨论以后，就留下来几个人，有朱老师和我，还有其他的两三个人，在大家的讨论基础上来定稿。这是在1982年的时候，其实做这一工作是1981年就开始了，这算是一个工作，也是全国性的。第四个方面是1985年的时候，教育部聘请我为部编高校文科教材《清史》（上册）一书的审稿人。这是教育部组织南开大学历史系编写的。他们写好以后，教育部聘请专家进行审查。当时我参加了这个工作，而且提的意见他们也认为很好。这是对教材审查。第五个方面，那就是在1995年的时候，国家教委要评全国的人文社会科学优秀成果奖，国家教委聘请我为通讯评审专家。那个时候不是都在一块儿去评，而是分开评。就是说凡是属于你那个专业的，申请的那个材料就给你，当时给我寄来好几本书，还有几篇论文，然后就来审查。审查以后就写出评审意见，然后再寄回国家教委。就做这个工作，这也属于全国性的工作吧。今天就谈这些吧，别的也没有太多好说的了。

贾： 谢谢魏老师，您讲得非常好。

09 | 苗春德教授访谈实录

受访人：苗春德
采访人：张建东
时　间：2020年10月24日下午
地　点：河南大学档案馆（图书馆东楼）

苗春德

男，汉族，1936年9月出生于河南省镇平县一个农民家庭。1965年6月加入中国共产党。1957年至1961年就读于北京师范大学历史系，1961年被推荐选拔为研究生，在该校教育系攻读中国教育史专业，是著名教育史专家毛礼锐教授的门生。1982年到河南大学教育系讲授中国教育史。1986年5月特批为副教授，1991年晋升为教授。历任教育系副主任、主任、文史学院副院长、《教育管理自学辅导》主编、《心理世界》编委会主任，兼任全国教育史研究会理事、"中国教育史研究丛书"编委会委员、河南省教育学会和东方文化研究会常务理事、中原孔子研究会副理事长等职。1993年被授予开封市优秀教师，1995年被河南省委、省政府命名为优秀专家。长期坚持从事专业研究，先后发表论文50余篇，出版专著10余部。主编《宋代教育》、《中国教育思想通史》第3卷，副主编《河南考试史》、《中国国情总览》教育卷，参编《中国教育史简编》《中国古代教育家传》《中国教育家评传》《中外教育家德育思想荟萃》《群星灿烂——河南大学名人传》等。这些成果，得到同行专家的好评和鼓励，并多次获奖。《宋代教育》，1992年获河南省优秀图书奖、1993年获河南省社会科学二等奖、1995年获国家教委首届人文社会科学二等奖。《中国教育思想通史》和《河南考试史》均为国家教育科学"八五"规划重点项目，前者1995年获国家图书提名奖，1998年获普通高等学校第二届人文社会科学一等奖；《河南考试史》1995年获河南省社科联荣誉奖，1997年获第一届全国人事科研二等奖；参与编著的《中国教育家评传》1989年获全国首届优秀教育理论著作奖，1995年获国家教委首届人文社会科学二等奖。参与完成的"河南省科技人才队伍稳定与开发研究"1993年获河南省政府实用社会科学三等奖。此外，还获得省教委和省级学会奖多项。

张建东

男，1975年5月生，河南正阳人，教育学博士，历史学博士后，硕士生导师，河南大学教育学部宋代教育研究所所长，教育系副主任。先后就读于河南大学、华中师范大学。截至目前，已出版《传道济民：名于一世的教育家张栻》《宋代民间士人教育活动研究》《理学家张栻的教育生活研究》《中国教育史》等专著4部，参编《中国教育活动通史》（秦汉、宋元卷）等著作6部。在《教育研究与实验》《中州学刊》《历史教学》等核心期刊发表学术论文近20篇。参与国家社科基金、全国教育科学规划、河南省软科学等项目近10项，主持中国博士后科学基金第57批面上资助项目、河南省高等学校重点研究项目、河南省教育厅人文社会科学重点项目各1项。

张建东（以下简称"张"）：苗先生，"千里之行，始于足下"，我们想先请您谈谈青少年时期的成长环境和求学经历。

苗春德（以下简称"苗"）：我的求学也很曲折。我1936年出生在镇平县一个农民家庭，新中国成立前上学的人比较少，我们村庄是个几十户人家的小村庄，上学的人不多，但我有幸被家里送去上学。1944年我8岁才上学，原因是我家是农民，过去老受人欺负，爷爷担心太小被人欺负。当时我们村还没小学，就在我们附近一个村有小学，我就去那里上学了。上小学之前我已经开始认识几个字了，所以我一去上学就读一年级第二册了，没读第一册，后来在这个学校又读到二年级下学期。

张：1944年那个时候还是抗战期间。

苗：是。你看开封这个地方大概是1937年都沦陷了，日本人都来了。我们南阳这个地方当时很紧张，当时日本人还没去，河南大学躲避战乱就搬到了我们县里，即后来的镇平一中。

张：河大流亡办学那一段。

苗：对，流亡办学的时候，河南大学搬到鸡公山，紧接着当时的国民政府要求河大从信阳到武汉，然后从武汉往四川去。当时河南大学的校长王广庆就说那河南大学为啥要去四川呢？不去。然后就沿着汉水往上，到南阳去了。河南大学农学院就在镇平后来的一中的地方，现在就叫河大附中，原来那个地方叫北仓女中。当时我们县城还有个学校叫河南省立第十二小学，所以当时咱河南省不少学校都搬迁到镇平一带了，那一带比较安静一点。一直到1945年过完春节以后，日本人才去到南阳，到秋后日本就投降了。所以说日本人实际在南阳不到一年的时间。我是1944年上的小学，日本投降以后，我又到镇平的一个女师附小去上学，到那儿又上了一年，上一个三下和一个四上。然后女师附小没上完解放战争就开始了，就又回家不上了。所以当时小学四年，我实际就上了两年。另外是抗日战争比较紧张的时候，小学也不办了，我在家里闲着。我们附近村有个私塾老先生，他自己办了一个私塾，我还到那个私塾去读了一个月《论语》。所以解放前我上了两年小学，还读了一个私塾，就是这样一个根基。1949年我又到县城里上了小学五年级，到1951年上半年，这两年小学完整地读下来了。在读书的过程中，什么语文、历史、地理这些课程，基本上我都会。为啥？因为抗日战争期间和解放战争期间虽然不上学了，但是我在家里到处找书看。

张：那时候家里还有书吗？

苗：那时候家里也没书，不过农村有一些庙会什么的，要去会上家里都会给点钱，让去买点东西吃。凡是给我的钱我都没吃，我就到庙会那个书摊上去买点小书。所以在没上小学之前，我就在那庙会上买了两本小书，很小，中华书局出的，叫《中国历史常识》《中国地理常识》。什么时候出的，什么版本我已经不记得了，反正我记得就是中华书局出的，很简明扼要。那时候家里别的没书可看，就买这两本书我天天翻，所以这两本书我基本上可以从头到尾背下来。所以没上小学之前，历史、地理这些我都知道。所以新中国成立后上五年级的时候，这些课程问题都不是很大，就数学不行，因为原来小学的时候没咋学。我记得非常清楚，一上五年级的时候，有些题不会做，加减乘除四则运算，我都不会。所以上五年级第一学期的时候，我的数学没考及格，最后发的通知书上数学是56分。老师还在这个地方盖个红印，说明你这门课不及格，所以那时候都有点压力。这后来我重点就抓数学，到五年级下学期数学成绩就上去了。1951年暑假我考上了镇平一中，这一年镇平一中招120人，正取生100名，备取生20人，我是正取生第五名。1954年初中毕业后我又考上了南阳第二高中。

　　从小我自己有这个理想，就是将来当个教师，这是我的梦想。所以1957年高中毕业报考志愿的时候，我第一志愿就报考了北京师范大学，我为啥不往别的学校跑跑考北京师范大学呢？因为当时知道上别的学校，你自己出钱，读师范，管吃管住，这可以解决家庭经济困难，所以我第一志愿就报了北师大。我记得1957年考大学的时候，全国高中毕业生是20万，大学招生107000人，比例差不多是2比1。我在北师大历史系读了4年本科，实际上这4年读的书倒不是太多，因为1957年入学以后，那时候就开始"反右派"了。一进学校以后，就跟着高年级学生批判"右派"分子，"右派"有学生"右派"，有老师"右派"，都抓出来了，就跟"文化大革命"中间一样，"右派"给拉到台上，上面这个学生看着他揭批他的问题，天天就跟着高年级学生看人家批斗"右派"。接着1958年是"大跃进"，"大跃进"有"大炼钢铁""人民公社""三面红旗"，结果学生统统又去搞大炼钢铁了。紧接着是除"四害"，这个你们不清楚，就是把麻雀、老鼠、臭虫、蚊子、苍蝇这些大概算是害虫，把这些消灭。那时候规定任务，一个学生每天你得消灭几个"四害"，所以在这样一种情况之下，我们去北师大上学以后都有任务，你得完成，所以就天天吃了饭以后背个书包，到食堂装点油条、馒头、花卷之类的，书包一背就走了。学生一个组十来个人一块儿到北京郊区去，逐个去翻人家的大麦场、大稻场的垛。

张：您说那伙食也不错，还有馒头花卷。

开始到北师大上学时候，伙食是非常好的。开学后坐火车到北京，一下车就看到北师大几个大轿车停在那，有人拿着"北京师范大学"的大红旗摇晃着，这是接新生的。拿着通知书一去，上车就拉走了。拉回去先不往宿舍去，而是拉到食堂里先吃饭。进食堂一看，摆着四个大木桶，四样菜。你要吃啥菜，人家就给盛一碗，然后米饭、馒头、面条随便吃。当时我一看心里想，这一个月得多少钱给人家，所以吓得不敢吃。到1959年后半年紧张了，之前吃饭也不要粮票，随便吃。但是1959年后都定量了，一个人一天多少粮食都给你定好了，不能超过。其实咱这河南农村当时已经没啥吃的，不少地方有饿死人。但在学校的时候还没出现这种情况，只是不像以前那么随便吃了。后来又发生浮肿，我记得我还浮肿了，浮肿以后学校说也可以不上课了。凡是浮肿的，集中到几个宿舍里，天天去到图书馆里借一些画报，躺在床上看画报。然后那一学期也免考，所有课程也不用考。所以这样这4年就过去了。到1961年三年困难快结束的时候，我也大学毕业了。这时候正好北师大教育系招研究生，而且经过研究呢，也让历史系给他推荐学生。那么历史系就推荐学生中间条件比较好的，家庭出身成分、学习、身体条件各方面比较好的。我们本科的时候一个班36人，三个班正好108人，这三个班每个班推荐4个人，班里群众评选，然后党支部最后定，这都定下来了。定下来以后，这4个人材料都报到教育系，教育系的招生单位再审查，审查以后从这中间再挑选。我有幸被推荐并被选上了。

张：历史系没招研究生吗？

苗：我们上一届招了，下一届招了，就我们那届没招研究生。当时全国高等师范院校中国教育史这个课程要开，但是缺乏师资。所以当时教育部定下来，由北京师范大学办一届中国教育史研究生班。研究生班定了20个人，学制3年，这20个人咋来的？北师大教育系研究了，从教育系、历史系和政治系三个系应届毕业生里面选拔。当时北师大教育系是3个专业：学校教育专业、学前教育专业和心理专业，这3个专业他们是选了8个人，历史系我们3个班选了6个人，政治系选1个人，总共选15个人。然后又从别的学校选了5个，从东北师大选1个，合肥师院选1个，郑州师范学院选1个，湖南师范学院选2个，这5个人是从青年教师里面选的。1961年10月，中国教育史研究生班开班。这3年时间学习比较充实，确实学到了东西。本科生时候各种运动比较多，没怎么学习。从1961年开始，三年困难以后到"文化大革命"前这段时间，应该是解放后高等学校比较好的一个时段。这三年按部就班，大家兢兢业业地学习，大家也都在追梦逐梦，就想着将来毕业以后怎么工作等等。大家学习很勤奋，老师们也很勤奋，他们也是日夜查找资料、编写讲义来讲课，非常认真，名家很多。刚才我跟你讲那些先生，这些先生都是中外兼通，外语特别好，因为他们都是留学生。另外，他们都是文史哲兼通，中外兼通。而且老师们也讲了，要求我们学习的时候认认真真学习。古代的书一本一本地读过了以后得写笔记，写笔记以后两星期交到老师那里，老师亲自给你批改，两星期你要是不找老师，老师都找你了，规定两星期必须找老师。学业上的问题你可以问，外语上的问题你也可以问，甚至青年人谈恋爱、找朋友，也可以跟老师谈心，所以那时候学生和老师的关系也很好。这个期间师生关系和50年代后期那个时候师生关系都不一样了，那个时候"反右派"，是学生批判老师，师生之间剑拔弩张，严重对立。而这个时候学生也觉得自己原来没怎么学习，现在趁着这个时候好好学习，老师也觉得自己原来没好好讲课，运动来运动去也没咋备课。那么现在国家也规定了，这个时候特别是高教六十条的公布，对高等学校的经验教训进行总结，觉得50年代末搞得运动搞的太多了，老师学生精力都没在业务上，所以教学质量也下降了。这些新文件中对知识分子重新进行评价和估计，要求教师必须把六分之五的时间用在业务上，而且说明课堂教学是教学的主要形式。以前搞大跃进，上山下乡去劳动，那个时候根本就没课堂教育了，这个时候规定课堂教学是主要形式,老师是起主导作用的。这样一来把老师积极性给调动了,老师们也都很努力,所以这段时间我觉得确实是上学的黄金时段,也读了不少书,和老师接触的比较多。

张:刚才您说,当教师一直是自己的梦想,但是您毕业分配当时是分配到新疆教育厅,到您去当老师,真正的走上讲坛就是1982年了。这中间您是怎么坚持的?

苗:分到新疆教育厅,我当时走的时候是灰溜溜走了,因为学校当时也不发毕业证书,也没学位证,不像现在有学位证,那时候大学毕业生只发一个毕业文凭。所以我们毕业时不发学位证,这都是预料中的事情,但是连个毕业证也没发,大家也不敢吭声,谁也不敢问呐。就这一宣布我们都走了。当时我们毕业这几个人,我和一个上海姑娘,我们两个分到新疆教育厅去了。我分到新疆教育厅高教处,她分到新疆教育杂志社,俺俩就一块到那去了。反正还是在教育系统。去了以后呢,当时虽然有想法,但是你不能说也不敢说。我那时候也不知道是啥原因,反正思想就是懵懵懂懂的,反正到教育厅人事处报到的时候,我就问你们新疆有没有教育系呀?我说我想教书。那个人事处长一听我这话眼瞪着我,看了我以后就觉得不可理解,在教育厅你还不想干,然后就说新疆没有教育系,这一句话就给我回应完了。没有教育系那我只有在教育厅干了。在新疆从65年10月31号我到乌鲁木齐,到72年6月才解决两地分居问题,这才调回来了。

张:您这个中间就成家了吗?

苗:我成家了,研究生毕业前我就成家了,妻子一直在开封这边,我让她去,她不去,我一个人一直在那边,后来那边的人也很同情,说那放你走吧。到后来我自己直接联系,先和郑州大学联系,郑州大学来信说要我,然后和开封师范学院联系,开封师范学院也说要,结果那边教育厅的人事处长就说你这事儿麻烦了,你到底去哪儿?我说我家在开封,他说干脆照顾你困难就照顾彻底,你去开封吧。这样我在1972年

就从新疆调回来了，是组织照顾我的实际情况。调回来以后，在教务处工作，我也没有别的想法，也不想跳槽，那就干着吧，一干就干了10年。但是在这10年中间我一直有个想法，就是觉得业务丢了有点可惜，最好还是搞业务。心里有想法，当时也不好说，因为这个地方原来一开始也没教育系，我当时的工作，教务处这个大专业，也算对口搞教育了。后来在教务处又成立了教学研究科，我在教学研究科当科长了，后来教务处成立党支部的时候，让我当党支部书记。那时候教务处我们这科里就一共4个人，除了我，还有一个学物理的，一个学数学的，一个学中文的。我说咱们教学研究科，可是等于工厂的生产指挥部。你搞教学研究，你不懂教学，也不听课，也不下去，那你咋能搞好工作呀？我说咱们是不是经常下去也了解下情况，另外咱们能够讲课的也讲讲课，愿意不愿意？一说他们都愿意讲课，我说你自己先去联系吧，联系了以后咱们再说。所以这一联系，他们也都找到工作单位了，单位也都愿意要他们。这10年之间有两件事是我人生转折的"引爆点"。一个就是1982年全国教育史第二届年会在西安开会，我参加了，在会上就是见到原来读研究生时的两位先生，毛礼锐先生和陈景磐先生。这两个先生当时都70多岁了，17年来这是第一次见到这两位先生，"文化大革命"期间没去找过他们，所以见面以后有很多话要说，先生们也有话要讲。当时毛先生讲，咱们一块编书吧，在业务上我还要带带大家，在这种情况之下，这个对我很有触动，毛先生的话我很赞成。所以后来毛先生编著了两本书，一本是《简明中国教育史》，教育科学出版社出的，再一本就是北师大出版社出的一本《中国古代教育家传》，这里边我都参与了，这两本书里面我写了两篇文章，这是一件事。再一个就是河南大学教育系1980年恢复招生了。我到教务处的时候，当时还是叫教育教研室，这个时候教育系又恢复招生，这对我来说又是个触动。既然招生了，那么教育系也需要教师。我想去教中国教育史，当时就毛遂自荐，给教务处长一讲，教务处长不同意，我找书记这样说，书记也不同意。我想着这

好事多磨,私下来找他们谈,跟他们交流、沟通。我说教育系成立以后,现在真正搞教育史的没有一个人,是吧?我说我去了以后,有这几个特点:一个是我虽然荒废了十几年了,但是从头再捡起来,比从头再培养一个人要快。另外我去也不是说要当官儿,我去以后光教课,这个与中央的一些原则一致,比如到基层去,那么系、科和教育机关比,这算是基层,我下基层那为啥不可以?我说了这以后,他们有些人光笑,反正不同意。后来我经过长时间缠磨了以后,处长说亲自到教育系去帮我跑,去找教育系的负责人,他说正好古代教育史课分下去了,近代教育史也分下去了,现代教育史还没人教,那你是党员,教现代合适,你教现代教育史吧。我说我先讲课,人家不放我,我先讲课行不行?他说那可以呀,但是那工作你得给教务处去做,我们不好直接去要,我就给处长讲,处长后来也同意我去讲课了。我说既然讲课了,你得给我备课时间呀,要不然到时候我讲课的时候,我没备课,我咋教呀?又要求备课时间,处长也同意了。到1982年10月份,该上现代教育史了,我给处长讲,我说我该上课了,我明天都走了,处长说你上完课以后还得来教务处上班,我说再说吧,算了,咱不说这个事儿,我一走我就再也不去了。这算是新疆7年,河大教务处10年,总共这17年,从毕业以后到把这个专业拾起来这是17年时间。这中间一直在教育系统,这个对行政能力,对自己也有许多好处。特别到教务处以后,我也没闲着,那一开始学校办这个班,那个班。后来我在教务处时还写过文章,还发过几篇文章,所以等后来我往教育系转的时候,学校早都把我提成讲师了,我也没申请。因为我在教务处的时候,在《人民教育》上写过一篇文章,在《北师大学报》上写过一篇文章。我写《中国第一次留美学生的派遣和斗争》,那是我在图书馆里借着一本书,叫《西学东渐记》,讲的是容闳到美国耶鲁大学留学那个过程,那时候这么大个开封师范学院,图书馆当时藏书也不少,100多万册,但是容闳《西学东渐记》这一本书就这一本儿,我去把这个书借出来,借出来还不让带走,真本、古本必须在阅览室这

儿看,你啥时候来,啥时候看,看后得交上去,不能往外借。所以那个暑假我看了一星期,看看抄抄,后来写了一篇文章发表了。在教务处时还写一篇《教育与政治关系》,"文化大革命"把这个教育和政治的关系弄得糊里糊涂的,我就写了这样一篇文章,这篇文章给咱学报,给河南省,他们都不敢发表,都压那了,后来我把这篇文章寄给北师大学报了,后来我一看,《光明日报》那后边目录里面,有我这篇文章,登出来了,我就很高兴。那时候各大学都出学报了,出学报的时候,《光明日报》目录后面就有一栏,这个目录里面就写着发表了什么文章,作者是谁,我没看到文章,但是看到目录里面有我的名字,心里都踏实了。我到教育系去以后,啥也不干,就光教书。1982年去教课以后,教古代教育史的老师是个老先生,大概学生反映意见比较大,给他提意见说,一学期讲完了,结果一个孔子还没讲完,那整个教育史就讲孔子?你其他不讲了?给他提意见他也不听,他说那你给我一年时间让我讲孔子,我都能讲。所以后来教育系的领导说不叫他讲了,提意见也不接受,学生也有意见。领导说你准备接这个古代教育史吧。所以80级我教的现代教育史,81级我是准备教古代教育史了,到1982年以后就上古代教育史了,此后我就在教育系一直教古代教育史了。再后来学校就任命我当教育系副主任,主管教学和科研,当时不干也不行,给你安到头上了。

张:就是你研究生期间打下的基础起着关键作用。

苗:反正十几年没搞过专业了,但是心里也没放下这事。我一直有个想法,就是当时归队以后有个想法,因为我上学的时候有一次讲课的时候,瞿菊农先生讲课时顺便说了一句,这个话对我影响太大了。他说一句啥话了,他说他40岁的时候发表了40篇(部)著作。他这个讲话,我很吃惊,所以我就觉得这个先生确实不简单,我得向他学习。我就在心里暗暗想,我虽然40岁的时候没写40篇文章,我50岁的时候也不一定能写50篇文章。我想着我到退休时候,60岁我要写上60篇文章,我就有这个想法。可是我到60岁退休的时候,愿望还没有实现,在教育系干了几年以后，突然通知我时间到了，我是36年生的，1996年都该退休了，到了1996年10月份就退休了。其他方面我都非常感谢教育系，但是我还有遗憾。

张：1996年的时候您身体还非常棒啊？

苗：是，60岁退休了，但是没写够60篇文章，虽然是我自己给自己定的目标，但是这个目标没实现呀，所以感到很遗憾，也很纠结。当时思想很苦恼，这个时候教育系给我说，返聘你，你在系里继续工作，你还继续教课。我分析了一下，一是我觉得自己身体情况好像还可以，还有条件承担这个任务。返聘我，我说可以吧，我自己定的目标还没实现，我还得实现。另外是那个时候我正好在退休之前，1995年我向国家申请一个项目，申请一个近代乡村教育家这个项目，项目往上一报，上面就批准了，而且很快就下达了。下达的时候，我退休手续都办完了，所以当时感到很遗憾。我心里想我费了九牛二虎之力申请下来项目，还没进行呢，现在退休了，咋办呢？所以当时我征求别人意见，有的说退休就算了，别干了，你也别弄了。但是有些人就说那你申请项目也不容易呀，咱河南省也没有人能申请下来项目呀，你申请到了，再不研究，那这个项目不就撂那了吗？我一想也对，所以我说那干脆继续干吧，正在纠结的时候，系里说返聘我继续工作，我经过研究、思考，和家里商量后，就给系里表示可以承担这个任务，身体的话好像还可以，我就接着承担这个事儿了。所以这样的话，那17年是没搞专业，然后17年以后到系里讲课，由讲课又变成正式在系里工作了，在系里工作，我满打满算，从1982年到1996年，工作了14年。前面十几年我是坚守初心，风吹雨打都不怕。自从1982年到教育系兼任工作以后，从1982年到1996年，这14年我老实讲，我自己觉得我没有白过。

张：在系主任这个期间，您对学院的贡献主要是什么？

苗：这14年，我觉得我是半路拾专业，14年急紧猛追，快四五十岁了才把专业拾起来，这没干几年，满打满算，才14个年头，在教育系工作14个年头，老实讲我也没敢停歇。到教育系第一年，我就发表了8篇文章，然后就给我压上教育系副主任的担子，教育系副主任以后，到86年，省里就特批我为副教授了。到1988年元月份，学校任命我当教育系主任，这就除了教书以外，行政工作也多了，不干行政工作的时候，你就不考虑这个事情，你不在其位，不谋其政呀，但是现在你在其位了，你得考虑这个事情呀，这教育系咋发展呀？经过和党政领导坐一块商量，在党政班子领导下，经过调查研究，根据河南省和河南大学以及教育发展的需要来考虑，当时就确定河大教育系要拓宽办系方向，面向实际，创造教育系工作新局面。根据河南省调查以后，河南省教育厅就讲那教育系恢复了，你将来得给我办个学前教育专业，现在河南缺少学前教育专业呀。改革开放以后，也看出来教育真是要大发展了，你还想固守，就搞一个社会教育专业，那你咋拓宽方向？教育系的发展方向你得拓宽，你得开拓出来，开拓出来以后得面向实际，解决实际问题。所以这样考虑，就确定要创造工作新局面的办系方向，既然是在其位了，你就要谋其政，咋办这个教育系。那么当时根据新的情况，我就主要抓了那么三点：一个就是加强师资队伍建设，因为教育系刚复系的时候就27个教师，这27个教师基本上都是做党政工作、教辅工作的，真正能教书的没几个人。虽然1980年恢复了学校教育专业，招了40个人，这个学校教育专业的课程都开不齐，你还咋发展呢？所以说必须先加强教师队伍建设，加强队伍建设，大家就想这咋建设呢？当时刚刚改革开放，百废待举，河南省你找不来人，找教育专业毕业生都找不来，很困难。当时我到北师大转一圈，我想叫他们毕业生跟咱们分几个人，人家北师大教育系说你来晚了，这学生都抢完了。所以你那时要学生都要不来，想要人都要不来，所以这没办法。所以我们请人请不来，要学生也要不来，想加强师资队伍建设要不来人，一个想法是送出去，送出去你也得进行培养，你也没人可以送呀。这27个人里面，大部分人搞行政的，年岁都大了，没有年轻人，就一个年轻人历史系毕业的，分到教育系去了，他当时到开封市一个地方,他后来搞法律去了,转行了,所以说你想派年轻人派不出去,怎么办呢?后来就想干脆从本科生里面挑那好的学生送出去,叫人家培养。所以这样就把82级的陈灿,当时是在教育系里学生会主席,给他调出来,然后我就给北师大学学前专业的老师叫梁志新,我也认识他,在武汉开会我见他,我说梁主任,我现在有困难,你得帮我,我说你那学前专业给我培养个人行不行?一说这梁志新不好推辞,那我就派过去个吧,我就把陈灿弄到北师大培养去了。陈灿培养罢以后,后来成了校团委书记,之后当统战部长,又当学生处长,现在到了开封大学当党委书记去了,这是陈灿。另外是有一次开会碰到南京大学教育系的系主任叫鲁洁,这是很有名的专家,我一见她就说鲁主任,你得帮我解决问题,我这河南大学教育系现在很困难,要人也要不来,你们南京大学的学前专业很厉害,你得给我培养个人啊,她考虑后说这样吧,我那女学生太多,我安排住都没法住,她说你给我派个男孩儿行不行?我一想,她既然答应了,你要啥我给你派啥,到后来到82级一检查,这个荥阳有个王荣夫,他在上教育系之前是一个戏剧学院出来的,唱歌唱戏的都可以,在82级的时候,老是指挥大家唱歌的,多才多艺,这后来给他派到南京大学去学学前专业,这学罢回来,教课教2年,因为他爱人是郑大毕业的,毕业后回荥阳了,他非要回到荥阳,没办法又给他放回荥阳了。包括郭戈,现在是人民教育出版社的总编辑,郭戈去西北师大读博士生,他毕业以后也是不想回河大工作,要走,我做了很多工作,但最后还是同意他到教育部去。所以这样的话,为了培养教师,为了留住人才,我也得罪了不少人,可能也有人理解,也有人不理解。总而言之当时是为了咱教育系,为了培养学生,为了加强师资队伍建设,我是想尽办法多培养点人。除了这个以外,就是重视学位点和学科建设。原来教育系只有一个学校教育专业,在第一届、第二届都是招40个人,后来到1984年普通心理学有个硕士授予点,1986年教育学有个硕士授予点。这两个硕士点问题解决了,其他专业由于有问题还都没批,但是我

们也做了好多工作。你好比说当时我也亲自跑了,我到河师大去了,我想把河师大的徐梦瀛教授和河南大学的孟宪德教授,叫他们两个联合起来,招收中外教育史研究生。另外我当时还想把河大教育系、河南省教育学院以及省教科所联合起来加以整合,优势互补,这个事情后来也没办成。当时想了好多办法,有的办成了,有的没办成,现在想起来也感到很遗憾。

反正总而言之,这就是我在教育系的时候办的一些事情。另外我年年总结工作的时候,一直提倡教师必须是教学和科研两手抓。长期以来有个看法,我觉得高等学校的教师就应该既教书又教人,既教好书又写好文章,你光会教书,不会写文章,不搞研究,严格说起来你不是个合格的老师。你光会教书,充其量只能说你是个教书匠,用毛泽东的老师徐特立的话讲,这个教师有两种:一种是经师,经师就是只会教书的,那就是教书匠;另外一种老师叫人师,我不光会教书,我还得教做人的科目,在道德品质上我给学生树立一个榜样。所以无产阶级教育家徐特立认为当教师要经师和人师二者合一。当教师(现在高等学校教师)你必须会教书,你这个是最起码的,你不教书,那就等于农民不种地,工人不做工,那算啥呀?是不是?但是你会教书,你不研究,不写文章,一篇文章不发表,你不针对学生思想上的问题,针对你教学中的问题,解决学生思想问题,你不会做思想工作,你这个老师也是不合格的。严格说起来,光会教书不会做思想工作,或者是光会做思想工作你不教书,这种教师都不够合格,那都是一种缺陷,这是高等学校教师的一个缺陷。我觉得现在舆论还能支持那种光会教书不写文章的老师,好像好多人很认同,但那个太片面,不能用一种倾向掩盖另外一种倾向。评职称时候都规定本科院校的老师必须得有科研成果,既教书,教学工作量够,科研成果又有,你才能够评上教授,如果你科研成果达不到,那也不能评成教授,是吧?中小学教师不要求你搞研究,不要求你写文章,你只要教好书就行了,高等学校不行。所以说我就觉得高等学校教师性质要求你既会教书，又能写文章，两者缺一不可。一个大学就是因为一批人能够教书，又能够写文章，你这个学校的声誉才能抬上去，你知名度才能提高。你光说你教书教得好，再多的学生说你教得不错，外边人谁知道你教书教得好，外面咋知道你教书教得好，那你必须通过发表文章来提升影响。

张：学术影响。

苗：你学术上有造诣，人家才知道，你这个老师还不错，是有水平的，这个院系办得不错，这个学校的师资力量很雄厚，你不写文章谁知道你的学校质量咋样？

张：这古代也一样的，古代的名家他也要写著作。

苗：所以说我就觉得不能说因为这个要求严了，就不写文章不评教授，然后你就光会教书了，那不行。所以前两年，宋伟到教育学院当书记了，当时我当着学生面给宋伟提出三个要求，我说宋书记，现在教科院情况很好，我建议你们出三种书：一种叫文集，有些教师写文章写了很多，这个可以出一版文集了，个人出个文集，这是一个。再一个是有些教师写的文章不是太多，但是也有文章，这个专业可以串上一本合集，我说再出一本河南大学中国教育史合集，外国教育史合集，教育学合集，心理学合集。出了文集以后再出合集，这是第二本。我说第三本再出本桃李集，你培养的学生毕业了以后，到外边去工作了，人家也没闲着，人家也写了东西，咱河大作为他的母校、母系，你给他的那文章出个文集，那叫桃李集，那是咱河南大学教育系培养出来的桃李，给他们出到一块。我说别的不要，就是文集、合集、桃李集，往那一摆，外界一看就知道你这个学校的水平、教师的质量，你不用宣传，光看你这就知道你这系办得不错，是吧？我当时就提出来能不能办成这三条，他说你这很好，我说以前你教科院没钱，现在这个教科院有钱，学生毕业回来都给咱送钱，有一届学生我记得他是几十个学生送了二三十万，这个钱应该出成文集、出成合集、出成桃李集，这也是你教科院成绩的一个体现，别人一看就看得清清楚楚，是吧？我说这为什么不可以，是不是？所以说我对这个系里的科研是有这种想法，而且那时候我当系主任的时候，每到每年工作总结的时候，这一年每个人科研成绩，只要发表文章的，发表一篇、两篇、三篇、四篇、五篇的，我都公布公布，没发表文章的我不说。但是这个公布实际上是对写文章老师的一种鼓励，对这种不写文章的是种压力。年年我公布一次，今年公布，这个老师写了多少文章，那个老师没写文章，明年公布，那个老师还没写文章，他就有压力了。所以说我那时候对老师就这要求。

张：那对他们也是种鞭策。

苗：在我工作期间，师生中间不断有文章公布于世。文章出来以后，人家都知道河南大学教科院教师发表的文章，教科院也好，河南大学也好，这声誉都无声地形成了，是不是？另外河南大学培养的学生质量确实也不错，幼儿园、小学、中学，甚至是大学的校长好些都是咱们教育学毕业的学生，在教育部工作的也有好几个。

张：对。

苗：这不都是教育系的成绩。

张：这个教学、学生培养，还有系里的这种行政工作，也基本上讲得很到位了，讲的我们很有感触。就是我前天看您的文集，那后面您列举的著作，现在接近十多部了吧。

苗：这个反正是主编、副主编、参编，有将近一二十部了吧。

张：文章我看应该是也接近上百篇。

苗：原来退休时候不到60篇，到后来又返聘了12年。又研究这个项目，加紧写写。所以说出这个文集的时候，里面收集了99篇。

张：退休以后我感觉您的学术这一块是不是更加勤奋了，退休生活您是怎么度过的？

苗：以前有行政工作，那就是你不能不管事的，是吧？那行政和业务你都得抓起来，退休以后也没有什么别的事情了，就专心致志就搞这个了。

张：关键您身体好。

苗：身体也是一身毛病。在教育系这14年，正式的教育系工作算是14年。这14年除了抓教师队伍建设，学科点的建设，还有规章制度的建设。当时也参照校内外管理上的一些条例，结合教育实际情况定一些规章制度。反正是工作以后就有所遵循，不管是教学科研或者学生思想工作都有所依据，工作比较顺利地开展起来了。人生在这14年中间，虽然时间很短暂吧，但是教育系给我的印象，在我这人生长河中留下的足迹，确实也是刻骨铭心。对教育系的印象也很深，啥时候也忘不了教育系。

张：那您还断不了，因为培养的学生都在这儿。

苗：反正教育系40年了。这40年，我也很留恋教育系，所以很感谢教育系，感谢教育系有这么几点。第一个是感谢教育系给我提供了当教师的位置，让我有了用武之地。因为我从小有这个梦想，后来读这个专业，这个专业的培养方向也就是为高等师范院校培养这个学科的教师或者研究人员。那么是我这个专业初心。

张：如愿以偿。

苗：爱好也得以实现，这一点我也是感谢教育系的，它给我提供了平台。第二点也感谢教育系的党政领导以及全体教职工生，让我能够实现我所承担的职责和担当，党政领导很配合我，大家鼎力相助，同舟共济，守望相助。各项工作虽然很困难，但是大家同心协力攻关的情况下，还是顺利完成了，心里感到很欣慰。另外是教育系也给了我这个学术平台，所以有幸从一般教师到副系主任，到系主任，省优秀教师，省管专家，什么客座教授，什么兼职研究员，这一切都是通过教育系而得来的。另外在一些学术团体中担任常务理事、副会长什么的，就像后来当顾问等等，这使我人生更加丰富，更加多彩。在教育系，虽然学着写了文章，出几本儿不成熟的书籍，但是，这些著作得到了同行专家的一致好评和鼓励。所以说这些都是通过教育系而得到的，所以说对于教育系我是很感激的。

张：我记得是2014年吧，2014年您编的《宋代教育》，是不是上面有一段被高考试卷引用，在宋代教育这一块儿，我还听说您在宋代教育和南宋教育史方面，在全国的影响是非常大的。

苗：反正现在在全国搞教育史的一说宋代教育，一提起，人家都知道河南大学有在搞宋代教育的。这40年虽然过去了，这40年在中国教育史研究方面，我主要是聚焦在几个方面，首先就是宋代教育，其次是中国近代乡村教育，最后是中原教育，主要集中在这三个方面。在宋代教育方面，除了不少单篇文章以外，出了这么几本书，一本就是《宋代教育》，一本就是《南宋教育史》，另外还有一本是《中国教育思想通史》里边的第三卷就是宋代教育思想。

张：我昨天讲课还给学生用那本书。

苗：宋代教育史是我到开封工作以后，到教育系以后，我就考虑这个问题，我到这我是搞中国教育史的，中国教育史这么长，从原始社会到现在这几千年来，你不能每个问题都研究，因为人生毕竟是有限的，所以在有限的人生中你到底想搞个啥？那我考虑来考虑去，我就结合开封的实际，你搞学问也得结合实际是吧？那么开封是北宋的首都，这个地方人杰地灵，搞宋史是开封的一大特点。全国的宋史研究中心之一就是开封，研究宋史也是历史系的研究重点，因为开封市民间研究宋史的人也不少。所以到开封工作，如果你对宋代的东西不了解，那也说不过去了。所以当时我就提出来，那得研究宋代教育，那么一提大家都愿意，我就提出搞个宋代教育，虽然是宋代教育在中国、在世界上都是人们感兴趣的一个研究课题，尽管说是硕果累累，但是当时研究宋代教育的时候，还没有一本宋代教育史专著。我就申报了省哲社课题，学校也好，河南省社科院也好，他们都很重视，很快就批准了。批准项目也下达了，也给了研究资金等等。然后我们就分工，当时就是我们4个人在研究这个了,搞中国教育史的几个人都参与这个项目了,赵国权是一个,牛梦琪是一个,刘希辰是一个,我们4个那几年是全力以赴研究宋代教育。宋代官学是刘希辰研究,宋代的私塾和书院是赵国权研究,宋代的女子教育、家庭教育是牛梦琪老师研究。大家分工合作弄出来以后交给我,我总体把握。然后到1992年就出了这本《宋代教育》,这本书出来以后,当时整个宋代的历史研究,那在中国也是研究的重点,在国外对宋代研究也很重视,就缺少一个宋代教育史,那么我们就把这个空白填补了。这部书出来以后,毛礼锐先生给我写个序,老先生当时都86岁了。他对这本书给予了扼要的评价,觉得这本书是一部上乘之作,给予我很大的鼓励和肯定。

张:我都看了,前面写的非常真挚。

苗:毛礼锐是我的恩师,老师对我的成长起了很重要的作用,我评副教授的时候,评语是找他写的,评教授的时候,他就去世了。河南省历史研究所的所长程有为也写了个书评。后来我又主编了《中国教育思想通史》第三卷。也正因为有《宋代教育》和《中国教育思想通史》第三卷,所以到了"十五"期间,浙江省要启动南宋教育史研究,他们打电话、写信给我,劝我们一定要再参与这个书。当时我们正在承担河南省中原文化大典这个工作,忙不过来。正好我有病了,在校医院住着,天天打针治疗。

张:就是免疫力可能下降了。

苗:免疫力下降了,当时我去不了,就叫赵国权亲自去,去了以后把任务领回来。所以说这本《宋代教育》,确实是填补了宋史研究的空白,这是一个。另外这本《宋代教育》出来以后影响也比较大,第一版3000册很快就卖完了,而且大部分都是海外人买的多。到1999年又再版一次,又印了3000册。《宋代教育》前后发行6000册,在当时是不常见的。纯学术著作一般销售量不大,而《宋代教育》出了6000册,仅从数量上讲,那影响是很可以的。这个更令人兴奋的就刚才你讲的,一二十年以后,高考重庆卷选用了书中的材料。

张:对。

苗:重庆市试卷里文科综合题,还从宋代教育材料里出了问题,再后来又有学者说能够从这个高考试题中被选中,说明你这个研究人家还是认可的吧。

张:这是高度认可。

苗:所以这个书看起来还是有一定影响,这是宋代教育。另外就是乡村教育,中国近代乡村教育。

张:就接住1995年那个契机是吧?

苗:对,我以个人名义申报上去,申报上去以后上面就批准了,这个项目就下达了,下来以后,当时我已经办了手续,退休了,怎么办?再经过考虑,经过征求意见,大家说还得上,这个项目又上了。这个项目乡村教育理清了对乡村教育家的一些偏见,一些不正确的看法。这个项目完成以后,当时也让做个鉴定,我当时找了5个人作为一个鉴定组,北师大2个人,中央教科所3个人,这5个人作为鉴定专家,写写评语。都认为这个书确实理清了对乡村教育家的一些错误或者是偏见。首先是对乡村教育产生的原因,和过去的说法都不一样了。另外乡村教育运动和革命根据地的关系,这个问题也给搞清楚了,和原来的说法都不一样了。你好比说乡村教育,原来像我的老师陈元晖,他谈这个乡村教育的时候,他说乡村教育是适应国民党反动统治需要产生的,是对抗共产党领导的革命根据地的教育而产生的,他就是两句话,我觉得他这个说法不太对,不符合实际结果。为啥?因为国民党反动统治,那是1927年4月反革命政变以后才有国民党反动统治,"四·一二"以前那个国民党他是革命党。"四·一二"反动政变以后,是适应国民党这个统治产生的,我说不对,因为乡村教育思想它不是这个时候产生的,乡村教育是"五四"运动时候就有这个运动了,当时"五四"运动时候可以说各种思想都产生了苗头。

其中乡村教育思想当时在"五四"运动时期就产生了,那你怎么能说他适应国民党反动统治需要呢?是吧?另外中国革命根据地建立,源自毛主席《星星之火,可以燎原》,1929年的时候写的一篇文章。后来抗日战争的时候,然后到延安去了,在延安是抗日革命根据地,可是乡村教育是"五四"运动而产生的,它怎么能够是对抗共产党领导的革命根据地的教育,不是这样的。

张:他时间对不上。

苗:他这个说法不符合历史逻辑,这我都给他批驳了。另外是乡村教育运动的发展,确实在全国形成了当时这一种运动,当时好多地方都在搞乡村实验。后来的教育年鉴统计,全国190多个地方都在搞乡村教育实验,影响很大,所以说你光贬低是不行的。后来我在研究延安的一些东西,搞乡村教育运动的陶行知在延安影响很大。当时徐特立、吴玉章在延安的时候,搞革命根据地的教育,它是和乡村教育运动互相促进,互相吸收的,这个都能从历史文献上查到。另外说乡村教育都是改良的,不是革命的等等,乡村教育家都是满足资产阶级、帝国主义统治的需要等。我对这一点我也不大同意,我觉得乡村教育家里面,每一个人都是学贯中西,中外兼有。就说乡村教育家中的黄炎培。北洋政府邀请黄炎培担任教育总长,教育总长就相当于现在教育部长,叫他去,但是被黄炎培拒绝了。这个位置好多人觊觎很久了,都看着这个位置,我不去争那位置,我愿意搞这个职业教育,我到农村去搞职业教育。另外陶行知是东南大学的教育系主任,教育系主任不干到晓庄,到南京晓庄办晓庄师范,专门搞平民教育。长江南北,长城内外到处去办平民教育。陶行知当时的母校金陵大学,即现在南京大学,以及武昌高等师范专科学校都聘请他去当校长,陶行知不干,人家就愿意在农村搞这个实验,解决农民的受教育问题。

张:他们是抱着这个教育救国。

苗:目的就是教育救国,人家不是为了当官儿,不是为了赚钱。另

外除了这两个以外,你好比说梁漱溟,原来对梁漱敏评价很低,梁漱溟没上过大学,也没留过洋,就是土生土长的专家。但是后来被蔡元培聘请去北京大学当教师,北京大学很有名的,在那工作很好,但是他后来就辞职不干了,跑到山东菏泽一个农村中学去教书去了,后来又搞乡村教育,放着北京大学不干,愿意到农村去吃苦。人家这个思想,你能说人家是为了享福?

张:至少要给一个正确评价。

苗:正确的评价,那就是不一样。我记得乡村教育家其中有一个是咱河南大学教育系的,30年代的时候曾在教育系教过书的一个老先生王拱璧,是河南西华人。他是日本早稻田大学研究生院毕业,毕业回来以后,北洋军阀政府叫他去教育部报到,他根本不理,回到他自己家乡搞乡村教育。他给自己的村改名为青年村,并在村里办学,这个学校现在是属于漯河市召陵区的,现在叫青年中学。青年中学培养革命需要的人才,抗日战争、解放战争的时候,他的学生多次集体参军,参加八路军打日本,参加共产党去打国民党反动派,他自己的孩子,他的学生一批批地往延安送,都成了后来的革命骨干。

张:这思想很先进。

苗:王拱璧虽然不是共产党员,但是他在学校里把好多地下党员保护起来了。

张:这和陶行知有相似之处。

苗:而且王拱璧捐赠了自己的祖产二十多亩地,把自己住宅也全部捐出来办学,他自己图书馆里的几千册图书也捐出来。另外他在西华县当教育局局长时,十年工资一文不要,都捐出来办学,你说人家这思想,不值得学习吗?后来又批评晏阳初,说他是美国的洋奴,晏阳初是美国的洋奴吗?他去和外国佬学,然后就回到中国在农村搞教育,在河北定县搞实验,把天津、北京一些博士留学生、硕士留学生、大学毕业生五百多人组织起来,搞下乡运动,都在河北一带搞乡村教育。没钱了,

然后到美国去，他是耶鲁大学毕业生，去找老师，找同学，搞募捐，募捐的一大笔钱通通带回来，都投在乡村教育上，也不往自己兜里装，把自己工资也拿出来。他住在农村的农民家里去，被蚊虫叮咬，人家就是要搞这个乡村教育。当时，他一开始还不是在国内搞乡村教育，他是在法国战场上战壕里，给中国士兵，给劳苦大众教识字。第二次世界大战时，欧洲打仗的时候，在中国的东北、河北这一带招了很多华工，从西伯利亚铁路坐火车到法国去挖战壕，这些好多都是农民啊，在家里没办法生活，跑到欧洲去挖战壕挣钱养家糊口。这些人都不识字，晏阳初就编识字课本，在战壕里天天一个一个教他们识字，帮着他们给家里写信，帮助这些劳苦大众。当时北洋政府的外交部长颜惠庆是一个很有骨气的人，在巴黎和会上晏阳初去当他的翻译，颜惠庆欣赏晏阳初，就邀请晏阳初说，你来外交部工作吧，外交部很需要你这种外文程度很高的。晏阳初不去，他宁愿和民工在战壕里去摸爬滚打，外交部职位很高工资很高，就不去。所以这些人的思想品德，和现在一些人，为了高官厚禄，不惜花钱买官，跑官，骗官，最后变成贪污腐化分子，和人家的人品风格，那不是天上地下？所以你贬低人家干啥嘞？所以这些人实际上是给我们树立了榜样，所以乡村教育有好多事情啊我觉得研究得还很不够，这个近代乡村教育史不光是这样，而且对现在我们搞农业，搞教育，有很高的参考价值。

张：这个书我也基本看了一遍，据我的认知，我觉得写得应该是一流水平的著作。

苗：我觉得现在对整个乡村教育进行评价，没有第二本书，能够敢说这个话，这个也得有点胆量。原来我研究这个的时候，我是思考很长时间的。河南省当时的省主席是韩复榘，韩复榘个大老粗，但是呢，他对教育很重视，所以当时在辉县成立了一个乡村学校，彭玉亭在那里当校长，梁漱溟在那儿当教务长，当时在辉县办了一年多。韩复榘从河南调到山东省当主席去了，他走了，河南省主席就换成了刘镇华，刘镇华

是袁世凯的表兄还是亲戚，他当河南省主席去了，把这个学校取消了。不让办这个校长怎么办呢？就辞职了，回到河南镇平。这个校长彭玉亭是后来新四军有名的将领，彭雪枫的叔叔，彭雪枫之所以后来出来参加共产党，成为一个英明的将领，那是因为彭玉亭从小把他带出来，在西北军的时候，上的自立学校有关系，他在自立学校接触了共产党，彭玉亭不是共产党，他就是搞乡村教育。他后来回到西峡县搞自治，下面三个县搞自治运动，摆脱国民党的控制，那河南省的国民党肯定不让啊，那绝对不可能啊，国民党给他派到镇上当镇长，他知道以后要把县长杀了，他就敢于和当时河南省国民党的人对着干，他那时候在乡村搞自治，其中编的那个小册子我还记得小时候翻出来过，要破除迷信，那些精神，什么神鬼这些他都不相信，自己办工厂，生产枪炮子弹，加强西峡县的防卫工作。农民白天种地，晚上做这些操练，然后来保卫村庄的安全，沿着道路沿着河流都得种树，绿化起来，自己办工厂，自己办学校，办学校就是乡村办学。农民晚上除了练武练功保卫家乡以外，还可以学习，所以那个时候西峡县社会秩序搞得很好。后来到那地方去调查，年岁大的老百姓都知道，一讲起来都是津津乐道。可是，老百姓的反应是这样，为啥学者、专家，一讲乡村教育就是乡村改良运动，都是反革命的，是资产阶级搞的，给人家否定了。老百姓的口碑和专家的评价，怎么相差那么大呢？所以我上学的时候，我一听说乡村教育是这样，跟我在家乡听说的怎么不一样呢？与事实不符，所以我就想，将来有机会我得把这事情搞清楚，所以后来，我就把这事情解决了，所以这个项目，很早以前我就有想法，这个问题研究出来以后，人民教育出版社看到这个稿子之后，就纳入他们的规划了。北师大一百周年校庆的时候，我回北师大时，我人民教育出版社一位朋友知道我有这个研究项目，问我乡村教育研究完成了没有？你那稿子能不能让我看一看？我一听很高兴啊，我回去给你寄来，后来我就寄给人民教育出版社了，人民教育出版社看了以后，很快就给我提了两点意见，一个是，你这个研究项目能不能纳入到我们中国近代教育专题史研究里面，我一听当时就很高兴啊，纳入到你们的出版社专题里面当然可以了，我说同意！另外说这个稿子你修改一下，我说怎么修改，他说你是搞教育史的，他们这个思潮运动咋产生咋发展，最后啥结果，啥影响，你清楚，别人不是搞教育史的，对这些人人家并不清楚，所以我建议，你把这几个教育家分开一人写一章，一开始是融合的。我一听这建议我说那好，不用压缩而是扩展那可以，我又开始找资料，花了半年时间又把这几个教育家单独一人写一章，把他的生平事迹，与乡村教育思想联系起来。前面是融合的，中间是分开的，最后又融合了。这样这本书才完成了。

再一个就是中原河南教育。中原河南教育研究方面主要是编写《中原文化大典》。原来计划准备写三本，后来出了两本，还有一本没写出来，没时间。这个书是根据中原的特点，把中原历史上的教育成果展现出来，特别是强调教育和人才的关系。因为中原教育，从整个中原教育看起来，宋代以前，中原教育成果确实非常突出，人才辈出，灿烂辉煌，国家的政治军事文化人士很多都是河南的，成果很突出。南宋以后，河南省这种出类拔萃人才越来越少了，南宋以后真正河南的有点名气的人越来越少，这啥原因？除了一般认为政治中心南移到杭州了，河南已经失去政治、经济地位了，所以这个地方人员稀少了，落后了，培养不出人才了。但实际上，不止这一个原因。因为南宋以后东南一带的工商业经济逐渐发展起来，需要的人才的规格呢，就不完全是以前那个光读经书的了。专业人才和以前不一样了，人家需要的你这培养不出来，所以河南教育，虽然规模很大，就是培养不出来人才，因为你培养出来的人才专业不对口，不适应时代水平，人家不需要。所以根据这个情况来看，河南省的教育也应该吸取这个教训，不应该故步自封，你要适应国家政治经济形势发展需要，你不适应需要你办的教育培养出来的，就是人家不用的人。所以中原教育研究以后，教育和人才的关系问题就非常突出。

张：以后您的研究中心依然是在这三方面吗？

苗：以后？现在都不行了。后来返聘这 12 年，从 1996 年到 2008 年，我承担了 3 项国家重点研究项目：一个是研究中国近代乡村教育史，一个是南宋教育史，一个是《中原文化大典》教育分典。三个项目出了 4 本书，并且在研究这些项目的过程中又发表了一些文章，2017 年出了个文集，最后这 12 年出了 5 本书，这就是我的成果。

张：谢谢您苗老师！

10 | 姜大为教授访谈实录

受访人：姜大为
采访人：庞洪铸
时　间：2020年10月31日下午
地　点：河南大学档案馆（图书馆东楼）

姜大为

男，中共党员，河南大学哲学与公共管理学院教授。1936年10月生于山东烟台市，1956年烟台一中高中毕业，同年考入中国人民大学马列主义基础系国际共产主义运动史专业。1960年大学毕业后分配到河南，先后在郑州大学、河南大学工作。1999年由河南大学退休。

姜大为教授在60余年的从教经历中先后主讲的课程有：国际共产主义运动史、科学社会主义、马列经典著作、邓小平理论、当代世界政治经济和国际关系、国际形势等。

姜大为教授主编、参编的著作和教材9本。其中主编4本，《国际共运史专题教程》《当代世界经济与政治》《国际共产主义运动史》《河南高校形势与政策统编教材》；参编的有5本，其中影响较大有：《空想社会主义学说史》《世界政治经济与国际关系》《社会主义大词典》等。

姜大为教授先后发表学术论文40余篇，影响较大的有：《什么是恐怖主义？》《驳中国威胁论》《一个常被人们冷落的思想》《列宁晚年对社会主义革命与建设的重新认识》《列宁对布哈林左派共产主义集团的批判》等。这些文章分别发表在《人民日报内参》《上海理论内刊》《科学社会主义》《中国人民大学学报》《国际共运》《中州学刊》《河南大学学报》《浦东党校学报》《延安干部管理学院学报》等刊物，其中《什么是恐怖主义？》被《新华文摘》全文转载。

姜大为教授曾担任河南大学政治系副主任，开封市科学社会主义学会副会长，河南省国际共运与国际政治学会会长、名誉会长，中国国际共产主义运动史学会理事，中国科社学会当代世界社会主义专业委员会常务理事、顾问等行政和学术领导职务。

庞洪铸

河南大学哲学与公共管理学院教授，曾任河南大学哲学与公共管理

学院副院长，河南大学学术委员会委员，河南省重点学科政治学专业学术带头人，政治学一级学科、教育硕士（思政）研究生牵头导师。

庞洪铸（以下简称"庞"）：非常荣幸今天有机会和姜老师在一起做个访谈，姜老师是我们院的元老之一，也是我们学校历史发展的见证人。想利用这样一个机会，让姜老师给我们聊聊您从教60年来的教学、科研、教书育人的经验，同时也谈谈您对学校今后发展的建议。

姜大为（以下简称"姜"）：好的，借这个机会，总结一辈子的经验教训也是挺有意义的。经验说不上，谈一些体会吧，互相学习吧。

庞：姜老师一生经历了很多的事情，留下了很多值得我们学习的宝贵财富。按照档案馆的要求，我们拟了一个访谈提纲，第一个方面就是想让姜老师谈一谈您的家庭状况和您的求学经历。姜老师是中国人民大学国际共运史专业第一届学生，学术界称之为科社共运史专业的黄埔军校。那就先从您的家庭、求学经历谈谈吧。姜老师是山东烟台人，不远千里来到我们河南。

姜：这一辈子应该说给河南做贡献了，大学毕业之后就到了河南。我这个家庭还是挺复杂的，成分比较复杂。我爷爷是个教书先生，就在我老家山东蓬莱县。在他们那一代，教师还是有点问题，但是很早就去世了，我爸爸就跟着我爷爷，学了点儿"四书五经"、古书。后来我爸爸就从蓬莱到了烟台市，在我舅爷那里当学徒，舅爷当时在烟台倒是大户。我父亲就在他这个柜台上当店员，当店员期间我父亲自修了英语，后来烟台有个英语学校，我父亲去学了几年，后来他就掌握英语了。之后他就去报考了在烟台的一个仁德商行，就是两个英国弟兄开的。我父亲就考上了，一开始当个小伙计，后来他就一直干到仁德商行的中方经理，这个时候生活就是比较富裕了，基本上就是应该进到上层了。有了钱以后，买过地，大概220多亩，后来就卖掉了。也买过房子，在烟台闹市区那儿买了100多间，后来都卖掉了。地还写着我的名，我那时候

还小，才五六岁，因为我家4个姊妹，就我这一个男孩儿，所以我家这个情况，在高中的时候我也不知道，反正就是通常说那个成分高一点。后来学校说这么多东西，学校说，这样吧，你就填个资产阶级吧，这个家庭成分一直填到80年代史全生当咱们系总支书记的时候。当时山东我爸单位寄来的正式文件上说明我们的家庭成分应该填高级职员。后来我回忆回忆，这个确实是有道理。像我们家没开工厂，还要靠我父亲的工资，是高工资的，但这他也属于英国那两个老板雇他的，雇员，现在好像也好说了,高级打工的,高级经理阶层。所以我从小可以说衣食无忧。

庞：姜老师的家庭刚才讲了，解放的时候划的是资产阶级、资本家。实际上按成份上不是资本家，但也不是劳动阶级。但有一点，姜老师后来从事的专业和您原来出身是完全背离的。因为姜老师后来从事的专业是国际共产主义运动、科学社会主义。科学社会主义就是要推翻资产阶级，实现共产主义的。所以您这个家庭出身，对您的职业，对您将来的工作影响有没有？

姜：这个从小时候，在学校都知道有个词叫背叛家庭，就是这么教育的，我也是这样。我从小还是小学少先队大队长，到初二的时候，还是比较进步的。但后来我想想，我们家里还有一面就是我母亲，我母亲原来是个工人，做花边，就是沙发罩、窗帘一类的饰品。我母亲是个孤儿，在孤儿院长大的，后来学了这个手艺，做花边工人，和我父亲结婚以后，那生活会变化很大。但是她毕竟以前受过穷，没有忘本。所以我母亲思想很进步，当了20多年居委会主任，那个时候的居委会主任是不拿工资的。她还是市政协的委员，是全国妇代会第三次代表大会的代表，母亲这方面对我的影响是很大的。

我家里，参加解放军的，前前后后有8个人。我大姐还是地下党，解放后一直工作在上海，生前是厅级干部。

庞：那就是说表面上看您家里是富裕家庭，实际上是一个革命家庭。

姜：解放以后,我爸爸就到了山东进出口公司,后来就从那里退休了。

我家里就是这么一个大体情况吧，这对我两方面影响也都有。

庞：因为从小家庭条件好，所以就学的环境也应该不错，这个是别人所没有的。

姜：对，那时家里有佣人，有车夫。考人民大学是个偶然。我喜欢文学，我是一心就有两个方向，一个当记者，再一个学外国文学，我在这方面也做了些努力，自个儿觉得那个时候，啥都不懂，自己觉得还很优秀，很有收获。但是考人民大学的时候，新闻系不要应届毕业生，那就没办法了，因为我们那个烟台没考点，在青岛有考点，我们到青岛去，后来有个老师说，你考马克思主义基础系国际共运专业吧。我说培养干啥的，他说是培养外交官的，我对外交官还挺感兴趣，我就报了，稀里糊涂报了，我们烟台一中去了6个人，考上3个，是不错了。

我是1956年上大学的，那时候我19岁。大学这4年对我来讲确实是收获挺大的。第一，就是通过4年的学习，对世界观的形成影响很大，我从一个不懂事的小青年，变成一个从事马克思主义研究的理论工作者。第二，人民大学这个学校我到现在也一直以为有个很大的优点，就是非常重视马列经典著作的学习。这个特点，使我打下比较深厚的理论基础，到现在还是取之不尽，用之不竭。

庞：对，姜老师给我们讲课的时候，一讲起经典著作，娓娓道来。您问他，基本上难不倒他，这句话的原话出自哪儿，那句话的原话出自哪儿，脱口而出。那时候，我自己在学习的时候，看到经典作家的一句话，也不想查，就问姜老师，姜老师直接就说在《选集》第几卷第几页，信手拈来，根本不用复查。这个功夫了得，我们年轻老师缺的就是这个功夫。

姜：那个时候考试厉害呀。口试老师都是专家，正面就是系主任、教授，这面是副教授，那面是讲师，三堂会审呀。笔试从8点钟开考，兜里装包饼干，一直到下午2点才交卷。不认真学习不行，学风很好。

第三点，我觉得人民大学给我提供了一个德智体全面发展的平台，庞老师知道我那时候好玩，我喜欢体育，我记得在人民大学我通过了国家三级体操运动员，会双臂大回环，还是学校冰球运动员，游泳运动员，1958年参加高校比赛的时候与北京大学并列第六。

庞： 乒乓球是姜老师工作以后开始学习的，但后来我们院打乒乓球比赛，姜老师50岁之前，我们年轻人没有一个能打过姜老师的。在学校获得过全校教工男子乒乓球冠军。

身体是革命的本钱，前几年姜老师还在给研究生上课。姜老师今年86岁，你根本看不出86岁。姜老师从事多项运动，保持身体的平衡能力非常强。我给大家讲一个轶闻趣事，姜老师70多岁的时候还自己骑自行车去买菜、逛街、上课，有两次在家属院门口几个小朋友踢球，结果把骑车的姜老师撞倒了，姜老师一个前滚翻，一个后滚翻，结果把力量分解了，然后起来之后没事，把小朋友都吓跑了。

所以没想到在老年的时候遇到这两次危险的时候，不说救了命了，起码就是说，保证您没有受到任何影响。但后来我们劝姜老师，您70多岁了还是不骑车了。

原来我也一直是骑车去讲课，因为这两次事，我们在一个院里住的时候，我就开车和姜老师一起去上课。有时候姜老师说你今天有课？我说有。实际上有的时候我没课。

姜： 后来我才知道。

庞： 实际上不少时候我是专门送姜老师的，也给我向老师表达敬意的一个机会。这件事姜老师给我们一个启示，就是年轻的时候把身体锻炼好，老年了，岁数大了，实际上就是可以吃吃老本，因为有老本可以吃。

1960年大学毕业之后您先去的郑州大学？

姜： 是。我从60年一毕业就开始上台讲国际共产主义运动史，后来又到人民大学进修了两三个月。陈忠雄是我同班同学，在河大工作，有一年，他突然得了黄疸性肝炎，生病住院了，没人讲，课停了，但这课还需要讲，于是我就应邀来河大替陈老师当代课老师了，一个礼拜两边跑，一讲讲了一年半。我喜欢河南大学这个学风，老学校有它自个儿的学风。

庞：结果讲着讲着，河大就把您调过来了。

姜：我是1974年以后调到这儿来的。我学的专业就是国际共产主义运动史。我们这一届是咱们国家第一届毕业生，这一届同学3个班200多人，多半都是教学了，全国各个高校都是讲共运史的。可以这么说，无论你到哪个高校，原来讲国际共运史的，那都是我们那一届的同学。所以我也可以说是咱河南省第一个讲国际共运史的。

庞：我估计也是最后一个讲，因为共运史这门课发生了变化，后来变成科社理论与实践了，随着历史的发展，共运史在我们本科的有些专业课当中，后来就取消了。但我们研究生的课一直在上，我们院有个专业叫科学社会主义与国际共产主义运动，要开共运史这门课，结果没有老师讲，断代了，后来我说还是请姜老师出马，最近这几年，姜老师还在给我们研究生讲国际共产主义运动史。

姜：讲了多少年，讲了多少遍了，这个也记不清了，反正20多遍是有了。

庞：姜老师从人大毕业之后就到郑大工作，来代课实际上也是通过官方的途径来支援河大，后来姜老师讲被河大精神感动了，1974年就调到河大了。到河大之后工作就没有变动了，一直到现在退休。

姜老师从教60年，包括郑大河大，学生很多，可谓桃李满天下。学生中有不少领导干部、社会名流，还有学者，学界的精英。

姜老师想让你给我们分享一下，您是怎样从事所钟爱的教育事业，怎样教书育人的？

姜：我60年从大学毕业就上台教学了，一直讲到2019年，我国著名的科社共运史专家、我的老师高放在2010年春节的时候给我通电话说，姜大为你们这一届原来只有两个人还在讲共运史，一个是苏州大学的周海乐，一个就是你了。周海乐，今年春节去世了，这就剩你一个人在坚守阵地了。

共运史是我的主课，我也可以说讲了一辈子。我讲过的课程，除了国际共产主义运动史，还有科学社会主义原理、马列经典著作、邓小平理论、当代世界政治经济和国际关系，还有国际形势。但主要的还是国际共产主义运动史。所讲的对象除了本科学生以外，还有研究生、函授生，还有培训的领导干部。除了河大、郑大外，还应邀在山东师大、烟台市博物馆、信阳师院、商丘师院等单位学术交流。

学位点建设我们起步稍微晚了一些，1996年我们整合了校内外的资源，申报成功了世界政治经济和国际关系专业硕士点，后来学科重新划分，归属在马克思主义思想政治教育里面来了。硕士点的获批使我们的学科建设上了一个新台阶。

庞：实际上这也是我们省第一家获批的这个专业，然后这个专业在姜老师的积极工作下，后来就发展成了政治学一级学科。姜老师是政治学科的奠基人，没有当年姜老师申报成功的那个硕士点，那就不可能有今天的政治学一级专业硕士点。

姜：研究生课和本科生的课教学水平到底咋样，这个到底怎么看，我有几点体会的。第一个就是我们这个课和一般的自然科学的课不太一样，就是要求必须与党中央的方针政策绝对地保持一致。我们这个专业就是培养马克思主义理论的教育者，所以要求我们本身在政治上要求很高，这个底线不能放弃，绝对一致。

庞：姜老师在这方面对我们青年教师和学生在政治上要求非常严格，我们这个专业就是讲政治的，就是讲马克思主义的，那你不能讲着讲着讲成非马克思主义了。所以我们有一个传承，就是说我们青年教师在讲课当中，包括学生当中，在政治上不能出问题，然后就形成一种政治上的自觉，就是能够自觉在理论上、思想上成熟，与党中央保持一致。这是姜老师对我们一贯的要求。

虽然我们这个点建立比较晚，也培养出了不少优秀的研究生，但人

才的成长是有周期的,他们还在成长过程中。实际上我觉得你培养学生更优秀的实际上是本科生,尤其是 77、78 级学生,他们已经成为社会的栋梁。

姜:我们政治系被人戏称为当官系,是因为我们培养了大批党政干部。但当时也就十几个老师上课。

庞:当时 77、78 级就十几个老师上课。他们说实际上真正影响大的不多,包括姜老师。去年,原来我们学校的孙培新书记回来参加黄老师的葬礼,谈到当年对他们的影响,特别提到姜老师的影响。

另外,因为姜老师是人大毕业的,学我们这个专业的,后来大概从 79 年开始,几乎每一年都有学生经过姜老师的推荐,考上了中国人民大学的硕士和博士生,实现了学科发展的代际传承。这一批实际上他们成长得更好。

杨光斌是我们政治系 81 级的本科生,后来到中国人民大学读硕士、博士,现在是中国人民大学国际关系学院的院长,我国政治学界他们这个年龄段的应该讲是领军人物。84 级的蒲国良现在是接了高放老师的国际共产主义运动的班,是国际共运学会的副会长。这两个学生可以说是姜老师手把手地教出来的。说姜老师桃李满天下毫不夸张,有一年姜老师到一个地方开会,结果一小半都是姜老师的学生,其中还有好几位都是这个学会的领导。

本科阶段能记起的老师不是很多,或者能记起一辈子的也不是很多,那姜老师就是我们很多学生能够记起一辈子的,永远感恩的。这一点我们应该向姜老师学习,有付出都有回报。近年有些学生想考科社共运方面的硕士、博士,通过其他途径找到姜老师,希望推荐、辅导,老师从来都是非常热情,有的课是从头到尾在讲,姜老师就是这样关爱、厚爱学生的,我觉得是我们大家学习的榜样,更是我学习的榜样。

姜:过奖了。但是有一点我敢说是什么呢?给学生讲课我不偷懒,我特别不理解,有些中学老师、小学老师,课堂上不讲重点,回去办补

习班。到这点上就是为人师表都没有了。

庞：对，刚才跟大家说了，姜老师一直到去年还给我们研究生上共产主义运动史的课，刚开始姜老师坚持到学校上课，这两年我说姜老师你行动不方便，腿脚不方便，上下楼不方便，就让学生到家里来上。刚开始姜老师不同意，说这个不符合我们教学的惯例，老师应该到教室讲。后来我说你现在不方便，还是让学生到家来上课，有时候晚了就留学生在家吃饭、休息，所以学生非常感动，就是一种到家的感觉，也是通过做姜老师的学生，不仅说学问学到了，做人也学了很多东西，这点我们今天很多学生到现在为止对姜老师念念不忘。

本来姜老师说还坚持上课，我们考虑身体不是很好，尤其今年心脏出了问题以后，我做工作还是不上了，以身体保重为主，姜老师这才恋恋不舍地结束了近一辈子的教学工作。

姜老师教书育人非常好，科学研究同样非常好，姜老师的一些观点、一些文章还产生了非常大的影响。那姜老师能不能给我们分享一下您从事科学研究的一些感想和体会，让我们学习学习。

姜：这个和咱们学校的同仁们横向比较确实不行。河南大学确实是藏龙卧虎的地方。

我初步算了一下，这一辈子我编的教材有十多本，主编的4本，反映还不错的，也就是一两本吧！有一本叫《国际共产主义运动史专题教程》，上下册两本，是福建人民出版社推出的，参加编写的有11个院校，包括河南大学、复旦大学、南开大学、中央党校、北京大学、云南大学、安徽师大、辽宁师大、山东师大等。这本书是我和辽宁师大一位老师共同担任主编的，这是1986年出版的，这本书在全国还应该说是有一定影响的。

我主编的还有一本就是《世界政治经济与国际关系》，是河南人民出版社出版的，作为省内的通用教材用。第三本就是《国际共产主义运动史》。第四本是我主编的河南省高校《形势与政策》通用教材，这个是正式出版的。因为是形势与政策，要求短平快，一学期5本，一学年10本，我负责国际问题这方面。

庞：这个教材影响很大，在全省所有的本专科学校都有这个时事政策配套教材。

姜：这个书，每一册都往教育部送，教育部对咱们这个还是很肯定的，说你们这个编得不错，就全国来讲你们是第一个编的。后来辽宁大学给我们来信说要这个教材。参编的书有五六本，其中我认为比较好的有这么几本，一个是《空想社会主义学说史》，是9个院校合编的，这本书是在浙江出版社出的，没有主编。参编的《世界政治经济和国际关系》，这是高教出版社出版的，教育部推荐教材。这是由4人参加编写的，是教育部正式下达的公函，下达到省教育厅，教育厅还问我说姜老师你怎么还认识教育部的人？我说我不认识，他说谁推荐你参加的编写。这本书我写了最后一章，高教出版社作为推荐教材向全国推荐了。

庞：这个规格很高了。

姜：规格很高，而且我们老同学都知道，这最后一章，写得还不错。这些年发表的文章我估算了一下就是30多篇到40篇，发表的刊物主要有：《人民日报内参》《新华文摘》《中国人民大学学报》《科学社会主义》《上海理论内刊》《河南大学学报》《浦东干部管理学院学报》《延安干部管理学院学报》，还有《河南日报》等报纸。其中有影响的，我想有这么几篇，一个就是《驳中国威胁论》，这篇文章刊登在《人民日报内参》和《中州学刊》。

庞：这篇文章影响大，一个背景就是当时中国威胁论的论调刚刚出笼没多久，怎么样从理论来驳斥，这篇文章开创了先河。

姜：第二篇文章就是《一个常被人们遗忘的思想》。这个主要是讲恩格斯晚年在爱尔福特纲领草案批判当中有句话，是共和国甚至是无产阶级专政的特殊形式。《上海理论内刊》登载了我这篇文章。

2002年，也就是"911"恐怖事件第二年的时候，学会开会叫我发言，

那时候我是会长,就讲了并形成了文章。文章题目是《纪念"911"二周年》,《中州学刊》发表了。不久《新华文摘》给改了标题,叫《什么是恐怖主义?》内容一个字儿没改,全文发表在《新华文摘》。这篇文章它有一点新意,就是说到底怎么界定恐怖主义?国际上光恐怖主义定义都有30多个,我把它归纳成3条。这个我自个儿感觉还是有点新意的。

还有一篇是《列宁晚年对社会主义革命和建设的重大重新认识》,发表在《中国人民大学学报》。十月革命以后的7年中,列宁对十月革命以前有些理论、有些话语、有些论断是和十月革命以后这个论断是截然相反的、180度的变化,我把它这个摘了一下。比如说讲共产主义专政吗?原来列宁都有些话,无产阶级专政是不受任何法律限制的政权,这话你现在看当然有毛病了,哪是不受任何法律限制,但是十月革命以后列宁这话都变了。这篇文章就是说在社会主义革命与建设的问题上,晚年列宁的重新认识。

庞:姜老师这些著述在学科内的影响很大。在学科的圈子里面,姜老师的地位还是很高的。姜老师在一些学会担任领导职务,包括开封市的科社学会会长,河南省国际共运副会长,河南省国际共运与国际政治的副会长、会长,还有中国科学社会主义当代世界专业委员会的顾问、名誉会长等。他还是我们院的主管科研的副院长。姜老师你谈谈这个社会工作,怎么样和教学科研联系,然后就是通过这个社会工作怎样促进教学和科研。

姜:我在系里当了将近10年的系副主任,管过教学科研、研究生、函授、资料室。我给自个儿也总结了一下,工作还算勤恳,但是政绩不突出,没给全系谋点什么福利。但是没有贪污腐败。

庞:姜老师对工作非常细心,严格要求,在财务问题上更是1分钱1毛钱都不马虎。听说有一个1毛钱的故事。

姜:我主管过函授,当时规模很大,因为有收费,每年都要公布账目。有一年一合计差1毛钱,对不上数,我对函授教研室主任说,你多算几遍，一定要对上。这位老师不干了，说姜老师，这1毛钱我拿出来行不行？我说不行，1毛钱谁都拿得起是吧？但是账对不上数你咋办？

庞：后来找到没有？

姜：找到了。

庞：姜老师教会了我廉洁奉公、奉献精神。当时按照学校规定，主管函授的副主任一个月有50块钱的补助费，姜老师没要，结果我这个都传承下来了，后来我也当副院长，也主管函授。当时我们函授教研室的人造补助表的时候，每次都说这是学校的规定，你必须要，我说规定是规定，我不要。我们就把这个工作当作我们分内的工作，当作一个奉献，到现在我还在按照姜老师这个精神传承下来。后来我也抓过行政工作，也管过财务，经手的财务数量也很大，但是我非常谨慎，所以我就记住姜老师"1毛钱"的精神，然后严格要求自己，严格约束自己，做到为官清廉，这点我觉得姜老师做得非常好，应该向姜老师学习。

姜：这个我再说一句，你看77级、78级就是比较优秀的毕业班了，这两个年级加起来厅级、副厅级以上的干部将近40多人，可不少啊！但是也有出问题的，确实是很心痛，也很惭愧，确实是这样。看了那些个别同学有这个掉队的或者出问题的，心里确实不是滋味。

庞：有的时候我们觉得学生出问题了，我们老师就可能有这种自责，觉得我们还是要有责任，有的时候可能教育不当，但是我觉得这种自责也有点过了。因为姜老师这方面做得很好，包括我们今天讲的对学生的政治要求，对学生的廉政的要求，实际上都很多。

所以尽管教育不是万能的，但是我觉得作为我们老师来讲，尤其是做我们从事政治课和政治相关的课教学来讲，那就对学生进行这种教育非常必要。所以真的需要我们很多像姜老师这种对学生有各方面尤其是廉洁方面要求的老师。

姜老师一个很重要的特点就是随着年龄的增长，不是说思想落后了或者是停止了，而是与时俱进。比如说专业建设，我们过去这个专业叫

国际共产主义运动史，我们教研室9个人讲一门课，当时就讲共运史，没饭吃，老师没出路，后来姜老师就领着我们大家开辟新的课程。在本科生当中开了世界经济与政治，包括我后来开的政治学概论、行政管理学，实际上都是在姜老师倡导下拓展我们这个专业的空间。包括我们省里边的学会，怎么样向国际政治靠拢。这是随着时代的发展，紧紧跟上时代发展的潮流。当年电脑刚刚兴起的时候，就不要说老年人了，很多年轻人都还不会，姜老师他们这个年龄的起码我知道是第一个用电脑的人。当时用电脑发邮件，用电脑写稿子，当时我还非常不熟练呢，姜老师就已经很熟练了。姜老师今年86岁，现在用微信经常转发一些新观点，经常发表自己的观点。所以姜老师你看起来是越来越年轻了，这和心态和精神追求有直接的关系。最后姜老师，还有一个大问题：我们学校现在已经进入了"双一流"的建设行列，我们学校发展迈向了新的台阶，实际上这是我们几代人的奋斗目标实现了，当然这其中也包括姜老师以及像姜老师这些老一辈的专家做出的贡献，打下的基础。现在我们学校进入了快速发展的轨道，作为一个老同志，您对我们学校未来的发展有什么样的期望？有什么样的要求？有什么的希望？

姜：进入"双一流"，重回国家队是几代人的梦想，可喜可贺。一流就是尖端，绝对是尖端，要保持生物一流学科的基础上，带动更多的学科跨入一流行列。一是引进优秀领军人物，带动学科跨越式发展。二要改善学校的硬件，包括图书馆、实验室，咱这方面应该说做得很不够。三是要加强基础课程的建设，就是说讲基础课，尤其是正教授讲基础课，咱们好像形成一个习惯，一到正教授了，就是基础课不讲了，大课不讲了，只要研究生培养培养就行了。一个学校的基础课它是非常重要的，真的。最后一点就是改善教师待遇。我们一方面大力引进人才，但同时有不少的人外流，加强人才队伍建设首先要留住人才，你工资低收入低的话你就留不住人才是吧？我们学校进入"双一流"以后确实有起色，但是还不够，希望学校能够越来越好。

庞：两个半小时不知不觉过去了，姜老师娓娓道来。从交流中感觉到姜老师的人格魅力和高尚的师德。一个从小生活在非常富裕的家庭的少年最终成长为一个从事共产主义运动史研究专家，是人生的一个重大转折，也是我们国家社会变化的真实写照。今天姜老师提出了很多的想法，尤其是您执教的一些理念、总结的一些经验，指导我们学习和研究，包括对我们学校的发展都值得参考。非常感谢姜老师，通过交流，我们不仅了解了姜老师教书育人的历程，同样通过姜老师了解了我们学校的历史。最后让我代表您所有的学生，表示对姜老师的崇高敬意。谢谢姜老师对我们的培养，谢谢姜老师对我们的恩情，也祝姜老师健康长寿，再见。

姜：谢谢，再见！

11 | 周维群教授访谈实录

受访人：周维群
采访人：刘德定
时　间：2020年12月5日上午
地　点：河南大学档案馆（图书馆东楼）

周维群

男,1939年10月生,渑池县英豪乡王家坪村人,中共党员,本科学历,教授,硕士研究生导师。

1954年至1960年在陕县一中上中学,1960年进入河南大学政治系学习,1964年毕业后留校任教,从事马克思主义理论的教学与研究工作,2000年退休。1987年至1995年任马列主义教研部副主任,1995年任马列主义教研部(经贸管理学院贸易系)主任,1996年任马列德育教研部主任。1979年9月至1980年7月在北京大学哲学系进修,1997年9月至12月在中国人民大学(受国家教委委托)开设的"两课"主任高级研讨班学习。退休前任河南省高校马克思主义理论课和思想品德课建设指导委员会委员,河南省哲学研究会理事。

长期在教学第一线,从事本科生、研究生、成人的马克思主义理论课的教学工作,开设马克思主义哲学、马克思主义原理、马克思主义经典著作选读等课程。教学能够理论联系实际,教学效果好。曾获得1993－1995年优秀教学二等奖,1996年获中共河南省高校工委、河南省教委马列主义理论课与思想政治教育课优秀教师一等奖。1997年获河南省"两课"建设与改革(项目)教学成果二等奖。

撰写科研论文多篇。在《河南大学学报》《郑州大学学报》《学习论坛》《求是学刊》等国家级和省部级学术刊物上发表文章30余篇,多篇文章被《中国人民大学复印资料》全文复印,其中《河南大学学报》刊登的《人的一般本质和个别本质》一文被《新华文摘》(1983年第8期)全文转载,受到理论界好评。

主持和参加社会科学项目多项。其中,主持河南省教学项目"两课建设与改革",成果获河南省教学成果奖励。作为项目负责人之一,主持河南省"七五"社科规划项目,成果《马克思主义原理》由河南人民出版社出版。主要参与河南省"七五"社科规划重点项目,成果《现代

西方哲学概要》由河南大学出版社出版。参与国家社科基金项目，成果《高技术及其产业谋略》由改革出版社出版。

主编和参编的著作、教材、工具书 10 部。其中，《社会交往论》，专著，主编之一，河南大学出版社。《马克思主义哲学原理教程》，教材，主编，河南大学出版社。《马克思主义原理》，河南省统编教材，主编，河南大学出版社，《马克思主义哲学原理》，河南省统编教材，主编，河南人民出版社。

此外，荣获"河南大学优秀共产党员"称号，"河南大学管理优秀奖"等奖项多次。退休后常住北京，荣获"北京市回龙观社区优秀共产党员"称号。

刘德定

男，1969 年 4 月生，河南省淅川县毛堂乡石门观村人，中共党员，河南大学马克思主义学院教授，博士，硕士研究生导师。

1995 年 7 月河南大学政治系本科毕业，1995 年 7 月毕业后留校任教，2004 年 7 月河南大学哲学与公共管理学院马克思主义理论与思想政治教育硕士研究生毕业，2012 年 7 月河南大学马克思主义基本原理博士毕业。现主要从事马克思主义基本原理和中国特色社会主义理论与实践的教学和研究工作。

立足岗位，深入探索教育教学规律。多年来，承担本科生、研究生的中国社会主义建设、毛泽东思想和中国特色社会主义理论体系概论、国际共运史、中国特色社会主义理论与实践、习近平新时代中国特色社会主义基本问题等多门课程。立足原著，研究原理，紧跟时代步伐，结合学生思想实际，不断创新教育教学的形式、方法，取得了较好效果。曾获河南省教育系统教学技能竞赛（高校德育）一等奖，河南省"高校两课教师讲课比赛"二等奖，被授予"河南省教学标兵"称号；曾获"河南省高等学校思想政治工作奖",被授予"河南省高等学校优秀思想政治理论课教师"称号;曾获河南省教学成果二等奖,两次获河南大学教学成果一等奖;曾获河南省马克思主义理论课奖励基金二等奖、三等奖。

撰写和发表科研论文多篇。在《社会主义研究》《当代世界与社会主义》等学术刊物上发表文章30余篇。主持和参加的社会科学项目多项。独著、主编和参编的著作十多部,其中,《时代精神永放光芒》由河南人民出版社出版,《思想政治理论教育教学与青年学生马克思主义信仰问题研究》由河南大学出版社出版,《当代中国文化软实力研究》由人民出版社出版,《国家文化软实力》由经济科学出版社出版。曾获河南省社会科学优秀成果二等奖、三等奖各1次,获开封市社会科学优秀成果一等奖。

服务社会,延伸马克思主义理论课的教育教学。是河南省首届青年理论宣讲专家,民进河南省委"开明论坛"特邀巡讲专家,河南省法学会"双百活动"宣讲专家。经常在党政机关、党校、高校和企业宣讲党的理论、路线、方针、政策。

刘德定(以下简称"刘"):今天您回到开封,在咱们河南大学接受我们的访谈。我知道您退休以后很长时间都是在北京,在儿子那里。现在我想了解一下您在北京的生活情况。

周维群(以下简称"周"):好。我退休以后长时间在北京居住,与儿子一家人一起生活。每天看书、看报、看电视、翻手机、听小说,还有打扫卫生、买菜、洗碗、接送孩子,大的事情没有,琐碎事情比较多,整天也是忙个不停。

刘:读书、学习、生活方方面面要做的事情真的不少。

周:是的。每天要做的事情很多,但主要的一些事必须完成好。像接送孩子,要按时送去、按时接回来。在北京的社区生活,我参加了不少社会公益活动,像节假日安全巡逻,打扫卫生。还结合自己专业特长,给社区党员和居民做一些专题辅导，解读《政府工作报告》、党代会的政治报告，联系社会实际去分析一些问题，收到很好的效果，很受听众的欢迎。

刘：在社区里边，您给他们做形势与政策报告，解读《政府工作报告》等，您做了一件有意义的事情。

周：是的，每年都会接受社区党组织的邀请，为社区党员和群众做一些报告。所以，多次被评为龙腾社区和回龙观地区的先进党员。

刘：很好！社区和地区的先进党员。

周：在北京，同孩子们在一起居住，生活还是挺充实的，也享受到了天伦之乐，心情还是很愉快的。

刘：周晔是咱们河大经济学院耿明斋教授的硕士研究生，读硕士时和我们是同学，他现在的学习工作情况，我也想了解一下。

周：周晔2001年从咱们河大经贸学院硕士毕业，考入北大经济学院金融学的博士生。那年考试也非常不容易，报考这个专业的有28个考生，面试的时候10个人，竞争1个录取名额。经过笔试、面试两轮下来，周晔幸运地被录取了，所以是个幸运儿。从北大毕业以后，他选择到首都经贸大学工作，目前是金融学院教授、博士生导师。通过几年的拼搏努力，科研成果颇丰，完成了多项国家级、省部级社科基金项目。发表多篇核心期刊科研文章，出版了多本专著教材。周晔求学之路还是比较顺利的，专业发展也很好。

刘：听到您退休以后在北京生活这些情况和周晔的发展情况，我从内心感到高兴。周先生，您从1960年进入河南大学学习，毕业以后留校工作一直到退休，想请您谈一谈你学习工作的一些经历。

周：我是豫西三门峡人，1939年生。老家在农村，小学、中学的学习都是在本地农村学校完成的，1954年考入陕县第一中学。那时我们家人口多，经济上还是比较困难的。我常常带着米面，有时带着炒面、馒头上学校。像馒头吃到周末就变硬了，发霉了，就把馒头送到食堂笼

二／周维群教授访谈实录

上蒸一蒸再吃。所以当时的生活很艰苦，家里兄弟姐妹 8 人，就供我一人读完了高中。

1960 年，我从陕县一中考上河南大学，是政教系的第一届新生。这是我第一次离开家乡，从偏僻的山区农村来到了繁华的大城市，来到了河南最高学府，开始了新的学习生活。刚来到河南大学感到一切都是新鲜的，一切都是陌生的。看到学校大门就很让人震撼，走进校门后，看到了六号楼、七号楼、东西斋房、大礼堂，这些建筑雕梁画栋，古色古香，宏伟壮观，让我激动不已。有一天，我从西校门出去，走了一段，找不到回校的南大门了，咋回校呢？问了别人，才从南门回到校里边。那时候感觉到河大比我们县城还大、还繁华，当时愉悦的心情难以言表。我深知考上大学实在不易，一定要珍惜这样难得的学习机会，就暗自下定决心，搞好自己的学习。

刘：周教授，1960 年您考入河大，也是三年自然灾害刚开始的时候。在困难时期，你们是怎样学习的？那时有哪些教师为你们授课？您大学毕业后的情况怎样？

周：刚入校时，随之而来的是三年自然灾害，人们吃的穿的都特别紧张，新中国遇到了前所未有的困难。同学们在困难面前，并没有畏惧，没有退缩，而是以艰苦奋斗的精神，去克服困难。尽管生活很艰苦，但是同学们为了圆梦，为了将来能够更好地胜任工作，学习劲头十足，学习气氛十分浓厚。即是星期天也很少逛大街，上公园玩耍，都在教室里学习。那时最好的娱乐活动就是星期六晚上去大礼堂看场电影。

但那时我们精神上特别富足。我们有幸遇到一批名望高、造诣深的教师。像教政治经济学课的周守正、侯恒老师，教哲学的黄魁吾、张浩老师，教中共党史课的张玉鹏老师，教法学概论课的吴祖谋老师，教逻辑学课的郑毅男老师等等，对于我们学好专业知识起到了很好的启发引导作用。还有担任我四年班主任的林有当老师。他们诲人不倦的教学态度永远值得我们学习效仿，他们爱岗敬业的精神永远值得我们继承发扬。

通过教师的辛勤教学工作和同学们刻苦学习，顺利完成了本科政治教育专业的学习。

通过四年的政治教育专业的学习，到 1964 年，我毕业了，留到了咱们学校。从留校到我退休，这几十年一直在河大，从事马克思主义理论的教学和研究。这期间，我两次到北京进修学习。一次是 1979 年 9 月份至 1980 年的 7 月份到北京大学做访问学者，进行哲学专业学习。在那里学习安排得很紧张，听课、参加教研室教研活动和学术活动。另一次是在 1997 年 9 月至 12 月，参加了国家教委委托中国人民大学举办的全国高等学校"两课"主任的高级研讨班，进行研讨学习。当时参加那个班的有 30 多个人，都是从全国各地重点院校选派去的，这对我们学校、对我个人都是一种殊荣。

从参加工作以来，我长期坚持在教学第一线，从事本科生、研究生、成人教育的马克思主义理论课的教学工作，开设了马克思主义哲学、马克思主义原理、马克思主义经典著作选读等课程。在教学过程中，能够理论联系实际，教学效果好，曾获得河南省 1993－1995 年优秀教学二等奖，1996 年获中共河南省高校工委、河南省教委马列主义理论课与思想政治教育课优秀教师一等奖。

在搞好教学的同时，自己也十分重视科学研究工作。一是积极申报、主持和参加社科项目多项。其中，主持河南省教学项目"两课建设与改革"，成果获河南省教学成果二等奖。参与国家社科基金项目，成果《高技术及其产业谋略》，由改革出版社出版。二是撰写多篇科研文章，其中《河南大学学报》刊登的《人的一般本质和个别本质》一文被《新华文摘》（1983 年第 8 期）全文转载，受到理论界好评。三是主编和参编的著作、教材、工具书多部。其中，《社会交往论》，专著，主编之一，河南大学出版社。《马克思主义原理》，河南省统编教材，主编，河南大学出版社。《马克思主义哲学原理》，河南省统编教材，主编，河南人民出版社。

多年来，我一直从事行政管理工作。我是在 1987 年任马列主义教研部副主任的，1994年任马列主义教研部主任的，1995年任马列主义教研部（经贸管理学院贸易系）主任，1996年任马列德育教研部主任，主持全面工作，一直到2000年退休。

刘：周教授，您从1994年就担任马列主义教研部的主任，请您谈谈您在任时领导班子、组织架构和师资队伍的有关情况。

周：我任职时，领导机构设置是这样的。行政领导班子设主任1人，副主任2人。副主任先后由谢京师、张德昌、郑素清担任。党组织领导班子设书记1人，先后由张仁荣、夏德明、马树功担任。党政办公室设主任1人，先后由张金兰、郑素清、吕满文担任。

马列部当时下设的有几个教研室，有哲学、经济学、革命史、国际政治与国际关系、自然辩证法、德育教研室、成人教育教研室，还有一个图书资料室。随着"两课"的改革，教研室发生了很大的变化，不断地进行调整。

当时教师40多人，高级职称、中级职称、初级职称大体上各占三分之一。他们承担着全校马克思主义理论课和思想品德课，以及研究生的马克思主义经典著作选读课的教学任务。

刘：那个时候我们马列主义德育教研部，有哲学教研室、政治经济学教研室、革命史教研室、国际政治与国际关系教研室、自然辩证法教研室、德育教研室，还有成人教研室。后来，随着"两课"的改革，中国革命史教研室就改为中国近现代史纲要教研室。目前，马克思主义学院设置有马克思主义基本原理概论教研室、毛泽东思想和中国特色社会主义理论体系概论教研室、中国近现代史纲要教研室、思想道德修养和法律制度教研室、形势与政策教研室、成人教研室、教务办公室、研究生培养办公室，还有一个围绕思政本科专业设置的思政系，以及马克思主义研究院和焦裕禄精神研究院。

周：这些年变化太大了。

刘：上个世纪90年代中后期，是我国高等教育重大转型和快速发展的一个时期。您作为马列主义德育教研部的主任，主要开展了哪些工作？请您谈一谈。

周：我印象比较深刻的，是抓了这样几项大的工作。

第一项工作就是抓"两课"教学改革和日常的教学工作。"两课"就是马克思主义理论课和思想品德课。"两课"教育在高校教育教学中占有十分重要的地位，是对青年学生进行思想政治教育的主阵地、主渠道。所以"两课"教学的改革很重要，这是关系到培养社会主义合格接班人的重大工作，也是关系到学校安全稳定的大事。这项工作，我主要从以下三个方面去抓它。

首先，理顺"两课"教学机构，完善教学体系。原来马列主义教研室和德育教研室是学校两个直属的教学单位，它们的教学目的、教学方法、教学的基本要求，基本是一致的。但是这两个单位的联系比较少，形不成合力，难以发挥主渠道、主阵地的育人功能。学校党委根据国家教委要求的精神，决定把马列主义教研部和德育教研室合并，成立马列主义德育教研部。合并以后我们做了一些调整工作，结构合理了，优势互补了，对于发挥"两课"的教学育人，起到了积极作用。

其次，在教学内容、教学方法上进行了一系列的改革。在"两课"的教学内容上，要求每个教师把讲述邓小平建设有中国特色社会主义理论作为"两课"的重要内容，使它进教材、进课堂、进头脑。同时强调在教学过程中要理论联系实际，改进教学方法。比如，采取启发式教学、课堂讨论以及影视教学等等这些方法和手段。上马克思主义原理课，讲绪论部分时，就放纪录片《青年马克思》；讲世界物质统一性时，就放天体演化的影视资料；讲革命史中红军长征的内容时，就把红军长征的故事片放给学生看。这样的教学方式和方法，在当时是很创新的，对于提高学生学习的兴趣，提升学生学习的主动性、自觉性，发挥了很好的作用。

再次，抓教学管理。我们制定了一系列提升教师业务水平，提高教学质量的规章制度。①集体备课制度。集体备课,是马列部的优良传统,我们几十年如一日,一直坚持这样去做的。集体备课就是备教材,备学生。每一堂课要讲的内容,教学的重点难点,都要在集体备课时进行讨论。备学生就是针对学生中存在的主要思想倾向问题,进行分析研究。这样上课可以做到有针对性地去讲课,效果就会更好。现在,马克思主义学院仍然延续和坚持集体备课这个优良传统。我在2000年退休以后随着省教委同志到下面去考察"两课",有些学校根本没有集体备课。教师讲课各自为政,自己准备,自己讲授。有些"两课"教师,特别是年轻教师,对教材没有很好的钻研,一些理论吃得不透,讲课漏洞很多,所以集体备课对年轻人提高教学质量非常重要。我们马列部这一点做的是比较好的。②我们还有听课制度。领导要听课,教研室主任要听课,年轻人更要听课。部领导和教研室主任对每学期要听多少次课都有规定。特别是对于年轻人,我们采取了导师制,安排年轻教师向老教师学习,认真听老教师的课。以老带新很重要的措施,就是这个听课制度。③观摩教学评议制度。每学期部里都要进行几次观摩教学活动,不仅是要观摩教学,听听课,听完课以后还要进行评议,对哪方面讲的好,哪方面讲的不到位进行评议。讲课的人受益,听课的人也受到启发,观摩教学评议制度使整体教学水平获得提升。④课堂调查问卷制度。在每学期期末快要结束的时候,发问卷调查,调查教师教学状况,学生的大多数评价都非常客观。老师讲课的态度、教学内容、教学方法等状况,问卷调查都可以反映出来。这些反馈能很好地推动教学,提高教学质量。⑤集体评卷制度。⑥教师联系学生的班级制度。⑦学术交流制度。我部每学期都进行学术交流,谈谈你的学术文章,谈谈你科研的感受。这对教研部的科研工作都起到很好的促进作用。

刘:那时我刚参加工作,我跟着您,刘太昌老师,张耀兰老师,听了几个学期的课。我现在记得非常清楚,我是在明伦校区10号楼101教室,跟着您听的是马克思主义哲学原理课。在课堂上您讲的既有理论的高度，又能够很好地联系实际，确实对我启发很大。我跟着刘太昌老师、张耀兰老师一直在听马克思主义政治经济学课，也受益匪浅。还有刚参加工作的李保民、戈士国，我们都是跟着你们一直在听课的。这是我印象非常深刻的一件事情。再一个是，马克思主义德育教研部形成的一些规章制度，现在都成为河南大学马克思主义学院工作的特色，甚至是我们的优势。比如说前面讲的集体备课制度，到现在我们一直在坚持。教育部下发的《新时代高校思想政治工作意见》当中，就讲到了高校思想政治课要坚持备课制度、说课制度。备课制度是咱们坚持几十年的优良传统，还有听课制度，那个时候我们就开始了。教学评议制度，我记忆非常深刻，你讲得好的方面，跟你讲得清清楚楚，你讲得不足和要注意的地方，那是毫不留情的，也给你指出来，这对年轻人的成长都非常有帮助。集体评卷制度、课堂问卷调查制度都是非常好的制度。也就是说，咱们学校马列主义德育教研部在很早就坚持了这样的一套行之有效的规章制度。这既是我们的特色，也是我们后来的优势。

周： 我们部制定一系列健全的规章制度，确实收到了很好的效果。对于这些好的做法，好的经验，学校给予充分的肯定，省教委思政处及高校同行都评价很高。

第二项就是抓科研工作。在抓好教学工作之外，我们强调，教师要正确认识、处理教学和科研的关系，克服两种错误倾向，重教学轻科研或者是重科研轻教学，特别是不能以科研来代替教学。教师要围绕着在教学的过程中遇到的一些问题来搞科研，以教学促进科研，以科研提高教学水平。在科研方面我们部做得还是比较好的。每一年都要进行科研成果的统计，把科研成果张榜公布，搞得好的老师会受到奖励，受到鼓舞。没有搞科研或者科研很少的老师，也受到教育，受到启发。在马列德育部经费不足的情况下，我们还拿出一笔经费奖励科研搞得好的老师。张纯成、朱荣英老师，科研搞得比较好，都受到了部里的奖励。通过一系列的工作和奖励措施，马列德育部的科研成果也还是比较突出的，成功

地申请到了 3 个国家的社科基金项目,像韩锦生老师的"毛泽东思想哲学研究",杨水映老师的"高技术及其产业谋略"等。还有一些省部级的项目,像原思明老师的"中国共产党西藏工作 50 年",就得到了国家民委的支持。还有一批专著、教材、教辅工具书相继出版,一批上档次的科研论文多见于报端。整个来讲,马列德育部的科研成果,改变了一些人认为马列德育部是搞教学的,课重、任务重,教师只能讲个课,不会搞科研的印象。

刘:那个时候我刚参加工作,马列部定期不定期地举行学术研讨会,让一些科学研究搞得比较好的老师,利用业务学习时间,在部里边给大家做报告,做引导。比如,当时我们就听过朱荣英老师关于马克思主义文化理论的讲授,刘玉琛老师研究毛泽东的祖籍,发表了一系列文章。通过这种以老带新的示范引导,确实对我们刚参加工作的年轻人尽快地进入科学研究的正确轨道,起到了非常好的启发作用。

周:第三项工作,就是抓教师队伍建设。搞好"两课"教学,关键在教师。为了提高教师的整体素质,我们通过各种渠道,采取各种措施,选派教师到外校进修,或派教师到著名学府做访问学者。我们还鼓励青年教师考硕士研究生、博士研究生。张兴茂、程耀明、苏会芝、邵先崇、戈士国、李保民、林志友等,都先后考上了硕士生,博士生。这就改变了我们部的教师学历结构,为"两课"教师队伍输血和赋能,也为"两课"学科建设打下了坚实的人才基础。

第四项大的工作,就是抓了成人教育。成人教育工作是我们部整体工作的一个重要的组成部分,也让马列部成为河大一个有影响力的单位。马列部的成人教育是当时河南大学里面搞得比较好的一个单位。我们在校内外举办了多种成人教育班,比如,政治理论专科班、实用人才班、厂长经理轮训班。我们在开封驻军、开封军分区、商丘驻军、洛阳驻军、新安驻军、巩县驻军,以及信阳明港驻军,还有航天部宝鸡基地、南阳油田等单位,都举办过政治理论专科班。这些成人教育班的开办,培养了大量的政治理论干部。其中有代表性的，如当时二十军军长梁光烈、中原油田党委书记刘恩学，解放军报社副总编辑连俊义等，都是从我们专科班毕业出去的有代表性的学员。我部成人教育开设的这些班，既满足了社会的需要，取得了良好的社会效益，同时又开拓了办学的路径，增加了经济效益。

第五项工作，就是抓贸易系的筹建和建设工作。随着经济改革的深入和改革开放的不断发展，社会上需要大量的经贸管理专业人才。我们根据社会这种需要，进行了大量的社会调查和论证，经过有关部门审批，成立贸易系。在教师队伍培养、教材编写、课程安排、招生宣传、入校的学生管理方面都做了大量的工作。贸易系建立，有了国际贸易这个专业，弥补了经贸管理学院专业的短板，为经贸管理学院专业建设、学科发展，都做出了应有的贡献。

刘：成立贸易系的时候，马树功老师是党组织的负责人。当时马列主义德育教研部（贸易系）培养了几届学生，从93级到96级。郑素清、李从国、戈士国、彭绪琴、吴峰，都曾担任过辅导员。周教授，在您担任马克思主义德育教研部主任期间，印象深刻的人和事有哪些？想请您谈谈。

周：任职期间，我印象最深、感触最深的有两件大事儿。一是河南省"两课"教育基地设在河南大学。经河南省高工委、河南省教委实地考察，认为我们学校文化底蕴深厚、学科门类齐全、学风校风端正，特别是"两课"改革，走在全省前列。还有一支健全的、优秀的教师队伍，所以决定把"两课"教育基地设在河大。这对我校来讲是一件大事。这既是我们学校的荣誉，也是对我们"两课"教学、"两课"改革的肯定。这个基地的建设对于提高河南高校教师的马克思主义理论水平和教学水平，起到了很好的作用。

任职期间，印象最深刻的另一件事就是"两课"教材的编写工作。随着"两课"改革的不断深入，国家教委实行了统编教材，同时又允许

各省按照国家教委统编教材大纲的要求,自行编写教材,以调动各地"两课"教师的积极性。河南省教委计划编写的"两课"教材有6门,河南大学承担了4门教材的主编工作。王桂兰部长承担《邓小平理论概论》的编写工作,姜大卫老师承担的是《国际政治与国际关系》的主编工作,黄建水老师承担了《法学概论》的主编工作,我承担了《马克思主义哲学原理》的主编工作。这在河南高校影响很大,充分展现了河南大学"两课"教师的整体实力,受到了省教委和兄弟院校的高度评价。

刘:周教授,您长期从事马克思主义理论的教学与研究工作,发表多篇论文,有多部著作、教材和教辅出版,积累了丰富的教书育人经验。想请您谈一谈如何做一名合格的思想政治理论课教师。围绕这个话题,请把您的经验传授给我们。

周:我长期从事教学管理和教学工作,体会到了要做一个合格的思政教师,上好课,完成教书育人的这一根本任务,关键是提高教师的政治站位,不断学习,加强自我修养。

一是提高政治站位,增强真信、真学、真教、真用马克思主义自觉性。从政治站位来看,思政课教师一定要增强"四个意识",坚定"四个自信",做到"两个维护",在政治上、思想上、行动上与党中央保持高度一致。这是对思政课教师最基本的要求,也是思政课教师应有的历史责任和使命担当。从信仰态度来看,思政课教师一定要信仰马克思主义、学习马克思主义、传播马克思主义、实践马克思主义。这是思政教师同其他专业教师的最本质区别,也是思政教师最重要特征。马克思主义是一个博大精深的理论体系,它揭示了自然、社会、思维发展的一般规律,它是无产阶级和广大劳动人民群众,认识世界、改造世界的强大思想武器,是科学的世界观和方法论。因此,我们要信仰马列主义,相信马列主义理论的巨大功能,以及用其理论指导实践的伟大作用,将信仰力量、理论力量和实践力量有机地统一起来。这样才能增强教师真信、真学、真教、真用马克思主义自觉性,才能运用马克思主义理论教育青

年学生，使之形成科学的世界观、人生观和价值观。

二是要认真学习，与时俱进，不断地提高马克思主义理论修养。马克思主义政治觉悟，马克思主义政治素养，那不是从天上掉下来的，也不是头脑固有的。它不是自然、自发形成的，而是通过学习、灌输马克思主义在自觉实践的斗争中形成的。可见学习马克思主义是非常重要的。做一个合格思政教师，要求标准是很高的，他不仅要具有古今中外政治、经济、科技、哲学、宗教、文化等方面的丰富知识，更需要具有扎实的马克思主义理论功底。这就要求思政课教师不断地学习马克思主义，刻苦地钻研马克思主义，用马克思主义武装自己，充实自己，丰富自己，提升自己，不断地提高马克思主义理论修养。我刚参加教学工作时，单位领导就鼓励我们青年教师要通读《马克思恩格斯选集》《列宁选集》《毛泽东选集》，并要求教师要认真学习与专业有关的马克思主义经典著作。比如，教哲学课老师要学习恩格斯的《反杜林论》《路德维希·费尔巴哈与德国古典哲学的终结》，列宁的《唯物主义与经验批判主义》《国家与革命》《哲学笔记》有关章节，毛泽东的哲学著作等。这样的要求，为教师教好马克思主义理论课打下了坚实的理论基础。今天我们思政课教师，也应学习一些马列主义经典著作，学习《邓小平文选》，特别是要认真学习习近平新时代中国特色社会主义思想等一系列文献，全面系统地掌握马克思主义理论体系，提高自己的马克思主义理论修养。只有这样，才能用马克思主义科学的世界观、方法论去分析这个风云变幻的国际形势，才能科学回答现实生活中政治的、经济的、思想的、道德的、文化等方面的各种问题，才能客观地评价各种社会思潮，对学生给予教育和启发。

三是要不断地加强自我修养，具有高尚的道德情操和优良的敬业精神。做一个思政教师一定要政治诚实，品德高尚，要为人师表。同时，要有敬业精神。敬畏工作岗位，热爱本职工作，愿意献身于马克思主义的教育事业，只有这样才能脚踏实地地、全心全意地投入到立德树人的马克思主义教育事业中来。所以加强自我修养这一点也非常重要。

刘：如何做一名合格的思想政治理论课教师，周教授谈了三个方面的体会：一是要提高政治站位；二是要不断的学习；第三个要加强自身的修养。三个方面讲得很好，受益匪浅。在您担任马列主义德育教研部主任的时候，1994年就提出"三真"，即"真信、真学、真教"，后来在教学实践中，又总结概括为"四真"，即"真信、真学、真教、真用"，这个理念提出是很早的。这早已成为马列德育部对"两课"教师的基本要求。现在看到教育部的文件在讲到这个问题的时候，也写到这四个真了。

周教授，尽管已经退休多年，长期在北京生活，但是您一直还在关心着马克思主义学院的青年教师们的学习、工作、成长，关注着马克思主义学院的发展。我们也想借此机会，请您谈谈你对马克思主义学院发展的建议和期待。

周：我虽然退休多年，但对马院的建设发展依然很关注、很关心，每次回河大，都会了解马院的发展状况。对马院的发展我就提两点建议。

一是搞好领导班子建设。建设一个团结、廉洁、肯干、创新的领导班子。领导班子应该成为齐心协力、团结的班子；立党为公、为群众服务的班子；积极工作、乐于奉献的班子；开拓进取、敢于创新的班子。

二是搞好教师队伍建设。建立一个政治坚定，业务精湛，勇于拼搏，为人师表的教师队伍。思政教师，政治上一定要坚定，政治站位要高，这很重要。教师搞教学的，业务要精湛。勇于拼搏、为人师表这也很重要。有一支优秀队伍，那肯定能打胜仗，肯定能取得好成绩。

一个单位，领导班子建设、队伍建设这两个方面一定要抓好。这是我简单的想法体会。

刘：谢谢周教授，非常感谢您接受我们的邀请，参加今天的访谈活动。您从六个大的方面接受了我们的访谈。希望您今后能够一如既往地关注、关心河南大学和马克思主义学院的发展。最后祝您身体健康，万事如意。

12 | 吴祖谋教授访谈实录

受访人：吴祖谋
采访人：吴瑗瑗
时　间：2020年10月17日上午
地　点：河南大学档案馆（图书馆东楼）

吴祖谋

男，祖籍江苏省六合县，1926年出生于上海，少年时在南京、上海等地上小学、初中。太平洋战争爆发后，1942年由上海辗转赴重庆就读于中央大学附属中学高中部。1946年进入浙江大学法律系学习，1949年转入北京大学法律系继续学习。1950年夏作为新中国第一批国家统一分配的大学毕业生分配到当时的平原省工作。先在新乡中学教了一年书，翌年调入刚刚建立的平原师范学院（即今河南师范大学）马列主义教研室。1954至1956年作为在职人员在中国人民大学法律系国家与法权理论研究班脱产学习2年。1962年调至开封师范学院政治教育系任教。1980年担任政治教育系法学教研室主任。1985年，河南大学法律系恢复（1996年改建为法学院），任该系首任系主任。1996年获准离休。

改革开放后，在河大任职期间，曾兼任河南省法学会副会长，河南省法学会法理法史研究会会长，中央电大法学概论主讲教师，教育部高等教育自学考试委员会法学专业法学概论课程主考等职。

吴祖谋先生主编高等学校统编教材《法学概论》（法律出版社1982年初版发行），为使教材内容能及时反映我国法制建设的实际和法学研究的新成果，《法学概论》从初版至今，经过十三次修订，累计发行300余万册，成为统编法学教材中发行量最大的教材之一。1989年、1992年，该书分别获得河南省教委高等学校优秀教材特等奖和教育部第二届普通高等学校全国优秀教材奖。2006年，经教育部审批，该教材自第九版起进入国家级教材系列，被列为"十一五""十二五"国家级规划教材之一。全国高等教育自学考试教材《法学概论》（武汉大学出版社）获1989年全国优秀图书奖；《法学基础理论》（法律出版社）1986年获河南省教委优秀科技成果奖。1985年、1991年任中央电大法学概论课程主讲教师，并主编教材《法学概论》（中央广播电视大学出版社 1991 年）。1986 年被评为全国电大优秀主讲教师。1991 年为了表彰他为我国高等教育事业做出的突出贡献，国务院授予他国家有突出贡献专家，并享受政府特殊津贴。2017 年 7 月入选河南大学"感动河大"人物。

吴祖谋先生终身从事高等教育工作，兢兢业业、勤勤恳恳，他的一生正如"感动河大"人物颁奖词所言：吴祖谋先生生于上海，负笈名校；植根河大，培育桃李。不唯书，不唯上，只认真理；不慕名，不图利，只为正气。恢复法律系，他是首任系主任。筚路蓝缕，以启山林；法天立极，会通中西。

吴瑷瑷

浙江上虞人，河南大学新闻与传播学院新闻学硕士研究生，现任河南大学法学院党委副书记。

吴瑷瑷：吴先生，您好！非常欢迎您今天来到开封，回到河南大学，接受一个面对面的现场访谈。我们大家都知道，您祖籍是江苏省六合县，1926 年出生于上海。请您先谈一谈自己的求学和工作经历。

吴祖谋：我老家是江苏六合，现在归南京管，1926 年我出生在上海，之后在南京和上海完成了小学的学业。当时我念初中的时候，全面抗日战争已经爆发了，我们当时是作为难民逃难到了上海的租界里。在上海读了初中之后，又辗转去了重庆，在重庆读了高中。高中毕业后，抗日战争胜利了，我也上大学了。第一个大学是浙江大学，在杭州浙江大学法律系念了 3 年。到 1949 年 5 月杭州解放之后，我们就进入了当时杭州军政府办的一个浙江干部学校，在那儿学了几个月。学习完了之后，组织上统一调配，有的参加工作，有的转学了。我和其他一些同学，就从杭州的浙江大学转学到北京大学，所以我的大学四年级是在北京大学完成的。我当时从杭州到北京的时候,正是新政协的开会期间,到了 1949 年的 10 月 1 号,新中国成立时,我作为当时北京大学法律系的一名学生参加了开国大典。10 月 1 号我们早早地就起来了,整队去天安门。天安门很大,北大的学生被安排在前排,面对着金水桥。为什么把我们安排在前面呢?因为我们前面还有两排少年儿童,当时少先队还没成立,我们的任务就是保护这些少年。在庆祝游行结束之后,防止广场上的人往前冲的时候发生踩踏事件,所以我们就是分配了这个任务,离天安门很近。当年毛主席在城楼上宣布中华人民共和国中央人民政府成立了等等,我们就亲眼目睹,一直到参加游行的队伍结束之后,我们冲到前面,在天安门下面向城楼上的国家领导人招手,然后我们就排队离开广场。这是 1949 年的 10 月 1 号,今年是 2020 年,71 年了,所以从另外一个角度来看,新中国成立后,我是学生,之后又教书,70 多年的历程,特别是在教育方面,我有资格说我是见证者。到了 1950 年毕业时,我们是新中国的第一届由国家统一分配的大学毕业生。为什么 1949 年 10 月 1 日新中国成立,1950 年毕业的是第一届呢?因为 1949 年新中国成立的时候已经是 10 月 1 号了,1949 年 7 月的时候,当年的毕业生已经离校了,所以我们虽然是 1950 年毕业的,但是,是新中国第一届大学毕业生,也是第一届由国家统一分配的大学毕业生。因为在民国时期毕业学生的工作不完全由国家分配,主要是靠自己去找工作。我还记得我们毕业的时候,毕业动员大会很隆重,是在当时辅仁大学的礼堂里举行的,周总理参加了,还有一些国家领导人也参加了,主持大会的是当时军委的政治部主任萧华,一个年轻的将军,都非常热情地发表了讲话,对我们确实是个鼓舞。然后我们就回到学校等待分配。我记得很清楚,当时的北大并不是在现在的西郊,当时的北大是在紫禁城附近景山东街有个叫沙滩的地方,有一座红砖砌的五层楼,叫红楼。今天西郊的北大,当时是燕京大学的校区。我记得分配工作时,是在我们北楼的一个小礼堂,由当时北大的秘书长郑天挺,是个历史学家,宣布分配结果。听到吴祖谋被分配到平原省，当时宣布时还不知道平原省在哪儿，从来没听说过平原省。散会之后大家互相打听，最后才知道这是刚成立的一个新的省份，将河南省黄河以北地区，山东省西南角地区以及河北省南部的一些地区划分出来，成立一个新的省份——平原省，省会就是现在的新乡市。1950年的8月中旬，被分配到平原省的北大学生坐了几节车箱从北京到了新乡。当时新乡还是一个很小很小的城市，石板铺路，市里面除了平房见不到楼房，都是一些民宅，当时省政府的招待所就在平房里面。到了之后的第二天，省长请大家吃饭，大家很高兴，也很感到欣喜。当时的省长姓晁，吃饭时去看，满厅大概有几十个方桌，没有凳子。一会儿省领导来了，省长带头进来，大家鼓掌欢迎。我们找一张桌子，围了8个人，宣布开动，省长包括省领导，还有所有的学生就开始吃了，就这样站着吃的。下午就开始工作分配了。在工作分配时，我有3个选择，一个是去广播电台，当时没有电视台，具体做什么没说；一个留在政府部门；一个去中学教书。我选择了去中学教书，并不是因为我对中学教育特别有兴趣，而是因为当时的中学教师实行聘任制。我有这么一个想法，你既然是聘任我的，那我可以不接受，随时可以离开。当时我也有女朋友，我的亲属主要都在南方，我想的是我教一两年就辞职，所以我就选择了教书。我去的第一个学校是当时的新乡中学，现在的新乡一中，它是从太行山山区搬迁到新乡的一所学校，在那里教了一年书。第二年平原师范学院成立，开始招生，我就随着新乡中学的校长一块儿去了当年的平原师范学院，现在的河南师范大学。因为我是学法律的，也没有什么好教，当时正缺政治课的教师，所以我就被分配在马列主义教研室。最初教的是党史，以后是教中共党史和联共党史。中共党史的教材是乔木编写的《中国共产党三十年》，联共党史的教材是斯大林编写的《联共（布）党史简明教程》，联共党史的教材都是苏联印好送到这里的。1954年中国人民大学研究班招生，有一个研究班是法律系办的，这个研究班专门研究法律。我想我是学法律的，将来可能还是应该

归到法律这个队伍里面，我就报名了。当时考这个研究班，读研究班需要经过考试的，考试之后录取通知书来了，1954年我是作为在职的学员，就是拿着工资，去到北京中国人民大学法律系国家与法权教研室研究班，作为学员在那里学习一年半。为什么学习一年半呢？按道理应该学习2年，因为学校里教师拉不过来了，他说你能不能提早一点回来，我就把这个情况跟人大法律系的领导说了，他也同意。当时这个研究班不像今天的研究生有硕士，还有博士，研究班就是研究班，你就是研究班的学员。但是我们没有学位法，因为所有的法律是由民国时期的国民政府立的法，一起废除了，所以也没有学位。我虽然是大学毕业，但我连学士学位都没有，因为学士学位必须有一个条件，首先要有一个学位法，学士、硕士、博士不是学校定的，是国家立法来规定的。当时我们一切都是向苏联看齐，苏联不分硕士、博士，他就是学士、副博士和博士，没有硕士。但是我们并没有达到，我们因为没有这个立法。所以1956年我就回到了新乡，继续我的教学生涯。在1962年院系调整之后，我就从新乡的平原师范学院，当时叫河南师范学院二院，后来的新乡师范学院，调到开封了。因为河南大学新中国成立后的变迁，也改过许多名字，有一段时间叫河南师范学院一院，一院以文科为主，二院以理科为主，所以开封许多理科老师从开封去到了新乡，历史系、地理系、中文系等文科的老师就从新乡来到了开封。我在1962年7月来到河南大学（当时的开封师范学院）。我来的第一天正是高考，第二天我就参加改卷，在外语系那边进行改卷。从1962年起我就一直待在这里，直到退休。按说应该60岁退休，但因为当时要办法律系，就把我拉到法律系了，所以我又工作了10年，我是到70岁退休的。因为我的孩子们没有在开封，我和老伴儿都年纪大了，我就通过学校想办法把房子换到了郑州，因为有孩子在郑州。这一晃，从1950年来到河南到现在2020年，整整70年。我也可以说是老河大人了，加起来大概到现在为止将近60年，我在明伦街大概住了30年。这些大抵就是我的求学和工作经历了。

吴瑷瑷：吴先生，您主编的教材《法学概论》在全国有很高的知名度和影响力，您是否能谈谈这本教材编写的背景和编写的过程。

吴祖谋：说起《法学概念》这本书，那说来话长。因为你知道新中国从1949年成立，当时并没有什么法，也不讲什么法治。我说的"治"就是"治理"的"治"。你说完全没有法律吧，也不见得。前30年基本上就是50年代有了一本《宪法》，其他就是1950年有了《婚姻法》，之后又颁布《惩治反革命条例》，大概就这么几个法，一直维持了30年。我们国家没有什么法律，当然有一些行政规范、行政命令，有些是党的指示或者是哪位首长的指示，更多的是毛主席的指示，那就是我们一切行动的指南，无"法"可言。也正因为这样，出现了所谓"大跃进"，人民公社，什么"三面红旗"，出现了以后的"文化大革命"。你说"文化大革命"时候没有法嘛？也不见得，那"五四宪法"还在呢，结果"五四宪法"并没废除。所以这个"文化大革命"之后整个国家，特别是人民群众，在"文化大革命"中的受害者迫切需要法治。我记得咱们党的十一届三中全会是在1979年12月召开的，所以从1979年那一年，我们国家就制定了一些最基本的法律，比如刑法、刑诉、民法等一些基本的法律，这是1979年。到了1980年，教育部调整了高等师范院校政治教育系的课程。根据当时的形势，在高等师范院校政治教育专业里面要开设法学概论这门课。我看到了这个文件，感到很有兴趣。新中国成立已经30多年了，还没有一个官方的文件上提到过法学概论这个事。

吴瑷瑷：前期没有法学的课程，对吧？

吴祖谋：没有这个课程。那么谁来教呢？也没人教啊！没有这方面的师资。于是我就有个想法了，我说既然没有这个书，又没有这方面的师资，我能不能在这方面做些工作？但是说实在的，我考虑考虑之后又感到气馁。为什么呢？我是1926年生的，如果说60岁退休，到1986年的话，我就应该退休了。我再工作也就是四五年的光景，这可不是一下子弄得出来的，是吧？所以想一想又打退堂鼓了。但是有的时候又想，你作为一个教师，也不是作为教师吧，作为一个人，你到世上来走这么一趟，你总得干点儿什么吧。别的不行，我毕竟还学过几天法律，我也掂量掂量自己，人贵有自知之明，我说如果我想法是再编本《法学概论》，我挑得起这个担子吗？我说先出去瞧瞧吧。我就跟学校的领导讲了我的一些看法，我当时也没说编《法学概论》，我说"文化大革命"之后，各方面都强调要依法办事，关于法学教育方面的情形，我们基本上和社会是隔绝的，我能不能出去到附近的几所有法律专业的这些院校去看看情况？学校说你去吧，我很高兴。我第一站就到了西北，为什么去那儿呢？因为我在人民大学读法律系研究班的时候，有好多同班同学都在西北政法学院，在那儿有的担任行政工作、有的担任教师，没有脱离法学这一块。我大体上了解了一些情况。第二站，我从西北政法学院就到了重庆，去到西南政法学院。当时西南政法学院我也有不少同学，有的同学也在那儿担任了领导工作。比如说我们同房间里有一个同学，就是当年西南政法学院的教务处处长。去到西南（政法学院），他给我提供了一个信息，这个信息很重要，他说司法部教育司有个副司长，当时司法部成立了一个法学教材编辑部，是直属司法部教育司的。这个法学教材编辑部是由司法部教育司的一个副司长兼任法学教材编辑部的总编，正在他们学校组织编写统编的法学教材，因为都没有教材，正在组织摸底来组织这一套统编教材。我说能不能跟他谈谈呢？他说可以啊。他就领我去见司法部教育司的副司长，也是法学教材编辑部的总编。我们见了面，他看起来是行色匆匆，因为他第二天要走，他说你有什么事吗？简单说说。我说，现在根据教育部的规定，高等师范院校的政治教育专业需要开设法学概论，现在既没有教学大纲也没有教材，我想编一本《法学概论》的教材。他看了看我，因为《法学概论》教材是非法律专业用的，真正读法律的人不读这本书的。他说你以前是念什么的？我说我念法律的。他问哪个学校毕业的？谁谁谁……他说的都是法学界的几个知名人物，你认识吧？我说我认识，他和我在什么时候是同学，问那几个都是我的老同学，有的是北大的，有的是浙大的，有的是人民大学的。他说，原来你是学法学的，这样子吧，我明天要走了，没有时间了，你打算编什么书，这个书叫什么，你写一个大纲，这个书的大纲在一个月之内寄到北京司法部法学教材编辑部，我看了之后再说。和司长见过面之后我就找那个同学要了点儿稿纸，当天晚上我就开了一个小夜车，也没多长时间，就是三四个小时，我把我原来在开封时候做的准备工作，那我打算编书事先得有考虑，这个书的大纲是什么，章、节，甚至目，都应该有所考虑，是吧？我就根据我的考虑回忆，花了几小时整理出来的一个东西，就是最初的一个大纲，包括章、节、目，比较完整。第二天吃早饭，在饭厅里，我因为要见他，按时就去了。他姓王，叫王珉灿，我说王司长，我昨天晚上开个小夜车，把这本书很粗的一个大纲写出来了，你是不是看一看？他一愣。

吴瑷瑷：没想到这么快。

吴祖谋：我们俩人对坐着，一边吃饭一边看，那也就是十几页吧，看完之后他说，你来北京，不用一个月之后了，你抽空就来北京。这我从重庆赶紧又回到了开封，又做一些准备工作。但是这个师范学院是属于教育系统，不归司法部管的，司法部现在主编的一套统编教材是为政法院校，所以我必须首先找教育部，于是我就拿着我的大纲等等那一套东西到了教育部。在高教司通过人找到了他们的司长，当时那个司长，我还是认识的，后来很快调走，他又把我介绍到高教司的师范处，师范处的处长是个女同志，姓孔，她的丈夫就是新闻界赫赫有名的一个人物，吴冷西，你知道吗？是吴冷西的夫人。我就把来意一说，我说现在司法部正准备搞法学统编教材，我们这本书是不是可以请司法部代管？她说我跟他们联系，很热情。就这样教育部就和司法部去联系，联系之后，这本书也纳入了司法部的第一批统编教材，由司法部代管了。这样我以后就经常和司法部联系，别人就不联系了。在重庆已经认识这位司长了，编辑部的总编，到了编辑部之后又发现副总编是北大高我一个年级的同学，也算熟人吧，这就开始编辑工作了。怎么编的呢？它是要求编一个大纲之后，再说教材，教育部要求需要有一个大纲。那么当时要新编大纲的并不只是法学概论这一门课，因为"文化大革命"之后人们的观念变了，咱们总路线也变了，不是以阶级斗争为纲而是以经济建设为中心等等。所以许多教材也需要重编重写，教育部就发了一个通知，比如说，法学概论这个教学大纲是由哪几所院校派人，大概有十几个院校，在什么时候以前把它编出来，这十几所院校里面指定一所作为牵头的。因为我和教育部有联系，教育部也知道我在编这个东西，所以法学概论教学大纲这个牵头的院校是咱们开封师院。当时的开封师院就是现在的河南大学。在这十几二十本书里面，许多都是华东师大、东北师大、北京师大、西南师大这些名校，也有一些普通院校的，（除了《法学概论》）没有一本书是由开封师院来牵头这个工作的。所以通知到了开封师院之后，当时管这个的校领导是学校管教学的，他看到通知了，也没在意这本书是指定哪一个学校组织编写的，放在一边去了。那么比如说规定期限是3个月，到了3个月，其他学校都把参编人员的名单、开会地点、经费等等预算什么都报到教育部了，开封师院的没报去，于是教育部来催问，开封师范学院为什么不把法学概论教学大纲、编写有关的事项、参加人员、地点、经费等上报？这下，校长再打开一看，就是开封师范学院负责，疏忽了这个事儿，就赶紧找我，我说我也不知道，因为这个我也看不到。这就加班加点，很快就把会议开起来了。因为我在编这个大纲的时候，我已经着手在考虑教材问题了，所以我这个大纲是先有教材。当然我把教材里面的东西抽出来之后，就编成大纲，按说应该先有大纲再有教材，是吧？这个程序颠倒了无所谓。我记得编大纲这会议是在昆明开的，有十几二十个人，都是国内一些知名的师范院校，也有普通大学、综合性大学的老师。很快，大纲出来了，这个大纲我们不署名的，它的名字叫做部颁，就是教育部部颁高等师范院校法学概论教学大纲。然后就印刷出来，发给高等院校了。

下面就是编教材了，司法部邀请了有关的院校，有政法院校，有师范院校，每个学校推荐一个人来参加。这个会议谁主持呢？我主持。将来这个书的主编是谁呢？是我。副主编先不定，把所有的人请来开会，大家分工完了之后，回去写，把你的那一章寄来给我，我从所有的作者里面来挑选一位能够胜任副主编的同志担负重任。所以几个月之后，他们写的教材，第一稿都到了我手里，我看了之后就是选中了当时武汉大学法学院的一位老师叫李双元。李双元比我小1岁，我今年95岁的话，他就94岁了。国际私法那一章是他写的，我感觉到他专业的功底、文字的水平都可以胜任这个工作。我就跟他谈，请他帮助我一起来搞这本书，担任这本书的副主编。然后需要再把这个稿子归拢下来，我们俩就利用暑假的时间，在武汉两个人分头来审这些稿子。到底是那么多年，咱们的法学教育根本是空白，要从现在的眼光来看，合格的不到50%，有的很多是拿别人的小册子一字不改。碰到这种情况怎么办呢？我一个办法就是把他的原稿和那个小册子一起用挂号信寄回去，他一看就知道了，因为他就是抄的这本小册子嘛。武汉当时是著名的四大火炉之一，现在当然走到哪里都是空调，至少也有电风扇吧，那时连个电扇都没有。我们总算借到一个电扇，就在武大法学院四楼一个小房间里，整个暑假非常艰苦。武大也刚恢复法律系不久，武大的法律系是相当有名的，中国原来有一个很著名的法学家叫周鲠生，就是武汉大学的，后来咱们有一个党内的学者叫李达，是武汉大学的校长，所以对法学教育还是比较重视的。后来因为整个的局势是人治，所以武汉大学法律系也撤销了，也是刚刚恢复，从院长到教师，几乎都曾被打过"右派"。李双元老师现在还在工作，现在他是博士生导师了，他是在武大退下来之后被湖南师范学院聘为终身教授，现在一直在那里带博士，90多岁了，还在工作。这个就是从1980年开始，1980、1981到1982年的上半年，《法学概论》的第一版正式发行，大概一年多两年的功夫。这个书的主编是我，副主编就是李双元老师，我们就因为这样成了好朋友，几十年一直保持着联系，前几年他过 90 岁了，我专门去做客。

《法学概论》出来之后，这是中国第一本。原来民国时期也有类似的书，它不叫《法学概论》，叫《法学绪论》，但是它的面也要比我们现在的《法学概论》要小一点。至于说《法学概论》，在新中国这本书是第一本，出来之后销路很好，销路好并不是因为我这本书编得好，而是社会需要。这个大概是在 80 年代，1985、1986 年吧，《北京晚报》发了一个消息，说记者到北京王府井新华书店总店去采访，问这个新华书店当前哪些书的销路最好？新华书店的回复是两本，一本是《政治经济学》，蒋学模编的，因为那时候邓小平提出了市场经济，大家正在学经济；再一本就是《法学概论》。我当时把它剪下来了，现在也不知道弄到哪里去了，我对这些东西不太重视。这个书出来之后，很快，中央宣传部发了一个通知，指定这本书作为干部自学的二十本教材之一。很快，教育部又开始了全国性的自学考试，这本书又被指定为自学考试用的教材，所以销路很广。具体卖了多少，我倒也不太清楚。前两年，曾经一度担任过这本书责任编辑的法律出版社的一位女同志，姓谢，她找来了一本 80 年代这本书的第二版，第一次印刷是 1 月，第二次印刷是 6 月，第二次印刷一次就印刷了 6 万册，也就是说它的年销量是十几到二十万，后来又加入了自学考试，那就更厉害了。所以我开头跟你说并不是我们这个书编得有多好，而是社会需要。后来教育部自考办感觉到有利可图，就把这本书拉出来说不用法律出版社的，我们自己编一套自学考试教材。那找的谁呢？还是找的我，我来当主编。不过编写的学校变了，变成了北大、武大、人民大学等等这些院校。这两本书或者说"姊妹篇"，基本也差不多，没有什么多大的区别，主要是销售量大，有利可图啊。我们作为作者，在当时的情况下拿到的稿费寥寥无几，人家说，吴老师你总该发财了吧，我说别谈了，每次拿到的稿酬也就是请朋友同学吃两顿饭就完了。

《法学概论》出版的第一版是 1982 年上半年，到现在已经发行到第

13 版，这将近 40 年，而最初开始统编的那 20 多本书基本上已经不复存在，就没有再版的。大概在"十五"期间，教育部对教材有一个新的规划，就是有一些教材要纳入国家级规划教材，大概是"十五"有一个通知，必须具备什么条件才可以申报，由国家来审批，审批通过之后就是国家级教材了。当时我已经退休了，也没人通知我，我也不知道这个事。这个书的副主编李双元老师，当时正在湖南师范大学，他现在还是湖南师范大学终身教授，他看到了跟我打电话，他说吴老师，你那个报了没有？我说报什么报？他说报这个国家级规划教材啊，我说我压根就不知道这个事儿。实际上，这个事学校知道，法学院可能也知道，就是没人通知我。我说到什么时候截止啊？明后天就截止。哎呀，那我说算了吧，放弃。他说不放弃，我来办。他当时还在职，他是终身教授，他一个学生是法学院长，现在是副校长。揽下来之后，一天之内把所有的表格所有的章都填满，在规定时间的最后几分钟把这个东西发出去了。结果批了，上去之后很顺利地通过。这后来"十一五""十二五"，一直是国家级规划教材。所以好多事情啊，应该就是这样，你如果耽误了，以后你就没这个机会了，除非你到"十一五"的时候申报，万一还没人告诉你呢。所以这个事情啊，我考虑许多偶然性因素在里面。现在已经出到第 13 版了，下面再出就是 14 版了，一般是 3 年左右修订一次。

吴瑷瑷： 课程的开设，有了大纲和教材，还需要有相应的师资。我们都知道，在七八十年代，我国法学师资是严重匮乏的。吴先生，请问您当时是如何破解这一难题的呢？

吴祖谋： 这我就长话短说啊，有教材有大纲啦，你得有人教啊，是吧？我因为在编教材的过程当中，和教育部的高教司师范处已经搞好了关系，比较熟了，我说是不是办一个师资培训班，利用半年的时间来培训一部分教法学概论的师资。教育部说只要你肯干，这边就很快地筹划地方啦。结果教育部指定，就是 1981 年的事，指定北京师范学院拨出一幢学生楼作为培训班的学生住所。另外，拨出一个可以容纳 100 人的阶梯大教室当培训班教室。因为那个北京师范学院当年的教务处处长,本身也是在民国时期,朝阳大学学法律的,所以他对这个有兴趣。当时来了100多个人,但是并不是所属100多所院校,有的院校,像我们学校去了4个人,有的院校去1个,有的学校去2个,大概就是100多号人50多所院校。多半是77级的毕业生,年轻人在这学习半年,每天上午3小时课,下午3小时课,听6个小时后晚上自己自学。教师我来请,我请的现在看来也都是所谓大师级的了,比如说讲刑法的就是今年国庆节之后得到什么国家级勋章荣誉的高铭暄,中国人民大学的老师,这是法学界唯一的一个搞刑法的,我们的刑法就是他讲的。说来好笑,来讲课总要给人家报酬的,1小时10块。但是,当时市面上并没有法学方面的书籍、教材辅导书什么的,我也想了个办法。当时刚有录音机的,最早的录音机就是那个砖头块儿,我说买两个砖头块儿来录音,把老师课堂上讲的一字不差地录下来,100多个人轮流,每天两个人整理录音,整理完了送到打字室去打印。那时候打印是刻蜡版推油印,所以等到他们离开学校半年结束时候,每个人手里光油印的老师的教案等等,大概有100万字左右,那是你买都买不到的。1982年,我们现在的现行宪法是"八二宪法",是1982年下半年出来的。我们国家一共出过4部宪法,"五四宪法""七五宪法""七八宪法""八二宪法","八二宪法"是1982年的下半年,当时我们并没有仔细地讲这个宪法。

到了1983年,我们在大连旅顺办了一个暑期培训班,专门讲"八二宪法"。请的3位宪法权威,现在3位都不在了,都驾鹤西去了,3个都是宪法法律的权威,许崇德、吴家麟、何华辉。我们讲课的时候,教育部高教司的司长路过大连,专门到我们这个班上听了听,他听了半天走了。我为什么讲这个呢,当时我们法律系还没成立,后来法律系开始上报了,报到教育部了。当时因为要求成立法律系的院校太多了,教育部一概过不去。当时的校长是李润田,就把我们河大也报了法律系,教育部的司长说你们报什么,你们原来师范院校吗不是?你们谁主持啊?

你们有懂这方面教学的吗？李校长说我们有一个岁数大一点的老师，叫什么？叫吴祖谋。这个司长就是当年在我们那儿听过课的那个，他上午听课，下午他要游泳，我说一个人不安全，我就叫几个水性好的同学一块去，晚上我们在海边又聊了半天，所以虽然过去不认识，大家都谈得很投机。他从李润田校长嘴里知道，这个事是我在那儿组织，很快就批下来了。李校长后来见到我说，你认识那个教育部的高教司夏司长吧，我说认识也算认识，就是我们见过一面谈得还不错，也没什么深交情。我说咋回事，他就把这事说了说。

1983年培训宪法，1984年夏天，咱们的《民法通则》发布了，我们又办了一个暑期班，请的是谁呢？也是权威学者，后来的政法大学校长江平，请他来西安，在西北大学。到了1985年，大家对国际法不太熟悉，要求办一个国际法的班，我们在扬州又办了一个，讲课的人是谁呢？是政法大学的校长黄进，当年我在武汉大学写这个教材的时候，他还是李双元的博士，请他来讲国际私法。所以这三个暑期补习班，叫培训班，实际上是北京那个班的延续，经过这么几年，师范院校的法学师资队伍初步形成了，好多师范院校在这个基础上才能有法律系、法学院。比如说南京师大原来的法学概论老师就在这个班上出去，后来自己又上助教进修班，读硕、读博，慢慢地成立法律系，变系主任，之后又提到院里去，任南京师院的副院长、南师大校长，又到江苏省最高法院去当院长，后来又到省里面当省人大副主任。这里面出了一大批人，就是我们编写教材的人里面，在30年前，有的还是年轻人刚刚拿到博士学位，现在也都岁数大了，40多岁50多岁了，有的是博导了。韩长印你知道的，还有几个高官，有一个是外交部条法司司长、前一任的中国驻马来西亚大使，现在国际法的这一章就是他写的。写刑事诉讼法那一章的当年是武汉大学马克昌老师的博士，毕业之后分配到最高人民法院，从基层干起，他写的是刑事诉讼法，后来很快就做了最高人民法院的副院长，调到新疆去当政法委书记，又从新疆调回来，现在是司法部副部长。不过

在这个书的作者简介里面,他们的官职我一概不提,现在担任什么行政职务一概不提,就提教授、有什么著作。那个黄惠康,写国际法的,他现在是中国驻联合国国际法委员会的委员。至于法律系呢,老实说,后来因为全国法学教育蓬勃发展,许多院校都在成立法律系、法学院,有人就找到我了,拉我去。后来我想想,我已经这个岁数了,我去干嘛,我去几年还没干出啥来就要退休了,这是一。第二,毕竟在这个学院呆了几十年还是有感情,所以找个借口说我年纪大了,俺也不去了,我说身边没孩子,生活都没法照顾。就这样,后来又轮到河南大学自己成立法律系了,学校领导找到我,不过我跟领导说得很清楚,我说我这一辈子只教过书没负过什么行政责任,你叫我做,我尽我的力量去做,做好做坏我不敢冒险对吧?我遇到最大的一个困难,没有老师。当时有些学校里面的硕士、博士啊都培养出来了,我去找人家,你来开封吧,人家都不屑一顾,都不愿意了,就是河南人也不愿意回来。我说河南可是你老家,他说老家太穷了,没办法。怎样解决老师问题,是我在河南大学法律系做了一件实在的事,就是从几十个青年学生当中,拿出来十几个人去读第二学士学位,现在这一批人都成为骨干,韩长印、郭志祥,也有出去的,在这个问题上你不能指望从外面调进来,调谁呀,谁愿意来,那就是靠自己培养。开头两年确实困难,第一年我就没敢招本科生,招的是专科生,虽然专科是3年的,但是我很关心这一届专科生,唯一的一届,就是因为他们学的少,当时老师总体来说水平也不高,都是从二干校调来的一些人,所以我总感觉到有点对不起他们。年轻人还是不一样,他们好多出来之后自己去进修,一方面教书,一方面自习考硕士考博士,现在许多也是法院的负责人,高校的教授,也干得很好。年轻人还是不一样,所以我对第一届专科生是情有独钟,见到面,我都会问问他们的情况。我这10年呢,实际上主要是解决师资问题,但是也没有解决得太好,因为太难了(你给的条件),在这个问题上我从来不找校领导。我跟你说吧,法律系成立4年,当我走的时候搬了4次家。没有

房子，这两年在这里挖几间房，那两年到那里挖几间房，我也不去追，因为具体情况我也知道，我也不找领导，你找他有什么用呢？他也解决不了问题。我回忆我当10年系主任，除了找了申志诚老师，一个副校长，他是管行政也管教学，原来我们是同事，找他谈谈事，他也帮助解决一些问题，其他校长和副校长，我们没有找过一个人。你找有什么用啊，你干你的，无非要钱要房子要人，这三样东西领导什么也没有，你找啥？你自己得创造出好的条件。所以现在的法学院觉得卡脖子就是博士点，别的问题都小。别小看那个博士点，你有了博士点就有资格培养博士，有自己的培养模式，意味着你有博士生导师的来源。你连博士都没有，哪来博士导师呢？所以这是一连串的。当然你们是费了很大的劲儿了，不过学校在这方面应该还是政策有所倾斜。又说这个南京师院，现在是南京师范大学，他们和我们法律系成立，大概就是前后，院长就是我说的那个培训班77级的一个学生，但是学校政策大量倾斜，所以他们不仅是成立了法学院，而且整个学校进入211，博士点早就拿下来了。所以你们也要努力，也要有政策方面的倾斜，领导也得关心。

吴瑷瑷：吴先生，您出生于上海，在南京、重庆、杭州、北京等大城市学成后，却在河南一呆就是半个多世纪，把一生中最宝贵的时光奉献给了河南高等教育事业。即使在退休后，仍高度关注我们河南大学和法学院的点点滴滴，为学院的发展尽心尽力。最后，请您谈谈对河南大学和法学院的期待。

吴祖谋：对法学院呢，关于博士点就不说了，你也知道，咱们上上下下都在努力为这个事情正在干着的。也不是光是考评你的主观愿望，也有许多客观条件限制。我有一个希望，就是说，现在我们强调这个全球化，将来和美国英国、澳大利亚、加拿大这些国家，还少不了有关系，总是有关系啊。但是你知道我们中国的法系，基本上是属于大陆法系，对英美法律方面呢，英美法系的东西不太熟悉。所以我对现在法学院的扩展，提一个意见，就是专门开设英美法。去聘请，加本钱，去找呐，聘请一位熟悉英美法的老师，现在不是很难聘请了，因为去美国去英国去加拿大留学的太多了。所以能够想法子把英美法开出来，这个对学生将来实用，你想将来贸易也好，各方面也好，和这些西方的、资本主义国家打交道太多了，特别是在法律上。我们如果在法律上对它们的法律一窍不通的话，那就不行。当然了，许多国际上的，比如说WTO这些东西，我们也没有开始专门考证，学校就专门开这些课。

吴瑷瑷：给吴老师汇报一下，我们法学院现在专门有一个涉外的法律人才实验班，每年基本上招收30个学生，来进行涉外法律人才培养，学院这一块这几年也在做这方面的努力。

吴祖谋：啊，是不是李亮他们？

吴瑷瑷：对对对，就是国际法教研室嘛，他们也在专门做涉外法律人才培养这一块。

吴祖谋：前些日子，上上个学期吧，那个驻马来西亚大使黄老师，我把他拉来，接来就讲课，像这些关系，尽量保持。他很老实，说你只要用得到我，随叫随到，这是一个意见。再一个意见就是我们中国大学生，特别是法科的学生，知识面太窄，这和开的课程也有关系，就那么几门课，法理，下面是民法、刑法、民诉、刑诉、国际公法、国际私法，其实法学院的课应该开得更广泛。那么这里就牵涉到教学方面，我是主张采取学分制，多开选修课。你一个学法学的，当然法律系不说了，就是普通社会科学的，你对本国的法律，不说一窍不通，或者说是知之甚少，那也说不过去。到现在许多人都不知道只有法院才可以定某人有罪，叫公安局给他判个啥，就是缺乏基本知识。所以说到这里，法学概论这个课倒并不是因为我搞了《法学概论》，就是政教系列或者管理学院，自学考试有20几个专业要考法学概论。

吴瑷瑷：就是扩大他的学习专业的覆盖面。

吴祖谋：理科好多事情也涉及法律。比如说，专利的问题、知识产权的问题。现在是这样，比如说，管理学院开了一个行政法，你只知道

行政法的那几个基本法规或者基本法律，你对整个中国的法律那一套一无所知，你去那边有什么用啊，一点用都没有。或者学经济的，我们也开经济法，你开了个经济法概论，有什么用啊，官司怎么打？所以为什么到现在许多中国人一说法律就知道实体法，程序法他不关心，实际上程序法比实体法更重要。你懂一点儿经济法方面的知识，出了事儿了，你不知道从哪解决，你对解决的程序一无所知，是吧？所以一贯的就是因为过去长期不重视这个法律，所以是重实体轻程序，重刑事案件重刑法，轻民事案件轻民法。到现在，许多人不知道被告和被告人不是一回事，一个是刑法方面的当事人，一个是民法方面的当事人。被告呢，就是被告人嘛，这是个笑话。有许多记者写的稿子里面就经常有这类常识性的错误。

吴瑗瑗：从这个谈话里面就可以感受到啊，吴老师虽然已经退休多年了，但是对我们河南大学、对法学院非常地关注，而且是各项工作，包括教学啊，包括这个学科建设啊，都是尽心尽力啊。

吴祖谋：要说的很多，将来有机会再说吧，好不好？

吴瑗瑗：好好，非常感谢吴老师来接受我们的这样一个访谈，也希望吴老师能够多回开封，多到河南大学，多到法学院，来走一走、看一看。最后祝吴老师身体健康，万事如意！

吴祖谋：好好，谢谢！谢谢！

13 | 许兴亚教授访谈实录

受访人：许兴亚
采访人：李保民
时　间：2020年11月28日上午
地　点：河南大学档案馆（图书馆东楼）

许兴亚

男，1946年生，山东肥城市人，中共党员。1968年12月于山东大学毕业参加工作，赴内蒙古自治区当农民。翌年10月起任高中及师专班教师。1981年于河南大学硕士研究生毕业，留校任教师，历任讲师、副教授、教授，经济研究所副所长、所长，经济系主任，经贸学院（后更名为经济学院）院长等职。是政治经济学专业和马克思主义理论学科学术带头人、博士生导师。主要研究方向为马克思主义经济学和《资本论》，以及马克思主义经典著作研究。主持完成国家及省级社科项目多项，获省级优秀科研成果一、二、三等奖多项。代表性著作有：《〈资本论〉教学与研究纲要（1-3卷）》《马克思的国际经济理论》《马克思主义经济学与中国经济问题探索》等。主要学术兼职有：中国《资本论》研究会副会长、全国马克思列宁主义经济学说史学会副会长、中华外国经济学说研究会理事、河南省《资本论》研究会会长、开封市社会科学界联合会副主席、中国社会科学院世界社会主义研究中心常务理事、世界政治经济学会（WAPE）首届理事会理事等。是河南省及开封市优秀教师、河南省优秀专家、享受国务院颁发的政府特殊津贴专家、河南省教育系统优秀共产党员、中央马克思主义理论研究与建设工程专家。

李保民

男，1971年9月生，河南尉氏人。博士、教授、博士生导师。现为河南省公共政策与地方治理软科学研究基地主任、河南大学经济研究所所长，中国《资本论》研究会理事、全国马列主义经济学说史研究会理事，河南省高校科技创新人才（人文社科类）、河南省高校青年骨干教师、河南省教育厅学术技术带头人。研究方向为《资本论》与马克思主义经济学、劳动力市场与就业。科研成果获河南省社会科学优秀成果奖二等奖、三等奖。

李保民（以下简称"李"）：许老师您好！非常荣幸邀请到您，对您进行访谈。您是我校经济学科和马克思主义理论学科的学术带头人，也是我国著名的马克思主义经济学家。首先请您谈一谈，您是如何走上马克思主义及其经济学教学和研究道路的。

许兴亚（以下简称"许"）：我与我们那一代人中所有走上这条道路的同志差不多，是党和人民培养和教育，加上时代和实践推动，使我们走上了这条路。

我1946年出生在山东肥城一个普通的农民家庭。我能够记事的时候，家乡已经解放了，五星红旗已经高高飘扬。少年时代我就目睹和经历了农村土改、抗美援朝、互助组、合作社以及第一个五年计划等。这一切在我心目中都留下了美好的印象。

在旧社会，像大多数农民家庭一样，我的家庭也有一本苦难史。我父亲从小就给人家放猪、放牛。冬天大汶河都结了冰凌子，父亲也要赤脚趟河到南岸去放猪。17岁那年，他跟人一起趴火车去了关外。在大山里伐过大木，在鞍山钢铁厂当过建筑小工、修理过炼铁炉的烟囱，在大连拉过洋车。有一次下暴雨，我父亲为躲避狂风暴雨倒推着洋车跑了一阵，结果被日伪警察关进局子，遭受整整一夜的残酷毒打。

在文化方面，我父亲那一代，兄弟姊妹5人都没有上过学。我姐姐是在解放后快20岁了才插班上了小学，高小毕业成了一位从事幼儿教育的工作者。我哥哥解放以后才上了农民夜校，加入了新民主主义青年团，后来在部队入了党，还立了功。所以，我们全家都对新中国充满了感情。

我父亲虽然没有上过学，但却是个深明大义的明白人。他多次讲，他在曲阜师范伙房当工友时，亲眼见到过老师和学生中的共产党人如何英勇机智地与敌人作斗争。他还曾经在自己宿舍掩护过一名共产党员王先生。我父亲让他躺在自己的床铺（实际是地铺）上，盖上被子装病号，躲过了敌人搜捕。另外，在解放战争时，我们家既住过国民党兵，也住过八路军。国民党兵无法无天，八路军却是又扫院子，又挑水，说话和气，一口一个"老乡"。在我父母的心目中，共产党和国民党、八路军和"国军"，谁好谁坏，谁才真正是人民的军队，是一清二楚的。

正因为这样，在实行互助组的时候，我父亲带头参加，成了互助组的组长。加入初级社的时候，他又带了头，被选为社委会委员。我记得，有一次，我父亲带着几个青壮年社员运玉米，每人一辆崭新的胶轮独轮车，两边篓里装着满满的玉米穗，在大道上飞一样的奔跑，边跑边大声地说笑，引来路旁正在自家地里忙活的还没入社的人家羡慕的目光。

从我所受的学校教育来看，从小学起，老师就不仅教我们文化，还教我们进行新旧社会对比，热爱共产党，热爱新中国，向刘胡兰、董存瑞、黄继光等英雄模范人物学习。老师还带领我们参观拖拉机和合作社，号召给志愿军叔叔写慰问信，搞"小五年计划"活动等等。全是正面的东西，在我的心目中留下了美好的印象。

李：中学时代呢？

许：我是在1958年下半年升入肥城二中初中部的。入学不久就赶上了"大跃进"。虽然年龄小，但在老师带领下参加过大炼钢铁，"夜战"砸石子、排队抬砖往钢铁厂送、到人民公社参加秋收和深翻土地等。但在那种情况下，我还得到过全校"汉语拼音比赛"第三名的奖状。初二时，我还得到过由共青团济南市委颁发的"少年红旗读书活动奖"。升高中时，我考了全校第一名。

李：许老师那时就很棒啊！

许：升高中以后，通过与在部队已经入党和立功的哥哥通信，开始认真思考政治思想问题。1962年12月我光荣加入了中国共产主义青年团，代表新团员在全校入团仪式上发言，立下了"把一生献给伟大的共产主义事业"的誓言。如果讲"初心"，这就是我的"初心"吧！

1963年春天，毛主席发出了"向雷锋同志学习"的伟大号召，我被挑选担任了学校举办的"雷锋事迹展览馆"业余讲解员，受到更加深刻的教育。雷锋同志的事迹和格言长期感动和影响了我。在老师组织的语文课外活动小组中，我写了一首学习雷锋的长诗，足足写了一整作文本。老师看了很高兴，要我们小组的同学刻蜡版油印出来，每人一份，在学校组织的"五四"晚会上作为节目集体朗诵。临近毕业时，我们几个比较接近的同学又纷纷提出申请，决心向邢燕子、董家耕等学习，回农村贡献力量。直到时任山东省委书记的谭启龙同志在《大众日报》发表了给山师附中两名应届高中毕业生的回信，要求我们"一颗红心，两种准备，任祖国挑选"，我这才填报了高考志愿，第一志愿是山东大学政治系。

李：当时您是怎样考虑的呢？

许：除了对政治理论感兴趣外，那时中苏两党正在进行关于国际共产主义运动总路线的大论战，自己更加感到党的理论工作的重要性，因此就选报了这个志愿。

李：那时您考虑的不是个人以后的职业和出路，而是党和国家的需要。

许：是这样。入学后，我被分配到了政治经济学专业。除正常上课外，学校还组织我们参加了中共山东省委农村社会主义教育工作团下乡搞社教。在那里，我被指定担任村社教工作队的团支部书记，跟贫下中农同吃同住同劳动。回校后担任了班里的学习委员兼副班长。"文革"期间，虽然正常的上课中断了，但我还是挤时间阅读了一定的马克思主义经典著作。

大学毕业分配工作的时候，国家提出"四个面向"（即面向基层、面向厂矿、面向农村、面向边疆）的方针，再加上毛主席发出了"知识青年到农村去接受贫下中农再教育，很有必要"的伟大号召，我在志愿表里义无反顾地填写下了如下三个志愿：1. 祖国最需要的地方；2. 祖国最艰苦的地方；3. 我认为最艰苦的内蒙古农村。

李：您当时又是怎么想的呢？

许：主要是认为应该这样做。作为一个革命青年应该言行一致，兑现自己所立下的"把一切献给伟大的共产主义事业"的誓言。当时军宣队的同志看我在班里年龄最小，身体也比较单薄，曾关心地找我谈话，劝我再考虑一下，是否留在本省。但我真诚地谢绝了。

李：所以，大学毕业你选择到内蒙古自治区当了农民。

许：是的。1969年1月5号，我只身一人踏上了赴内蒙古农村的征程。到达敖汉旗以后，被分配到距旗委所在地100多公里的长胜公社乌兰巴苏大队。在那里，我与北农大毕业的一位同学以及大队的赤脚医生和司药4个人一起住在大队卫生室，与大队干部一起轮流到各生产队去劳动。还曾被借调到公社政工组。

李：那里的生活条件很艰苦吧？

许：当然是艰苦。主要是气候寒冷和风沙大，我从山东穿来的大衣和棉帽根本不管用。另外，我所在的公社北边不远就是科尔沁沙漠。有一次我步行10多公里从公社回大队，大风刮得天昏地暗，连路都看不清，只好背对着狂风倒退着走。鼻子、眼角、耳朵里全是泥蛋和沙子，洗都洗不净。吃的主要是粗粮，蔬菜一年到头大部分时间是土豆、酸菜和大白菜。不过当时并没觉得怎么苦，反而与那里干部和群众结下了深厚的感情。

李：一段艰苦而光荣的岁月。

许：1969年10月，我被分配到敖汉旗的最高学府——由新惠中学和师范合并而成的"五七中专"工作，担任政治理论课教师，并担任了两届高中、一届师专班的班主任。因为要给学生讲"六本书"，迫使自己认真学习了马克思主义的《共产党宣言》《哥达纲领批判》《反杜林论》《费尔巴哈与德国古典哲学的终结》，列宁的《唯物主义和经验批判主义》和《国家与革命》等著作，同时还讲授过毛主席的"五篇哲学著作"。

李：必须读经典。

许：1976年，我在一份刊物上看到了重新讨论马克思主义再生产理论方面的文章，就重新激起了我对这一问题的兴趣。从理论上说，这涉及马克思《资本论》第二卷的第三篇，这也是恩格斯所说的《资本论》中"学术性最强"的部分。为此，我利用业余时间去刻苦攻读《资本论》以及《列宁全集》1—5卷。所遇到的困难是可想而知的，在读书遇到困难时，连找个可以讨论的同事也找不到。

李：条件确实艰苦。

许：正在这时，国家在1978年恢复了研究生招生，我就响应国家号召，报考了研究生，并有幸被录取了。我非常珍惜这来之不易的学习机会。那时，我国正在进行国民经济调整，与我要研究和思考的问题正好对口。

李：您有很强的问题意识。我听说，还有关于您的"蓝皮书"和"白皮书"的故事？

许：这当然只是开玩笑的说法。其实是指我在报考研究生期间，利用单位所给予的40天备考时间，一边复习功课，一边写下的约5万来字的报考论文。因为是写在自己用白纸裁开、装订成的上下两本16开本子上，一本用蓝色牛皮纸加了个封面，另一本没有来得及加。考取后，就成了我的研究生同学戏称的"蓝皮书"和"白皮书"。

李：您又是怎样选择了这一选题的呢？

许：这还要从我读大学时谈起。大二时，我们的政治经济学专业课社会主义部分，使用的是于光远和苏星主编的教科书。其中讲到社会主义扩大再生产问题，与苏联教科书的观点一样，都是把"优先发展生产资料生产"看作是马克思主义的一条基本原理。教科书的论据之一是认为：马克思的社会资本简单再生产的公式是Ⅰ（v+m）=Ⅱc；扩大再生产的公式是Ⅰ（v+m）＞Ⅱc。另一条根据则是，社会生产两大部类增长速度的对比关系，虽然按照马克思《资本论》中的论证，两大部类是平行发展的。但是列宁在他的著作中引入了资本有机构成提高这个因素，得出了生产资料生产优先增长的结论。但是，对照理论和实际，我认为这并不符合马克思主义基本原理。

李：为什么？

许：首先，从理论上看，我认为，马克思社会资本扩大再生产公式，不只有Ⅰ（v+m）＞Ⅱc，而应是3个，即：Ⅰ（v+m）＞Ⅱc，Ⅱ（c+m-m/x）＞Ⅰ（v+m/x），以及Ⅰ（v+Δv+m/x）＝Ⅱc+Δc。前两个是前提条件，第三个是实现条件。因此，如果说为了实现社会总资本扩大再生产，社会总产品中就应该有一部分用来作为追加不变资本的实物形式的话，那么另一方面也必须要有一部分可供追加劳动力所需要的必要生活资料。这个问题，在间隔了10多年后，我认为在我的的研究生报考论文中已经解决了。不过，它的正式提法，则是在我与陆立军和巫继学合写的两篇文章中发表的。据我所知，后来我国出版的不少政治经济学教科书，包括中央马克思主义理论研究和建设工程的重点教材《政治经济学》教科书，都已经采用了这3个公式的提法。

李：是的，只是许多人并不了解新老《政治经济学》教科书的这个区别。

许：不过需要指出的是，这一提法虽然是我在缺乏文献资料的情况下独立得出的，但它们毕竟是马克思自己的著作中已经包含了的。另外，在我们3人的合作过程中，经过查阅文献资料才知道，我国学术界在上一世纪50－70年代有的论文和著作中，事实上也已经提出第二或第三个公式。我们所做的，不过是站在前人的肩膀上，把结论往前推进了一步。

李：还有呢？

许：还有就是，列宁在与俄国民粹派和合法马克思主义者的论战中，为了批驳民粹派关于俄国资本主义由于缺少国外市场而发展不起来的错误论调，确实曾经在马克思的数学公式中引入资本有机构成提高的因素，得出过"在资本主义社会中，生产资料的生产比消费资料的生产增长得快"的结论。但他也明确指出，这并不是全面研究"实现问题"，而只是为了说明：即使不考虑国外市场，资本主义也可以发展起来这样一种可能。同时，列宁还明确把它与资本主义相联系，指出这是"完全符合资本主义的历史'使命'及其特殊的社会结构的"，这"不是理论上的矛盾，而是实际生活中的矛盾：这正是一种同资本主义的本性本身和这个社会经济制度的其他矛盾相适应的矛盾"。另外，列宁还尖锐地批评了罗莎•卢森堡所谓"生产资料生产的优先增长不仅适用于资本主义的生产形态，而且也适用于资本主义以前的社会生产形态，并且尤其适用于社会主义的生产形态"的错误观点，甚至斥之为"胡说八道"。列宁又曾把"前资本主义的1000年"和"社会主义的200年"中两部类增长速度设计为平行发展的，如此等等。这都说明列宁是把生产资料生产的优先增长作为资本主义社会特有的规律来加以揭示的。而包括斯大林和苏联政治经济学界的主流看法，却是把自己当时的局部实践经验（这在当时也是正确的），错误地上升为"一般原理"。

李：这确实是一个巨大的理论误解。

许：再从实践的角度看，斯大林在从上世纪二三十年代到五十年代初领导苏联社会主义建设的过程中，实行了一条优先发展生产资料生产，特别是优先发展重工业的方针，完成了国家的工业化，并且取得了反法西斯战争的伟大胜利。在当时的历史背景下，这无疑是正确的。但其主要的缺点则是在战后未能把农业和轻工业的生产尽快追赶上来。结果如毛泽东主席批评的那样，"把农民挖的很苦"。斯大林逝世后，在马林科夫担任部长会议主席期间，曾经从实际出发采取过急剧提高消费品生产的做法，试图"以和发展重工业同样的速度来发展轻工业和食品工业"。但很快就遭到赫鲁晓夫的阴谋打压，致使马林科夫被迫以所谓"在经济领导方面的经验不足"为由宣布辞职。其做法也被扣上"反列宁主义""修正主义"和"反马克思主义"的帽子。而生产资料生产的优先增长，也重新被赫鲁晓夫宣布为"建设共产主义的不可动摇的基本总路线"，从而为苏联经济的发展埋下了严重的隐患。

李：我国的情况要好一些吧？

许：我国在"一五"期间学习苏联，也采取了一条优先发展重工业的方针，并且也取得了巨大的成就。但是另一方面，还在"一五"计划正式通过以后的1956年和1957年，也就是在"一五"期间的后两年，很快就发现了其中的一些问题。毛泽东主席在《论十大关系》和《关于正确处理人民内部矛盾问题》中就巧妙地运用辩证法，提出了"用多发展一些农业和轻工业来加快发展重工业"的中国式工业化发展的道路。紧接着，在"二五"期间又提出了一整套"农业和工业同时并举""重工业和轻工业同时并举"以及"农业、轻工业和重工业同时并举"的"两条腿走路"的方针。在60年代的国民经济调整中，又进一步提出了"以农业为基础，以工业为主导"，以及安排国民经济要"以农轻重为序"的方针。但从理论上来说，仍然留下了一个尾巴，即仍然强调"重工业仍然是我们的重点，必须优先发展生产资料的生产"，并且说"这是已经定了的"。所以，如何全面理解和把握在这一问题上的马克思主义的基本原理，仍然是一项十分艰巨的任务。

李：在这个问题的研究上，您思想解放，独立思考，是难能可贵的。

许：这首先应归功于党和毛泽东思想对我们的哺育，归功于党的解放思想、实事求是的思想路线。同时也归功于马克思主义基本原理自身的科学性和完备性。我坚信，马克思主义与对它的任何不正确的解释都是不相容的。

李：从您的介绍看，研究生阶段确实成为您的学术生涯中的一个重要的转折点，能否谈谈这方面的情况？

许：其实，这不仅对我个人来说是这样，而且对我们那几位同学来说也是这样。

李：你们那一届给后来的研究生树立了榜样。

许：这首先要感谢党和国家给了我们深造的机会，同时也要感谢导师周守正教授录取了我们，把我们引入马克思主义政治经济学研究的殿堂。尤其是他不仅率先垂范，孜孜不倦地进行马克思主义的理论研究，而且因材施教，尊重大家的首创精神，又能在政治上严格把关，要求我们在"出新意于法度之中"。另一方面，由于同学们都有一定的社会实践经验和阅历，深知学习和研究机会的宝贵，同时也深感这是我们的责任和使命。因此才能像投入战斗那样，积极地投身于理论和实践中去，做出自己应有的贡献。此外，党组织还帮我们成立了我校和我省历史上的第一个研究生党支部。所以，大家无论在政治思想上还是在业务上，都非常努力，严格要求自己，才使我们取得了一些初步的成绩。

李：能不能先介绍一下您自己的情况？

许：我个人在这一时期所取得的成果主要是以下两个方面：一是对马克思主义和社会主义再生产理论研究。从正式发表的角度看，这首先体现在由陆立军、巫继学和我3人合作的两篇文章中。第一篇是发表在甘肃省《社会科学》上的《试论扩大再生产条件下社会生产两大部类增长速度的对比关系》。该文在对外投稿的同时，也提交到学校当年举办的第十一次科学讨论会，紧接着又被推荐到同年举办的河南省经济学会年会。《人民日报》1979年11月18日头版头条对河南省经济学会这次讨论会的报道中，比较突出地报道了该文的观点。这在舆论上，对于当时和"六五"期间的国民经济调整，应当说是起到了一定的作用。我们合作的另一篇文章是发表在《经济研究》1980年第2期上的《关于马克思扩大再生产公式的几个问题》。这也是我校经济学科在这份期刊上发表的第一篇文章。

李：现在这可是我国经济学界最权威的学术期刊。

许：那时也是。至于后来这家期刊在某些时期内的某些倾向性，就不太敢恭维了。

李：我也有同感。

许：这一时期我的另一篇短文，是发表在《中国社会科学》1981年第2期上的《对〈试校＜资本论＞中某些计算问题〉的评议》，署名是河南大学《资本论》研究室研究生许兴亚。这也是我校经济学科的文章第一次登上这家期刊。

李：这也是国内最高水平的人文社科期刊，您这就等于把我校的《资本论》研究推介给了全国。

许：其他还有，发表在《经济问题探索》1980 年第 6 期上的《生产资料生产的优先增长不是扩大再生产的必要条件》；发表在《贵州社会科学》1981 年第 3 期上的《再论扩大再生产条件下社会生产两大部类增长速度的对比关系》。前者补充了我们 3 人的文章，后者则进一步推进了我自己的见解。后者得到了时任中国社会科学院副院长刘国光研究员在《经济学文摘》1981 年第 3 期上的较高的评价。刘老师在他的《近年来马克思再生产理论研讨述评》一文中写到："许兴亚在《贵州社会科学》1981 年第 3 期发表的一篇文章中，根据他提出的公式，认为两大部类增长速度的对比关系，直接取决于两个部类的资本有机构成、剩余价值率和积累率三个因素的对比关系。这三个因素的对比关系有不同的组合，两部类增长速度的对比关系也会出现了 Ⅰ＞Ⅱ、Ⅱ＞Ⅰ 和平行发展的三种趋势。""作者分别不同情况，考察了总有机构成、总剩余价值率、总积累率变化对两部类增长速度对比关系的影响，得出结论：'即使在总有机构成和总积累率提高的情况下，生产资料优先增长也只是两部类对比关系变化趋势中的一种情况。'文章指出了在怎样的具体约束条件下，两部类中何者增长较快，取决于哪些因素，它们如何结合。……不论这些数学分析的结论如何，对社会再生产过程进行数字模拟和数学论证，是再生产理论研究的一个新发展。"该文 1984 年获河南省首届优秀社会科学论著三等奖。

李：作为一名在读的硕士研究生，能取得这些成就，的确太值得点赞了。

许：更重要的是，我和国内学术界其他许多同行的这些研究，不仅在理论上起到了正本清源的作用，而且在实践中也适应了国家这一时期国民经济调整的需要。例如，在 1981 年五届全国人大会四次会议上的

《政府工作报告》中就提出："按照马克思主义的再生产理论，生产资料和生活资料两大部类之间的比例关系越是协调，交换和周转越快，整个经济的发展就会更加迅速。保持两大部类的协调发展，是我国的长远方针。"1982年9月，党的十二大的报告进一步提出"在综合平衡的基础上，……促进消费品生产的较快增长，带动整个工业和其他各项生产建设事业的发展，保障人民生活的改善。"

李：这说明，你们的研究牢牢把握住了时代的脉搏，对当时需要解决的重大的理论和实践问题做出了自己的贡献。

许：我所关注的另一个方面的问题是关于社会主义的商品经济和价值规律的。主要观点在于：无论对于我国社会主义的商品经济还是价值规律，都必须从我国社会主义经济的实际出发进行研究和运用，不能将其混同于资本主义的市场经济和资本主义的市场价值规律。我的这些观点，迄今为止我认为也仍然是正确的。

李：这些问题在改革中也是十分重要的。

许：所以我认为，绝不应当把马克思主义的基础理论的研究与为现实的社会主义经济服务对立起来。其实，马克思主义的基础理论研究也是为现实服务的，只不过它是为党和国家的大政方针和政策服务的。

李：从这里可以看出，您研究生时期的科学研究已经崭露头角。

许：应该说我们那代人吧。就拿我那几位研究生同学来说，也都取得了许多令人羡慕的科研成果，都是值得我好好学习的。例如陆立军同学，在校时就已经在几个方面取得了非常重要的成果，而且毕业后取得了突出的成就。特别是他到浙江省委党校工作以后，担任省委党校的教授、副教育长和研究所所长期间，长期兼任浙江省政府咨询委员和义乌市政府顾问，并且被评为浙江省首批特级专家。他的研究成果曾得到过时任中共浙江省委书记的习近平同志的批示，指出"陆立军教授对义乌经验进行了长期研究，所提建议很有参考价值"。《光明日报》等多家报刊都介绍过他的事迹。再如巫继学同学，不仅在考研之前就已经撰写了研究《资本论》的书稿和公开出版过《学习漫谈》的小册子，而且在读研期间公开发表的论文在我们同学中也是最多的。尤其是他的硕士学位论文《自主劳动论要》就达 30 多万字，毕业后在上海人民出版社出版。他本人则成为我国理论界这一理论的代表人物之一。还有蒋金波、赵学增等，都在自己的研究领域和方向上取得了骄人的成绩。

李：听说，早在上个世纪 90 年代初，你们的事迹就已经被收入由经济日报出版社出版的《中国经济学希望之光》一书，而这是新中国第一部记录中青年学者成长轨迹的学术性传记。

许：有这回事。在入选的 50 多名中青年学者中，就有陆立军、巫继学和我 3 人。

李：再谈另一件事。我记得您说过，您毕业时原本是分配到省会郑州大学的，是什么原因使您留在了河大？

许：这主要是学校工作的需要。因为我 1980 年在学报发表过一篇文章，当时担任学报编辑部领导工作的张凯亭老师就让我协助编发了一期政教方面的稿件，感到比较满意，就进一步向我提出，问我能不能毕业后留在学报工作。我出于对学校的知遇之恩的感谢，就答应了。学校则在我毕业之前就已经向我和我爱人工作的内蒙古自治区敖汉旗发了商调函。而在省教委的分配方案下达后，也是由学校出面向省里去积极争取，我才被留下来。对我来说，这也算是一切服从组织的安排吧。

李：这就等于您放弃了一次去省会郑州工作的机会。

许：还因为，作为农村出身的孩子，又经过内蒙古农村艰苦生活的锻炼，我和我爱人对于在河大的工作和生活已经比较知足。

李：我还听说，您后来还放弃过一次到省委机关工作的机会。

许：是的。因为当时我的同学蒋金波已经在办公厅的书记办工作，他向组织推荐了我，办公厅的领导同志也已经与我谈过话。但是，因为学校这边正在为恢复综合性大学而努力，并批准了我的关于成立经济研究所的建议，所以我最终也放弃了。

李：那就谈谈您留在河大以后的奋斗经历吧。

许：简单说来，我是1981年10月毕业留校的，最初几年是在学报编辑部。但是从1982年起，周老师就让我和陆立军、巫继学共同兼职接任了这届研究生的《资本论》教学工作。从此，我就走上了《资本论》教学与研究的工作岗位。1985年春，我被调回政教系，同年5月被学校任命为河南大学经济研究所副所长。1986年被破格晋升为副教授，开始担任硕士研究生导师。1988-1993年任政治经济学省级重点学科点主要带头人（第三）。1992年晋升为教授。1993年任经济研究所所长兼经济系主任（正处级），同时被评为省、市优秀教师。1994年起任省级重点学科点第一学术带头人。1999年任新经贸学院（后更名为经济学院）院长，完成了上一世纪50年代初（1850年）新中国河大经济学人提出的"将来发展为经济学院"的奋斗目标。从1985年起至2001年，长时期教学、科研、研究生培养、学科建设和行政工作多重担子一肩挑，从没有一个学期不担任1-2门本科和研究生的主干课，没有一学期因为行政职务而减免过自己作为专任教师的满负荷教学工作量。2001年辞去全部行政职务，回归纯专任教师工作岗位。2004年当选为中国《资本论》研究会副会长、河南省《资本论》研究会会长，2005年被聘为中国社会科学院世界社会主义研究中心常务理事，2006年被聘为我校政治经济学和马克思主义基本原理两个专业的博士研究生导师和学科带头人，同年当选为国际马克思主义学术团体"世界政治经济学会（WAPE）"首届理事会理事。2009年经教育部和中宣部遴选、中央领导（政治局）批准，成为中央马克思主义理论研究和建设工程《资本论》导读课题组主要成员。2016年在编制上退休，同时被续聘为校特聘教授至今。

李：您的经历太丰富了。能否请您继续谈谈您在留校以来学术上的成就？

许：作为一名《资本论》和马克思主义及其经济学的专职教师，除了一些专题论文以外，我的较有代表性的成果是这几项。

一是发表在《中国社会科学》1997年第3期上的论文《马克思经济学著作的"六册计划"与〈资本论〉》。该文是为我国11位著名专家合作编写的《〈资本论〉续篇探索》一书所作"大书评"。在对该书推介和评述的同时，也侧重阐发了我自己在这方面的一些见解。全文15000字，2000年获河南省优秀社科成果一等奖。

二是由我和周守正老师共同主编、1999年由中国经济出版社出版的《〈资本论〉教学与研究纲要（1-3卷）》。全书150万字，2002年获得河南省优秀社会科学成果一等奖。

三是由我个人编著的《马克思的国际经济理论》，对马克思未完成的《政治经济学批判》"六册计划"中的"后三册"，即《国家》《对外贸易》和《世界市场》的内容，进行了比较系统的发掘、整理和探讨。该书2003年1月由中国经济出版社出版，获得河南省优秀社会科学三等奖。

四是社科文献出版社2005年出版的我的《马克思主义经济学与中国经济问题探索》。该书选编了我到那时为止的主要学术论文，于2006年获得河南省优秀社会科学成果一等奖。

五是由河南大学出版社出版，由我根据周老师的遗作、遗稿和提纲等整理的《周守正文集》。共上、下两卷。已出版的为上卷，下卷仍在整理中。

六是发表在《河南大学学报》1984年第6期上的《列宁对罗莎·卢森堡〈资本积累〉一书的批判及其意义》，该文1986年获得河南省第二届优秀社会科学成果二等奖。

其他文章所涉及的还有：对马克思主义劳动价值论的研究，对毛泽东经济思想的研究，对我们党的理论创新的研究，对孙冶方经济思想的研究，对国有企业改革的研究，对所有制问题的研究，对马克思《1844年经济学哲学手稿》的研究，对环境问题和马克思主义经济学的研究，对农村集体经济发展的研究，对当代世界劳资关系的研究等。有几篇是在国际学术会议上发表的。其中《关于经济分析中的"人"》，被与会的日本朋友发现后主动翻译成日文，发表在他们的刊物《经济科学通信》（Letters of Economic Science）上。现在让我们转到另一个话题吧。

李：好的许老师。这个问题是，您是我校经济学科的恢复和发展的亲历者，并且做出了突出贡献，可否请您谈谈这方面的情况。

许：我校经济学科的历史，我认为可以分为四个时期：一是旧河大时期；二是从旧河大向新河大的转变的时期；三是河南师范学院和开封师院时期；四是改革开放以来经济学科恢复和发展时期。

李：愿闻其详。

许：第一个时期，从1927年时称"河南省立中山大学"的我校设立法科及经济学科起，到1948年8月河南省会开封第一次解放为止。不过这一时期河南大学的经济学科不叫"经济系"，而是先后称作"政治经济学系"和"经济学系"，而且在开始时规模并不大。例如，从该系有毕业生的1930年到1941年的10年间，除了毕业生最多的年份1936年和1937年，毕业生分别为13人和31人以外，其余年份每年都不超过10人。最少的年份有两年为0，一年为只有2人。只是到了从1942到1948年的这几年，才分别达到33、44、55、66、51、61、51人。此外，在整个旧河大时期，虽然经济学科也取得了一定的发展，但在政治上始终是处在国民党的统治下。因此无论在办学的指导思想、方向和道路方面，还是在培养目标和方法等方面，都带有浓厚的半殖民地半封建社会的性质。在教学内容上则深受西方资产阶级经济学意识形态的影响。此外，我校经济学科的师生还与学校一起经历了抗日战争时期八年艰苦流亡生活的磨难。

李：对。

许：不过尽管如此，旧河大经济学科还是吸引了一大批著名专家学者来任教，并且培养了一批著名的经济学专业人才。尤其是在中国共产党的的感召、影响和中共地下党组织的领导下，还汇聚和涌现了一大批优秀的革命者,开展了校内和社会上的一系列革命活动和斗争。有不少师生直接投奔了抗日根据地和解放区,奔赴了抗日战场和人民解放战争的战场。有的成了人民军队和地方的领导干部,有的甚至成为革命烈士,为祖国和人民的解放事业献出了宝贵的生命。

李:是的。

许:不过,这并不是旧河大当局的功劳。相反,广大师生的爱国和民主革命活动,无不遭到反动当局的残酷镇压。例如,在抗战时期,学校当局就曾以"思想左倾"为名解聘了王毅斋等知名教授,破坏了学校的"民先",逮捕了包括邓拓在内的许多成员。甚至在学校流亡镇平时,国民党反动派也曾多次逮捕进步师生,其中就包括经济系的进步学生陈方堃和李定中等。尤其是在1947年6月,南京政府为对付正在酝酿中的全国学生运动,下令提前动手镇压,仅经济系学生就被捕十几人。

李:是的。

许:所以,我觉得,对于旧河大的"国立河南大学"这块招牌,也要做历史的和阶级的分析。特别是到了第三次国内革命战争时期,那个曾经授予河南大学这个金字招牌的国民政府,已经不再代表我们的"国家"。

李:很对。

许:第二个时期是从1948年6月22日河南省会开封市第一次解放到1952年新河大财经系南迁武汉,主要发生了几件大事。一是旧河大经济学系的一分为二:一部分以原系主任王毅斋教授和青年助教李定中等人为代表,在党组织的安排下投奔中原解放区,参加了解放区中原大学以及后来新河南大学的组建。另一部分则在反动当局的胁迫下,被迫随学校南迁苏州,并在1949年4月迎来了人民解放军的解放。二是1949年6月新河南大学(时称河南人民革命大学)的成立,并且从苏州接回了在苏河南大学的大部分师生,共同参加了新中国河南大学的创建。三是新河南大学财经系的建立。

李：请谈谈具体经过。

许：这个时期大体经过了这样几个阶段：一是1949年7月两部分师生汇合后，全校师生统一编队进行了6个月的政治学习和培训。这样，旧河大在苏州时期成立的校委会就完成了自己的历史使命，旧河大时期的"国立"二字（政务院1950年核定，"公立学校概不加冠'国立'、'省立'、'县立'或'公立'字样）和院、系组织就在事实上被废除了。二是新中国成立后，学校于1950年3月重新更名为"河南大学"，开始从短期政治培训向正规院校过渡，正式设立了行政、文教、理工、农、医等5个学院，文教学院下设政治、国文（后改为"中文"）、教育、史地、财经、数理、化学7个系和俄文专修科。这时，新河南大学"财经系"的名称正式取代了旧河大的"经济学系"。同时，学校成立了政经、文教、理工三个直属"研究室"，负责领导相关系科的教学研究工作。政经研究室的负责人为郭晓棠、周守正。财经系的教学组织有经济理论、会计、统计学三个教研组，组长分别为周守正、王牧罕、杜润生。三是1950年11月17日，学校决定文教学院取消，财经、水利等8个系及俄文专修科直属校部领导，文教、财（政）经、理工三个研究室不变。四是1951年8-10月，学校建立健全了直属各系的行政机构和系委会，周守正任财经系的系主任兼系委会主任，原来的会计、统计和经济理论三个教研组改称教研室。据《河南大学财经系1950年度概况表》，该系当年有一个本科专业和会计、统计两个专修科。本科设税务、金融、贸易、合作四组，学生有两个年级共130人，一二年级分别为73人和57人；专科生共170人，会计、统计专业分别为93人和77人。教师增至21人。将来拟发展为经济学院，四个组发展为四个系。这样，财经系的建设不仅已经走上正轨，而且已经提出了建立经济学院的规划目标。此外，从在校生人数来看，其规模也已经超过了旧河大的经济学系。

李：那时就已经提出建立经济学院的规划目标了！

许：是呀。所以说，周守正老师不仅是新中国河南大学财经系的首

任系主任,而且也最早提出了建立经济学院的目标。

李:但是为什么后来中断了呢?

许:这是因为遇到了全国性的高校院系调整,不过这种调整也是有其历史原因的。因为当时正处于建国初期的国民经济恢复时期,大规模的社会主义经济建设即将开始,国家最急需的是各条战线上的高中级专门技术人才和经营管理人才,而不是学术人才。

李:具体到我校财经系,是怎样调整的?

许:事实上,我校得到这方面指示精神,比中央正式下达这方面的文件更早一些。因为那时国家在行政上实行大区制,河南大学直接受中南军政委员会教育部的领导。而在1951年7月,我校就已经得到了中南军政委员会教育部的指示:"今后全国大学教育建设,除少数综合性大学外,一般都是专门学院,河大不可能建立综合性大学,故应将现有院系分立,建立成独立的学院或专科学校。"

李:这对学校的意味着什么呢?

许:我认为,对我校来说,这首先是出乎意料的。因为早在1950年开始规划正规院系时,学校设定的目标就是:"主要培养农学、水利及财经各项人才,发展农学院各系及水利系、财经系。"经过将近两年的努力,"校属八系"的建设刚刚才步入正规。这对我校建设开说,无疑是一此巨大的转折。因此,为了既要贯彻上级的这一指示精神,又想尽可能地保住我们的财经系,学校采取了多种措施:一是提出了"把教育、史地、数理、化学及国文各系合为师范学院,而政治、财经两系拟合并成立政经学院,是否有当"的请示;二是经过与河南省委与省政府商讨,"拟将本校医、农两学院改为独立学院,河南大学改为地方性大学",学校"以师范、财经为重点",在现有校部直属八系的基础上,"依人力物力条件逐渐分设或添设新系",培养多层次的人才。三是提出"财经系(包括专修科与财经训练班)从河大分立出去,受河南省财委会领导,因限于条件不能成立院,仍为河南大学财经系名义"。遗憾的是,这些设想都没有实现。

李：太遗憾了。

许：进一步说，到了1952年7月政务院教育部提出"以培养工业建设人才和师资为重点，发展专门学院，整顿和加强综合性大学"的方针以后，中南军政委员会教育部明确指示我校："财经系可考虑改为中等技术学校，……其适合在高等学校的教师……调往中原大学财经学院。"在这种情况下，学校只好忍痛割爱，将财经系整体南迁，合并于已经南迁武汉的中原大学。

李：这样说，我校经济学科的历史岂不就中断了？

许：所幸学校还是从财经系留下了一部分业务骨干。当时财经系教职员工总数已达38人。其中王牧罕等18名调入中原大学，周守正等6名仍留河大，另有2人分别调入河南省财委和合作社，12人留在河南省财经学校。此后，我校就进入了师范学院的发展时期。

李：那么，留在我校的这些老师分配到校内哪个部门了呢？

许：校直属政治经济学教研室。

李：是新建的吗？

许：也可以这样认为。不过，实际上是原政经研究室一分为三，分别成立了马列主义教研室、中国革命基本问题教研室、政治经济学教研室。周老师被留下后改任教务处副处长，兼任直属政治经济学教研室主任。教研室的其他成员还有：时任助教的马培华、刘毅敏、王佩真、王浩等。此外，还有几位到中国人民大学去进修或读研的，例如侯恒、貊琦，以及周老师的夫人李懋中等。所以，尽管财经系不在了，但学校还是为后来经济学科的恢复和发展，保留了宝贵的火种。而该教研室所承担的教学任务，就不再属于学生的专业课，而是成了政治理论课的一个分支。

李：接下来呢？

许：接下来就是到了1955年，上述三个直属教研室重新合并为政治理论教研室。1960年学校成立政治教育系，内设政治经济学教研室。

1965年，在政教系之外，学校重新设立了直属政治理论教研室，内设政治经济学教研组。

李：这就是我校经济学科在师院时期的状态吧？

许：对。具体说来就是，经济学科作为一个独立建制的院系地位不存在了，成了公共政治理论中的一门课，以及政教系政治教育专业本科生的一个方面的课程，包括政治经济学、经济学说史、马克思主义经济学经典著作选读等。不过属于这些专业的老师们还是一直在努力着，除了教学之外，在科研上也取得了一定的成果。例如，周守正老师的《学习马克思的难苦工作精神》《历史教学与研究工作者必须学习过渡时期的总路线》《必须首先保证农业的跃进》等文章就是在这一时期写作并发表的。他的《资本论注释》的书稿，则是"文革"中在他与工农兵一起学习《资本论》时写出来的。刘毅敏老师则在1953年就在河南人民出版社出版了《论价值规律》的小册子。貉琦老师在60年代的《光明日报》上发表过《关于无产阶级贫困化问题》的文章等。

李：第四个时期呢？

许：这就到了1978年改革开放以后的年代了，也就是河南大学经济学科恢复和发展的时期。我又把它分为三个阶段。

李：先说第一个阶段吧？

许：第一个阶段是1978-1985年。这一阶段的历史背景是，党的工作重心转移到以经济建设为中心的轨道上来，各条战线都在拨乱反正，开始了全面的经济体制的改革。从学校方面看，正好是从开封师范学院到1981年更名为河南师范大学，再到1984年恢复河南大学校名的时候。

李：经济学科的情况呢？

许：比较重要的是发生了如下几件事：一是学校为"文革"期间被打成"反动学术权威"的周守正教授平反，任命其为政教系主任，并当选为第五届全国人大代表；二是在经济学教师队伍中先后提拔了2名副教授和3名系领导班子成员。其中，被提拔为党总支书记的是宋子竑老师，先后晋升为副教授和担任系副主任的是侯恒老师和貊琦老师。晋升为讲师的有沙献玉、解学东、王一丁、张玉祥。这些副教授和讲师，在90年代均晋升为教授。三是招收和培养了3届硕士研究生。其中，第一届6人，第三届8人，导师都是周守正教授；第二届3人，导师是周守正和侯恒2位教授。四是在政教系成立了《资本论》研究室（主任周守正、副主任侯恒）和人口理论研究室（副主任貊琦）。五是1984年政教系开始招收了一届经济管理专业的本科生。六是1985年的5月，由学校下文成立了经济研究所，周老师为所长（正处级），貊琦老师和我为副所长（副处级）。

李：这是一个良好的开端。

许：不过，由于过去长期没有评职称，侯恒老师和貊琦老师分别是在1979年和1981年才被提升为副教授的。并且侯恒老师和宋子竑老师分别在1982年和1983年先后被调入筹建中的河南财经学院，并在那里担任了院领导。貊琦老师和我，则是到了1986年才晋升为教授和副教授的。

李：第二个阶段呢？

许：从1985年到2001年。这一阶段的特点是，一方面我校经济学科获得了长足的发展，另一方面也经历了从在外延上的无序扩张到逐步走向正规发展的过程。具体说来，我认为又可以分为三个小的时间段，而且每一个时间段都充满着变易和艰辛。

李：哪几个时间段？

许：第一个时间段是从1985年到1993年。作为一名亲历者，我还是结合自己的经历来谈谈一些感受吧。

李：好。

许：具体说来，我校是在1984年恢复了河南大学校名的。但在恢复校名的同时，上级在批文中给我校仍然保留了一个"部分师范大学性质"的尾巴。因而在开始时，是不太可能直接设立直属学校的经济院系的。

正是在这种情况下,我在恢复校名的当年,以个人名义向学校写报告提出建议,成立一个直属学校的经济研究所。希望在学校暂时还没有建立经济系、院之前,先以经济研究所为依托,聚拢人才,为建立专门的经济系、院做准备。同时对于研究所,也提出了其自身的三项任务:一是培养研究生;二是进行经济学理论研究;三是为现实经济服务。

李:这是一个具有战略眼光的建议。

许:校领导对此也是比较重视和支持的,但是直到将近一年以后才经学校下文成立。学校先是在1985年的4月把我从学报调到政教系,协助周老师迎接了国务院学位委员会专家组对我校政治经济学专业的硕士学位授权点进行的选点检查,然后才在1985年5月5日下文成立了经济研究所。并且出现了一种矛盾的现象:经济研究所挂靠在政教系,正副所长有级别,研究所本身却无级别。不仅如此,除了正副所长3人外,研究所人、财、物一无所有。这就成为经济研究所建设初期遇到的第一个体制方面的瓶颈。

李:你们是如何摆脱这种束缚的?

许:为此,我们做了多方面的努力。由于那时正赶上学校人事、教学和科研管理及其业务经费管理制度的改革,所以我们就完全凭借我们自己的教学和科研工作量,争取到了必要的编制和经费。到80年代末和90年代初,已经成为一个除了党和工会的组织关系以外,其他方面事实上脱离了政教系的、拥有了一所五室、在读研究生30余人、教师编制达17人的准直属教学(主要是培养研究生)和研究机构。其中教师队伍中有教授6人,包括周守正、貊琦、许兴亚、石开诠、解学东、赵维金;副教授和其他青年教师7人,包括耿明斋、王天义、胡学勤、张昆、于金富、王相山、吴腾华;办公室和资料室人员4人,有赵振兰、何明堂、陈凤英、朱新娟等。此外还聘请了特约研究员4人。这7名青年教师中,有6人在以后的年代中分别成长为我校和国内其他著名高校的教授、博导、学术带头人,以及经济院、室的负责人,一名成长为副教授。

李：已经是一个足够强大的阵容。

许：另一方面，继续留在政教系政治经济学教研室、以沙献玉老师为代表的老师们，也于 1992 年另辟蹊径，率先彻底从政教系中分离出来，成立（严格地说应该是恢复）了直属学校的财经系。正是经济研究所和财经系这两支队伍，共同构成了改革开放以来我校经济和管理这两大学科门类恢复和发展的主力。

李：第二个时间段呢？

许：是从 1993 年 5 月到 1999 年的 10 月。总的来说来，如果单纯站在经济学科发展的角度上来看，这既是一个经济学科得以继续发展和成长的时间段，也是它受到严重挫折和干扰的时间段。前者以经济、贸易两系的成立，以及财经系更名为财政金融系为标志；后者以"经贸与管理学院"的存续为标志。而这两件事是在 1993 年 5 月同时发生的。

李：这在以前真的还不知道。

许：具体说来情况是这样的：随着改革开放的深入，到了上一世纪 90 年代初，我国高校领域内不知从哪里传来了一股"教育产业化"和"向钱看"的错误思潮。甚至还传出：学校不仅要有"钱校长"和"钱书记"，而且院系也要有"钱院长"和"钱主任"。正是在这种情况下，学校迅速在 1993 年 5 月成立了经济系和贸易系，与此同时又在它们之上成立了一个跨学科门类的"经贸与管理学院"，把已经建立的经济系、贸易系、财经系（建院的同时更名为财金系）、政治系、法律系、马列与德育教研部，甚至还有数学系和公共数学教研室，都囊括在这个"学院"中。在级别上却与各系平级，实行"系实院虚"的体制。特别是在建立这个学院的过程中还曾有过一种意见，要把经济研究所合并到政治系或者财经系里去。多亏主管校领导在向我征求意见后，采纳了我的意见，以经济研究所为依托成立了经济系，实行系、所合一的体制。至此，我们经济研究所才有了系处级单位的地位。再加上周老师和貂琦老师因为年龄关系都不再担任领导职务，我也就成了新成立的经济系的首任系主任（正处级），兼经济研究所所长。

李：经济研究所和经济系的建设终于到了一个转折点。

许：从单纯的经济学科发展的角度看，这一时间段内的进展就是成立了经济系和贸易系，并且通过一系列的调查和论证，经省教委批准，在这两个系内分别设立了"国际经济学"和"贸易经济"两个本科专业，这就是后来的隶属于经济系的"经济学"和隶属于贸易系的"国际经济与贸易"这两个专业的前身。与此同时，在财金系和政治系内也还分别保留了一部分从事政治经济学和管理学教学与研究工作的教师。不足之处就是在体制上叠屋架梁，由此带来的另一个弊端就是以"经济"和"管理"的名义的乱办班和乱收费。此外，从经济系和我自身的角度看，不久就迎来了一个十分悲催的时刻。

李：请具体谈谈。

许：因为仅仅到了经济系成立以后的第二年，即1994年，就开始传出消息，说学校准备调我到法律系去任党总支书记。后来分管组织工作的校领导给我谈话证实了这一点。我如实向组织谈了我的看法：主要是我作为学科点硕士研究生的第一导师和所担任的《资本论》教学工作，以及刚刚被批准的政治经济学省级重点学科点第一带头人的工作，暂时无人可以接替，无法离开。组织上采纳了我的意见，这就没有调动成。但是紧接着，就对我所在的经济系从1993到1994年一年来的创收工作进行了长达一年多的审计。在此期间，我的系主任职务也被变动为学院副院长（级别未变，还是正处级），分管科研和研究生工作以及学科点的建设，同时仍兼任经济研究所的所长。这也是我自己的人生经历中遭遇严重挫折的时期。而接任我在经济系的工作的正副系主任4位同志，在很短的时间内也全部申请调离了我校。

李：其他系的情况怎样？

许：其他各系虽然也都在各系自身的范围内发展着，但这个跨学科门类的大"经贸与管理学院"的体制,显然是不利于这几个不同学科门类自身发展的。因此这个"上层建筑"仅仅存在了两年多一点的时间,到 1996 年就解体了。政治、法律、数学、公数、马列德育教研部等系、部、室重新分离出去,并且在后来分别发展为哲学与公共管理学院、法学院、数学学院和马克思主义学院。其余的部分,即经济系、贸易系和财金系(后又分立为会计系和理财系),还有我们经济研究所,以及以研究所为依托成立的改革与发展研究院,共同组成了新的学院,叫做经济贸易学院,并实行了"院实系虚"的体制。院长由沙献玉老师担任,我则继续担任主管科研、学科建设和研究生工作的副院长。沙老师 1997 年年龄到站不再担任院长后,学校下文让我主持了一段时间的工作。

李:这样一来,学院是不是就正规了?

许:还没有。因为 1997 年国家的学科门类中新增了"管理学"门类。而会计、理财和企业管理等专业都属于管理学门类。学院的进一步劈分仍然势在必行。不过在此期间,学院的各项具体工作还是取得了一定成绩的,其中包括获批了应用经济学方面的第一个硕士学位点等等。

李:这最后一步是什么时候分开的?

许:是在 1999 年,在我主持经贸学院工作期间。这得到两个部分老师们的一致拥护。分开后的新经贸学院,就是现经济学院的前身。至此,从 1985 年成立经济研究所到 1999 年成立新经贸学院,历时 15 年,终于在事实上实现了建设直属校部领导的经济学院的目标(2002 年 4 月,经贸学院进一步更名为经济学院)。由此,我在继 1993 年成为新中国河南大学首任经济系主任之后,又成为事实上的首任经济学院的院长。属于管理学门类的老师们,则开始了他们的从管理学院到工商管理学院再到后来的商学院的发展历程。

李:新经贸学院领导班子是如何组成的?

许:在我主持老经贸学院期间,与我搭班子共同工作的院党委书记是程明月同志。新经贸学院建立后校党委给我们派来了孙君健和齐延波两位同志分别任党总支正副书记。院长是我,副院长是耿明斋、谢京师、张兴茂3位。

李:新经贸学院组建后开展了哪些工作?

许:一是在办院的指导思想上提出了坚持正确的办学道路和方向,坚持马克思主义经济学和中国特色社会主义理论的指导地位,兼顾理论和应用,以及"省内一流、国内先进、在国际上也要有一定知名度"建院目标;在政治上又提出了要把学院建成培养高质量建设人才和中国特色社会主义事业接班人的重要阵地和基地。二是在人才培养上坚持又红又专的标准,向学生提出了"做劳动者,永远不做剥削者"的口号。三是建院方针上,提出了"政治建院、民主建院"的口号,并且付诸实施,不搞暗箱操作。四是加强教学和科研组织机构和队伍建设,明确了各系、所的学科建设的责任,并且向着建设博士学位点的建设目标冲刺。五是主持、制订了全院本科和研究生课程教学计划,坚持了马克思主义经济学在本科和研究生教学中的主流和主导地位。六是注重教师队伍建设。强调教师在"一专多能"基础上的"定岗定位",在相对稳定的课程和研究方向上,把工作做深、做细、做实,在内涵发展上下功夫等。在所有这些方面的工作铺开后,学院建设终于可以开始在正常的轨道上向前发展了,从而初步实现了周守正教授早在1950年就已经提出的"将来拟发展为经济学院"的建设目标。

李:可是,为什么您又在这时,在还没到院长任职年限的情况下,主动辞去了院长职务呢?

许:主要是觉得建成经济学院的目标已经基本实现了。同时也要兑现当初我在提议成立经济研究所时许下的诺言:研究所的工作走上正轨后,所长和副所长应当实行任期制,像"值日生"一样在合适的人选中进行轮换。其次也是为了留住人才,为其他更加年轻的同志腾位子。最后则是从个人的角度看,作为一名专任教师,长期因工作需要而兼任行政职务,教学、科研、研究生培养和学科建设等多副担子一肩挑,确实也有些累了，希望能有更多一些时间用在更加擅长的经济学教学与研究上来。同时也算是"给自己一些公平"。对此，校党委负责组织工作的张亚伟副书记曾亲自到学院了解我的真实想法。张书记听了很感动，说准备请《河南日报》的记者来采访和宣传我。但我真诚而感激地谢绝了。

李：最后一个问题，能否谈谈您对我校经济学科今后进一步发展的希望或建议？

许：建议需要具体化，这里就不谈了。我的主要憧憬和期待，就是希望我们的学院越办越好。特别是在办学的方向、道路、指导思想和培养目标，以及教师队伍的建设等方面，都要更好地牢记党和人民的嘱托，不忘初心，为把我院真正建成一流的经济学院而努力！

李：好的。今天我们用了很长时间访谈，非常感谢您接受访谈。最后，祝您身体健康、学术之树常青！

许：谢谢保民！谢谢档案馆的领导和同志们！大家辛苦了！

14 | 沙献玉教授访谈实录

受访人：沙献玉
采访人：李　杰
时　间：2020年11月6日下午
地　点：河南大学图书馆（图书馆东楼）

沙献玉

男,教授,河南省南召县人,1937年8月出生。1964年6月毕业于北京大学经济系,同年7月被分配到开封师范学院(河南大学前身)政教系任教,1992年—1999年曾任河大财金系主任、经贸管理学院院长,组织实施河南大学财经学科的重建与变革。1995年被评为河南省优秀专家,1999年8月退休。

李杰

女,中共党员,教授,硕士研究生导师。历任河南大学管理学院院长、工商管理学院院长,2012年退休后被民办高校聘为专业学院院长工作至今。在长期的高校工作中,侧重经济理论与经济政策的教学与研究,主持完成了国家社科基金项目和省部级科研项目多项,在国家级核心期刊发表论文多篇,获得省部级科研奖多项。曾任中国财政学会理事,河南省财政学会常务理事;国家哲学社会科学基金项目通讯评审和成果鉴定专家,教育部学位论文通讯评审专家;曾荣获河南省"三八红旗手"、河南大学"十佳教师"、开封市优秀教师、河南省民办教育先进个人称号。

李杰(以下简称"李"):沙老师好,您是河南大学德高望重的老教授,我想请您谈谈您的求学经历。

沙献玉(以下简称"沙"):我在河南大学已经工作30多年了,从1964年大学毕业到河大,一直到1999年退休。1953年7月,我考入南召一中,1956年6月,我由南召一中初中部保送升入高中部,1959年升入北京大学。因此,我的整个求学阶段大体可以分为两段,一段是中学阶段,一段是大学阶段,对我最有意义的是中学阶段:一个是初中阶段,一个是高中阶段。这两个阶段的重要意义主要表现在三个方面:

首先,要努力奋斗。1953年,南召初春发生霜灾,小麦受到严重影响,

那年中学招生量比较少。当时由于家庭经济比较困难,为节约各项开支,就自己做饭吃。自己做饭晚上与早上都可以,关键就是中午,中午时间相当紧张,下课铃响了以后,赶紧从教室往厨房跑,抓紧生火做饭,饭没吃完就打预备铃了。吃什么饭呢?中午主要是吃面条,不仅做饭快,而且还可以放很多菜。

李:学校当时没有食堂吗?

沙:有,但是没有回民食堂,此外,主要是家庭经济困难,吃食堂开支大,自己做饭是为了缓解经济开支的压力。

李:勤工俭学主要是什么活儿?

沙:主要有:拉架子车、上山拾柴、长途送牛、下乡卖菜等等,这些主要是在周日或暑假做。就说拉车运煤吧,对我印象很深刻,就是从南召杨树沟拉煤到南阳蒲山店,大概有八九十里路程。有一次的前一天下午把煤拉到县里,就很晚了,当时街上卖饭的只有面条,我们每个人喝了两碗面条,就赶到县南边宋楼休息一夜。第二天,天还没亮就出发了,谁知没走几里地车子就坏了,修理车耽误一两个小时,没赶上吃饭的时间点,因为过去吃饭不像现在到处都有饭店,过去是饭时有人卖饭,错过这个时间就没人卖饭了,有人说可以吃鸡蛋,鸡蛋确实吃了,但是不行。后来到背阴坡村,看见人家在磨面,我们用4斤粮票买了4斤麸子面,熬一锅汤,每人喝了两碗,才算把胃里的热气压下去,把煤拉到蒲山店。再一个是拾柴火。现在大家常去看红叶吗?我知道的红叶有两种,一种是枫叶,另一种是黄栌柴。黄栌柴每到冬季叶子就会变红。当时我拾的柴火就是这种黄栌柴。当时拾柴也相当辛苦,从学校到拾柴地点——崔庄,有30公里。有一次,我看见陡峭的山坡上有一丛黄栌柴,于是我拉着树枝,迂回上去,把柴弄下来。但是,上山容易而下山难。怎样下去?陡峭的山坡有十多米高,向下看头有点晕。向谁求助?喊当地老乡无回声,叫拾柴同学无人应答。情急之下,我蹲下身子,手抓地面,慢慢地向下移动,最后还有3-4米时就跳下来,吓出一身冷汗。在返回的路上，柴压在肩上，确实很累。但沿途所见，绿树成荫，鸟语花香，瀑布一泄而下，也是一种乐趣。

李：对现在的年轻人来说都不可思议，中学生还要自己挣钱去助学，像现在中学生真的都不敢想。

沙：其次，要学会学习。那时虽有不少体力劳动，但学习并没有耽误，我初中毕业时是以保送生的名义进入高中的，当时班里有五六个保送生，我是其中一个。高中阶段比较稳定了，就把主要精力放在学习上，不仅要学知识，也要找学习的方法——学会学习，就是要善于总结学过的知识。"温故而知新"，只有"温故"，才能"知新"。就时间上说，要及时复习一天、一周、一个月、一个学期的知识，否则，如果像猴子掰棒子那样，把知识学一点，丢一点，最后自己什么也没有了。所以要"温故"就要善于总结学过的知识，使知识系统化，条理化，真正变成自己的东西。

再次，要学习新知识。1956年召开全国社会主义建设积极分子大会，我的同学王元民作为代表参加大会。他上北京前问我你要什么书。我说："你看吧，你认为好的书买两本。"最后他买了两本书，一个是《政治经济学》（第三版）。这本书是斯大林倡导的由众多的苏联院士共同编写的。另一本是康福斯的《辩证唯物论》。他买这些书我一看，蛮感兴趣。后来到大学时候，我的专业基础课就是政治经济学。那时候，这些书我还不懂，只是有兴趣。兴趣是最好的老师，所以，有兴趣不仅可以学好当前的知识，而且还可以不断学习新知识，更激发了我的学习热情和决心。

李：1959年考大学时候，当时南召一中有多少人考上北京的大学？

沙：当时考到北京的有十五六个人，其中北大2个，我是其中之一，北师大的有3个，清华1个，科技大学1个，还有地质学院、邮电学院、中医学院，加起来就有十五六个人。我们这届考得比较好。大部人分在河南，也有个别的在天津南开，上海不多，主要是北京。我当时也算不上佼佼者，但是考得还可以吧。

李：那么贫困的家庭条件，造就了这么优秀的人才。

沙：我们是南召县第一届高中毕业生，老师没经验，学生更不用说了，家长更不懂，所以都是学生自己报志愿。我怎么报志愿呢？当时，每个人可报三个志愿，我三个志愿有两个都是北大，另一个是中南民族学院。北大的两个志愿：一个是经济一个是法律。后来有人说，我报志愿早就重视改革开放了。改革开放一个是发展经济，一个是法律制度，即既重视经济又重视法律。当时社会的风气是：学好数理化，走遍天下都不怕，数理化是第一位，像我这样报志愿当时就我一个人，是冒很大风险的。所以从全部求学阶段来看，我最难忘的就是中学阶段，努力奋斗、学会学习、不断追求新知识。

李：大学毕业以后，当时是全国分配？

沙：对，毕业以后全国分配，河南分了5人。郑州2个，洛阳1个，开封1个，安阳还有1个。

李：那时候你们同学里，都是河南的分回来的，还是外省的也可以过来？

沙：外省有1个，他比我高一届，跟着我们毕业了。河南的总共7个人。那3个人就留北京了。

李：河南学生中是否包括王梦奎？

沙：对，包括王梦奎。

李：这个求学阶段很不容易，但是也造就了个人的优秀品质，这种对学业的执着追求，奠定了以后发展的良好基础。沙老师，我还想问一下这个问题。咱们国家改革开放以后，对经济方面的重视，河南大学原来有政治教育专业，没有经济类专业。后来到了1992年的时候，咱学校开始成立财经类专业，那个时候财经系才能从政治系分离出来。当时的情况是非常困难的，能不能说说您是怎样在非常困难的状态下，把这个财经类的学科专业建起来。

沙：这是一个大家都经历过的，特别是你作为财经系副主任也经历过的，并为建系下了很大功夫。我们当时面临的困难是无法想象的，但是我们搞得比较成功，也是令人难忘的。

分析建系条件是第一步，只有分析了当时的建系条件，才能知道怎样来建系。建系条件我分两个方面，一个是有利条件，一个是不利条件。1992年4月筹建财经系，当时，我们遇到的问题很多。从设备来看，一部电话机，一台电风扇，五把破椅子，当时系里就这么多设备。

李：没有桌子，电话就放在地上。

沙：关键还是人员素质。咱们财经系里人员来自政教专业、数学专业，还有中共党史、伦理学、国际关系，学财经的没有，学政治经济学的就一个。

李：对，老师的专业构成是五花八门。

沙：另外从经验来看，没有办系经验，程传兴和我虽是政教系的副主任，但是也没有全面管好一个系的经验。我们当时虽说都遇到很大的困难，但也有有利条件。首先，我们曾经办过管理专业和税务专业。

李：1984年的时候开始有经管专业。

沙：从1984年开始，以后有1984、1985、1986。

李：还有1987，4届。

沙：4届，对。后来我创办税务专业。

李：1988年开始办税务专业。

沙：开办这几个专业积累了经验，为财经系里运转奠定了稳固的基础。建系的另一个有利条件是教师年龄结构处于青壮年时期。我当时50多岁，算是年龄比较大的。

李：1992年财经系建立的时候我40岁。

沙：算青壮年，这个年龄正处于精力旺盛的时候。在这个情况下，大家愿意干，而且愿意干好，这是难得的。

李：因为改革开放了，感觉到经济未来的发展前景，所以大家对未来有种非常好的期望。

沙：所以这是很有利的条件。尤其是当时财经系的党政领导班子及其每个成员，都能精诚团结，顾全大局，密切配合；工作热情高，主动承担责任，不辞劳苦，积极做好本职工作，为河南大学财经系的重建奠定了良好基础。

研究建系措施是第二步，在建系之初，经过我们的集体研究，狠抓以下工作：

一要高度重视思想建设。当时新建财经系教师是由两个系合在一起的。当时政治系是28个人，数学系是16个人，加起来44个人，所以这两个系的人结合在一起如何避免不团结，这是首要问题。如果这个问题不解决，要把系办好是很难的。

李：大家齐心协力。

沙：针对这种情况，我在第一次系的会议上说，大家既不姓"政"，也不姓"数"，姓什么呢？

李：姓"财"。

沙：姓"财"，恭喜大家发财。我这么一说，大家哄笑。也就是你不能再姓"政"了，也不能再姓"数"了，大家姓"财"，把我们的心，把我们的意志都集中在一起，才是财经系运转好的基本前提。其次是领导班子问题。当时领导班子中有程传兴、你、我，还有段全才。这个班子能不能拧成一股绳，直接影响着系的健康发展，所以咱们提出，把系班子的整个精力要转移到办好财经系上来。大家真齐心协力了，不论办系如何困难，都能克服，使之迈上健康的轨道。所以说思想建设问题是个大问题，首先抓好这一个。

李：对，首先是让大家统一思想，才能办好一个新系。

沙：二是实行人才兴系战略。当时我们面临的另一个问题就是如何使人们的专业知识能够获得更新，你没有专业知识，你就很难办好一个专业。

三是扩大对外交流。一方面要走出去，想办法与北京的经济学家们

建立联系,并与北京的经济学家中心联合举办经济理论研讨会,我们老师通过研讨会既扩大我们的知名度,又通过走出去,了解了经济管理的新知识,改变自己的知识结构,为教学和科研奠定坚定基础。这叫"走出去"。另一方面还要把专家学者都"请进来"。例如邀请李成勋、李京文、乌家培、卫兴华等国内知名的经济学、管理学专家。

李：李京文还在不在？

沙：不知道。

李：他年龄也不小了。

沙：认识李京文还有个过程哩。有一次我跟程传兴在李成勋家里说要见李京文,他就出了一个主意,李成勋说现在李京文刚刚获得俄罗斯的外籍院士,你们应先祝贺他,然后再说你这事儿。

李：因为全国文科很少有院士,但是李京文就获得了俄罗斯的文科外籍院士。

沙：到李京文家里,首先祝贺他获得了俄罗斯外籍院士,老先生很高兴,赶紧把《人民日报》登的消息与院士的证书拿出来让我们看,所以谈起这事他话就多了,后来又说邀请他到开封来讲学,他愉快地接受邀请。所以我们请专家是下决心了,但是如何请到专家是需要研究的。从总体来看,我们先后邀请卫兴华、李成勋、李京文等十几个专家学者,把他们"请进来"。

四是我们自己培养人才。我们自己如何下功夫培养人才,这是很重要的。针对咱们系教师的专业情况,老师要充实新的专业知识,首先要在职进修,你教什么课你就学什么课。其次,是"派出去"。当时我就写了个文件《关于选拔高级访问学者的决定》。

李：对,有这个事儿。

沙：我写了这个决定,内容有几个方面：一个是明确任务,一个是鼓励措施,再一个派出人数。总之通过这些办法,把人"派出去",学习新的专业知识。再一个鼓励教师要和企业联系,不断实践,这个当时

有个典型例子是，鼓励投资专业老师要参与股票交易。

李：对，咱们还模拟股市交易，做得很好。

沙：咱们系还拿出2万块钱，让老师炒股，买过白鸽的股票。

李：是银鸽还是白鸽。

沙：白鸽股票，后来卖了也没赔钱。另外跟企业联系，比如商丘肉联厂，还有新郑卷烟厂，使老师们学到很多实践知识。

李：以前没有人把老师派到企业单位去。从开办财经类专业，才开始把老师们派出去，真是跟企业紧密地结合起来。

沙：五要解决老师的困难。当时正因为大部分是青年教师，负担比较重，收入比较低，老师们面临的困难是很多的，咱们班子分析了老师的困难，力所能及地解决他们的问题。最典型的事就是盖房子——财经楼。

李：建了自己的财经系的家属楼，每人一套房，当时是48套，咱自己用了42套，剩6套交给学校了。

沙：每人一套房子，解决老师住房问题。

李：最困难的就是老师的住房，那时候年轻老师都是一家三代住一间房，你想咋住？我们盖起了个3室1厅的房子，别人羡慕得不得了。我们要求盖90平方米，学校主管领导说，教育厅当时规定，"四点集资房"（教育厅拿两点，学校拿一点，单位或个人拿一点）不能超过75平方米，我们也不能超标。然后，在我们的再三争取下，最后算是扩大了1平方米，建成了76平方米的小三室。

沙：当时全校解决老师房子问题的只有两个系，一个是咱们系，一个是外语系。

李：办班的收入该交给学校的我们都按规定交了，学校分配给我们的，我们自己留下来。留下来的钱还要分成两部分，一是建设基金，就是发展基金，二是福利基金。这个发展基金就用来盖房子，福利基金给老师们发讲课费。

沙：这是帮老师解决住房问题。另外还有这几项，一个是给老师们安装电话，每个人平均3000来块钱吧？

李：2600元。

沙：还是你记得清，每人一部电话。为啥要电话？不是想要排场，而是联系方便，因为校外班办得多了，老师联系起来不容易，所以每人一部电话。另外每人一部电脑，这恐怕其他院都没有。

咱们盖房子也好，买电脑也好，都得花钱，钱从哪儿来？当时省里给咱们河大政策可以办实用人才班，咱们就抓住这个机遇来扩大招生。

李：服务社会。

沙：对，办实用人才班既有利于社会，也有利于学校。办班不是为了赚钱，主要是服务社会。老师出去办班，有讲课费，老师们福利基金增加了，他们不就高兴了嘛，我们做得是比较好的。应当看到，我们也给学校贡献很大，并支援小学、幼儿园等单位不少钱。

李：当时是28%交给学校。

沙：咱们一直办实用人才班，后来办学历班，抓住成人教育，效果是比较好的。通过这个办法，也解决了一部分老师的经济困难问题。

李：当时社会也需求，像地方上一些机关事业单位，要求他们的工作人员都能够提高学历。当时专科办得多，如开封、南阳、许昌、平顶山、新乡等。

沙：所以通过上面这些措施，"请进来""走出去"，在职进修、派访问学者等等，加上解决老师的困难，咱们的教师队伍整个是稳定的，在我的印象里没有人提出走的。

李：对，都是进来的，没有走的。

沙：更令人感动的是，1995年，刘新士、李武力取得注册会计师资格，1996年，彭兴、郝玉贵也取得注册会计师资格。他们没有被深圳每月3000多元的高薪吸引，宁肯在系里脚踏实地工作。所以我们的人才队伍基本是稳定的，不仅教学质量越来越好，而且科研水平也越来越高。

李：是的，《河南大学学报》专门为财经系出了一期专辑。

沙：专辑出来后，加上老师们平时发表的文章，人均总量全校第一。有人对我说："你们是第一。"我说："不敢居第一，数量第一，质量不好说。"第一是事实，老师也满意，你在教学和科研上关心他们，教学质量越来越好，科研水平也越来越高，家里困难解决了，他在系里何乐而不为？所以这个队伍是稳定的，人才方面是这几年我们感到比较满意的。

六是新建会计学专业。如果一个系没有一个很好的专业，你想发展是很难很难的。首先是本科专业，但是获批一个专业也是很难的。有一次，我和程传兴到河南省教育厅，见到了杨善处长，和她多次见过面。我笑着说："我们多次申报专业。这次申报中不中，在此一举，专业给我们就算了，专业不给就不走了。"她确实很关心我们，说："可以，给你一个专业，这个是会计专业。"我问："啥会计专业？"她说："聋哑人会计专业，要不要？"我说："不要，培养聋哑人学会计，我们没这个本事。"

李：这属于特殊教育。

沙：她说："开玩笑的，给你教育会计专业，要不要？"我说："好，谢天谢地。"当时我们专业叫教育会计，很快转为会计学专业了。有了这个专业，就为老师们搭建一个施展才能的舞台。这是本科专业，后来申报了企业管理硕士专业。

李：硕士专业是企业管理，本科专业是工商管理。

沙：申报硕士专业，一个得有导师队伍，另一个得有学术水平，还得找专家咨询。1995年，国家教育部在郑州评审专业，从开始到结束，我一直都在那里。最后咱们整个院里申报了6个，通过了3个，另外3个也得到了较好的评价。虽然企业管理当年没有评上，但是比过去的评价更高一些。为什么没有评上呢？原因是我的年龄大了。

李：是的，带头人年龄大了。

沙：就是我年纪大了。研究生处处长说："你这个危险。"我说："什么危险？"他说："七上八下，你今年58了，再写年龄小，人家也不会相信，他们对你还比较熟悉。"所以评审时，有十几家同意，但没有得全票。企业管理虽然没通过，我们也得感谢人家。在评审结束那天，请六七个专家到河大讲学。

李：但是，那也是好几家争的。

沙：所以专业建设，尤其是本科专业，我们用了好几年时间，大家费了很大劲才把它拿下来。92年财经系建立的时候，河南大学的财经类只有一个税务专业（是经教育厅同意，与河南省税务局签订十年的联合开办协议）和一个由数学系开办的会计电算化专业。财经系的创立，会计学专业的正式获批，标志着河南大学财经类学科从有到无又从无到有的历史性转变。

李：那个时候正规的本科专业只有会计学，后来1994年又申请了一个理财学专业，实际上就是后来的财务管理专业，两年以后改成财务管理专业。

沙：七是鼓励教师搞科研。科研水平的高低是反映一个系综合实力的重要指标。科研方面我们也做了很多工作，我想主要有两个内容：一个是组建队伍，一个是申报项目。申报项目，首先是设计论题。题目论证的好坏最重要。为此我曾经多次到过国家社科基金委员会、自然科学基金委员会、教育部社科司等单位。有一次我到自然科学基金委员会管理科学部。部长问："你是哪里的？"我说："我是河南的。"他说："你要做什么？"我说："我来了解一下情况。"他说："门上贴的东西你看到没有？"门上贴着拒绝来访，我说："对不起，我没注意。"他说："你坐吧，你有啥问题。"他把如何申报管理科学项目说了一下，包括如何设计题目，如何进行论证，讲的很详细。管理科学项目和一般的社会科学项目的论证方法不一样，咱们的思路还是按照社会科学的思路去设计管理科学的课题。通过这次谈话，使我感受到：你只要是诚心诚意去请教的，他们都很乐意接见你的。几年以来，由于我们做了大量的准备工作，因而取得不少的成绩。我有个统计，1996年，我们学院获批的国家社科基金8项，占全校总量的53.3%。1997年全国项目减少了，但是咱们院仍获批了3项，占全校的75%。那两年咱们院获批的全国社科基金项目在全校的占比都在一半以上。

李：教育部那个项目我也参加了。

沙：另外，在我主编的书中，青年教师担任主编的有9人，担任副主编的有15人。通过我的科研活动带动大家参与工作，这样也为大家独立搞科研打好基础。这个说起来很容易，但做起来也是很难的。比如我们那个国家社科项目。当时仅仅是题目如何定，张太海、付雪城和我都绞尽脑汁，研究如何把管理科学在整个企业管理中的地位要突出出来，最后把题目定为"管理科学是现代企业的基础工程"。所以设计一个题目，都很不容易。

李：题目新颖，吸引评委的眼球。

沙：还有一个题目，叫企业可持续发展研究。当时只是提出社会可持续发展，还没有提出企业可持续发展。因当时我正在做一项课题，未结项前不能再申报。所以没再申报这个题目，谁知第二年，社科题目的选题里面就有一个企业可持续发展课题。

李：这就是前瞻性。

沙：所以通过这些科研活动，对带动一些老师搞科研，也起到一定的作用。整个系的重建与发展，我想就谈这几个方面。

李：在财经系建立和运行期间，您带着大家去做科研的时候，您自己也取得了非常丰硕的科研成果，想请您谈一下您最有代表性的科研项目或者著作。

沙：考察科研成果主要有两个方面：一个是总量，一个是影响力。从总量上看，教材有《政治经济学》（参编）、《公共关系学》（主编）、《价格管理学》（主编）、《领导人际关系学》（主编）、《现代领导科学》（主编）、《国民经济管理学》（主编）等等；论文有《列宁经济管理思想初探》《全方位推动企业技术进步》等 30 多篇；项目有国家与省部级的共有 4 项，如"科学管理是现代企业的基础工程"（国家级）、"企业全方位进占市场研究"（省部级）；专著有 2 本，一个是《企业全方位竞争策略》，另一本是《全方位塑造企业形象》。《企业全方位竞争策略》是在人民出版社出版的，《全方位塑造企业形象》是在中国经济出版社出版。这两本书是当时的紧缺畅销书籍。

李：那个时候申报国家项目很不容易，当时沙老师带着大家，拿下来了很多项目。

沙：获奖情况：一个是《中国人口河南分册》，获省级一等奖。另外《企业全方位竞争策略》获得教育厅一等奖。还有全国师范教育三等奖，河南省优秀专家和一个 100 块钱津贴，等等。

李：好像是国务院津贴吧？

沙：河南省优秀专家津贴，现在还是 100 块钱。

李：还是 100 块钱。它应该涨多少倍了，关键不是钱多少的问题，它代表的是个荣誉。

沙：这些书或论文的社会影响还是不小的。例如，在上世纪 70 年代末，我首次撰写的《把国民经济纳入有计划按比例发展的轨道》一文，曾被中国人民大学转载到《报刊资料索引》上，受到理论界或实际工作部门的重视。中国企业协会会长、中国人民大学校长袁宝华为《企业全方位竞争策略》一书题词："竞争之道以质胜以智胜。"《企业全方位竞争策略》出版后，对企业家影响比较大，四川一个企业说他们如何提高竞争力时，就把这本书拿出来，作为必读之书。此书印了一万册，很快在北京各大书店销售一空。

李：卖完了。

沙：在开封经济学会的一次会议上，会长让我讲讲话。我在大会上说："我今天讲的题目大家都看过，而且报纸上也登过。现在我是把它整理一下，给大家参考。题目是《市场是企业的生命》，这个题目不是我提出的，是鞍钢工人提出来的。概括地说，就是市场对企业像生命一样重要，你要生存，就得去占领市场。你通过什么办法占领市场，首先你要了解市场、把握市场、驾驭市场、占领市场。讲了以后，与会者争要我的讲课题纲，我的演讲提纲也不知道是弄哪去了，对大家影响比较大。后来开封市政府又召开一次报告会，各局委主要领导参加，引起较大震动。紧接着我们又研究了企业真正成为市场主体，就要坚持不断创新，包括产品创新、市场创新、技术创新、管理创新、制度创新、组织创新、形象创新、服务创新、营销创新、战略创新等内容，并出版《全方位塑造企业形象》一书，使企业持续地立于不败之地。

李：从过去的财经系，到后来的经贸管理学院，再到后来的工商管理学院，一直到现在的商学院，就是在这个发展的过程中，我们有了本科专业，有了一个企业管理硕士专业，然后到获批若干个硕士专业，后来又发展到博士专业以及博士后流动站。从1992年建立财经系（后改为财金系）到现在的近三十年中，历届的领导班子都干得不错。1999年经济和管理学科分开以后，各学科发展势头都很好。商学院这些年不仅商科的本科专业、硕士专业（含专硕）建设齐全，而且还获批了管理学科的一级博士点和博士后流动站，取得了非常好的成就。但是，现任领导总是很谦虚地说是前任领导奠定的基础好，为后来的发展壮大起到非常好的基础作用。沙老师，请谈谈您在这些方面所做的贡献。

沙：回顾从财经系到现在的商学院发展过程，大体经历几个阶段。第一探索阶段。从1984年开始，在政教系的框架内，借机试办经管与税务两个专业。经过几年的探索，积累了较多的经验。第二重建阶段。从1992年开始，重新组建财经系，你也参加了重建财经系的过程。这是基于上世纪50年代专业大调整时财经专业搬到湖北以后，我们恢复发展的第一次尝试。我们在摸索的过程中，通过大家齐心协力，领导班子的努力奋斗，促使财经系走向健康的发展道路。这个过程我就不再细说了。第三变革阶段。从1993年开始是组建经贸管理学院，包括当时的财经系、管理系、经济系、贸易系、政治系和法律系。

李：1993年4月，你是新组建的经贸管理学院院长。

沙：我们都亲身经历了这一个过程，当时情况复杂，包括6个系，人员多，机构庞大，难度很大。只是处级干部就有十几个人，包括几个系的正副主任10个，党总书记4个，工作协调任务很大。在这种情况下，我们仍做了不少工作。第一件事统排全院一年级课程。你作为副院长尽职尽责地做好了教学方面的各项工作。

李：这是学校决定的，尽管这里边有些不合适的，但是咱们还是执行了。

沙：学生入校后，学院统排一二年级的课程，后两年再安排各自的专业课程，这是一种尝试，也积累了教学经验。第二件事是统筹协调全院的科研课题申报工作，包括组织队伍、项目设计、专家咨询等。1996年全院获批的国家社科基金项目有8项，占全校的53.3%，1997年又获批这类项目3项，占全校获批总量的75%。所有这些都发挥了经贸管理学院的整体优势。

随着时间的推移，经贸管理学院的体制又进行了变革。为便于各学科、专业更有效的运转，政治系、法律系又从该院分离出去，只保留经济学科和管理学科由学院统一领导、组织和开展各个方面的工作。这是经贸管理学院内部组织结构的调整，为学院的发展奠定了稳固的基础。到1999年，经贸管理学院体制又进行调整，经济和管理又分开了。

李：那个时候的管理属于大管理，包括工商管理和公共管理。

沙：这是我们院的组织架构从不完善到完善的发展过程，这个发展过程是正常的，没有遇到什么大的问题。

李：中间的运行过程也没有啥错的地方。

沙：对，经贸管理学院的运转还是平稳的。

李：整个来讲教学秩序稳定。

沙：学院的整个变革比较顺利，为以后的发展奠定了良好基础。

李：是，他们现在都很认可，认为合是加强，分是发展。您还能给他们再提点好的建议吗？您毕竟在这里工作了大半辈子。

沙：说不上对学校或商学院的建议或者是期望，因为我有20年不接触其中的工作了，如果真要提点建议，就是重视人才问题，不论是过去、现在，还是将来，人才是主要问题，要把人才培养当成一项系统工程来做。这个系统工程主要包括这几个方面：发现人才，培养人才，选拔人才，任用人才，留住人才。这个过程要把握好，就可以培养出一批全面发展的新人才。但这里面的每一项如何搞，各个时期理解不一样，各有各的侧重点。人才有，你发现不了，你也很难去利用他；你如何用好这个人才，发挥他们的长处，也要做大量工作；同时你还要培养他信任他，甚至严格管理都是不可缺少的，从而促使他们能够更好地成长。

李：不仅要用事业留人，还要用感情留人。

沙：任何一个单位，一个学校，一个学院要把发现人才、选拔人才、培养人才、使用人才、关心人才、留住人才作为一个系统工程来抓，这是发展的关键环节。

李：您这也是积累了大半辈子的经验给今后的商学院或河南大学提的一点建议，因为学校是培养人才的地方，虽然这里人才济济，但是我们还希望要把真正属于人才的留下来，不让他们流失，让我们学校让我们的商学院有更好的发展。最后祝愿咱们的河南大学明天更美好，祝愿商学院发展得越来越强大。

沙：感谢档案馆提供这个机会与平台，非常感谢。

李：非常感谢！

15 | 王振铎教授访谈实录

受访人：王振铎
采访人：段乐川
时　间：2020年11月21日上午
地　点：河南大学档案馆（图书馆东楼）

王振铎

男，汉族，1936年生，河南洛阳偃师人。文艺学家、编辑学家和教育家。1959年毕业于河南大学中国语言文学系。河南大学新闻与传播学院教授、编辑学研究生导师，中国作家协会会员。曾兼任中国编辑学会副会长、中国出版科学研究所特约研究员、国家新闻出版署教材编审委员会委员，以及河南省孔子学会会长、河南省高校学报研究会会长、郑州大学兼职教授、上海师范大学兼职教授、香港大学出版印务公司高级编审等职务。在《中国出版》等报刊发表论文百余篇。其中《王国维的编辑理论与编辑实践》《文化缔构编辑观》《质疑"核心期刊"论》等文有较大影响力。王振铎先生先后承担并完成多项国家级、省级科研项目，主要著作有：《新编文学概论》《编辑学通论》《〈人间词话〉与〈人间词〉》《文学导论》《编辑学原理论》《汉英新闻编辑出版词汇》《大河出新图——全息透视＜大河报＞》和新近出版的《编辑学理与媒体创新》等。其中，《＜人间词话＞与＜人间词＞》和《编辑学原理论》曾多次修订再版。

段乐川

河南南阳人，1981年8月生，河南大学新闻传播学院教授，博士，主要研究媒体融合与编辑创新。

段：王老师，您好！大家都知道河南大学是国内最早开展编辑出版教育的高校之一，当时您和宋老师一起创建了这个专业。去年我们这个编辑出版专业已经入选国家一流专业的建设点。那您能否谈一谈你们当初创办编辑出版专业的初衷是什么？具体情况是什么？

王：好，我把这第一第二两个问题稍微结合一下讲。我是1955年从偃高毕业，当年学校指定我作为留苏预备生来考试，准备的主要是理工科。但是因为我在学校搞了一个全校的文艺活动小组，这个小组的任务就是编各种各种要表演的节目，为县委开会或者是共青团组织活动演出，有戏剧、朗诵、演话剧、跳舞、音乐各种东西，搞文艺活动。有两件小事儿，一个是给县里演出，那时候县剧团要钱很多，像组织三级干部会这个让我们去演一个晚上，就是差不多二个半到三个小时这个样子，大家做些节目，话剧演过《万水千山》，我也在其中扮演过角色。另外那时候还喜欢写诗，我们有一次发生一个事情，学校学生的饭票，全班的饭票管理者说丢了，丢失了学生马上就没饭吃，很着急，没办法，大家共同来破案，怎么办呢？要首先有个舆论，结果我就写了一个诗，这个诗名叫《贼》。

段：《贼》？小偷的贼？

王：对，标题就是那个，诗本身是采取马雅科夫斯基那个阶梯式、楼梯式的。我记着前头两句，一开始就是"贼别跑，我看见你了"，造一个舆论，学校把它登在板报上还广播，后来查实也是个学生，也是我们班上的一个学生，因为他是生活委员，结果他就后来自己交代了。毕业的时候，学校选送3个留苏预备生，有我一个，还有其他两个同学。原来也是我们的文艺活动小组的人，我们共同演节目，就是县里演或者学校开大会，开完会出节目，那时候请不起剧团，就是自娱活动。但是后来考试以后，那一年高考的时候，那是1955年七八月吧，学校叫一个很有名的数学老师，也是平常教我们数学的老师给我们补课，他补了什么课呢？他补的课参考书叫做《数学趣闻》，是个德国人写的书，结果就超出我们高中所学的平面几何、三角、制图、小代数，他主要是从微积分基础上讲这个数学趣闻，趣闻看起来很有趣，但是他讲的东西差不多就什么柯克曼系列、斯坦纳系列啊这些问题，我们听不懂，就跟着他学制图，因为我们高中学过制图学。那些题目相当于什么呢，就像学现在那个奥数，奥数有制图的，还像现在国际数学家门德尔松的那个高等数学组合论。那是什么东西呢？现在想想那是结构主义诞生时期的一种科学研究之一，物理数学都是那样从一个结构换成另一个结构，把几个结构组合起来，创造一个新的东西，一个创新的东西，这就是后来的结构主义哲学讲的东西。但是对于高考，当年根本不需要这些东西，就不出这方面的题。我们那时候高考愚昧，社会原因是啥呢？你只要是高中毕业或者师范毕业，你愿意高考没有不录取的，不但录取你，而且远远不够，不够还动员当时的调干、军队转业的或者军队这个方面工作的，或者社会干部、党政军干部都可以进来。有些连速成中学，像北京、天津好多速成中学毕业就差不多都录取了。所以我们那个时候最差的学生也没有落榜的，不是这学校就是那个学校。但是我们想3个留苏预备生，最后背后的原因是那一年中苏两党关系已经开始出问题了，都没有走成，我们学校的3个，一个分到天津师专数学科，一个分到当时新成立的西安交大，因为要往西安前，上海交大不干，结果闹起来，周总理亲自去处理，最后结果是西安交大自招专科生。我们第二个同学录取到西安交大，3年专科。

段：然后您就来河南大学了？

王：我呢学校让另报志愿，另报志愿又没有东西，老师也不知道报哪好，没有个参考意见，老师都不懂。后来校长跟我说，我这有一份北大的招生简章你看看，我一看，第一个介绍的是北大哲学系，我一看这个哲学系介绍的头一句话就是用毛泽东的话，这个哲学是自然科学和社会科学的总结和综合。我说好了，就报这个系。结果那一年北大哲学系根本没有招生，它办的是马列主义培训班，学校里头没有招应届生。后来我被分配到河南师院一院，就是现在的河南大学。报名以后我说这是一院，二院在哪里？二院当时是后来的新乡师院

段：现在的河师大。那王老师，您这个本科是在这读了4年对吧？

王：本科是4年，我简单说一下中文系。当时系里（老师的）组成是这样，一种都是旧社会的学者或者专家，中文系像李嘉言、万曼、任访秋啊，就这一批老师差不多也都是系的主任。另外一些也都是正牌，

比如说跟着那个北大、清华、北师大都经过训练的。李嘉言是跟着闻一多研究过中国文学的。

段：他当时是系主任，中文系系主任。

王：他自己开课也多，我听过他讲诗经，听过他讲楚辞，听过他讲唐诗，他一个人我就听过他3门课。另外的老师你像万曼讲什么呢？讲乐记，他是文艺理论教研室的，从《礼记》里头选出《乐记》的部分，《乐记》部分后来是失掉了，传统上讲从汉代就失掉了，但是他后来不知道在古籍里头又集了一些东西，有关《乐记》的记载，讲课风格他是非常缓慢，一句一句不重复。听过李嘉言讲课嘞，他也是学术性很强，讲得很熟，合合句，然后讲个段意再往底下讲，就是这样，叫你完全听懂为止。讲到诗歌唐诗的时候，讲完以后他能总结，比如这种诗的写法，通常的写法是什么。任访秋先生是教文学现代的，它就是从清朝末年这几部白话小说开始讲起，一直讲到现在，他讲课不生动，但是就是讲这些作品像《镜花缘》这些东西，从清末那些文学讲到后来印发的《现代文学》。听这些老师讲课，而且课程很多，老师都不是开一门课，都是好几门，每一个人都是这样的。所以我毕业以后，学的知识很多，整个算下来要开40门课，包括一些选修课。那时候和外系的课也开选修，比如说历史系的课我选修过，外语系的课我也选修过，因为我初中学了二年半英语，我二年半毕业，初中就读了二年半，有春季班，春季班到年底时候足足的3年。

段：您是4年之后留校？

王：4年以后我留校了，我报的是支援新疆，那时候号召是哪里困难到哪里去，到农村去、到边疆去、(到祖国需要的地方去)，就是"三到"。我就说挑个最困难的地方新疆，我箱子都钉好了，那我这些书啊啥的都事先装了两个木箱子，我想着路途远，那纸箱子不管用，我就买了两个木箱子把我要带的书都装好等着到新疆去，结果到最后分配的时候，总支部书记突然宣布我留校，这个也是一个很突然的事情。其实那一年留

校的也不少,大概留下了有10来个,其中有党政部门的,留到系里专业教书的我们那年级大概就3个,我们那年级大概有300人,一个年级300人的样子。在这个过程中间,我是55年入校,56年结结实实学了一年半,到57年上半年的时候开始"反右"斗争。斗争一开始我很糊涂,政治很不成熟,就是我一开始也不知道"反右"是干啥的,我还以为是要学习"五四"运动,叫"大鸣""大放""大民主",都叫弄这。后来,"大鸣""大放"的时候,我帮助当时跟我年纪一般大的一个南阳高中毕业的学生。这个人学习不错,他写了两首诗,一个叫《蚕》,一个叫《茧》,蚕吐丝成茧,这两首诗那时候我也没看,但是他在贴这个大字报的时候我正好从前门走。我们住在排房,从前面走回来一看,他贴不上,刮着大风,他一个人掂着浆糊桶,拿个土笤帚在那墙上刷。那墙是砖墙,粘不上,我拿个笤帚来帮助他,叫他粘上去了。粘上去,我才看一看,我看了一阵儿觉得没啥意思,他说蚕本来是个有生命的东西,但是他最后一吐丝,他把自己封闭起来,放到那个茧里头,变成一条虫,大概就这个意思了。我说这有啥意思?我并没有从政治上考虑啥问题,我说这没啥意思,你贴个这干啥?因为我是团总支部宣传委员,我经常办着壁报、手抄报、板报这些东西,我要组稿,我要编排,我要登出来,弄个刊头登出来。

段: 后来您是到文艺理论教研室了。

王: 刚毕业的时候我分到现代文学教研室,原来说你先自己找参考书,自己先编讲义,我基本上算编的差不多了,但是就讲过一次课,突然说这个应届毕业生上面学校规定,叫去附中锻炼半年,结果我就放下讲义到附中去锻练。干啥呢,到那儿一报到,人家分配工作,教初中二年级,改作文,当时我除了拿课本上课以外,我每周五编写毛泽东青少年时代的故事,编了大概有十来万字,每周下午再多加一门这个故事课,毛泽东的青少年故事课。

段: 那学生肯定很喜欢。

王：对，因为讲故事，好多学生语文课听了，他还想听故事，后来就是星期五下午，大概是放学前夕，就讲那个故事课，好多学生，他不着急往家跑，都到听完故事才回去。但是后来到一学期还没结束的时候，教研室又通知我，你回来以后要首先讲这个毛主席诗词。而这个毛主席诗词我算了一下，从58年毛泽东在《诗刊》创刊号上发了两首旧体诗，以后差不多连年，58年、59年、60年这前后3年，好多报纸去约毛泽东要诗词，结果到我毕业的时候，到59年的时候，我一算已经发了23首了，23首可能还出过一个单行本，所以叫我讲这个课，我说那你得给我点儿备课时间，给几个月吧，这个就是说备毛泽东诗词课非常不容易。第一个得懂毛泽东革命史，幸亏我在附中编过一本青少年时代的故事，这好多东西有点熟。再一个就是我得借两本大书《辞海》《辞源》，当时有的书还借不到，60年我刚结婚，叫我老婆在洛阳给我买了一部分书，还叫她给我买了一本《鲁迅全集》，后来这都用上了。我就搬出《辞海》，加上《辞源》，是一个在旧书摊上买的布皮装的破《辞源》，我就对着他查那个诗词里边的典故来解释，结合着学过一段革命史，中国现代革命史，就结合这个备课，兢兢业业地备课，提心吊胆地讲课，唯恐讲错了，后来干脆我把那一篇一篇的诗词写成23篇讲稿，每个讲稿大概也都有1万多字，写完了以后我还又写个总论，总论写了有2万字，大概就是这个数。我那个讲稿全部印出来，当时很困难，60年是个很困难的年份,校对员给我校对。校对员我们也熟悉，她从我们那一届留级，打成"右派"，她本来就是我们那个年级的，结果一划成"右派"，不知道咋着叫她留级了。因为她上学以前，进河大以前，她就是中国少年报社的一个编辑，她的文字功底很好，她给我校对，我也去校对一点，后来集成了一大本。

段：您是如何走上编辑学研究道路的？

王：我的编辑学理论思考开始于上个世纪80年代初。早在1986年的编辑教育培训班上，结合自己长期从事学报编辑工作的经验，我就提出了文学学报鉴审问题,就是后来的《文科学术论文的鉴审问题》一文。我认为,学术论文的鉴审是一个大问题,如何辨识学术论文与非学术论文是有重要意义的。学术研究的领域实在是太宽了。一个报刊的编辑部绝对不可能把各行各业、各个专门领域的研究家都调进来当编辑,但又不能不去编审来自各个不同的专门领域的稿件。特别在初审时,如何辨识稿件的学术性质、估量它有无学术价值,是一件很必要也很费神的事。弄不好会把一篇文笔朴拙的学术美玉当成普通的石头退掉,或者会把一篇文辞华美的平庸之作当成学术论著而采用。因此,编辑鉴审学术论文是一项专业性极强的工作,对编辑主体的素质有着很高的要求。而辨识鉴审,既需要眼光,也需要经验;既需要水平,也需要方法,更需要掌握大量学术情报、研究动态。搞学术编辑的人,头脑中应当储存大量的、新鲜的学术信息,而且所有相近或相邻的学术信息都应尽可能多地收集储存。这对辨识和鉴审学术论文是大有好处的。一个编辑,不可能对许多专业都有深入的研究,但可以对许多专业(特别是相近专业)的研究情报,对它们的成果和动态,对它们的过去、现在和将来有个大致的了解。学者型编辑不仅应该是杂家,而且是专家,必须要对文科论文的学术性有深刻的把握和认识。学术性是文科论文鉴审的首要特性,学术编辑必须对此了然于胸。所谓学术型,包括两个方面:一是指学理,一是指方术。学理方面讲究渊源、承继、发展、创新,自成理论体系,具有科学的严密性;方术方面讲究方法、技术,资料的搜集、整理、分析和综合,具有一定的应用价值。简单说,学术性就是理论性与实用性的统一,是学理与方法的统一。学术性是鉴审学术论文的首要标准,是论文能够进入学术刊物编辑程序的前提。学术论文的学术性是有强弱之别的,有的学术价值大,有的学术价值小,判断的主要标准在于创造性的大小。文科论文的学术价值,应当看它在学术上有没有创造性,是否提出了新问题,是否发现了新材料,是否作出了新的论证,是否得出了新的观点。无论从学理上、材料上或方法技术上只要有创新,这本身就是学术事业前进的标志，就是科学成果的点滴积累，就有价值。

段：能够讲述一下您参与创办河南大学编辑出版教育的情况吗？

王：20世纪80年代初，编辑出版领域的学术思想、教育教学和出版产业飞速发展，共同形成了一个编辑出版业发展的高潮期。从1983开始，出版社机构改革，采用分而治之的办法，把大的出版社分散成许多小的出版社，使得全国出版社的数量在两年内飞速增长，原来全国200多家出版社两年内就发展为500多家。例如，当时河南省就从仅有的一家人民出版社，划分为10家出版社，这是我国出版史上了不起的飞跃。出版社数量增多但是编辑队伍一时难以迅速壮大，编辑人才奇缺，编辑人才队伍水平参差不齐，这引起了我的高度注意。在出版实践中，从社会各界调人才填补编辑队伍的空缺，没有编辑理论和实践基础，有时候让出版工作漏洞百出。随着改革开放的深化，我国文化事业大发展，各类出版物的数量、版面也骤然增加，报纸版面的拓展，种类的增多，高校的学报数量增多，《河南大学学报》就增加了社会科学版、自然科学版，学校还创办了《中学语文》《中学英语园地》等刊物。以前编辑需要做一份工作，现在要变成两倍甚至几倍的工作量，任务加重，编辑人才又稀缺，编辑人才队伍建设步伐一时跟不上时代发展的需要。当时国家编辑队伍建设上，出版社缺人力，编辑者缺才智和能力。新编辑急需培养编辑知识和实践能力，进行初步培训，老编辑需要适应时代发展的需要，补充新的营养。人才的培训工作、人才的实用问题一下子摆到了眼前，这一点我是深有体会，在编学报的过程中常常为编辑人才缺乏犯愁作难。新闻出版管理机构也高度重视编辑人才问题，不仅从社会各界调人才壮大编辑队伍，而且开始鼓励高校进行编辑培训工作。当时河南没有编辑出版专业，只有一个中等出版学校，规模很小，教学质量也不高，跟不上社会发展的需求和媒介发展的需要。在主持《河南大学学报》编辑工作的过程中，我就很重视编辑队伍建设，积累了一批优秀的编辑理论和编辑业务相结合的人才。为了更好地服务编辑人才队伍建设，

我和老同学宋应离一起大胆地争取河南省委宣传部的支持，决定由河南大学学报编辑部牵头开始开办编辑培训班。培训班以短训班的形式，从1983年开始，第一期培训班招收的学员有来自河北、青岛、海南、云南等全国各地出版领域的业务人员。培训班的任课教师都是学报编辑部的教授兼编辑，有实践经验，也做过编辑出版的相关研究，但是编辑教育教学还是第一次，都没有经验。当时教师们都采用分任务的形式，根据自己的研究问题，自己的编辑经验，自己关注的领域，每人分一个题目进行研究，先写成文章，把各自的研究成果写出来，然后在每周四下午业务讨论时间时，进行集体讨论，讨论结果出来，综合多方意见修改完善后，再给学员们讲课，学员们也会根据相关问题提出自己的看法，形成争鸣。为了带动学报编辑部群体进行理论研究，作为学报文科版主编，我率先垂范，开始研究编辑理论问题。根据编辑实践中问题的需要，我撰写了《文科学术论文的鉴审问题》一文，请学报编辑部的编辑们讨论，然后作为上课的教案给学员们上课，主要论述编辑怎么审稿，怎么编辑。这种教学和研究形式在全国影响力很大，在社会上形成了编辑出版研究高潮，为编辑出版学建设打下了坚实基础。在我的鼓励支持下，编辑部的教师们根据自己的研究领域各有分工，例如司锡明教授讲自然学术类论文的编辑问题，胡玉祥讲史学编辑的问题，宋应离教授讲学报本身的编辑问题和学报史。除此之外，编辑部利用当时培训班在全国的热潮，请各地业界的名家来讲课，如《光明日报》的编辑来讲报刊编辑实践，河南大学出版社的总编讲地方志的编辑业务。1984年和1985年全国开始办学报编辑培训班，各个地方邀请河南大学学报编辑部的教授和教师们去全国各地讲课，编辑部几位教授的研究成果印成讲稿发放给全国各地学员，逐渐引起了全国编辑学界的注意。为了提高编辑培训班的影响力和教学质量，我提议在郑州举办全国性的会议，邀请当时出版界、新闻界、教育界等各个媒体的编辑人员来参加，这其中水平高的请他们讲课，年轻或者刚参加编辑工作没有编辑经验的，让他们参加学员班听课。会议还邀请了全国出版界的领导人、省的相关部门的领导人讨论编辑培训教育工作。学报编辑部办的培训班总体上采用老带青的方式，培养了一大批社会急需的编辑专业人才。

　　1984年3月至6月，时任中央政治局委员的胡乔木在讲话中多次提出在我国部分高校开办编辑专业的建议。1985年，编辑专业首先在北京大学、南开大学、复旦大学试办。看到这一情况，我和宋应离商议，河南大学学报编辑部为什么不借此东风，尝试筹备开办编辑出版专业呢？最后我们决定朝着这个目标努力。招生前夕，我和司锡明教授去北大、南开、复旦等各个高校进行了考察，分析这些试点学校的办学状况，发现编辑学本科生教学中普遍存在很多问题：一方面本科生缺乏编辑的专业基础，没有深入开展研究的能力和热情；另一方面老师没有来自精通各个专业的全才，不能胜任本科编辑专业的教学任务。因此，我、宋应离和学报编辑部的其他老师一直商定，先在河南大学招收编辑学研究生。1986年，经河南省教委批准，河南大学学报编辑部开始在全国范围内面向理工农医的各类专业招收编辑学硕士研究生，第一年录取了李频、王衍诗、何玉冰3名研究生，分别挂靠在文学、教育、地理硕士学位点。研究生考试的初试挂靠在各个专业上进行考试，复试考查学生的编辑学知识。

　　段：您如何看待编辑出版学科和编辑出版教育的完善发展？

　　王：编辑学的学科发展是和编辑专业教育相辅相成的，编辑专业教育的发展促进着编辑学学科的发展，编辑学学科发展又引领着编辑教育的发展。编辑出版学的科研与教学相辅相成地发展，又极大地推动了整个编辑出版事业。我国科技学术期刊与人文社科学术期刊的编辑规范标准，都是高校的编辑学研究者们逐步制定出来的。国家新闻出版署颁布的《图书质量保障体系》、报刊管理工作的一些改革措施，如分级评优的标准等规定，也与编辑出版学的科研与教育不无关系。中国编辑学会发起和组织编写的《图书编辑工作规程》《编辑学理论纲要》，以及新闻出版署编辑出版学教材编审委员会主持编撰、辽宁教育出版社出版的18种专业教材，都为编辑学的普及和在实际出版工作中的应用，发挥了重要的指导作用。在快速发展的同时编辑学学科发展面临着现实问题，主要是学科地位不科学、不合理的问题，这严重地制约着编辑学学科的建设。编辑出版学虽然已被国家教育部列入大学本科专业目录，但处于三级学科地位，不利于这一新兴的、带有交叉性和横断性学科的发展。1998年修订的高校本科专业学科目录中，增设了一个一级学科———新闻传播学，下设两个二级学科：新闻学与传播学。在二级学科下面，又设有广告学、编辑出版学和图书发行学等。现有学科目录中编辑学没有被正式列入造成编辑学学科地位弱化，不利于其健康发展。我以为，倡导重视综合性的素质教育是完全正确的。但教育的综合性是以学科研究的分析性为基础的，没有精细的、科学的分析研究，就谈不上现代化的整合性素质教育。我建议给编辑学以独立的学科地位，倡导学科目录的调整完善。应推进编辑学、出版学的发展，逐步使其布局合理、结构系统、层次完善、门类精密。应修订现有的硕、博专业学科目录，在传播学的学科之下，增设编辑学、出版学等新的学科。研究生层次的学科专业目录，不应以倡导综合素质教育的正确思想来掩盖科学研究中学科分目不精细、层次结构不健全的缺点，应当从实际出发，从科学出发，给编辑学以合理合法的学术地位。在相应的科学研究机构、学术委员会、科研项目与成果评审委员会中，也应给编辑学、出版学相应的席位，使这个新兴学科有自己的代言人，使其在众多传统学科的缝隙中找到自己的发展空间。

段：王老师，特别感谢您接受我们的访谈，最后，祝你身体健康！

王：谢谢你的祝福。

16 | 宋应离教授访谈实录

受访人：宋应离
采访人：郭　晶
时　间：2020年10月31日上午
地　点：河南大学档案馆（图书馆东楼）

宋应离

男，1934年4月生，河南省郾城人。1956年加入中国共产党，1959年开封师院（现河南大学）中文系毕业，后留校任教。先后任中文系党总支副书记、校党办副主任、校党委委员等职。曾任河南大学学报编辑部主任、河南大学出版社社长，现为河南大学教授、河南大学新闻与传播学院兼职研究员、黄河科技学院兼职教授、中国编辑学会会员、编辑学硕士研究生导师，是我国当代最早从事编辑学研究的学者之一。

他从事教学、编辑工作40多年，坚持教学、编辑、科研三结合，对编辑学理论、编辑学史料以及学报的研究有很深的造诣。曾发表《我国大学学报四十年》《学报编辑工作三题》《办好高校学报应解决的几个问题》《中国高校学报管理体制的历史沿革》等文章30余篇，主要著作有《中国大学学报研究》（河南大学出版社1987年）、《中国大学学报简史》（中州古籍出版社1988年）、《中国当代出版史料》（8卷、国家"八五"社科基金规划项目、大象出版社1999年）、《中国期刊发展史》（河南大学出版社2000年）等。在中国编辑出版学学科发展史上第一个被称为编辑学家。

郭晶

男，1986年2月生，2015年毕业于南京大学，获管理学博士。现为河南大学新闻与传播学院硕士生导师，编辑出版系主任，编辑出版研究中心研究员。从事编辑出版学的教学科研工作，研究领域为数字出版、新媒体传播。

郭晶（以下简称"郭"）：宋先生您好！很高兴您能接受我们的采访。我们知道，您自从1955年来到河南大学求学，此后就一直生活、工作在河大。那么您能不能简单地回顾一下您在河大的一些比较重要的求学和工作的经历？

宋应离（以下简称"宋"）：我 1934 年生于河南省漯河市，1955 年考入河南师范学院（现河南大学）中文系；1956 年元月加入中国共产党；1959 年毕业留校任教，先后教授中文系的文艺理论，政治系、艺术系的文艺理论、外语系的现代文学名著选读等课程。1973 年－1978 年先后任中文系党总支副书记、校党办副主任；1978 年－1990 年任《河南大学学报》主任、主编；1990 年－1994 年任河南大学出版社社长；1997 年退休；1986 年－2012 年，担任编辑学专业硕士研究生导师，先后指导研究生 40 余人，出版学术专著 10 部，共计 1100 万字，发表学术论文近百篇。

1989 年获得河南省优秀教师奖，1990 年获全国高校文科学报事业突出贡献奖，2006 年获中国高等教学学会新闻传播专业委员会中国新闻教育贡献人物奖，2011 年被评为新中国 60 年 100 个有影响力的期刊人。

下面我就几十年的教学、编辑、科研三方面的情况向领导和同志们做一个汇报。

第一，当好校报通讯员。1955 年我入学之后看到学校有张小报，就是《河南师范学院报》。上面的内容很丰富，学校重大的事件、团的生活、党的生话、学生的学习生活、教师的教学经验，内容很广泛。我非常感兴趣，就开始给校报投稿，经常出入于师生之间进行调查，写通讯报道。每当学校有重大活动，开什么大会，我事先到现场调查谁将出席会议、规模大小、会议内容，都作详细了解。到第二天开会的时候，我在会场上边想边写，会议结束稿子基本上都写出来了，第二天就见报了。当校报通讯员，有它的好处，培养我的观察能力、思考能力、写作能力。我记得 1959 年底《中国青年报》发表的一篇文章《为了六十一个阶级弟兄》报道了山西平陆县 61 个民工因吃饭中毒，后来全国人民帮助抢救。"一方有难，八方支援"，全国各地都伸出援助之手，帮助他

们救治,给他们买药送药,这个事情很感人,《中国青年报》就发表了《为了六十一个阶级弟兄》的长篇报道,我就根据这个事件写了一篇评论,《震撼人心的共产主义凯歌——读＜为了六十一个阶级弟兄＞》发在校报上。为校报写稿对我的写作能力有很大提高,在这4年多时间里我给校报写稿大概有80多篇,你要翻开"开封师院"那个校报,可以说每期基本上都有我的文章。那时候我的大学同学称我为"小记者",所以那时我对学校的情况是比较熟悉的,与那时候我经常采访、调查、访问学者有关系。

第二,办小报。我在学生期间办的一个小报叫《红旗报》。当时只有三四个编辑,我是负责人。1958年中文系师生上太行山大炼钢铁采矿,这个小报也跟着上山,这个小报办得很活跃,鼓舞了学生的士气。1959年我们到三门峡大坝劳动,小报也照常出版。10月,在三门峡办小报期间恰好遇到周恩来总理来视察,当时中文系学生在大坝劳动,周总理在大坝接见了我们中文系的全体师生,在大坝上问系主任钱天起是做什么工作的,来这里干什么呀,钱主任说我们是来劳动的,周总理听后很高兴,笑着说教育与生产劳动相结合很好嘛。

郭:1959年《河南日报》发了这个消息。

宋:后来周总理到大坝跟学生交谈,在其他地方劳动的人都来了,围着周总理跟他说笑。周总理很高兴地说,你们劳动很好,现在可以学点儿水利,回去以后好好学习功课,又劳动又懂点水利,将来去教中学生就有东西可讲了,鼓励学生学点东西学点技术,当好中学教师。根据周总理的讲话,我和中文系的两个教师很快写出了一篇报道,题目叫《亲切的教导,巨大的鼓舞——周总理在三门峡工地勉励我院师生参加生产劳动》。这个报道最早登在《三门峡日报》上,后来校报做了转载。

第三,1959年11月,共青团中央第一书记胡耀邦同志来到学校考察。当时学校正在开第四届团代会,胡耀邦在会上热情洋溢地发表了讲话。他说全国现有大学生81万,正规的大学生按人数如果加上地方

大学生100多万,党的知识分子政策落实了,党的知识分子队伍已初具规模。我们党的奋斗目标就是实现社会主义、共产主义。知识分子的任务是16个大字——立下革命雄心大志,赶上世界先进水平。然后他说,谁说教育工作不重要,教育工作重要得很,我们这一辈人以钦佩的眼光佩服孔夫子、孟夫子,但他们都是一般的教育家,你们呢?是红色的教育家、共产主义教育家,你们要看重自己的地位,要看重你们自己,红色教育家光荣得很。祝你们朝着红色教育家、共产主义教育家的方向前进、前进、再前进!胡耀邦讲话非常有感情。

郭:宋先生,通过您的工作经历,我们知道,您从《河南大学学报》编辑部到河南大学出版社,一直都工作在出版一线,这段宝贵的出版工作经历,对于您参与创办河南大学编辑出版学科和从事编辑出版学科研、教学工作,具有什么样的重要影响呢?

宋:1978年,根据党组织的安排,我到学报编辑部担任编辑部主任、主编,从1978年干到1990年,一干就是13年。在学报工作期间,我深感自己的责任重大,因为学报是反映教师科研成果的一个园地,培养学术新人的苗圃,展示学术成果,传播万里书香的窗口。50年代厦门大学校长王亚南曾说过,办好大学有三个条件,第一,有一支优秀的教师队伍。第二,有个藏书丰富的图书馆。第三,有个好的学报。这话讲得很有道理。我深感自己的责任重大,所以在办刊当中坚持正确的办刊方针,十几年来没有发表过有错误的文章,坚持正确导向,为推动学校的教学科研做了一定的贡献。

在办学报当中,我们注意突出个性,办出特色。我的观点是,与其全部平庸,不如局部突出。说全部平庸,就是一本学报发表几十篇文章都平平淡淡,没什么用。与其这样,还不如发表那些有创新性的、个性突出的几篇好文章,有个性的东西都能吸引人、启发人。我是很注意突出个性,办出特色。河南大学位居开封,河大历史系有一个宋史研究机构,所以我们就在学报上开辟宋史研究专栏,发表宋史研究的文章,很

受欢迎。另外还开辟一个专栏——中原文化研究,河南地处中原,自古以来的文化底蕴很丰富。这两个专栏开办以后很受欢迎。

再一点就是在编辑过程中履行主编职责,把好质量关。注意在编校中消灭差错,精益求精,提高编校质量。我作为一个主编应该对学报整个内容负全责,每当编辑把稿子编成以后,我都要细细看,印之前要再细致看。当时我和王振铎老师,我们两个分工,每期的稿子印之前都要看一遍,直到没有错误才放心,做到尽责心安。有时候哪篇稿子出现一个错误,夜里睡觉想起来了,立即第二天就给印刷厂打电话改正。再一个是调动大家的积极性,营造一个和谐的、优秀的团体。编辑部十几个人,每个人都有自己的专业,每个人都有自己的个性。有的深思熟虑,有学术眼光;有的对工作爱提意见,积极性很高;有的沉默寡言,踏实工作。在讨论编辑工作、发表意见的时候,经常是各抒己见、畅所欲言。各个意见纷纷,有时候是吵得面红耳赤,但是我都不计较。知识分子,我认为都有他自己的个性,要尊重个人的个性。虽然争得面红耳赤,但大家散会以后干起来都是积极肯干,干得很好。编辑部是一个和谐的团体,优秀的团体,大家当时很愉快。

学报编辑部的王华生老师,对这段生活有一段回忆。王华生有一篇文章《一个编辑成长的心路历程》,刊登在河南大学出版社出版的一本书上,叫《笔墨春秋——我与河南大学学报》。他这样回忆道:"这个优秀的团队的核心、领导是宋应离老师。他采取的是无为而治,弹性式领导的方式,无为而无不为。在我心里宋老师有几点印象非常深刻:他是一个大家公认的好领导,平实严谨、朴实无华,既没有架子,也不张扬,看上去再平常不过了,但在我的印象中,他却又是一个极富主见、最能料事的人,一句话,心里很有数。只要他认为该做的事,好事,一定能做成;相反,只要他认为不该做的事,你就是再折腾,也别想掀起什么风浪,就像农村人常说的一句话:鞭杆不动气死鞭梢摇。并且,在做任何重大决策以前,宋老师总是能够让每个人充分表达自己的意见和建议,常常是为不同意见争得面红耳赤,但是大家心里都是很愉快的,舒畅的。因此,有宋老师的坐镇,编辑部多年风和日丽,阳光灿烂,除了工作就是科研,一派太平盛世的景象。"他说的可能有点夸张,对我表扬太重了,但是大家确实很愉快,编辑那些年干得很红火。

王华生接着说:"宋老师为人处世堪为楷模。工作总是默默无闻地去做,名利面前却总是悄悄地走开。当时,他既做主任、主编,又是一般编辑中的一员,每一期都承担着和一般编辑相同的编辑和校对任务。除此之外,每期稿件在付印之前,他还都要亲自认真通读一遍,发现一些问题,然后用电话通知中牟印刷厂一一改正,之后才能付印。那时候,我去中牟印刷厂定稿回来后什么也不做,第一件事情就是将定稿送到宋老师手里,因为肯定,那个时候他一定是在他那个小小的办公室里等着我……宋老师说话很平和,一点也不强人所难,但他只要想做的事,又是一定能够做成功的。就拿编辑学研究来说,在河南大学这所普普通通的高校里,河南大学学报《编辑学研究》栏目能领全国风气之先,宋老师功劳第一! 他既是积极的参与者,又是最有力的组织者和永远也不知疲倦的推动者、鼓动者,并且几十年如一日。在他坐镇编辑部的几年里,周四下午学习,编辑学研究是必谈的话题。我们很多人都是那个时候在他的鼓动下步入编辑学研究领域的。在我心里,宋老师是河南大学编辑学研究的第一领头人! 他的作用是其他任何人都难以替代的。"这是王华生对当时那段生活的回忆。

由于学报的成绩突出,曾受到教育部的表扬。教育部高教司司长黄天祥,1984 年 10 月 7 号在教育部召开一次学报改革座谈会上说:我看到河南师大学报(当时校名叫河南师大)的材料,他们为全省举办了学报编辑培训班,这在全国是较早的。他们的编辑部力量是比较强的,12 人中的两个人负责自然科学版,大家的职称基本都评上了,其中有几位被评为副教授。为此,以教育部名义发了一份简报。这是我讲的第二个问题。

郭：宋先生在河南大学出版社工作期间，河南大学出版社先后出版了50余种编辑出版学理论著作和教材，奠定了河大编辑出版学在学界的地位，也对编辑出版学整体学科建设发挥了重要影响。宋老师能不能谈一谈编辑出版专著背后，或者是您主持出版的其他图书背后的一些故事。

宋：我国是一个有5000多年悠久历史的文明古国，文化积累很深厚，典籍丰富，在历史的发展长河中，众多的文化遗产得以传播保存，其中一个重要的原因就是编辑们的收集、整理，为后人积累了丰富的文化遗产。但是长期以来没有人重视编辑工作，没有人认真研究，把编辑出版工作和编辑学真正作为一门学问是从20世纪80年代伴随着我国的出版业的发展而兴起的。我国思想战线的杰出领导人胡乔木审时度势，深谋远虑，他在1983年3月6日和6月写给教育部的信中提出：要在我国几个大学开办编辑专业，开展编辑学研究。在胡乔木的倡导下，北京大学、南开大学、复旦大学相继开办了编辑学专业，紧接着，我们河南大学也开始创办编辑专业，开展编辑学研究，河南大学成为最早开办编辑专业的高校之一。促使河南大学学报编辑部开展编辑学研究的一个动因是河南大学学报编辑部在此之前，在全省举办了几次编辑出版教育培训班，河南省的众多期刊的编辑、主编、社长集中在河大开办培训班进行培训，通过这个培训班的讲座，大家认识到编辑工作的重要性，大家列举了当前出版物中出现的很多错误：质量不高、差错过多，原因之一就是编辑素质太低，需要提高培训。

我们不但在河南办了几期编辑培训班，而且在山东的烟台、河南的洛阳、海南岛、河北的石家庄先后又办了十多期培训班，参加人员800多人。在培训班当中坚持理论联系实际，教学效果很好。学员们普遍反映，过去认为编辑工作只是技术性的工作，实际上这中间大有学问。通过这几期培训班，编辑部的同志更感觉到要想提高出版工作的质量，促进出版繁荣，其中最根本的一条就是要培养政治强、业务精、懂出版的编辑人才，为此我们萌发了招收编辑学研究生这个念头。

为了开辟编辑学研究，我们在学报1985年第一期开辟了"学报编辑工作论坛"专栏，后来改称"编辑学研究"，这个专栏一出现就受到学报界的关注。山东大学的《文史哲》编辑部主任刘光裕教授给编辑部来信说：这是一个大胆的、有远见卓识的创举，一来可以为编辑提高素质创造条件，二来为编辑学的研究提供一个阵地。南京大学学报的主任蒋广学称赞说：你们开辟了这一个专栏，开展编辑学研究，这个旗帜举得好。专栏内容突出学术性，理论性，应用性，把有突出个性特色的编辑理论文章作为重头稿件。专栏发表了很多贴近编辑实际的文章，还有一些理论性探讨的文章，比如说当时我们发表一篇我们学报编辑部王振铎老师的一篇文章《文化缔构编辑观》，这篇文章发表之后引起广泛关注。围绕编辑的性质，编辑的功能，开展了两年多的讨论，在全国出版界有很大的影响。

办好专栏要靠一支高水平的作者队伍，我们先后邀请了国家出版局局长边春光，《红旗》杂志原副总编苏双碧，中国人民大学的新闻系专家、博士生导师方汉奇，中国社科院的知识产权中心主任、博士生导师郑成思，原中国出版科学研究所副所长邵益文，人民出版社编审林穗芳，青年学者李频等，给专栏写了一批高水平的稿件，进一步扩大了专栏的影响力。专栏自1985年开办至今，已经走过了35年的历程，学报的主编换了几茬，但是这个专栏一直坚持下去了，专栏前年被教育部评为名栏目，全国学报名栏目就几家，河南大学是一家。这个专栏的开辟带动了编辑学的研究，加之几年来在省内办编辑培训班的经验，使大家明确了一个问题，要搞好出版必须培养一支高水平的编辑队伍，为此我们开始准备招收编辑学研究生，这个想法其实我们已经想了很久，到1985年底才正式确定下来，从1986年开始招收编辑学研究生。

1985年12月10日，我在《光明日报》写了个消息，题目是《河南大学学报招收编辑学研究生》，消息说："为了适应我国编辑出版事业发展的需要，加速对高级编辑人才的培养，经上级批准，河南大学学报编辑部从明年起首次招收编辑学研究生，目前担任教学任务的教师正制订教学计划，着手编写教材，及早做好了开学准备。"这100字的消息引起了很大的轰动。一石激起千层浪，短短的100个字的消息刊出后在全国引发了强烈的反响，很多学生和青年编辑纷纷给编辑部来信，打电话，询问编辑学研究生招生的事宜。

在短短的两三个月之内，编辑部收到了全国20个省市、60多个单位和个人100多封来信表示愿意报名应试。北京中医学院的一位青年编辑来信说："你们带编辑学研究生这正是我们早已想过而未能实行的，你们编辑部带研究生是解决编辑后继乏人的根本措施，值得推广。"华中工学院的一位青年编辑来信说："我们是刚从大学毕业走上编辑岗位不久的青年编辑，编辑学是一门很有发展前途的学科，对此我们非常感兴趣并希望在这方面有所造诣，得知贵部招收研究生我们非常高兴。"湖南农学院学报编辑部一位同志在来信中说："贵部干了一件了不起的事情，准备招收编辑学研究生，让我这个刚走上编辑岗位的编辑工作者向你们表示衷心的感谢和祝贺，你们的工作将极大地启发广大编辑工作者，特别是年轻编辑工作者的热情，使他们能更好地安心本职工作，更加热爱本职工作，这是前无古人的事情，这件事确实是有深远历史意义和现实意义的。"来信好多，都是赞扬这个事情，表示愿意参加应试，编辑部从100多位报考者中录取了3名,1987年到1988年又录取了8名。

于此，为了满足出版部门的需要，从1986年之后，我们又分别招收了在职编辑研究生（在职的就是不脱离工作岗位的），我们又和北京印刷学院合办了五期在职培训研究生，大概有300多人，这个影响就覆盖全国，各省都有，包括新疆的都有，我们定期上北京讲课，很受欢迎。像我们的首届编辑学研究生，李频已是中国传媒大学的博士生导师，现在影响都很大了。我们另一个研究生叫王衍诗，开始在光明日报社工作，后来到珠海当纪检委员会的副主任，现在是广东省人大常委会副主任，从事行政工作了。第一届研究生在全国范围内影响很大,现在我们的编辑学研究生遍布全国各地。我们一到北京都看到我们的很多学生在不同的编辑工作岗位上工作,我们每到教育部、出版署开有关会议,这两个机构都承认我们河大这个编辑学研究生培养工作。他们也在河南大学召开过几次座谈会,征求怎样培养编辑学研究生的意见。

一个新生事物的出现开始往往不被人重视。正当我们几个学校编辑学研究生招生之时,由于编辑工作平常不被人重视,社会上人们普遍存在一种编辑无学,重著述轻传播的偏见,一说这个专家这个学者出版很多作品,很重视他的著述,但是很少知他们那个书是怎样编出来的,他们背后的编辑是怎么辛苦的。在编辑无学的影响下,有人说过去没学过编辑学的编辑不是照样编出好书了吗?过去的名编辑哪一个是科班出身学过编辑学,不是也编出许多名著吗?更为可怕的是一些行政部门领导对它也不重视。有一次我和王振铎老师去北京向主管部门汇报我们招收编辑学研究生的情况,一个处长接待我们,听说我们招编辑学研究生,他顺口说出来:招什么研究生?编辑工作在国外都是高中生干的。这像一碗冷水一样泼到我们头上,这说明领导部门也轻视编辑工作。后来有一次我们见到新闻出版署副署长刘杲同志,我们说了这个事情,刘杲同志笑了笑说,不管他,你们认定你们自己做得对你们就去干,走下去。刘杲同志给我们打气壮胆,使我们更加坚定了招收编辑学研究生的信念。

招收编辑学研究生以后遇到两大困难:一个是怎样授学位,因为编辑学专业当时没有硕士授予权,我们就和教育系、地理系、中文系联合培养研究生,借助他们的学位来授学位,这叫"借鸡下蛋",这是第一个困难;第二个困难是没有教材来教学生,过去我们掌握的都是些零零碎碎的东西,没法系统地讲课,所以我们就下定决心编教材,根据工作的需要,结合自己的专业分工编写教材。当时的王振铎老师负责编《编辑学通论》,张如法老师编《编辑社会学》,阎现章老师编《中国古代编辑家评传》,我来编写《中国大学学报简史》。过去很少有人研究中国大

学学报的历史,在这方面没有任何可以借鉴的资料,只能翻阅大量的学报去探索。河南大学是一所老学校,图书馆储存的旧大学学报大概有100多种,当时电脑没有广泛应用,我就只能用笨办法,对学报一本一本的翻阅,抄写复印,记下有关的资料。工作的进行是很紧张的,几乎天天在馆内查阅,数九寒天,寒气逼人,三伏酷暑,汗流浃背,我从不停息。

经过一年多的查阅,我翻遍了河南大学图书馆内近百种旧中国大学时期的学报。有些著名的、有代表性的学报,本校图书馆没有,还需要到外地去查询,我只好利用到外地开会的机会去查阅有关资料。1986年的春天,我在北京开会,住在市区,一天上午会议刚结束我便匆忙赶往清华大学图书馆查阅、整理清华大学学报的有关资料。当时赶到图书馆的时候已是中午11点,图书馆工作人员将要下班,为了节省时间,方便下午查阅资料,我决定放弃吃午饭的机会在学校等待,中午不再回市里。恰好那天中午天空阴云密布,雷雨大作,无藏身之地,我只能在清华大学图书馆的走廊里坐等。等了一个中午,到下午2点半图书馆开门我才进去查阅资料,一直查到下午5点,复印完清华大学学报有关材料之后,才返回到住地。

郭:有次您在武汉大学图书馆查资料,是不是也是因为看这些学报被锁在图书馆里?

宋:是的。那一天过得很紧张,中午没有吃饭但似乎忘记了饥饿,查到了有关资料的时候内心是愉快的。旧时代的报刊分藏在国内许多著名的高校图书馆里,为了进一步查资料往往需要到几个图书馆去查阅。武汉大学是名校,图书馆藏书丰富,旧刊很多。1986年冬天,我专程去武汉大学图书馆查阅资料。武汉大学图书馆是新旧两个馆,坐落在珞珈山上下,两馆相距一里多地,从山上旧馆查出的报刊还需要跑到山下去复印,然后再将刊物抱到山上归还,怀抱着10多斤重的刊物,半天往返几次,深感吃力。当时我刚做过直肠癌手术不久,身体虚弱,图书馆的一位管理人员说，你身体不好怎么自己来查材料，也不找别人帮帮你。我笑着说，查材料这种事情别人不好代替，自己亲自动手才真正可靠。当时我坚信只有靠我自己的坚强毅力才能够战胜困难，完成预定的任务。

学术研究是一个不断积累、不断探索、不断发现的过程，应在前人研究的基础上有所创新、有所发现，绝不能人云亦云，顺流而下。这是一个艰难的过程，但一旦发现新的东西，就好像出海的渔民在大海中找到珍贵的珠贝一样，分外喜悦。1988年春天，为了进一步查阅有关资料，我去南京图书馆龙蟠里分馆查阅旧报刊，在一次偶然的机会，我发现一本刊物，看到了1906年苏州东吴大学创办的《东吴月报》，看到创刊号叫《学桴》。在创刊词中开宗明义地宣称，《学桴》是表学堂之内容，与学界交换知识的。"桴"就是过河的工具，新旧交替时代过河的工具，文化上互相交流的工具，他的名字就是这样来的，这是个比喻，说明这个刊物的功能与作用在当时是新旧文化交替时期，学术刊物担负着传递信息，起到为文化传播摇旗呐喊的作用，这是对刊物作用的一个形象的说明。在创刊号上还刊登了月报的内容介绍，包括办刊宗旨，栏目设置，取稿标准，研究机构，人员组成，从他刊登的文章看学术性虽然不强，但是总有一定的学术意义，具备了中国早期大学学报的雏形。

当时我内心十分高兴，这不正是我多年来寻找的学报吗？这是个新的发现。因为对中国大学学报创办于何时，在学报界有不同的看法，普遍认为最早的大学学报是1919年北京大学校长蔡元培创办的《北京大学月刊》或1917年创办的《复旦》杂志，但从学报的宗旨内容来看，他们都不具备刚才说的《东吴月报》那种特点，所以《东吴月报》是我国近代最早创办的大学学报，可以说是令人可信的。

经历4年时间，查阅了旧中国我国近300多家大学学报，以及新中国建立后的300多家新的学报，积累了大量有关学报的原始资料，在此基础上，经过梳理撰写，《中国大学学报简史》于1988年底由中州古籍出版社出版。全书对近百年来大学学报的发展变化分阶段进行概述，勾勒了大学学报整体风貌，充分肯定中国大学学报在近代历史发展进程中的作用，对推动中国社会的发展具有重大作用，用历史唯物主义的观点总结了前进中的中国大学学报的创办经验和教训。这本书出版后，受到学报界的普遍欢迎。有一篇文章在《博览群书》上发表，它这样评价："《中国大学学报简史》洋洋31万字，有史有论，史论结合，作者从文化背景上在历史的纵横处多视角地透视了大学学报的发展历程，简略地勾勒出中国大学学报的轮廓，填补了报刊史研究的空白。"新疆大学学报编辑部徐霞，河南师大学报编辑部孙景峰，在1996年第四期《文史哲》上撰文评价说："《学报简史》第一次构建了我国大学学报的结构体系，作者结合中国历史的发展阶段，根据我国大学学报发展的实际情况，将中国大学学报的历史分为几个阶段，作者以研究者的身份，对学报史的许多问题提出了独特的见解，不仅资料丰富，而且立意和结构都较为新颖和科学，具有较高的学术价值。"

随着大学学报研究的深入发展，对中国最早的大学学报产生于何时这个问题，我们历经20多年的逐步研究，一致公认1906年这个《东吴月报》是中国最早的大学学报。2006年5月，全国人文社会科学学报研究会在苏州大学开会，庆祝学报诞生一百周年。一直认为1906年的《东吴月报》是中国最早的大学学报，比原来《北京大学月刊》创刊提前了13年，所以这是个新发现。这是新中国建立后的第一部大学学报简史，这是我的第一个创新。

学术研究是一个十分艰苦探索的过程，其间的困难是外人难以想象的。就这本学报简史的写作来说，从开始到成书，我先后跑了4家图书馆，广泛收集资料，有时这个工作还不被人重视，还遭人白眼。有一次在南京图书馆印刊物封面的时候，我问一个管理员说能不能把那个封面印一印？她马上说，封面叫你看看就不错了，你还印什么封面，印封面刊物就受损了。封面选好了就一直没印，后来我托一个学生在中山大学图书馆找到这个学报才印了一个封面。

学术研究是很困难的事情，不但辛苦，而且还遭到别人不公正的待遇。在撰写过程中真是不顾春夏寒暑，坐下写作一坐就是半天，真是茶饭不思，全身心投入，这时才真正体会到明代编辑家毛晋所说的"夏不知暑，冬不知寒，足不出户，夜不掩扉"，白天不出户，夜里不关门，日夜不停。这真是头颅如雪，目睛如雾，头发白了，眼睛看不见还在干，每当我从图书馆出来的时候，都是面前一片黑，几分钟看不清人。由于我看的旧刊物尘封久了，一拍尘土飞扬，一捅鼻子一层灰，我说的一点也不夸张。有一次我在河大图书馆查材料，由于专心致志，一心一意，全身投入，到中午图书馆下班了我也没有出去，还在那里坐着。后来，图书管理员把门锁住了，我出不去。我趴到窗户上叫别人喊来管理员才把图书馆的门打开。

学术研究也有它的愉快，一旦在学术研究中有所发现、有所收获之时，也是其乐无穷的。正像古罗马一个博士克莱修所说的："世界上所有的愉快，没有比攀登于真理的高峰之上，然后俯视未来路上层层迷障、烟雾或曲折更愉快了。"说的是学术研究也有愉快的时候，一旦成果出来也很愉快。我写这个大学学报简史，这是开创了全国大学学报第一次之先。写这本书深感没有资料没法研究，占有资料是学术研究的开始，所以查资料要耐心细致。查找资料耐寂寞，冥思苦想细斟酌，崇尚实学去浮言，心无旁骛更执着。学术研究很艰苦，可以说是"攻读夜当午，汗滴座下土，谁知手中篇，字字皆辛苦"。

刚才我讲的那是我写的第一部《中国大学学报简史》，下边我还想讲一下中国期刊发展史的写作，这是我编写的第二部编辑学教材。中国期刊的产生大概是从1815年开始，距现在有200多年的历史了，但是过去很少有人把中国期刊发展的过程进行梳理。鉴于教学工作的需要，我在前几年的教学中和我的同事、学生，3个人决定写《中国期刊发展史》。这本书写了10年，说实话这个写作过程是很艰苦的。把中国

1815年以来的期刊，包括戊戌变法时期、辛亥革命时期、新中国建立以后、新时期改革开放时期的期刊加以梳理、整理、写作，这是一个大工程。

这个书出来之后受到了出版界的广泛好评。新闻出版署期刊司的司长张伯海是研究期刊的专家，他在为这个书写的序言当中做了这样的评价："作者从期刊为社会进步服务的角度审视二百年期刊的发展，把这一朴实的历史唯物主义史观贯彻全书之始终。""善于运用点线结合的编写方法……以做到提纲挈领，铺陈得体，这是史家的功夫所在。"通过这本书的写作，深感到资料的重要。有了资料这东西就可以说是心里有底气，写起来有活力。刘杲同志在郑州一次讲话当中这样说：注意调查研究，收集资料，在这个基础上才能够进行写作，不重视资料研究很难深入。他在会上说到，资料的不足，导致我们的一些编辑学研究定性分析多，定量分析少，个案总体论述多，研究少，资料的不足已经成为编辑学研究中的一个瓶颈，所以强调资料的重要性。这是我们写的第二本书。

另外一本书是《中国当代出版史料》。为什么出这本书呢？因为新中国建立50年来出版工作繁荣发展，成绩巨大，但是很少有人总结。二三十年代我国一个著名的出版家叫张静庐，他编了一部《中国近代出版史料》《中国现代出版史料》，一共9本300多万字，至今还是研究20世纪二三十年代出版史的一个重要参考。鉴于新中国建立以来还没有人系统把这个几十年来出版上的一些东西加以收集整理，所以我就开始编那个《中国当代出版史料》，我和出版社的袁喜生、刘小敏两位同志一起编辑整理《中国当代出版史料》。

郭：那套书是不是在大象出版社出版了？

宋：是的。这个资料收集的时间是从1949年到1999年，目的是总结新中国50年来出版工作的重大成就、经验、教训，也为编辑学教学提供一份有用的资料。经过努力，从1993年底开始列入"八五"国家社科规划项目，历经六七年时间才出版。本书编纂工作很困难，因为50年来出版事业的发展当中有许多东西挤在中间，资料很多，同时对这些资料还需要加以鉴别、取舍，有些资料还没有进入档案去整理。我们3个人分头编写，走遍全国的好多图书馆收集这种资料，在查资料当中我们既注意总结出版工作的光辉成就、成功经验，也正视在前进中"左"的影响和经历的挫折，正视问题，不回避过去的矛盾。

在编写过程中，原出版署副署长刘杲给我们说：编《中国当代出版史料》要注意不要把出版史这一书编成一片光明，也要有腥风血雨，正面的东西要有，反面的东西也要有。鲁迅的伟大，正是我们编写他的著作时把别人骂他的话也收进来了。所以说要采取科学的、唯物的、历史主义的态度，正确对待过去的工作。在编辑当中，我们重视资料的真实性，要辨别真假，收集资料的时候尽量是宁滥勿缺，一网打尽，用的时候精心选择，以一当十，以少胜多。

坚持就是胜利，经过6年多的时间，不停顿地收集资料，查阅了新中国建立以来这一时期的近400种报刊、500多种图书，筛选出470篇文章，查阅了近千万字的资料，才编出这个《中国当代出版史料》。这个书一共8卷，320万字，出版之后受到广泛的好评。在咱们资料室里存放的有，你们可以看看，要研究新中国出版史的话可看这本书。原新闻出版署署长于友先为这本书写了序，他是这样评价该书的："该书比较客观真实地反映了50年来我国出版事业发展的历史轨迹和脉络。既尊重历史，又体现时代精神；既充分展示了出版工作的巨大成就，又反映了出版工作的曲折与艰辛，具有历史的真实性和相当的学术价值、实用价值。"与张静庐编辑的《中国近代出版史料》相比，"体例相近，时代相接，可谓前后辉映。前者出自出版界老前辈之手，为出版史料丛书的开山之作，发凡起例，功不可磨灭，后者站在时代高度，起点更高，体例更臻于完整统一。与前者相较，有诸多踵事增华，不仅是内容的延续而已"。1999年5月份宋木文（出版署前署长）给我在来信中这样说：

对你坚持收集、选编、出版史料而进行的艰辛有远见的劳动表示钦佩。出版家戴文葆在一篇评论文章中这样说:"中国当代出版史料八卷本与张静庐所编史料先后辉映,又具有时代内容与门类的特色。从尘封已久的图书资料当中,以及近年来发行的种种出版物中,还有建国以来的文献资料中发掘出来,汇集、整理,加以出版,煌煌巨著八卷在近30年中尚属少见的出版研究的新成果。"中国编辑学会常务副会长邵益文在1999年10月给我的一封来信中说:"你带病坚持工作,为新中国出版事业、为出版人做了一件大好事,编这种书很不容易,它不单单是靠热情所能做到的,热情积极性不能少,但更重要的是要日积月累地收集积累,随时随地地看这方面的有关资料,所谓厚积而薄发,320万字的巨著很不容易,平时积累资料恐怕还要远远超过这个数字,所以能体会其中之难。"原新华书店的副总经理郑士德在一封信中这样说:"在新中国成立50周年的时候出版上得到了空前的发展,既需要把半个世纪出版业史实记录下来,也要研究探索出版发行规律,指导出版实践。当时我正在编《中国书业史》一书,感觉见到这本书很有必要参考这本书,这是对我国出版事业的一大奉献,我收藏的书比较多,希望这本书也能藏在我的书柜里。"

这是我的第三本著作,为了编辑学研究、为了教育学生编的第三本带有知识性的图书。这个8卷本书咱们资料室有,图书馆也有。我始终坚信目标认定,疯狂追求,看准了就要干下去。感觉50年来这本书没有我就编这本书,决心下定事情必成,这是第一个体会。第二个,目标明确之后全身投入,为了编书天天日思夜酌,不停地思考,不停地收集,不停地和别人讨论,不停地向别人请教。这些书确立框架后征集了许多著名出版家的意见,他们都提出了很好的意见(建设性的意见)。这几年我和北京的出版家联系比较多,包括出版署的领导宋木文、于友先、杨牧之、张伯海等。出版家当中好多人已经都不在了,年龄都很大了,从他们当中吸取了营养,所以说这三本著作我是这样说的,关着门说,创造了3个第一，第一部《中国大学学报简史》，第一部《中国期刊发展史》。若干年以后，又出版了《中国当代出版史料》，8卷本320万字，这是第三个第一。这是我所讲的开展编辑学研究，招收编辑学研究生，撰写三部著作，我讲得很粗略，好多细节都没讲。

  正当我的著作研究比较兴旺的时候，我身体出了毛病，动了两次大手术，在前进的道路上遇到了曲折。1979年刚进学报编辑部不久，我到新乡出差约稿，住到新乡地区招待所四楼，楼上正在施工，一个学生去看我，临走送我出门的时候，从天上掉下一块砖头，砖头砸到我的左脑袋，当时地下留了一大片鲜血，我的全身已经瘫痪了。通过一个同学的联系，拉到新乡地区人民医院进行抢救，五天五夜疼痛不止，没有合眼。经过了一个多星期的治疗，略有好转。为了进一步治疗，又转到北京友谊医院进行治疗。当时我就是半昏迷状态，我就问我的医生，我说：医生同志，我是做文字工作的，是做学报编辑工作的，你看我的右手还能不能恢复？他当时用一个铜锤敲敲，他说行，还有弹性，估计还能恢复，让我心里松了一口气。在北京简单的治疗一段时间后回到学校，又投入了紧张的工作。

  天有不测风云，人有旦夕祸福，一波未平，一波又起。1983年春天有一天我买一袋面往三楼上送，然后解大便的时候大出血，便盆里流着一盆的血，后来到市人民医院去诊疗，说是结肠炎，其实不是，后来隔了一段时间又转到那时叫河南医学院去治疗，断定为直肠癌。因为这个事情，早在十年前我在农村搞"四清"的时候都大便经常出血，当时没管它不当回事。入院后医生要做手术，征求我的意见。一是保守治疗，二是根治。我说根治免得复发，后来决定根治。直肠剪了40公分，肛门改道，从肚子上开个口，肠子拉出来。肛门改道，医学上叫造瘘，手术进行了8个小时。手术之后原来封闭的肛门热、燥，坐卧不安，咋办？我下决心战胜疾病，重视锻炼。每天上午走1个小时，下午走1个小时，坚持锻炼走步。经过3年的锻炼，病情有点好转，又投入了新的工作。

有一个病人说过这样一句话：得过死亡症的人才知道生命的可贵。河南大学近二三十年来得过这个病的有 8 个人，其中 6 人已逝世，我是其中的幸存者之一。

手术至今，1983 年手术到现在 37 年了。两次手术是对我毁灭性的打击，但是我活过来了。工作基本上没有妨碍，一直扛下来了。这是第四个问题吧。

1990 年，学校让我到出版社担任社长。我牢记出版社的宗旨，要为教学科研服务，弘扬文化，传承文明，为国家经济建设、文化建设服务。进社之后，除了加强管理工作之外，还要抓精品图书。所谓精品图书，就是习近平总书记说的：思想精深，艺术精湛，制作精良。出版社要出好书，精品图书是好书中的好书。第一个就搞了一个大工程，出版了《中国有条红旗渠》。林县人民在上世纪 60 年代以战天斗地的精神，从太行山上新开一条红旗渠，10 年奋战，战天斗地，解决了林县没水吃的问题，十分感人。过去的电影都演过好多了，根据这样的情况，我和一位编辑就组织编写了一本《中国有条红旗渠》，写出了林县人民战太行，出太行，富太行。这本书出版以后，被评为中宣部的国家"五个一工程"的精品图书。

第二个，参与组织编写《河南新文学大系》。在上世纪 20 年代，著名作家、出版家赵家壁编写了一套《中国新文学大系》，影响深远。河南的作家在 1991 年开始就想能不能编一本《河南新文学大系》，总结"五四"以来到新中国建立这几十年来的河南文学发展的成就。这个选题构思得很好，列入国家重点图书计划。当时的省委宣传部长于友先担任该书的总主编。我作为社长听到这个消息以后，我们立即与编者联系，表示我们要承担这本书的出版。当时条件和经济实力还不是那么好，但是我们勇于承担，因这是个精品。

31 位编者经过 7 年收集河南从 1917 年到新中国建立多年以后 300 多位作家的作品中，分小说、散文、理论等等 10 卷，一次出版。这套书出版后影响很大，因为这个书反映了河南广大人民热爱家乡、热爱祖国、团结奋斗、战胜困难，很有意义。这套书是300多位作家的作品汇集在一起，9卷、10本、500万字，出版后引起了热烈的反响。我们在北京开座谈会，著名作家魏巍说："这是一项巨大的文化建设工程，作为一位故乡人，看了这本书很高兴，大学出版社在资金有限的情况下，在不长的时间内编出这样的书，确实功德无量。文化工作是一种创造性的工作，也是一个不断积累的过程，只创造不积累就会丢光了。文化积累越多越丰厚，人民性越强，价值就越高。这本书的一些作品，对当时中原人民的苦难生活做到真实生动的描写，这些情景活生生地表现出来了，读了很亲切，很受教育，这些东西是历史上找不到的。"这是魏巍在座谈会上发表的谈话。

最近出版社还出版了一部《魏巍文集》，正是时候，现在正宣传我们抗美援朝志愿军出国作战70年，恰到时候。魏巍写的一篇文章《谁是最可爱的人》，你们都读过吧。魏巍对这个"大系"做了评价。作家李準说："看了这本书很高兴我这一生得益于吸收了不少有益的思想和文化营养，看了这部书，是对我营养的第二次补充。"88岁的姚雪垠躺在病床上，我们去访问他，叫他看这部书，因为他也是这部书的编者之一。那时候他说话已经很困难了，他点点头说："有气派，可敬。"

这部书有两点值得肯定：

一是，选题新颖，在一个省里搞一部新文学大系，全国没有。

二是，精心打造，编辑非常认真，下很大功夫，获得了国家优秀图书奖。

第三个，结合教学编写出版中国编辑学研究系列丛书。

出版社是1985年建立的，1985年建立之后就出版了编辑学的有关图书。经过了几十年的努力，截止到今天大概是50多本。可惜恐怕大家看的很少，连出版社编辑看的都很少。这50多本中有出版理论、出版史、出版人物、编辑实用，像李频编写的《龙世辉的编辑生涯》，这

是新中国建立后的第一部编辑家传记,在北京开座谈会得到一致的好评,几十个专家都给了高的评价。他写的第二本书《编辑家茅盾评传》,我当时担任责编,内容涉及方方面面。另如张如法老师写的《编辑社会学》,王振铎写的《编辑学通论》,李明山写的《中国版权史》。1995年,国家教育部组织大学出版社专家评审组,到全国100家大学出版社进行评估。当时的首都师范大学出版社的社长叫母庚才对我说,走遍全国大学出版社,只有你们一家大学出版社出了这样系列的编辑学丛书。这些书出版,满足了咱们专业教学的需要,也对全国产生了很大影响。有一次,刘杲见我说,你们出这些书投入多少资金呀?我说一百多万。他说值得。

第四个,培育发扬出版精神,为杰出出版家树碑立传。一部出版史在一定意义上讲就是杰出出版家出版活动的历史。20世纪是一个不平凡的世纪,是中国大转变的时期,出版业是由旧的出版业、传统出版业向新式出版业转变的一个过程。在这个过程中出现了大批的编辑家、出版家。

为了总结规律、借鉴历史、树立典范、指导当今、教育后代,我和出版社的两位编辑袁喜生、刘小敏,从1999年开始着手收集资料,编辑出版一本《20世纪中国著名编辑出版家研究资料汇辑》。这本书咱资料室有,后来又出了两本。这本书在编辑出版中有两点值得注意,值得记忆。

查材料不仅会遇到一般的困难,而且身体上还会受到些挫折。2002年12月6日早上大雪纷飞,早上出去查材料,我站在河大图书馆东侧这个台阶,上台阶之后在雪地上一头跌倒了,我脑子5分钟内嗡嗡响,失去知觉。2005年5月9号到14号去北京查材料,12日去拜访戴文葆,在路上一不小心被一个小砖头绊倒了。我带着一只扭伤的脚,瘸着走了100多米,到一家医院做了检查,说是轻微的骨折,又走了半里路,在北京朝阳宿所住一夜回来。回来走到火车站一个学生把我接回来了,瘸腿回来了。我在想干学术还会伤身呐,真是也不得不做出一些牺牲,真是别人说的，人尝几种味儿，冷暖只有自己知。这本书，不知道访问多少专家了，一下子经过几年的折腾才出来。编撰中曾向400多位专家、作者，发了400多封信征求意见，经过7年努力终于编出来了。书中收入人物54个、文章680篇、存目1744条，10卷425万字，2005年一次推出。这书的内容包括作者的传记图片，作者的代表作，研究者的作品。限于篇幅，不能收入的文章，列个存目，供人研究参阅。

这个书出来后，原中宣部出版局局长袁亮在一篇文章中这样评论："其规模之大、搜罗之广、内容之丰富、编撰之精当、评价之科学，都是在同类著作中所罕见的，在许多方面是超越同类著作的，特别是无论是对编辑出版界，高校编辑专业的学生，或是对科研研究工作都是非常有益的、不可多得的重要的读物。"浙江传媒大学教授吴潮在评价这本书的时候认为：全景全貌，原汁原味地收入了一种无偏无党的历史观或学术观的文章，是深得人民欢迎的。本书获得河南省优秀图书一等奖，还获得了2007年全国编辑学首批立项科研成果二等奖。

第五个，为庆祝新中国成立60周年编写出版《亲历新中国出版60年》。

早在2008年出版社的领导张云鹏、马小泉就考虑，马上新中国建立60年了，我们用什么东西来纪念新中国60年，想着出一本书，出本啥书呢，他们说能不能以个人名义，要用回忆录的形式回忆新中国成立60年的出版成绩。我说这个办法好，后来就确定我和刘小敏两个同志编写这本书，组织专家、老同志、老出版人以自己亲身的回忆见证新中国成立60年的业绩，使其具有现实感、真实感。书的指导思想就是总结经验、展示成绩、激励当今、开创未来。根据这个想法我们对北京、上海、江苏、江西、湖南、湖北、河南7个省有关专家，进行了调查筛选，再登门拜访组稿。2008年5月至6月，分别对上述几个省有关专家登门拜访，主要是北京。

在约稿当中，我们很感动。比如说我们到戴文葆家向他约稿，他已

经痴呆,躺在床上不大清醒了。通过他的保姆跟他联系问能不能写篇文章,后来经他同意,把他以前写的一篇文章《建国初期中央新闻出版机构消灭错误运动》给我们了。我们到中国大百科全书出版社副总编辑金常政家里约稿,他老伴儿已经躺在床上插个胃管儿不能吃饭了,在这个情况下仍然是乐意接受给我们写稿。2009年6月20日再次出访,我和刘小敏同志第一站去南京,到南京访问了3个学者,组织了3篇稿子。

第二天到上海,我们先到辞书出版社找辞书编辑家巢峰,去打电话,他办公室拒绝接见,因为事先没有预约,不接见,后来我们到出版社坐了半天,怎么办呢?偶然的机会碰到了个司机,才找到巢峰的电话给巢峰联系。他说你们进来吧,我们就进去了。一说我们是河南大学出版社的,我们编了一本书,想让你写一篇文章。我当时感到他不大愿意,后来我说你年纪这么大了,还辛辛苦苦做这个编辑工作,一定给我们写一篇。后来他答应给我们写一篇。

出发的第三天,我们到湖南长沙找到了岳麓书社的一个老编辑钟叔河。你们都知道钟叔河,他编过一套"走向世界未来丛书"。一见到他,我们说明来意,开始他对我们表现很冷淡,一说河南大学出版社来叫他写稿子的,他说我没啥可写。实际上这些老编辑们,他们的文债很多,上门约稿的门庭若市,络绎不绝,他投稿写作,是有选择地写。我们再三说,你还是写一篇吧。我们知道他的经历,他当年受难曾到农村劳动多少年,我们对他表示同情。讲我们为啥出这本书,后来他感动了,"好吧好吧,我给你们写一篇吧",后来他就给我们写了一篇。这是第三天。

第四天跑到武汉,找到湖北省出版局老局长蔡学俭,当年近90岁了,我们说明来意以后,他答应给我们写。我们4天时间走了4个省,日夜不停,以最快的速度把稿子约到了。

经过半年的努力,我们收到49位作者的52篇文章。作者层次比较高,内容比较广泛。这49位作者当中,教授、编审、研究员44人,享受国务院特殊津贴的20人,获"韬奋出版奖"的9人,正、副署长6人,年龄70岁以上的36人，最大年龄89岁。稿件内容比较厚重，像中宣部原出版局局长许力以写的《共和国初年出版领域的发展图景》，人民出版社副总编辑吴道弘写的《新中国马恩列斯著作翻译出版60年》，金常政写的《中国大百科全书的诞生》，巢峰写的《〈辞海〉的编撰修订》，丁景唐的《纸墨伴我七十年》。

  稿件到手以后，我们耐心打磨，认真编校，其中来稿当中的人名地名不准，引文不准，语法逻辑混乱，照片不清。对于上述问题，我们都逢疑必查，逐渐修改或与作者商量。为了弄好一张照片，我们在北京跑了7个地方。书出版后在北京召开了座谈会，出版社的领导，中宣部和出版署的领导参加这个座谈会。中宣部出版局的原局长许力以在座谈会上说：这个书是亲历60年，可以说从各个方面记录了我们建国60年以来出版的不同的历史情况，照理说，这本书应该在北京出版，而不是在某一个省出版。这本书在河南出版，对河南大学出版社来说，他们付出了很大的力量。中国出版科学研究所原所长袁亮说：我认为这本书的内容很丰富，涉及出版各个方面，总结了60年的成绩、经验和历史发展轨迹，都非常好……我认为这本书对我们今后的出版工作有借鉴意义，也有启发意义，同时还有引导作用。著名出版家方厚枢认为这本书第一点是选题好，第二点是选择的作者素质高、层次高，第三点是编辑编校认真严谨。新闻出版署原署长于友先在总结发言中认为：这本书的价值在哪里？一是亲历，二是60年，它本身就是价值。亲历就是见证，见证出版界60年的各个方面。这里就有史料或史实，在史料或史实的基础上提炼出经验，提炼出感受。这个座谈会的详细内容，在《中国出版年鉴》2000年第一期有报道。这书之所以出得好，一个是把握时机瞄准目标，就是节骨点，正好是新中国成立60年，需要这个书。再一个我们殷勤组稿，依靠作者，认真编校，这本书校对5次，一般是3次。本书获得河南省优秀图书一等奖。

  在教学方面，第一是探索教学新路，以学生为主，师生互动。传统教学方法是以教师为主，教师准备讲稿，课堂上津津乐道讲了一大片，学生不感兴趣，没有调动学生的积极性。我在教学当中，重视发挥学生的作用，引导学生，尊重学生的主体能动性，把自己摆进去，师生共同研讨。比如说讲到在新时期如何发扬邹韬奋出版精神的时候，叫同学们看材料，看了以后我提出问题讨论，然后我做总结，学生还写成文章，师生互动，相互交流，把自己摆进去．再如说我讲到编辑素质的时候，我说编辑的素质有很多，政治思想正确，业务能力强，办事认真，但是其中最重要的一条，就是责任心要强。我举个例子，我编一本书，由于责任心不强，检查结果是万分之十的差错，出版社还罚款，罚了我几百块钱。我自己现身说法，这样给学生有亲切感。讲到出版社出书平庸化的时候，我引导学生到书店街去做调查，到书市上去做调查，看哪些书是同质化平庸化的书，然后写点文章，这是双向互动。

第二个强化写作技能，以课题带学习，调动学生思维。写作是调动思维的发动机，必须重视写作。我经常跟同学们说，由于学生的来源不同，专业不同，但是总体来说，现在的学生是口齿伶俐，信息灵通，交际广泛，说起来一大套，头头是道，但是做起来一筹莫展，敏于感悟，疏于写作，感悟很快写起来不行，写起来非常困难。这有两个原因，一个是积累不够，第二个缺乏练习，我强调学生注意练习，经常给学生出题目，让学生写书评。据统计，1996年到1998年三届研究生统计发表文章85篇。

再一个重视毕业论文写作。论文的写作很重要的一个是选题，另一个是收集资料。资料最重要，题目要选好，我总结这样几句话是：题目要选好，资料动手找，框架要明晰，腹稿要打好，初稿写出后，修改很重要。选题，选什么题，一个要选空白点。有个学生选了这样一个题目：中国盲文出版研究，就是供盲人、残疾人看书这样的出版研究。这个题目选好以后，我就叫她到北京中国盲文出版社进行调查研究，后来写成一篇文章，在报刊上发表了。再一个就是查资料直接去调查，走出去。一个学生选一个选题，是"三农"图书出版，我就叫她到北京的中国农业出版社、河南的中原农民出版社进行实地调查，结果这个文章写得还不错。另外材料准备不好，匆忙写作，写来写去写不下去，反过来很困难。有个学生写丁玲的编辑出版研究，写了5000字再写不下去了，我说不要紧，你重新查资料，后来她到北京查有关资料，把丁玲的所有资料都找来看看，结果后来写2万多字，写得很好。再一个写好以后要反复修改，反复修改做到语不惊人死不休，文不出新不出手。我对研究生要求比较严格，论文一般不修改三遍我是不放过的。我最烦这种导师，什么导师呢，看看学生写的文章，大笔一挥，同意打印，根本就不负责任，这不行吗，这对学生很有害处，会培养学生懒惰这个习惯，所以我是一般不退回三次不放过，从严要求。学生初稿写好了，先学生之间互相改，改了后，我再一字一句给他抠。要知道修改的过程就是提高的过程，修改一遍就加深一次认识，就提高一次认识，这个很好。我就跟学生说，在校练好基本功，造就一身真本领，编辑工作创奇迹，传播文化乐无穷。只有练好基本功才行，你不练好基本功，到出版社以后啊，你什么东西都不行，基本东西都不懂，没法做好工作。这是我讲的第六个问题。

第七个，严于律己，乐于助人。我讲几件事情。第一件事：1990年我到出版社不久，商丘师范学院一个教师出版一本汉语书，她觉得出版书籍，有求于出版社，临走的时候给我200块钱，我追着到楼梯下面，把钱给她塞回去，说："出版书籍是出版社的工作，怎么能要你的钱呢？"

第二件事：河南省每隔几年会评一次优秀期刊，郑州一家期刊负责人有天来到我家，把刊物送到我手里说："老师您看看，到评选的时候，你给我们多说几句好话。"我说："做得好，当然要说好话；做得不好，我也没法说好话。"在他离开后，我发现期刊里面塞有1000块钱，第二天就把钱给他寄回去了。寄回后，他说："我们财务这里都报销了，你把钱寄回来，我咋办呢？"我说："没门儿，我不收，寄回的钱还是你的钱。"

第三件事：我1994年获得高校学报优秀奖，研究会给我发了400

块钱奖金，我全部捐献给青年编辑委员会。中国青年政治学院学报主编周晓燕请编辑家座谈，目的是提高他们的学报质量，我是座谈者之一。在我回来的时候，我发现来回的路费被报销了，另外又加70块钱，让我到火车上吃饭用。第二天我把70元钱原封不动地寄回了。

这种事情太多了，因为你在出版社工作，别人想办点事儿，得请你帮忙。这时候要警惕，拒腐防变。另外我还是比较热心帮忙的，有什么困难我乐意帮忙。最近有学生写了自己的著作要出版，送过来让我看看、审审、提提意见。我举个例子，湖南娄底师专（现名湖南人文科技学院）有一位编辑叫石潇纯。有一次我到北京出差，偶然的机会，见到了她，和她谈起了写作编辑学著作的问题。她是这样说的："直到有一天，一位和蔼睿智的长者——原河南大学出版社社长、著名编辑家宋应离先生走进我在北京学习的陋室，他跟我说：你应该去做做丁玲，这是一位不简单的女性，目前关于她编辑活动的研究很少，而在我看来，她是20世纪卓有成绩的文学编辑家之一。真是一语惊醒梦中人，我当时在北京师范大学做访问学者，原来的选题不想做了，这会儿正苦于找不到新的选题。宋老师的一席话仿佛拨云见日。于是我便一头扎进北京各大图书馆，把有关丁玲的资料全找了来，摞了一大书桌，接着开始了书虫的生活。几年后写成了关于丁玲的一本书。"我今天把这本书拿来了，这本书的名字是《缘定今生辙——丁玲与她的编辑生涯》，这本书还在湖南获得了优秀图书奖。现在虽然我脱离岗位多少年了，但学生不断地来信来电话，请教问题。我的态度是：有求必应，来者不拒。

最后讲讲我的体会。我认为一个人对从事的事业，要有执着的爱心。我曾这样说："教师职业伴终生，编辑出版贯其中，为人助教永不悔，红烛燃烧乐无穷。"我是个教师，我要燃烧自己，照亮别人。编辑工作和教学工作相比，我更喜欢教学工作，这是个做人的工作。家长把学生交给你，希望他成人成才，我们教师担负神圣使命，有崇高的使命——要培养人，这是其一。一个人对自己的工作要有强烈的责任心，我认为责任心很重要，千万不能对自己的学生马马虎虎，对自己的工作不负责任。一个人，对未来的生活充满信心，在教学上，要有饱满的干劲儿，要有坚韧不拔的韧劲儿，要有突破前人的闯劲儿。65年来，我走的道路不平坦，回想起来很惭愧，碌碌一生，无所作为。如果说有点儿成绩的话，是党的教育培养，是同学们的支持，是同志们关怀的结果。德国哲学家爱因斯坦说过："一个人的价值，应当看他贡献什么，而不应当看他取得什么。"人只有献身社会，才能找出那短暂而有风险的生命意义。对我来说，生命的意义在于设身处地地为他人着想，忧他人之忧，乐他人之乐。我认为我做的工作贡献很少，有点儿贡献也是党的教育培养的结果。

在河大的65年，我对河大比较熟悉，对河大的老同志、老同学都比较熟悉。当时和我一起学习工作的同志，有三分之一的人已经去世了，我能活到今天我认为自己很幸运。我生在战争年代，长在动乱年代，退在改革开放年代。不论是以前还是现在都很幸福，感觉到很满意。现在年纪已经大了，身体越来越不好了，眼睛也花了，脑子还可以，记忆力还强，我平常看报纸看电视，经常阅读，我从初中到现在，读报刊几乎没断过，有时候出差了，回来还要补上。我勤阅报刊，我不会电脑，用笨方法，有什么信息及时记下来，现在我家里材料很多，每个著名出版人物立一个档案，资料都收集到一块儿，到时候整理，考虑写作。一定要养成这样的习惯：手勤经常写、经常记，口勤经常问，脑勤经常思考。学而多思，读写结合，读思结合，这样你就会有无尽的乐趣，用不完的力量。今天因为时间的关系我讲的很粗糙，好多事情都没讲，也没有从理论上进行提升，只是讲了一些现象，供同学们参考。就讲到这里，请同学们批评指正。

郭：宋先生，难得有这样一个机会，我也想请教一些小问题。刚才宋老师用非常翔实的资料和细心的讲解给大家回顾了他在河大几十年的学习、工作与生活的经历，我们感触非常深。我们能发现宋先生有一个

特点，这可能也和他的史料研究工作有关系，基本上是有一分证据说一分话，我们看到很多珍贵的资料，例如泛黄的旧报纸，他自己的一些信件，还有笔记，这个非常翔实。我大概在2015年的时候看到一个硕士生的学位论文，论文的研究对象就是宋先生，主要介绍先生在专业上的贡献。阅读了那篇论文之后，我感觉宋先生是多位一体的学者：其一，有期刊的编辑经验，也有图书出版的工作经验；其二，他是一位出版管理者，也是一位知名的编辑学研究者。所以这几种身份，让他的研究看起来也比较丰满、立体。我硕士期间有幸得宋先生指教，收获非常大。刚才宋先生提到了很多框架式的问题，我有一个比较好奇的小问题，想请教一下宋先生。中国传媒大学的李频教授，是宋先生的学生，我的前辈，现在也是我们专业知名的专家和学者。当时李老师跟着宋先生求学的时候，有一段老师为学生的书做责编的美谈，宋先生给李频老师编的一本书——《编辑家茅盾评传》做责任编辑。这段往事，您能不能回忆一下，您当时是怎么和李老师进行合作？

宋：李频原来是湖南邵阳师专的一个教师，后来在1986年考上了河大的编辑学首届研究生。这个学生最大的特点是钻到图书馆中查材料。一位编辑家说过，李频是从资料起家的，他每次回到河南大学，先去图书馆，对图书馆很有感情。他后来写了两本书，一本是《龙世辉的编辑生涯》，龙世辉是《林海雪原》的编辑者，此书出版以后，在北京开座谈会，影响很大；第二本就是研究茅盾的编辑思想的《编辑家茅盾评传》。这本书写出来的时候，他在郑州住，还没有调到北京，在郑州租的小房子里住，我审过以后提出好几个问题，亲自到郑州，去他的小屋里面和他交谈，给他提建议。所以在后来书的后记之中，他提到我，说我严肃对待，工作认真等，我现在还记忆犹新。

他后来调到河南日报社工作一段时间，后来还编了一个河南的刊物。出版界的一位领导指名要把他调到北京去，先到北京印刷学院当教师，后来又到中国传媒大学，现在是出版中心的研究室副主任，他带博士生也有许多年了。他不久前来过一次，为了拍一张照片，找到王老师，一起交谈。他的特点就是能够俯下身，静下心，不受外界的影响，收集资料很用心。他现在正在编辑《戴文葆书信集》。戴文葆是一位老编辑家，给很多作者、编者、同行写信，他现在把他们收集起来的信编成书信集。他的项目很多，招研究生要求比较严格，将来如果有机会你们可以和他接触一下。

讲到这里，我想回答郭晶刚才提问我负责编李频的《编辑家茅盾评传》的故事。对这件事，李频在《编辑家茅盾评传》重印后记中有详细记载："为做学问，向他人借书，借书给他人是常有的事，但多已印象淡漠。唯有一次感触良多，记忆深刻。将《编辑家茅盾评传》的退修书稿送还河南大学出版社的时候，编审宋应离先生特意问我，稿中引文都核对过了没有？我微笑着点了点头。退修意见有十几条，最后一条就是敦促再次核对引文。宋先生 6 年前是我的硕士生导师，现在又不顾出版社社长的繁忙事务，亲自担任本书的责任编辑，我自然不敢懈怠。不久，他打电话跟我谈书稿时说到，为了正确鉴审并编好我的小书，他把河南大学图书馆现藏的几十种茅盾著作、茅盾研究著作都搬回家中扫描了一遍，我听了肃然起敬。他又说我书稿中引用的好几本书，河大图书馆没有，他想借去看一看。我听了一笑置之，满口答应，心想说说而已吧。又过了一段时间，他果真从开封来郑州，到我家中要那几本书，我心中真像打翻了五味瓶，酸甜苦辣啥味都有。只好一口咬定，我已核对过了。但他还是要把书拿走，说不核对一遍他不放心。一校样出来后，他让我先校。别的话没多说，只轻轻地说了一句，单为核对书稿中的引文，他整整忙了一个星期，前前后后共有近一百处引文他做了订正。当然，他也没忘了把借我的书如数还我。他话说得很轻松，是他惯常的微笑中带出的轻声，但我听起来落地有声。拿着他退还给我的几本书，我真感到无地自容。一个年过六旬的硕士生导师，出版社社长，为了自己学生的书稿，竟从那学生处借书去核对引文，且一对就是一个星期，一对就是一百处

错。作为学生的我,真不知平生还比有这更难堪的事否?"

做学问要善于提出问题,常有疑问。胡适说:"做学问,要在不疑处有疑;对人,要在有疑处不疑。"对待学问,看着没有疑问的,要把它看成有疑问的;对待人,不要只看到他的缺点,有疑问看作无疑问,要宽容。我对我的同事,我对我的下级一直是宽容的,我比较宽容,我比较能接受批评,别人说什么,我不在乎。我从来不说别人坏话,我看学生都看学生的优点,闪光点,要促进他们前进。我到出版社工作的时候对大家说:有什么情况,你跟我说;有什么苦,你跟我诉。编辑当中经常遇到的评职称问题、孩子教育问题、入学问题、房子问题等,你都给我说吧。在这之后,感情反而更亲近了。做人,要善于包容,要尊重别人,严格要求自己。我换了几个单位了,中文系、党委办公室、学报编辑部、出版社,最后到传播学院带研究生,与人相处都很好,比较愉快。

郭: 刚才听宋先生的介绍,我们发现了他个人的一部学术交往史,基本上也反映了我们这个学科的发展史。宋先生同王仿子、宋木文、杨牧之等出版管理者联系紧密,还同刘光裕、阙道隆、蒋广学、张伯海等学者密切交往,同各地出版的管理者,比如蔡学俭、高斯等也常有交流。正是在这些交往的过程中,大家不断地去沟通学科建设问题,在几位老先生的努力之下,我们河南大学的编辑出版学科,也形成了享誉学界的"中原学派"。我的问题是河大的"中原学派",与其他兄弟院校相比,她的学科特色和传统为何?

宋: 第一,起步早,1985年起步。第二,群体性,我们不是一个人,有我、王振铎先生、张如法先生、李明山、阎现章,还有其他的五六个人,都是研究编辑学的。第三,贵创新。我们编写的几本著作,都是过去所没有的,外界评论都是很好的,大都是开山之作。有一次,我在扬州参加华东地区高校学报年会,我介绍了河南大学招收编辑学研究生的情况,杭州师范学院学报主编方集理先生,听了我的发言之后说,你应该把你发言的材料整理一下，报教育部让他们印发全国，让编辑学界学习。这是他的评价。可是另外一个人在听了我的报告后问："你是河南大学的吗？"我说是啊。我看他是抱着怀疑的眼光发问：河南大学，一个地方大学能做成这件事吗？我只有一个体会，学校不在名声高低大小，关键是拿出成绩，很多单位对我们认可就好。我们出版了一大批著作，这确实影响很大。外界图书馆里面有，很多学生说我们看了你们的那些书，很有体会。说实在，河南大学编辑学专业在全国来说，是起步比较早，实效比较好，影响比较大的。

郭： 当时聚集了一批学者，以学报为中心，构成了一个成果展示的平台。宋先生在出版社期间，也主持出版了五十余部编辑出版学的教材，所以这个影响力是多位一体的，不是只培育学生，也不只有论文的成果，它有很多面向。我在几年前做过一篇书评，尝试着梳理宋先生在专业上的成绩：第一是出版家研究成绩卓著；第二是史料编撰功不可没；第三是学科建设贡献良多；第四是培育新人利在学林。

宋先生，咱们的学生告诉我，经常能在图书馆遇到您。我们知道，您虽然退休了，但一直关注着咱们河大编辑出版学学科的发展，也一直没有停下手头的科研工作。您能透露一下您目前的科研计划，并谈一下对咱们新闻与传播学院、对编辑出版学科有什么建议和期待吗？

宋： 我们编辑学研究是在1985年起步，首先是在学报编辑部，后来到中文系，在中文系下的一个学科，后来到单独成立新闻传播学院，有三十多年了。对我来说，现在是想到做不到，想的题目很多，但是做不到。我希望，以后在学科建设上，我们能有大的突破。现在我们院的教师也出过一些著作，但有影响力的还比较少，在这方面我们的发言权还不多。我们下一步的目标就是奋斗，争取拿到博士学位点，这是我们盼望多年的事情，希望我们要组织强有力的教师，编写有重大影响的著作，为我们的学科建设迈上新台阶打好基础，争取在短时期内在学科建设上有新的突破。

编辑家戴文葆说:"河南大学的编辑学研究是编辑学研究的一个重镇,他们不说空话,只做实事。"当时许多学校开设的编辑专业后来都取消了,因为人们对编辑学的热情不高。据我了解,现在复旦大学也没有开设编辑学专业,他们有新闻专业;南开大学,随着教师的调动,现在领头人也很少了。南开大学领头人是著有《选题论》的赵航,这是个有很高热情的人。现在在这方面研究的人很少了,我们这里的老同志都退休了,张老师已经去世了,王老师年纪也不小了,比我小两岁。他现在身体也不太好,他的特点是思想深入,有独到见解,在全国来说还是很有名的学者。我比较平庸,平平淡淡,我只想说,能不能迈上新台阶,就在组织强有力的学生,强有力的专业教师,针对重大选题有所突破。

郭:好的,谢谢宋老师。

宋:在座的同学们,你们要认识到自己的责任重大,自己要努力学习,不管将来毕业后干什么,一定要有真才实学,机遇是等着你的,就怕你没有实力。我们河大的学风比较好,社会上一些新闻出版单位还是很乐意招聘河南大学的学生的。

郭:同学们看看有没有什么问题想请教宋老师?

宋:同学们有什么问题,什么想法,什么困惑,可以讲出来。

在座同学:没有。

宋:我今天讲的东西对你们有没有参考价值?

在座同学:嗯嗯,非常有用。

宋:知道你们爱学习我就放心了,以后有什么问题,可以通过电话和我联系。想做的事情很多,想写的东西很多,现在就是身体不太好,眼睛不太好,还有一些其他病症。我现在都坚持锻炼,我的腿走路的时候会痛,但我忍着,每天坚持,上午1个小时下午1个小时,战胜困难。人就是这样,得有毅力,做任何事情都要有毅力,有决心,别人能干的事情我也能干，打破自卑感，树立坚强信心。在座同学，有的是大二的，有的是大一的，大家一定要抓紧时间，到图书馆看材料，写文章，不负大学时光。

郭晶及在座同学：好的，谢谢宋老师。

17 | 董道珍教授访谈实录

受访人：董道珍
采访人：史富强
时　间：2020年10月30日上午
地　点：明伦校区图书馆贵宾室

董道珍

男,1942年生,山东枣庄人,本科毕业于山东大学,1984年从中国科技大学调入河南大学,任数学系教授、硕士研究生导师。

史富强

男,汉族,1968年9月生,河南省西平县人,中共党员,副教授职称,1992年7月,本科毕业于河南大学历史文化学院历史学专业并留校任教。曾先后任河南大学艺术学院学生辅导员、院团委书记,外语学院党总支副书记、副院长,校党委统战部副部长等职,现任河南大学数学与统计学院党委书记。

史富强:(以下简称"史"): 您好,很高兴今天上午有机会专门采访您。再过一段时间,咱们学校就要迎来110周年校庆了,数学专业从1923年算起的话,也马上建立100年了。所以有必要回顾一下咱们数学学科的发展历程。您作为咱们学校数学学科发展建设的亲历者、参与者和见证者,肯定有很多话要说,今天的访谈就围绕这个主题来讲。第一个问题就是,我知道您出生在山东微山湖畔的枣庄市,而且是"红二代",请您谈谈家族历史和求学经历怎么样?

董道珍:(以下简称"董"): 我家在山东,离河南开封非常近。我8岁开始读书,这个年龄上学,在当时也不算太晚,但是要按现在来看那就是非常晚了。读书受教育的这个过程,那可以说永远忘不掉,都是共产党的功劳。如果没有解放,我不可能上学。我记得我小时候父亲说过:"读个两三年书就行了,然后回家种地。"没想到最后一步一步走到现在。在上学期间,中学以后就有助学金了。当时国家也是很困难的时候,一直到大学毕业,都是享受国家助学金的帮助。虽然助学金不高,这也是党的恩情。我出身在贫苦家庭。我的伯父,是抗战时期参加革命,后来编到和铁道游击队有关的部队里面去了。我父亲解放前夕，也是为地下党工作，后来也被发展为党员了。

史：所以您也是"红二代"。

董：说不上很红，但是作为基本群众对共产党还是有很深的感情的。当时我们国家的教育状况还是比较薄弱的，周围七八个村只有一个中心小学，连高小都没有。四年级毕业以后叫初小毕业，五六年级需参加一次升学考试，考上了才能继续念。我上小学时这个小学就有高小啦。我是1950年开始上学，到54年初小毕业。经过考试筛选，一般是四五个人只有一个能再升学的。我就一直念到高小毕业，然后继续考上了初中。初中升学考试也是四五个学生中只有一个能继续上的。

史：很残酷的。

董：我考到了枣庄市第三中学。那个时候枣庄还没成为市，在56年枣庄还叫峄县，学校叫山东省峄县第三中学。到我初中毕业的时候，我就考回去。那时候行政划分，我家在的位置还不是枣庄，是属于滕县管辖，我就考到滕县一中。滕县一中是重点学校，是从江苏徐州铜山县迁过去的。初中升高中比较简单，因为赶上"大跃进"，教育发展也多一点。有很多学生就考工科学校、中专这些，想尽快参加工作，而我还是选择继续念书。高中毕业时碰到了困难时期，62年前后，3年自然灾害，招生数量一下子压到最低，全国只招10万左右大学生。在滕县一中我已经是学校的尖子生。我高考第一志愿报的是北京大学。考数学时忘带准考证，出现了纰漏，影响了正常发挥，没能考上北京大学。

史：忘带准考证了？

董：到考场了才想起来。同学劝我，不要再回去拿了，因为监考人员就是我们的任课老师。我当时主意很坚定，这事绝对不行，必须拿证入场。于是我就跑回家拿，回来以后出了一身汗。

史：影响发挥。

董：这肯定受影响。高考数学没考好，当年被山东大学录取了。我为什么要报考北大呢？因为当时中苏关系破裂，那时已经了有政治意识，爱国思想也很浓厚。想着以后要搞"两弹一星"，必须报北大物理系，要学习物理，搞原子弹、氢弹等。后来被山东大学录取，经过一段时间，学习兴趣又转到数学方面了。

史：那第一个问题聊得差不多了，咱们说第二个问题，就是您从山东大学数学系毕业后，分配到了四川，请谈一谈在四川工作10来年的情况。

董：这个比较曲折。本来我是六七届毕业生，由于受"文革"影响，推迟到68年与六八届毕业生一起分配。反正我的政治条件比较好，属于绝密级，就是任何绝密单位都可以进。我和山大数学系的四个同学，还有清华的一个学数学的毕业生，一起被分到了四川绵阳的长虹机器厂。

史：就是后来的四川长虹，生产彩电的那个厂？

董：就那个厂，但原来生产电视机不是主要的，主要还是军工企业，生产机载雷达。去这之前，到青岛附近的军垦农场劳动锻炼了一年多，然后到四川又下工厂、下车间锻炼。一年之后，基本上每个人都被安排回到相应对口专业去搞研究。可是我们几个学数学的没有对口研究单位，就一直在车间当了半年多的车工。由于近视眼，视力不太好，车床转速快，后来我就干了钳工，直到1976年底。

史：您考研是什么时候？

董：我考研用了一年的时间复习准备。厂里安排我到厂办的职工大学去教书，也才有机会看看书。在工厂里，我和工人师傅关系处的都比较好，他们也很尊重我，老师傅也很真诚。曾经有一个生产用的原件缺了，弄不来，后来我想办法给解决了。

史：这是科研攻关的事情。

董：它那机械加工都有，但是机器用的东西都是成套的配件。如果坏了，没法生产，当时就没有办法解决，很紧张，我想办法解决了这个问题，结果大家也很佩服我。

史：您考研是哪年？

董：考研是1977年。1976年底，"四人帮"倒台了，国家就恢复了高考。科学院最先出来研究生招生简章，还要办研究生院。这时候我就看招生简章，中国科学院是专业对口的，华罗庚等专家是导师。所以我就选报了这个学院。

史：那应该考着很不容易啊！

董：考试的题目都比较难，我感觉考得不太好，分数不太高，实际上还是相当好的。参与复试的是3个人，其中有1个是中国科大本校的学生，结果这个学生复试没有通过。复试通过的是我，还有我的一个师弟叫李严，他是华东师大毕业的，后来念完研究生以后他到美国去了。我考研究生的情况就是这样。念书时候我是挂在华罗庚和龚昇先生的名下，另外科大也是中科院单位，都是研究生院的组成部分。实际上中国科大在合肥，我念研究生这几年是在北京，实际管理我们的是中科院。

史：在这种情况下读了研究生，下边一个问题就是您是怎么和河大结缘的？

董：我研究生毕业以后，因为当时李严出国了，然后中科院说龚教授这两个学生不能都走，我注定是要留在学校里。所以毕业以前，我已经到合肥去工作了，做教师工作辅导学生。到了分配的时候，突然来了一个通知，我的分配计划是到四川去，成都有个分院，中科院成都分院。我为什么接受这个呢？当时我在接到这个通知以后，我就给向老师打电话，简单说了几句。我说一个是去成都，一个是留合肥，你看选哪个？结果她告诉我选成都，工作地方离家很近。

史：当时向老师还在绵阳工作吧？

董：对！我就这么去了，为什么去成都了呢？是中科院我们当时的党支部书记，他了解我的情况，知道我家在四川，出于好心，把我分配到四川了。

史：爱人也在四川工作，两地分居。

董：但他不知道这个专业是否对口。而且分配方案通知上并没有说具体单位，我们只知道那里有一个分院，有一个数学研究室，是关老师负责。

史：关老师是不是原来也在山大工作过呢？

董：好像没有。当时报到以后，让我搞计算机。我没学计算机，也没搞过这个应用，突然让我转行。

史：专业不对口！

董：当然，如果转行的话，那是另外一回事儿。不论搞计算机硬件或者软件，如果不愿意，报到以前比较好办。

史：对，在学校马上改一下就行了。

董：我去报到过，就不好弄了。原来没有两地分居问题，现在两地分居，我的两个小孩都要念书，都上学了，所以说处于很困难的状况。当时要调动工作也是很麻烦。我去郑大也联系过，他们非常欢迎，但是要一下子调进去一家人，这个做不到，很难办。龚教授也给我写了推荐信，华老也写了信，我带着信件跑过川大，川大接待我的刘彦斌，是数学系办公室主任，这事也没说好，找了柯召校长，柯召你知道的，老数学家，很有名的。最后是怎么解决问题呢？是刘亚星先生，刘先生在科大工作过，当时他去科大也是华老给他介绍去的，后来他到河大来了。我不认识刘先生，但我有个同学在科大工作，比我早两年毕业的，他跟刘先生认识，很熟悉，在一块工作过六七年了吧。他就把我介绍给刘先生，刘先生一下子把我所有问题就解决了，这是在83年。你看我81年底毕业，82年初到成都去报到的，扯皮了一年多，到了秋天，我憋出一场病来，是突发性的。

史：很着急应该是。

董：后来我一个耳朵听力不好。

史：最后是83年正式来到河大，和向老师一家都过来了，这确实很曲折。那下面一个问题就是来了以后，当时咱们数学学院的大致情况，你还能够回忆起来吗？

董：我比较清楚。当时我们系的情况，咱们基础课老师，教学这些都很认真，质量也很好，学生的学习成绩也很好的。当时都读书，但科研不行。

史：几乎没有人搞科研。

董：第一篇就是我来了以后发的，这另一篇是我在数学所读研究生时的毕业论文。

史：这是《数学年刊》，1983年的第七期，您和中科院数学研究所王世坤先生两人合作的，这是数学类最顶尖的刊物。

董：当时咱们学校还叫河南师范大学，第二年就改为河南大学了。这是我们系第一次有学术论文在顶级期刊发表。当然我来学校以后，得到了学校大力支持，陈顺卿校长后来就说，需要什么学校都支持。我来了以后，当年张文俊找到我，他1983年毕业当年考研没考上，我进来以后，下个学期我开了一门课，是多复变。然后到当年考研的时候，当时国家实行这个制度叫委培研究生，我们具有委培的指标，那么利用这个机会，我把张文俊和卢克平推荐去了，到中国科大念研究生。当时办手续，招生时他们的入学考卷都是我来批改，录取的工作就基本上定下来。定下来以后是我亲自带他们到科大报到，都送到了中国科技大学。就是这个情况，接下来几年就是王天泽，和卢克平他们同一届，这一届也出了不少尖子人才，包括李起升等人。王天泽当时经过了刘亚星先生，刘先生把他送到中科院数学所。那时候很不好的一个事情就是，他是才毕业的学生，年轻人不成熟，也没有什么背景。在那里没人理没人问。

史：受冷落了。

董：而且有一些对他很不利的传言，这样那样的事情。我知道以后，我跟陈景润也比较熟，很熟，就和他打招呼说了，我说他出身于很贫苦的农民，非常刻苦，学习很用功，跟老师说通以后就好多了。

史：很快站住脚了。

董：天泽就是潜质很好，学习很努力，人也很聪明，对吧？很快就硕士毕业，后来又跟着陈先生继续读博士。再一个就是李起升，这里其实也有我的参与，他是先跟刘先生透露考博愿望的。

史：刘亚星先生的硕士？

董：对！研究生毕业以后他想报考李邦河先生的博士生。李邦河我之前都不认识他，不熟的，考华老研究生的时候，他也考了。但是他后来退出了，为什么呢？他那时候已经做了很出色的研究工作，而且评上了副研究员。人家做得很好，已经没必要再去念研究生了。

史：后来就放弃了？

董：这时候他就退回去了，但因此我们也熟悉了。我把李起升介绍给他，他把李起升培养博士毕业又回到学院工作。

史：董老师为数学学院的人才建设是做出了特殊的贡献了。那另外您把学院教学科研方面的情况也简单说说吧。

董：我回来了以后，因为我在四川那边有些研究基础，但是也要从基础开始，先做助教，到1986年以后，我才晋升副教授。之前我主要是带高年级本科生的专业课程教学，就像复变函数、实变函数这些课。

史：这都是比较难的课呀。

董：是比较难。我教过几年本科学生之后，后来我就招研究生了。第一届刘浩、胡鹏彦，两人后来都读了博士，胡鹏彦现在深圳大学工作。

史：对对，我也认识胡鹏彦老师。后来冯院长也是您的研究生，关键是您在科研上搞得很好，自然基金拿到得很早。

董：自然科学基金面上项目每项为3年期限，拿了两项。跟我一起做工作，像张文俊，在硕士毕业以后没有继续念博士前，就回来帮我带研究生，刘浩、胡鹏彦那时候是他做的指导。

史：后来他们都慢慢成长起来了。

董：对，都成长起来，后来他也就跟我一起做工作，再后来就到了复旦读博士。

史：刘浩老师在中国科大读的博士吧？

董：对，到科大后还是跟着龚教授。

史：胡鹏彦在哪读的博士？

董：胡鹏彦后来也是在科大读的。

史：您当时拿自然基金的时候，咱们全校好像也没几项，您这一年龄段的人里边，您应该是第一个拿到自然基金的。当然后面年轻一点的，包括王明新老师，王天泽老师，包括卢书记，他们比您是晚一辈了，您这一代人里面，包括刘亚星老师也没有拿到自然基金，所以说那时候您在学院、在整个学校，科研方面也是响当当的。下面再谈谈93年拿硕士学位授予点这个事儿吧！对河南大学数学学科来说，这是个很重大的事件。

董：为这个事情跑过几年，我这里保存着一份当年的申报书草稿。

史：这个材料是您负责起草的吧？您得详细给大家介绍介绍。

董：这个事情要说起来我在国务院学位办有个私人关系，是当年在山东大学时的一位老师，他不是学数学的，学物理，是物理系的。他后来调到国务院学位办，是具体管事的。这位物理系的老师我比较熟悉，因为他爱人是山大政治系的老师，我念书的时候，给我上过政治课，联系比较密切，很熟悉。后来他们夫妇一起调到北京，那我就有这个关系，我找他比较方便，比较省事。这是其一。其二是为我们申请硕士点这个事情，我还专门跑过山大，山大那边也帮助我们说话，给支持力量，为这个事情我专门跑回我母校，找到潘承洞校长，那个时候他已经是校长了。

史：把这事儿最后弄成了，当时好像弄成这个事儿的时候，还曾经引起很大的震动，因为当时河师大也在申请，最后是河师大没有通过，咱们通过了！当时有人说学生超过老师了，因为当时河师大的数学确实比咱要强，基础比咱要好一些，所以当时您也是立了一大功啊！

董：我调进来以后，这都是我应尽的义务了，完全就是家一样的感觉。

史：您也退了好多年了吧?

董：我退了20多年了。

史：但是我听冯院长说，你们还经常在一块儿讨论问题，这是退而不休啊！您一直做哪个方面的工作，现在情况怎么样？也给大家介绍介绍吧！

董：怎么说呢？比较有兴趣的一个工作，除了多复变之外，就属于复几何了。

史：对，复几何，关老师就是这个方向。

董：1986年，我去中科院数学所做访问学者，是钟家庆邀请的，但他人当时不在国内，当时也出访了，在美国。我就先去，后来他出了事情，突发心脏病去世了，在美国去世的。本来他邀请我去访问，等他回来了，我们要一起工作。那个时候钟家庆已经很出名了，钟家庆比我大6岁，他是"文革"以前毕业的研究生。

史：资历很老。

董：我念研究生的时候他做辅导。

史：他是您的老师辈了，相当于。

董：他跟华老是一个方向，陆启铿是华老很有名的学生，做的很出色的工作。

史：带了一组。

董：这些都是华老师门下的弟子，所有人集中在一起是一个班，所以我们一共有七八个、八九个人，就一起上课，上课的时候陆先生讲课稍多。这时候就是认识关庄丹，是钟家庆的学生。

史：对，是钟家庆的一个学生，他没毕业的时候，钟家庆先生去世了。

董：正好在那年春天，就是一个美籍学者叫熊全治，他到数学所访问，来报告他的工作，就讲了六维球复结构问题，复结构问题有没有，他做了他自己的报告。

史：给你很大的启发。

董：当时看了以后是否定的，所以这个事情就很受数学家关注，一些大的数学家，陈省身，他就非常关注这个事儿，关注这个问题。所以有这个原因，我也很有兴趣，形成的这一个很难的问题。有很多人插手这事情，有点失败。

史：你们现在做的咋样？

董：我们现在来做这个事情，我也走过很曲折的路，这个也不是一个很简单的问题。后来这个我就不能当做主业来做，你知道吧？不能当做主业来做，但是后来我也慢慢地接近退休年龄，我这个主要精力就往这里放。

史：十几年一直在弄这事儿！

董：我整理了一份儿，投出去了。投出去了以后，编辑也没说什么，所以建议我们组织讨论班。这个是钟家庆在国外，看我能不能把他们的意见提出来。但是我面临退休，那个时候就是一刀切，那退休了我就算了，后来我就把这个事情放下了。放下以后，到这个十几年以后，我后面也有事要出去工作，有时候去别的学校上课，商丘、许昌工作过一段时间，到了2016年，后来我又把当年的研究材料找出来，我觉得完全放弃太可惜了。

史：对，前面已经有基础了。

董：我希望年轻人继续往前推，所以说后来大家一起集思广益，经过这几年的努力，后来一些青年才俊，王中华也参与了，工作做得很细，也有了很大的进展。新冠病毒疫情开始以前，我们就准备出东西了，春节前突然疫情来了，一下子冲击很厉害的。疫情防控这个事情当然国家做法很正确，很有成效，有目共睹，我们也只好遵从，非常难，因为你也没办法，所以这个事一下子被冲断了。最近我们又准备拾起来这个事情，拾起来以后我想翻译成英文投出去，可能还得准备一段时间。

史：行，那下边就聊聊咱们学院，尤其咱们数学学科的发展，应该说已经发展得相当不错了。两个一级学科博士点、博士后流动站都有了，您作为咱们学院发展的历史见证人，对学院下一步的发展还有哪些好的意见建议，还有什么期许，简单谈一下。

董：也没有什么好说的了，因为他们都已经是很成熟的人，像淑霞院长，我看他们工作都很成熟。

史：尤其关庄丹老师全职过来工作，对学院的发展还是很有帮助的。另外咱们又引进了一个丹麦的数学家叫比亚克，一个年轻人，1982年出生的，也做得很好。前几天说，他有个在意大利读大学的同学，是西班牙人，也想过来，最近一段时间正在联系，因为疫情他现在过不来，先把材料递过来。

董：对，咱开放办大学，不能封闭了。

史：像比亚克先生跟关庄丹老师，这相当于是咱们学院第一批外籍专家，那都挺好的，包括吴可老师也对咱们学院的发展帮助非常大，还有杨亦松老师。

董：我们学校的发展状况，包括我们学院的发展，我感觉很欣慰。

史：您一直在关注着学校和学院的发展情况！今天上午耽误您半天的时间，主要是谈一谈您的经历和对学院发展的一些历史回顾。非常感谢董老师多年来对学院发展的支持和帮助，您马上就80岁了，也祝愿老师健康长寿！以后希望老师经常到学院去走一走，看一看，给学院提出一些好的意见建议，帮助学院越办越好。

非常感谢您能参加这次访谈！

18 | 吴可教授访谈实录

受访人：吴　可
采访人：史富强
时　间：2020年10月20日下午
地　点：河南大学档案馆（图书馆东楼）

吴可

男，1946年生，江苏常州人，1969年7月毕业于北京大学数学系，1984年在中科院理论物理所获得博士学位并留所工作，1993年被国务院批准为博士生导师。2001年11月调入首都师范大学数学系，曾任北京市特聘教授。2009年到2013年任河南大学数学学院院长。他长期从事数学物理专业与理论物理方向的研究，发表论文百余篇。多次获得奖励，1989年获得国家自然科学二等奖，1988年获得中科院自然科学一等奖，1988年、1997年和2001年三次获得中科院自然科学二等奖，1987年获得国家教委科技进步一等奖，1991年中国科学院"七五"重大科研任务先进工作者，2006年第九批"北京市有突出贡献的科学、技术、管理人才"。

史富强

男，汉族，1968年9月生，河南省西平县人，中共党员，副教授职称，1992年7月，本科毕业于河南大学历史文化学院历史学专业并留校任教。曾先后任河南大学艺术学院学生辅导员、院团委书记，外语学院党总支副书记、副院长，校党委统战部副部长等职，现任河南大学数学与统计学院党委书记。

史富强（以下简称"史"）：吴老师好！非常荣幸能够有机会现场采访到您！河南大学数学学科发展到今天，是包括您在内的专家学者共同努力的结果。今天的访谈就围绕数学学科发展这一主题。第一个问题，请您简要谈谈您的学习、工作经历！

吴可（以下简称"吴"）："文革"期间1969年从北京大学数学系毕业，1970年初分配到陕南商洛地区劳动和当中学老师，"文革"后1978年考入中国科学院读研究生，1984年博士毕业以后，基本上一直在中科院理论物理所工作，中间有几年到国外去访问。2001年底，因一些个人的原因，调到首都师范大学工作，2016年退休。2009到2013年曾在河南大学兼职数学学院院长。

史：好，谢谢吴老师。那第二个问题就想请您谈谈当时来河南大学做这个院长，一些背景方面的情况，可能现在因为时间有点久了，也不一定很准确，大致的。我听说您在来做院长之前，曾经在这儿呆过，在这儿访问过，是吧？

吴：在上个世纪的90年代就到这来访问，那时许以超先生也经常来。

史：哦，对，还有许以超先生。

吴：那个时候，到开封来的时间不是固定的。学校和学院对我们（许先生和我）都很重视，在苹果园那边给我们安排了两套房子，许先生住一套，我住一套。

史：那时候都已经有联系了。

吴：嗯对，那是90年代的事情了。后来呢，在2009年，那个时候这个数学学院的领导班子出现了断档，原来院长王天泽教授考上了副厅级，要调走。书记辛占香呢，刚调到学院不久，辛占香书记和冯淑霞副院长呢，到北京来走访有关单位，到过中关村科学院，后来就来到首都师范大学，我们一块儿吃饭。吃饭的时间正好说起来这个事，我就说："这不很简单，许先生不是在那儿吗？你们可以让他当这个院长，大事都许先生定，小事儿你们定。"当时许先生正在开封河大待着，我是随便说了一句。他们回来不知道怎么商量的，就把这个差事给了我。我记得当时先是赵校长，他专程从河南到北京，在我的办公室谈了这件事情。

史：请您回来做院长？

吴：是啊。有一次在郑州，关书记请我一块吃饭，也专门为了院长这个事情。还有雷霆，雷书记，那时来河大，雷书记亲自接我。

史：应该是纪委书记。

吴：对，是纪委书记，他去接我。关书记希望我能在数学院聚聚人气，吸引人才，使数学学院走出低谷。后来见到宋校长，他的原话我记不住了，意思是学科建设没有那么容易，让我先慢慢弄，能弄到什么程度算什么程度，想一蹴而就是不可能的，慢慢去做就可以了。就这样，2009年我就过来了。

在开始做院长的时候，又碰到了一个小插曲。2009 年我来河大，赵校长呢，给我发了个聘书，有张发聘书的照片上了网。有人见到后反映给了首师大刘新成校长，以为我要调离首师大，他通过数学院院长过问这件事，后来我跟他解释，这是个兼职的院长，没有调走，他对我讲："兼职没问题，我也在外面有兼职呢。"就这样，所有的事情都办得很顺利。这是 09 年的事。

史：那第三个问题，想请您谈一谈您来做院长的时候，数学学院当时的大致情况。可以简单谈谈，因为可能时间久远了，大致地回忆一下当时来的时候，数学学院基本的情况怎么样，主要的问题在哪些地方。

吴：主要的问题是人才流失，走了很多。90 年代前后，数学学院在董道珍老师主导下选派了一大批青年老师到北京中国科学院等单位去进修，有些还读了在职博士。当时数学系的做法在河南大学是先进的，和其他院系比较，数学院的博士多，实力雄厚。但是发展的势头没有持续，反而一些读博士的人陆陆续续地走了，离开河南大学，然后造成了数学系的人才新断层，使得数学系成为人才奇缺的单位。还有一个问题是管理方面，行政权力过大，行政权力大于学术权力。

史：有漏洞？

吴：也不能算是漏洞。有些规定不见得就很合理。我记得我来以后的第一件事情，就是把发表学术文章的奖励取消了。弄这个事儿不行啊！因为写文章不能靠奖励，写文章不是为了挣钱，那就不是我们做科研的这个目的，对吧？你做研究应该是一种爱好，学术爱好，不能把写文章和钱挂钩，这样就把它去掉了。当时一篇被 SCI 收入的论文，院里奖励 5000 元现金和 5000 元科研经费，一篇文章 1 万元，院里一年发十来篇

文章，合计十几万，当时院里能出得起这个钱。幸亏取消得早，后来论文的数量很快上去了，学院老师一年共发40篇到50篇文章，那哪来弄那么多钱啊！记得这是我做院长做的第一件具体的事情。

其他方面事情呢，我记得学院也有几个委员会，有个关于教学委员会，还有其他什么委员会。我来做院长以后，就把这些委员会的作用发挥起来，专家治校，很多具体事情让委员会做决定，院长这个基本上不太管。当时也是占香书记对我说的，让我只负责一些大的事情，一些小的具体问题基本上都放手让院里其他领导管了，主要是占香书记帮我管很多具体工作。那么像大的这些事情，职称评审，还有进人，这两件事情作为院里来讲，是大事情。职称的评审呢，学院原来搞的也有条例，这个条例一开始来的时候没有太大的变动，还是按照那个条例做了一段时间，当时的条例定的非常细，什么文章怎么算分，什么教学任务怎么算分，弄得非常细。其实对学术的评价，那是没法量化的事情，它不能用一个量化的办法来做，那么这个事情是慢慢地把它扭转过来，当时没有一下解决好。

进人问题是一个学院发展的核心问题。有一个进人的委员会和教学指导委员会，要对应聘人员的科研工作和教学工作进行评判。对于教学工作的评价要严一点，一票否决，如果你不合格，就不要。因为我们是教学科研并重的院系，如果教学不过关，你这个老师就当不好。教学这块呢，正好许以超先生也在这里，请许先生也参加教学指导委员会的工作。

2009年以前的一段时间，许以超先生在浙大，丘成桐他们搞个什么班，好像叫丘成桐班，聘他在那里负责整个工作。我到这儿来当院长，正好那一期也结束，他就不再继续干了。那么他说他还是再回到河大来兼职，他对河大还是很有感情的。河大数学院的很多年轻老师都是他培养出来的。

史：对

吴：许以超先生也是中科院数学所的，所以他当时就和我一起过来，帮忙一块来负责学院的这些事情。那么教学方面的事情基本上就是他牵头负责。然后组织了一个招聘委员会，有一些固定的成员，还有一些临时的成员。比如说这个人是这个研究方向，就请这方面的专家，是那个研究方向，就请那个方向的专家。当然也有固定的成员，这些固定的成员当时是以国内学术界的几个专家，还有国外的一些专家构成，有杨亦松老师、林宗柱老师、吴杰老师等等。这么一帮国际、国内的专家和本院的几位资深的老师一起，在进人的问题上，基本上从科研方面对申请者做出判断，确保了进人的质量。通过几年来的实际操作，这个办法看起来还是基本有效的。

史：很有效果，实践证明很有效果。

吴：这几年，我们进了一批比较优秀的年轻人。当然也有其他方面的原因呢，正好碰到那几年郑州大学不进人，所以那些河南籍的博士在外边拿到了博士学位后，想回河南工作，可是郑大不进人，就只能首先考虑申请河大了，是吧？所以到河南来的，申请河南大学教师职位的人就多，每年都比较多，直到现在还是这样，我们选择的余地比较大，可以优中选优。确实，我们选到了比较好的一些人才，前前后后进的也大概有将近三四十个吧。

史：目前这些都是骨干啊。

吴：对，他们现在就成为了学院发展的骨干了！100多位老师，有一半做研究的，其中做研究比较好的绝大部分都是后面进来的这一批。他们现在撑起数学院科研工作的一片天。

史：包括现在的赖柏顺、李怀彬、吕广迎、唐恒才，包括小森都是那时候进来的。

吴：对，小森他是委培博士，他是学院送出去委托培养的博士。

史：李怀彬、陈世超、唐恒才、吕广迎都是那一时期到学院工作的。现在都是特聘教授，都是博导了。所以您当年推行这个进人策略到目前

还一直沿用着，而且实践证明是最有效的。

吴：那么它是以学术研究做得好与不好为主要标准，来衡量这些年轻人，兼顾教学工作，这样就确保了我们引进人才的质量，这对学院教师队伍来讲，保持了这么一种活力，科研教学等方面的活力。

史：另外发挥国外各位专家工作积极性方面，我觉得那时候做得也很好。

吴：杨亦松老师实际上是在我到学院工作以前，数学学院已经请他过来了。他是河大本科毕业生，对河大很有感情。当时他父母在郑州，他岳父母在开封。他对开封河南大学的感情很深，所以他很愿意回来做些事情，而且回来做得很认真，兢兢业业。

全国各个高校都在聘请国外的专家来指导工作，也有很多从国外请来的专家，在国内到处跑，这地方跑那地方跑，要访问很多地方，到处兼职。我非常感动的一点是，杨老师始终就是在我们这一个地方，在河南大学讲学，指导工作，他偶尔什么时候出去做一次报告，从来不在其他地方访问很长时间。回国来工作几个月，基本上这几个月就在开封，认认真真地带河大的这个团队。所以数学院第一个发展起来的科研团队，就是他所带出的那个数学物理团队，他们这方面的工作做得非常好，这是杨老师一手培育起来的。他没来以前，这个队伍基本上很一般，没有太多的研究成果。他来了以后就领着团队干起来了，这么多年干下来，确确实实把我们这个方向变成了数学学院目前最强的一个方向。来了就埋头工作，从不乱跑，他这个状态就跟别人不一样，别人就到处跑，打一枪换一个地方，杨老师不干这个事。第二件事儿是，杨老师到学校来工作，他给这个团队贡献了他的想法。有些问题还没有人开始做，他就把想法告诉你了。一般的专家到一个地方以后，把他已经写好文章给你讲一讲，这也是一种学术交流，有的人甚至讲他过去几年已经做成的工作，结果早都已经出来了，文章已经发表出来了，这种工作交流，比不交流好，对吧？那杨老师交流的东西是他的一些想法。这个问题可以做，

他就把背景和你分享了,而且还告诉大家应该怎么做,怎么做才可行,那么大家就按照他的思路去做,出了成果。杨老师贡献出来的是他的原始思想,他的学术思想。这点跟很多访问学者的做法是不一样的。他在美国期间,也不停地用邮件、电话、视频等方式指导河大团队的研究工作,使得河大的数学物理团队成为国内一个相当好的团队。去年中科院的一位院士,欧阳钟灿应邀来河南大学访问,惊讶地说,他在全国这么多地方跑来跑去,全国搞他这块儿的人并不是很多,没想到河南大学居然有一批人跟他做那个方向是一致,而且做得还很好,他感到很震惊。后来他又专门主动到河大来了一趟,搞了一个学术会议,把他的学生都叫过来,还请了别的专家。

除了杨老师,还有别的专家比如林宗柱老师。林老师来了以后,把我们的代数方向又向前拉了一步,最近这一段几位年轻人的成果已经出来,有些都已经发表了,慢慢地把代数方向的这个团队带起来。吴杰老师是后来过来的,有一年正好我们有个数论方向的老师到法国去访问,认识了吴杰老师,以后他们有合作,觉得做得挺好,可以继续合作。基础数学的三个基本的研究方向,一个是分析方向,一个代数方向,一个几何方向,河南大学有两个方向,分析方向和代数方向,在杨亦松老师和林宗柱老师带领下取得了长足的进步。关庄丹老师做复几何,他来了以后,我们的几何方向慢慢也开始上升起来。像我们这样的一个地方院校,能够在代数、几何、分析3个方向上面都有研究人员,可望做出一些研究成果,是很不容易的。

史:反正我觉得,从最近几年咱们数学学院的这个发展态势来看,当年您在这儿做了几年院长,这几条措施确实起到了立竿见影的效果。整个的发展也是良性的,这是大家公认的。所以感谢吴老师这么多年来为河南大学的付出。下一个问题,就是说后来你就不做这个院长了,冯淑霞院长上任以后,您还始终关心支持着数学学院的发展,一直是在这儿两头跑,基本上随叫随到。谈谈您在这方面做的工作,或者说一些体

会和感受。

吴：我现在已经算退休了，首都师范大学对我很照顾，一直延到70岁才退休。70岁后，首师大数学学院又延聘到74周岁，延聘期间学院继续提供办公室。对我来讲，平常也没有什么其他爱好，唯一可以做的事情就是学术方面的一些研究工作，跟这些年轻人谈谈学术问题，学习一下学术的最新发展，或者自己看到什么问题都觉得是很有意义的，和年轻人一起讨论讨论，做点学术研究还是很高兴的事情。

史：另外我感觉，吴老师个人在生活方面要求都很低，但是对师生这种感情很深。我印象最深的几个，一个是吴老师平常吃饭很简单，一碗粥一个红薯都吃了一顿饭，穿衣服都也不是很讲究。但是在咱们百年校庆期间，吴老师以个人名义给学院捐款10万元，作为学生的奖助学金，这个当时在学院包括在学校都引起了很大的震动。前一段还一直说要再给学院捐一部分钱，我觉得吴老师这种精神是值得我们所有人来学习的。另外吴老师家里老伴儿前年发生意外去世了，然后孩子在美国，孙子都在美国，一个人住在北京。您来开封的时间跟在北京时间基本差不多。跟咱们学生交流沟通，然后指导咱们师生这个方向的科学研究，包括每年的新生入学教育，每次吴老师都最后压阵跟学生进行这个专业思想的教育。今年因为疫情，新生来的时间吴老师没有到。听说您今天晚上就准备给咱们大一的学生补课。另外最后再问一个小问题，就是您在开封也这么多年了，您感觉开封这个城市跟北京相比怎么样？

吴：因为我以前来过开封，参观过很多地方。最近来开封，基本上不出门。有一次跟院里组织去看了一下开封新的博物馆，那个确实建得很好，里面文物很多，那天去了几个小时也没看完，值得花点时间认认真真地看，文物太多了。开封这个地方历史的文化沉淀非常深厚，地下是一个历史文物宝库，作为一个历史的古城，有很多古迹值得参观，这几年在经济方面也有一个好的发展，开封西部新区建设得很漂亮，郑汴一体化提供有一个好的发展平台，对于河南各方面经济的推动来讲，会是很大的。

史：这一次吴老师来河大，大概也一周了，正好这次碰到这个机会了，我说了无论如何让吴老师过来说几句。吴老师一直谦虚说自己没有做什么工作，只是敲敲边鼓、出出谋、划划策。但是实际上数学院的师生对您的评价都很高，都认为河南大学数学院有今天的发展，有很好的态势，和吴老师当年几年的院长经历，以及后来几年对数学学院发展建设的影响是分不开的。我想虽然您不当院长，虽然您现在退休了，退到北京了，但是其实我们都把您当成河南大学的一员了，都把您当成数学学院的一员了。所以希望您平常还要多来，而且我原来跟冯院长说过，您在北京是一个人，就来这儿安度晚年我觉得比北京舒服，虽然说咱这医疗条件不比北京，但是咱们的淮河医院条件还不错。您的学生也有很多在学院里边，这样的话以后不仅在学术上进行交流，生活上大家互相也可以有个关照。希望吴老师身体健康，一切顺利，谢谢！

19 | 王德建教授访谈实录

受访人：王德建
采访人：白　莹
时　间：2020年12月5日下午
地　点：城市印象小区

王德建

男,1932年9月出生于河南省开封市,教授,从事物理教育光全息术。1951年9月至1954年8月在武汉华中师院(华中师范大学)学习,提前一年大学毕业,1954年8月至1962年1月在开封师专、开封师院工作,1962年2月至1963年5月在郑州市公安局刑侦科做内线侦查,1963年8月至1968年2月在开封市看守所、机械厂、化工二厂任技工,1968年3月至1973年10月,在开封市科仪厂、中牟农修厂蓄电池厂做技工,1973年11月至1979年3月在开封蓄电池厂、太阳能电池厂做技师,1979年3月至1991年12月在河南大学物理系做教师。任近代物理实验教研室主任12年,1991年12月退休。1992年1月至1993年续聘一年。1969年研究成果干荷电铅酸蓄电池投产中牟县电器厂,1983年1月鉴定产品填补河南省空白,发表论文《激光散板全息图拍照》在《物理实验》杂志上。1983年发表论文10篇。1984年10月12日中央电视台一套报道了他的激光全息实验室。1984年之后参加中国光学学会在北京举办的全国大专院校激光全息急速讲习班做唯一的主讲人。1986年沙箱全息台获得国家教委的教学仪器奖。1987年主编《大学物理实验》,成为河南省高校通用教材。1993年主编《近代物理实验》。曾在中国光学学会、物理学会、电镜学会河南省实验研究会、兼职,任开封市物理学会副理事长。

白莹

女,1980年出生,博士,教授,博士生导师,中原千人计划——中原青年拔尖人才,河南省高层次人才,河南省高校科技创新团队带头人,河南省高校科技创新人才,河南省教育厅学术技术带头人,河南省高校青年骨干教师,河南大学特聘教授。

担任国家自然科学基金委通讯评审专家,教育部学位中心通讯评议专家，浙江省自然科学基金委员会通讯评审专家，山东省科学技术奖通讯评审专家，河北省科技计划项目评审专家，河南省教育厅科技计划评审专家，河南省新能源材料与器件国际联合实验室主任，河南大学学术委员会自然学部秘书长，河南大学物理与电子学院副书记、副院长（主持工作）。

主要研究方向：高性能二次电池关键材料及界面物理化学。在河南大学工作期间，先后赴德国、美国开展访学和合作交流。共发表第一作者和通讯作者SCI收录论文52篇，其中含SCI一区论文32篇，高被引论文4篇。主持各类项目18项（含国家级项目4项），总经费850万元。申请国家发明专利38件，获授权发明专利13件，实现发明专利成果转让1项。

白莹（以下简称"白"）：王老师，您从1954年开始到高校任教，几十年来在教学和科研方面付出了许多心血，也取得了很多成绩。请您谈一下您在光学、光学工程以及光全息技术方面的影响好吗？

王德建（以下简称"王"）：好。现在我开始介绍一下这方面的工作。那么我想从时间上按这个顺序来介绍一下。这个50年代，具体来说也就是1956年，我搞了一下简易太阳灶。为什么要搞这个项目，是因为我考虑到农民在地里干活儿，夏天还可以带水去，还可以带点儿热饭什么的。到冬天怎么办？没有热水喝，只有拿着凉馒头啃。所以这样的情况下，太阳能那么漂亮、那么无价的东西为啥不利用呢？（我）就琢磨着搞了一个简易太阳灶。所谓简易，就是说50年代搞的，用开封人讲法就是用白蜡条，就是相当于柳条做抛物面框架的骨架，用废纸做成纸浆糊到这个框架上，这就形成了一个太阳灶的抛物面，然后再找吸烟的锡纸，吸烟烟盒里边都有一个锡纸，把那个锡纸一张一张贴到抛物面里边，这就是一个反光镜。然后再弄3根棍儿支撑起来，中间一绑，这样对准太阳，怎么样？拿到野地里头去，一壶开水放到这个三脚架上，这个太阳光对着照射抛物面,只用十几分钟,具体来说就是 16 分钟就可以,这一壶水就开了。也可以在三脚架上搁上一个锅,热饭炒菜,就这么简单。这是 1956 年做了这一个工作。

白: 简易小发明项目。

王: 再一个就是 60 年代。60 年代我研究了一个干荷电铅酸蓄电池。这个长话短说,它也是能源的,但不是光学的,牵扯到物理化学方面的。这一个鉴定是在 1983 年的 1 月份给我鉴定的。1969 年我这个成果已经在中牟县电器厂投产,1983 年的 1 月份鉴定结果是这个产品填补了河南省的空白。实际上当时鉴定会上的成员们问我,别的还有哪些地方生产你这个干荷电铅酸蓄电池呢?我就给他讲,只有一家,沈阳一个军工单位,它正在研制过程中间,并没有投产,结果鉴定书上结果写成了填补了河南省空白。行,就这样也行,而且这个厂的厂长也亲自跟他说,鉴定证书上也说经济效益是 180 万。70(应该是 60 年代)年代的科研成果经济效益是 180 万,而且得了河南省新产品的奖,给了奖状,发了 3000 块钱的奖金。奖金我没要,给这个工厂了,奖状也给他们了。这是 60 年代,我搞了这个。到 70 年代还是光学工程方面的,我就又和几个同仁在金属冶炼厂、开封一个烈属金属冶炼厂给他那儿搞这个项目。这个项目搞的什么呢?就是硅光电池,具体说是利用废品搞这个项目,那就是人家 740 厂不要了的单晶硅硅头埋地下,我们扒出来进行冶炼,最后做出来光电池。做出来的光电池的转换效率,经过 1418 研究所天津那个军工单位鉴定,我们最高的转换效率可以达到 13%,也就是说可以用于卫星上的太阳能电池最下限。在这个期间,我又给他研制成功一个测太阳能电池的转换效率的一个测试仪。再一个要提的,那就是说这个中间我就又搞了一下炮台的灯塔,就是林则徐禁烟那个地方的炮台,它的灯塔的灯上要用的这个东西。另外就是珠江三角洲,珠江那一带航标灯上要用这个的东西。怎么办?因为我搞了蓄电池,我又搞了光电池电源,是吧?那么这个中间我研究一下什么呢?研究一下炮台的灯塔它怎么样白天用光电池发电,到晚上再给这个灯塔供电,叫它自动亮。以前这一类的航标灯都是得去点,得出船去点灯,我这个弄了以后,给他们弄的就是说你不用点灯,我给你光电蓄电池,利用光电池,等于说是个二极管,晚上自动让灯亮,灯塔自动亮,早上自动灭。就这样,这是我研究了怎么样匹配,就是光电池电源与蓄电池电源的最佳匹配,要不然用土点的话说就是"不要用大马拉小车,也不要用小马拉大车"。就是这个意思,我找到了最佳值。这是70年代搞了这个,到80年代,我这劲头就更大了。那么这中间,80年的6月份,我就研制成功了还是光学方面的光全息方面的,研制成功什么呢?研制成功一个沙箱全息台,这个全息台名字叫HDS-1型沙箱激光全息照相实验台,研制成功了这个。这一个东西研制成功以后,随即我就发表了论文,再一个那就是说连着发表了两三篇都是这方面的论文,接下来,那就是给物理系77级的学生上了光全息术的实验课。这个之后,就是到1982年,有一个全国师范院校会议在武汉召开,我就拿着教学录像带和这个光全息设备录像带,介绍它的性能的录像带,带到武汉参加他们那个会议。结果这个会议决定把我这个光全息照相设备刊登在《物理实验》杂志上,《物理实验》杂志是全国发行的一个杂志。这是1982年。1983年我就参加了一个Lape国际学术会议,在这个会议上我又发表了一篇论文。这是那个会议的名录、通知单,这是我发表的论文。

白:全英文的。

王:全英文的,还有一份是中文的。这份论文发表的题目就叫《激光散板全息图拍照》。因为这中间得给院长解释一下,什么叫激光散斑全息图拍照呢?因为要拍全息图必须有很好的防震设备,防震设备顶上要有高精密度的光学元件,不管是反射镜还是扩束镜,是吧?整个的要有这些光学元件。如果要买国外当时一台这样的设备多少钱呢?30万美金,国内的也得几万,有便宜的钢板的也得几千。可是我发明这个设备沙箱全息台,连激光器算上能拍16种全息图,只要900多块钱的价钱。

说到这个论文是什么呢？就是说我连简单到这样程度的设备，我还嫌不简单，我就又继续做，别人做应用方面的，我做什么？简单说就是我能拍全息照相，我能不能把它的设备部件减少到极限值。我这一篇文章的用意就在这儿，再说明白点儿，就说这一篇文章，就是你只要给我一个激光器，再给我一个接收光线的一个全息干板，我就能拍全息图了。什么防震台，什么光学元件，统统不要了。所以这个在 Lape 会上发表以后，当时轰动，轰动的原因就是我刚才说这个，人家都在搞光学全息方面的其他的研究，比方说怎么样制作全息光栅、怎们样制作全息透镜、怎么制作其他的东西，包括频谱分析、干涉、计量方面的东西。我是在研究沙箱全息台，研究完了我不过瘾，我再研究，研究到就是说你只要给我个激光器，给我个干板，我就能拍全息照片儿。所以这个我专门提一提的用意就是这个意思，这是 1983 年，1983 年年底我已经发表了论文 10 篇，这大部分就是光全息方面的，光全息技术方面的。然后再说这样的情况下，1984 年我就突然接到了一个北京大学要开全国激光全息摄影展览参加筹备会工作的一个通知。这个通知我为什么要说呢？因为全国只有十几位教师参加，有河南大学的。当然也不用我解释为什么他要通知我，也许是我做了点事情在这方面。这是筹备会，参加以后我就不愧当个代表，我就给他提出了我的看法。而且我的看法是什么呢？那就是说 1983 年法国在北京展览了一个激光全息摄影展览，他们的展览仅仅拍了一些全息照片，光全息技术方面的技术应用方面也有几幅。他就这么些（内容）。我跟这个筹备会上提出来什么？我就提出来我的设想比法国这个好，他不要吹牛，我们要超过他。

白：超越他。

王：超越他的目的何在？因为参加会议的人都有感觉，因为法国 1983 年在北京展览时说，你们中国要想达到我们法国这个水平，还得 10 年时间。所以我提出来什么呢？那就是说从内容上我们要超越上，从展览的项目上，我们要超越他。我就提出来不仅有（法国展览时的）

这些内容，还要有3个展览厅。第一厅就是原理厅，讲讲全息图的原理，为什么它拍出来的照片是立体的，照片为什么是会动的，而且它这个照片拍出来你说让它放大，它可以放大的，照片都自动放大，是吧？类似这些，那就是说设一个原理厅。第二个，设个技术应用厅，应用技术，全息术的应用技术。第三厅，那就是艺术厅，通过激光全息展览，你搞了哪些艺术产品，是吧？除了这3个厅以外，我说建议设一个实验室，实验室干什么？让这个观众亲自动手做一个全息图，但是收费，我得要成本呐，收费，但是这张全息图拍出来归你了，八几年，我自己能拍全息照片。再有了，那就说我准备是不是会议上能弄个放映厅，我带过来录像，我的教学录像和光全息图的具体技术，摄影技术。再一个那就是应该有一份儿展览会内容的全息实验指南。我说这个你们如果忙的话我可以承担，最后形成决议。长话短说，就是1984年的10月5号上午9点，在北京中国首届激光全息展览这个会就开幕了，开幕的时候由全国人大常委会副委员长王任重剪彩。下边儿我说一下中间这6个部分，我现在要介绍一下展览会的大致情况，展览的时候接待的情况。那么一厅我是搞了一个河南大学的沙箱全息台，一厅正中央，一厅就咱们这一台全息台是河南大学的，这个全息台展览在一厅，那么这个中间参观的人，其中包括1984年10月12号夜晚12点，这些观众有中共中央政治局常委，有胡启立、廖汉生，还有田纪云。再要一提的是这个展览，还有这样一位白发苍苍的老先生扶住眼镜问我，（指着照片）这个是我，1984年的时候，这个是谁呢？这个是全国政协副主席，这个是中国科协主席，这个是中国科学院的学部委员，这个是北京大学的校长周培源教授，他在咨询我一些情况，又给了我一些赞扬。这一个照片，我可以说已经在咱们学校校史馆，90年校庆的时候展览了，百年校庆的时候继续展览了。这就是90年校庆的时候，展览的时候我拍的照片，这是教学科研第二张照片，就是这一张，这是说说这个一厅。二厅呢，我们河南大学展览了一个假彩色编码显示仪，这是当时搞了一个说明书，搞了一个说明。

这一台我简单介绍一下它是起什么作用呢？还是光全息术方面的。举个小例子，比方说你的手指头疼了，到医院去看，他给你拍个X光照片，结果拿出那个X光照片过来看看，大夫看不出来啥问题，可能按类风湿的情况来运作，结果是啥呢？把那个X光片往我这个仪器里边一放，一插立马显示出一个假彩色图像。为什么叫假彩色图像？不是真彩色。为什么要弄成彩色呢？这个不多解释了，因为时间关系，是因为人们的识别能力，对黑白的识别能力和对彩色的识别能力，彩色的识别能力比黑白的识别能力提高两个数量级。所以他就能在我这个仪器上看到，"哦！你那里有个骨折线，你的手指头骨折了，轻微的骨折，行了，想吃药吃点儿药，不想吃药拿个东西固定住，几个月以后就好了"，不要按类风湿治疗，这是这样一个设备。这样一个设备在展览的时候，与中国人民解放军医学科学院他们也搞了一个假彩色编码显示仪，跟我们是并排搁那放着。参观者有两院院士，王大珩，就是科学院院士和工程院院士王大珩，过来以后他一看都是假彩色编码显示仪，"那你们谈谈你们都各有什么千秋，说说吧"，结果这个医学科学院的这位让我说，我让他说，最后还是我说。因为什么？我年龄可能比他大点儿，我就说他的这个设备好，好在哪儿，好在他测试东西的精密度高，他适合于搞科研的应用。我说我这个也好，好在哪儿，我这个精密度不高，但是每个县医院都买得起，他那个买一台是1万多块钱，我这个买一台是多少？不是一千多，而是八九百块钱就可以买到，所以每个县医院都可以用。随后得到王大珩表扬。当然这中间还有政治局的常委田纪云，这个（照片）是田纪云趴到仪器那儿看，这还有国务委员张劲夫，张劲夫也在看这个。这一个就是二厅。再说三厅，三厅我展览了一个，这个是什么？就是民族形式的，一般讲话就是个走马灯。

白：对，立体的。

王：是立体的，而且是会转的，这个是个大型的。怎么叫大型？这个灯高是2米4，直径是1米8，中间会转圈儿。这个灯分3层，那么第一层是个360度的全息图，它转着圈的时候，我搞了个小汽车，小汽车的车头、车身、车尾巴都可以看到。这第二层，搞了一个是激光打上去才能看到全息图。激光展现全息图，用人眼、用白光不行，必须用激光打上去，所以里边儿转着圈儿还放着激光器，每一个照片都有激光器打着看激光全息图。第三层，这个是白光，一般的灯光，拿个手电筒什么的，就是一般光线也可以看到的全息图。这个全息图值得一提的，那就是说你看我站在这看它有一人多高，一人多高。这一个关键的问题是，政治局常委胡启立，这个是胡启立（指着照片），胡启立在评论我这个灯。还要说明一点，就是这一个研制成果，竟然被中央电视台1984年10月12号上午9点整中央电视台一套播放，播放的第一个镜头就是顶上这个灯上写着的河南大学。屏幕上占满了4个字，河南大学。他把这个（镜头）往后一推，就显示出来这个灯。这是中央电视台播放了河南大学的，应该说我替河大争了光。

白：也是河南大学的骄傲。

王：这是3个厅，随后就是展览室，我设了个展览室，在展览室门口照了个相。为什么要说说展览室呢？展览室，10月12号这个夜晚，中央电视台去的也都有人，我这儿要说的是中央的这些领导也去到实验室看了，最重要的要说的是王任重，（展示照片）这是任重，全国人大常委会副委员长王任重，给这个展览剪彩的也是他。他到那里以后，就是另外一个院士介绍："委员长，是不是请王教授给你们表演一下？"表演什么？就是我刚才说的在桌子上，我就给他们表演激光全息摄影。王任重副委员长的原话是这样说的："不要表演了，我相信中国的科学家说到是办到的。"这是我第一次听到这个话，是委员长夸的。我还是给他做了，拍了一张全息图给他。这是他在实验室（照片），这个是他出来实验室（照片），这个实验室是这样一个情况。另外就是说我写了当时的指南，激光全息技术指南，这个是由中国光学学会给我打印800份，干什么？用于参观者，送给他们。这个东西呢，我觉得虽然是个讲义，没有成书，我也很珍惜它。因为全国第一届全息摄影展的时候，是我提供了一个全息实验指南的这样一个材料。

白：也给咱学校争了光，起了很好的宣传科普作用。

王：再一个，那就是说录像带，我带去的录像带，这个录像带，这是个拍了录像带的盒子，这个录像带在展览的时候有一个专门的放映室，在放映室放映。说到这儿，我对这个展览为什么花这么长时间来说呢，因为这个展览这6个项目是举世无双的项目，就说展览中间哪个国家哪一次展览能有这6方面的展出，所以这个是举世无双的。再一点，我要说明的是，这6个项目中间河南大学竟然占了4个，其他的40多个院校参加这个展览的，就在技术应用厅和全息艺术厅有展览。所以这个中间我再附带说一句的是，那个全息灯40多个单位里只展览了2个单位，第一个单位就是河南大学，第二个单位才是上海同济大学。这一个项目我就介绍到这儿。下面再继续说，那么这个中间已经谈到1984年了。1984年之后我就又接到一个通知，干什么？这个要我参加中国光学学会在北京举办的全国大专院校激光全息技术讲习班，我作为唯一的主讲人。这一点，他为什么没有请北大清华的呢？也许是我做了不少这样的事情，所以这个讲习班我接到通知以后，我就写了一本全国激光全息班的教材，还是讲义，写了1本。第二点那就是说讲了理论又做了实验，这都是做的实验（展示照片），再附带说明一下这些实验。这些实验是用我发明那个沙箱全息台做的。15个实验有13个是用这个做的，还有一个是用大的，因为这一个项目我也转让了，转让到长葛一个专门光学仪器厂，他们厂里提供这些东西。还有一个是在桌子上做的，一个是在大型的激光全息当中，一共做了15个实验。这个做了实验以后，而且这些实验照片都寄到国际光学学会，寄到美国，国际光学学会。这一个是这个讲习班最后结业的时候拍的一个照片，我是留作纪念，全国讲习班他就让我一个人去讲了。这一个事情就介绍到这儿，当然它后边儿还有在光学界上说说咱们这个活动怎么样，收获了什么之类的情况，这个

就不再讲了。随即我要说一下，那就是说咱们学校设备处搞了一个全校77个实验室全面评比，也包括省级实验室、校级实验室，我这个激光全息照相实验室是我学院里边儿开近代物理实验课的实验室，一般实验室，全面评比结果，也就是你这设备使用效率、维护情况等方方面面评比的结果，在77个实验室中间的评比结果，我们获得了第一名。唯一的一个第一是激光全息照相实验室得到了，这就是光全息学方面。因为什么我弄了这样一个照片？这个奖我给实验员了，实验技术员，他也是我这个实验室的，所以我把这个奖状给他，我就照了个照片留念。还给3000块钱，3000块钱是咱物理学院领了，这是这一年。紧接着再说说1986年，我这个沙箱全息台获得了国家教委的奖。这个我要用一点时间说说，原因是，不仅得了个奖，国家教委教学仪器奖，而且教学仪器研究所他们编了一个，就是教委下边儿所设的教学仪器研究所他又出来一本这个东西，这个名字叫什么呢？叫中国优秀教学仪器高教物理第一季，有多少个得奖的呢？有29所院校，河南大学排在哪里？排在第27位。那这样一来，在27位中间，他这个册子里边有这个照片，这是我提供的。这个全息台，这是刚才介绍的一个北京大学校长的那个照片，这是给三项全息台拍的照片。介绍一下，有英文的，有中文的。就说我这个全息台能做16种实验，不止光拍个照片，包括干涉剂量，治疗，存储，空间，滤波，这些都包括在内。那为什么要说说这个事情呢？这个是再一次，在光学方面，我替河大争光了，是全国优秀教学仪器高教物理的第一季，这个就介绍到这儿。

1986年除了这个又发表了文章，还都是关于学术方面的文章。刚才还漏说了一点，那个展览不仅是电视台给咱播送了，而且《北京日报》也谈了这几个项目，这是《北京日报》。再一个就是《人民日报》，也谈了中央政治局常委他们参观这几个项目的情况。下面再说一下这个1985年到1987年中间，美国、英国、法国先后都来信给我，邀我参加国际这方面的学术会议。另外下边儿还有就是说美国阿拉斯加有一个

公司，是激光全息技术方面的，他聘请我为他们公司的技术和经济方面的代理人，结果他们签字我也签了字。这一个签字说明什么？国外还有人请我当他的技术方面的代理，这是这样一个情况。另外到 1987 年，我又组织河南省高校搞实验物理的老师们来参加，咱们编一个书，叫《大学物理实验》。结果这一本书是河南省高校通用教材，1987 年编的。1993 年我又编了一本书，1992 年都应该退的，我 1993 年又编了一本书，这本书叫《近代物理实验》。下边儿我再说他对物理学院的影响。我还是把光圈技术放在重点，它有 10 个方面。

  我是 1932 年生，1992 年我就该退了。那就说 1993 年的时候，1992 年年底，物理学院当时的党委书记赵振海，他跟我说要续聘 1 年。在这一年中间，我应该说是跑了 7 个省，东南 7 个省，调研结果我感觉到全国还没有这样一个，只有杭州商学院有一个质量检测系，但是他没教学大纲，也没教学计划，也没国家的。因此我考虑物理系应该建这样一个专业，我就写了个报告，而且写了这个专业的教学大纲和教学计划，就是替教育部写了。写了以后一申请上去就批准了。批准了可是 1993 年，说了是续聘 1 年，那已经到期了，那卜宏建来当系主任。所以这个中间值得一提的是，我这干了一年续聘工作，我没有拿续聘金，为什么？我感觉到钱是另外的事，给我的退休金我已经够花了，所以没有要续聘金。顺便说一下，我是从 1980 年到 1993 年，连续干了实验物理教研室、近代物理教研室主任工作，14 年，在学校里头能干 14 年教研室主任的，恐怕就我一个，因为在中间 1982 年叫我当物理系的副系主任，我感觉到我不称职，我没那个能力，所以我要搞学术。因此干了 14 年教研室主任。

  值得一提的是这 14 年中间有 12 年，就是 1982 年全校定了超工作量有奖，我就定了我们这个教研室整个实验教研室，普通物理无线电电工实验和近代物理实验，这些教师的工作量咋计算，怎么样算是超工作的，我定了标准，而且年年我是超工作量最多的一个人，可是我从来没有拿过一分钱的超工作量奖。该报的时候我替别人报，我自己没报。再来那就是退休以后了，退休以后我又接受了返聘。这个不再多说，返聘一直返聘我到 2004 年 9 月，我 72 岁了，这个返聘是拿钱的，拿补贴的。在这个期间我又搞了 7 项科研，这个就不再说了，是属于化学方面的，就是阻燃剂丙阻燃。

再有一个项目也是开封一个公司，叫我来了，还拿着礼品来。听说你是光学专家，我说称不起专家，有啥事儿，他说这里有他的地址，有合同，他说你能不能给我解决一下，龙亭那个玻璃窗户往里头看，看不清里面的东西，那展品、那蜡像看不着。我说那这个问题还需要我去吗？他说那谁去，都解决不了。龙亭公园主任书记都叫我弄，怎么办？我就听说你是光学专家，请您去。我说那走吧，我就拿个钢卷尺，拿了个小本儿，拿了个笔去了，去了到那儿一看，当时我就给他提出了 5 个方案，解决这个反光问题，最后又给他提出了 5 个方案中间最简单的、花钱最少的一个方案。

因为学校 90 年校庆，校庆之前，4 月份，黄亚斌副校长是我的学生，物理系的，问我能不能去北京请院士来参加咱的校庆，我就满口答应，我说能，那你说需要几个，结果到北京，到天津，两个地方，3 天，我请了 6 位工程院和科学院的院士，请了 6 个，这 6 个其中就包括中国光学学会理事长，南开大学的校长吴国广。还有就是我承办了 2002 年的 9 月 22 号到 28 号中国光学学会光全息与信息处理专业委员会的全国会议。这个会议上我又提出了一个建议，要在河南大学建立这个委员会的史料馆，结果经过这个委员会的委员们全体会议一致通过。但是你不能叫史料馆，你应该叫成第一史料馆。用意何在？就是建这个史料馆对河南大学来说，尤其是对物理系来说，有 7 个好处，我在这儿就不叙述了。而且要把这个史料馆逐渐地变成一个专业，就是光全息信息存储，这个专业。再说一个，就是 1987 年以后，我发表的文章和科研成果就少了，但是到 2018 年，就是前年，咱们学校规划处又组织了全校的师生员工

都在内,包括校友社会上人士在内,搞了一个建言献策,对河南大学搞了一个这样的论文比赛,这个比赛我参与了。我参与以后,结果竟然获得了一个特等奖,那就是说我已经86岁了,还得到了一个学校的建言献策的这样一个特等奖。

白:可是万言书呀!

王:再一个,那就说说获奖这一方面。我的奖项大大小小不止这十几个、二十多个,在这儿主要说的是光学的,而且每一个项目我没有用过专项科研经费,顶多用点儿低值易耗费。因为啥?因为好些是利用废品和次品,用了这些东西来完成了我的这些有分量的科研奖。同时再说明一下,这些项目大部分都转让了,都有经济效益,有社会效益。再一个就是说我这个奖项,我在40年来,我的奖项一共得了46项,光信息处理方面的最多。再一点那就说写了论文,论文截止到特等奖这一篇为止,一共是37篇,37篇论文不仅被他们引用,大约我知道的有30多位写的论文上引用了我的论文,还有几十位,这是突出的,我发表了论文以后,人家亲自来人学习。只举一个例子,包括武汉有一个医科大学,他们竟然派人来,干什么呢?那就说我发表的论文,其中有一篇是牙科全息术,牙科全息术在牙科方面怎么应用,发表在这个《医学物理》杂志上了。他看到这个以后,他就来问,你们具体咋操作的,他来学,我就教,不要钱。就说我这个论文发表以后,他们不仅引用,还有人来学,还有人专门来,包括西安交大的,要买我的全息照片。

还有就是我主编了6本讲义,这个我得提一提,因为有全国讲习班的讲义,有全国展览的讲义,这些就不再说了。最后再说一点的是,我现在还有合作编写的5部书,还有论文10篇,还有可以研制的项目5项,还有可以申请的专利2项。这个回来再说,这个问题我先回答到这儿。

白:谢谢王老师,您确实在光学、光学工程、光全息存储方面做出很多贡献,也为这个方面的科普产生很大的影响,谢谢您!王老师,您长期以来担任学院关工委副主任,特别是在您退休以后继续发挥余热,

为学生的成长成才做了大量工作,您能介绍一下这方面的情况吗?

王:好,这个关于工委的工作,我想从这几个方面来说一下。

第一个方面就是说要做好关工委的工作,必须是自愿的,但是光自愿不行,还必须有热情,光有热情不行,还必须是认真负责有责任心的,光有责任心还不行,还必须不断地学习。这是我要说的第一个方面,做好工委的工作,我是这样考虑的。

第二个,做工委工作呢,关心下一代。下一代到处都是你关心谁呢?我第二个工作就是我首先要关心我家庭的下一代,儿子、孙子,甚至重孙子,关心好自己家庭的下一代。关心好了没呢?1987年就要评我为这个市级的"文明家庭",我不同意。2018年又提出来要我为市级的"文明家庭",我夜里11点多钟,我还打电话给这个具体经办人说我不胜任,就这硬给了这个"文明家庭",当然这个奖还给了个牌儿挂到门外面。这是首先应该关心好自己这个家庭下一代。更重要的是我是河大的教师,我重点关心好的是河南大学的教职工生。因为包括物理学院的教师绝大部分都是我的学生或者是我同学的学生,这是重点关心。

再一个第三点就是要关心下岗职工。80年代末到90年代,那时候就是好多小工厂就不行,这些年来,我做了9个家庭下岗职工的工作,让他们再就业,其中就包括着开照相馆,在开封开一个照相馆。另外有一个新乡人要投我为师傅,我说我没当过师傅,我当过老师,一辈子是老师,你叫我当师傅,他跪那儿就磕头,我说赶快起来,都40多岁的人,都留着胡子,干啥?叫我教给他照相,他开照相馆,结果他就在新乡租了房子开了个照相馆。在没有开之前,我跟老伴俩人自费去到那儿给他拍照,洗出来样品相片以后营业了,我们再走,现在来说他已经买了两套房子了,这是开照相馆。

第四个问题,那就说关心教育下一代。你采取的是什么方式,什么样的方法,或者采取什么措施,或者你有什么设施来进行教育?我的回答跟别人有点不一样的是,随着社会的发展、科技的进步,我要适应,在这个基础上给学生来做关心下一代的工作。那这里边儿就包括这些,开始就是面谈,对吧?面谈,那这中间在校园里照相,或者在校外照相啊,或者搁公园那接触一些人面谈。再一个就是写信,那就说那时候还没有电话呢,我只举一个例子。写信那就是说我认识的学生考上华东师大的很多,但是女的多,考上上海交通大学的我也认识好些,但是男的多。有一次有一个学生就给我来信说王爷爷,我这一辈子都要嫁不出去了。我说怎么这么苦呢,是啥问题究竟?我说我给你想个办法,你愿意做不愿意?那就是写信,不管你愿意不愿意,我给你说说,上海交通大学的某某某是哪个专业的研究生,叫什么名字,电话号码是多少,你给他联系。该干什么?你挑头儿,华东师大的你挑头儿,跟他联系。另外我说我也给他写信,那时候连座机都没有,给他写信。就这长话短说,华东师大的、河大的本科毕业生、研究生都女的多,通过他俩每星期都开联欢会,结果成了5对儿,而且这5对儿都在上海工作。其中有一对没有结婚之前春节放假了不先回他家,他就领着他的朋友来我家。这就是通信关系中间联系关心下一代,只是他们不是学习问题,是个婚姻问题。这个再一个,那就说有了座机,有了座机以后,那打座机,我现在还有座机,为什么都有手机了,你还要座机干什么?要!我的老同学包括学校的学生,好多人知道我的座机号码,不知道我的手机号码,我到现在还用座机,座机中间也起了一个作用。有一年杞县高阳镇一个镇长打座机了,干什么?他说你是不是河南大学的王教授?我说你是谁呀?他说他是杞县高阳镇的镇长。我说啥事儿?他说我听说你是核物理专家,我说核物理我搞过试验,好多种近代物理方面要讲。我说你什么事吧?他说那俺这儿弄大蒜呢,弄的放射性元素,叫那个大蒜不长头,不长芽,不叫它糠。他说现在放射性元素那个盖儿没盖好,结果全镇的人都往外地跑,我说你说这个事我知道,往开封跑的高阳镇的农民住在马路边儿,他没钱住旅馆。他说那你有没有办法给我说说让他们回来,我说那你再详细给我说说那个盖咋没盖好,现在他们运用这个东西的人是怎么样的,

把这个情况说了以后,我就给他说说,比了个例子。最后能给他解决这样一个实际问题。下边儿那再说一说,在这个时间,我又想办法请学生到家里来,请学生到家里来光聊天儿不行,咋办?我就搞录像,这个录像,我当时有多少盘录像带呢?我买了 129 盘空白录像带,先后用了 3 台录像机给他们录。录的内容是啥?包括就业方面的,包括香港回归,我连着能录 9 个小时,香港回归,澳门回归,这是中国一大特色,哪个国家有"一国两制"的?中国拿什么教育,拿这些录像带看看,以后就教育了,这个不再细说了。

白:所以说王老师关心爱护下一代,不仅仅是表面上关心爱护,是更多地灌输这种意识。

王:随着科技的进步,关心下一代,你也必须超前一点,把这些都灌输给学生。那就说在这个基础上有了手机,有了手机后我就开始手机打电话,再一个就是短信。在这中间,这个打电话搞短信,又接着又有 QQ 空间,QQ 空间也可以联系。我又弄了 QQ 相册,QQ 相册其中我给大家说一下,那就说包括院长,您听一听,我这个中间我用这个东西,用微信用手机,相册上观众能有多少?光我这个家庭,相册中间有一个我拍我的家庭,这中间的观众有多少呢?是 12000 多人。我都有记录,还都有照片。咱们学校的校园风光,河南大学校园风光就有 5900 多个观众。至于他的评论,有 1000 多,这个点赞也有 1000 多个。我说我的家庭应该搞一个影集,结果现在这个家庭影集搞了多少本了?搞了四五本儿。多少照片呢?一本是 600 张,结果我现在一本都装到 700 张了差不多,就是有 2800 张左右的照片。相册是一回事,我 QQ 相册又一回事儿,那就说这方面做了这个,下边儿又发的那 QQ 邮箱邮件是吧? QQ 空间发展到现在,一有微信,我就有微信,甚至于语音、视频这些来往的新信息,我都给他拍成照片。干什么?一方面我自己看,我恐怕存的太多了,流失了,我自己看,也是动力。

白:继续关心,爱护下一代的动力。

王：下面一个大问题，第五个问题就是，你关心下一代什么？我考虑了政治的、经济的、做事的、做人的、意识形态的，从精神方面到经济方面到物质方面的，从思想方面到创新技能技术方面，从创新再考虑节约方面的，从学校的学习、生活、健康、恋爱、社交，一直到工作，关心下一代的方方面面。

要说的是想轻生的一个土木工程系的姓陈的学生，该毕业的一个学生。突然她晚上9点半给我打电话了，打电话干什么？"王爷爷，我不想活了。"我说："你不想活了，给我打电话是什么意思？你给我说说，是不是你相信我能解决你不想活的事儿？"她就说她考试不及格，考试不及格，还必须再重修，四年级下学期了，你再重修，人家都毕业了，她在这儿上这一门课，她没脸见人，她不想活了。这样的情况下，晚上9点多，我立即给土木工程系的系主任姓白、书记姓金，两人都是物理系毕业的学生，给他俩打电话，但是咋都找不着，一直到10点半。我说："这咋办？"我就给她那屋的人打电话，我说："你们屋还有谁？"她说："还有一个同学。"我就让那个同学接电话，那个同学接电话以后，我也没说她为啥不想活，我只说："你跟她的关系不错，就你俩，她走哪你跟到哪儿，我把这个人交给你了，回来我再给你说详细情况。"说了以后，我又给学生部部长，也就是学生处处长，后来到淮河医院当党委第一书记，那个姓张的，我打电话说："土木工程学院我找不着人，你必须先想个办法。"他说："我有电话，他跟她联系。"联系以后再和我说。当天晚上10点多了，我给她打电话，问问题是不是解决了。她说允许她再补考一次，就这样解决了。因为不放心，第二天我又给她打电话叫她上午来，她说有课，我说下午来，下午还有课，我说那你晚上来，晚上来了以后我老伴给她包水饺，吃点儿水饺，稳定稳定情绪，好好准备补考。晚上走的时候是冬天10点半，一个小女孩儿从东校区要骑自行车跑到新校区，土木工程学院在新校区，不放心，咋办？我和我老伴儿我俩都70多岁的人了，骑着自行车，陪着她进到新校区北门以后，我们再回去。

这件事情到现在我是第一次说。现在说干什么呢？就是做一件事情要做到底，尤其这个事情，她心情方面、思想方面不是太稳定，再落实一下。这个事儿就说到这里。

白：王老师，您在这个关心爱护下一代方面也做了非常非常多的工作，也倾注了很多心血。希望有更多的年轻人，更多的青年老师和学生能够得到您的关心和照顾。

王：再说一件事。从1993年到2012年，我一直让学生卖贺年卡、卖校园风光贺年卡，卖了20年，最后校庆的时候我竟然拿出来100幅贺年卡、校园风光贺年卡，让学生去卖，他们从12月20号卖到31号，就这11天最多的能得到300多块钱，最少的得90多块钱。这个事情有什么好处呢？一宣传了河大；二锻炼了学生的营销本领；三从经济上给予了补助。

白：好，您休息会儿，我怕王老师太累了，一会儿还有一个话题。

王：再补充一件事情。关心下一代，我是不分时间，不分地点，只要接触到了下一代，我就力所能及地来关心。下边儿最后补充一点是在疫情期间，我仍然在关心着下一代。第一个事情：疫情开始之前，有一个叫张燕的学生是在河南大学7年，从本科到研究生毕业，她都和我联系。在工作以后，她带着她男朋友专门来我这儿，我没在家里招待他们，请他们在饭店吃饭，因为是她从徐州专门坐火车来的，来了再回去。第二个事情：在疫情期间有一个学生，他给我来一封信，说防疫期间，就是吃喝，尽情地玩，要么就是睡觉。我对这个观点不同意，我就给他回了微信，里面讲到在家要讲质量，不能只是吃喝玩睡，就是吃也要有讲究，喝要有科学，玩儿要玩得愉快，睡要睡得有质量。还有就是在家你有好多事情，首先是在家里你个人的健康怎么样运作；第二是在家是和家人更好地联络感情的一个好机会；再一个就是整理一下你以往没有整理的东西，没来得及整理的，这个期间你在家整理。

白：好，非常感谢王老师您对下一代的关心和爱护，也祝您身体健康。王老师，您不仅在光学、光学工程、光全息处理技术及其应用方面有所建树，并发挥专业特长发展摄影技术，记录了学校和学院的发展历程，举办了新中国成立60周年成果展等摄影展。您能不能跟我们谈一下，这几十年里您镜头下的学校和学院有什么变化，可不可以给我们分享一下您中意的几组照片呢？

王：好好，这个问题本来我是想给你按照上部分来谈，现在节约一点时间。

白：好的老师，辛苦了！

王：我现在有多少本相册呢？有138本相册，大的有1米那么长，重的有6斤9两那么重，有21箱照片。箱子有多大？装纯净水的那个箱子到装月饼那个大盒儿箱子，一共大大小小21箱照片，下来我给它大致上算了算，除了相册箱子里头装着以外，还有挂着的，还有那屋里头那长条的，还有连这挂的有160幅，带上长条的，总共下来现在我家里有多少张照片儿？有近六万张，六万张，这是说说摄影。

白：您的成果丰硕呀！

王：那就说展览。我参加好多次展览，其中有5个展览要重点说说，我只提提名，因为这个展览对学校的发展，对于学院的发展都有作用。这几个展览只提名，一个就是新中国成立60周年的那个展览，我把西校发展的状况和东校发展的状况，不仅有录像，还拍了照片，是吧，从政治、经济、军事、文化、科教到民生，这个就不再说了。再一个要说的，就说我这儿有一个建党90周年的照片，这里头我值得一提的就是咱们学校的建党90周年的时候，我记录了一些党员，他们的座位，咱们学校的最多，其中有老校长李润田在看展览，提笔写留言的这个。这个是金婚的老党员，学校纪委和工会联合举办，给他们照相，给他们照相的时候看好我在这儿我也照，对吧。再一个老党员，老党员老教授尹立忠在哪儿？在老干部处给别人义务理发，这样的照片难得，难得。这是咱们学校的党委书记亲临现场指挥工作，就是要建北校门，他亲自去

19／王德建教授访谈实录

到那指挥，就是第一把手，亲临下边第一线，自己做工作，建成北校门。那么这就是建的北校门，搁这门看是千年的古塔，搁那门看还是百年的学府，这个太多了。

  再看一看具体对学院的影响。这个我是准备了几张照片，从好多迎新的相册里面准备的，这几张简单地看一下。这一张照片是河南大学物理系 50 年代全系的教师，十几位，可是到 80 年代初期，光我这一个教研室的教师 29 位，现在是多少我也记不清了，160 多位左右，这是从人员上。再一个就是说从物理系，它 50 年代占地多少，它有多少房子，连上课的教室都算上，它就 10 号楼 3 楼那一层，这一层是现在的物理学院，占地连教室和办公室啥都算上，就这一层。1980 年就搬进了物理楼，整个这个物理楼 4 层是吧？全部是物理系的，这个工程工艺设计要求是我说的。后来又发展到西校，开始是 1 栋楼，后来又发展成 2 栋楼，2 栋楼以后又发展成 3 栋楼，ABC3 座楼，所以这是从空间上看物理学院发展，而且我不仅给它拍了照片，我还给它弄了贺年卡，这个拿着送人或者叫学生卖，这是从这方面。再一个从人才培养方面，物理系做了哪些，我简单一点说，这一张相片是谁呢？是物理系毕业的学生，叫刘艳青，后来留到物理系工作，在我那个教研室，后来 1993 年我推荐去美国自费留学，结果推荐以后美国那方面他没走都给飞机票寄过来，就说你免费是免费，我该怎么样帮助他还怎么样帮助他。他返校讲学，讲学的那个照片我也有，那座位上全满，走道门口都是人。他有 3 个公司，美国有，国内也有，这是校长给他的聘书，要聘成为河南大学的教授，这是咱们物理系培养的人，是吧？再一个就是在物理学院门口跟我合影的王长顺，他那时候是物理系毕业的，又在物理系念了研究生，又在我的教研室工作，最后我推荐他到吉林大学读博士，随后他到日本，现在是上海交通大学的博士生导师。当然这个我再补充一下，刘艳青是我推荐去美国的，87 年我又推荐张泽去美国（读研究生），随后又推荐陈鹏去美国，又推荐张居县去美国，就说光我一个教研室去美国的我推荐了

4个，这都是物理系毕业的。这个中间这一个是黄亚斌，物理系毕业的，后来到美国去学习，回来以后当上副校长，博士生导师。再一个是朱志祥，有我还有杜朱良，杜朱良是物理系毕业的，是吧？而且是在物理系的，后来才又变成什么材料学院的，当上院长，博士生导师，是吧？总而言之一句话，我这儿是说明了一点点学校的变化，学院的变化，整个的变化我那儿还有，但是没时间找了。那就是说学校跟系里的变化太大了，不是我这一点点能说明问题的，只是从我这儿说说这个，所以今天就说到这儿。

白：非常谢谢王老师您接受我们的访谈，希望在这个河南大学的校园里能经常看到您探索美好的身影。最后祝您身体健康，万事如意！谢谢您。

20 | 张举贤教授访谈实录

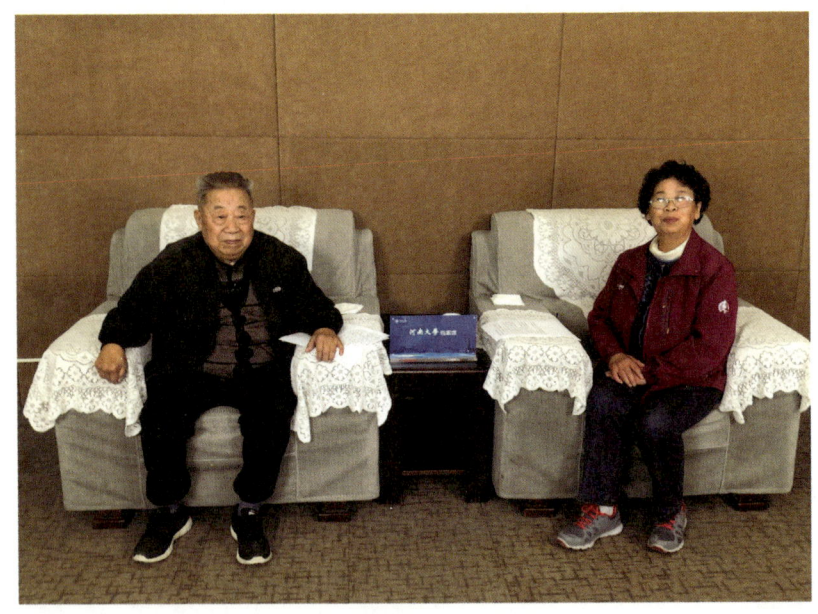

受访人：张举贤
采访人：张福莲
时　间：2020年10月19日 上午
地　点：河南大学档案馆（图书馆东楼）

张举贤

男，汉族，河南宁陵县人，1932年生。中共党员，教授，博士生导师。1955年毕业于河南大学化学系，毕业后留校任教。被学校选送到北京师范大学有机化学研究班学习，之后又到北京大学进修。回校后长期从事高分子化学的教学和科研工作，取得显著成绩。所研究的"KS皮革系列"多次获得国家和省部级科技成果奖励，荣获国家"星火"二等奖，并两次获得轻工部"科技进步"三等奖，中国发明协会三等奖，河南省"星火"一等奖等。荣获国家"五一"劳动奖章、全国高等学校先进工作者。第一批享受国务院政府津贴。1991年参加全国人民大会堂科技表彰大会受到党和国家领导人的接见和表彰。

张福莲

女，汉族，1955年生，河南开封市人，高级实验师。在河南大学化学化工学院从事教学和科研工作。

张福莲：张老师，您作为河南大学第一位国家"星火"二等奖获得者，请您谈谈您的求学经历。听说您上学时立下革命志向要从军报国，后来怎么考上河南大学的？

张举贤：我是河南宁陵人，1932年生，上小学和中学时期正是抗日战争和解放战争时期，我们县在拉锯战。在这个时候一部分人往南逃，一部分人就想到解放区去，当时我就立下革命的志愿，就是参加革命的想法，我就到解放区豫皖苏一中读书。1950年当时是追求进步，很快地加入了中国共青团。到1951年春天，政府号召抗美援朝，这个时候我就响应号召，立即报名参军，当时是空军，被学校批准，被政府欢送，参军以后也是披红戴花送到开封（当时是省政府所在地），经省军区体检，身体不合格，随即返回学校。1951年参加中南军区统一招生，我被录

取到河南大学化学系，当时在化学系著名的教授李俊浦、李燕亭等老师的指导下，经过刻苦的努力学习，最后以优秀的成绩留校工作。留校以后学校还希望我做些行政工作，因为我在4年的化学系的学习中一直是担任班长，于1954年入党，领导希望做行政工作，但是因为我是学化学的，我想从事化学工作，后来就叫我重新换工作，从事化学教学工作。学校希望我到北京师范大学学习有机化学，就是有机化学研究班，我在那学习过程当中感觉到他们那里高分子部分不多，有高分子工艺，高分子结构化学还不能够满足，就向学校汇报我希望到北大学习，于是学校就联系安排我到北大进修。北大进修期间开有高分子专业一些课程，很多高分子结构理论，高分子工艺，高分子合成工艺，功能高分子，感觉到很有收获。但是在北京的时间我想不会太长，清华大学、中国科学院化学所、北京化学学会的学术报告，我都能够掌握住它们的时间、地点，到时候我就参加，基本上星期天全用到听这些学术报告上，颇有收获，还能开阔眼界，有时候还能提些问题和专家交谈，我感觉蛮有收获。我不光都参加了，而且收集化学资料，在北京学习期间，到工厂参观实习，我非常认真，而且做记录，然后到资料室查资料，基本上把这个厂的产品我能够摘录下来，那就是掌握了这些产品的生产。特别是北京化学试剂厂，考虑到开封要发展，我就把他们的产品选择了不少，回来之后就交给了开封化学试剂厂，当然他们也是很满意。返回学校后，从事有机化学、高分子化学的教学科研工作。

张福莲：张老师，上世纪50年代，您留校教学，是怎么想到搞科研的呢？那个年代的科研工作为工厂解决了不少实际问题，如环境污染、废料的回收再生问题、帮工厂转型等等，请您谈谈。

张举贤：上世纪50年代，开封的工业生产比较落后，只有扫盐土、提盐、提氯化钠、提硝酸钾等产品，真正的化学工业还很少。当时开封市委计划生产氨基塑料，我被借调到开封市工业研究所进行实验，在经过半年多的实验和查询国内外的资料之后，合成了氨基树脂。氨基塑料的生产是在开封市龙亭后建一个塑料厂,当时工厂没有设备,有些是买不到的,怎么办呢?自己画图。根据书上的内容,我进行放大画图,画好图交给开封搪瓷厂生产,搪瓷厂也是第一次生产。当时我们经常共同研究,共同琢磨,制成了反应锅就在塑料厂安装好,之后投入生产。生产的氨基塑料有彩色的,有白色的,非常漂亮,制成的塑料碗、塑料扣、塑料电器很漂亮,很受欢迎。那时省工业厅在开封召开现场会议,让我在省工业厅召开的会议上做讲解介绍。这个产品的生产效益相当好,同时也对河南省生产高分子材料有很大的影响。随后又帮该厂生产了环氧树脂、消泡剂(又称消沫剂)。为什么要生产消泡剂呢?因为开封制药厂生产土霉素,生产1吨土霉素需要3、4吨的植物油、香油、花生油、豆油,用于消耗。根据资料上的介绍,我发现消泡剂可以有效地控制土霉素生产的发泡问题,就帮助他们研究,投入生产。首先是我在实验室做实验,实验效果很好,才让他们投产。他们投产之后,不仅经济效益很好,社会效益也很好。1份消泡剂可以代替3、4吨的植物油,那个时候很困难,吃油很紧张,消泡剂的生产就解决了土霉素生产用植物油的问题。那时的油脂厂是一个很落后的榨油厂,工人身上披着麻包片,生活很艰苦。由于生产环氧树脂和消泡剂,把一个落后的榨油厂变成了一个高分子化工厂,该厂的性质改变了,生产条件也该改善了,经济效益也好了。另外在这个时期,我也经常面向社会,关心社会,带领学生到工厂进行调查、研究、参观、学习,到厂以后会发现一些技术问题,他们要求帮助解决。有些是厂里面生产上存在的问题,比如说开封有个涤纶厂就是做涤纶树脂的,它的原料必须是对苯二甲酸和乙二醇。制作对苯二甲酸需要对二甲苯在催化剂的作用下,通过高温的条件氧化升华,获得对苯二甲酸。由于温度高,又产生了副反应,这种副反应由苯甲酸产生出来,还有一些其他的化合物,大量的碳化物。在这个厂子后面,是一大堆垃圾,该厂雇佣人把垃圾拉走,但拉到野外还是会污染环境。这时候我想,作为一个化学工作者,应该考虑解决。我取样到化学实验室进行化验,用酸和碱来进行提纯。在样品上加碱,苯甲酸被溶解,经活性炭脱色,再加上酸,白色结晶就出来了,这就是苯甲酸的提纯过程。我把这个项目交给一个小化工厂生产,他们生产以后可以供咸菜厂进行杀菌消毒。现在用山梨酸了,当时用苯甲酸。苯甲酸是很重要的化工原料,1吨几千块钱,经济效益和社会效益非常显著。随后又到有机玻璃制扣厂,我发现他们后院有一大堆的废物,这些废物污染环境,没办法处理,我就取样拿到实验室进行裂解。裂解以后,甲基丙烯酸甲酯就分馏出来了。因为在教学中讲到有机玻璃的裂解,我就用裂解的方法提取甲基丙烯酸甲酯,实验室实验收率很高,能够提取到60%,有较大的经济价值。我就告诉了该厂的厂长,他们很欢迎,我建议他们建立一个裂解车间便于有机玻璃板的聚合。他们迅速地建成了一个裂解车间,再精馏、分馏、提纯甲基丙烯酸甲酯的单体,有单体就可以聚合成有机玻璃板。生产的有机玻璃板相当好,因为制作扣是用车床切出来的一个个扣,会产生一些碎料,可以通过裂解等被回收利用。第一年生产就生产了三四十吨,盈利大概是四五十万。作为一个区办的小厂,有这样的收益很不错了。同时安排了20多个工人,解决了一些人的就业问题,带来了社会效益。在河南大学的西墙有个惠济河,惠济河有时会着火,人们路过那里头晕头疼,这是为什么呢?我想作为一个化学工作者应该想办法解决。我就追查原因,在上游发现了一个塑料厂,我收集了它们排放的废水进行化验,发现有大量甲醇,是塑料厂合成甲醇车间排放的甲醇,这些排放的甲醇流到河里。因为在"文化大革命"期间的操作不是很严格,甲醇的蒸馏不完善,所以有部分甲醇流失。我就在它们排放那些废水当中,取了样,到实验室化验。在化验、分析、蒸馏之后,得出了大量的甲醇,大约100克废水里面可以提出二三十克的甲醇,有回收价值。当时我就找了一个架子车,找了一个汽油桶,找了一些学生和工人拉回来一桶废水,在化工厂进行蒸馏、分馏,一桶就提出100多斤甲醇,很有意义。这100多斤甲醇就送到油漆厂,他们很需要,并且市场上缺少甲醇这种化工原料。当时我把这个项目交给北郊一个化工厂，让他们回收排出来的废液，拿回去蒸馏，进行生产，而且把甲醇做成很好的油漆溶剂——醋酸甲酯，市场上也很缺乏，所以这个厂也非常受欢迎。作为一个化学工作者，我应该关心社会，遇到社会上的问题，应该尽力去做，为社会带来环境效益、社会效益和经济效益。

张福莲：张老师，通过您多年坚持不懈的努力，为工厂和学校创造了经济效益。请您谈谈所取得的成果、奖励、论文、著作和承担的职务及学科建设。

张举贤：因为是搞高分子化学的，我们就利用高分子化学的理论，为国民经济建设服务。这个方面我们根据经济建设的需要，承担两项国家自然基金，承担省科委项目12项，国家科委项目2项，国家"星火"计划项目1项，都全部通过省级鉴定和国家验收。我长期坚持科研与工厂相结合，坚持科研、生产、应用相结合，取得了很好的效果。在这方面我们搞了一些产品，主要是根据国家需要，特别是随着我们国家畜牧业的发展，畜皮的产量很大，就我家乡宁陵县一年羊皮的产量，也称为板皮，外贸部都收10万张或15万张，这个产量比较大，加上我们国家的牛皮、猪皮，各种畜皮加起来，对于我们国家的外贸出口有很大的提升作用。可是外贸没有其他的产品出口，只有这些原料，售价很低，一尺板皮一块多钱，当时做成革也是卖一块多钱，很不合算。这个时候质量问题是迫不及待地需要解决。我到制革厂进行调查，制革厂说就是没有好的化工原料，这个问题需要解决，请我们研究。这个时候我们就做一些调查，查询资料。到上海情报研究所，到北京情报研究所去查资料，查了在这一方面的合成高分子材料，用最前沿的产品并进行试验。但是前沿的产品原料是个问题，还必须是我们国产的。如果用进口原料太贵了，那国产的原料还最好是本地能找到。开封有一个刚刚投产的马来酸酐的生产厂，根据资料上介绍，这种材料可以做塑料，可以做弹性体，也可以做胶粘剂，性能很好，我就确定了这个研究方向，就是研究

KS-1 合成鞣剂。这个鞣剂从结构上来讲，它还有多功能团，又有苯环，能和蛋白质作用，我们了解这个皮革主要是由蛋白质、氨基酸组成的，它能够和我们这个合成的东西相互作用。合成过程当中原料问题虽然解决了，但是方法、工艺那需要探讨，做很多的试验。配方的用量、反应温度、反应时间，还有反应过程的放热的问题，这些问题都需要我们去解决。有的同志就做不成，因为他的引发剂搞错了，我就选择了一个比较理想的引发剂，做了以后反应很好，沉淀很快出现，而且产率也比较高。所以就确定这样一个引发剂，化学上就是说催化剂引发剂是反应的关键，引发剂的多少决定了合成高分子的分子量的大小，这时候就需要不同的配比来进行合成实验。当然解决这个引发剂的问题还有反应温度，高了放热厉害，冲料，低了不反应，这也需要做很多实验来看这个反应温度的控制。还有反应时间的控制，反应时间多长合适？时间短了反应不完全，反应时间太长，消耗能量，也不理想。在这一个化学反应过程当中，还有一个放热问题，有热效应，你控制不好，它就冲料甚至爆炸，这个时候就用热力学解决放热，如何吸收热量，使它稳步地进行反应。这些问题都经过了很多次的实验，也就是说经过这一年时间的探讨，反应时间、引发剂、反应温度，以及放热热力学的计算吸收这些问题解决了。这个反应条件定下来了，做出来的产品的分子量的大小那还需要分析，分子量太大了不行，用到皮革上硬；分子量太小了，作用不明显，必须有适当的高分子的分子量来给蛋白质作用。但是每一次的实验还必须和应用单位相配合，这个时候给开封制革厂结合，我这边做了合成那边去做应用实验，做出来以后什么样最好，然后就进行批量生产。生产以后，开封制革厂的应用很好，还有一些制革厂听说了马上就去要料，但是实验室没有，我们就拿到校里化工厂扩大生产，也算就是小试着扩大。一天做个几十斤，但是厂的寻求迫切，供应不上，满足不了，怎么办呢？就想法转让给开封树脂厂，因为咱开始搞科研，经济上和人力上都有困难，作为一个青年教师也无权调动更多的老师参加。那就是说由于跟工厂的关系比较好，它们厂长说了要人有人要物资可以供应。这个时候我们就是首先转让给开封树脂厂，它们投入生产，生产量逐渐地增大，还满足不了要求，于是外地的一些化工厂要求生产，我们就把这个技术转让给它们。比方焦作啊，山东啊，他们都接受技术转让投入生产，我们这个效果应用都比较好。但是这研究过程当中有些不同的看法，就是应用是属于研究所的，不属于大学里面的研究，特别是开始还是河南师范大学，师范大学主要是教书，何必搞科研呢！那时候对科研不重视，而且还有不同的看法，说没意义，搞点应用不如搞理论。但是我们在这个合成过程当中，也把高分子化学的理论结合上了，这个高分子化学的结构、性能、应用是相连的。那么研究它的结构就要用红外、核磁等一些手段，我们在实验过程当中就是用上了核磁、红外来看它的结构。这时候是理论和应用相结合，就发表了文章。这个时候我在皮革界还是很有影响的，很受欢迎。

这个 KS-1 研究成功之后又搞 KS-2 涂饰剂。因为皮革不仅是鞣剂问题，而且还有表面的涂饰，要求光滑发亮很好看，又搞涂饰剂研究。这个和 KS-1 不一样，是另外的一些化工原料进行合成，计算引发剂、合适的温度以及操作的时间，也搞了一年多，合成了涂饰剂。经过工厂应用，发现很好，合成的非常漂亮光滑，皮革的毛孔清晰光亮有弹性，有丝绸感、泡沫感，这是新型的涂饰剂。

涂饰剂搞罢以后就搞填充剂，皮革除了鞣制涂饰以外还有填充问题。如果你合成的高分子分子量太大，那么这个皮革就硬；如果合成分子量适当，它作用于蛋白质，能够很柔软丰满。经过鞣制涂饰和填充以后，皮革的毛孔清晰，这样才是好的皮革化工材料。这些材料都是国内没有的，而且填补了我国的空白。另外还有高倍吸水树脂，HDZ 深井泥浆剂，这个东西是怎么来的呢？因为油田上打井需要很高的高温，使泥浆稳定，钻井才能迅速打下去。国内没有耐高温的材料，我们就搞这个材料，在油田上试用效果相当好，那就转让给新乡化工厂，让他们生产，经济效益很好，很受油田的欢迎。这个项目达到了国内先进水平，投入生产以后经济效益非常显著，KS系列产品被列为国家级重点推广项目。KS系列产品在制革厂使用之后，特别是山羊服装革大幅度地提高皮革质量，经过测试技术指标达到国际先进水平，畅销西欧市场，曾有制革厂拿到欧洲进行了测试。KS系列产品在我国畅销27个省市，170多个制革厂使用。KS系列做成服装革，涂层薄，毛孔清晰，皮革丰满柔软，弹性好，有丝绸感，有发泡感，打开了我国皮革出口的局面。这一点很受外贸部、农业部、轻工部的欢迎。过去生产的皮革质量不高没法出口，就算是出口了，经济效益也偏低。而使用我们原料之后，顺利地打开了皮革出口的市场，同时减少了国外皮革化工材料的进口，又有多家化工厂接着投入生产，创造了很大的经济效益和社会效益。开封制革厂、武汉制革厂，还有南京制革厂，使用之后生产的山羊服装革都获得了轻工部的优质产品奖。KS-1合成鞣剂、KS-2涂饰剂分别获得河南省科技成果二等奖、轻工部的科技进步奖；KS系列化工材料的研究推广应用项目获得河南省"星火"一等奖。这个"星火"的奖就是现在的科研进步二等奖，又获得国家的"星火"二等奖，两次获得轻工部的科技进步三等奖，KS-3获得中国发明协会三等奖。专家认为用KS系列生产的产品优于国外同类产品，达到了国外的先进水平。KS系列的研究成功也给学校创造了经济效益，促进了教学仪器设备以及实验室的建立，促成了高分子化学与物理实验室的建立。因为过去没有高分子实验室，只有无机、有机这些，通过我们的科研就建立了高分子化学与物理实验室。后来又经过审查批准成立河南省皮革化工研究中心。高分子化学发展迅速，应用性强。培养学生牢固地掌握这方面的基础理论知识、基本操作技能，就是把科技成果的前沿科学知识发展水平及理论充实到教学中，我们在讲课当中把科研的成果讲给学生。我们的科研成果不仅编入了我们的教材，而且西北轻工业学院皮革专业的魏世林教授，把我们的产品编入了他们的教科书，这显示了这个产品的重要性。当然这也是由于科研充实了教学，提高了教学质量，为学生开展科研训练打下了基础，学生在今后科研当中也有了方法。自 1984 年起我校开始招生高分子化学与物理的研究生，为国家培养了一批优秀的专业人才，这批人才也成为教学、科研、生产战线上的骨干。多年来在国内外期刊上发表论文 80 多篇，主编有《高分子化学实验》，翻译有《高分子金属络合物》这样的书。这个书是由意大利、德国、日本的 3 位专家编写的，其中一个是日本的土田英俊教授，经过他的介绍，我们了解到这本书很先进，理论也很好，可是我们国家还没有人翻译，我就接受了这个任务。

张福莲：专业性比较强。

张举贤：对。我有一个项目——"高分子金属络合物在皮革上的应用"，被国家科委列为国家项目，我一看到这个书的名字，就想和他结合，内容还有参考价值，于是就和他联系。因为翻译还必须有版权，必须把版权买回来才能翻译。因为德国的专家也都是化学界的，我们都很熟悉，用 300 美元把这本书的版权买回来了。翻译之后，他要求必须在北大出版社出版，北大审核之后很满意，于是就在那里出版。之后又进行多国的交流。因为承担的两项国家科学自然基金项目，最后验收完成了，其中一个高分子光化学反应论文，在日本召开的亚洲聚合反应会议上，我进行了宣读，也受到国外专家的好评。1995 年，河南大学主持召开亚洲聚合反应和精细高分子学术会议，因为我们在国际上颇有名气，所以就主张我们召开亚洲聚合反应和精细高分子学术讨论会，国外有日本、韩国、新加坡等国 40 多人参加，国内有北大、清华、复旦等高校的多位教授专家参加。收到论文 100 多篇，大会进行宣读，进行学术讨论交流，在国内外高分子学界有较大的影响，也提高了我校在国内外的知名度。1993 年，高分子化学与物理专业经国务院学术委员会批准，获得硕士学位授予权；2003 年高分子化学与物理专业获得博士学位授予权；1994 年，学校把高分子化学与物理专业实验室批准为第一个重点实验室；1998 年，学校将高分子化学与物理研究研究室与固体表面实验室合成为润滑与功能材料实验室。经过教委评审，实验室为河南省重点学科开放实验室，为今后的学科发展奠定了基础。我曾经担任河南大学化工学院的名誉院长，高分子实验室主任，河南皮革化工研究中心主任，河南化学学会常务理事，高分子专业委员会副主任，中国化学会精细化学品化学专业组委员会委员。由于在教学和科研等方面突出的贡献，1991年参加全国人民大会堂科技奖表彰大会，受到党和国家领导人的接见和表彰。先后多次被河南省政府、国家科委、国家教委评为先进科技工作者、全国高等学校先进工作者。全国重点高等学校研究成果展览会，教育部就通知河南大学高分子研究室参加，我在会上就被评为全国高等学校先进工作者，被河南省政府评为河南省省管优秀专家。1992年获全国优秀教育工作者，并荣获"五一"劳动奖章。第一批获得国务院政府津贴，所在的研究室也获得国家及河南省教委评的先进科研单位。在科研当中我们感受到产品能够为国家应用，这才是它的很大的效益，很大的用处。我们这个皮革化工材料受到轻工部、农业部、外贸部的欢迎和鼓励。他召开一次专一研究畜牧业的会议，在张家口邀我参加了。轻工部的负责人，很感谢河南对轻工业的支持，又感谢河南大学对轻工业的支持，让我转达。他们对河南大学非常感激，所以受到国家科委的两次奖励，参加出国交流，国家派代表团到国外进行交流。为啥交流呢？当时国外都说，中国搞政治行，搞经济建设、搞科研不中。我们国家为了批判这些谬论，就组织科技代表团出国，就把河南大学列为出国的一个代表，把我们河南大学研究的成果拿到国外进行交流，向世界展示河南大学的新成果、新产品。这说明我们的科研水平是可以代表我们国家出去的，而不只在国内受到奖励。到日本受到日本领导人的欣赏，而且要技术人员和我们进行讨论交流。到了欧洲在波兰、华沙也很受欢迎，他们都感觉到这个产品非常优秀，他们的总理令技术人员进行交流。这样就是说我们的研究产品在国内外有一定的影响。我们在学术界宣读的论文，包括我们研究室的论文都受到好评。教育部召开的这个重点高等学校科研会议，就通知河南大学高分子研究室参加，参加之后也得到好评，我就被评为全国高等学校先进科技工作者，这说明我们受到了教育部的重视。又受到农业部的重视，因为农业部的畜皮的产量大。又做成高档皮革，这是轻工部重视。还有外贸部，这样打开了外贸的出口，他们很感激，很感激河南大学、河南省对轻工业的支持。在科研方面，我们搞了这些成绩，也是由于学校的支持、党的领导和大家的共同努力。

张福莲：张老师您教书育人把学生当成自己的孩子，关心帮助他们，请您简单谈一下对他们的帮助。

张举贤：教学不仅仅是关心学生的学习知识掌握，而且要关心学生的思想生活，这就是工作，就是教书育人嘛。在一起跟我搞科研训练的一位学生，考上了北京的研究生。他是一个农村的学生，经济很困难，这个时候我就想法给他筹款，筹了300块钱，当时他到北京去上学了。可是这个时候我并不富裕，因为我老伴是肾衰，每一星期透析3次，就得千把块钱，所以一个月光开支到她这个治病透析上都得三四千块钱，在我比较困难的情况下仍帮助他。

张福莲：当时就5000块吧。

张举贤：都很困难的情况下。

张福莲：当时主要是不报销，没医保。

张举贤：她这个病也没法报销，都是我来承担，但想法支持学生解决这个问题。另外一个学生，他是毕业了找不着工作，人家都找到工作了，他找不到工作，他也是农村的。回来又找我："张老师，你看看能不能想想办法。"我说你想到哪去？他说到洛阳研究院去。他说请你写封信，可能都解决了，于是我就给他写了一封信，他拿着到洛阳研究院，洛阳研究院就接受他在那工作，表现也很好，这算解决了学生的工作问题，做老师应该考虑到。另外一个学生呢，他是专业学习不够巩固，到最后一学期跟我搞科研，把情况给我谈了，我劝他好好搞搞科研，好好

地进行研究。他倒是很听话，就跟我做实验做研究，以后他就到上海了，到上海以后正好，分到这个高分子产品车间，与科研项目性质较接近。他非常激动，当时第一个月的工资，他说我没有给我父母寄，我首先买点点心、纪念品，叫人给老师，这时候我很欣慰。这个学生也非常听话，到最后还算愉快找到工作岗位。所以我作为教师要关心学生的生活、学生的工作、学生的困难，经过多次交谈，他能够很好地进行科研训练，最后顺利地找到工作。我想作为一个教师，这些事是应该做到的。

我想讲的就这些吧，谢谢！

张福莲：谢谢您，张老师，您成功的背后也是您艰辛的付出，谢谢。

21 | 张仲仪教授访谈实录

受访人：张仲仪
采访人：刘绣华
时　间：2020年11月6日上午
地　点：河南大学档案馆（图书馆东楼）

张仲仪

男，1931年生于上海，1949年入圣约翰大学土木工程系。1950年5月随父母去香港定居，1950年独自回上海上学，转入化学系，1952年因院系调整，并入华东师大。1953年大学毕业，统一分配于华东师大化学系分析化学研究生班，继续学习。1955年夏毕业，分配到重庆西南师院任教。1957年初因照顾夫妻关系调到开封师专。1959年开封师专合并到河南大学。1983年底被任命为系主任。1991年底退休。

刘绣华

女，1966年2月生，博士，教授，博士生导师。河南省化学会常务理事。现任河南大学国际汉学院院长，河南省特色药用植物资源化利用国际联合实验室主任，国家级双语教学示范课负责人，河南省教学团队、科研团队带头人，河南省精品资源共享课带头人。曾获国家中药现代化科技产业基地建设先进个人、河南省教学名师、河南省师德先进个人、河南省学术技术带头人、河南省"三八红旗手"、孔子学院优秀中方院长等荣誉称号。

主持完成国家"九五"、"十一五"和"十二五"科技支撑计划、河南省杰出青年基金等省部级以上科研项目20余项。在国内外学术刊物上已公开发表研究论文140余篇。获省科技进步三等奖1项，教育厅科技成果奖3项，省优秀学术论文奖多项。已获得国家发明专利授权11项。特色研究为"怀山药"的研究，取得的代表性理论研究成果发表于Food Chemistry等国际权威学术期刊上，应用性成果"山药多糖-铁复合物及其制备工艺"（国家发明专利）已转让进行工业化生产。

刘绣华（以下简称"刘"）：老师您好！今天特别高兴有这样的机会再聆听您的教诲。我1981年上大学，刚好那个期间您任化学系的主任，并且我还有幸作为咱们化学系第一届研究生，在您和刘海澜老师的指导下，本科毕业后又学习了3年，硕士毕业，之后留校任教。我的职业发展和当时老师的教导以及化学系多年的培养是分不开的。我想请问您担任化学系主任的时候，新建了化学化工专业，在当时的情况下，条件那么困难，遇到了方方面面的问题，当时您是怎么解决的？

张仲仪（以下简称"张"）：当时创办化学化工专业碰到的问题比较多。第一是时间不够，为什么呢？学校开始提要办化学化工专业大概是在三四月份，就是学期开学的时候，我们认为必须要有一定的筹备时间，但是到了5月份就告诉我们当年就要招生。可是我们什么都没有，师资力量不够，实验室还没有建。这实验室的装备、仪器设备都要钱，问学校要钱，学校说没钱，你们自己想办法。我们是学化学出身的，工程方面的概念基本上没有。所以当时马上就（安排人）出去到北京化工学院、东南大学（参观），去看看人家的实验室是什么样的。我心里琢磨：要装备些什么东西，需要买些什么东西，学校没钱，要我们自己想办法，有什么办法呢？当时郑承超是副主任，（就）让他到北京去找石化总公司谈，就是我帮你培养学生，你给钱。石化总公司也挺好的，就说一年培养20个学生，签的合同就是2年，每年20个学生，他给多少呢？给40万块钱，一下子给我们，然后我们就拿这个钱来装备实验室。当然这是不够的，但是起步就是这样。另外（上）化学课（的）老师我们自己有，工程方面（的任课教师）那还得从外面调，这样，第一年只能想办法（将工程方面的课程向后）拖了。第一年的课程，尽量不安排工程方面的课程，然后向外边去调，要毕业生，要调人。就这样，当时一个是时间，一个是金钱，一个是人，这些困难，（一点点想办法克服），所以办那个化工专业很困难，但当时也就过来了。

刘：我们今年刚开的全校工作会议，会议的主题就是拓展资源渠道，优化资源配置，促进高水平大学发展。我们学校目前也遇到这种资源短缺问题，您当时的思路对我们现在的工作很有借鉴和指导意义。

张：现在看到国家的发展那么好，重视教育，各方面投入比较多。看到网络就总是觉得当时如果就这样多好，当时国家也没钱，学校也没钱，就是这样。

刘：咱们那个"新化学楼"，就是现在的文学院，也是您在任期间盖起来的。我在读硕士研究生的时候，有时我们做实验要保持低温，那时候不像现在有空调、有降温设备，我们就在咱们地下室玻璃库房里做实验，早上起来要5点多到地下室去做实验，这样才能够保持结果的重复性。所以我和您感觉也一样，现在到实验室去看看，学生学习条件好多了。

张：说起新化学楼，当时也是费了很大的劲儿。因为很明显老化学楼不够用。新化学楼设计好了，但是没钱，然后就是跑省教育厅，跑省人大，这样子才把钱给申请下来了。那时刘海澜在省人大的提案就是要重视教育，要求给钱，李健美副主任也给我们帮了很大的忙。

刘：对，像你那一辈的执着精神真的是值得我们学习和发扬。我们大学读书的时候，记得在咱们"新化学楼"的根基下是几个池塘。我们同学每天早上都起来在那池塘边读英语。当时记得系里边出台了鼓励考研的政策，你们采取了什么样的措施？为什么要支持学生考研？

张：这个当时我感觉这学生的学习需要有一定的动力，中学生他很努力，为啥呢？他有一个高考，上大学要高考，那他使劲儿学。但是当时一进大学，很多人就认为已经达到目标了，很多学生就放松下来了，学习就不那么努力。我觉得需要有一个更高的目标。同时更重要的是，当时，我们系里缺高学历师资，国家也缺乏高学历人才。这样呢，鼓励学生考研，那就能有一个更高的目标在那，学习就比较地用功了，要达到目标，所以就鼓励同学考研。但是考研除了口头鼓励以外，还得有实际的办法。所以当时就是（系里想法）办的各种各样的补习，就相当于现在的补习班一样，就是你（所）欠缺的东西，帮你补起来。（当）时考政治外语也是道坎，所以政治课请政治教研室的老师来讲，外语也是请自己系里的老师来讲，来帮助学生考研，从你那一届（之前）还是就两三个人（考上）啦。

刘：对，80级是两三个人，我是81级。您说的这个事儿我想起来了，就是我们当时在学六楼住，学六楼门口一进去是一个公共卫生间，那个卫生间门口旁边有一个小黑板，那个小黑板上写的80级好像是叫徐效梅……。

张：徐效梅是77级的。

刘：我记得下课回来看到那个小黑板上写的相当于现在的喜报一样的，说有3位同学考上了研究生，好像是杭州大学还是哪儿。当时我们可能是年级低，我们觉得考上研究生了，好厉害，好羡慕。后来我们就像您说的，系里请了外语系或者是公外的很优秀的老师给我们辅导英语，还有好像是刘太昌老师给我们辅导政治。我们年级1985年考研，我记得好像是考上了19个，和前一届相比，是一个突跃式的发展。应该是当时您在系里采取的措施很有效。

张：是的，所以当时我们采取这些措施以后，考研究生的同学也多了，考取率也就上升了。当时是我们学校里研究生考取率最高的。

刘：对，我记得毕业的时候，咱系在大礼堂还开了表彰会，会上还给我们发奖品、纪念品，发了一个很大的《远东英汉大词典》，是梁实秋先生编的。现在我还在珍藏着呢。我记得我作化学化工学院副院长时，有一次动员大三的学生考研的时候，还把那个《大词典》抱到教室去"现身说法"呢！

张：所以研究生考取率高了以后，带来的后果就是报考的学生也多了，而且我们系的学生总量也就增加了。当时我们化学系是学校第二大系，第一大系是中文系。

刘：对，我还记得我们辅导员万振松老师，他是因为夫人在洛阳，我们那一届毕业后，他调回洛阳了。后来我们去看他，他经常提起当时因为我们年级考研率很高，在系里经费十分紧张的情况下，系里还给他

了重奖，特别感动。他的感觉一是系里对工作支持，二是对教职工的人文关怀。他到现在还很感念您对他的这种支持和关心。

张：那也是逼出来的，形势逼出来的。

刘：82级也受益当时您出台的那些政策。今天早上您一来就提到那个张锁江院士，也是您的得意门生。星期六，就是上一周星期六、星期天，我们在许昌开（河南）省化学会学术年会，化学会还邀请了张锁江院士做专题学术报告。

张：这是他们自己努力的结果。

刘：也是您当时是有这样的政策鼓励了我们都出去，去进一步读研。我还记得当时您和刘老师送我去南京大学读学位课程，我在那边读书的时候，刘老师还让我给南京大学说，看看咱能不能合作，联合培养博士生。后来因个人原因，放弃了。您那时候的眼光真的很超前的。考研真的使我们很多同学受益很大。像张锁江现在在化学化工领域中，在全国应该说是相当年轻的院士了。

张：说真的，考研现在只是需要你们努力的，可是我们当时读研是分配的。

刘：你们读研当时是分配的，那你们分配肯定是选择优秀的学生分配读研了。就像我们刘老师，用现代的话说，你们都是"学霸"，当年的"学霸"。

张：当时没有，当时就没有这个动力来说我要读研究生，没有这么个动力。

刘：那您是服从国家需要，是国家需要你们读研，所以你们服从国家的需要去读研了。读研以后，为新中国事业发展又做出了那么大的贡献。

张：因为那个时候，是国家各方面都在起步的，属于起步阶段，所以有些政策就是慢慢朝好的方向转变。所以我们那个时候大学毕业了，有的分配工作了，有的结婚了，有的读研究生了。所以我读研究生根本就是没有经过考试的。

刘：我那么多年来都没有好意思问您和刘老师，我知道你们是华东师大的同学，你们当年上大学的时候就是同学？

张：当时研究生时我们同学，她是华中师院毕业的。毕业了以后，分配读研究生。可是那个时候读研究生在哪里读呢？像她一开头是在北师，跑到北京了，到了北京说不对，那你在上海，又跑到上海。我们那个时候就说你等着，读研究生在哪里读，还没定。然后到了后来通知就在华东师大读。

刘：也就是本科和硕士都在华东师大读，在那里您遇到了刘老师？

张：我们那华东师大当时的学生也比较杂，为啥呢？我们是院系调整，调到华东师大了。当时华东师大我们那个年级的学生是三个大学：大夏大学，光华大学，圣约翰大学，三个大学的学生凑起来的。就是院系调整都调整到华东师大了，所以那个同学就比较杂了。有时候说你是大夏的，你是光华的。

刘：我记得当时您和刘老师，把你们的很多专业书，包括全英文的，还有俄文的都送给我了，同时还捐给咱们图书馆很多书。那您当时是专业英语和专业俄语都要同时学吗？

张：那是刚解放的时候把英语排斥了，提倡的都是俄语。所以在研究生的第一年就学俄语。学了一年，达到什么程度呢？就是说你大致上翻着字典可以看书，特别是专业方面的那些语法什么都比较简单。所以你学的那个动力学分析，俄文的有一本书。我跟刘海澜基本上把那本书给翻译出来了。但是那个时候也没想到出版了什么的，就把它翻译出来了以后自己看了，然后觉得是个研究方向，所以后来就作为你研究生课题的，那就是这样的。

刘：我真的还不知道您跟刘老师在一起翻译了俄文原版的《催化动力学分析》，我记得当时我们用的教材都是您跟刘老师油印的。现在在我指导研究生的过程当中，时常想到刘老师你们当年给我们的指导。我读硕士第一次与刘老师见面时,她给我讲的第一句话是:师傅领进门,修行在个人;第二句话是:科学的思路是相通的。这两句话使我受益终身,一直到现在,每年新生师生见面会时,我都会想起刘老师,都会把她教导我的话讲给学生们听。刚刚刘银华老师说,像您的这些手稿,还有您刚说的你们这些翻译的原稿,还能不能找到?假如能找到的话,我想再拜读。拜读完了以后,就交给档案馆保存。

张:退休以后我们基本就脱离我们专业了。我退休以后,就把我所有的化学书全部送给开封教育学院,因为我知道那个理科的书更新的可快,你放20年就没用了,所以趁着还有用,送给需要的人。所以把所有的杂志,化学方面的杂志、课本、书全都送给教育学院了,我现在什么都没有,化学方面的书我基本就没有了。只留的几本什么呢?是原作者送给我的,做纪念意义的,那我还留着,其余的全部送完了。所以这些东西,还有一些笔记什么的,觉得留着也没用了,全都烧掉了。因为理科更新得太快,不像文科的东西越放越珍贵,理科东西你放在那10年20年基本上就报废了。可能你不知道,"文革"以后,就是开始重新高考以后,很多课本就都是重新编的。当时几个实力比较强的,像南京大学什么的,他们就编了新的教科书。你知道那个新的教科书出来,"文革"以后我们很多老师拿不下来,不敢教,为什么呢?很多基本观念都改变了,但是就是新出版的书里头也有些观念还是过往的旧观念。所以我后来在《化学教育》上发表了一篇关于水结构的文章,那篇文章实际上是讲的新编的教科书,也是关于水结构的那个观点过时了,新的观点应该是什么,我就写了那篇文章,就在《化学教育》上发表了,所以那个理科的东西基本上没有办法保留的。你10年20年以后全都报废了,没有用。所以这学理科的人可累。

刘:就是要不断地创新,但是有些最根本的原理是基础性的。

张:对,最基础的东西是不会变的。这是一定的,那是不会变的。

刘:我有一个师兄,叫吴安心,现在是华中师大教授。在交流学生

培养时，他谈到，作为人来讲，一是血脉的传承，是父母，二是师门的传承，实际是精神上的传承，我很赞同。所以我们传统文化说恩师如父母，随着年龄的增长，体会越来越深。我为什么能够一直坚持到现在，我觉得很多也是受老师这样的一种精神的鼓励和教诲。我总是觉得我们比老师您还差得很远。那从您的求学经历、您对教师这个职业的选择来看，您当时是出于什么样的考虑从上海来到开封，并且基本上是为开封、为河南奉献了一辈子？想请您谈谈您当时的选择、当时受的教育及您的感受。

张：其实我这个人可能也比较随意。很多事情就是跟着时代走，就像我这一辈子没有怎么很努力。我中学上的是圣约翰的中学，就是大学的附中，相当于附中吧，它就是圣约翰中学。当时有一个分数线，毕业的时候有个分数线，超过分数线的就保送上大学。不超过分数线呢，你自己去考去，你愿意考哪就考哪。我那时刚好在分数线上面半分，就没有考，就上了大学。所以就没有经过自己怎么努力，人家这个确实是成绩很好，保送了，我是刚好过分数线半分。然后大学毕业也是没有考，就上研究生了。所以我这个人不怎么努力。对于当教师，也并不是说自己有个志愿要当教师，分配了要当教师，那就去当教师。就是随大流吧，把你当前的工作做好就行了，没有什么大志向。

刘：但是您把我们化学化工学院的基础奠定那么好，一生奉献于教育事业，同时您还捐助了几所希望小学，还给我们河南大学的这些学生设立奖学金和助学金，还给开封市图书馆捐助了少儿阅览室，还每年都给他们捐书，一直在做慈善。

张：其实那个也不值得赞扬，因为那个钱不是我自己挣的，而是我父母去世了以后，财产也不多，就是有一栋房子。我们兄妹几个呢，我妹妹早就去美国了，我姐姐在香港结婚成家了，我在内地，当时我弟弟在香港，他准备去加拿大了。这样呢，一栋房子就没用了，把房子卖了，然后把这个钱大家一分，所以这样呢，我就分了一大笔钱。这一大笔钱

我觉得我也不需要这个钱,我这工资,生活还过得好好的。我想的就是,是我父亲留下的钱,尽量帮他扬名,所以捐给希望小学也好,捐给图书馆也好,都挂他的名字。因为我父亲呢,我觉得历史上还是应该有他一笔的。现在大家都打针吃药是很平常的事,你知道吗,过去打的针剂都是进口,中国的第一个针剂就是他做的,国产的。所以我觉得应该还是有一定的值得纪念的意义。所以我就把他的钱都拿来捐给小学,就是这样。所以我觉得我不值得赞扬,因为这钱不是我挣的,是我父亲的钱。

刘:原来从没听您和刘老师谈过这些。在做这个访谈前,我在网上查了查,才知道您刚刚谈的您父亲这些事情,当时我真的是很感动也很感慨(上海地方志 http://shtong.gov.cn/:十九、张禹洲)。您的家族对我们新中国医药事业的发展做出了那么大的贡献,您从来没有在任何场合下说过,我在查完资料以后一直在反思、在思考,想了很多问题,总而言之很感慨,觉得我们还真的应该更加努力,更加踏踏实实地、脚踏实地去做这个实实在在的工作。我还在网上查到,当年您是随着咱们河南大学代表团到美国访问,那也是改革开放后,应该说是我们国家包括我们学校首次派访问团到美国去。那一次的访问,您的感受能谈一下吗?

张:1985年去美国访问是我们学校的第一批,从我自己来讲也是第一次。当时去访问几个高校,但是没有那些名校,都是普通的学校。访问时最大的感受就是觉得人家的效率高,水平高。他们那个教学方法,跟我们好像不太一样。我记得是去一个化学系访问,全系就一个系主任,没有其他的管理人员,副主任都没有。这个主任还是半职的,就是一半时间做行政,一半时间还在教学。他有一个秘书是全职的,他系里行政人员就那么一个秘书,再加上半个系主任,就这一个半人把系里的行政工作做好了。我们呢,一个办公室有好几个人,还有好几个副主任,还有总支办公室,现在是党委了,还有好多辅导员,搞行政的人特别多。宿舍管理也是这样的,一个宿舍管理员专门管宿舍的,没啥其他人了,这样效率高。现在我们学校的教室利用率也高了,那个时候我们的教室利用率是很低的。看到国外的教室利用率高,从早晨一直排到晚上,一个教室就没有空的。现在我们的教室利用率也高了。

刘:我记得好像10年前吧,学校晚上或是中午排课,我们当时还有点接受不了,现在咱们学校也普遍接受了。您考察回来后,在系里边又采取了哪些措施?

张:那基本上没有采取什么措施。因为整个制度不一样,水平也不一样,采取的方法也不一样,没办法学。但是领受了一下人家那个感觉。当时国内互联网还不行,人家的互联网已经应用得很好了。现在说起来都很平常的事,当时对我们来讲觉得是非常新潮的。就是比如说我写了个文章发给你,现在这是很普通的,当时就觉得这个办法真好。我们访问的那个教授,他说他写的书,写完了以后,在互联网上就发给出版社了。我们觉得这个办法真省劲儿,就在网上修改一下就行了,不像我们那时修改稿子,要重新写一遍。所以这东西你当时看了,回来也没办法学,就是感受了一下。图书馆现在在我们国内也是普遍的,当时他图书馆我要什么书,图书馆有的马上就给你,没有的在互联网上都给你弄过来了。当时觉得人家那个可先进了,那现在在国内也是很平常的事儿。

刘:对,我们现在这种信息交流、文稿投送修改、资料借阅等,基本上都给国际上接轨了。

张:国内的发展还确实是非常快的。

刘:对。1985到1988年我写毕业论文的时候,很多图书资料咱们图书馆没有,刘老师还资助我们到全国各地图书馆去查。有的时候是通过你们老师之间的这种相互介绍,说我们这边有,你让学生来查吧。我当时还到合肥的中国科技大学,还到北京图书馆,都跑出去查。你现在想查的话,都是很方便的,当时我们基本上是到处去跑。

张:所以说国内现在进步很快。

刘:的确是,国内基本上和世界同步发展,真的是这些年来方方面面都取得了很大的进步。我目前在咱们学校国际汉语学院工作，主要是招留学生，我们学校所有的学科专业，只要能够招学生，包括本科生、硕士生和博士生，那么我们国际汉语学院都可以对全世界来招生。因为咱们学校是2017年学校进入了"双一流"，那学校也希望提升国际化水平，比如说让我们留学生招生更倾向于支持一流学科，也为学校的国际化发展能够多做贡献。对我们学校的这种国际化发展，想请您给一些指导和建议。

张：国际化的发展，我觉得首先还是把自己的教育弄扎实了。就是说让外国的学生到我们这来学，对吧？但是我觉得作为学校来讲，最根本的就是要用你的实力来吸引外国的学生。是你的这方面先进，人家慕名而来，而不是要拿利益来吸引，有的吸引说我这里给你好条件、给你多少的补助，这样的国际化可能效果不是太好的。还是这种教育本身搞好了，我的某些专业吸引着你，就觉得我要学这个专业，才来到你这里。

刘：对，这是根本。我们目前也是想下功夫打造我们河南大学的特色品牌专业，让学生觉得就想学这个专业。但是我们留学生教育现在毕竟是初期发展阶段，现在学校领导也十分重视国际化的发展，我们感觉到压力也很大，也想要拓展资源，就像您当年那样做。从您个人的事业发展，以及对化学学科化工学科的发展所做的贡献，您的工作思路和措施对我们现在工作，依然很有启发和借鉴意义。

张：那个时候还没有学士、硕士、博士那个头衔。我是1955年分配的，我们研究生班的18个人，分到各个师范学院师范系统。因为当时是教育部委托办的，就是给全国的各个师院来培养师资的。当时由华东师大、北师大分别办了好多研究生班，一个研究生班一般都是20个人，华东师大是办了5个理科班，北师大也办了好多。1955年毕业以后，我们20个人里头有2个所谓有政治问题，没有分配，分配了18个人。18个人17个都分到师范学院，我被分配到西南师院，就是刘海澜一个分到师专。

刘：噢，当时是开封师专。

张：那么师范学院都不够用，为什么会放到师专呢？原因就是1951年以前，全国是没有师专的。教育部开始为了发展初中的教育，培养初中的教师，就开始办师专。一开头就是试点，全国办了4个，开封就是其中1个。所以说一开头，这是教育部直属的。开封这个师专是由当时的开高，还有一个女师，还有一个什么学校我不记得了，几个学校合并起来成立了开封师专，所以说原开高到此为止了。后来的开高跟原来的开高一点关系都没有的，原来的开高全部合到师专了。然后是1953、1954年时开始搞文理分家，河南师院把那个理科全都调到新乡去了。连师专也搞文理分家，师专是把理科留在开封了，把文科弄到郑州师专。因为当时开封师专是教育部直属的，所以就把刘海澜放到开封师专去了。我1957年初，因为是照顾夫妻关系，那我也就到了开封师专了。1959年教育部开始恢复全科制了，师院没有理科了，要重建理科怎么办呢？就把师专的理科合过来，师专的理科全都过来了。郑州师专它只有文科，全部文科合到郑大去了。所以老开高的那些老师，不是在河南大学就是在郑州大学。

刘：还有这段历史？这是我第一次听说。

张：1959年重建理科时，把开封师专的理科全弄过来了，那我们也就过来了。虽然这里是重新创建的，所有的设备什么全都是师专带过来的。所以说起来就是理科的底子比起文科就是要弱一点，因为这么一路从中学的老师到师专，一步步就升格过来了。因此搞科研也就没有啥基础了，从设备上、从人员的素质方面都没有。理科就是这样发展来的，所以数学系的、物理系里那些老的人，大多基本上都是师专过来的。

刘：但是从您那一代起，一直到现在，学校发展得还是相当快的。

张：是的，但是那时候我这个基础是比较弱的。

刘：但是，就在那样的基础下发展到现在，那也就足以见证了你们那一代人的努力。

张：科研呢，它也要有一定的物质条件的。当时我们也看到这一点了。那就说你要重振科研，在人这方面要鼓励教师搞科研，你从物质方面你要各种各样的设备。人这方面怎么鼓励呢？一个是口头上说不行，另外就是因为那个时候还没有评职称这一说，那就搞物质刺激。谁能够在外面发表文章呢就奖励10块、15块钱奖金，就用这个办法。物质方面，那想办法就是装备各种各样的设备，但是很难，特别想搞有机方面的，最基本的要有个元素分析仪吧。当时一台元素分析仪大概30万元，因为没钱，我就找学校要，学校也没钱，说你自己想办法吧。那咱们当时的情况就那样。所以学校发展搞科研，一开头真是很难。另外搞科研也得有项目吧？项目哪里来的呢？开始那时候，我还没当系主任，刘海澜负责科研方面的事儿，就跟洛阳的炼油厂合作搞科研。洛阳炼油厂那个工程师，也是我们系毕业的，是63届的。

刘：就是咱们化学系63届的？

张：63届的，这是我们的第一届，当时我们的第一届毕业生，叫常太华，他现在还跟我有联系呢。常太华他在那当工程师，然后和他合作搞什么呢？搞水质稳定剂，因为洛阳炼油厂用冷却水，冷却水是循环用的。循环用的水里有细菌生长，有青苔那些东西，所以这水里需要加药剂来抑制那些东西，来保持水的质量稳定，叫做水质稳定剂。当时开发那个水质稳定剂呢，第一个样品做出来了，就起名叫作"KS-1"。

刘：哦，KS-1。

张：K是开封，S是水质稳定剂，1号。

刘：对。

张：做出来不理想，又搞了个KS-2，做出来还是不理想，可是在那《化学文摘》上一查，那个KS-2这个东西可以用来做鞣剂。皮革鞣剂，就张举贤搞的那个皮革鞣剂。

刘：对我知道KS-1、KS-2一系列鞣剂，但是我不知道这一开始是水质稳定剂。

张：或者说已经做出来了，给它找个用处嘛，就是从《化学文摘》看到，可以做皮革鞣剂。那张举贤他有个非常好的优点，就是他跟各小工厂联系很多，所以他就把这个东西拿到开封皮革厂让人家试试看。一试效果还不错，那干脆就是把它当成皮革鞣剂。所以，就这么发展下去，水质稳定剂就扔那了。

刘：KS系列鞣剂之前的这些历史我不知道，我光知道KS-1、KS-2系列鞣剂，还参加了国际博览会，后来还得了我们国家"星火"发明奖。您谈到KS-1、KS-2，您一说，我就觉得我相当熟悉，但是一开始是作为水质稳定剂研究的，这一点，听您讲我才知道。因此，我觉得我们学生，包括我们在搞科研的时候，假如是发现一些东西在一些方面不行，可能要再开拓其他的路子，对以后的科研是有很好的启发意义。

张：你可能不知道了，我们的系主任从1959年以后，到"文革"那一段，那系主任是一位老先生，苏斗南老师，他这一点是不错的，就是要教师到实践中去，所以鼓励教师跟工厂联系，所以张举贤也就去了，我们都跟工厂有联系了。像有的老师去化工三厂的，那我就去化工一二厂。没什么系列的，什么科研题目都没有。当时深入工厂跟他们了解工厂生产过程，帮助他们做些事情，这个传统还是不错的。

刘：应该是解决了不少工厂的实际问题，当时就是到工厂去结合实际，老师有第一手的工厂的实践体验，那一方面在教学过程当中就能理论与实践相结合，再一个是帮助工厂解决一些实际问题。我记得我读研究生的时候，我建立的是催化动力学分析方法，测水里的成分，包括测硫酸根、磷酸根，刘老师给我联系到咱们开封化肥厂去取水样。另外，好像是当时的标准样品也很难买，经费可能还是有限。刘老师也是从洛阳油脂化工厂找来的。

张：所以我在我们学校的学报上发表的一个实验报告，就是下厂时候帮助他们做实验的实验报告。那时候学报就理科东西没有，都是文科的内容，就想要理科的，当时问我有啥，我说我们有一个实验报告，你

们看可以就去用。

刘：那您谦虚了。那时候也是研究论文，从实践当中发现的课题，并且帮助人家解决了实际问题。现在学校也在鼓励让我们自己老师有特色的创新性成果发到我们自己的学报上，能够支持我们自己学报的发展，提高我们自己学报的学术质量。2012年咱百年校庆的时候，当时是马同森老师给我约稿，我就把有关山药的研究，我认为是最精华的部分，整理了一下，发到了我们的百年校庆的特刊上了。

张：更早一些，有一篇是当时关于惰性气体化合物的东西，就是我看了一些文献，总结了这类神奇的化合物，也是学报要。我拿不出东西来，那拿这个给他（《开封师院学报》1963年02期）。

刘：上学的时候我们认为物理化学是很难的，但是您当年讲物理化学的时候，大家都认为您讲得浅显易懂，能够使很抽象的理论让学生能够理解得很好。那您在教学上花了很大的功夫吧？

张：物理化学我也是叫误打误撞，研究生阶段都是分析化学。我在西南师院的时候，现在叫西南大学，除了辅导分析化学以外，当时物理化学缺人，老师上课没人辅导，就叫我去辅导。反正我那时候服从分配，你叫干啥就干啥，就辅导物理化学。后来到了开封以后，原来师专没有物理化学课，是叫化学原理课。化学原理课，其实也就是物理化学那一套东西，稍浅一些。那时候朱萱老师上这门课。

刘：朱老师，对，我知道。

张：我没有参与，我还是搞分析化学，但是合过来以后，成了本科了，本科的物理化学是一年半的课。朱老师她一个人忙不过来。那总支书记马培莲就叫我。他说你不是在西南师院辅导过吗？我就硬着头皮上了，就这么固定到物理化学上了。所以这也是误打误撞的。

刘：其实您还都是服从组织分配和安排的。那您要说"物理化学，我不是这个专业的，我觉得很难，不接受"，也说得过去呀。

张：当时马培莲还是说你先上，以后有机会了送你去进修。我就拿这句话老顶撞马培莲:"你说那个时候送我去进修,几十年了,那我也没有进修过。"就是这么个过程。

刘:那整体来讲,我们化学学科和化工专业,发展到现在也算是蛮艰难的,但是目前的成效还是很喜人的。

张:是国家的发展快,所以我现在看到化学、化工实验室那么多仪器,一台几十万的,连上百万的仪器都有,我真是太羡慕了,比当时那个条件好太多了。

刘:对,咱们那个核磁当时那时候是60兆的,我们读书的时候,老师给我们做演示实验,后来您说的红外、核磁、紫外,我们上学的时候都有了。我记得我当时做实验的时候,一个UV250紫外分光光度计,我当时论文主要的实验工作就在那个仪器上完成的。那时候我们觉得也可先进了,还可以自动记录,自动打印。

张:我们是尽量往前赶嘛。就像那个电脑一样,那我看到这个方向了,我这叫有钱,那就花了。那个时候,开封大学成立了,搞了计算机系,我们跑去一看,它的计算机还没有我化学系的计算机好呢。

刘:您当年奠定的基础,化学化工学院的发展都一直受益。

张:还是很高兴的。但是我从自己来讲,那些化学全都丢完了。

刘:但是您这种精神一直在鼓励我们,我们一代一代学生们,应该做好您这样的前辈学人所凝练的学科精神和营造的学科文化的传承。所以我觉得从老师那里学的东西,真的是享用一辈子。

张:别的没啥说的了。

刘:我是1988年硕士毕业,到现在是32年,我毕业32年后,老师又给我上了一堂很生动的课。真的是很幸福!一定会把老师的精神传承下去。特别感恩、感谢!

张:感谢档案馆给我这次机会!

22 | 陈志国教授访谈实录

受访人：陈志国
采访人：乔保军
时　间：2020年12月2日上午
地　点：河南大学档案馆（图书馆东楼）

陈志国

河南大学教授,博士生导师。

1993年12月获曾宪梓教育基金会高等师范院校教师奖三等奖;2005年7月当选河南省计算机学会第四届理事会副理事长兼任教育专业委员会主任;2005年10月被聘为河南省学位委员会第三届学科评议组专家;2005年12月被聘为全国高等学校计算机课件评比评测委员会委员和全国高等学校计算机课件评比评测专家委员会委员;2005年12月被聘为2006-2010年教育部高等学校计算机科学与技术教学指导委员会计算机科学与技术专业教学指导分委员会委员;2007年8月被评为河南省首批中小学幼儿园教师教育专家;2008年2月担任中国计算机学会第九届教育专业委员会常委;2011年12月当选全国高等学校计算机教育研究会第五届理事会常务理事。在《电子学报》《自动化学报》等国内外知名期刊上发表论文60余篇,其中SCI、EI收录20余篇;主编教材5部;主持或参与完成省级项目20余项;2014年12月获河南省科学技术进步一等奖。现为河南省计算机学会第六届理事会荣誉副理事长、全国高等学校计算机教育研究会新科技与继续教育分会副理事长、中国工程教育认证专家。

乔保军

汉族,1975年5月出生于河南省焦作市,博士,教授,博士生导师,河南大学计算机与信息工程学院院长,河南省教育厅学术带头人,河南省青年骨干教师,开封市优秀教师,河南省高等学校计算机教育研究会副理事长,河南省区块链技术研究会副会长,河南省网络空间安全学科建设委员会委员。主要研究方向:空间数据分析、软件工程、分布式计算。在《计算机教育》等期刊发表教改论文3篇,以第二主持人参与的教改成果"'大学计算机基础'分级分类教学模式研究"曾获得河南省高等教育教学成果特等奖,连续三年获得河南大学教学质量奖特等奖。主持国家自然科学基金项目1项,主持国家航天局国防科技工业民用专项科研技术项目2项,主持横向项目1项(09年通过河南省科技厅鉴定),主持河南省教育厅自然科学基金项目1项,作为主研人员参与国家航天局国防科技工业民用专项科研技术项目3项,参与国家自然科学基金项目1项。近5年先后公开发表学术论文30篇,其中SCI、EI收录13篇,核心刊物12篇,获得2011年度河南省高校科技创新人才支持计划项目资助。作为主编,出版教材5部。申请发明专利1项,软件著作权3项。获河南省科技进步奖二等奖1次。

乔保军(以下简称"乔"):陈老师您好,作为您的一名学生,非常荣幸有机会今天对您进行面对面的访谈。您作为河南大学计算机学科发展建设的亲历者、参与者和见证者,肯定有很多话要说。今天的访谈主要围绕这一个主题展开。我知道您于1982年从郑州大学计算机专业毕业后,就来到河南大学数学系任教。所以我们想先请您给我们介绍一下您的求学经历。

陈志国(以下简称"陈"):我很高兴能接受这个访谈。我是1962年上的小学,到4年级的时候(1966年)开始了"文化大革命",就使得我的小学上了7年,1969年上中学。我们那时候是两届学生一起升学,我是高的一届,是73届高中毕业生,和低的一届74届高中毕业生,都是1974年高中毕业的。本来呢,高中毕业都是要下乡的,我也参加了当时卫生局和教育局组织的"赤脚医生"的培训。后来在该下乡的时候,父母就觉得我眼睛近视,下乡以后可能就不好回城,便让我享受了多子女留身边一个的照顾政策。

我留城以后,先是作为计划外合同工到开封棉织厂烧锅炉。"文革"结束以后,在1976年11月到开封三十中当了代课教师。那时候这个学校缺少物理教师,便做了初一的物理教师。1977年开封教育系统招考

240名中学教师,我参加了考试并被录用,就成为了一个正式教师。到了1977年下半年,我们国家恢复了高考,大家都面临着考学。实际上我的理科并不比文科好,我的文科好像程度更好一点。可是由于那么多年"文化大革命"的影响,大家都觉得要是学文科就不如学理科。按照当时的国家政策,有5年工龄的正式职工上大学带工资,所以77级、78级很多有5年工龄的人上学带工资,我是国家正式职工,但我上大学期间只是计算连续工龄,不带工资。因此,父母觉得你已经有了正式工作,还不能带工资上学,你要是学理工科,家里就再花点钱培养培养你,你如果是要上文科,那就算了,大学你也不用考了。所以说我就选择了报考理工科。当时因为我一直当老师,功课没有落下,考的成绩还行。我是55年人,当时考学的时候算小年龄。当时25岁以下都叫小龄,25岁以上都叫大龄。大龄考生在1977年考学的时候对他们还有一点"歧视",他们的分数线稍微高一点,到78级,大家都一样了。那一年我考了294.9分,满分是400分,作为小年龄里边我就是高分了。

当时考取了郑州大学数学系计算技术专业,也就是现在说的计算机科学与技术专业。我们入学的时候,已经是1978年春季了。当时整个条件都差,大学条件也不行。不要说空调了,我觉得当时在上学的时候连电风扇也没有,可是由于十几年来就没有高考,大家好不容易得到了这个学习的机会,都是如饥似渴地学习,要把丢失的时间赶回来。像我也属于这里面一员,就是三天两头跑图书馆借还书。因为原来在上大学之前家里的书也少,只能到新华书店看书。实际上当时出的书都少,有时候你也没有那么多钱买,到大学有了图书馆,好不容易找到了一个知识的宝库,就是三天两头借书看。当时郑州大学有一台DJS-21机(即121机),它算是一台中型计算机,是科学计算用的,它是个分立元件的机器,还是晶体管,然后它的存储器是磁芯存储器。如果学过计算机发展史就知道,它应该是第二代计算机,它不是集成电路的。那个机器是42位字长,它一个字是2条指令,一个指令是21位。我们当时上机跟现在大家用的计算机都不一样。当时，如果是 Fortran，都是穿的卡片，我们当时用的是 Algol60，是穿的纸带，就是说都要用穿孔机做出来纸带。做出来纸带以后，把大家的纸带粘在一起，然后到纸带输入机上往里读，如果谁的出错了，你当时都下去。所以说我们当时在做实验之前，第一步你要做很好的程序静态检查，意思是你用 Algol60 编了程序以后，你要把这个程序读过来读过去，自己静态运行，确定程序一点儿问题没有，这时候才去穿孔。穿孔的时候你有可能敲错字符了，该敲作 A 的，你敲作 B 了，然后也可能多敲少敲，这都很危险的。敲错相对好办一点，我们从穿孔机穿出来纸带以后，自己都能读那个五单位码，然后我们就读哪有孔哪儿没有孔，这是个几，然后哪儿是 01 我们都能读出来，哪个码不对，然后就开始补，剪一点贴到那个纸带上。多了一个孔，就把它用胶水粘上，少了一个孔，就用凿孔器再打出来一个孔，就是自己要去修补。

乔：你们那时候的编程课有点像手工课。

陈：当时都是这样，我们得保证程序写得对，在穿孔机往上穿的时候穿得对！比如说一个班 32 个人，这 32 个纸带一捆是一盘，然后上的时候第一个人"啪"进去了，人家一看，出错！下去，给你的纸带一撕，你就下去，你这一次算过去了。要是对了，Algol 程序开始运行，把数据一输入，然后它输出结果，那时候是快速打印机，窄的，把结果给你打出来，你有很好的结果了。上去出错就得走，就是这样。所以说当时受到了很好的训练，就是那个程序编出来自己都要静态运行程序，自己就像一台计算机一样，把这个程序运行一遍。我必须保证它对，要不然我这个实验到时候出不来结果。

在我们上学的时候，实际上老师们的压力很大，因为连续多少年老师们没有教过学生了。我刚才说了 12 年都没有进行高考，我们这一届学生程度都比较好，因为当时是 1966 年高中毕业的人、一直到 1977 年高中毕业的人，这 12 年的高中毕业生都能参加考试。这一届招了多少人呢？全中国本科可能有 18 万人，好像不比现在的博士招得多。本科、大专、中专，加在一起 20 万出头，那一年就招这么多人，等于说那才是千军万马闯独木桥，这时候过去的人程度都很好，不像现在是大众化教育，当时是精英教育，程度都很好。就像我刚才跟你说的，我们学习那个劲头！这时候老师呢都有点怕，被我们问住是经常有的事情，因为老师在平常学过也不懂这些，人们就是说自学能力特别强，然后你有书他一看他都看得差不多，他一问都是刁钻的问题。这时候这些老师都受不了。当时我们系计算机的基础课还行，后来到专业课的时候压力就比较大了。当时郑大数学系系主任裘光明先生就延揽了一些名师，到北大、中科院计算所等单位请了一些人，你比如说当时他请陆钟万先生给我们开了数理逻辑，请陶志诚先生讲了可计算性理论，请仲萃豪先生讲了程序设计方法，当时叫结构程序设计，叫曹东启先生当时给我们讲计算机网络软件，北大的马希文先生当时给我们讲了人工智能。就是郑大尽管当时的专业师资薄弱，可是我们那个老系主任，他在我们这一届上还是下了很大的功夫，请了一些名家把我们高年级的选课算都开了，开的档次比较高。

那么要说起来这 4 年很快就过去了，我们那一届学生情况比较特殊，它是 1978 年 3 月入学，到 1981 年 12 月，大家就认为这时候就是本科毕业了。真正到这儿报到是 1982 年 1 月初，拿着报到证，当时我们这个学校的名字还是河南师范大学，就是现在的河南大学，当时还没有改名字。和我一起来的郑大数学系还有两位毕业生，一个是邓聚成老师，一个宋洪藻老师，人家两个人都是硕士研究生毕业，分到这数学系。数学这边有研究生，一般外边学校毕业的本科生是不接收的。可是计算机这一块当时人比较缺少，全国当时那一年计算机本科毕业的也超过不了 300 人，我们河大当时想发展计算机专业这一块，就接收了我这个郑大本科毕业的计算机专业的学生。

到这儿以后，自己觉得当大学老师还是弱了一点。1982 年有一个机会，好像应该是叫计算机服务公司什么的，做培训的。当时我又听了曹东启先生讲的数据库管理系统，他们在1000系列机就是130系列机上配上了数据库管理系统。当时是去厦门鼓浪屿培训，好像有半个月时间。数据库当时也是刚出来，我在上大学的时候就没有开数据库这个课。我们学校当时要买一台NOVA（诺瓦）机，用11万美元经别人的手买了NOVA-4X计算机，我去培训就跟这个事有关。除了这次，后来有一次正规的学习，因为当时不是光我们系，整个学校、国家都要求大家进修提高，说你本科毕业怎么能教本科呢？1984年上半年把我派到北京大学去进修学习。当时我们学校在大钟寺租用了我们学校一个老师他弟弟的院子，我们租了人家三四间房，弄的有煤火、有床，大家自己做吃的，就是这样。我们当时有去人大上课的，有去北师大的，还有北大的，我是去北大的。当时在那儿算是学习了半年，进修了计算机科学技术系的一些高年级的选课，有一门是主讲系统分析的课程，还有一门是软件开发工具，软件开发工具那个教材就是一些文献的汇集，是英文的。也学习了两门研究生的课程，一门是和当时哲学系的研究生一起学的，是模态逻辑，一门是形式语义学。形式语义学呢，北大当时是这样，他也没人开，清华当时也没人开。当时是请的中科院的周巢尘先生，是在清华主楼讲的课，是北大的研究生、清华的研究生、中科院的研究生，有五六十人一起在那儿学习形式语义学这个课。还参加了那儿一个讨论班，当时是吴允曾先生和唐稚松先生主持的，是以他两个的学生为主，别的学生也都参加，软件开发工具与环境的讨论班。

乔： 您的求学经历真丰富，特别是我听到你们本科实习使用打卡的机器，再对比现在我们的学习条件，我觉得我们的学生更应该珍惜现在的学习条件。

陈： 好像他们现在由于有了这么好的条件，就不需要预先静态运行程序了，学生们上机试试程序能否通过，要是不过，回来再改。所以说他们这个编程的能力好像就要弱一点，我觉得。

乔：我印象中我上学的时候，我们还要在纸上写代码，再去上机敲。现在的学生是上课的时候直接在电脑上想着哪敲到哪，所以说他们从来不会说去静态运行，都是直接输入机器。

陈：当时我去辅导你们上机的时候，就觉得有这个问题。他敲进去了控制字符，程序调试不出来，因为控制符不是可显示字符。我就让他把这一行全部消掉，不消掉找不到。

乔：我遇到过这个问题，这个我印象特别深。另外就是陈老师，河南大学是从1985年，咱们开始在数学系下面以计算机方向进行招生，1987年正式成立的计算机系，您是作为计算机系创建元老之一，所以也想请您介绍一下，在当时经费师资都很紧张的条件下，咱们计算机系组建和成长的过程。

陈：我们计算机科学系筹建于1984年，我去北大进修的时候，周德民先生已经来到我们系了。他来了以后办计算机专业，筹建这个系。当时把我派出去北大进修，也在为筹建专业做准备。那时我们在数学系里边就做准备，其中有一个准备就是为计算机专业招生开课。在82级数学专业开选修课的时候，我们增加了一组计算机方向的选修课，比如说Pascal语言程序设计、Fortran语言程序设计、离散数学和数据结构等课程。当时大家对计算机的学习热情还是比较高的，因为计算机当时是热门新兴学科。在开这些选课的时候，我讲了数据结构这门课。尽管没有计算机专业的学生，我们就在数学专业高年级开选修课的时候先试试水，也算是锻炼了我们的队伍。

我们是1985年正式开始招生，1985年在数学专业招了一个班，计算机方向的本科生，就是徐彬他们，是第一届的学生。1986年我们又招了一个班，这是连续2年。在1986年的时候我们就申报了计算机专业并获批。批下来这个专业名字叫计算机科学教育专业，当时我们学校的师范性质还比较浓，所以说就批给你师范类。我们有时候叫计算机科学专业，实际上本身带有教育，是师范类。由于1984年都开始筹建了，然后有了专业以后就建系。在1987年5月，学校就决定计算机科学系正式成立，计算机科学专业1987年招生，计算机教研室从数学系独立出来，然后任命了周德民教授为系主任。这个系只有一个教研室，我是这个教研室主任。一开始呢，我们也是叫计算机教研室，因为当时搞软件的人多，有时候也说成软件教研室。我从1987年开始就负责计算机专业教学计划的制订和实施工作。那么到了1988年，因为物理系也在1985年、1986年招了两届自动控制方向的本科生，但是它的专业一直没有批下来，而且当时他们还和别的学校联招的研究生，这时候国家又要求规范化办学，我们学校就在1988年7月把物理系自动控制教研室带着它招的两届本科生，并入了计算机科学系。并入以后把他们那儿的教研室主任、副主任任命了两个系副主任。它那个教研室大，我们本来好像20个人不到，可能是18个人。我们人少，他们人多，就把他们那个自动控制教研室分成了三个：一个控制教研室，一个计算机应用教研室，一个电路教研室。好像半年、最多一年后，就把他们这个计算机应用教研室取消了，因为跟我们已有的计算机教研室有重叠。把它里边的软件方面的老师就并入了我在的这个教研室，这一次就更名为计算机软件教研室，他们那个教研室硬件方面的人并入了电路教研室，也更名成计算机硬件教研室。原来控制那个教研室还保留，就成了三个教研室。我除了做教研室主任，还明确了我是系里的教学秘书。就是说尽管有教学副主任，实际上这个计算机专业的教学计划制订和实施是由我负责的，我是教学秘书。那么我就在负责计算机专业课程、教师的布局。实际上我们原来也做过，刚才我说1984年我们当时在筹建的时候，我们也做。现在两个专业合并以后，你还要重新布局。当时呢，学计算机的人并不多，大家有学数学的，有学物理的，有学电子的。尽管我大学期间学的专业叫计算技术，实际上那个专业就是计算机专业，其他人念计算机专业的很少。专业不对口，就面临着需要在职进修提高的问题。我们也安排老师们外出去听课、进修提高。当时除了课程规划，我们也制定了很多的教学管理规章制度，我都是主要参与了的。业务管理方面的，我参与的更多了，即使不属于业务管理的，有时候我也参与，因为我是教学秘书，就是教学副主任的助手。当时我们制定的规章制度，包括了教书育人方面、教师在教学活动中的行为规范方面、实验管理方面、教材管理方面、工作量的计算方法，以及有关毕业设计方面等。

当时毕业设计方面的制度制定得更详细，因为我觉得毕业设计是一个重要的环节。我后来才知道，竟然很多学校都不做毕业设计，也不做毕业论文，即使做了也不答辩。后来我才发现这是我自己在那儿搞。那么毕业设计这一块儿，我主要抓了三大块儿，第一个是毕业设计任务书，我要求教师在指导学生、给学生下达题目的时候，要有非常详尽的毕业设计任务书，任务要清晰，叫学生有所遵循。不是像有些老师说的那样，给学生说个题目，让他自己去做。这样不行！任务清晰，你要让他干什么，一步一步分解，有阶段、进度要求，都要在毕业设计任务书上体现。老师对学生的毕业设计课题应该有比较好的思考，然后你好指导人家，你不能说光写一个题目给人家了，让人家去做。这是第一个，有毕业设计任务书。第二个，要求要给出代码，不做虚的。如果你一旦说一个人做了东西，没有代码，这都不好说了。而且对代码当时要求可解释，指哪打哪。我不管你的程序，是你自己编的，还是别人帮了你，但是你程序的代码出来以后，我问到你哪个过程，问到你哪行代码，你要能给我说清楚。第三个我是要求答辩。这就是我刚才跟你说了，我知道他们有些即使做了毕业设计论文的，他们也没有答辩。我们答辩这个事一直管得很好。我觉得毕业设计、毕业论文完成以后，答辩是又一次的升华。答辩时他要对这个东西进行提炼，要进行抽象总结、要讲给大家听，是不是一次升华？如果没有答辩这个过程，他没有很好得总结，就把那个东西拿出来了。你一说要答辩，那时候他都要把这个东西整个再梳理一遍，是吧？你不梳理你怎么答辩是吧？所以说我们一直在这上面加强要求。

乔：现在咱们学院还是按照原来您执行的这个在做。

陈：我知道。除了教学这一块儿，另外一个很重要的方面是经费使用相关方面。当时1987、1988年，实际上我们的改革开放已经进行了一段时间，收入不平衡成为事实。改革开放首先是农村包产到户，城市呢，工厂有了奖金，可是教育这一块并没有变化。这时候怎么办呢？大家就需要创收。开始我们在数学系的时候，办的有收费的培训班，而且有时候我们参加类似高考评卷这样的活动，都有收入，有收入就有奖励性分配。我们独立出来后，奖励性分配的压力就落在了周德民老师身上，他是系主任。然后就成立了一个河南大学计算机技术开发部，把闫焕宝老师调过来做这个事儿。计算机技术开发部服务社会，是好事，另外我们可以有点收入。当时大家都面临高校教师收入低的问题，可是我们又没有钱投入，只有通过利用知识服务于社会的方式创造收入。本来我们是十几个人，现在合并后，人员大大增多，放一块都四五十人了。这时候怎么办呢？我当时向周老师建议，各教研室做教研室的。然后就控制做控制的，软件做软件的，硬件做硬件的，个人去做个人的，各显神通。计算机本身是一个应用学科，我们面向经济社会发展，开展技术服务、做一些应用项目，它客观上也解决了我们创收的问题。我们教研室当时做的就有供电局的项目，有车管所的项目。车管所项目当时教研室叫郑逢斌和沈夏炯两位老师去做。当时还做了信用社的项目、财政局项目、环保局项目等。有些项目实施的不大愉快，因为有些单位对软件开发不懂，认识不够，并且提的要求很高，还不想给你钱，你都做出来了，他还不想给你钱，还要这样改、那样改，所以说有些做得不太愉快。供电局、车管所、信用社的项目都是做得比较好的，我们给人家做了一期又一期。

邓小平同志1992年南巡讲话以后，以软件教研室为主体，成立了河南大学计算机软件技术公司，当时学校批文明确说我是公司的法定代表人。当时软件教研室的老师每个人出资好像是2000来着，还有系里别的教研室的人，以及行政人员也让参加，但是以软件教研室的人为主体，成立了这样一个有限责任公司。这个公司是一个技术企业，我们主要做了培训，当时培训还出了一本书，《计算机应用基础教程》，内容包含文字处理、五笔字形输入、操作系统命令，还有 Foxbase、Foxpro，以及 Dbase 数据库。实际上公司做的培训工作对于当时推动计算机应用的普及发挥了重要作用。我们也做了一些软件开发、其他方面的技术服务等，反正做得挺好的。

乔：您曾历任计算机系教研室主任、计算机科学学院主持工作的副院长和计算机与信息工程学院党委书记，我想请您着重介绍一下您在学院管理岗位上，对河大计算机学科发展方面做的工作，包括人才培养、学科专业建设等。

陈：好。在1996年，学校对院系进行调整，撤销了计算机科学系，成立了计算机科学学院。当时按照文件，在计算机科学学院下边设了计算机系、计算机应用技术研究所，让计算中心、公共计算机教研室并入计算机科学学院，总体就是撤系建院。在这之前，我们学校有过理学院，那是个虚的，系是实的。到1996年这一次调整，也就是在1996年11月，我走上领导岗位。这一次调整把院做实了，系成虚的了。我们这四块是这样：计算机系基本上还是原来的计算机系，没有行政级别，是个虚的；计算机应用技术研究所周德民老师负责，做研究开发；计算中心和公共计算机教室是申石磊负责，它实际上是一个单位、两个牌子，他们承担全校的计算机公共课。我这时候进入了学院的领导班子。在这之前，尽管我也发挥作用，但并不是领导，我一直是教研室主任，或者是教学秘书，做一些具体的工作，并没有在整个学科发展、系里的发展方面起决策作用。

进入领导班子以后，我是副院长，还兼任计算机系的系主任，分工我负责教学、学科建设等。我们当时的学科建设也比较薄弱，我还分管学科建设。

在1996年，我们还申报了一个非师范专业的计算机及应用专业。刚才我们谈了1986年申报一个计算机科学教育专业，然后那个专业

1987年招生，后来一直我们都在办，但是在办的过程中，我们并没有按师范专业去办，就一直这样走了下去。到后来国家规范办学，明确地说我们的计算机科学教育是个师范专业。那怎么办呢？我一想那再申报一个非师范吧，就在1996年申报了非师范专业，计算机及应用，这是在专业申报这方面。另外一个，我们从1996年开始了研究生教育，我经常把当时的做法比喻为"借人家的腿搓绳"。数学系有一个基础数学专业招研究生，我们1996年就开始在基础数学专业里边招收计算机方向的研究生。但是那时候，国家统一考试，卷子难度较大，学生分数低，过不了分数线，就招不来学生。我们第一次招生，也没有准备，就没有招到过分数线的人。到1997年，为了确保那一届能招到学生，我们就从93级你们那一届保送了一个学生。

乔：我一直以为我是咱们院第一届招生呢，原来是1996年就开始了。

陈：1996年我还不是导师，1997年我才是硕士生导师。1997年除了保送一个外，还从报考学生中录取了一个。从这一年开始，我们在办学层次上有所提高，尽管是"借了人家的腿搓绳"。到1998年，周德民老师不再担任院长，张锟到院里当书记。当时我和张锟谈起教师队伍建设问题，觉得一部分教师学历层次比较低，我们既然"借人家的腿搓绳"了，为啥不把它搓粗一点呢。我们从1999年开始，为了培养青年教师，开始招收在职研究生课程进修班，正规名字好像是以同等学力申请硕士学位研究生课程进修班。完成在这个班的学习，参加了国家的英语考试以后，就可以申请硕士学位。我们以这个班为抓手，促教师队伍水平、学历层次的提高，加强教师队伍建设。当时请了一些专家上课，有些课跟你们统招研究生同步。当时我们请的有西北工业大学的，有武汉大学的，当时好像我也讲了两门课，当时谭红星（他当时是在读博士）也承担了课程。这件事对整个教师队伍的提高发展都是很好的一个举措，当时有很大的促进，我们有很多老师，经过在职研究生课程进修班以后，就申请了硕士学位。还有一些老师尽管没有申请硕士学位，上了这个班以后他有这个成绩,就是修了一些课程成绩,他有进修班这个学习经历,然后他就以同等学力报考博士,所以对教师队伍水平的提高起到的促进作用还是比较大的。

在我负责这一块儿的时候,我觉得在我们学院发展里边起到稳定作用的还有一方面,就是工作量计算办法,我觉得当时我们做得比较好。在1996年我对工作量计算办法进行了大的调整。实际上工作量计算办法就是一个指挥棒,是一个分配方式,需要协调利益各方。我觉得我们计算机学院这么多年来有一个好的传统,那就是领导没有想着多吃多占,只要领导不想多吃多占,干部跟群众的关系就容易协调。如果领导光想多谋利,群众的眼睛是雪亮的,肯定会对你不满意。我们怎么协调的呢?我当时定的有一个平均工作量,院领导是1.5个平均工作量,中层领导是1.25,院领导、中层领导、一般职工级差是0.25,既体现了差别,又没有拉开那么大的档次,中层领导满意,大家都比较满意。如果当时我们想拿两倍或者说三倍平均量,人家肯定会觉得你一个人到底干了多少活儿,你拿我们两个人的?我们很好地协调了领导和群众的平衡问题。

乔:咱们院到现在还是采用的这个分配办法。

陈:除了这个,我们还在这个办法里边,协调了行政人员、实验人员、辅导员、教师。我们通盘考虑,能计算的岗位都有计算办法,不能计算的,拿平均奖,让大家都比较满意。另外我们还把院内的课打通计算,就等于说不管上的是自考课、函授课、研究生课、研究生班课,都有一个系数,都有一种计算办法,打通计算。打通计算,任务好排,要不然谁都想去上挣钱的课,都不想上统招生的课,那不行。我们实际上就是协调了各方的利益,也使得工作好做。这些办法都指在职在岗的人,不在职不在岗,比如说委培博士,也不能亏了人家,他们回校以后,给他有生活补助,基本上就等于说是他读书这几年,平均奖都给他攒着,毕业后回来上班,钱都给他,另外科研费方面还有支持。我们这个工作量计算方法,这个指挥棒,这么长时间没有出过问题,当然后来还有调整,因为有些

细节发现有问题,我们肯定要改。除了这个办法,我们创收经费的开支,我是向促进学科发展和改善教职工工作及生活条件方面倾斜,在这方面投入大一点。我们创收来源主要是培训,也有项目开发。培训主要是面向计算机应用需求大的这些行业,包括了国税、地税、邮政、电信等,我们做得比较多,也做得比较好,对这些行业的计算机应用水平的提高和促进是有贡献的。比如说像邮电,我们做的既有培训,又有学历教育。当时我们做了很多届的,当时好像有点慢,有成教脱产班,当时一开始第一次好像还有个自费班,等于说是有学历教育,有非学历教育。还有成人学历教育方面的,也有函授,还有自考,等于说这是主要的创收来源。

那么在教学这一块儿,除了重视毕业设计,实际上我们对实验实习也非常重视,就是叫大家编写实验指导书。我们一开始是领着大家集中实习,后来不集中实习、分散实习时候,因为我负责教学嘛,我每年就在河南转,你比如说哪一个城市有五六个人三四个人,我就到那个地方,到学生实习的地方去查看,看有没有什么问题,我们也是要积累经验的。去实地观察实习中哪些是薄弱环节,有哪些问题是需要解决的。一开始我们是集中实习,后来集中实习不好联系单位,经费也没有那么多,然后我们都变成了分散实习。分散实习以后,也有它自身的问题。当时我们给邮电班培训的时候,人家实习安排得比较好,邮电局教育处一个文件下去各地就安排了,他们是轮岗转的。然后我们一看,我们也分散,也借鉴人家这种办法。我们尽管没有行政上这一套指令下去安排,但是我们想,学生到了当地,他家在那儿,通过方方面面的关系,是不是能把这种事也做得比较好呢?的确是这样,我们当时采用分散实习方式收到了比较好的效果。实验、实习、毕业设计这些动手环节我们一直是比较重视的。

到2000年4月,学校党委明确由我主持计算机科学学院的全面工作,就是行政工作由我负责。一直就到2002年4月换届,换届的时候我被任命为书记,这时候计算机科学学院更名为计算机与信息工程学院。然后我就改任学院的书记，刘先省任院长，郑逢斌是副院长。郑逢斌基本上就是把我原来的工作全部接过去了。可是这时候由于先省院长、逢斌副院长他们或者是在做博士后，或者还是在读博士，有几年时间，我还是比较深地介入了人才培养和学科专业建设的工作。

那么在学科建设方面，因为我们是"借人家的腿搓绳"，等于说虽然招有研究生，可是我们自己毕竟没有硕士点。真正我实质上介入，就是我自己去做这个事儿，是第八次申报硕士点。在第八次申报时，我们没有通过，但我发现，人家不了解我们，大家都认为河南大学是一个文科见长的学校，不知道还有理工科，计算机这儿还有一批人在从事计算机应用技术的工作。出去一说人家都不知道，每一次见到哪个学校都要有一次解释：我们还真有，我们这有一批人，我们在这方面做了很多解释工作。所以我就想，为了使得人们了解我们，我们要加强对外交流，特别是学术交流，人家了解你了以后才会认可你。因为实际上我们自己都能体会到：同样一个东西，你如果对他了解、对他熟悉，你可能就会给他更好一点儿评价，你如果对他不了解、不熟悉，关于这个东西你可能没有那么清晰的认识，这时候你的认识片面，然后你对他的评价可能就一般，特别是在需要自由裁量可上可下的时候，我们就吃了亏。有了这个想法以后，我就开始注意参加学术会议，邀请专家讲学，派出青年教师去委培读博士，聘请一些兼职教授。青年教师去读了博士，人家的导师就和我们建立了联系，我们聘请人家来讲学，我们再承办一些学术会议，这些做法就是我基于第八次那个申报过程得出来的。

2000年4月全国高校计算机教育研究会在我们这儿开会，开理事会，然后我们就给人家说是不是我们学校能成为理事单位，人家就增补了我们作为理事单位，把我增补成为了全国高校计算机教育研究会的理事。然后在2000年正好哈工大校庆，跟系主任论坛同时开，我也去参加了。我们这又进入了系主任论坛。系主任论坛呢，当时是一开始人可少了，它是7家具有计算机科学与技术一级学科博士授予权的学校，人

家的系主任在一块儿探讨学科建设、博士的培养，光有二级学科博士点的单位都不让参加。我那一次参加了论坛，后来又增加了一些一级学科博士点，他们提出来，是不是还要增加。我第二次参加是在西北工业大学，叫西部特别论坛。因为共7家，一年由一家承办，7年才轮到一次。他们说，我们这刚过的一级学科博士点，什么时候能轮到呢？所以就增加一次西部特别论坛。我们就开始参加进来了，这就是我说的我们要加强对外交流。在2001年我们又承办了第六届未来软件技术国际学术会议，当时是跟日本、韩国相关单位办了这样一个会。2002年我们又承办了第十九届全国数据库学术会议。这个会议实际上我们很早就申请承办，但是一直轮不上。因为数据库这一块它发展得比较好，这个会议规模也大。到2005年，我当选了河南省计算机学会第四届理事会的副理事长，还兼了教育专业委员会主任，教育专业委员会挂靠在我们计算机学院。2006年召开了新一届教育专业委员会成立大会，在省内也扩大了影响。2006年我们还承办了第四届中华文化自然遗产数字化及保护与数字博物馆研讨会。2008年承办了第三届国际计算机新技术与教育学术会议。我们在对外学术交流方面，加大了力度，使得人家了解我们。

  1999年国家开始高校扩招，这是一个比较大的举措，尽管是发展机遇，可是我们计算机学院面临的压力也比较大，因为计算机一直是个热门专业，肯定要扩招，你不扩也不行，可是我们的师资力量不足。由于计算机是个热门专业，很多好的本科生都不愿意当老师，留不下，使得师资缺口比较大，这样我们师资队伍建设的任务就更任重道远了。在这方面，我们有两个举措，这都是我自己经手的。第一个举措，引进优秀的本科毕业生。比如说2001年就引进了8个人，都是本科毕业。本科生当老师，不培训怎么行呢？我就对扩招以后成批进校的青年教师专门进行了培训，我给它起个名字叫入院教育。入院教育都包括了什么呢？第一个是学院概况，你要对这个学院有所了解。第二个是专业介绍，尽管你不是这个专业的，要把学院所有这些专业都给你介绍。第三个校规校纪宣讲。第四个学院的规章制度宣讲。第五个，最重要的一块儿，就是因为你是个本科生，你现在要当老师，教学方面你要注意哪些，我当时给他起的名字是叫教学法培训，实际上我做的PPT名字是叫教学随想。所以说我就把这些作为刚成批过来的青年教师入院之前入职教育。现在学校有无入职教育？

乔：有

陈：可是当时好像没有。

乔：原来没有，全靠自己。

陈：引进优秀本科生，开展入院教育，这是第一个举措。第二个举措是提高整个教师队伍教学水平的问题。一个方面，这些本科生青年教师如何提高。另一方面，研究生的课我们怎么办。这是大问题，我就把研究生课程的开设与青年教师的培养同步进行。这时候正好厦门大学有一个教授叫赵致琢，他按照他的思路，在办一些暑期的课程进修班。一开始是在贵州大学办暑期培训班，后来他又同步，贵州大学这边也有，昆明理工那边也有，后来又变成了合办。我们不是一个老师一个老师去参加，我们是参加合办这个班。我有10个、15个名额，我给他打过去多少钱，在办这个班时，我是这个班的参与方，你比如说，我们3家把这个班办了，他有可能需要15000块钱，我给你拿过去5000块，然后我们把这个班办了，就是聘老师嘛，路费、住宿和讲课费，我就得到了很多名额，就比你派一个人去那儿划算，这时候我们参加了合办，就是全国计算机科学暑期高级研修班。这个培训班开了一些很好的课，比如说高等计算机体系结构、可计算性与计算复杂性、并行算法设计基础、数理逻辑基础、高等逻辑、形式语言与自动机、并行演化计算、形式语义学等一系列的硬件的、软件的、理论方面很好的课程。这些课程，不光是我们当时开不出来，实际上很多学校都开不出来。培训班上延揽了一批人，他把那好学校、研究所那些能开这些课的人，把他们请过来，暑期到这儿避避暑、上上课，这是很好的一个途径。别的学校，一般来说都有困难的,谁有这么多老师能同时开这么多这么好的课?这就是当时对青年教师、研究生队伍培养做的一些工作。因为当时尽管我是书记,可是因为院长、副院长都在外边读博士、做博士后,我还要介入这些培养方面的一些工作。

乔:那批以本科生身份进到咱们学院的老师,现在都是院里面的骨干和中坚。我认为他们的发展应该得益于您刚才提到的这两方面的举措,大家都感谢您的这些举措。陈老师,我们都知道您是一个特别爱琢磨事儿、喜欢研究的人,所以也想请您给我们介绍您在教学科研方面的情况。

陈:在教学方面,我们这些专业课程要分配到人。当时大家不想接编译,因为编译要求理论功底比较深,如果不是系统学计算机的人,都不想学编译,因为觉得它的理论太多了。当时在分这个课的时候,编译原理分给了我。王天芹是我们学院第一届毕业生,她是85级的,1989年毕业以后在北理工读了硕士,硕士毕业分到贵州那边了,后来她调回来就带这个课。在教编译这个过程中,我比较重视动手,我上去都是要求大家都要写PL0语言的编译器,大家一打印程序都是1本。因为你看,他有词法分析,又有语法分析,又有中间代码生成,还有解释执行,包括这几块,写PL0语言编译器,对大家是一个很好的训练。后来我上数据结构课,是因为当时在给85级讲数据结构这个课的时候,任课教师出了状况,当时就叫我接上了,以后又上了两届,后来是张连堂老师接过去了数据结构课。实际上我主要讲的课,它都以编译原理为主线,比如说后来我开的有程序设计语言课,因为你要想做编译,我们一般在谈语言,因为当语言多了,我们不可能把每一门语言程序设计都学。我们有时候一般谈论语言,还有程序设计方法。

当时我一开始做研究的时候,做过计算机辅助教育,也开了计算机辅助教育的选课,我们做教改项目的时候,也开了计算机教材教法课。后来学校让开公共选修课,我觉得计算机科学理论基础还是有意义的,我开过计算机科学理论基础的全校公选课。再一个就是研究生的一些课,研究生就是算法分析与复杂度理论，形式语言与自动机理论，也开了有十几门课。1992 年的时候讲过 Prolog，当时人工智能比较热。后来农行培训的时候，给他们讲过 Cobol。我觉得编译这个就是好，因为你对所有语言都会，像现在 Python 一样，我们一看因为他那些东西都是编译里面有的，那个怎么实现我们都知道，当涉及一门新的语言的时候就不难。我这些课主要就刚才我说了，他是编译是主线。后来有些就跟科研、跟教改有关的一些内容，我做项目做得比较好的，就有一教改项目，是河南省高等教育面向 21 世纪教学改革计划立项项目。我们做了计算机科学教育专业的教学改革与实践，立项的时候还是周德民老师，后来他退休了，把我调整成这个项目负责人。这里边我们做的，就是有刚才那个教材教法，因为说计算机科学教育专业的教学改革与实践，我一想我们从来都没讲过计算机教材教法，然后就把这个补上。我们做的引论讲义教材，把它出版，然后这都加在这里头，因为这里面你要有一些除了你有一些改革思想，还要有一些落地的东西。就刚才我说这个教材教法、引论这都是落地的，实际上一开始在做教学的时候，我当时就是 1987 年的时候就写的有计算机引论讲义，还有程序设计实验的讲义。就因为这个，在 1993 年还获得了曾宪梓教育基金会高等师范院校教师奖三等奖，就是人们说的曾宪梓奖。那么作为科研这一块儿，我当时过来以后，因为我是本科毕业，又没有老师引导某一个方向。来这儿以后，当时这儿也没有这种环境，觉得既然来一个教学部门，做计算机辅助教育吧。就是我们如果不做纯软件，不做纯理论，我们做应用的话，我觉得计算机辅助教育是一个比较好的切入点。这时候热的是 ICAI，计算机辅助教学叫 CAI，当时做这个智能计算机辅助教学，也处在一个高潮。我具体做的时候，实际上是想做试题库自动组卷，觉得数学是一个很好的切入点。当时是联系的河大附中的数学。实际上这里边也跟我自己有关，尽管我是学计算机专业，当时在数学系学习，然后我们都想把很多东西变成数学，觉得一个东西如果能用数学表达，它就比较科学、比较完美。

可是在做这个事儿的时候，是一个比较难的问题。从计算机上，比如说你这个几何题目如何输入？计算机里边如何表示？如何输出？当时都受到了很大的挑战，现在是容易了，现在方法多。当时刘亚平是78级的，也做这方面的研究。当时做了一些东西，因为所有数学的人还是能想到某种表示，它是比较难，尽管我们这个事儿没有做成，但是收获是很大的。

后来我们做得比较好的有两个项目，一个是城市信用社业务网络管理系统，一个是股票交易与证券商系统。因为当时在新密做改革试点，应该是耿明斋老师在给人家做试点，郑逢斌跟沈夏炯他们两个去做软件，在1995年就通过了省科委的鉴定。作为金融行业综合信息系统，我们当时做的实际上已经很好了，不过由于当时不是完全的市场经济，有行政壁垒，打不通。如果当时有行政上的支持，是可以推广的，因为我们的系统当时做得很好。

另外，我们带研究生做了一些工作。王永刚当时借调到省招办，当时我带的研究生，做Web工程、Web服务方面的研究，就把他们派到省招办做开发。河南省招生考试信息网、河南省招生办公室办公信息网、河南高招在线都是省招办让我们做的。当时还帮教育部学生司做了全国成人高校招生分省计划网上调整系统。对于这些工作后来进行了总结抽象，抽象出来了两个项目，在2005年进行了省级鉴定。一个是面向服务的架构技术在高招在线系统中的应用研究，获得了2005年的河南省教育厅科技成果一等奖；还有一个是Web构件技术在招生考试信息系统中的应用研究，也在2006年获得了省教育厅的科技成果一等奖，同时还获得了省科技进步三等奖。除了这些，我们还跟教科院汪基德教授一块儿，联合报了教育技术学硕士学位点，我们也招收了几届计算机网络教育方向的硕士研究生。由于我们加强了交流，又做了一些研究、开发工作，鉴定了一些项目，这时候影响就大了。

到2005年10月，我就被聘为了河南省学位委员会第三届学科评议组的成员，这是我们学校第一次有工科专家进入学科评议组。因为我们学校是以人文学科见长的，过去我们学校都是文史学科进入学科评议组，像工科，这是第一次。2005年我还参加了一个工作，就是当时经教育部高教司同意的计算机课件评比，当时成立了全国高等学校计算机课件评比评测委员会，我是委员。这个评比评测委员会、全国高校计算机教育研究会、计算机学会教育专业委员会，还有计算机教育杂志社，这4家每年一起做全国的课件评比工作。有初评、复评、终评、颁奖，从2005年起一直持续了有十二三年，到2016年、2017年，我一直作为这个评比评测委员会委员，还有评比专家委员会委员参加这个工作。2005年12月我被教育部聘为了2006—2010年教育部计算机科学与技术专业教学指导分委员会委员。在我之前，河南也是没有出过人的，因为这个教指委委员本身就很少。河南当时这个方面的影响也小，我当了这一届以后，每一届河南都有委员，在我之前，河南没有出过这个教指委委员。本来是到2010年换届，实际上延长到了2012年，超过55岁都不推荐了，所以换届的时候我就做了这一届。那么在这一届做教指委委员，我们主要做的是规范宣讲，因为在上一届教指委，做出来了计算机科学与技术专业的专业规范，包括几个方向，计算机工程、软件、科学、信息系统这几个方向，去进行规范的宣讲。当时除了规范的宣讲，还有试点。试点当时有一个是地方院校计算机应用人才培养的研究与实践，试点学校有一个宁夏大学，我是宁夏大学试点的责任专家，当时这是承接教育部高教司理工处的项目，也是一个教改课题。

到2007年，我又受聘担任上海海事大学校外联合培养博士生指导教师。因为我们学校当时没有博士点，我们又有些很优秀的青年教师考取人家的博士，比如周福娜、侯彦东都很优秀，所以人家学校聘我们联合培养指导博士生。

2000年时我是全国高校计算机教育研究会理事，到2007年10月换届的时候，我当选了理事会的常务理事。2007年我还是教指委委员，所以在这个圈里影响大，计算机教育专委会就让我担任了第八届教育专业委员会的委员,然后到2008年换届的时候,就担任了第九届教育专业委员会的常委。到第十届换届时,我做了荣誉委员。在科研方面,我觉得做得比较好的还有一个就是我们承担了当时中国民航总局一个奥运会的保障项目,航空气象信息综合处理系统,2014年获得了河南省科技进步一等奖,我们做得比较好。

乔: 陈老师,您在退休后也一直关注计算机高等教育的发展,所以也想请您给我们简单介绍一下您退休后的生活情况。

陈: 好,我退休以后,参加了一些社会活动、学术活动,参加了工程教育认证工作。时间饱满,每天都有事干。第一方面,从2009年起,国家关于高新技术企业认定评审,都有了新的指引、指南,让学校推荐了一批河南省的国家高新技术企业评审技术专家,我也是作为那一批被推荐,一直参加高新技术企业评审认定工作。我们这一组是做电子信息大类里头的软件与应用。我们省长对高新技术企业这方面比较关注,觉得河南高新技术企业数量太少,这几年在加大力度培育高新技术企业。国家对高新技术企业有资金支持,还有税收减免政策。我从2009年开始一直参加高新技术企业评审认定工作。另外我也参加省内专利奖的评审和国家专利奖的推荐,评河南省专利奖,然后再从河南省专利奖的人里面推出来,推荐国家专利奖。第二方面,我还参加一些学术团体的活动。比如说2015年,河南省计算机学会换届的时候我当选为荣誉副理事长。在全国高校计算机教育研究会新科技与教育分会,我们是副理事长单位,我是副理事长。2008年以后,我们一直是全国高校计算机教育研究会对外联络委员会的成员,我一直做这个对外联络委员会委员。另外,我还做过一届中国计算机学会教育工作委员会的委员。第三方面,我在退了以后开始做工程教育专业认证工作,也做一些工程教育认证标准的解读、现场考察等工作。认证专家包括两方面:行业企业专家、来自高校的专家。行业企业专家不需要认证,来自高校的专家要先经过认证,然后略做培训。就是说先当运动员,再当裁判,就是你所在的专业,你参加了认证,然后你再经过培训成为专家。我是2007年跟进这个事儿,到了2015年,人家一看我对这一套也怪熟悉,就让我也做专家。所以说我从2015年开始,没有做运动员,直接当裁判了。这些年也参加了同济大学、北京交通大学、南京航空航天大学和中国矿业大学等这些学校计算机类专业认证的现场考察。2016年我们国家加入了华盛顿协议,在加入华盛顿协议之前跟加入华盛顿协议之后不一样,实际上掀起了一个认证高潮。前一段儿也是说,当时做了试点的那些专业,就是卓越工程师那个,有一些专业验收的时候,说你得认证。现在说的是一流专业建设,验收时你得认证,把这个东西炒得越来越热。当然这件事,如果经过认证,实际上对整个我们这方面的提高还是比较大的。对学生、专业都受益了,实际上是这样。

乔：谢谢陈老师,非常感谢您接受我们的这个邀请,参加今天这次访谈活动,也希望今后您能够多回学校和学院看一看。最后祝您身体健康,万事如意。

23 | 施昌海教授访谈实录

受访人:施昌海
采访人:张 彤
时 间:2020年10月2日
地 点:河南大学档案馆(图书馆东楼)

施昌海

男，1954年11月生，河南罗山人，中共党员，教授，硕士研究生导师。1978年3月考入河南大学物理系学习，1982年1月毕业留校工作。先后到东北师大和天津大学学习，获第二学士学位和硕士学位。曾担任研究生处副处长、生物系党总支书记、发展规划中心主任、外语学院党总支书记、民生学院院长、信阳学院院长，现任信阳学院党委专职副书记。入选全国万名创新创业导师，获得河南省教育厅优秀教育管理人才、开封市劳动模范、河南大学十佳教工等荣誉称号。

张彤

副教授，硕士生导师。1989年毕业于河南师范大学生命科学学院生物科学专业。主要从事植物生理生态及生物教师教育课程的教学和科研工作。先后获得河南省教学技能比赛一等奖、河南省教学标兵、开封市优秀教师、河南大学师德先进个人、河南大学教学优秀奖、河南大学教学质量工程一等奖等荣誉。

张彤（以下简称"张"）：施书记，您好！多年不见，今天见到您，感到很亲切。

施昌海（以下简称"施"）：你好张彤！我也一样。听说后来你和当年的同事们随同学院一起，都发展得很好，我很高兴！

张：施书记，您曾经在生科院工作多年，当年与大家同甘共苦，不遗余力地推动生科院发展。生科院今天的变化与您当时的不懈努力分不开。看到生科院今天的发展成就，今昔对比，您有什么感受？

施：首先，很感谢学校和档案馆领导给我这个追寻过往、谈点心得的机会，同时也感谢你在百忙中热情相助！我想，此时我的心情可以用一句话来形容：那就是"感动和欣喜"。

张：那我们就先来说一说"感动"，您因何而感动呢？

施：这种感动，来自于我对新老生科人的顽强团队精神和强大学术能力的赞赏。

张：请您具体谈谈好吗？

施：好。我认为，我们学校的生物学之所以能够由小到大、由弱到强，从一个"后生小辈"急起直追、奋勇超越，成功发展成为学校"双一流"建设"龙头学科"，在很大程度上就是得益于生科人的这种优秀品质和非凡能力。

张：是的，当时的情形您还记得吗？

施：记得，这也是我终生难忘的。我在生科院（当时是生物系）工作的时间是1997年到2002年，前后共5年。大家知道，那时国家尚处在改革开放初期，经济发展水平有限，提供给学校的办学资源不多。而在学校恢复办学最晚的生物系，更是在办学经费、用房、设备等方面捉襟见肘，困难重重。比如，在教学科研用房方面，不仅面积很小，而且地点也分散，总共不过一千平米，还分别安排在好几个地方，既不够用，也很不方便。

张：对，面对当时生物系在物质条件等方面的困难，您肯定也很多无奈，那生物系的哪些优势让您勇往无前？

施：这是因为在那种十分艰难的办学条件下，系里却拥有一群不知疲倦、不畏艰难、不计得失、忘我奋斗的人，这就是以时任系主任宋纯鹏教授为杰出代表的生物学学术团队。他们凭借着先进的学术思想和刻苦钻研精神，默默无闻，无私奉献，夜以继日地向着学术前沿奋进，做出了实实在在、令人刮目相看的成绩。在当时学校为数不多的硕士学位授权点、省级重点学科和国家自然科学基金项目中，生物学都占有一席之地。这也为后来这个学科向更广领域和更高层次发展奠定了重要基础。

张：您觉得当时系里老师和同学们的精神状态很好对吧？

施：对。当时不仅系里的学术团队出类拔萃，而且全系师生也都是奋发图强，力争上游。教师授课精益求精，学生学习勤奋刻苦，应届毕业生考取包括清华、北大、中科院等名校名所研究生的占到三分之一以上。副主任王恒兵等带领大家开源节支，多方筹措资金，使经费短缺问题得到有效缓解。同时，系里文体活动丰富多彩，并在全校教工大合唱比赛中夺得第二名。

张：那其中最让您难忘和感动的事情是什么呢？

施：那时的许多事情好像至今还历历在目，都让我难忘和感动。而其中最令人难忘和感动的是，宋主任在出国高访结束、功成名就之时，能够坚决谢绝国内外著名高校和研究机构所给予的优厚工作和生活待遇，毅然决然回校工作，并得到他妻子程艳丽的理解和支持，非常难能可贵。正是他和家人这一充满爱国爱校情怀的非凡壮举，从而为生科院和学校随后的突破性发展凝聚了磅礴力量，赢得了宝贵机遇。

张：是这样。说完了"感动"，我们来说说"欣喜"吧。

施：好。虽然后来生物院的发展过程依然充满艰辛，但宋校长和他所引领的日益强大的生物学团队带给我们的却是令人非常欣喜的一系列振奋人心的好消息。譬如，获得国家杰出青年基金、建成博士点和博士后流动站、担任国家"973"重大科研课题首席科学家、建立国家重点实验室、获得国家自然科学奖、获批创新引智基地（"111"计划）等等，乃至生物学入选国家"双一流"建设学科，终于使百年河大重返"国家队"，实现了几代河大人、万千河大师生的美好夙愿。

张：咱们的生物学入选国家一流建设学科，大家都高兴得不得了，作为老生科人，相信您的心情也一定是这样吧？

施：是的。记得当我听到学校生物学入选国家"双一流"建设学科这个具有历史性突破和里程碑意义的消息时，真是喜出望外，兴奋不已！我相信，所有河大人，包括广大河大校友，都会是同样的心情和感受。因为，这一天大家真是等得太久了！

张：最近学校"双一流"建设通过了专家评审，您有什么感觉？

施：我觉得，这是一件很了不起的事情。在卢书记、宋校长和各位学校领导的带领下，经过生科院和全校上下的共同努力，学校"双一流"首轮建设周期目标和任务已经顺利完成，通过专家评审，向国家和省委省政府递交了一份圆满答卷，为学校赢得了巨大荣誉，从而为生科院和学校向更高水平发展开辟了新的道路，引领了新的方向。

张：在生科院的发展中，有哪些人给您留下了比较深刻的印象？

施：那还是很多的。比如说当时协助宋主任主持重点实验室工作的副主任董发才教授，他是不负重托的。宋主任交给他的任务都完成得很好，克服了很多困难，做出了很大的成绩。对此宋主任很满意，生物系的同事们也都很赞赏。另外还有像李锁平教授，他当时也是系里面的副主任，坚持带头做科研工作，也跟宋院长一块儿拿到了国家项目。他在做项目的时候非常刻苦，经常深入田间地头，并且多少年一直坚持下来，做出来很多成果。当时，系里的年轻人都特别要强，不服输。虽然说系里面难以给大家提供很好的经济待遇，但是大家精神上都感到很充实，不计较名利得失，一心投身到工作上，努力把负责的工作任务都完成得很好。

张：施书记，您到河大已经42年了，离开生科院，也到过很多单位，那么您能谈谈您到河大以后的一些想法，或者是您的一些感悟吗？

施：好，这方面平时想得也不多，但是想起来都会感慨万千。从1978年初，也就是3月份到学校来报到学习，到现在整整过去40多年了。我当时报考的是物理学，在物理系学习深造，后来到东北师大和天津大学去学习，但主要经历还是没有离开河大。我觉得不管是在哪儿学习和工作，遇到的都是很好的领导，很好的老师，也接触到很多很要好的学友和学生，感觉受益良多。我觉得我在物理系学习的时候，系主任叫马襄文，他当时年事已高，很有权威，但工作仍然很投入，老师和同学们都很感动。还有一位姓徐的老师，当时他教数学课，讲得非常精致和完美，能够把大家深深地吸引住，让同学们聚精会神、全神贯注地听他的课。我觉得这可能也是来自于他对工作特别的敬业精神，我到现在都还记得他讲课的一些情节。在学生这方面，我接触到很多很优秀的学子，他们有的后来留校工作，有的到社会上去，经过长时间的磨练，担任了比较重要的领导职务和学术职务。比如有一名学生叫吴孟铎，他毕业后本来是符合留校条件的，但是他坚持要到基层去锻炼，要到社会上去工作。当时他被推荐了选调生选上了，后来就到汝州市一个乡里面去做团委书记。他非常刻苦，而且"三观"非常正，凭着自己努力一步一步地做到了副市长、市长、市委书记，再后来又回到洛阳市做常务副市长，现在是省物资集团的董事长。我觉得他的整个过程都是凭借着一种勤奋，一种刻苦，一种奋斗精神，这样一步一步走过来，走得很扎实，做得很有成绩。他现在还和我一直保持很密切的联系，我觉得这学生确实是社会的栋梁之才。

张：施老师，最后我想问问，此时此刻你对生物院以及我们河大的年轻学子有何期许？

施：好，我想衷心祝愿生科院和学校能够百尺竿头更进一步，继续在"双一流"建设的伟大征程中，夺取更加优异的成绩，续写新的辉煌篇章！

张：好，一定会是这样。谢谢施老师！

24 | 卜宏建教授访谈实录

受访人:卜宏建
访问人:孔德志
时　间:2020年12月2日上午
地　点:河南大学档案馆(图书馆东楼)

卜宏建

男，1942年生，教授。1965年毕业于新乡师范学院物理系物理专业，在河南大学曾任物理系理论物理教研室主任，物理系主管教学副主任，1996年负责物理系全面工作，1999年调任建筑工程系主任，2002年退休。2004年由学校教学校长聘为校教学督导员，2007年担任校教学督导组组长。

孔德志

男，汉族，无党派人士，工学博士，河南大学土木建筑学院教授、学院学术委员会主任。主要从事地基基础、深基坑技术及地下结构工程等领域的理论及应用研究工作。完成国家及省部级科研项目10余项，发表学术论文60余篇，获河南省科研奖励8项。

孔德志（以下简称"孔"）：卜老师您好！很高兴有机会对您进行面对面的现场访谈！您是河南大学德高望重的老师，为学校尤其土木建筑学院做出过重大贡献，退休后您一直关心着学院的发展，您的经历一定对我们具有启迪作用。首先请您谈一谈您的求学经历吧！

卜宏建（以下简称"卜"）：好，我是1961年上的新乡师范学院物理系，1965年毕业。在大学期间，我们那时候情况比较特殊，生活相对来说比较困难一点。那个时候就是叫做低标准瓜菜代的时候，生活比较艰苦，但是大家的学习情绪还确实是非常饱满。大学四年，对我影响最大，印象非常深的是王勉老师，他教热力学统计物理。这一门课在物理专业中是最难学的课之一。因为它抽象程度非常高，理解起来相对来说难，应用的数学工具相对来说比较多，所以说大家在学这一门课的时候都有点畏惧它。王勉老师留给我印象最深的两个方面：一个是宽，一个是严。宽是对学生，严是对他自己。他对学生的宽，不是说我放你一马吧，不是这样的，而是他真正地从他的情感上去关心学生。所以说我感觉到王勉老师，他对学生这种宽容的态度，跟学生融洽的态度，能融合在一起的态度，这是我不能忘的，这是他的宽。

严呢，严是对他自己。他对自己要求非常高，科研要求高，后来大家都知道了，可能你了解他更多的也是在科研上的一些成果。但是他对教学上的严确实是对自己抠的，那简直就是抠得很。老师严谨的治学态度，一个字母，一个标点错误的话，他都会认真地去改。最后很有意思的是，他的热力学统计物理考试，三十多个人，将近一大半的学生没有考及格。没有考及格，好多同学就都去找他说，他说得非常清楚，60分儿就是你考的分儿，61分就显示你的真本事啦，我那一次很庆幸我考了62分，这确实有点沾沾自喜，就是很高兴的事。

王勉老师非常坚持原则，你60分就是60分，没过60分的同学过年不回家，老师帮助大家复习。同学们说起这事还是很感动，对老师满是感谢。不及格的同学对老师也没有怨气，大家更多的是感动。直到现在提起起来这件事，感觉自己很幸运遇见了这样好的老师。王勉老师对我的影响也最大，可以说我整个在学校里教书的生涯中一直受他的影响。

孔：老一辈的教师对自身要求严格，非常地爱岗敬业，值得我们尊重。我知道您学习的专业是物理学，曾长期在学校物理系工作，能否请您谈一谈您在教学和科研方面的主要心得和取得的成果呢？

卜：我在物理系一开始是一个普通教师，非常巧的是我也教热力学统计物理，所以说王老师对我的影响是一直持续的。我后来做理论物理教研室的主任，那个时候的机构设置是教研室上边是系，系上边就是校，物理系的教研室有3个：一个普通物理教研室，一个理论物理教研室，一个公共物理教研室。实验室分2个：一个近代物理实验室，一个普通物理实验室，还有一个就是现在分到计算机学院的电工实验室，后来是电子线路实验室，基本就是这样一个设置。做理论物理教研室主任期间，我还兼热力学统计物理教学。1996年学校组织部副部长程明月就代表学校到物理系宣布，让我负责整个物理系的工作。我是一心一意地想把物理系的教学搞上去，突然之间让我去负责物理系的整个工作，我感觉压力很大。因为物理系整个的进展情况和其他的系有所不一样，比较复杂，其历史也不像学校中文、历史这些老系。我多次找学校领导反映各方面的具体情况，恐怕自己不能胜任，我只想做一个教研室主任，专心致志地搞教学就可以了。物理系生源情况很好，除了新疆、西藏外，几乎其他省都有，有云南、浙江、东北、河北、山东、山西、陕西、四川等。大家坐在一起开会的时候都说，这就要求老师讲普通话了，否则同学们都听不懂。教员有来自北大、清华、交大、同济、中山大学、厦门大学、四川大学等等。领导把任务交给你，是对你的信任，不要再推脱了。朱自强老师也鼓励我好好干，我最终还是答应下来了。既然答应下来，就应该干好。于是我就召开了几次班子会，让大家多提宝贵建议。那时候班子不健全，缺个教研室主任、副书记等，非常正常，我们就克服重重困难。如何把物理系的工作搞上去，第一条凝聚人心，要大家团结一致，目标明确。所以就立了很多规矩，定了很多制度，人人都要遵守，人人都要按规章制度做。明确发展的方向，大家团结起来共同努力往既定目标去，确实是好很多，教学和其他的工作逐渐地步入正轨。

  第二条，是人员的培养问题。物理系还是有一定的底子的，但作为教学后续人才不足。像理论物理教研室，才有 11 个同志，人员奇缺，基本是一个萝卜一个坑。如果一个老师请假的话就糟糕了，连替他上课的人你都找不到。有些课只好请外校老师来代课，究其原因就是因为顶不上。所以说我们一定要加强人才培养，补充教师队伍。人才培养的问题怎么做？第一，立足于自我成长，鼓励青年教师出去读研，毕业后再回到学校。第二，引进人才，全国范围内招聘。第三个进修培训。第四个是互相交流，到外边儿请专家，来校作报告学习人家的先进经验。这四种方式最主要的是放在第一种，就是鼓励年轻人出去学习。给老同志讲清楚，让他们负担更多的任务，让青年出去学习。当时很多人都有疑虑，害怕他们学了不回来怎么办。我在开会时候给大家说得很清楚，首先相信他们对河南大学还是有感情的，10个人最少会回来7个。即使3个同志不回来的话，他们也会说河南大学好，不会说河南大学坏，也算是为国家做贡献嘛，大胆地放出去。做好留下老师的思想工作，在本来就奇缺人的情况下又出去部分年轻人，大家的工作量又增加了很多。我们克服重重困难，没有使工作掉地。后来这批年轻人确实是学得不错，回来了，也成才了。

第三个就是改变教学环境。我根据物理学院的具体情况，多方考察论证，优化组合物理实验室。原来物理实验室较分散，东边一个，西边一个，南边也有。学生做实验不方便，到处来回跑。我们就把这些实验集中起来建立了两个实验区，实验A区和实验B区。当时得利于设备处大力支持，把物理楼进行了通调、通换、通制。克服多方面的困难，最终建立了普通物理实验A区、B区和近代物理实验室，基本上把物理实验分块化了，学生进到区里边儿基本上可以把普通物理实验做完。建区以后对学生影响也很大，他非常清楚他试验的顺序，过去你做一个实验，实验室来回跑，没有联系。现在实验做完，它有联系，时间顺序的联系。所以说我感觉到这样子做了以后啊，整个来说影响还是比较大的。所以说我感觉到这样子做了以后啊，效果是比较好的。实际上还有其他像开办自考专业，为社会培养人才等等措施和努力，也都为后来物理专业申报学位点建立了基础。

孔：1999年您受命任建筑工程系系主任，当时河南大学土建类学科恢复重建仅11年，基础十分薄弱，能不能请您谈谈这一时期建筑工程系的发展情况呢？

卜：建筑工程系对我的印象实在是太深刻了！1998年的时候，我在物理系工作，基本上正顺风顺水的时候，学校对物理系的支持确实也比较大，我们那时候正致力于着手学位点的问题，就是学科建设的问题，基础都有了，就在骨节点上，我们心里都想着，原来我们的打算都做下

来了，想做这个事儿的时候，学校里头可以说是突然之间通知我到那时候的建筑工程系任职。我呢，说真的，我不太乐意，还有一个原因就是当时我爱人有病住院。我当时就跑到学校里头，去说了几次我不愿意去。后来是我们的组织部长孟庆琦，他确实是非常诚恳地跑到医院里头，我在陪我爱人的时候，他给我说，老卜啊，无论如何，你得为学校着想，你得到建筑工程系去。难得很，你看，我在物理学院正在顺风顺水的时候，而且我们的计划下边就是大张旗鼓地为学科建设、为学位点准备去努力一把的时候，是吧？突然之间，学校要让我到建筑工程系。对我来说，第一，这是一个新的单位；第二，关键这个单位是个太弱的单位，况且我又不是把这物理系弄垮了，而且是在物理系我们顺风顺水的时候。是不是？所以说物理系那时候都不想让我走，老师们也好，班子的成员都不想让我走。但是孟庆琦呢，当时就跟我说了，这是学校的意思，学校的决定。那时候管组织的副书记是张亚伟，他就跟我谈话，说你得去啊。鉴于此，我就去了建筑工程系。

　　建筑工程系，实际上是在前两任主任的艰苦努力下，一个是秦景勋，一个是米新宾主任，他们已经把架子搭上了，不管怎么样这架子已经有了，但是他的基础太弱了。我到建工系以后，给米新宾老师在那谈了好长时间呢，然后又和咱们几个同志谈了。谈了以后啊，我回家就对我老伴儿说，我说学校里边儿压给我身上一块石头，我跟她说了，她说你能干就干，不能干就不能干，我说能干也得干，不能干也得干，学校把石头绑到我身上了。我能感觉到这个太难了，当时你看这个建筑工程系的办公在那儿吧，就在这个西斋房，叫西二斋房。

　　孔：对，西一斋还有一层。

　　卜：不对，那是后来的，后来我要的。我跟你说，要一层的时候，你学校给不给我？你给我也得给我，你不给我也得给我，你给我就用，你不给我，我撬着门儿我用，学校领导都知道我这个脾气。所以说，我确实是感觉到土建学院是困难的，要人没人，要物没物，啥东西都没但是有架子搭那儿了,而且这个架子是其前两任主任,尤其是米主任费了吃奶的劲儿把架子搭上了,你说我要来这儿当主任了,我怎么也不能让这个架子塌了,我说从心里边儿说,我撑我也得撑下去,我不撑我也得撑下去。最后我下定决心,实际上我没有什么远大理想,我就是硬撑我也要撑着。

孔:对,我印象是这样,98年的时候,因为是10周年,好像学校算是支持了一下,给了一部分经费,用于购买设备,但是那时房子放不下。

卜:那不是你说的,我很清楚这个,当时设备处处长赵瑾,我们两个人怎么商量,怎么说的,我清楚。到建筑工程系,要钱没钱,要物没物,要人没人,啥都没有,就是有个架子,不要说跟国内的那些高等学校比了,你跟你省内的人家学校比,你不要说郑州工学院,粮院咱们都比不上,因为你基本上是一穷二白,底子就非常弱。所以说我感觉到到建工系有压力,但是确实你得把这个工作做了,扛起来吧。所以说对于我来说,我就是想怎么把建筑工程系搞上去。开班子会,人多总是好处啊,一次不行开两次,把大家的劲儿提起来呀。

孔:其实,当时大部分人就觉得,我们课能有人上就行了。

卜:你说的对得很。我就是想啊,吸取在物理系那些工作经验,根据这个建筑工程系的实际情况进行一些实实在在的改变。第一个我感觉到在这个建筑工程系,在班子上定了一个发展规划,后来咱们在现在新传院的楼上二楼咱们的会议室,在那个屋子里边儿还给大家说了一下这个发展规划。其中有一条现在想起来是很稀松的事儿,办学规模也是发展规划里边儿的,好像是办学规模就是在3~5年内发展到800~1000人。当时老师们都笑,讨论的时候大家都笑,都不相信咱们系里能发展800~1000人呐,那时候的人你也知道,不能说残缺不全吧,就是能开课就不错。但是我感觉到你总要有一个发展目标是不是,我这算了一下,我们完全可以办到800~1000个人,实际上是最后到2001年的时候,我算算就已经九百九十几个学生,基本到1000个人了。有一次我到这个建筑工程系还说，你看我们这计划里的800~1000人这一点任务就都已完成。实际上我后来料不到都蹭蹭直线上升的，这就是招1万个学生也说不定都招到了。这是我们定了一个规划，目的就是凝聚人心，使大家有共同的方向。

第二个叫做人才培养。人才培养有具体的人才培养目标，那时候的建工系干啥？就那么一点儿的老师，课都开不出来，我跟你说这开不出来的课都是我顶。有一次是流体力学没人上那咋办，我去顶，我除了办公还得顶住上课，最后赵军都说卜主任，这不中啊，你得坐这，你不坐这儿的话找你办个事儿都不方便，你就在课堂上课。那个时候这没办法，这抹不开了，那人真是一个萝卜一个窑，而且空的窑还挺多。所以说有时候，一个萝卜占两个窑占三个窑，那时候人才我感觉到对建工系来说是致命的，它和物理系还不一样，物理学院还有个老底儿，建工系没有老底，当时1999年去的时候，这个建筑工程系是教授一个没有，副教授也很少。

孔：大批量是助教，讲师就算是职称稍微高一点的，因为我算是建系比较早的教师，按照工作年限排呢，我们刚评上讲师没多久，别人比我们来得晚，大部分是助教。

卜：你说那时候难成这样子，像物理系说再差，物理系的教授、副教授也一片的吧。这地方你看这职称就是这个样子，学历上，就一个赵军是引进的博士，刚才你说的是硕士都没有，其余都是本科的。我当时看了一下，我确实是头皮发麻，我感觉到这样子要去教育学生的话，怎么来教育好学生，我很作难的。当时我这个话没办法说，也没法找人说，我曾经到学校里边儿找我们的学校领导说过这些事儿，这么差的情况，我们没有别的要求，就要求将来我们在评职称的时候，稍微给我们建筑工程系开一个小口子，让我们挤进去两个人，要不然的话咱们确实是差。有一次好像在新乡还是在哪儿开会的时候，人家别的学校一说人家的职称结构，人家什么人员结构，最后说卜老师你把河大的情况也说说吧，

我都没法说。我们整个的人才从各个方面来说相对来说都比较差，所以说人才培养，这就是我到了建筑工程系的首要任务。仔细想了一下，制定了一下人才培养规划，下决心把土木学院的人才一定要上一个层次。好在有物理系那个老路了，所以说，当时我感觉到就是立足本位提高，就是我这块儿尽量不要动，立足本位，但是要尽可能地提高，所以说怎么办呢？想着考研，这是很重要的一条，进修这是一条，学习交流这是一条，这是立足本位来考虑。那时为了考研，在院里边儿我动员年轻老师考研，当时物理系动员考研，哗啦都动了，咱们动员考研，都不动。当时咱们的政策是考研的话，这系里边儿的奖金还给你发，中间有的同志因为这事儿回来还问我哪一月没发，我说给你照发。系里的奖金的什么给你还照发，这个工作量都给你照记，但是就算这样，好多年轻人还是不动，我确实是急了，最后是你报也得报，不报也得报，必须想方设法到这个线上都得去上。所以那时候咋办呢？咱们就利用那个老函授部，就现在学校大门南边拆车库拆掉了，跟那时候那个函授部的主任说了之后我跑去借了一间房，那个大房子作为咱们的教室，由咱们的教师给大家讲考研必考的内容，像结构力学等，你必须参加，我们有老师参加半截儿跑了，给我汇报了以后我知道了，我夏天呢拿了个大芭蕉扇，我站到外边儿，你们谁出来让我知道了，我批评你，我就拿大芭蕉扇呼啦呼啦，就类似于监工一样。后来我们有老师没有好好地学，其他老师给我汇报，我都去批评嘛，我就说你这是为了咱们的建筑工程系，不是为了你自己，你这样子，你要不学的话，将来人家别人学完都出来了，你咋办，你为了建筑工程系你得学呀。最后，不管怎么说还是不错的，建筑工程系毕竟是年轻人多，这批年轻人你看大家确实是出去了一批。

孔：出去的那一批也是目前后来在学院发展里面的这些中坚力量，鲍鹏、岳建伟，还有我等等。

卜：当然也有不回来的，但是不回来的人很少，你看这个张艇，他和他爱人没有回来，但是不回来的是少数，绝大部分就回来了。我就说回来了，这就是为我们建筑工程系的发展可以做更大的努力了，不回来了，也没关系，什么时候你也没有发现出去的人说建筑工程系什么不好的，这毕竟是他工作过的地方。所以说在这个人才培养上，确实得走这么一步，但是你们走了，这么多工作，下边儿的同志们确实很累，这是截止到现在，我的心里边儿很内疚的地方，确实是内疚。由于你们这一批人走了，那么下边的同志承担了原来你们的所有的工作，无形之间加大了工作量，工作不好还挨我的批评。有时候咱系主任说话有不好听的话，同志们难免也接受不了。所以说我感觉到那段时间是比较难过的时间，但是我感觉到全建筑工程系的同志在目标明确的情况下一起挺过来了，这是我感觉到我们确实走这一步还是走得对，应该走。同时我们外出进修的同志要回来，像赵军送到清华大学，你是到同济，我们送去进修的同志等等也都回来了。这对我们整个系来说，你们这一批人贡献是不可估量的。我感觉到这就是我们人才培养的重要方法，在引进人才和其他方式方面，这相对来说我们进行得比较少，因为两者很难同时兼顾。

第三个是改造环境。我感觉到主要一个是教学环境，一个是办公环境，就这两个环境要改变。教学环境确实是要改变，比如说教学楼，我们没有教学楼，就一个西二斋，就那一点儿。后边儿排房里边儿是我们的实验室两间房，又低又矮，连我们的那个实验机都放不进去。

孔：把地坪调低点，屋顶开洞再架一个顶。

卜：搭了个棚。

孔：专门搭个棚，因为那个设备比较高，那个平房的净高不够。

卜：我有一次把我们的学校领导拉去，我说这真叫恶心人，因为确实是不像样，作为我们本科教育的学生，基本的试验他都做不完，没有地方没有条件，其他的不要说什么设计室，哪像现在我们楼上有设计教室。那时候想都没法想，基本的教学环境不行，实验室不行，专业教室不行，所以我带着这个问题，我给学校里头进行了多次反映，找王校长、周校长，主要是郭天榜校长，我挨个儿找主管校长解决这个问题。校长

都感觉难啊，咱们没地方，学校里头，你老校区就这么大地方。我就下来跑，在学校各个地方转圈跑，最后发现新传院的五号楼，那个楼里边儿有些地方，校园里其他地方这个系里占几块，那个系里占几块，都占完了。我找学校要五号楼，我说现在我实在是没有地方了，学校说这个楼里用的单位太多了，我说谁急需的话应该优先解决，我说我们是生存的问题，你不解决房子的话我们无法生存，这可就是正儿八经的教学用房啊。我要建实验室，我跑到那个设备处给赵瑾处长说好，赵瑾处长说，你有房子我就给你钱，别的领导说你有钱的话，就给房子，我现在有钱了，你为啥不给房子了，费了好大好大的劲儿，最后学校终于同意把这个楼给我们了。当时宋纯鹏校长是生物系的主任，也是没房子发愁，我说你跟我一块儿，我们一起跑，他们的书记是施昌海，我说你忙，你让你的书记跟着我跑，我们两家是一分二，我们一半的，你们一半，两个问题都解决了。宋校长说不好意思，我说我好意思，这又不是我要的。怎么说我们都要跑下来的，所以说就是我们最后跑的结果，学校终于同意把这个楼给我们，来解决我们基本的生存问题，实际上的确是我们的基本生存问题。之后学校里又给我们一笔装修钱，所以我们把那个楼里边儿，我们要来了西半部，那个生物系要的是东半部，我们把西边又装修了一下，然后我们就搬进去了。大家说，我们能正式地伸伸胳膊伸伸腿儿了呐。

孔：然后实验基本可以开了。

卜：对，这样子设备处非常支持我们，知道我们有地方了，就给我们了500万。500万在当时是非常大的数，我很感谢这个设备处，就那一次我到设备处，赵瑾处长和戴志毅副处长在那儿的时候，我跟他们说，我作个揖给他们，我说老卜真是谢谢你们了。因为我们实在是太难了，那一次基本上我们全部买的是新设备，一手的新设备，而且买了中档的试验机，当时赵军很满意啊，因为赵军原来很多试验他没法做，但是现在他可以做了，尤其他从清华土木系钱家茹那儿回来了以后。

孔：建立了陈肇元院士和钱家茹合作的工作室。

卜：对，回来了以后他没法做试验，现在这不管是能做多做少，起码他能做了。我感觉到这就非常好，房子的问题是解决了，这就解决了我们的一大头，这就是我们的教学环境要改变，实际上就是房子的问题。第二个是我们的办公环境要改变，办公当时也很难，我到建筑工程系去是和其他三个副主任在一个小屋子里，有20平方吗？

孔：16平方。

卜：16平方，所以说里边儿放了四张桌子的话，人没法转圈，人经常被卡住。赵军说，卜主任，我不知道你怎么样，我是经常被卡那儿，因为他靠着墙坐，经常被卡。你看葛亚杰、我、赵军、徐书耀，四个人就那一个屋子，待了多少年！没有办公地方，所以说那个楼给我们了以后，接下来就要办公地方，这就是你刚才说的西一斋，学校终于算是给我们那一层。特别不满意的是，你给一层你上边儿为啥不给，我好不愿意。学校领导说，老卜，你可不敢找人去把上面的门撬了，我说我不会。但是即使这样子，我们的办公问题也解决了，就是不管怎么说，我们总算是能伸伸腿，我感觉到你最起码的一个院系，你得有良好的办公条件，有良好的教学点。

办公条件解决了，再解决一个资料室的问题。资料室就那一点儿，也没有地方，地方大了以后，我们的资料是可扩展的。另外我们建了一个电子阅览室，几台微机放上就好多了，除此以外我们又买了一批软件，各种软件。相对来说，同志们在用的时候就更方便了，所以说我感觉到这就是我们这个环境的改变，起码是大家看着就是顺畅了。

下一个就是学位点的问题。这个学位点的问题很快地成为当这些基本问题解决了以后又一问题，基本的生存问题解决了以后，下边儿学位点的问题对于我们很压头，因为我们人员的基本素质不行，基础比较薄弱。

孔：这时候，学位点的建设应该开始起步了。

卜：这个建筑工程系在办学的环境、人才培养的问题，当有一个稳

定的一个阶段的时候，下边儿很大一个问题，同样面临的就是学位点的建设。当时在学位点的建设上，我们考虑了很多很多，因为这个建筑工程系它有一个情况，它这个基础力量相对来说比较薄弱，所以说到建学位点的时候它就不行，不像原来我在物理系，它那个基础力量比较雄厚，相对来说它这个学位点建立就容易一点，这个地方建立的话相对比较难。所以说我们当时就考虑第一点学位点一定要建，第二个想法是一定要建好，这很难。我想就是一定要建，我们下决心，怎么建好呢？想了很长时间以后，大家共同商量，我们想着把这个建学位点叫做两步走的学位点，第一步，合作培养，第二步独立建设。所以说我们先着力于第一步就是合作培养，合作培养两个方面，一个是建筑学，一个是土木工程。建筑学和谁合作，合作什么呢？又陷入了一个难题，建筑学从整体力量上说比土木更差，它这个从哪个地方着做手呢？思来想去，并且我们又去到相关的院校进行了调研，像天津大学，像这个哈尔滨建筑工程大学，那一次是去4个人，想调研一下。调研回来了，我们感觉到建筑学的问题比较大，建筑学要建学位点儿，从哪个地方做突破口对我们来说更好呢？建筑史！所以说我们就想从建筑史上下手做前期的工作。我们要想建建筑史学位点，靠我们自己的力量绝对不行，所以说我们一定要充分发挥河南大学的优势，这时候第一个想的就是历史文化学院，我跑去找这个阎照祥老师说，我们要建学位点，你们再帮我们一把。他说怎么帮啊？我们要建学位点，搞建筑史的话，开封的天时地利就是宋代，如果我们把重点放在宋代建筑史的研究上，对我们来说绝对是一个非常有利的东西，宋代最好的又有《营造法式》，所以说我感觉到真正我们能把我们的力量动员起来去搞，是有好处的。历史文化学院当时的历史系阎主任是大力支持我们的，说老卜，你们搞吧，需要我们的人、财、物，需要什么我们支持你们，实际上我说我什么都不需要，就要你们的名，当然还得需要你们的人，需要你们一定的成果，这样子我们就挂在历史文化学院上，招了我们的建筑史的研究生，这是合作一个方面。另外一个方面就是这个土木的,这个要做的话做什么呢?当时我们就考虑了土木有一个优势,就是赵军博士。赵军的优势是什么呢?赵军是在航空航天大学学的断裂力学,我们给他送到清华大学,他又做了很多的建筑结构损伤研究,所以说回来以后我们在这个方面去着力,应该说还是有一定优势的。但是我们没有点儿,这个好办,我有个优势,我在学校里边儿认识的人多,这也是优势。回想起来,物理学院有一个检测技术与自动化装置学位点,给他挂上去就可以,去物理学院给人家一说,人家说那这可以,我说你们放心不放心,你不放心了,我把我名也挂上,我又跑到研究生处,给张德宗处长说,要是物理学院不愿意了,我报了名也挂上了啊,到最后可能挂了一年。就这样,我们就把赵军作为导师推荐到物理学院检测技术学位点上,招我们土木的研究生,这样子我们合作开始招研究生,为我们今后的研究生学位点的建立打了很好的基础,那一届招了多少个我记不住了。

孔:这个我知道,我知道2002年开始招了,招了3个学生,孔庆梅、盛桂琳和李敏,孔庆梅和盛桂琳现还在学院工作,也就是他们这一届毕业后,我们的结构工程硕士点获批。

卜:这个还是很欣慰的事儿,能够达到好的基础,它为以后的不管是研究生点的建设,团队建设什么都能有个很好的作用,这个还是挺不错的。当然也有遗憾的地方,建筑史的点始终没有很好地弄起来,这是遗憾。当时为了弄这个研究生点,与历史文化学院进行合作,这是第一个,第二个咱们自己也要为这个点儿做一些铺垫,咱们成立了古建研究院,实际上很重要的就是为这个点儿做铺垫的,有些同志可能不太理解,实际上咱们目的是为它做铺垫,并且咱们中间还召开了一次全国性的建筑史年会,我还跑到建设部把建设部的总工程师郑孝燮(郑孝燮时任建设部城市规划司技术顾问——访者注),还有古城历史文化保护部的杨焕成是河南的,还有在中央的那个老先生罗哲文,还有清华大学的设计雷峰塔的郭黛姮教授,把这些人都请到咱们学校来,其实都是为了咱们

建筑学的点儿打下一定的基础。我跟他们说大家努力都给建筑学这个点儿敲边鼓，你敲边鼓多的话它不就响了吗？响了这事儿不就成了嘛。这是当时这两个点儿，不管怎么说，那时候是大家这个建筑工程系的所有的同志确实是都做了很大很大的努力，这些事儿做了努力了，他就有那么结果，总是个好事儿。

孔：从你在这个建筑工程系退休后，我们建筑工程系改成土木建筑学院，2005年我们结构土木工程的一个二级点——结构工程硕士点获批，2010年是一级点——土木工程获批，现在正在积极申报博士点。想知道卜老师对我们这个学院的学科发展还有什么期望和建议？

卜：我总感觉到申请博士点是一个大事儿，确实是一个大事儿，现在咱们院里边儿很多工作已经做了，但是我感觉到不够。仅供参考的话，你不要光举一院之力，记住河南大学是个综合性大学，我们有综合性优势，你们要想方设法举河南大学之力。举个例子，现在说，像我们土木工程的学位点，比如说涉及到材料问题，河南大学的材料有一定的优势，那么能不能借助物理学院，能不能借助化学化工学院，能不能借助材料学院等等这些学校里边儿的优势来共同把我们土木建筑学院的材料博士点给他拿下来，这就叫举学校之力。综合学校特点就是综合性，综合性现在最好的体现就是学科交叉，学科交叉是综合大学的优势，所以说我感觉到土木建筑学院在申请学位博士点的时候不要忘了咱们学校是土木建筑学院的坚强后盾。

孔：就是说，要正确地理解学位点不是一个学院的，这是一个学校的事儿。

卜：对。你举学院之力，你去建这个学位点，把吃奶的力全用上了，你为什么不举全校之力来建这个学位点来。况且我们河南大学不是没有这个条件，有这个条件，这个事儿我过去给院里的有些同志说过，但他们说别人就搞理论研究的，用不上。那他们有不少搞的研究是你用得上的，他们搞理论的研究方法你也用得上的，你为什么不用呢？不是说一点不能用，你注意有很多东西，有很多学校在做这些事情上，人家进行的是比较好的，人家绝对不是孤军奋战，所以说我感觉到就是土木建筑学院在申报这个博士点的问题，这是非常重要的一点，一定要举学校之力，不要自己单打独斗，这个第一点。第二点是注意我们学校河南大学一个办学原则，一个四句话的办学原则，其中有一句是中原特色。我们要办事儿的话，一定要注重我们的特色是什么，你一定注意和地方经济的发展相结合，这样地方也很乐意认可，这个学院很乐意接受，上边儿的同志们，上边儿的各个专家看到我们确实建的这个学位点儿是踏踏实实，真正正正为地方服务的话，他们谁都不能漠视不管。你得有地方特色，举个例子，护理学院在找特色时也有点儿迷茫，后来我们就发现它有很好的特色——老年护理，那你为什么不把老年护理作为你的特色，并且它们在老年护理上获得了一系列的这个荣誉和开封市有紧密的联系，多好的内容啊，这就是真正为地方经济能做出来的贡献。我们为地方做贡献，那上边的评审专家都非常喜欢你项目是为地方做点贡献的。所以说我感觉到如果让我给院里提建议的话，仅供参考的两条建议，一个是注意举全校之力，不要孤军奋战，第二一定要有突出的特色，注重地方经济发展。我感觉到这样子在申请博士点的时候是有帮助的。

孔：卜老师您在退休后呢，长期参加我们学校的督导组工作和这个学校关工委的工作，我想听一听，您现在对我们现在的青年教师的发展有什么建议？

卜：青年教师是我们学校的前途，我比较了解，咱们的三十五六岁以下的青年教师，基本上在我们学校占一半多一点，所以说对我们学校的未来确实是关系非常大的。去年我们学校青年教师现在是从结构上来说，基本上博士占到了百分之八九十以上，这些人来了以后对我们学校整个的工作都推动非常大。我感觉到，这些人来到学校以后，从事教学的时候，往往会感觉到迷茫，因为他从原来的研究单位转到我们学校，一个教学作为重要功能的一个单位，确实是要有个转型过程。所以说我

感觉到对于年轻人,如果是提要求的话,第一点年轻人一定要有课比天大的思想,你是来当教师的,来到河南大学,你不管是有多少称谓,你就是教师。对于教师来说,就是课比天大,自己一定要融到教师岗位,不要给他剥离,你不是过去的你,你是现在的你,这时候一定要融到教学里头,这是现在我们学校的教师要求的第一点。第二点,一定注意课堂是学生为主体,所以说你一定要了解学生,融入学生,我的老师王勉老师在这一点上做得非常好的,我们现在的年轻老师往往跟学生有剥离,所以说一定要注意以学生为主体的课堂,也就是说你在备课的时候你就想一下,你要是学生的话,你能听懂听不懂啊。我们都当过学生,你上课跟说天书一样,我听得比较多了,基本上我听了咱们学校的几千个老师的课了,各色各样的课我都听过,有些老师讲的,确实是天书,自己跟大家在课堂上夸夸其谈,下边儿同学们不知道你说的所以然。一定要换位思考,要以学生为主体,我们是培养人的。第三点是老师一定要记住,课堂是以老师为主导,所以说这个课一定是你自己的,你不要把这个课讲成课本上的。现在缺点在哪儿呢?课本上有多少,就讲多少,甚至是课本上有多少,你讲的更少,这不行。课一定要变成自己的,我看一下你的备课本,我马上知道了教案是你从上课课本上抄了几句话就拿下来了,这是当成圣经念的这种,一定要有自己的东西,自己的教学体系,咱们说你教师在课堂上是要主导你对学生的知识教育。高等学校的课,你要讲成幼儿园的课,绝对是笑话。大学的课要求你得深、得广,深就体现在你的课讲的科学性、系统性、逻辑性要好;广更简单,学科交叉,你的课就讲那么一点东西,新的生长点你都讲不出来,都不是你主导的。所以说你要会启发学生的思维,这节课这就是好课,所以说我感觉到,我们现在这个课堂上,尤其我们再按一流课程的要求上,年轻人要注意,要比对要求去上好自己的课,不要再做那些不必要的一些行为,不要把这个课当成任务了,你把课当成自己生活的一部分,就像你吃饭一样,就像你喝水一样,这样你的课就能教好。同学的眼睛是雪亮的，哪个老师上课好，哪个老师不好，他心里清楚得很，他纵使现在不说，三年、五年、十年以后，他一定会说。我们的同学聚会上说的什么，不就是哪个老师上课好不好嘛。我的老师虽然是在考试中间那么多学生不及格，但是大家都说我们这个老师好，因为人家确实是好，因为人家把心交给学生了，所以我们的青年教师也应该做到这一点。

孔：十分感谢卜老师今天接受我们的访谈，现在学院也处在一个快速发展期，希望卜老师有时间呢，多回学院看看，最后也祝您身体健康。

卜：谢谢。

25 | 米新宾教授访谈实录

受访人：米新宾
采访人：鲍 鹏
时 间：2020年11月26日上午
地 点：河南大学档案馆（图书馆东楼）

米新宾

男，1939年3月出生于河南省周口市，在周口市读小学初中，在漯河读高中，1957年9月至1961年7月在河南师范大学学习。1961年7月分配至河南大学工作，1961年7月至1988年7月在河南大学物理系任教。1981年3月任系副主任、副教授，1981年任河南省物理学会常务理事、副秘书长。1981年10月至1988年任河南省物理学会副理事长，1988年至1999年任河南省物理学会常务理事。1988年7月至1993年任河南大学工艺美术与建筑工程系副系主任，1993年12月至1999年9月任河南大学建筑工程系总支书记、系主任、教授。

1988年参与省科委、省教委项目"CHD-1型He-Ne激光综合医疗仪"研制，任课题组副组长，鉴定成果编号【94】豫科字鉴239号，专家鉴定国内先进水平。1987—1989年主持"激光与生物肌体的相互作用"课题研究（省教委基础研究项目），任课题组组长。1991—1993年主持"鱼池溶解氧的监测和控制"课题研究（省教委应用项目），任课题组组长。

合译（主译）《量子力学基础教程》，合著教材《原子物理学》和《建筑材料实验》，合著（第一名）论文5篇。

鲍鹏

男，汉族，中共党员，工学博士，教授，河南省高等学校教学名师。主要从事结构计算方法、土木结构相互作用及古建筑保护与加固等领域的理论及应用研究工作。承担国家及省部级项目10余项，发表论文90余篇，获省级二等奖1项。

鲍鹏（以下简称"鲍"）：米老师您好，很高兴有机会与您这样面对面现场交流，您是咱们学校德高望重的老师，先后在物理系、工艺美术与建筑工程系担任领导工作，为学校做出了重大贡献，您的经历一定对我们有启迪作用，所以先请您谈一谈您的求学经历吧！

米新宾（以下简称"米"）：我上学可能比在座的要早一些，我1946年开始念小学，小学一共上了5年，因为中间跳了1级，就是从一年级上完以后就上三年级，这个一年级到三年级变动比较大，所以糊里糊涂到四年级全市会考名落孙山。因为到四年级的时候，又是作文又是日记的，到后来上五年级时就进步了，就全班第一，六年级时候又有全市会考，会考了以后就获得了免试进入周口一中的资格，小学就很快结束了。为啥念了5年中间跳了一级呢？好像念了一段的私塾，所以中间把学校的事耽误了，就赶紧跳级了。到初中即周口一中也没有啥突出的东西，就是到1954年的时候初中毕业，这一年教育局的这个局长到学校去做报告，进行劳动教育，公开提出来，如果哪个班考上高中的多，哪个班的劳动教育就不好，当时的情况是这样。念书的时候也挺努力的。

后来就考高中。当时周口属于许昌地区，许昌地区一共3个高中，许昌一高二高，还有漯河高中，我就被漯河高中录取了。在我们年轻的时候，家里面都还是很困难，差不多我所了解的都还是很困难的，譬如高中一年级暑假放假后就回家，然后去窑厂打工，干出窑时背砖的活，每次背24块，砖还有余温。二年级暑假去修路，拉石磙，压地基，这样挣的钱还可以补贴家用。再比如说漯河离周口60公里，3年当中只坐过一次汽车，那个汽车就是敞篷车往地下一坐，其他的都是步行。说起来步行60公里，比如国庆节放假几天，再请两天假5天，这60公里打来回，特别是第一年，想家，那时才15岁，120里5天打个来回，累得要命。整个3年来，开学、放假、回家、回学校没坐过汽车，都是步行的，很可笑的就是放寒假回去下了大雪，下面雪很深了，三四个同学一起踩着雪回家，当时很奇怪，走着路睡着觉还能做梦，反正走在公路上就是往前走。到最后一次才坐了一趟车，就是我父亲去世，当时就是高考前夕了，就是学期期末考试将要进行的时候，这个时候家里面来了父亲的病危通知，班主任说你赶快回去吧。回去就坐了这一次汽车，在高中60公里来回走了多少次,也没有坐过车,都晚上吃完晚饭以后走夜路,然后第二天几乎到中午了才到家,一夜加上半天回到家,就躺在床上几乎坐不起来。父亲去世后,精神压力很大,也没心思复习,所以后来进行高考的时候也很受影响。当时跟现在不一样,现在你比如说高中考大学,有时候这个课程能早结束一个学期,进行复习。我们那个时候就是期末考试结束了以后,几天高考就来了,根本就没有啥时间进行针对高考的这个总复习,就靠你自己平时的底子了。我记得我考大学的时候,我所有的课都没复习完,比如说化学,我还耽误了十几分钟进考场,因为我们考试到许昌一高,考点在那个地方,早上起来就跟另外一个同学坐在葡萄架底下复习,化学没复习完呢,就在那翻,结果一看周围没人了,就赶快往教室跑,结果到了考场差一点没让进,就是这样。后来就接到了河南师大物理系的通知书,录取到不合自己理想的学校,当时是5个志愿报15个学校,我只报了2个志愿,一个人是自己理想的志愿,一个就是新乡师院,其他的志愿都没报,工科没报,纯粹报理,一个是物理系,一个是数学系,就报这2个,就这样接到通知后,就决定不去上大学了。两个原因,一个就是没考好,父亲去世了以后自己打击也挺大,我在家里面是老大,考虑到有3个弟弟,1个妹妹,家里没有劳动力,父亲去世了,剩我母亲,所以从这个方面考虑就是家里面我也有责任,就决定不去了。可是我母亲无论如何非让我去上学,她说你这是上师范学院是吧?师范学院管吃,你为什么不去?这个情况就包括在高中,也因为家里面困难,有助学金,要不然那高中也上不下下来了,有助学金能解决生活上的问题。我妈给我做工作,我不去她马上就生气。所以后来就到新乡师院物理系学习,新乡师范学院这个物理系是咱们河南院系调整的时候,老河大分过来的。河大分了几块,一个是文科留在这儿,一个就是理科去了新乡,比如说这个物理系、数学系、化学系、生物系这4个系全去了新乡,这样老河南大学的理科就成了河南师范学院二院。后来毕业以后就直接分配到开封师院工作。从1961年一直在物理系工作27年，1988筹建建筑工程系又11年，直至退休。

鲍：您是大学学的物理专业，而且又长期在咱们学校物理系工作，那么能请您再谈一下，在学术方面的一些心得和所取得的一些成就。

米：学术上，学术上有啥问题呢？一个是从原来老物理系来讲，老物理系它是1959年开封师专合过来的，合过来以后也有基础条件的问题，也有实验室设备的问题，科研条件就比较差。所谓教师的科研就是自己从书本上获得一些题目，自己去进行研究，都是这样，而且因为这个风气也不是太浓。所以这个在前期就是科研工作比较困难，基本上到后来，慢慢这个条件改善了，也做了一些科研的工作。比如说和其他院校合作，有一本书叫做《原子物理学》，这个主编是华南师大的校长王开发，他邀请了几个人一块写的，广东高教出版社出版。另外还有一本书是翻译，我是主译，而且是审稿，就是《量子力学基础教程》，这本书是咱们河大出版社出的。为啥弄这本书呢？因为当时到北京出差，到新华书店发现这本书是剑桥大学的教材，一看还可以，就买一本，买一本回来就组织了一些人在一块儿翻译了这本书。在书的方面，就是这两本书。另外一个就是1988年完成省科委、省教委项目"CHD-1型He-Ne激光综合医疗仪"的研制，任课题组副组长，专家鉴定国内先进水平。在其他的文章方面，以后就是开始就着这个激光器做一些题目，主要是跟医学有关的课题。当时这个激光器本身就是一个题目，做了这个大型大功率He-Ne激光以后，分别赠送给咱们校医院，还有人民医院和淮河医院，让他们在理疗室使用，然后给我们积累病历。有这些病例，才能进行后来的比如鉴定啊等等。另外就是利用这个仪器做科研，写一些关于He-Ne激光在医疗临床应用方面的，或者是一些关于这些机理的探讨类文章，大概出了五六篇。比如说这个《应用激光联刊》有2篇，《激光杂志》《河南大学学报》也有。另外还有一个就是1991年日本京都有个学术研讨会通知我去参加。后来我就找到校长，找到陈信春，他是负责科研的，他就说："你要去日本可以，但只能资助个路费，吃住就由你自己考虑了。"所以我也没去参加会议。另外还有一篇文章，就是后来出文章以后没有给我寄，就是清样给我寄过来了，也还是激光在医学上的应用和机理方面的探讨。这个清样寄过来以后，我的名字当然是第一名，还有周成铭，然后就是他们那个纽约大学的生化系主任也签上，还有我纽约大学的一个朋友，也签上了。后来清样寄来，让我校审，我说没啥问题，后来他们出版了以后也没给我寄，我也没再要。河南省开激光物理这个课的，我是第一个，当时包括郑大都没有开。我当时这样选题，除了研究物理学以外就是关于激光方面，激光物理方面，上这方面的课，而且科研也围绕着激光在医学临床上的作用，比如说大功率He-Ne激光治疗带状疱疹之类的病。后来我到科研处办事才知道，刘书振处长说："你看看人家上海华山医院激光治疗已经在《人民日报》报道，是跟你那个一样。"理工科做科研，能有一个科研团队最好，一个人做不了的事情，大家在一块儿做就可能出成果，当然要付出自己的努力这是没啥说的。不过，我过去发表过的论文，一篇也没保留。

鲍：可以检索到，知网可以检索。

米：我自己在科研上做的事很少，就那几本书，六七篇文章。

鲍：我空闲了，我到知网上帮您把您的文章查一下，收集一下。

米：不用了，不用费那个事儿了。反正我都是从干部考察材料里找到这样一个考察表，看到了这些研究成果和论文题目。

鲍：米老师，1988年的时候，您作为一个筹备咱们工艺美术与建筑工程系的几位创始人之一，然后1994年我们这个建筑工程和工艺美术分开单独设系，您又作为咱们系里的党总支书记全面主持工作。那么在这个时期，我们这个土建学科它是学校刚刚恢复重建，基础也很薄弱，那么您是怎么克服重重困难，领导建筑工程系，把我们相关的土建专业发展起来的呢？

米：这个事，咱土建专业当时是不错，但是咱们整个系，当时是系现在是学院，就是在克服困难中发展的。所以有时候谈话的时候总是离不开困难，就是没有这些困难就没有现在这个系。当时就是这样，校长说了，先成立筹备组，也没有说学校开个正式的会，筹备组确定了我们两个作为正副组长，然后好像有一个组员，赵显增。

鲍：赵显增赵老师。

米：就是我们3个人。当时校长问我："你看谁牵头？"我说秦景勋他是处长让他牵头，当时要有个支部，他是支部书记，我说也要秦景勋牵头儿算了。因为当时的这个思想状况，让我从物理系出来搞这样一个系，一方面不是学这个专业的，另一方面就是思想上还不是很愉快，就很难，有这样个情况，所以能干点活儿就干点活儿，按办系的办法去干活，也不一定非当头儿不行。所以老秦当组长吧，我来当副组长。当时教师的来源就是3个方面，物理系咱们去了7个人：张勘、李坤、蒋娟、董国亮、小白，还有咱俩这是7个人。另外就是建筑所，建筑所他们几个赵工赵显增，还有庞工庞士泛，他们是高级工程师，还有葛亚杰、朱科他们都是工程师，包括老秦5个人，老秦是行政干部。就是说物理系的我们去7个，他们5个，然后就是美术系的工艺美术教研室全部过来。这3部分构成了3个专业，实际上，一个就是土木工程专业，一个就是建筑学专业，一个就是建筑装饰专业。成立这3个专业刚开始说的时候最多有个开会的地方，其他什么也没有，我也忘了是7月份还是8月份了。

鲍：那是1988年是吧？

米：是1988年，通知时学校已经确定了，就指定你作为筹备组。刚接到通知时，还不知道在哪办公。其实这是一个大事，准备招生，但是什么都没有，那确实是零，连个"窑洞"都没有。三个专业招的学生过来上课，我们的基本队伍有了。因为刚招生，这些学生都是一年级，一年级的基础课和专业基础课，目前我们这些人都能够做，但是这个队伍是相当紧张的。首先要有一个教学计划。做教学计划，得定出每一学期的课程表，当然你在开始的时候不一定定完，但是4年的教学计划大体上得有，学期的教学课程表必须得有。先说这个系的名字，我提议系名为工艺美术与建筑工程系,大家都同意这个名字。然后就是分两路进行调研,调研的南路是华中工学院、华南工学院、深圳大学,包括广州美院工艺美术系,我是在南路。北路是赵工去了清华大学建筑系、土建系,和天大的建筑系、土建系。后来我听到清华说我们这边成立建筑装饰专业,清华的系主任就说你们比我们还先进。因为当时清华并没有考虑要成立建筑装饰专业,当时就这样一个情况。考察结束以后,他们的建筑学,土建两个专业的教学计划,全都被拿回来了,都挺好的。后来我们参考这几个学校的教学计划和课程设置,来确定我们自己的教学计划。可以负责任地说,我们制订的自己的教学计划,在全国也是不落后的。我感觉到当时虽然困难重重,没有教学条件、物质条件,教师办公的地方都没有,但是也可以负责任地说,我们的师资队伍还是很棒的,我现在还是这样认为,包括从物理系过来的7位老师,和学校建筑所出来的2位高级工程师,还有工艺美术教研室的全体老师,我觉得这些教师是定海神针,这个团队来合力办系还是比较棒的,还是很强的。很多基础课、专业课都能一起开设。但问题就是现在我有一年级,其他的都做一些准备,再做一些师资队伍建设的准备,准备扩大,至于二年级、三年级、四年级怎么办,这是要考虑的事。师资队伍的建设其实就是这样,当时的情况下,从建筑类的专业来看,我们土建专业相对优势比较大,一方面如果社会上有这方面人才,当然我会吸纳;另一方面比如说每年的应届毕业生,应该注意一下,郑州工学院毕业生符合要求的,也可以吸纳。从应届毕业生的代表来讲,恐怕最优秀的是当时在同济大学读本科的毕业生孔德志。另外一个很重要的一个办法,就是把我们自己的教师,年轻的一些教师,包括后面来学校的送出去读学位。当时我的思想就是这样,不管你是考出去的,还是咱们系派出去的,离职也好,在职的也好,一定要提供机会和方便。比如说岳建伟来到这个系之后,并没有担任长时间的课,便被派出去读学位。

鲍:他在这儿的时间很短。

米：时间很短，有机会出去就出去。为什么要出去？为的是这个系以后的建设、发展、壮大，说是储备也好，人家要出去读学位，就要放出去。我当时的想法就是你出去我尽量地安排，比如说出去10个人，回来五六个我就满意，其他的人，他可能在学成以后不愿意回来，或者不适合回来，比如学成以后像张海他们学建筑学的，选择不回来，到更适合他们发展的地方去，也并不是什么坏事。我们自己的毕业生也很好很优秀，像李莉、张义忠就是这样。

鲍：现在咱们自己的学生，包括咱们的本科生和研究生，后来又到了985高校读完博士，从事咱们教职的已经有一小部分了。

米：有一小部分了，那建筑学方面呢？

鲍：建筑学相对来说，引入人才稍微困难一些。

米：困难一些。为什么呢？因为我记得好像一些甲级、乙级的设计院都1∶6。一个建筑学，六个是土建的。国家这个方面的人才比较少，毕业生也比较少，但是需求量比较大。

鲍：但是就整体的师资队伍来讲，从横向上看，因为建筑学专业比较特殊，它跟土木还不太一样，所以这个在省内、在国内，我们比着兄弟院校，我们并不弱，而且我们在2016年进行专业认证，我们也是进入先进行列了，大概就在前20%。

米：现在发展就比较好，就像我刚才说的，在这个事上，我想得比较开。我到学校去争取机会，要把我们系的人送出去，继续读高一级的学位。而且恰恰就是这一部分人，像鲍鹏、孔德志、岳建伟，在他们的引领下，我们的建筑工程、建筑学、建筑装饰、实验室建设才能这么好、这么快地发展，可以说是有些出乎意料，确实是非常令人鼓舞，非常令人感动的，也确实给国家培养了大批的建筑行业方面的人才。在困难方面还要提一件事，当时我们的办公条件就是从十号楼到西二斋，到我们办公条件是最好的。在当时最好的条件最多就是15平方米，我们4个系主任在这15平方米的地方，加上桌椅，进去都很难。就是在西二斋办公的时候，教研室才有一个地方。全系开会时都是在走廊的楼梯上站着，当时就是这样一个情况。1993年时，我是系总支书记兼任系主任，我们主任就在一块儿办公，给学校提建议建一个小楼。当时来讲建一个小楼，你最多是建办公室、资料室、材料室、教研室，实验室不会建，那就另找房子。后来我们就向学校申请经费，大概申请七八十万，盖个楼。学校解决不了，省教育厅也解决不了，最后跑到国家教育部，教育部批了80万块钱的建系费，这80万块钱当时应该可以建一个小的办公楼。结果弄着弄着，这80万不知道弄哪去了，不翼而飞。后来我到学校问，无一人说清楚，就是教育部直接拨到学校的款，不知道弄哪去了。当时的情况令人很不高兴。在这种情况下，大家艰苦奋斗，一代接一代，一茬接一茬，逐渐把这个系发展起来，当然也是得到了学校重视和大力支持。我记得在西二斋的时候，我们系成立一个设计所，需要2个编制，我找到关爱和副校长，他是抓科研的。我一说他就理解了，便批了2个名额，当时的情况是系里没名额，进不来人，到人事处就给你卡住，所以我就向他申请，他很爽快地答应了，以后系里面增加了2个指标。其实这个很难，想到我们这个系发展这么快，一方面要感谢像鲍鹏他们这一大批人，对系里面做的不懈努力；另一方面也要感谢学校、国家对理工科的支持。后来咱们建院以后，学校的投资和学院自身的努力，我们学院才能更好更快地发展，确实是令人非常高兴的。虽然现在系里的情况我不是十分了解，但是对于今后这个系的发展，我的总的指导思想，还是在两大问题上下功夫：一个是队伍的建设，另一个是实验室建设。你不要以为我们现在的规模够大了，规模确实不小，原来我也没敢这么想，结果实验室那么快地建了起来。进一步的实验室建设和师资队伍，这两件事始终是大事。在办学思想上，应该是教学科研并重。一方面你有这个科研能力：从人力上讲，有相当大的一批博士在，你进行科研活动是有人才的；另外设备也在逐步地增加。因此我的看法是，首先是教学和科研要并重，教学应该放在首位。我们培养学生，和科研并不矛盾，科研水平上去了，教学水平自然就上去了，这是相互促进的一件事情。所以我是想应该是并重，不要忽略任何一个方面。另外我还建议实验室能不能也成为科研基地，除了实践教学到社会上去以外，实验室自然是教学基地，也应该是科研基地。就看实验室设备的规模大小，看实验室的设备的档次高低。所以对以后的一些意见建议，我觉得还是这几个问题。最后还有个期望，就是学院能踏踏实实地建设，早日申请到三个博士点，早日筹建建筑设计院。我差不多说完了，你看看还有什么要补充的？

鲍：关于期望和建议，刚才您也说了，我们的内容应该是已经进行完了。非常感谢米老师来参加我们这个访谈活动，也希望您一如既往地关心学院的发展，我们永远不能忘记老领导、老前辈为土木建筑学院发展做出的重大贡献。最后祝您身体健康，万事如意。

米：谢谢。

26 | 周忠和教授访谈实录

受访人：周忠和
采访人：张　红
时　间：2020年11月26日下午
地　点：河南大学档案馆（图书馆东楼）

周忠和

笔名周平,男,1930年3月出生于河南省镇平县石佛寺。1949年2月在河南省宝丰县的豫西干校学习,1949年6月至1951年1月在河南大学任政治辅导员,1951—1953年在哈尔滨外专学习,1953—1955年在河南大学教俄语,1955—1958年在北京外语学院苏联文学研究班学习苏联文学,1958年至今在河南大学外语系任教。20世纪70年代后期被借调到中宣部编译局从事《列宁全集》的译校工作。20世纪80年代末被河南大学定为首批外语专业学科带头人之一。

先后担任河南大学外语系俄语教研室主任、河南大学外国文学研究室副主任,兼任中国普希金研究会理事、河南省外国文学学会常务副会长兼秘书长(该学会创始人之一)。2006年被中国翻译协会授予"资深翻译家"荣誉称号。2009年担任中国当代艺术协会副主席。2011年担任中国诗书画出版社社长。北京人民画院邀请入编《全国社团领导人大辞典》并授予"全国社团优秀领导人提名奖"。多次被评为河南省社科先进工作者。周忠和传略已收录在《中国社会科学大辞典》(英文版)、《中国教育家辞典》和《世界文化名人辞海》等。

主要专著有《苏联儿童文学简史》,编译《俄苏作家论儿童文学》,译著《阿·托尔斯泰》,编译《俄苏作家漫话文学创作过程》,翻译校订的《列宁全集》第十九卷和《捷尔仁斯基传》受到中共中央编译局书面表彰。20世纪80年代先后在《俄苏文学》《俄罗斯文学》《河南大学学报》《儿童文学研究》等杂志发表论文数十篇,如《普希金决斗辩》《苏联文学史发展演变浅议》《新思维与苏联文学刍议》等。《普希金爱情析》一文在北京纪念普希金200周年诞辰大会上宣读交流。杂文《汉城之旅杂感》获2002年韩国征文三等奖。

张红

河南大学外语学院教授，俄语专业硕士生导师，俄罗斯圣彼得堡大学俄罗斯语言文学博士，黑龙江大学外国语言文学博士后流动站出站人员。

张红（以下简称"张"）：周老师好！您是外语学院俄语专业德高望重的老前辈，也是河南大学首批外语专业学科带头人之一，同时也是俄语专业学科建设和发展的亲历者和见证者。今天很高兴有机会对您进行面对面的访谈。据我所知，您曾在豫西行政干校、哈外专、北京外国语大学求学，70年代的时候曾被借调到中宣部编译局从事《列宁全集》的翻译工作，请您谈谈自己的求学经历和工作经历，好吧？

周忠和（以下简称"周"）：好，听您指挥，谈的不好的地方或者是语无伦次的地方请大家都原谅，年纪大了。我是1930年生，生于镇平县，中学在禹廷中学学习，后来高中是到南阳皖南高中学习。到1948年吧，是"决战"的时候，学校都关门了，我回家就组织几个同学，到豫西干校投奔革命了，这是一个谋生道路。后来结果有几个家庭出身好的人家家里不让走，有5个人吧，后来跟我一块有一个姓苏的，俺俩一块到豫西干校了。那时间冒着一定风险，它还是个国共交战焦灼的时候，你要是出去了，通俗地说，那危险，说不定还要影响到家庭。所以那时间偷偷地跑了，跑到豫西干校，豫西干校在河南宝丰县。这个学校也算是河南大学政治学院的一个分支，这就算是投身革命了。那就是跟延安差不多，就是小米，天天就是窝头、小米粥，一礼拜改善一次伙食，吃一次肉。这非常简单，就是一个人给你一个小凳子，那个折叠凳子，天天就是听课、听讲。听完以后分组讨论，学习马列著作，国内、国外形势。到了6月份，学员每一个人背一个背包，从宝丰行军步行到开封来。豫西干校是一个革命熔炉，我们有一定的革命知识了，就开始工作。豫西干校到开封来的有二三百人，后来一部分人到江南去开辟新征程了，留

到河南的有一百多人，这是豫西干校的老底子。河南大学自苏州返汴后，我们给师生们上政治课，给他们讲形势。有的学生很反动，他张口瞪眼骂你，他们不服啊，因为我们是老粗一样，他们都是大学生。一开始他们不服气，跟你辩论，后来慢慢经过一阶段以后，这些学员们都开始转变思想了。这就是我们的第一个任务。我这儿留了他们第一届毕业的几百个学员的集体照，这个集体照咱学校里都没有，非常珍贵。后来过了一年到1950年初，我们接到又一个任务就是轮训河南省的中学教师以及一些地方干部，这是豫西干校的第二个任务。这些人更反动，有地方专员，有地方县长、乡长，都是当官的。来了以后，那实际上我19岁，他看着说你算啥？你算老几？我是专员呢。过了有几个月，这批人的思想慢慢地也转变过来了。但是这里头有个花絮就是有一部分人他们背着血债呢，像专员、县长，人家老百姓来告、来要人，要带走枪毙，我们也很心软，我说他今天表现还不错、还可以，你们看着办吧，像商丘的专员拉回去就枪毙了。这一批培训完了以后就是1950年结束了，河南大学政训这个阶段算完结了，要转到文化学习了。这一转以后，我们豫西干校一百多人吧，选出来两个人到哈尔滨外专去学习，选中我了，还有一个是赵帆声，他已经去世了，就我们两个，那干部里头就我们两个，另外还有十来个是原来河南大学外语系的学生，一年级、二年级、三年级的都有，像现在的韩振华你们都知道，他当时是高年级了，三年级还是四年级学生，晁光伦是一年级学生。加上他们十来个学生，我们一共十几个人到哈尔滨去了，这算是进入专业文化学习。到哈尔滨一开始很困难，听不懂，听力不行。我们是插班生，进去以后我们给分到各个班插班。两三月听不习惯，然后慢慢的习惯了。在哈尔滨这三年比现在五年的学习效果都要好，因为没别的活动，基本上安排的全是业务课。当时打下来比较好的基础，就毕业了。毕业以后我们全部返回河南大学，把我们分到各个系去教外语去。我分到历史系，在历史系教外语课两年。这个阶段课程安排少，每周三节课，剩下的时间多，我到开封高中去讲课。另外我还抽出时间来到中文系去系统地听课,这个对我帮助很大,对我后来从事翻译工作打下来很好的语文底子。我听他们的选读课、理论课,还有汉语语法课。汉语知识如果不好的话,你俄语再好,也难翻译出来好东西,所以这个对我帮助很大。后来外语系开始筹备建立俄语专业,当时的系主任张明旭看中我了,他说你俄语可以,你汉语也行啊,那你去北京上研究班吧。当时我服从革命需要,头一天他做了决定,过了两三天我就到北京去了。北京研究班这三年给我的文学底子打下了坚实基础。这个研究班没有中国教师,配备了十来个俄罗斯水平比较高的专家。自1955年到北京研究班,这三年那些老专家一直都特别严格,让我们通读俄罗斯名著,从普希金开始,一个礼拜一个作家,他的主要著作你都得读,读了以后到礼拜六或者他规定个时间检查,让你复述,那很难啊。我们是不分昼夜看、看、看、看。到检查的时间,这个作品的大概情况你都得能讲出来。这压力太大,有几个从辽宁师范学院来的,头疼得很,他们不如我。有一个人和我住一个屋,我天天在帮助他。那个很苦,非常苦。但这有苦有好处,有啥好处呢?那就是通读了俄罗斯的经典著作,对后来的翻译、写作有很大帮助。这三年是很有意义的三年。回来以后,系里对我委以重任,让我当俄语教研室主任,压到我头上了。1955年河南大学外语系招的本科生,我回来以后就接了这班学生,我一直教了当时三年级、四年级,教两年,所以这一班同学跟我感情非常好,我60寿辰,他们全班都来给我祝寿。到80大寿跟那个校庆是重合了,又来了一部分学生给我祝寿。现在很遗憾,基本上这些同学都归天了,现在都不剩多少人了。郑州大学还有两个,那一个也是病恹恹的,他们才80出头,有人可能比我年纪要小十来岁吧,接近80岁吧。现在还剩一个王明元,还有一个马瑞艺、杨开三,他们下一届的就是金铁山,这几个人还健在,其他都没了,几乎我所知道的全都归西了。你看这个岁月不饶人,我算是幸运的,我躲过80,又到90,还算是老天有眼吧。

张:周老师我打断一下,这也得益于您每天锻炼身体,是吧?

周：对，这个有关系，到最后我还要讲这个事儿。这算我 90 岁人生的一个序幕吧。

张：周老师那可以这样说，豫西干校是您投身革命的起点，是吧？

周：对。

张：哈外专是您开始从事俄语学习的起点，北京外国语大学为您以后走上俄罗斯文学研究之路打下了深厚的底子。

周：对，不错。

张：1970 年代的时候您被借调到中宣部编译局从事《列宁全集》的翻译工作了？

周：是借调。因为 70 年代后期，咱这还没有招本科生的时候，我们在家闲着，当时要抽 2 个人借调到中宣部编译局，去搞啥呢？就搞《列宁全集》校订。过去是草草地翻译了，现在要一个字、一个字，一句、一句都落实了，是做校订工作。期间持续了有 2 年，这 2 年对我很重要，光是卡片我就记录了几千张，有《列宁全集》《斯大林全集》等，得多少卡片？那是个很浩大的工程。后来编译局领导还跑到河大来给我们送了个奖状，好像那是 1983 年。

张：对，1983 年应该是恢复高考之后第一次招生。

周：第一届学生出了不少人才，他们的文化底子比较好，他们现在有几个很有成就了。

张：您今天把《列宁全集》的翻译本带过来了？

周：它不是叫翻译，叫译校。我们是把翻译过的版本跟原文对照着看，看翻译的准确不准确，然后哪些需要改了就把它改过来，所以叫译校。

张：当时跟你一起去的，除了您，还有其他老师吗？

周：还有韩振华老师，就我们俩。

张：周老师，您在工作期间科研成果颇丰，先后出版了多部专著、译著，并多次获奖。2006 年被中国翻译家协会授予"资深翻译家"的光荣称号。能不能请您谈一谈您在学术方面的成就和贡献？

周：谈不上贡献了，干这些个活儿是应该的。著作方面，一本是《苏联儿童文学简史》，这个是全国头份，当时没人搞。这本书也有一定的影响，全国对儿童文学研究有兴趣的人都需要。这本书的内容从18世纪、从民间文学开始，一直到当代，覆盖了整个苏联儿童文学发展的过程，这是个专著。另外就是译著方面，也是编译局给我们的任务，叫《捷尔仁斯基传》。可能年轻人都不太知道这个人，他是苏联克格勃的头头。编译局给的任务是让我们进行翻译和校订，然后它们出版。我翻译一部分，再就是给大家分配任务。

张：是你在统筹整个文集的出版吧？

周：是的。

张：您最早的几本书是怎么出版的？

周：第一本书是《神鹰的羽毛》，是个童话集。这是当时在编，不是编译集。当时于友先在河南人民出版社，他是少儿读物编辑室主任，专门负责儿童文学部分。我们俩关系比较好，他说你不能光专研教学，你得出点其他成果。他给我启示，后来我就跟黎建堂合作搞了一个《神鹰的羽毛》，这是第一本儿书。当时我们学校副校长申志成到外语学院（当时叫外语系）宣布：外语系两个学科带头人，一个是刘炳善，一个俄语的就是我。作为学术带头人，你得干点儿实实在在的活儿，我想半天，就是把大家组织起来搞一本书，大家都同意了。我就组织俄语教研室，让有兴趣的、能够翻译的人都来参加，一个人搞一部分，最后我是通编。初稿乱七八糟，五花八门，啥都有。他们只管翻译，翻译出来就不管了，只是一个毛坯，你只能琢磨了，这是个非常伤脑筋的工作。最后把它都统一起来，笔调都统一起来，风格什么的都统一起来，然后出来一本书。其他如我编译出版的《俄苏作家论儿童文学》，当时在国内对于儿童文学发展起了很大作用。这个也是在于友先的启发之下做的工作，另外还有编辑周长林，当时也提议我做这个工作。这是个大工程，俄苏作家太多了，多如牛毛啊，没办法，只好筛选了一遍又一遍，最后筛选出了几十个作家，把他们关于苏联儿童文学的论著，就是他们发表的成果都收集起来，我翻译过后再把它整理整理搞了这本书。结果这本书在国内影响很大，因为搞儿童文学的觉得这本书太好了，所以这本书当时也起到了很大的作用。

张：可以说您是国内俄罗斯儿童文学比较早的研究者。

周：对，是第一份儿。最早的是戈宝权，他在搞童话，他搞了很多翻译，是翻译界的老前辈。他的后任叶水夫，也是全国有名的学者，他们对我的帮助很大，写这本书的时候戈宝权还给我写了封信。

反正科研这一块儿，是很艰苦、很令人头疼的，不是个很简单的事儿，它要费很多很多脑筋的，我一共出了七八本书。教学也是个大问题，作为教师，教学就是你的主要任务，我很大一部分时间都用在教学上了。其他的像社会工作、社会活动也很占时间，但教学是主要任务，占时间更多。科研和教学是紧密联系的，学生培养的质量能不能提高，只抓教学是不行的，你必须要把科研搞上去，否则你将来是成不了什么气候的。这20年，我基本上是在总结，写笔耕录，把过去的东西都归结归结。儿童文学史专著之外，当时我在武汉大学一个全国性的杂志上，发了几十篇俄苏文学方面的文章、翻译小说，那也算是小科研吧，不过对学生的影响不大，都是些短篇小说。比较大的一个小说是我翻译了《风流女皇叶卡捷琳娜》，那是个历史小说。我搞出来以后交给出版社，都排好版了，后来来个新手说，对不起，现在把这个书取消了，给了我一部分赔偿金。现在这个书稿还在咱们出版社。

张：周老师，据我们所知，1991年您应乌克兰科学院的邀请，赴基辅参加国际文化交流会，可以说您也是我们外语学院俄语专业走出国门进行国际交流的第一人。会议结束之后您又去了莫斯科，在此期间又拜访了莫斯科大学俄罗斯文学教研室的主任沃尔科夫。能不能谈谈您去乌克兰参加会议的情况，以及和沃尔科夫会面的情况？

周：1991年我接到乌克兰科学院邀请，去参加了一个国际文化交流会。当时乌克兰、俄罗斯、中国,还有其他一些国家,去了有几百人,有的人懂俄语,有的人不懂俄语。在火车上我碰见个他们国家科学院的院士,走一路我们谈一路。他说你是俄罗斯人?我说不是。他说听你说话没有地方口音,几乎是俄罗斯口音了。谈了一路,他还邀请我到他家里做客,不过会议一开就顾不上这事儿了,他也顾不上,我也顾不上,这个小花絮就完了。会议开了3天,我在那儿做了一个专题发言,题目是"乌克兰文学在中国"。做专题发言如果我全用俄语吧,底下有人听不懂,我用中文吧,俄罗斯人听不懂。这咋办?后来基本上是用中文讲,他们有些在底下交头接耳翻译翻译。那个时候已经是苏联快要解体了,东西贵得要命,他们的生活情况很艰苦。他们的院士吃饭都不能和我们坐一个桌上,他们拨的专款,专门给我们增加了伙食补助,但是他们自己人不能和我们一起吃饭,人家很廉洁。科学院是一个相当大的机构,都不能陪着外宾吃饭,人家自己吃,相当不错,我们都很感动。乌克兰是俄罗斯重工业发展最集中的地方,坦克、飞机、大炮都在街上摆着,但他们的生活那样艰苦。我还去拜访了谢甫琴科的陵墓。

张: 您去乌克兰参加会议之后,顺便又拜访了莫斯科大学,是吧?

周: 对,我到莫斯科大学,见到了他们学校的俄罗斯文学教研室主任沃尔科夫。这人很健谈,我们谈了一个下午,主要是谈啥呢?关于俄罗斯文学的现状和未来发展前途方面,我们谈了很多,他不是很乐观。那时候苏联快要解体了,我们就学术问题放开谈,没有啥禁区,谁也不那么拘谨。我们参观了莫斯科大学的几个重要建筑,他还邀请我吃饭,我说不能吃了,一个红萝卜那么贵,我吃不起你的饭。

我带的第二届毕业学生中有个叫金铁山,他在莫斯科开了个公司。他领我转了一圈,红场、列宁墓都看了。印象最深的是莫斯科的地铁,是世界上绝没有的,每一站的装潢设计都不重复,几百个地铁站,没有一个重复的。地铁站内的壁画以及其他东西都非常高级,这个是最惊人的。

张：周老师您见证了苏联解体之前他们比较困难的情况，是吧？

周：他们是真困难。我从北京出发，火车坐了十来天，路上每到一个站都在窗口上能看到卖东西的，我还给有些人当翻译。确实是惨不忍睹，以前一个卢布可以买不少东西，当时一百个卢布也买不来什么，简直是一个天上一个地下，在那的见闻对我触动很大。

张：谢谢您周老师。另外还想问一下，就是您除了教学和科研之外还比较注重参加一些社会工作。据我们所知，您还是河南省外国文学学会的创始人之一，能不能谈谈当时该会创建的一些情况。

周：行。当时一个姓牛的老先生，咱们外语系还有刘炳善和我，我们三个起草河南省外国文学学会章程，然后把章程上报到河南省委宣传部，宣传部下了个批文，批准成立河南省外国文学学会。当时还拨了很少一点款，河南省社科院又给一点补助，这算是把河南省外国文学学会成立了，我们努力了几年终于成立了。学会对推动河南省外国文学教学和研究起了很大作用，对教学科研都推动不小。从八几年开始吧，我是河南省外国文学学会的常务副会长兼秘书长，我干了15年还多。出去邀请人，那些老前辈们见过我在大大小小刊物上发表过文章，我去了他们还可以接受，也可难了。学会这一摊儿事耗费了我不少精力和时间。各种琐碎事情，你当秘书长嘛，你就干这事儿的。

张：您对河南省外国文学学会的创立付出了不少心血，对文学学会扩大在全国的影响，做出了自己的贡献。

周：后来我们召开了一次全国性俄罗斯文学现状研讨会，会议地点就在开封。这次会议影响相当大，所有全国的知名人士都来了，都是学术界的前辈或中坚力量，像力冈这样的翻译家，都来参加研讨会了。

张：谢谢周老师您给我们讲述了河南省外国文学学会的创建及发展，以及在全国的影响和所进行的一些活动。另外我想提一个问题，我们河南大学外语学院是河南省普通高校中第一个俄罗斯语言文学硕士点，目前俄语专业发展的势头也很好，当然这都与像您一样的俄语前辈奠定的良好基础是密不可分的。想请您谈一下硕士点的申报过程，还有俄语专业硕士培养的相关问题。

周：贡献谈不上，是大家的努力吧。硕士点申报我起了一点穿针引线的作用。当时上外的院长胡孟浩，他来咱们学校讲过几次课，我们两个关系比较好，有几次我跟他说："你看我们这个地方有没有可能申请建立个俄罗斯语言文学硕士点？"他对我们的实力了解比较多，在我们申请过程中，他帮我们说话了。我们的硕士点现在发展势头很好，后继有人，形势一片大好。当时我是离休干部，但是我没有休息，我超期服役了 10 年。我 60 该离休了，可是我干到七十多，带了四五届学生。超期服役对我也是个锻炼，和你们大家交了朋友。

张：这个硕士点为我们俄语系培养了不少人才。

周：我们好几个毕业生现在很有名。比如郑大的两三个都是教授，王明元、杨开三、马瑞艺，他们是我带的第一届学生，他们学问做得很好。第一届学生，就是 1983 年那一届学生，水平都比较高，有一个叫耿海英，在上海大学是博士研究生导师，很不错。我教他们 2 年，教了 3 门课程。那一届还有曾玉平，后来在北大。这些学生很有出息，他们这一群都很有出息，确实是这样。你们也很不简单，我经常想念你们。

张：周老师，您也亲眼见证了外语学院俄语专业的成长，即使在您退休之后，您也十分关注我们外语学院俄语专业学科的建设与发展。想请您谈一谈您对外语学院及俄语专业学科建设有哪些好的建议和期望。

周：俄语专业发展到现在相当不错了，我很满意。有你们这一批骨干，我跟别人谈起来，都要介绍我们取得的成绩。你们几个都很努力，带出来一大批学生。希望更上一层楼，不满足于现状，必须要拿出来有分量的东西。你的科研、教学、社会活动各方面工作时间占多大比例，你必须要把这个分配好。一头扎在教学里头也不行，必须要拿出时间来做好科研，比如说好的著作，译著也可以，专著也可以，大部头也可以，小部头也可以，必须要有这个。你说"我们还不错"，那不错在哪里？拿出来看看，你拿不出来，就不行。这是我自己的亲身体会。

张：作为学生，作为外语学院俄语系的教师，我们一定谨遵您的教诲，教学和科研齐头并进，为俄语专业的学科建设尽心尽力，为俄语专业学科建设更上一个台阶奉献自己。

周：还有一点，希望你们全面发展，应该有各方面的爱好。比如说体育，你看我在外语学院，当过篮球队员、排球队员、乒乓球队员。我们学院的乒乓球队在开封市也排到前几名。我还曾经获得过2004年美国老年乒乓球比赛金奖，老年冠军。他们召开隆重的颁奖大会，给我发的金质奖章。所以说各方面的爱好都得有一点，要全面发展。体育、艺术、音乐各方面爱好都得有一点，这样的话，你发展下去就不是一个机器人，不至于说我光会俄语。要保持身心健康，你们都到50左右这个门槛了，都得注意，谁不注意谁就吃亏。

张：我们应该向您学习，您在工作之余经常参加体育锻炼，参加各种各样的比赛，并且还得奖。到了老年去到国外去探亲的时候，您也参加国外举办的一些各项的比赛，很值得我们学习。

周：在美国一个老年活动中心，里边跟我年纪相仿的有十来个，比我年纪小一点的也有十来个，还有二十多岁的年轻人，各个年龄段的都有，我还是他们的教练。我回来以后有一个叫比尔卡特的给我写了封感谢信，我给他提了十条意见，乒乓球应该如何打。他们就按照我的意见训练，有好几个都出成绩了，后来他给我写信感谢我。你不能单方面发展，要全面。我不会画画，但是北京书画院一定要让我去担任个职务，我说我不会画，我没那个天赋。十来个单位想让我去担任个职务，我不干，通通拒绝。只有一个单位我答应了，就是当个副主席，提些建议，不需要经常在那。你们到50岁左右都得小心自己不要出毛病了，一旦出毛病就麻烦了。我70岁以后血管硬化，但是我并没有什么冠心病之类疾病，现在还没有，因为我经常锻炼，你不锻炼很快就完蛋。还有啥问题吗？

张：暂时就这么多，谢谢周老师，非常感谢您参加今天的访谈活动。

从您的身上，我们看到了一个真正的教育工作者所具有的无私奉献精神和一流的专业素养。在此请允许我代表外语学院俄语系的老师和您的学生们，向您表示最真挚的敬意。最后也祝愿您身体健康，万事如意！

27 | 徐有志教授访谈实录

受访人：徐有志
采访人：孙李英
时　间：2020年11月18日上午
地　点：河南大学档案馆（图书馆东楼）

徐有志

男,河南大学外语学院教授,博士生导师,1940年8月年出生于河南省光山县。1958年考入开封师范学院(河南大学前身)外语系,1962年毕业后留校任教。1991年在美国李氏大学访学。主要研究方向为英语文体学和外语教学理论。1985年被聘为英语语言文学副教授和硕士生导师,1993年被聘为英语语言文学教授,1999年被聘为英语语言文学博士生导师,2004年被学界推选为中国修辞学会文体学研究会副会长,2006年任教育部英语专业本科评估专家组成员。

所著《现代英语文体学》获得广泛好评,并获得1990-1992年度河南省社会科学优秀成果(教材)奖,1996年高等学校优秀教材省级二等奖。更名后的《英语文体学教程》获得全国普通高等学校优秀教材一等奖,是全国高等院校英语专业本科和研究生的通用教材。

1993年获教育部曾宪梓基金会高等师范院校教师奖。先后主持两项国家社会科学基金项目:英汉语篇修辞对比研究(1995-1997)和叙事文体学理论建构与英美文学教学综合研究(2008-2011)。2020年主持的国家哲学社会科学规划项目,其专著《叙述文体学与文学叙事阐释》一书由上海外语教育出版社出版。在《外语教学与研究》《外国语》《外语与外语教学》《中国外语》等核心刊物上发表了重要学术论文。

孙李英

河南大学外语学院教师,英语语言文学博士。曾获河南省教育系统教学技能竞赛一等奖,授予"河南省教学标兵"称号,并在《现代外语》等权威期刊上发文。

孙李英(以下简称"孙"):徐老师您好,很高兴今天有机会跟您进行面对面的访谈。河南大学外语学院是河南大学的源头学院,它是河南大学发展的一个见证者,也为河南大学的发展做出了不可磨灭的贡献。您作为河南大学外语学院发展的见证者和参与者,一定有很多感慨。今天我们这个访谈的内容就围绕这个主题展开。我们知道您从河南大学外语学院直接留校任教,您能不能给我们谈一谈当时外语学院是什么样子呢?

徐有志(以下简称"徐"):好的。外语学院在当时叫外语系。我是1958年考入外语系的,1962年毕业留校,留校是由系里面的教授决定的。教授认为谁可以留校,那谁就可以留校。就是选择学习好一点的,或者是某方面比较突出的学生留校。我有幸留校当了教师。其实当时外语系的师资力量是相当强的。它有英语、俄语两个专业,每年招生120人,英语60,俄语60。我留校的时候,从师资方面来看,外语系有很多老教师,像北京大学首届英语毕业生张明旭教授,他很早就在外语系任教,并且任外语系主任。跟人家比较特殊的地方是,除了像张明旭这样的老教授以外,还有留美博士那些转过来的老教师,像常玉璋教授、陈光辉教授,都是留美博士。还有双料博士王凤岗教授,都是从美国过来的,很有水平的。其他还有国内知名大学来的一些老先生,像教英国文学史的丁一舟先生,教英语语法的李敬亭先生,都是各有专攻的。除了英语专业的老教师以外,外语系俄语专业的那些老师们也很棒。有从哈尔滨俄语专科学校毕业的一系列老师过来了,还有北京外国语学院的老师也过来了,都是相当出色的老师。当然也有一些说汉语不太流畅的俄语教授,也很有意思。我们有个李培坤教授,他原来是俄国东正教教徒,说俄语很棒,说汉语反而比较困难。我觉得外语系跟其他系科不一样的地方,最突出的一点就是当时就有几个外教,这个在其他学科都是少有的。我知道最突出的是北京外国语学院英语有大卫·柯鲁克(David Crook)和伊莎白·柯鲁克(Isabel Crook)夫妇任教,丈夫是英国人,妻子是加拿大人;北京大学有一位女教授叶文茜(Marcelia Yeh),是英国人。其他学校,据我所知就很少,唯独河南大学外语系有多个外教,像英语教授吴雪莉,俄语教授加琳娜·伊万诺夫娜，当时还有她女儿也在这儿任教，她女儿是讲师。我们系奇怪就奇怪在这，当时就有3个外教。后来过了一段时间，吴雪莉先生的母亲道逊夫人也过来了。她是个作家，是著名记者安娜·路易斯·斯特朗的亲密战友，她一来到河南大学，看到外语系的教师热情好学，看到外语系教学蓬勃发展，很为感动，受她女儿的影响，很快就决定迁居到河南来，并且参加到外语系的教学中。我感到非常荣幸的是，能够当她的学生，并与她一起校订当时新发表的毛主席最新指示。

你不知道，那时外语系对青年教师培养抓得有多紧，系里有一个很好的传统，凡是留校的青年教师，必须经过教学培训。培训有两种方法，一是参加培训班，就是外语系青年教师进修班。青年教师进修班须读两门课，一门课是常玉璋教授开的英语修辞与作文，他那个课就是讲点修辞内容，然后布置我们写文章，必须写文章。你以为是每天上课啊？不是的。他每周都让我们汇报过去一周的自学情况，评讲我们的文章。再一门课就是吴雪莉老师的英美文学选读，材料是一个活页一个活页分发的，每次先给我们布置读多少内容，下次再来给她汇报学习情况，每个人都得这样。汇报当然是用英语了，这毫无疑问，所以给我们的压力自然很大。我们每天必须慌着去找英美文学方面的资料，读文史啦，读原著啦，还得谈谈自己的感想啊，等于说我们得交出自己的文章来。

孙：您是说，您一边是老师，一边还像学生一样去学习。

徐：就是。我们一开始当教师就被安排当学徒，跟我同期毕业的还有吕长发，他被分配去教预科了，就是直接带预科学生。我是在二年级教研室当辅导老师，跟着谢金良老师，当他的助手。谢老师这个人很有意思，他就是放手让我上课，就是说，我必须替他上作业课，每课必须准备好这方面内容。所以每课后面的作业我都得会做，在课堂上领着同学们做，还得给他们评讲，这才行。所以这样一来，很短的时间我们一个个都被逼出来了。要是不会上课，肯定不行。若是说，我才毕业还不能上课的，那不行！第二年我就直接上课了。所以我们系对年轻教师的培养抓得确实是很紧的，不但要上课，还要有自己创新的方法。我第二年就直接教二年级英语，叫我搞一个教学方法实验，我当时采取听说领先法。后来我看了一下，这是个新方法。我们得领会它，到底它这个方法的实质是什么？它的理论依据是什么？它要达到的目标是什么？怎么能实现它的目标？怎么能把它推广下去？我当时教的那个班就是实验班，我发现采取听说领先法是很有意义的。所谓听说领先就是先听说后读写，先安排听说、后安排读写的课程，像 CHINA 这一课，我怎么教？学生开始是不发教材的，他们得不到教材，头一天进教室里面先专门用耳听。上课时，我先让学生听几遍我讲的有关 CHINA 的内容，然后就放送我事先准备的关于 CHINA 的录音。所讲所录的当然都是围绕着中国、介绍中国的。不过我用的英语是比较好懂的，短句比较多，后续定语比较多，所以大家听得比较容易。实际上，我说过来道过去，主要目的就是叫大家知道我想要教给他们的是什么，我想让他们学到什么，我想让他们听后怎么反应，主要达到这个目的。他们听我的课，一开始猛一下子像倾盆大雨泼在头上，总有听不太懂的地方，我就采取了分步深入问话法。针对一个句子，我能反复地问，先问普通问句（yes/no questions），接着选择问句（alternative questions），接着反义问句（disjunctive questions），接着特殊问句（special questions），一个句子得问至少七到八个问题，然后进入下一句的问答操练。所以，就这样一步一步地把学生引到我所讲的具体内容上。而且我问到某个问题后，学生必须给我回答。靠什么回答？靠他们所听的东西。他们必须记啊，记下来他们听得懂的，没听懂的还得继续听。我让他们一段一段地听，一段一段地回答问题，然后由同学自己互问互答，就是一部分同学问，另一部分同学答，都是按照我所讲所录，都是围绕着所谓 CHINA 这个内容来的。这样搞得课堂很热闹，同学的情绪很高，参与度很高，他们不动不行，都得动！大部分同学都能听懂，都能够跟上。当然个别确实有一些困难，怎么办？下去听，下去问，下去答。我反正把录音放那儿了，你只管听好了,你想找材料没有,我不发材料,你必须听录音。他们只好在那儿听录音,逼着自己听,然后还逼着自己去问去答。他们怎么听呢?有的同学这样,听一句按一下暂停键,根据这一句提出问题,然后回答,自己提问自己回答,就采取这个办法。同学整天搞这个,一天8个小时都这样,到晚上自习时还是。第二天来了,怎么办?第二天来了,我还是叫他们听我讲,听录音,还是叫他们回答问题,然后我进一步,让他们自己对内容重述。让学生叙述一下我讲的内容,就是让他们模仿我,我怎么说的,你就怎么说,鹦鹉学舌也行,总而言之,就要会开口,学外语的人就得会张嘴。听说实际上是最难的,他能听懂,能说出来,能表达自己的意思,能够理解所听的内容,这是最难最难的。我们之所以把听说领先放在第一位就是因为它不易。到第三天我才把课文拿出来,课文是活页式的,也是 CHINA。他们一看,好家伙,这个课文比他们听的那些内容要简短,尽管里面有一些比较长的句子,结构比较复杂的句子,但是他们自己看了以后,完全能够根据他们所听到的、所学到的、所会说的那些话,提出问题来并回答,就是说把长句子变成短句子来提问、来回答。他们劲头大得很,实际上我给他们教过了,让他们练过了,逼着他们一个个都那样做过了,所以他们就觉得很有成就感。

孙:已经有前面那个听说基础。

徐:对,就是这个,说老实话,他们几乎会背了。

孙:这样再学后边的阅读就很容易了。

徐:就是。我非常高兴的就在这儿。

孙:这个方法现在也很好,还可以继续用。

徐:我的想法就是,听说领先,不管怎么说,对于初学者来说是最重要的。对于初学者必须强调听说,实际上听说掌握住了,读写就比较容易了。所以后来布置作业,搞一个写作题目,叫他们自己再从另外一个角度描述一下中国的某个方面。我们还有一个 TextB 正好也是关于中国的,他们就非常熟练,简直可以说是融会贯通。说到中国的事儿,他

们肯定能说一通，你若请他们介绍一下中国，他们肯定能介绍一通。我特别喜欢听说领先法的就是这一点，它比那个直接法要好。直接法就是不说汉语了，一点儿也不说。汉语不说，那样对基础不好的学生来说很难，他自己不可能很"直接"，有些东西他还得查字典。

孙：刚才听您回顾了当时外语学院的模样，发现当时的外语学院已经是很厉害的，而且生机勃勃。在河南大学外语学院的发展历程中您经历了很多事情，回首过去，您如何看待这些年的发展呢？

徐：外语系的发展走到今天，确实很不容易的。一说到这个的时候我就很有感慨。第一，变化确实很大，并且越来越大；第二，这个路程也不容易，确实不容易。你知道，河南大学在1912年建校的时候第一届就是招收120个英文科学生，留学欧美预备学校英文科，当然后来还有德文科、法文科。但头一年就是120个人，这些人就是培训出国的。这个学校是在过去河南贡院的基础上建立的。当时美国返回的庚子赔款在清华学堂办的留学欧美预备学校，就是后来的清华大学，我们在河南大学堂办的留学欧美预备学校，就成了后来的河南大学。

孙：咱当时可以和清华齐名，很厉害呀。

徐：当时就是这样的。当然那时上海还有一个南洋公学，即后来的上海交通大学，也是这个性质的。后来历经中州大学、国立开封中山大学、省立河南大学、国立河南大学等几个阶段，发展成一个非常知名的学校。比起其他地方的大学来说，河南大学当时是很突出的。1948年，国民政府把河南大学南迁到苏州，开封解放以后，1949年新政府才去苏州把河南大学接了回来。1953年教育部按照苏联模式搞的大学拆并、院系调整太厉害了，把河南大学给拆分了，有的专业调到武汉，医学院、农学院、行政学院迁到郑州单独成校。中南地区各大学的英语教授，有些有名的教授都调到哪儿啦？调到广州中山大学。戴馏龄就分到那边去了。河南大学不设英语了，这特奇怪。当时有个意见就是都学俄语，英语老师要转去学俄语，弄得我们河大的一些老先生，像张明旭先生，王曾选先生，都改学俄语，改教俄语。不仅改学，还得边学边教。河南大学只设一个俄语科，俄语专修科。好在后来很快，从1956年以后开始，把英语专业恢复起来了。本来这些老教师，你逼着人家从教英语改成了学教俄语，赶鸭子上架，让人家左右为难，现在恢复英语专业招生了，他们立即如鱼得水，非常高兴。而且这时候正好吴雪莉老师来到英语系，这样一来，整个外语学院局面非常热闹。到1981年，河南大学获批硕士单位，英语也获批硕士点。学科组是按人的知名度给（硕士/博士）点的，就是人家说河南大学那个谁谁谁他可以带，报什么（硕士/博士）点，就可以批什么点，就看你在国内知名情况、知名程度。河南大学有点儿太老实了。怎么说太老实了呢？本来河大的教授，像任访秋、李润田、吴祖谋、朱绍侯、孙作云、吴雪莉、刘炳善等，都是全国著名的学者。咱河南大学当时太谦虚，结果只报了个硕士单位，一报上去，很快就批了。当时人家说你们怎么这么老实呢？上面说了，你们的任访秋、李润田、吴祖谋这些人都是可以评博导的，你们怎么不报博士生导师呢？你一报肯定要批啊，我们等着要批啊，结果你们没有报。后来学校领导一听说，便赶紧补报。第二年申报，我们想着这一次肯定可以，结果传下来说，上面只批70岁以下的博导！年龄又受限制了。要是头一年报了，就可以了。

孙：时机很重要。

徐：时间点非常重要。其实就这也不要紧，要是我们有点冲劲儿，有点儿攻劲儿，拼了命也要争取一下，真是得有那股韧劲儿。我说当时没叫我去，叫我去肯定反复找上级领导做工作。不做工作，不摆事实，不讲道理，怎么能行？你看，河南大学可惜了，确实可惜了。河南大学校友，有在台湾的校友，在海外的校友，都说河南大学怎么搞的，都急得不得了，他们都感到太遗憾了。

孙：咱们是远远超过这个水平的。

徐：这是真的。我们当时那么多知名学者，太可惜了。河大在这

方面确实有教训。但不管怎么说，我们外语学院有了英语这个硕士点。1981年过后，因为我校一个博士点也没拿到，所以一直向博士点前进。我在1980年代，是高年级英语教研室主任，多次参加这方面的工作，如弄材料啦、跑单位啦，我都参加了。当时国务院学位办外语学科组的专家我一个一个都见了。我们完成了一个好事，就是引进了张今教授。张今教授当时在安阳教师进修学校，我知道他在那儿当老师，是个副教授。一个老先生在那里当副教授，不太合适，我就建议系里负责人动员他过来。系领导为满足他要求的条件，把他的夫人调过来放在资料室，儿子调过来跟着上学，结果他很高兴。实际上他来也不是那么简单的，他来的时候先看了看河南高校到底啥样。他先看了郑州大学，一看不行，那个条件太弱。他又看了当时成立的黄河大学，一看，没有资料室，没有图书馆，不行！一来到河大这儿，他喜欢了，喜欢咱们的图书馆。咱们的图书馆，当时河南哪家能比啊，在全国都是前几名，他就来河大了。一到河南大学，我们为他办的事就是为他申请博导资格。当时博士生导师可不是像现在这样，只要找相关院校有资格的教授们，他们看了你报的材料，觉得这个条件够了，他们就签字同意，你就可以当了。1990年前后还须国务院学位办公室批，由国务院的学位办公室的那些专家批，他们同意才行。我这个人不达目的绝不罢休。我去干什么？我可不是给专家组送礼。别人问我，你不得带着东西送点礼啊，你都带啥呢？我说我们没有钱，也不需要送。我带的是书，我带的是张今先生的著译。专家他们见了高兴得不得了。他们说，你这样来是对的，这样做是对的，我们主要是想看看申请人的著译。他们一看到张今的专著和译著非常高兴，包括王佐良先生，他一看就说，这够了够了。还有桂诗春先生也说，够了够了。

孙：这就是实力。

徐：他们一看张今可以了，就批了。导师批了后他们就看河南大学是不是博士单位，一查河南大学不是博士单位，他们就说，这怎么办？

专家组的人替我们操心呐。他们对我说,你这样,你们自己联系学校,先让张今挂靠到一个学校去招生。我马不停蹄赶快到广州,去找中山大学戴镏龄老先生,戴老原来是由中原地区去中山大学的。到广州后,我跟中大戴镏龄、王宗炎老先生和广外桂诗春先生在一块儿见了面,听我说明来意后,他们当即表示支持,答应让中大学术委员会批准张今先生的申请。1990年秋,张今老师就挂靠到中山大学招生了。张先生可以招博了,我便赶快动员外语学院的年轻人报名,他们都要报,特别是张克定、蔡新乐,他俩捷足先登。高继海也想跟着张今读博,我劝他直接报考北外王佐良先生,他也被录取读博了。

我院博导有了,下一步就是争取博士点了。博导招了几年博士,要给他一个点啊,这是国务院学科组专家们说的。我们便一步一个脚印地做,可没想到当时又遇到挫折了。这个我一会儿再跟你说吧。

我们一步一步地做,到今天外院有了一级学科博士点,一级学科硕士点,那意味着什么?意味着我们的小语种应该上去。小语种只要有教授就可以带硕士,有国家社科项目就可以招博了。还有我们外院的本科教学,在全国数得上的。我抓教学那一段儿,外语学院的教学很快达到英语专业 A++,在全国前 6 名,后来往后退了一点儿,前 8 名,后来又退了一点儿,前 10 名,大概是这个样子吧。我们这些老的一退岗,教学就差那么一点儿了,出现某些松劲的苗头了。

孙:需要年轻的人顶上去。

徐:需要你们这些年轻人上,你们都得顶上去才行。仔细想想,峥嵘岁月,可是不容易,真是不容易。

孙:确实不容易。刚才您说到英语语言文学博士点的取得,这个确实不容易,而且这个取得对我们外语学院意义重大,它奠定了外语学院在全国英语专业中的地位。您能不能给我们再具体谈一谈。

徐:好的。我想了一下,这些年,我感到特别值得一提的就是申报博士点。没有博士点不可能有河南大学博士单位,跨过了这个点,这是突破。当然中文系也有个点,是与北京的一个文学研究所在一块儿合并申报的。1993年,学校任命我当外语系主任,领导明确告诉我,你的任务就是争取博士点。跟我谈话时还说,这个职务没有啥级别。我说我当教授就行了,要啥级别。他说是行政级别,就是没有行政级别,你只管争取博士点。我说,好啊,我就去争取博士点。回想起来,我主要采取了这么几个步骤。第一,强调张今教授是国务院批准的博士生导师,这意味着需要有个学科点,这是名正言顺的事。说老实话,我们的三位教授,张今教授、刘炳善教授、吴雪莉教授,还包括我们几个年纪小一点的,像我啊,王宝童、吕长发,科研成果都是可以的。加上几个年轻博士生们,尽管当时正在读博,还不是博士,但他们的成果都是很多的,这些报表交上去了。咱们学校是研究生处处长张德宗负责申报的,我们把材料一报上去,他就说没问题了。唯一可能成问题的是什么?就是学科带头人的年龄问题。我在1993年上半年特意报名参加了北外英美文学研究中心举办的暑期讲习班,借那个机会,我见到了王佐良先生。会议期间,趁王老讲英国文学诗歌时,我用英语就一个学术问题跟他交流了几句,给他留下点印象。然后,学习班结束、举行告别宴会的时候,王公(北外人称他为王公)参加宴会了。因为我之前跟高继海说过我想见见他的(高继海是他的最后一个博士生),王公吃饭的时候就叫上高继海,主动到我们那个餐桌与我说话。他说,徐老师,你们的情况我都知道了,我了解你们的实力,到时我替你们说话。我就说,王老师,我唯一担忧的是我们的专家有超过70岁的,这会不会是个问题。他说不要紧,你们只管报,我到时替你们说话。你想我有多高兴!这使我回忆到1981年河大申请博士点、硕士点的时候,就是因为70岁,一下子卡掉了河大那么多全国知名教授啊,太可惜了。

回校后我们把材料都弄好了,1993年下半年都报上去了。但是晴天霹雳,学科组开会第一天,没见到河大上报的材料!几个学科组成员,桂诗春教授等,都给我们打电话了,说你们的材料怎么没见到啊?

孙：不是递上去了吗？

徐：他们打电话说，今天开会时没有见到你们的材料，你们的材料是不是在哪个地方卡住了？我说，完了，完了。河大这个材料都没报上去，人家咋批啊。可人家专家组成员还对工作人员说，你们办公室再看看是不是还有些材料没报上来，是不是掉到哪儿个地方去了？他们能问到这个程度！学科组成员太了解我们的实力了，没有见到申报材料他们都感到很吃惊，谁也没料到是这样。

1993年没有批下来，可不得了呀。原来想着两年以后再报批，只要再整理一下材料，再调整一下学科带头人，再充实一下申报材料，还是可以的。第一个办法，就是商调徐盛桓。他当时是广州华南师范大学外语系的教授，是非常有名的语言学家。当时学界有个说法，北有胡壮麟，南有徐盛桓。

孙：北有胡壮麟，南有徐盛桓？

徐：对，当时就这样说。要是徐盛桓老师能商调过来，当牵头导师绝对没有问题的。他年纪轻，还不到55岁，我想把他请过来。我三下广州。第一次见了徐盛桓老师本人，跟他谈了这个意思。我说我们那儿很有可能争取到博士点儿，你到我们那儿去怎么样？这样比在广州好。我说当然到那以后，肯定会造成家庭的一些情况，到时候我们替你想办法。他说我这主要看梁处长的意见，梁处长是他爱人。我赶快去找梁处长，我说，你看，到我们那以后不会影响你什么，我说徐老师到我们那儿就是把名字放到我们那儿，去上一些课，带着老师们做科研，其他时间多让他留在广州。我说更重要的是他当我们的牵头老师、博导，徐老师去我们那肯定比在华师好。她同意了。华师外语系和学校党委能否放人？先是我找到广州外国语学院的桂诗春教授，我说桂老师你是不是替我做做华南师范大学外语系的工作，你都认识，很熟悉，帮我说说，请他们把徐盛桓老师放给我们算了，我们只借调2年。这两年，只要把户口放在河大，他就是我们学校的老师了。结果桂老师说，有志同志，这都是你

们徐家的事儿。我说，咋会都是徐家的事？他说那个系主任是徐霖贤，你们3个人都是姓徐的，你们自己商量就可以嘛。他说自己不便说那个话，好像帮助河大把人挖走，怕人家有不好的看法。我想也是，既然3个人都姓徐，那就让姓徐在一块儿说吧。我就找到徐霖贤主任，徐主任特麻利，他说，可以呀。徐霖贤主任这样爽快答应，谢天谢地，他真是给我们帮了大忙。当然他一同意，华师党委也没意见，而且人家华师有个原则，人家说只要有一个比他们单位好、比他们更有发展前途的岗位要他，他们都放。人家真是开明，确实开明，我觉得真是高风亮节，替教师着想。后来，这个事儿算完成了，就是3个人都同意。三方面都同意了，徐老师就调过来了。一调过来，他的论文80多篇，算找对人了，真是很厉害的一个学者。

我采取的第二个办法就是加强科研。当时咱们学校出钱，出了一批学术著作，20多本，那也挺壮观的，一本儿一本儿摞起来，非常好看的。上海科技翻译，有两期全部是发表我们外语学院的成果。然后就是咱们自己的杂志，我把原来办的大学英语园地改成了《外语语言文学》，改成了大学的杂志，也发表了几期文章。我们的科研成绩非常可观了。

第三个办法，派出一个河南大学外语学院的专家团参加全国英语文学研讨会。趁着在北方开英语文学研讨会的时候，派出吴雪莉、刘炳善、王宝童等教授去开会，让他们带着几十本书，和200多本杂志与会，在大会上发给那些参加会议的人，人手一册。

孙：扩大影响力。

徐：人家过来跟我说，徐老师，你们真会抓机会啊，简直是不得了。你们的东西真是多呀，影响太大了。

再一个事儿就是开全国学术研讨会，"新格莱斯会话含意理论研讨会"，这是专门为徐盛桓教授举办的。这样的研讨会当时在全国还没有过的。同时顺便请一些专家来，有的是国务院学科组成员，请他们来河大讲学，进一步了解河南大学。正好这时博士也出来了，1991年安排的几个博士生，张克定、蔡新乐、高继海，这3个博士都出来了。条件都有了，赶快申报。

结果，好事多磨，人家又说不行！我说，怎么回事？他们说，拿到博士单位的学校，2年一申报；没有博士单位的，像河南大学，得4年才能申报。4年一申报！那就意味着老师们年纪又大2岁了！谁知4年后，到了1997年，又因为什么事儿往后拖了。所以直到1998年才算是获批了！

申请到这个博士点，说老实话，学校是全力以赴！当时我跟关爱和副校长一块儿去申报的。我在上海时，他从北京打电话过来说，徐老师，这次应该祝贺了，这一次确实成功了！就是说我们和中文成功获批博士点，同时意味着河南大学博士单位拿到手了，这对以后的发展奠定了雄厚的基础，真是不容易，我感觉我毕生的心愿得到偿还了。

孙：徐老师，刚才您谈到博士点的获批确实非常的不容易，但是我觉得博士点取得的一个根本原因还是咱们的科研实力很棒，外语学院的科研实力很棒。那说到科研，您是如何看待科学研究的？您都在哪些方面做过这方面的尝试呢？

徐：好的。科研这个事情呢，它对咱们教学有很大的促进和保障作用。作为教师来讲，会教课当然是责无旁贷的。老师必须能够教课，必须能够把课教好，这个是毫无疑问的，这是教师的职责所在。有些教授之所以大家都尊称他为教授，就是因为他自己在教学、科研两方面都做得比较好。说起来，科研这方面有时候跟教学好像有点矛盾。什么意思呢？就是说，这个科研你要是花的精力过大，大部分精力甚至于全部精力都放在上面，在科研方面是能够搞出来一点成绩，但是你的教学可能就会有些忽略、有些放松，在教学方面你就不会搞得太好。所以我感到要想教学科研很好地融合起来，就必须在教学的过程当中搞搞科研，围绕教学搞教研、搞科研，这就比较好了。你教学的内容实际上跟你自己研究的问题是一致的，它能启发你的学生在这方面开创思维，开放自己所想

所思,这样就能够使自己很好地关注科学方面的新进展、新发展。我前面提到在教学当中采取听说领先法,它确确实实需要我们从理论上、从实践上很好地加以改革,加以总结,加以思索。要不然的话,你匆匆忙忙地教了课了,匆匆忙忙地把事情交代过去了,匆匆忙忙地把学生送走了,自己坐那儿没有能够回想一下,究竟做了哪些东西,哪些值得进一步发扬,哪一些应该克服,哪一些需要改进,今后怎么办,下一步怎么办,这些确确实实需要考虑。而且只有在这个紧密的教学实践当中,你能够提出问题,能够思索问题,能够很好地想一想,怎么能够解决这些问题,怎么能够达到更好的效果。只有这样,才能够把教学搞得更好。我在高年级当教研室主任的时候,就思索了一个问题,什么问题呢?比如说英国文学和英国文学史,这是两门课,你就得两个老师,至少是两个老师。一个人一门课,我当学生的时候就是这样的。有英国文学选读,那是不假,但同时还有英国文学史。英国文学史一教就是 2 年。因为那个东西太多,老师用的是别院校的教材,他必须把这个教材念完了,给学生讲完了,至少领着学生赶快读一遍。所以他这样就比较紧张,时间弄得很紧。他自己只顾着讲英国文学史,作品自己都没读过,那怎么叫学生读?另外自己准备让学生读哪些东西,都得考虑。而另一方面,《英国文学选读》那个教材有编者自己的安排,第一章学的、第二章学的、第三章学的,人家有人家的系统。我自己教过英国文学选读。《英国文学选读》三本,你一个一个去教太多了,那东西你得选。所以后来我们就采取个办法,在教的时候,采取了将英国文学史和英国文学选读这两门课合并。合并成什么呢?合并成英国文学史选这门课。

孙:挺有创意的。

徐:开这门课要以读带史,而不是以史带读,是阅读带动讲史。英国文学选读选这门课涉及哪个历史段落的内容,就来集中讲讲那个历史背景。这样实际上,从学生的角度,他们感觉阅读更重要。你不读怎么办?阅读更重要,同时围绕着阅读读一些有关历史知识,这就好。这样英国文学史和英国文学选读合并了以后，安排2年，效果很好。因为强调了阅读，有关历史知识肯定要跟着讲，毫无疑问，学生兴趣比较高。美国文学史选读和美国文学史合并，也采取了这个办法，这个只搞了1年多一点。《美国文学史》一般都比较少，它不长，所以比较好读。这样，我把这个经验形成了文字，讲了自己的前后想法，自己的实际做法和实际效果，这样弄出来科研成绩了。所以得了教学科研奖，比较自然。

孙：还写了相关的科研文章发表了。

徐：对呀。然后还有其他的，教学实践这个问题，要说这个教学实践，我采取的办法是先把自己的实践搞好，然后把自己的实践好好地回顾一下。平常当然在实践当中都要记录下来一些东西，然后实践一段，随时观察实践情况，再及时总结，及时评比评估，这样就能够形成一篇很好的论文。本来这个实践，比如说，英语学生实习——我不知道现在这实习搞得怎么样——反正对大学生来讲，这个实习是必须有的。学生不管学什么都得实习一下，当律师得实习一下，当见习法官也得实习一下，当教师，那当然更得实习了。学生把书本所学习的理论运用到实践当中去，教师坐下面看看学生做得怎么样。教育实习过去采取啥办法，你知道不？就是这个办法。我领着10个学生到河大附中实习，我为他们找了附中5个任课教师，一个老师指导2个实习生，过去实习就采取这个办法。学生实习时，任课老师跟着听课，听课以后，就给实习生评论。我们带队老师就这样做。有时候人家附中的老师不怎么喜欢实习生去"取而代之"。因为实习生教课能有他教的好吗？他自己带的班，自己教的好好的，是要出成绩的，将来高考成绩怎么样？就算不高考，也是经常测评，统考啦，市考啦，效果会怎么样啊？人家怕万一实习生实习以后，他们班的学生学得不太好了，那就麻烦了，他们有这个顾虑。后来我们采取办法是一方面让实习生去实习，另外一方面也得让教师感到放心，这才行。我们经常采取这样的办法，从1974年就采取了个新办法。那年9月2日到11月15日，领着一个年级5个班百余人去信

阳地区信阳县、新县、商城、固始、息县5个县去实习。

孙：规模浩大。

徐：规模真不小！现在想想，我这个人也真够够胆大的。教课老师都要去带队，带着学生到信阳地区的5个县去实习。当然不是我一个，还有一些老先生，像张明旭先生、李敬亭先生、胡雄定先生，都是年纪相当大的，都跟着下去了；还有吕长发、张廷仪、甘康成、马怀松、刘炳善、陈孝明等年富力强的老师，一起带队。反正当时外语系师生干劲都很大。到那儿去干什么呢？不是说到哪个学校去，比如10个人接5个班的课。我们采取的新办法是"顶岗实习"。这2个月实习生在5个县都下去接各校任课老师的课。那么原任课老师怎么办？原任课老师集中起来到各县教师培训学校——当时各县都有教师培训学校，他们都集中到那儿培训。

孙：进修。

徐：进修由我们带队老师指导实习生讲课。各县受训的老师喜欢的不得了，巴不得要我们教。我们去的都是教授讲师什么的，都是专门指导教学的。他们还没有受过这种培训，都高兴得不得了。可不像大学附中的老师，巴不得你赶快别来。

孙：对，这是双赢啊。

徐："顶岗实习"办法好。后来历届学生实习都是这么做的，八九十年代都是这样。后来我们把20余年顶岗实习这个做法做了总结，1994年荣获河南省优秀教学成果一等奖。

孙：这个创新好。

徐：把这个过程说出来，总结出来，是很珍贵的。所以必须善于总结，善于思索，善于创新思维，这样才好。当然你可能在以后会发现什么别的方法，别的什么好的地方，那是另外一回事，咱就不说了。还有一个就是围绕着自己所讲的课程内容，你再搞一些思索。这些涉及你教的课。像我教的是文体学。文体学理论上还有什么可以讨论的没有？我就进行思索。我发现不能迷信哪个专家,相反地,还应该怀疑这个专家说的到底对不对?全对吗?你得善于问自己啊。你都不问,一看这是专家说的,就没有任何考虑了。当然专家说的是应该听的,这毫无疑问。但那并不意味着他说的全都对。还有不够的地方没有?还有欠缺的地方没有?这都是可以考虑的。我看了韩礼德有关文体学的论述。韩礼德是国际上最有名的语言学家,系统功能语言学创始人。你要说他的理论,谁敢怀疑?学都来不及,真是学都来不及,理论上的东西更是那个样子,更得好好学习,毫无疑问的。但是我也发现,他在不同阶段对一些关于文体学的论述也不是没有欠缺的。他原来认为文体学描述了文体现象以后,任务就完成了。就是说,搞文体学的人只要把小说里面的东西,诗歌里面的东西,戏剧里面的东西,凡是有文体意义的,就把它们抄录下来,然后公布出去,任务就完成了,这是描述性的研究,解释的任务是文学家自己的事。他认为,文体研究实际上是描述性的研究。我就提出来,难道不能解释吗?就不能解释一下作者为啥这样吗?应该进一步问一下。进一步问一下不行吗?作家为啥要这样做?光描述有啥用?描述当然是很重要的,说老实话,学文体学的人,最简单的论文容易做,都是科学描述。我的那本书就提出了,做文体学研究时,一步一步应该怎么做。我这儿都有样本,你照着做,的确可以这样做。但是进一步的问题就需要你考虑了,为啥会这样呢?所以脑子得打开啊。虽然专家说了你描述就行了,但是我觉得还应该进一步。所以我在文体方面的研究,一般来说就是问一个"为什么"。说老实话,不光是描述,也不是全盘描述,而是有选择性地描述。你要看哪些材料更符合你要表达的见解,哪个解释更便于你解释你所研究的文学作品。当然不光是文学作品,还有其他方面的东西。就是说,你得善于问问题,善于提出问题,再进一步研究。我跟你说,现在咱们研究方面某些有毛病的地方在哪儿呢?我教的有些学生是很聪明的,他们喜欢很好地看看书,提出来自己的意见,提出来自己的疑问,我觉得确实好,但是他们不敢发表。他们说若这样发表出去,会涉及到学界大家，这样好不好？我说你不要担心，这个是可以的。如果你能够发现某些情况，就应该进一步考虑，应该进一步证实。真正的专家，他会认为你这是非常好的，会非常欢迎你的，不会对你有什么别的啥想法。真正好的学者，他巴不得你有创见，巴不得你把这个问题进一步研究下去。对后来者都得这样啊，我就喜欢学生能提出问题来，让老师为为难。要不然的话这个社会怎么进步，是不是？科研的这两方面都是需要注意的，第一，你要紧抓住你自己所教的、所做的；第二，你要会审思，会提出问题，会思索问题。

孙：就是结合您自己这个教学，对教学进行反思，然后写出您教学方面的一些文章。

徐：然后对你教的课程本身加以思索。

孙：对，然后就是敢于挑战权威，不断地追问。

徐：对！对！我不是说权威等着你去挑战。不过，从长远看，肯定会有这个情况，因为毕竟需要后浪推前浪吗，原来有个高峰，后浪过来以后，他肯定要推着往前进。毫无疑问了，就会是这样。这样思索非常好，搞研究必须这样。

孙：对。最后我想问一下徐老师，您对外院学院未来的发展有什么好的建议呢？

徐：好。说老实话，我有个担心，就是"守成"不容易。咱们是"有成"了，但是"守成"也不见得容易，我是担心这个。咱们河南大学英语专业，在1998年全国评估当中，英语专业是A++，这以后一直是A++，虽然名次有点不一样。原来是第六名，后来第六、第七、第八、第九。现在到第几了，我都害怕降到10名开外了，是不是降到10来名了？这是我最担心的。你知道学科评估是在不停地统计，你发表的东西，你出的作品，你写的论文，人家都在统计着呢。你的文章被多少人引用了？像徐盛桓教授，他的文章在全国引用量第一，我们现在还有吗？你看人家徐盛桓教授回广州了，咱们后来者却跟不上，当然下面很难有人跟得上他这个节奏，他这个节奏太厉害了！一年七八篇啦，这个很难得的，当然年轻人赶快奋起直追啊。更重要的是老师教学生的水平，教学水平，这个非常重要。有的人对本科教学容易忽视，不愿意搞本科教学。而且说本科教学太累。太累啥？无非是改作业嘛，那你老师不改作业，很难当老师，是不是？都不愿意在这方面投精力，那怎么能行。要有乐趣才行，必须有兴趣，热爱自己所学，热爱自己所教，这才行啊。有些青年人容易走极端，我考虑这方面多，研究这方面就多一点儿。年轻教师本来就有压力，又是副教授还没评上啦，副教授评上了还有教授问题啦。这个压力很大，永远都没有停息的时间。当教授了还得想着我的博士导师啦。不过现在都是博士了，还会想着别的，像国家社科项目啦。国家社科项目没有，怎么办？国家社科项目没有，拿什么去当博导？实际上国家社科项目给你钱，是叫你带学生的；没有这个项目你又没有钱，你带啥学生呢，这就很麻烦。所以现在其他方面的压力太大，反而对教学放松了，而教学也是很大的事情。说老实话，我们那 A++ 的英语为啥在全国有影响？就是我们的铁塔牌学子，我们的铁塔牌学生，在各大中学工作的都是呱呱叫的，在国内外所有高等学校工作的这些人也都是呱呱叫的，这样人家对河大的印象才好。你的本科生毕业生，人家都愿意要。你一推荐，人家马上抢着要。人家要你推荐的研究生，咱们河南大学现在都推荐。咱们英语专业的学生，现在都咋样了？我怀疑都跑到上外去了。

孙：早都推出去了。

徐：我估计都是推到上外去了。

孙：对。

徐：上外对咱们喜欢得不得了。你的学生就是好嘛！你的学生好，人家才想到你院名气啊，才有所谓的 A++ 嘛。这个方面绝对不能削弱，咱们的老师必须在这方面特别敬业才行，兢兢业业做事，这一点是绝对不能够心有旁骛，如果我们这个搞得好，再加上科研也能跟上去，咱们就会保持我们的这个位置，在人们心目中的位置，至少是这样。当然现在我看了咱们的外语是 B 类，外国语言文学是 B 类。B 类是因为啥？我知道很明显，德语法语日语这些小语种没有上去。

孙：对！现在小语种还没有博士。

徐：要是让我做，我就劝学校高薪聘请，准能聘请几个来，我就不信，连个带头人都请不过来。一请过来都可以带研究生、带博士生，因为咱们是一级学科博士点，咱们学校应该在这方面给点支持。过去，咱们的英语专业为啥得到博士点，就是学校领导对咱们的大力支持，在经费上绝对保证，在引进人才上，绝对保证。为什么现在对小语种是弄到哪儿算哪儿，能搞到什么地方就是什么地方呢？你不知道，这样一来，我们这个世界一流大学、一流学科的目的就达不到。弄不好，外语这个学科达不到 A 类，就是因为这个小语种没达标。你要说河南大学外语学院光有英语，你说说，早就是 A 了，就算不是 A++，至少保证 A 或 A- 吧。现在成了 B，怎么办？

孙：现在还有就是老专家们都退休了，然后下边接不上来，这是一个很大的问题。

徐：实际上都给你们腾出位置来了。

孙：但我们坐不上去啊。

徐：这一点确实需要处理。我是衷心希望咱们河南大学能保持咱们的位置。"守成"的压力更大呀！我也替他们感到不安。有时候就是不太好办。

孙：那非常感谢徐老师今天参加我们的访谈活动。昔日的留学欧美预备学校的英文学科已进入全国综合性院校的英语专业的先进行列，离不开像徐老师这样兢兢业业为我们做出杰出贡献的老领导和老专家，非常感谢你们。祝外语学院越来越好，也祝徐老师身体健康，万事如意。

徐：谢谢，非常高兴。

28 | 吕长发教授访谈实录

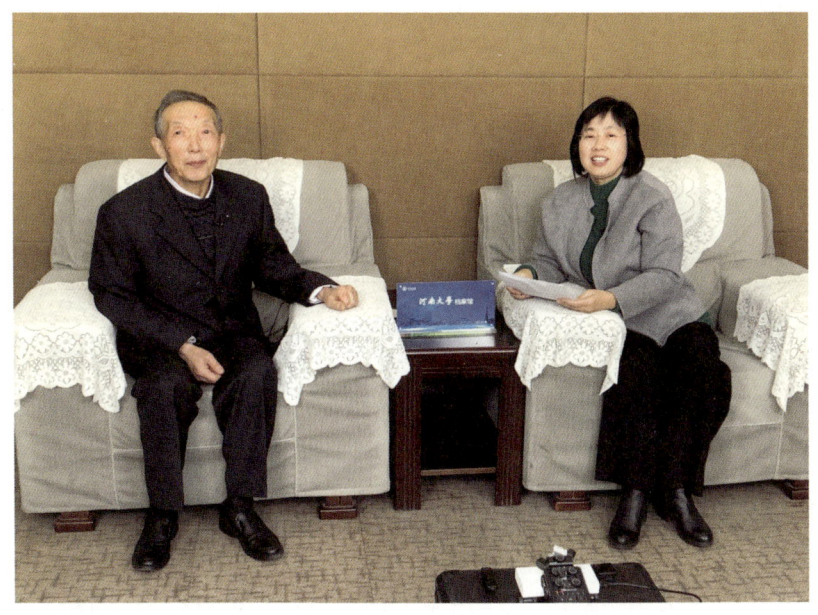

受访人：吕长发
采访人：孙晓青
时　间：2020年10月20日下午
地　点：河南大学档案馆（图书馆东楼）

吕长发

男，1940年11月生，河南太康县人，中共党员，1962年毕业于河南大学，博士生导师，河南省比较教育学会理事、旅游学会理事、外国语言学会常务理事。主要研究方向为英美文学、西方文论。

孙晓青

女，河南大学外语学院副教授，文学博士，从事英美文学、西方文论方面的研究。

孙晓青（以下简称"孙"）：吕老师，您好！很高兴有机会对您进行面对面的现场采访。河南大学外语学院与河南大学同岁，办学历史已百余年。外语学院作为母校的源头学院，既是河南大学发展的见证，又为河南大学的发展做出了自己的贡献。您作为河南大学外语学科发展建设的亲历者、参与者和见证者，一定有很多感慨，今天的采访就主要围绕这一主题展开。首先，我们知道您毕业于开封师范学院，也就是现在的河南大学，那就请您谈谈自己的求学经历吧！

吕长发（以下简称"吕"）：我是1958年来咱们学校外语系学习英语的。当时河南大学只有中文、历史、地理和外语4个系，外语系只有英语和俄语两个专业，而且每年招收的学生都不多。像我们那一届英语只有2个小班，我们毕业的时候只有41位同学。由于办学条件的限制，当时我们开的课程并不多，4年里面我们只开了英语精读，有点像咱们现在的《综合英语》，就是Comprehensive English，和泛读、英语会话、英语语法、英语教学法以及英国文学史。办学设备更差，同学们主要是通过听老师讲课和自己练习来学习语音、语调、语法知识这些英语方面的东西。我记得我们当时教学设备很简单，只有留声机和唱片，所以我对这两个词的印象特别深刻，gramophone留声机，现在咱们一般都不用这个词了。有的时候就用这个 record player，就不太用那个词了，另外一个唱片，就是 record。这种留声机需要你不断地更换唱针、摇动曲柄、上紧发条，然后才能听。恐怕现在的年轻老师就没有怎么看见过，有的知道留声机可能是从电影、电视上看见过。我们当时就是反复地听这些唱片。我记得当时有两张唱片是著名的英国戏剧大师和演说家 George Bernard Shaw 所灌制的。他在上面说，如果这种留声机你操作得不好，那就不是你要听的东西了。他说，除非你们操作得比较好，不然的话，你们所听到的就不是正宗的萧伯纳，而是冒牌的萧伯纳了。可见我们当时教学设备之差。我们感到幸运的是我们有吴雪莉老师这样说地地道道英语的老师，所以外校的老师和学生都非常羡慕我们。当时出书也没那么多，老师和同学们还要花大量的时间参加政治运动、到校办工厂和农村劳动，所以学习的时间并不太多，时间有限。只是到了 1960 年，中央提出了"调整、巩固、充实、提高"的八字方针，抓劳逸结合、抓教学改革，我们才有了更多的学习时间。同学和老师们非常珍惜这些机会，我们都如饥似渴地学习知识来充实自己。所以这一段时间我们还学习了不少东西。当时我们上课的情况大致是这样，就是整个条件还是比较差的。

孙：谢谢吕老师！您从河南大学毕业后留校任教，请您谈谈当年河南大学外语学院是个什么样的状态。

吕：好。我是 1962 年毕业留校任教的，从一个学生变成了一名教师。我知道一名教师责任的重大，要想做一个合格的英语老师，必须有坚实的英语专业知识，还要有一颗全心全意为人民服务的心。所以当时我就抓紧时间攻读业务，很系统地读了大量的英文文学作品。但是，就整个外语系来说，当时的办学条件还是比较差，有很多课还没有开出来，班级也不是太多。教学设备只是到了 1964 年、1965 年才有了一种盘式录音机，就是咱们平常说的 810A 型那种录音机，再后来才有了盒式磁带录音机。就在这样的情况下，老师们认真教课，同学们认真学习。但是

后来发生了"文化大革命",很多老师受到了冲击,很多老师受到了批判,学校不少领导受到了批判和斗争。再后来到了1972年,我们开始招收第一批工农兵大学生,外语系招收了120名。我们要教学,还要带领这些同学上山下乡,向工人学习、向农民学习。像我就带领学生去过林县、辉县、洛阳拖拉机厂,另外办培训班还去过信阳这些地方。确实去了不少地方去搞学习,一方面要劳动,另一方面还要上课,还要给学生编写教材,所以整个说还是比较忙碌的。这是当时的情况。

孙:谢谢吕老师!我们都知道吕老师长期担任河南大学外语学院领导,前后长达20个年头,请您重点谈谈这一时期外语学院发展建设的一些重要转折点,好吗?

吕:党的十一届三中全会确定要把党的工作重点转移到社会主义现代化建设上来,就开始抓经济建设。咱们学校也更好地制订了教学计划,进行教学改革,当然我们外语系也同样是这样。我是1980年12月被任命为外语系副主任的。因为国家和学校都强调选拔知识分子这样的领导干部,咱们学校也更多地从教师中选拔系里面的领导干部,所以我就做了系的副主任,主管教学工作。后来因为咱们有了研究生,我还兼管研究生教学,还要管外籍教师的讲课,因为咱们后来聘请了外教,所以整个说来还是比较忙的。我当时就是觉得自己责任重大,为什么呢?因为我们的老师有的已经年迈了,有些甚至已经过世了。要把这些老师们一生为之奋斗的教育事业,把他们严谨的治学态度继承下来、传承下去,这确实是一项光荣而又艰巨的任务,所以我感到自己肩上担子非常沉重。我就和系里的党政领导一起深入地征求了老师们的意见,制定了外语系的发展规划,然后尽心尽力地去付诸实施。首先我们要进行教学方面的改革,我们当时就派出了一些老师到四川、北京、上海这些地方去参观学习。他们回来以后带回来不少外地的经验,咱们就根据这些经验改进我们的工作。我们开出了更多的课程,像英国文学选读、美国文学选读、理论语法、课外必读、报刊英语、修辞学、词汇学都是那时候开出来的。同时给学生开出了更多的选修课，这样可以更好地扩大同学的知识面，更好地为社会服务。另外咱们对每一门课程都制定了教学大纲，要求老师严格按照执行。还对咱们老师的教课、辅导、批改作业、考试都做了比较明确的规定。关于考试，咱们就对考试命题、评卷、记分都做了比较严格的规定。由于咱们要求比较严格，所以学校领导和教务处的领导就多次表扬我们，说咱们外语系教风和学风比较好。这个风气就一直延续到现在。当时有些老师已经退休，还有一些老师调离了咱们学校，师资力量欠缺。老师非常重要，你想把教学搞好，你首先得有教书的人，得有老师。咱们就从1977级和1978级的毕业生中选拔优秀的毕业生，选拔了20名来充实教师队伍。咱们又从以后各年级选拔和从外校调来了不少优秀的毕业生，这样教师队伍就比较充实了。再者，咱们派这些老师去进修，到别的学校听课，也请外面学校的老师来这里讲课，来扩大咱们的知识面和咱们的整个视野。譬如说，咱们当时就请有名的许国璋先生，因为许国璋先生编写了英语课本，一、二、三、四那几册都是他编的。他影响比较大，咱们请他来讲课。另外咱们还请上海的陆佩弦教授、南大的陈嘉教授，还有别的一些老师来讲课，这也是提高咱们老师业务水平的一个办法。再者，我们就是选派老师出国进修，因为已经改革开放了，有了可能了。1985年5月，经省人民政府批准，咱们河南大学就派出了第一个赴美考察访问代表团，由咱们当时的校长李润田校长带领，他是团长。团员有中文系的主任刘增杰教授、化学系的主任张仲仪教授和我，总共4个人。我们访问了美国的中康州大学、宾夕法尼亚州西彻斯特大学，还有田纳西州的李学院，Lee College，现在已经改名叫李大学，Lee University。咱们去了和他们的校长、领导会谈。我一方面参加会谈，一方面翻译，还要起草双方交流的协议。等会谈完，咱们这协议基本上也就成型了。这样，咱们和美国的这些学校都建立了交流的关系，特别是互换教师进行人员和学术交流这样的协议。咱们所到之处都受到美国这些大学的热烈欢迎。当地的很多报纸都登了河南大学的介绍,还有河南大学的图片,包括咱们校门、礼堂那些报纸都登了。有关这些访问的情况,咱们档案馆存了些照片和资料。从当年或者从下一年,咱们学校就派出教师到美国这些学校进修学习。譬如李学院、李大学,咱们就先后派出了12名教师去进修学习,这对于这些老师的提高确实是大有帮助。再者从1980年起,咱们开始聘请外籍教师。你可能还记得咱们当时聘请的有多萝西·卡梅伦,后来有卡罗琳·德克森这些老师。这些老师一个是给我们带来了知识,另外带来了他们是如何教学的,包括学校如何管理的经验。咱们还派自己的老师当他们的助教,跟他们一块研讨问题,对老师也是个提高。所以咱们就通过这些途径帮助提高师资水平、教学能力和教学技能。第二个咱们就是编写教材。当时学校要求文科各个学科要有自己的教材,咱们一方面引进比较好的教材,另一方面咱们编写自己的教材。这中间比较突出的就是刘炳善先生的《英国文学简史》。刘炳善先生从事英国文学史研究多年,积累了大量的材料。他非常辛苦地工作,因为当时还没有电脑什么的,他每写一个东西就要做几十箱的卡片。咱们先开了一个全国的英国文学简史研讨会,就是邀请全国各个外语院校的老师参加。然后,1981年《英国文学简史》由上海教育出版社出版。出版以后,当时就作为全国英语专业文学史的通用教材了。可以说这是国内第一本用英文编写的《英国文学史》。当然以后有南大的、上海的,比如刚才我提到的陈嘉老师,还有别的一些老师编的《英国文学史》,那后来又出了一些,但是它这是第一部,影响最大的,印了好多次,现在仍然在用。他们来咱们学校参加研讨会或者交流的老师还提起,我当年就是读的你们刘炳善老师的《英国文学史》,学的英国文学。另外我们还开出了比较多的课,还编写了像《修辞学》《词汇学》《理论语法》这些教材,这些教材的影响也都比较大。由于咱们教材这方面比较充足,有了比较强的师资,咱自己就觉得可以把教学搞得更好。再者就是设备,刚才谈到咱们外语系原来的教学设备是很差的,后来随着国家的发展和科学技术的发展,咱们的教学设备就越来越好，当时我们外语系像别的系科一样也搞自己的创收，咱们主要的就是《中学英语园地》。这本杂志的发行量很大，我记得最多的时候能发行到100多万份，相当的可观。再者就是成人教育。因为当时高校并没有扩大招生，所以很多高中毕业生，他们上大学不容易，那就上咱们的自考，咱们有自学考试脱产班，每一年咱们都有招不完的学生。所以这两块是咱们的主要收入，另外还有咱们成人教育的别的一些项目。咱们就把《中学英语园地》和自考所收入的自己可以支配的资金，当然不是说你能支配很多，你必须首先交给学校，然后剩下的部分，学校给你规定这里面多少百分比你可以用，咱们就把这些可以用的用于咱们自己教学，设备建设的这一部分主要都用于购买教学装置设备。所以就在这个时候咱们就添置了境外卫星接收装置和闭路电视系统，当时不说在全省，在全国都是没有的。另外咱们还建了不少的语言实验室，后来有更多的语言实验室，这样教学设备就比较好了。在上个世纪80年代,咱们外语系的教学设备在全省可以说是很先进的,甚至到了90年代,在全国也处于先进行列,咱们的教学设备一直比较好,所以整个办学条件得到了很大的改善。再加上1979年咱们开始招收研究生，这是咱们外语系招收研究生的开端，就开始有研究生入校学习。后来到了1981年，咱们就有了硕士学位授予权。我记得当时咱们是国务院学位委员会首批批准的有硕士学位授予权的单位之一。当时在咱们国家西北和西南的很多地方都没有授予权，所以那里的很多学生来到咱们这里申请硕士学位。经过咱们这些努力，1984年12月就由省通过评审，确定咱们外语系英语专业为省重点学科，这是一个大的突破。当时咱们外语系所努力的目标，第一个也是说要在20世纪80年代的上半期实现这个目标，咱们就实现这个目标了。另外1983年咱们俄语专业恢复招生，后来日语在1984年的时候也开始招生，就是说咱们招收学生的学科更多了，咱们办学的层次也更高了，这是咱们当时的目标。等咱们系英语专业被确定为省重点学科之后，咱们下一步的目标就是说进一步地提高办学层次,看怎么样能够把咱们这个学科点办得更好。再一个就是到了90年代,咱们的主要奋斗目标就是争取博士点,这当然也是个大事情,大目标。我们也感到这个任务比较繁重,有很多工作要做。一个就是提高自己本身的能力,当时叫练好内功,从教学上、科研上提高自己的水平,还请更多外地的专家学者来这儿讲学,加强与外面的交流。一个是尽可能地聘请国内的专家。国内的专家学者像北大的胡壮麟教授,北外的王文融教授,社科院的朱虹老师、袁可嘉先生,还有社科院的吕同六先生和王逢振先生都来咱们这儿讲过学,对咱们自己也是个提高,另外也加强了咱们学院跟外面的交流,对咱们非常有好处。另外一条就是咱们感到还需要引进一些人才。首先在1985年的时候,张今先生从安阳调到我们外语系任教。张今先生对于英汉语言的研究很有自己的见解,写了好多书,比如说《英汉语言对比研究》《英语与信息结构对比研究》,另外像《英语句型的动态研究》,他本身也翻译了好多书,在国内有比较大的影响,咱们就把张今先生调来了。1990年,张今先生被国务院学位委员会批准为博士生导师,他是咱们学校的第一位,也是当时唯一的一位博士生导师。因为那时咱们没有博士学位授予权,自己不能授予学位。所以在1991年4月份,当时的陈信春副校长、张今先生、研究生处的张德宗处长和我就去广州的中山大学,和他们研究生处的领导商讨张今先生挂靠到中山大学招生的有关事宜,很快地达成了协议。然后张今先生1992年就开始招收第一届博士生。第二位老师就是徐盛桓先生。徐盛桓先生是国内知名的语言学家,他尤其是对应用语言学和认知语言学有很深入的研究,他本人所搞的认知应用学理论有很大的影响。他发表了很多专著和论文,那咱们就把徐盛桓先生请来了。徐盛桓先生出版了很多专著,发表了很多论文。据科学技术文献出版社出版的《中国期刊高被引指数》的统计,在语言、文字学领域,徐盛桓先生,在2008年和2009年,分别名列第二名和第三名,可见他的影响比较大。另外咱们自己的一些老师也在努力地搞好科研,像王宝童教授的英诗研究、徐有志教授的英语文体学，我的西方文论，就是西方文学批评理论和西方戏剧这方面的研究，还有郭尚兴教授的翻译理论研究和中国传统文化英译，咱们有时候把它叫中文典籍英译，这些方面的研究都出了不少专著，发表了一些文章，在国内都有比较大的影响。像刚才我说的这些书，有些就是外边高校一直用的教材，所以有比较大的影响。还有别的一些老师也发表了不少东西。这样咱们在1998年就被国务院学位委员会批准为博士点，有了博士授予权，这当然又是一个很大的突破了。可是我们也没有满足于这个，觉得还应该更好地提高自己，把各方面搞得更好。一个是抓教学，开出更多的课，更好地为咱们的社会主义建设服务。尤其是咱们后来办的翻译专业，那就是完全针对英汉翻译，一个咱们要为建设服务，另外一个要搞实践上国与国之间的交流，所以这个还是很重要的。还有不少的比我们更年轻一点的老师，像张克定教授、牛保义教授、高继海教授、刘辰诞教授、蔡新乐教授都有自己的研究专长，有自己研究的领域，写了不少的专著，发表了许多的文章，所以咱们的影响也就更大了。我觉得外语学院走到今天，咱们确实做了大量的工作。作为我们来说，也是兢兢业业，不敢有丝毫的懈怠。比如说我管教学那个时候和后来做学院的领导，以至后来做院长，都唯恐自己工作做不好而对不起前面的老师和全系全学院的老师们。所以我自己感到咱们学院现在的发展还是很不错的。

孙：好的，最后一个问题，河南大学外语学院是您亲眼看着成长起来的，对于明天的外语学院，您有怎样的期许呢？

吕：外语学院发展到今天，刚才谈了，真是很不容易。这里面首先是党的领导，学校党委和行政领导给了我们大力的支持和具体的指导。外语系和外语学院各届领导班子、党政班子非常的团结一致。再一个就是老师们大家的共同努力，我自己感到咱们的老师都把外语系、外语学院当成自己的家，我在这里工作，这就是我的家，我一定要把这个家建设好。所以有很多老师默默地工作，不图名，不图利，辛辛苦苦地工作

了一辈子,这给我留下了很深的印象,我想起来就一直非常感激这些老师。到了今天我们外语学院发展要有一个新的起点,我们取得这些成绩,感谢党,感谢我们这个时代给了我们这些机遇。但是我们要发展,我们发展的任务还比较艰巨,我们要在新的起点上定下更高的目标。比如说怎么让我们的学科发展得更好,更好地为经济建设服务,不至于我们的毕业生毕业之后还要有一个很长的适应过程,比如说咱们学理论学得比较多,你到了工作岗位以后叫你做翻译,有的同学到了医学院这些院校,有的到了工学院这些院校,你必须得适应新的东西,当然这是免不了的。但是如果咱们能够做得更好,更好地为社会主义建设服务,可以少走不少弯路,把工作搞得更好。再者我们要发挥我们的长处,像咱们刚才谈到了,咱们外语学院,就英语来说,语言学、文学、英诗,这些方面都是搞得比较好的,都有自己的优势,怎么样更好地发挥自己的优势,然后拿出更大的魄力,把咱们的工作搞好。同时我也相信在咱们学校党委的领导下,通过外语学院领导和教工的共同努力,外语学院的明天一定会更美好,成绩会更大。

孙:好。非常感谢吕老师您能接受我们的邀请,参加今天的访谈活动。昔日留学欧美预备学校的英文学科已进入全国综合性院校英语专业的先进行列,我们不能忘记一代代像吕老师这样为外语学院发展做出贡献的老领导、老专家和学者,祝外语学院越办越好,祝吕老师身体健康,万事如意,再次感谢吕老师。

吕:谢谢你。

29 | 蒋达权教授访谈实录

受访人：蒋达权
采访人：曾庆涛
时　间：2020年11月18日下午
地　点：河南大学档案馆（图书馆东楼）

蒋达权

男,汉族,1935年11月生,上海市人,研究生学历,副教授,团体操专家,曾任河南大学体育系副主任(主持工作),开封市政协委员。

1954年9月—1956年7月,在北京体育学院本科学习;1960年11月—1964年1月,在北京体育学院研究生部学习。

1956年7月—1960年10月,留北京体育学院任教。1964年2月—1995年9月,任职于河南大学体育系,担任体操教研室教师,其中,1971年1月—1972年3月,任河南省体操队教练;1984年2月—1985年11月,担任全国第一届青少年运动会大型团体操"奋飞"的编导组主要成员;1987年4月—1995年9月,任河南大学体育系体操教研室副主任;1989年4月—1999年4月,任河南省开封市政协委员;1990年5月—1991年1月,作为团体操专家组成员之一,被国家体委派往博兹瓦纳,参加南部非洲十国经济发展共同体(SADCC)大型会议开幕式团体操的设计、编排、训练、表演等编导组织工作;1990年5月—1994年9月,任河南大学体育系副主任(1990-1992年主持工作);1995年9月—2001年7月,担任河南大学体育学院实验班辅导员;2001年10月—2013年7月,在河南大学体育学院教学办工作;1996年2月,退休。

曾庆涛

男,汉族,中共党员,1972年8月生,河南省商丘市人。研究生学历,教育学博士,教授,硕士生导师,体操国家一级裁判,现任河南大学体育改革与发展研究中心副主任。

1991年9月—1995年7月,在河南大学体育教育专业本科学习;1995年9月—1998年7月,在河南大学体育教育训练学专业硕士研究生学习;2008年9月—2011年7月,在河南大学体育教育训练学专业博士研究生学习。

1998年7月,硕士研究生毕业留校至今,从事教学、科研、管理工作。曾任体操教研室主任、党总支(党委)办公室主任、研究生与科研办公室主任等职。

曾庆涛(以下简称"曾"):蒋老师您好,非常感谢您的到来,很高兴今天能有这样一个机会,在河南大学面对面地对您进行现场访谈。首先我要向您表示崇高的敬意,感谢您为河南大学体育学院做出的贡献。众所周知,您可以说是新中国体育的奠基人之一,也是新中国最先的几批体育教育工作者之一。据我所了解,您是我国体育界体育最高学府北京体育大学的第二批学生。您能谈谈自己是如何走上体育之路的吗?

蒋达权(以下简称"蒋"):好。我中学是在上海上的,我上这个中学原来叫震旦大学附属中学,后来震旦大学改成第二医学院,上海第二医学院,我们那个附中改成向明中学,"向前"的"向","明天"的"明",是上海市的重点中学。这个学校,特别是体育,比较重视。我举一个例子就可以看出来了。我们到课间休息,所有同学都要到操场上去,不能坐在教室里,不能看书,做作业也不行,除了下大雨什么的,都要上操场上去。干啥?活动。那时候我们每个班都有小皮球,现在这皮球没有了,那时候是小皮球,小孩踢球都踢小皮球,还有篮球什么都有,到操场上去玩去,这是很大的特点。那时我也好动,我上中学的时候也喜欢篮球、排球、足球,还有垫上运动,那时候还不叫体操,叫垫上运动,不是叫技巧运动。后来有机会我也参加了上海市体育馆办的一个技巧训练班,以后我去参加学习了,这样就学了现在体操的项目。但是那时候我去学习,没有吊环、鞍马,没有单杠、双杠,技巧、跳跃,那个好像叫垫上运动跳跃、支撑跳跃,就这样练项目,在这个学校学习。到高中阶段我还当过学校学生会的军体部副部长,就是协助体育老师,每个学年开运动会,我在办这些比赛,搞这些活动。我高一高二都在搞,我高三毕业

班了，就不担任什么工作了。毕业时候我原来考的是地质学院，还有个叫矿业学院，为啥要考这两个学院呢？因为当时我们国家刚好进入第一个"五年计划"，国家号召要大建设，是吧？那第一个"五年计划"，要建设，需要各方面的人才，特别是国家需要建什么地质，那矿业性方面开矿，这方面好像比较需要人。所以我们有几个同学商量以后就怎么考，我就要考地质学院，结果报名的前一两天，那个体育老师找到我，跟我说蒋达权你报什么学校，我说我报北京矿院、北京地质学院都可以。他说我的意见，你考体育学院。我说为啥，他说体育也很重要啊，体育增强全体人民的体质，是吧？那个成绩好了，为国争光，这都是很重要的。而且我们国家体育人才也不多，很缺，这个情况下我就报名，报名考试，考体育学院，结果北京体育学院把我录取了。我去的那个时候叫中央体育学院，刚成立嘛，六大体院刚成立，中央体育学院。我毕业的时候改成北京体育学院，前些年又改成北京体育大学。就这样一个过程，我上体院就是这样开始，就这个情况。

曾：是这样的一个情况，确实是非常不错啊。

蒋：因为当时想的很简单，既然祖国需要，那我干什么都可以。原来考虑考地质、矿院，不考了，我报体育学院，就被北体录取了，就是这个过程。

曾：另外还有一个问题，蒋老师，我知道您可以说是较完全见证河南大学这个体育学科发展为数不多的几个老工作者之一。但是您在北京体育大学毕业以后，是留校任教了，那么是什么样的契机让您来到了河南大学，最终把自己最美好的这个时光都奉献给我们河南大学这个体育教育的事业？您能不能再谈一谈您的这个工作经历？

蒋：我北体毕业是第二届，闵老师是第一届。我毕业后就留校了，那个时候我们分几批，好的、比较好的都留校，其他的到各个体育学院，再其他的到各个大学，就按这样来分配了，所以我当时有幸就留体院了，留在体院教学了。教学教了两年以后北体成立了预科，预科就是找初中毕业的学生，体育方面有点基础的上来，办个预科，等于像我们前几年搞的实验班一样，它那个时候叫预科。把我又调到预科，预科我又干了两年，我们从体操教研室调了有五六个老师到预科，专门上预科班，预科班有好几届呢。预科完了，到1960年呢，北体开始自己招研究生了。原来研究生由苏联专家培养的，到1959年以后，专家就全部撤回去了，那我们就自己培养研究生。当时也鼓励老师报考研究生，那个时候考研究生不像现在的科目那么多，学校那么多，那个时候学校很少，大家也不敢考，研究生太少了。然后我们那时候在预科，我们两个商量商量，考考试试吧。结果我们预科本科一共有6个老师考的，就考上了2个老师，就考上我们预科的2个老师。我跟另外一个女老师考上研究生了。

曾：可见您是非常优秀的。

蒋：那也不能说优秀，反正机遇比较好，考上了研究生。我研究生应该是1960年60级的，应该是1963年毕业，我们延长到1964年2月，延长了一个学期。为什么呢？因为1962年那时候国家队要参加世界体操锦标赛，第十五届世界体操锦标赛，这是我们国家一次比较正规的参加世界比赛，需要加强科研工作，刚好我们这研究生班嘛，就把我们这一个班调去了，调到国家队，停学去搞科研，搞了一年，为他们服务。等他们比赛前我们就结束回校，那么拖了一些课怎么办呢？后来学校研究延长一个学期，把这几门理论课补上，因为我们去上课，理论课不能上了，基础理论、专业理论不能上了，又补上，所以我应该是1963年7月毕业的，到1964年2月毕业。毕业以后就到河大来了，那时候思想也很简单，服从祖国需要嘛，哪儿需要到哪儿去，那时候我想革命战士是块砖，哪儿需要哪儿搬。所以一接到派令，我拿着就来了。后来我来到学校以后，我听说原来我们学校有一个老教师沙老师沙瑞辰，你可能没见过，他搞体育理论的，是我们国家比较老的体育工作者，老前辈了。他原来是老北师大的，老北师大体育系的，他在北师大任的是北师大的系主任跟老师，因为他在那边上学，后来他了解到北师大的系主任现在在北体当副院长。叫什么？我现在名字也忘了，北师大的一个篮球老师也在北体当教务长，那叫宋君复，篮球权威，是个国际裁判。那个副院长叫徐英超，他后来一直在北体当副院长，那么他通过这个关系，他到北体去要人了，他提出来要什么、要什么，要怎么样、怎么样，政治上怎么样，业务上怎么样，工作上怎么样、怎么样，最后我们刚好毕业嘛，他一挑就把我挑过来了。这是我后来到了这儿以后，我听说的，那也不是正式的消息，就这样我到河大体育系来了。就这样一个过程，我过来了。

曾：哦，是这样的。

蒋：毕业来了以后，我刚到河南以后，他们都说："哎呀，蒋达权，你怎么到河南去了？河南多苦，你怎么跑到那边去了？"我说我到河南来生活一段还可以，我说同志之间大家都很合得来，领导对我们工作什么也都很关心的，所以我也没什么别的想法，所以在这儿一待待了那么多年。中间有几次我有机会可以调走，像南京、浙江杭大、安徽师大什么都有我的老师、同学在里面，都征求过我的意见，想不想去什么的。后来我想河南挺好的，同事们之间关系也挺好，那领导也很关心的。我一直没动，所以我一直在河大了，大概前后有50来年了。我是1964年来的，50多年了，我是1995年退的，整个过程就是这样的一个过程。

曾：您是把最美好的时光都奉献给了河南大学。

蒋：其实我对河南大学是有感情的，我来的时候叫开封师范学院，我到了河南省教委报到，省教委说了我们这儿也需要人，开封师院也需要人，你到哪儿？我想想我说我上开封市师院，我想搞教学，不想搞训练，那我就来了，一直在这待了这么多年，你想我退休到现在都25年了，是吧？我感到这还是很好的，同事之间什么都很合得来，工作也比较顺利，就是这样。

曾：那就是。蒋老师，体操教研室在体育学科的发展中起到一个领头羊的作用，是不是？您能不能谈一谈？

蒋：我们那时候，体操这个专业在全国来讲力量比较强。强在什么地方？那时候我们有7个老师，3个是北体的，2个是上体的，1个是西安体院的，1个是郑州体院的。这里面5个男的，2个女的，一个是丰老师，你不认得，一个是李老师，你认得是吧？5个男的。闵老师、我，还有蔡芳川、傅德庆、李贵锁。所以总的来讲我们的力量比较强。所以那时候中南西南搞了一个协作区，就体育专业的协作区，大概有十几个单位，中南西南体操方面多以我们为主，开会讨论教学训练什么各方面问题。所以当时看来我们教研室的力量是比较强，因为大部分老师都是北体上体来的嘛，是很不容易的。

曾：是这样的，这个聚集了各方面的这种人才，尤其是北体上体，这实力是非常强的。那么这样就给我们体育学院，尤其是体操这个项目，给体育学院的发展开辟了一个我们走向全国的这样一个先河。

蒋：对。

曾：那么蒋老师，据说当时我们河南大学体育学院的体操专业确实是非常厉害的，也涌现了许多国内国际上比较知名的专家，这其中当然也包括您。在查阅体育学院历史文献的时候，也看到了您曾经参加了我们国家团体操的这种表演，也前往国外进行了表演。在您任教师的时候，还被国家体委作为团体操的专家，进行援外帮助他们进行团体操训练的这样一个活动，进行培训。您能不能谈一谈您当时出国进行援外的一些情况？

蒋：1955年，我当时还是一年级的学生，我刚进体院1年，1955年5月份接受了任务。学校把我们和闵老师那一届（第一届），我们那些届，下面还有中专科，大概全校2000多人，就是在体操房选人、找人，我们也不知道怎么回事，就一个班过去，一个一个过，做做动作，看看，最后完了也不说什么就回去了。过两天名单宣布了，这几个人，我们也不知道是什么人就去开会了，开会一讲，就说我们学校接受一个任务，什么任务呢？要出国，要进行团体操表演。什么事情呢我们也不了解，说去参当时的加捷克斯洛伐克庆祝解放10周年。1945年它们解放了，二次大战结束，到1955年不是刚好10年嘛。庆祝解放10年，它们举行全国第一届运动会。那么运动会就邀请了兄弟国家，当时12个社会主义阵营国家都派代表团去。那么我们国家就组织了一个团体操代表团，大概有100多位同学，一半男的一半女的，去进行表演。我们大概一共训练了有2个月吧，不到3个月，因为时间很紧张。那几个教练老师边商量边训练、边训练边改，那种就很紧了。弄完了以后就去集合了，当时我们去的人比较多，我们那个代表团大概有200来人，团体操大概有一百五六十人，还有那两个第一个是武术队，是北京金轩京剧团派去的，大概有二三十个人，还有海政文工团的一个皮条，就像吊环一样的皮条，爬杆皮条有十来个人，一起去了，一个体育代表团。政府代表团团长是贺龙元帅，我们也由我们学校北体的教务长李东明领着一起去的，那个院长也参加了政府代表团一起去了，就这样去了。我们从北京出发，全程那时候还没坐飞机，因为人太多了，都是坐火车去了，就派了一个专列，大概有四五节车厢吧。除了我们以外，还有别的人去参加世界和平会议，什么越南的代表、朝鲜的代表一起，因为他代表很少，两三个人三四个人一起坐，坐了卧铺车厢。从北京到满洲里走了3天，满洲里又停了1天，满洲里到莫斯科走了有七八天，莫斯科又停了1天，莫斯科到乌克兰的边境交付，又走了1天多，又停了半天，然后又走了有一两天，一路上走了有半个月。非常艰辛，那天还热，还有你不能洗澡，睡在火车里面。到了地方还在等，因为当时火车的轮距宽窄不一样，每个国家都有自己的，到一个地方都要换车，有时要换底盘，有时换车厢，所以费时间很久。到了以后我们就到现场去。他那个表演场实际上不是一个运动场，是专门一个大型的表演场，可以坐十几万人。我们开始一看下面绿的，当成了草地，实际上不是草地，是它的沙土染成绿颜色的，地上有沙土，很薄的沙土，一看跟草地一样。那个场地是相当高的，主席台的两边角上那里还有转播台，那时候他们就有电视了，可以电视转播。那么我们就去熟悉场地什么的，一共是表演了3次，大场地表演了2次好像，小场地表演了1次，也很受欢迎，那个反响特别好。完了以后我们就回来了，因为我记得我们一个国家去表演团体操，别的国家都没有，苏联派体操队去参加比赛，我们是大型的团体操表演，所以我们一上场那门口围了好多老百姓都看了，都给我们拍手鼓掌，那时我们也很激动，我体会到了那个老百姓自己的感情，都是共产党领导的国家，感情相当深。回来以后我们又把那些资料都整理总结了交给学校，这是第一次。第二次就是1990年，就是我退的前5年，国家体委给出一个通知，就需要我到北京去参加这个援外的任务，到哪儿呢？到博兹瓦纳，那是在南部非洲，就是在南非的北边有一个国家，他们是搞什么活动呢？当时南部非洲有个南部非洲经济发展协调组织，叫萨迪克，SADCC萨迪克，那个是成立15周年好像，还是20周年，我记不清楚了。另外还有一个南非也要参加，本来南非不在里面，只有9个国家，周围有9个国家都参加了，只有南非不参加，这次南非还要参加。所以那个大会搞得很隆重，就特别邀请中国去帮他们搞个大型的团体操。他们以前也搞过，以前苏联跟朝鲜也去帮他们搞过，这次他邀请我们去帮他搞。我们去了有5个人，前前后后去了有8个月，5月底走的，次年1月上旬回来了。看了以后大使馆后来跟我们讲了，他们观众反应都很强烈，非常好。他们都说比以前苏联跟朝鲜帮他们搞得还要好，其实非常壮观。

曾：人数是非常多的，队列的变化也很多。

蒋：动作变化那个是比较多的，他们看了以后几乎都一直在鼓掌。完了以后我们准备要回来了，然后他们又提出来，你们能不能帮我们办一个学习班。我们把老师集中起来，让他们以后也能搞这个。后来我们跟大使馆说，大使馆大概跟国内联系上也同意了。这个学习班集中了有三四十个老师，男的、女的都有，都是中学、小学老师，我们给他们讲课，我们4个人每个人分一部分，有的讲队形，有的讲动作，有的讲编排，像那个讲背景什么的跟他们讲，讲了以后他们也很高兴。这两次任务完成都比较理想，比较圆满，大家都很高兴。

曾：我们的这个团体操为国家做出了非常突出的贡献。另外蒋老师，我看到您1971年到1972年的一年间，还曾经被我们河南省体委聘请为河南省体操队的教练。您能不能谈一谈您担任教练这一段时间的经历或者是一些情况？

蒋：我也是临时接到通知，学校说省体委想把你借去，他们现在需要。那个时候因为家里也还没开始上课，"文化大革命"中间嘛，一般都在外面开门办学什么的。他跟我说让我去省体委报到看看是怎么回事，那么我去体委报到了，报到完了以后他就跟我说了体操队。因为那时河南省体操队不成队，男的大概有三四个人，女的只有两三个人，老的那几个人都走了，就剩下这几个人，那么他们又招了一批小队员。因为人不够，所以也把我借调过去，调过去后我负责小队员的训练。他那个训练的人我到那感觉就不是很理想。当时我们河南省的这个体操技术基础不好，他选择的人大大小小，小的有十来岁的，十一二岁的，大的有十四五六岁的，而且这个基础都比较差。我在那边总共搞了一年，为啥一年又回来呢？当时学校开始要招生了，大概说开始招工农兵学员，所以又把我叫回来。所以当时呢我总的感觉我跟他们提过，领导也反映了，我说这批学员选的不太理想。

曾：选材不好，训练难度特别大。

蒋：对。有的小孩儿很快就能学会，有的小孩儿跟他讲半天，他也不理解，就给他看，他也模仿不了，就是这样的情况。那么他们也讲了，河南以前的体操开展得比较差，他们的学校也没这个条件，所以很难选人，当时的情况就是这样。

曾：整体的基础比较差。

蒋：对，基础比较差。我们几个教练碰到一起，他们有两个老教练，加上我们三四个人都直摇头，也没办法。后来我搞了一年就回来了，回来后我打听了一下，他们最后招了有十几个，男的女的大概有十五六个，大概留下了两三个，后来也没有训练出来，那个基础条件太差了。他跟基层有关系，基层开展得不好，那你选人就比较困难。你要到北京上海去，上中小学去选人，那情况就不一样了。没有基础就不好选了，这个东西一定要有基础，有基础了，很好选，选上来好训练，成才的时间也短。所以我真正在那一年搞得不太好，不成功，费了劲儿不小，当然效果不太好，可以说没什么效果。没出人才嘛，是不是？

曾：整个一年的时间也很短。

蒋：时间也比较短。后面我打听了，他们后来说了只有两三个后来留在队里的，也陆续都回去了。有的在队里训练了几年也没什么成绩，也不行。那时我们整个河南省的体操比较差。河南省在当时全国来讲体操是比较差的，就别的项目也不是很好，别的体育项目也不行。这跟河南当时的经济条件、教学条件有关系，一般学校的教学环境和教学条件都比较差。所以我都感觉这次选拔人才，不太成功，也非常不高兴。

曾：是这样。另外呢，蒋老师，在资料中我也看到您1989年一直到1999年，这个10年间，您还担任过开封市的政协委员。能不能谈一谈您在担任政协委员这10年间的一些情况？

蒋：我也是被学校通知了："蒋老师，你当选政协委员，参加政协会议。"我就去了。每年开一次大会，全市的政协委员一起开会，一般都是二三月份开会。开会主要是听政府工作报告，总结上一年开封市的发展情况，另外预示下一年开封工业、农业和其他各方面开展哪些工作，主要是这些活动。那么大会完了以后还有分组讨论，讨论完了以后还可以写提案。那么有些提案当时在会上都可以解决了，可以给你回答了，有些提案不能马上就回答了，要进行研究了，就是这个情况。那么我们当时体育组主要是有几个老师，还有几个干部。我们组的刘桂珍也是我们系里毕业的，另外还有两个干部，好像还有电视台的一两个干部也在我们组里。那么我们经常也是互相座谈讨论，包括我个人也好，我们组也好，也是每年都写提案，就是有关中小学的体育教育，学习的环境。我们好像去视察过一次，上尉氏去过一次。这个学校实在是太差的条件，这个教室没有课桌，小孩儿没有板凳，用几块砖就在膝盖上写，这个窗户也没玻璃，这就是条件太差了，根本谈不上什么体育课，根本就没有。所以这方面我们也写了提案：政府怎么样能够通过各种各样方法，通过各种渠道逐步改善。看来也有点效果的。后来尤其是修房子啊，把环境整理好，特别是操场啊，体育设备设施，不是像我们想象的一下子就全部有了，它有个过程。我们那些年每次都讨论这些问题，因为我们提案主要是了解体育方面的情况，所以这个事情我感觉也确实是我们的提案起了不小的作用。看到下面有改变了，不是说老不变，三年不变老一套，那不行。就我们提到什么，他下面有一个月启动，这就是一个很好的现象。促进这个教学，促进体育方面的更新提高，我想现在可能条件要好得多了。现在多少年过去了，我想现在肯定要好得多。

曾：整个开封市还是重视的。

蒋：是的。政协的工作大致就是这样：听政府工作报告，讨论，提问题，以及写提案，有机会了下去视察，了解了解，看看采访采访，也挺忙的，每年政协会开完至少要一周时间，开大会，开小会，互相讨论。有的时候讨论也很激烈，你认为这样，我认为那样，各人有各人的观点。

曾：各人站在不同的角度。

蒋：对。这个政协的10年对我的教育帮助也挺大的。现在要看到人家其他各行各业工作的情况，对咱们这个体育事业还是有帮助的。他们对体育也是有很大的希望，希望河南体育能搞上去。

曾：确实这样。蒋老师，我们河南大学体育教育专业，可以说是我们河南省体育学科的一个源头。今年也是我们体育学院建院60周年，是1960年3月18号我们建系，60年来我们体育学院也确实培养了许多优秀的体育人才，那么对我们河南乃至全国的体育事业做出了突出的贡献。您作为亲历者和中坚力量，您能不能谈一谈这些年您在我们体育学院的体育学科建设这方面的心得？您做的这些工作，尤其是当年您还担任我们体育系的副主任主持工作，尤其是这一段时间。

蒋：那个其实对我来讲是很有感情的，我总是经常进去转转看看，很有感觉。我感到我们河大的那个体系确实管得比较好，领导各方面比较重视，也抓得比较紧一点，特别像体育学院。我不知道现在教师的工作情况怎么样，我现在不太清楚，我想我是64年年初来的，来了以后我就参加教学工作了。我感觉我们教研室有几个比较好的方面，一个是每学期开学集体备课。当时理论课主要是闵老师一个人讲，他主要讲，我们那时候讲得很少。后来我们也讲，也分了讲，那个理论课怎么讲呢？就是你讲课的老师你首先把你要讲的这个题目，把提纲列出来，你下面怎么讲，讲哪些内容，弄好以后大家一起讨论，这就是理论课。技术课集体备课，而且技术课还要互相看课。你看我的课，我看你的课。看完课又要写报告，那什么地方好，什么地方做得不够，要写报告，要交换意见。

曾：多方意见，指出来要怎么改进。

蒋：对。这个比较好，这个我感觉很好。现在我们是不是还有集体备课什么呢？

曾：现在也做，但是我感觉没有像当时我来上学的时间，像你们那时间做得更好。尤其是你们老一代，确实也是给我们树立了榜样，因为现在我们这个教研室的人多，项目也多。在武术学院过去之后，现在武术的一部分，合在体操教研室了，还有几个游泳的，还有其他的项目也都在体操教研室，组织起来相对稍微有些困难。原来更多的全部都是体操老师，组织起来我们到体操馆，更好组织。

蒋：像现在有那么多练习，根本谈不在一起，是吧？你看你的，我看我的，游泳看游泳，武术看武术，体操看体操。在体操里面那不好弄，我们那个时候我又感到比较好的是什么呢？集体备课，统一思想，统一观点。比方说我这个学期就要哪几个东西，哪些新内容，每个内容都要过一遍。比方说我学这个动作，这个动作叫什么名字，动作的规格要求，动作的要点，保护帮助的方法，容易发生的问题，怎么样克服这些问题，

这个动作的教学步骤怎么样，先教什么，中期教什么，后教什么，逐渐过渡由不会到会。我们每个动作都要这样讨论的，都讨论得很细致。特别是开学的那第一次集体备课，你们以后上课的时候，小的组就让我们两人教一个班，两个人都要碰个头说一下，因为两个人共上了，对吧？你怎么讲，我怎么讲，两人碰头交换了意见。大的碰头，小的碰头都有。特别是大的碰头，那个很细致的，有的时候一上午都弄不完。因为每个动作都要经过六七个，都要大家统一，所以一定要统一。不能你想你的，我想我的，当然你除了统一以外，你有哪些特殊的，你也可以展示一下。我感觉这个很好，要求大家统一。理论课也是这样，大家都可以讲这个题目，这个题目我准备分几个内容讲，第一个内容讲什么，第二、第三、第四、第五讲什么，老师都提出，你第一个内容里面可以再增加什么什么的，这样的话集思广益，互相补充。内容越来越丰富，讲的内容也不枯燥了，人家听了也很好，你看你光用条条框框来讲，那也不好办了，这个效果就不好了。所以我们以前这样感觉还是比较好的。你们经常要求大家互相看课，像理论课要听课，上完课听完课以后要写报告，要写书面材料出来交给任课老师，或者跟老师当面交换意见。这样干得很好，集思广益。这样的话，老师的水平也提高了，学生的水平也提高了，我觉得这个还是很需要的。另外一个呢，我感到一个专业、一个系搞好搞不好，关键是每个成员怎么样，每个老师怎么样，对不对？一定要提高老师的那个水平，当然现在我感到我们现在年轻老师这个学历层次都很高了，都是硕士生或者博士生什么的，但是这个科学技术是在不断发展了，这个情况是在不断变化的，应该要不断地学习，不断地巩固、提高，这样的话才能做得更好。这个我感到你们现在社会活动很少，是不是？出去参加比赛的很少吧。以前我们经常出去做裁判，你像闵老师就是总裁，我们也一般都是裁判长，好像那个副总裁什么的。经常去说，裁判的公共学校来了,碰到一起互相交谈,这也是交流是吧？你教什么好呢？我一听这个我们还没有，我回去就弄了，人家没有的他也学东西，等于这是个交流的机会。

曾：是，以前他有整个高校的体操比赛，尤其是我们中西南协作区的比赛。现在这些年都没有了，去年有了一次，河南省算是举行了首届高校体操的比赛，体操、广播体操，在河师大举行了一次。

蒋：以前我们一年一个月出去一两次，有全国的，有河南省的，还有开封市的，都是这样。一有裁判了，咱大家都去做。不管当裁判员也好，当记录员也好，当记录长也好，都是很认真。比赛下来大家一起在交谈，因为去的老师很自然就谈到教学方面的事情了，这个也很好，对老师的提高也有帮助。我感到老师本身也要不断地学习，不断地创造新的东西。像以前我们一般来讲，我记得我们后一段时间，我们4个老教师联系，经常写文章。李贵锁老师、林在祎老师、李湘衍老师、我，我们4个人结合在一起，经常想一个题目，看看文章，看看资料什么。人家说现在讨论这个问题或者什么地方有问题，发现问题提出来，作为一个题目，大家来考虑写这个文章，对这个题目有什么看法。说有一段时间想动作美和难，到底是要美还是要难度？有的人拼命发展难度，这个动作做了质量很差，有的人拼命讲究姿态，动作没有难度。我们讲"难和美的关系"，大家感到这个题目好了，我们4个就一直在一起讨论研究怎么确定这个题目，题目里面怎么确定这个具体的杠杠，每个杠杠里面要加哪些内容。他这个系讨论，然后有的是一个人总这边，有的人是分头这边，有的是林老师指挥，有的是李老师指挥，有的时候大家写一部分，最后汇总。

曾：汇总起来。

蒋：这个也很好，我觉得是不是老师这边也不断地应该推广，这实际上也提高老师的素养。

曾：素养能力。

蒋：对，以前我们开始还没有，因为开始大家也不习惯写东西什么的，搞体育的一般还不搞，后来还看看写写，挺有意思。你什么问题，先把问题提出来,你提这个问题,我提那个问题,几个人一起来看看哪个问题比较重要,就能搞这个问题。完了以后大家分头到资料室找资料,然后碰在一起交谈,之后开始写。这很好,对老师的提高很快。

曾:确实,能像咱们教研室,也算是体操这个学科是吧?这算一个专项吧,算一个这个学科,老师带头,你们这老一代老师在一块儿努力,从1985年开始招研究生,也可以说是开辟了我们河南省招收体育研究生的先河,是不是?引领了我们河南省体育这个专业,开辟了这个先河。当时是什么样的一个情况,蒋老师?

蒋:当时我们有一个协作区,中南、西南协作区,我们也参加这个协作区,去了协作区,我们发现这个问题,发现各个学校情况不一样,我们就想了怎么样能够把那个工作,把自己本身的教育工作搞好,把这个专业工作搞好。我们就想着写写文章,或者出去访问,后来尤其提到好像是省里面是哪一个通知,要选重点专业,我们想我们那个时候体操专业项目,我们有没有希望搞重点专业,我们就提出了,跟系里也提了。系里组织整理了材料以后也上报了,批下来了河南大学体操学科的重点专业。后来过了两年开始做研究生,我们又提出来要招研究生,都是我们教研室先提这事。重点专业招研究生都这样提出了,从1985年开始。

曾:当时是梁老师算是?

蒋:第一个。当时有梁慈民,后来还有。

曾:左老师。

蒋:左成,左成比他晚几年。

曾:左老师是1988年的,晚3年。

蒋:晚3年?反正他晚,后来开始考研究生就多了。

曾:那时间咱们是到北京体院去申请学位,咱们是只能培养研究生,申请学位的时候咱们要去北京参加答辩。

蒋:现在不要了,开始都集中起来,统一管。好像没多久我们就自己开始了。

曾：咱们是 1993 年获批授权点。

蒋：1993 年？

曾：是的，1995 年开始招。

蒋：不对吧？

曾：1995 年，我是第一届。

蒋：你是第一届？

曾：我是第一届。

蒋：你哪年毕业的？

曾：我 1998 年毕业的。

蒋：那 1995 年。

曾：1995 年开始。

蒋：是的，那我记错了，那你应该对了，你第一届应该是对的。

曾：那时间您给我上团体操。

蒋：对对对，那应该是对的，刚刚一个系一个专业搞好搞不好，关键在教师，看你教师本身的质量怎么样，素质怎么样，你如果本身是高的话，这个专业的水平很自然就上去了，学生的质量也很自然就上去了。那我们体育系也一样，我们体育系的学生一般来讲是比较好的，因为那几年我经常下到各个地方开门办学，有的时候是学生在外面实习，我去看看，一碰到这个学校，学校就反映你们学校体育系来了，学生不错，竖起大拇指。我说怎么不错呢？他说政治思想好，工作认真负责，教学效果也比较好。

曾：是的，确实是这样。蒋老师，您出生在上海，在北京体育大学学习，确实在河南一待就待了半个多世纪了，把一生最宝贵的时光都奉献给了我们河南的高等体育事业。那么即使在退休后，也在我们体育学院关注着我们体育学院的发展和建设，甚至还被学院返聘，在我们教务办公室又奉献了 10 年，可以说为河南大学体育的事业，为河南大学体育学院的发展是尽心尽力。那么最后我想请您谈一谈对河南大学以及我们河南大学体育学院的发展有什么样的一个期待？请您谈一谈您的建议。

蒋：我是 1995 年退的，我退之前就跟我打招呼了，因为要上什么实验班，他说你当班上的那个辅导员，我说行，我就当辅导员了，这个班从 1995 年到 2001 年 6 年就结束了，后来又不招了。我刚回家，我就说算退了，我回去了不到一个月，杨军给我打电话了，他说蒋老师，你在家里有事没有？我说没事，他说没事，来来来，到院里来帮忙，他说那教学办只有孙老师一个人，你去帮帮忙。我说行，我去，结果 2001 年到了教学办到 2012 年我才退，就是我 78 岁的时候我才退。退了，又干了 18 年。我看到我们系要搞好，很有基础也有条件的，因为从现在老师来讲，年轻老师多，火气壮，对不对？干劲大，而且学历层次比较高，要比我们那时候高多了。我那时候就我一个是研究生，现在你看一大把硕士生、博士生，对不对？这是很有利的条件，但是我总感到不能停留在原地，因为社会是在发展，科学技术是在发展，我们本身也要不断地发展，也要不断地提高，所以关键我们把它越办办好，一定要把教师的工作抓好，要怎么样能够让教师更进一步地提高自己的那个层次，是吧？教师的工作主要是在培养的工作，要把它抓好。这就要看我们领导怎么样能够把大家的积极性调动起来，特别把年轻老师的积极性调动起来，大家拧成一股绳把劲儿使在教学上面，使在科研上面，这样我相信河大体育学院还会重振雄风，还能跟以前一样，这点我还是有信心有希望了。

曾：谢谢蒋老师，也非常感谢您接受邀请来参加今天的这样一个访谈活动，也希望您今后能多来学校，多到体育学院来看看。最后祝您身体健康，万事如意。

蒋：谢谢谢谢，请你代我向学院领导问好。有时间我一定要争取进学校，去院里看看。我也实在想你们，哪怕走一圈，我都心情很高兴很开心的，都一年没去了。

曾：因为这个疫情吧，这个情况，学校里面比较关注这个疫情，管理比较严格，这是一个方面。

蒋：这谈的都是我个人的意见啊。

曾：这一交谈，您又深深地给我上了一堂课，我也学到了很多。我一定会秉承老师您的这种高尚品格，继续发扬老一代老师的这种作风，去做下来。

30 | 王崇喜教授访谈实录

受访人：王崇喜
采访人：赵宗跃
时　间：2020年10月29日下午
地　点：河南大学明伦校区图书馆一楼贵宾室

王崇喜

男,1946年1月生,山东省济南市人,中共党员,1968年毕业于北京体育学院运动系。曾任河南大学体育学院院长、校特聘教授、博士研究生导师,全国优秀教师,河南省优秀专家,享受政府特殊津贴专家,河南省高校教学名师,国家精品课程《球类运动——足球》主持人,河南省高校优秀教学团队——球类运动教学团队学术带头人。曾任教育部全国高校体育教学指导委员会顾问、教育部全国高校体育教学指导委员会技术学科组副组长、教育部全国校园足球专家指导委员会副主任、河南省校园足球专家指导委员会主任、河南省学生体育总会顾问、河南省体育理论专业委员会主任、开封市足球协会主席。主要担任研究生足球教学理论与方法、体育科研方法以及本科生"球类运动——足球"、运动训练学、体育科研方法课程的教学工作。主持全国教育科学"十五""十一五"规划课题3项,国家体育总局体育社会科学研究项目2项,教育部重点课题1项,河南省哲学社科项目2项。获得第六届高等教育国家级教学成果二等奖1项,河南省社会科学优秀成果一等奖、二等奖各1项,省部级科研优秀奖6项。出版著作、教材49部,发表学术论文50余篇。担任国家高等学校"十五""十一五""十二五"规划重点教材《球类运动——足球》主编,该教材获河南省优秀教学成果一等奖和全国高等学校优秀出版物二等奖。

赵宗跃

教授。教育部第二届全国青少年校园足球专家委员会委员,中国大学生足球协会副秘书长,河南省校园足球专家委员会副主任、竞赛部部长,河南省校园足球研究中心副主任,河南省学生足球协会副主席。

赵宗跃(以下简称"赵"):王老师您好!很高兴让我有机会在咱们

河南大学对您进行面对面的访谈，体育是人类社会的一种身体教育活动和社会文化活动。它主要是以身体练习为手段，发展身体，增强体质，促进人的全面发展，为社会发展服务。您从事体育教育工作近60年，您是如何走上体育求学之路的？

王崇喜（以下简称"王"）：这个问题确实很好，10月15号中央办公厅和国务院办公厅公布了《关于全面加强和改进新时代学校体育工作的意见》，对于新时代的学校体育工作有一个新的定位，作为一个体育人对此感到非常欣慰。你问我怎么走上体育道路，我小学一年级到三年级是在徐州铁路第三小学上的，后来家长调动工作，又转到济南铁路第四小学上学，1958年考上了济南铁中，现在叫济南中学。我的体育之路和这些求学之路有关系。

赵：济南的铁中，我印象中它也是国家足球特色学校。

王：是的，这几个学校都具有很好的体育传统，所以说一个人的发展与学校的教育氛围有很大关系。在徐州铁三小上学的时候，学校的体育活动非常丰富，那时我刚刚6岁，虽然不是学校足球代表队队员，但对我影响很深。当时条件比较艰苦，没有球踢，葵花子儿吃完了剩下一个壳，几个同学放学后就在胡同里踢那个向日葵的壳。一边放两个书包当作小球门，互相攻守不亦乐乎，踢得是一身臭汗，然后回家做作业。可以说我的足球启蒙之路是从踢向日葵头开始的。

赵：您这么一说，我就想起来我们所崇拜的球王贝利，他小时候就是弄个袜子放点棉絮、破布踢。您这跟他那时候有点相似啊。

王：青少年都生性爱动，尤其喜欢动脚踢东西，是一种本能的体现。后来搬家了，转学到济南铁路第四小学，仍然是一个体育活动非常好的学校，体育老师也配得很齐全。我们家住的那个地方，离山东省体育场特别近，那里经常有很多比赛。受环境的影响，省体育场附近街道的孩子几乎都有一个自发组织的足球队，还都有队名，什么"飞虎队""胜利队"等。我们街道几个爱踢球的孩子也弄了个足球队，说咱们是初学乍练，就叫"初练队"吧，还买了队服印了队名和号码，我是9号。几支球队抽时间互相打比赛，有时候去山东省体育场的外场踢比赛，把学生证押在那儿，交点租金借个足球进行比赛。这种自由自在的踢球为我打下了很好的足球基础。1958年考上济南铁一中，学校有一个300米的跑道和一个足球场，还有很多活动设施，同学们经常自发地在足球场打比赛。初中二年级的时候，学校要参加市里的足球比赛，体育教师发现我足球踢得不错，就把我吸收到校代表队，和高中的同学们一块儿训练，代表学校参加济南市的足球比赛。

赵：那就是初中生参加高中组的比赛。

王：是的，那时候我还比较瘦小，与那些人高马大的高中生打比赛，应该说是很好的锻炼，我在学校足球代表队接受了比较正规的足球训练。

赵：那就是从开始的玩儿，对足球的感兴趣，然后逐渐进入到了学校的代表队。你这一说，我就想起来我们那时候也是放学以后摆个书包，甚至用砖头摆个球门踢球。先是对足球的热爱，然后才跟着校队进行训练。

王：我没有进过业余体校，1961年初中毕业，北京体育学院预科来山东省招生。我小学和初中阶段的学校，既注重体育锻炼，也非常注重文化课的学习，没让我们落下一次文化课，我的文化课成绩非常好，来招生的老师审查我的成绩，文化课免试，测了测身体素质和专项情况，就将我招收到北京体院预科去了。所以说参加足球训练的同学完全可以学习训练两不误。

赵：您1961年就到北京体院预科了，至今已经60年了。

王：是的，到体院预科以后开始接受了比较系统的专业训练。1961年正是国家"三年自然灾害"时期，体院坚持半天学习文化课，半天进行体育训练。预科阶段有一件事印象比较深刻。1964年全国兴起了"学习解放军"的热潮，学习"郭兴福教学法"的身教重于言教，体育界提出要苦练30米内的硬功夫，这种思想对我一生都有影响。1964年7月预科毕业，暑假就没有回家，学解放军的优良作风，苦练足球基本功，一天三练，并经常与北京市的足球队打比赛。这段时间运动量也相当的大，而且刚刚度过了生活困难的时期，参加训练的同学都本着一颗要好好向解放军学习的精神进行锻炼，可以说这段时间既提高了足球技能又磨练了意志，认识到想要干好任何一件事情，都必须付出艰苦的代价。1964年我升入北京体育大学的运动训练专业，学校既注重运动成绩的提高，也注重文化素养的培养，更注重人格品德的修炼。如那时候的中国乒乓球队，男队容国团、庄则栋都荣获了世界冠军，但是女队上不去，领导叫徐寅生给乒乓球女队介绍经验，后来形成一篇文章叫《关于如何打乒乓球》。毛主席看了以后觉得特别好，1965年1月12日亲笔作了批示，说这篇讲话"全文充满了辩证唯物论，处处反对唯心主义和任何一种形而上学"。1965年1月17日《人民日报》全文刊登这篇文章并加了编者按，号召大家要"从中学到辩证唯物论，学到毛泽东思想"。学校就让我们学习徐寅生的讲话，要学习辩证法，要辩证地看待问题，学习也好，工作也好，都要有辩证唯物主义的态度，而且要反对任何形式的形而上学，这些学习提高了我们对问题的认识水平。认识到体育专业不仅是体育技能的学练和文化理论的学习，也要注重思想品德的修养和认识论的学习。要有辩证的态度，要学会全面客观地认识问题、分析问题，这种意识与态度对我一生产生了很好的影响。

赵：您是1968年大学毕业以后就来到河南了吧？能不能谈谈您的一些工作经历？

王：一说起这话也挺长，我的生活比较复杂，我什么都干过。1966年6月"文化大革命"开始了，一直到1968年底我大学毕业，这两年多时间就没有正常的学习。尽管当时也有复课闹革命的事，但是毕竟系统的学习少了一些。1968年7月份毕业，本应该9月份要走上工作岗位，但没有及时分配。1968年12月份的时候，根据毛主席的号召，知识青年到农村去接受贫下中农再教育，大学生也是这样。我们这批1968届

毕业的大学生有的上工厂,有的到农村,有的上部队接受锻炼。我被分配到解放军8300部队(一军一师),当时一军一师的师部在安阳。1968年12月31号我从北京坐着火车来到了安阳的部队报到,但我们不是解放军战士,是接受锻炼的大学生。领导说你们不能光在师部学习,要接受劳动锻炼。8300部队有一个农场在滑县的黄河滩里,有八千多亩地。大家就从安阳背着行李徒步行军到滑县农场,长途跋涉了整整一天。从此开始了在部队农场锻炼的生活。

赵:听说您土豆切得也很好。

王:到部队农场以后,生活非常艰苦,新建连队什么也没有,房子就是那种干打垒,用秫秸做房顶,用点泥巴给它糊起来,但透风透气。那年冬天很冷,雪下得非常大。外边下大雪,房间里边下小雪。我们睡觉时戴个棉帽子,再用塑料布盖着脸,把那塑料布上的雪抖掉了再起床。解放军连长看见我身体不错,将我分配到炊事班。炊事班有两个解放军班长,带着我们开始学做饭。自己从来没做过饭,也没切过菜,解放军班长手把手地教。吃什么菜呢?冻白菜、冻萝卜,地窖里挖出的白菜、萝卜冻得梆梆硬,要先打点井水把菜泡软了,然后再切。开始也不会切,后来掌握了切菜的要领,动作逐渐熟练。班长还要求我们要有备战的思想,晚上切菜不能开灯,要苦练夜战基本功。在炊事班我们还种菜、养猪、养羊、磨豆腐,我还跟着解放军班长学习自制酱油。1970年2月中央军委下文件,说在部队农场锻炼的大学生可以分配了,但当时的河南省革命委员会又下了一个文件,说在河南省部队农场锻炼的大学生要继续到农村锻炼。我被分配到商丘,我们一批学生坐着大卡车拉着行李来到商丘。我们连队去了好几个同学,老家有上海、江苏的,还有我这个山东人。大家看看地图,发现夏邑县有火车站,说这里回家比较方便,我们几个就报名去夏邑县。

赵:夏邑县我去过,夏邑县离安徽、山东很近。

王:同学们就又扛着行李,大卡车一坐,直奔夏邑县去了。夏邑县的县城距离火车站还有三四十里路,到了夏邑县后接着又被分配。县政府的人说,你们不能在县城啊,要到农村去,夏邑县南面三四十里路的地方有个会亭公社,又将我们6个同学分配到会亭公社东边七八里远的关仓生产大队。我们6个人有清华大学电机系的,北京航空学院学航天的,复旦大学生物系的,中国政法大学法律系的,那还有一个上海水产大学水产养殖的,加上我一个北京体育大学的,真是一个多学科的团队啊。我们这些人多数都是城市里长大的,一下到农村还真的不太适应。我住的地方是生产队一间放农具的茅草屋,屋子前面就是村的坟地,满屋蜘蛛网,门也关不住,没有床,就弄点秫秸、豆秸、麦秸打了个地铺。当时也没有电灯,大队支书从家里给我拿了一个墨水瓶做的煤油灯,说老王你凑乎点吧。当天晚上在生产队会计家吃了第一顿派饭后,回到住处。当时正是隆冬季节,刺骨寒风呼呼地从门缝吹进来,灯光如豆忽闪忽闪的,望着门外的一片坟地,提心吊胆,辗转反侧,迷迷糊糊地度过了到生产队的第一夜。在这里一呆就是两年,两年间与农民同吃同住同劳动,生活虽然很艰苦,但深入农村了解了基层的现状,锤炼了吃苦耐劳的精神,并和当地的老百姓建立了深厚的感情。前几年我到商丘师院讲学,顺便到我插队的关仓大队去看了看,见到当年的生产队会计以及曾经陪我度过寂寞夜晚的一些小伙伴,说起当年的生活历历在目倍感亲切,这段时间可以说既艰苦又非常可贵,是我人生中的重要一课。

赵:这是您一生值得记忆的一段时间。

王:从1966年到1971年,高校6年都没有招生。1972年国家要从工农兵里推荐大学生,这时候高校需要教师,1972年2月我被分配到河南省教育厅,又将我分配到当时的开封师范学院,也就是现在的河南大学,叫我到体育系任教,从此走上了体育教师之路。

赵:这样说,您1972年来到了河南大学,河南大学体育教育专业是我们河南省高等体育教育学科的源头,60年来培养了许多优秀人才,对河南乃至全国的体育事业做出了巨大的贡献。您作为亲历者和中坚力量，能不能谈一谈这些年您在体育学科建设方面的一些心得？

王：你说的这个话题也比较大。我1972年2月份来到当时的开封师范学院体育系担任教师。一走进古朴典雅的校园，倍感兴奋。从1966年"文化大革命"开始到1968年毕业，毕业后又经过部队锻炼和在农村战天斗地，差不多五六年的时间没有接触学校教育了，更别说接触足球了。尽管我那时候出于对足球的热爱，假期回到老家济南还找机会踢球，帮着济南钢铁厂的球队四处去打比赛，但一直没有参与教育工作。到体育系担任教师，多年脱离足球专业，要当好教师是需要有一个过程的。所以既感到兴奋，又感到非常的不适应。学校有图书馆，体育系有资料室，我就一头钻进了资料室和图书馆，如饥似渴地学习。还抽时间看其他老教师上课，学习他们的教学技巧。又给母校老师写信，让他们给我寄了些参考资料，一点点地去钻研。对一个老师来讲，要特别注重实践工作的机会，实践出真知。我觉得这一点我还是很幸运的，当时体育系由于缺乏教师，我就有很多很多机遇。我既上足球课，还担任足球队的教练，领着足球队参加市里的比赛，另外还参加足球裁判工作，并着手编写教学大纲、教学进度。当时还根据工作需要让我担任过女子篮球队的教练，客串过排球教师，在多种实践中学到非常有价值的知识和技能。我在北京体育大学上学的时候也进行过实习，那时候为了培养学生的能力，学校一星期抽几个下午送我们去实习，我当时在北京101中学和人大附中实习过，带过他们的足球队，在老师的辅导下学习怎么带队，但是时间毕竟很短暂，只是有一点初步印象。自己当老师了，怎么带队，怎么上课，需要一点点地积累，去学习，去摸索，去总结。

赵：河南大学体育学院也是经过一段的发展，那时候是开封师范学院体育系，中间还有一段时间是河南师范大学，然后到了河南大学，从体育系到现在体育学院它有一个发展的过程。从开始只是有本科教育，然后现在发展有硕士、博士研究生教育，这些过程您也是亲历的，在体育学院学科建设上您是最有发言权的。

王：你说的这些我都经历了，我也从一名普通的教师，后来当过教研室副主任、主任，也当过体育系的副主任、主任，1994年成立体育学院的时候，还担任了体育学院的首任院长，肩上的担子越来越重。河南大学有悠久的历史文化，体育专业也是如此，有很好的文化传承。比如说足球教师中孙朝元老师是解放前北京师范大学体育系毕业的，王祁峰老师是北京体育大学毕业的，我从他们身上学到了很多。体育系1960年就开始了本科教学，这些年一直走在一个上升的道路上，形成了很好的学术氛围。尤其在河南大学这所综合性大学里，还特别注重吸收其他学科的营养来丰富自己、发展自己。体育学院的发展离不开学校这种文化的传承和对其他学科营养的吸收。你读研究生的时候，很多学位论文的研究得益于其他学科的涵养。如你做《足球有球活动系统结构特征的研究》硕士论文时，还专门到数学学院去学习系统论、控制论的知识。你们同期的研究生刘惠元同学关于乒乓球板的研究，吸收了物理专业材料科学的知识。左成同学的体操训练馆镁粉污染的研究，就借鉴了环保科学的理论和设备。这些都得益于河南大学综合学科的优势。河南省作为一个人口大省，但体育专业学科发展是滞后的，一直到上世纪80年代，全省没有一个体育专业研究生的培养单位，也没有硕士点。我1987年当了体育系的副主任，分工负责科研和训练竞赛工作，当年正好赶上河南省教育厅要进行省级重点学科的申报，要设立河南省的重点学科。当时体育系王开江主任说我们要抓住此次机遇，很好地总结梳理体育专业办学的经验和成效，看看我们与重点学科的发展还有哪些差距。当时集全系教职工之力进行申报准备，建立学术队伍，凝练学术发展方向，将这么多年来在教学、科研、训练、竞赛、管理等方面的工作和成果进行了一次全面的总结。当时条件很艰苦，没有电脑，也没有打字机，就有一部油印打字机，就发动教师手写手抄。记得当时我和体育系的姚树基副主任带领几个教师，在办公室将申报书摊了一地进行整理，然后送印刷厂装订成册，最后完成了几百页厚的申报书，供评审专家来评审。这一次重点学科的申报对体育学院的学科发展是一次很好的机遇，当时省教委评审组的组长是郑州轻工学院的张平之院长，他带领评审组的专家来体育系检查，实地考察，审核材料，评审组对我们的工作给予较高的评价。专家们说，没想到你们体育专业在教学、科研、管理等学科建设方面会做出这么突出的成绩，令人刮目相看，可以说这次重点学科的申报打了一个漂亮仗。1988年河南大学一共有6个学科荣获河南省首批省级重点学科的称号，我们体育系由闵偶教授作为学科带头人的体育教学理论与方法（体操方向）是获批的重点学科之一。闵偶老师是北京体育大学首届毕业生，体操国家级裁判员，前全国体育总会委员，在全国体育界具有很好的影响。体育学科在综合性大学里面能够成为重点学科确实不容易，我们比较好地抓住了这次机遇，也为体育学科申请硕士学位点奠定了基础。

赵：当时我们没有硕士授予权，我读研究生的时候要到北京体院去进行论文答辩和申请学位。

王：你1984年从北京师范大学毕业到河南大学工作，我们体育系1985、1986、1987、1988年共招了4届5位研究生，当时我们没有硕士授予权，这5位学生都要到北京体育大学去进行论文答辩和申请硕士学位，最后都以优异的成绩顺利通过答辩，获得了硕士学位，在全国造成了很好的影响。你1987年跟着我和孙朝元老师攻读研究生，1990年去北京体育大学进行论文答辩，足球方向参加答辩的研究生共5个人，北京体育大学、上海体育学院各2位研究生加上你。论文答辩时你表现得很出色，赢得评委的赞扬和肯定，顺利通过了论文的答辩，获得了硕士学位，这些都为我们硕士学位授予权的申请打下了很好的基础。我们从1985年开始探索研究生教育，尽管只招收了5届学生，但是一种宝贵的积累，再加上我们有省级重点学科的支持，就为1993年正式申报硕士学位点做好了准备。1993年12月体育教学理论与方法获批硕士学位授予权，完成了几代体育人要填补河南省体育专业研究生教育空白的凤愿。1995年开始正式招生，我们申请硕士学位再也不用跑到别的单位去了。体育学科的发展，从省级重点学科到获得硕士学位授予权，到2005年顺利拿到体育教育训练学博士学位授予权，现在发展成博士学位的一级学科，这个过程是既艰苦又光荣，对河南省的高等体育教育事业做出了我们应该做出的贡献，这是几代河大体育人矢志不渝努力的结果。体院学科建设过程离不开体育人的执着和不懈的努力，各届体育系的领导和老师们都为此做出了贡献。

赵：体院一天天的发展，从不同层次的本科生教育到研究生教育，这些都是为河南省源源不断地培养人才。

王：我们体育学院本科专业由原来一个体育教育专业，逐渐发展有运动训练、武术与民族传统体育以及体育舞蹈专业。伴随着体育专业的发展同时出现了很多新的学科、新的课程。例如原来的体育理论课程统称体育理论，后来逐渐分化发展为体育概论学校体育学运动训练学体育社会学等课程，这种学科逐渐分化整合的趋势对我们教师的工作也是一种挑战。1985年秋天我看到《体育报》上报道北京体院田麦久老师，在德国科隆体育学院拿到了我国第一位体育科学博士学位，他回国后开设了运动训练学。我们体育系当时还没有开设这门课程，我就提出申请要去北京体育学院跟着田麦久老师进修学习，后来得到了学校的批准。这段进修学习时间是我学术经历中一个非常重要的过程，其间我不仅听田老师的课和参加他的一些学术活动，也旁听其他教师的课，积极参加各种各样的学术活动，还去听研究生的课，并积极参加研究生的研讨和辩论，还随田老师外出讲学。这对我学术经历的丰富、知识领域的开拓都大有裨益，1986年回校后就率先开设了运动训练学这门课程。我上大学的时候由于"文化大革命"的影响，没有写毕业论文。在这段进修学习期间，北京体院张保罗老师给教师进修班开设了体育科研方法导论，我也去听课，认真做记录，并结合自己的工作经历思考问题。认为教学、科研是人才培养之两翼，缺哪一个翅膀都不行。要想出理论、出成果、出思想、出人才，不掌握科研方法不行。在我们体育系本科生的培养方案里，我们应该进行科研方法的培训和科研能力的培养。但是当时我们没有这个课程，缺乏科研方法的训练。我就给系里领导说，我们要把这个课程开起来，没有教材我们可以自己动手编。后来我就和杨改生、王新华、杨军、李捷、梁慈民6位教师组成了一个研究团队，着手编写河南大学第一本体育科研方法的教材。后来省教育厅征集科研课题，我们就申报了一个"常用体育科研方法的研究"的项目，并顺利通过立项，还拨了3000块课题费，我们就更有动力了。大家查资料搞研究，设计了如何选题，以及文献法、观察法、调查法、实验法和如何撰写科研论文等问题，先编成一本《常用体育科学研究方法》的油印讲义。几经修改完善，1992年以《体育科学研究基础》为名在河南大学出版社正式出版，田麦久老师为此书还欣然作序，从此我们体育系也有了自己的科研方法教材。

赵：是，王老师，学科建设中教材建设是非常重要的。就刚才您说的那个《体育科学研究基础》，我们本科生包括后来研究生也用这个教材。据我所知，从咱们国家"九五"到"十二五"这近30年来，我国的高等院校的国家级规划教材《球类运动——足球》的主编都是您，您在全国也有很高的知名度。不管到哪个地方，跟那些学生们或老师们一聊，都是说读着您的这个教材成长的，您能不能给我们介绍一下这套教材编写的一些情况？

王：教材建设对人才培养是一个很重要的方面，因为人才培养方案还要落实到课程，教什么，怎么教，教到什么程度，必须有教材做支撑。所以说教材建设在人的培养过程中占有非常重要的地位。国家就很重视教材建设，教育部有专门的教材建设委员会。我在北京体院上学的时候，那时候的教科书，更多是模仿前苏联的教材，足球教材是球类运动上中下三册中的一册。我1972年2月到河南大学来工作，那时候没有教材，但河南大学的教材建设有很好的传统。当时体育系在平顶山市举办体育

教师培训班，就编写了一套体育教材，包括田径、体操、排球、篮球、足球、乒乓球，分别由周鸿池、付德庆、刘汉卿、寇振声、王祁峰、万金立等老师担任主编，王祁锋老师和几个老师编了足球教材，由平顶山印刷厂印制。该套教材除满足培训班用书外，还为体育系学生解决了教材问题，参加培训的老师在教材建设上做出了非常大的贡献，这是我们河南大学体育系教材建设中的一个很重要的事件。至于我参与教材编写工作，应该是工作几年以后。在工作过程中我参考了很多资料，既包括"文化大革命"前球类运动那一批教材，又参考了当时匈牙利专家克兰帕尔编写的一本足球书，因为当时匈牙利足球比较先进。后来北京体育大学曹镜鉴老师给我寄了一本北京体育学院新编的教材。我还从《体育参考资料》中看了很多东西，做了很多笔记和卡片，为教材的撰写做了比较好的积累。体育系 1976 年进行田径、体操、篮球、排球、足球等教材的修订，解决了学生用书问题，我参与编写的第一本教材叫做《足球讲义》，这个讲义的编写得到了领导的支持，也得到了老师们包括其他专业教师的帮助。例如足球教材有些技术动作需要插图，当时美术系有一位王儒伯老师人物画得很好，我就搜集了一些技术照片，把那些照片提供给王老师，王老师就根据那些照片画到透明的硫酸纸上供制图、印刷。自己也买些绘图工具画场地图、练习方法图，77 级、78 级同学们进校的时候也用这个教材，这是我开始涉足教材建设工作。真正步入正轨的教材建设那是后来，当时教育部有一个"高等师范院校体育专业教材编审定委员会"，要组织人员进行教材的编写，所有编写的教材都要由这个编审委员会审查。1987 年 11 月，国家教委体卫司李晋裕司长、杨宏松处长和季克异同志来我校指导工作，王开江主任汇报整个体育系的发展，蔡芳川副主任汇报教学工作，我汇报科研训练工作，体育系的工作给教育部体卫司几位领导留下了比较好的印象，他们说没想到你们在开封这个比较偏僻的地方做出了如此出色的成绩，而且在科学研究和教材建设方面还做了这么多工作。当时我们比较重视科研工作，利用休息时间不定期地举办一些学术活动，有什么课题，或者说有什么动向，就把有些老师叫来举办学术沙龙进行研讨，还邀请了其他学科的一些老师进行交流。比如说当时兴起"系统论、信息论、控制论"的课题，我们就邀请数学系的教师来交流讨论。通过这些活动，提高了老师们的科研意识，促进了研究风气的形成。这次考察给教育部领导进一步留下了很深的印象，因为在1982年的时候我们曾经承担了教育部下达的师资培训的任务，学习班从全国各地一共来了100个学员，进行为期一年的学习，培训工作很出色，给教育部留下了很好的印象。这一次进一步提高了社会各界包括领导部门对河南大学体育专业的认识和认可，这就为我们每个人的发展提供了机遇，我也得益于这种机遇。1988年教育部成立了全国高等师范院校体育专业教材编审委员会，我和蔡芳川老师被教育部聘为委员，从此走进了国家教材编写的队伍。1993年教材编审委员会改名为全国高等学校体育教学指导委员会，我也受聘为指导委员会的委员。教学指导委员会既负责对教学工作进行指导，另外也对全国的教材建设进行统筹规划。可以这样说，从此我就正式进入教材编写工作，在高等教育出版社出版的第一套《球类运动——足球》教材由我和苏州大学王祖俊教授担任主编，后来我一直担任教育部从"九五"到"十二五"的国家规划教材《球类运动——足球》的主编。教材具有很强的教育性、时代性、实用性，教材建设应伴随着时代的发展不断完善。过去教材注重基本理论、基本知识、基本技能的培养。随着教学改革的不断推进，仅仅这些不能满足实践发展的需要，一些新的理论、方法、技能也要及时吸收到教材里来。所以说我们几版教材也在不断地发展，力争要做到教师好教，学生好用。在教材的使用过程中也觉得还有些不足。例如中小学教学的问题，教什么？怎么教？怎么评价？这些问题在教材里阐述得还不够。根据不同年龄阶段足球队的训练计划怎么制订和实施？怎么指导？这些也不够。后来我们就与高等教育出版社的编辑同志研究，可以在主教材之外搞一套辅助教材，一本《足球教学设计》，一本《足球训练设计》。这两套书既要介绍理论，还要介绍大量的案例，做到理论与案例紧密结合，让同学们拿到这本书以后知道怎么去做。教材的编写还要从社会发展的实践中吸收营养，例如编写《足球教学设计》时，我们缺乏对小学足球教学的了解，我听说南京鼓楼第一中心小学的足球教学相当有特色，他们把足球列为体育课的特色项目，每星期都要上一节足球课，他们自己还编了一套足球校本教材。于是我就和田剑老师前往这个学校参观学习，拿到了他们的足球校本课程教师用书。他们通过多年的摸索，形成了一个教学体系，小学六年的足球教学应该怎么做，教什么，怎么教，教到什么程度，怎么评价，都有他们自己的东西，很有新意，我们还专门拍摄了该校三个水平阶段足球课的录像。很多智慧是从基层而来的。我们在编写《足球教学设计》的时候，就把这个学校的教学计划做了一些改造，吸收到教材里来了，同时也吸收了一些中学的教学案例和一些高校足球公共体育课的教学案例。在教材建设方面，可以说又向前迈进了一步，形成了一种理论与案例相结合的体系，这本教材为他们今后从事教学训练工作提供了很好的借鉴。2014年《球类运动——足球》教材建设荣获河南省优秀教学成果一等奖。

赵：是的，尤其是《足球教学设计》，很多基层的老师对这本教材都非常感兴趣，对他们的教学都是很有益的。除此之外，王老师，您还做了很多，包括我们研究生教材，还有专科教材，以及一些校园足球的教材，您都参与了。能不能介绍一下这些教材的情况？

王：教材建设确实非常重要，教材是为社会服务的，具有很强的时代性。我在担任教学指导委员会委员的工作期间，更好地接触到了教学的实际和社会的需求。比如说专科学校体育专业缺乏教材，于是我们在广西师大出版社、河南人民出版社编写出版了适合专科学校体育专业足球教学的教材。再如专科毕业的学生升入本科，有一定的基础但是又不完整，还要继续学习。高等教育出版社提出来能不能编一本专升本学生的教材，我又在北师大开会研究专升本教材的编写工作，最后这本教材也在高等教育出版社出版了。正如你说的研究生教育，原来足球方向的研究生很少，随着研究生规模的不断扩大，急需编写适合这批研究生的教材。为了解决这个问题，我找到北京体育大学的麻雪田教授，商量是不是可以列几个专题，丰富他们的理论，提高他们的认识，为研究生进行足球方向课题的研究提供启迪，也为他们今后的工作打开一些思路。我们就组成了一个包括体育院校研究生导师的编写组，设计专题开始研究，以教程的形式提供给大家。与高等教育出版社协商后，编写出版了《现代足球运动高级教程》，供足球方向研究生使用。这些年从专科教材、专升本教材、本科教材，一直到研究生的教材，做了一些工作。在工作中我深深地体会到，教材工作既是服务社会，又是对自己知识、能力一个很好的检验与补充。你要写出一个东西，必须参考学习大量的资料，而且要特别注意吸收具有很强时代性的东西，编写教材的过程也是自己认识不断深化提高的过程。

赵：是的，王老师，对您来说从本科、专科、专升本，到研究生教材，全方位都参与了。您对中小学的足球教学还做了些什么工作？

王：20世纪初教育部根据素质教育的需要制定了一个"体育、艺术二加一"的规划，要在中小学阶段培养学生掌握两项体育运动技能和一项艺术特长，急需编写一套适应这项计划的学生用书，被称为"二加一"教材，并指定由我负责编写足球用书。对于体育教育来讲，要让孩子们形成一些体育运动的特长，成为伴随他终生进行体育锻炼的一种技能。我们以往的体育教学，一会儿学跑步，一会儿学跳绳，一会儿学体操，一会儿学篮球等，什么体育项目都学但什么也没有学好。小学推铅球、中学推铅球，到大学还推铅球，十几年的体育教学多数学生没有形成体育特长，这种情况必须改革。需要从幼儿园开始，形成一个幼、小、中、高到大学，科学的相衔接的体育教学体系。幼儿要培养他的兴趣，培养基本的运动能力，小学要为他们掌握一两项运动技能打基础，到中学要形成特长，大学要形成运动习惯了。现在看来，当时教育部提出"二加一"

是非常重要的措施。高等教育出版社让我配合这个工作编写一本"二加一"的足球教材,对我来讲是一个崭新的工作。我们过去编的是高校的专业教材,现在是面对全体小学生、中学生。我就组成一个三结合编写组,既有高校的老师和中小学的老师,也有体育教研员。高校教师对中小学缺乏了解,中小学教师和体育教研员缺乏编写教材的经验,这样可以优势互补,有利于开展工作。这个书是给孩子们看的,能否引起他们的学习兴趣?能否符合他们的认知特点?能不能对他们掌握足球技能有帮助?德国、日本的青少年足球开展得不错,我们就参考学习日本中小学足球教学和德国青少年足球训练的一些书,结合我们的国情,努力形成适合我们国情的"二加一"的足球教材。足球技能学习应该是纵向衔接的,从小学到中学怎么衔接,我们集思广益进行研究。教材要引起学生兴趣,需要图文并茂,文字要浅显易懂,插图还要适合孩子们的认知特点,过去教材的技术照片都是由运动员来做,"二加一"教材是面对中小学生的,技术动作和练习就专门找郑州市郑上路小学的足球队员来做,他们的足球动作和专业运动员不一样,孩子们看得很亲切。这套书分小学和中学各一册,由高等教育出版社出版,对中小学"二加一"工作的开展发挥了一定的作用,这是我参与编写中小学足球教材最早的一次。

赵:现在校园足球开展的如火如荼,在校园足球的教材上,您也做了很多工作,能否也介绍一下。

王:2009年国家体育总局和教育部下发了一个关于在中小学开展校园足球活动的通知,在全国47个省会城市和足球重点城市开展校园足球。2014年11月26号,中央深化教育改革领导小组召开全国电话会议,要在全国全面推进校园足球活动,标志着校园足球由体育总局和教育部的一项工作变成了国家的战略行动。校园足球领导小组由教育部牵头,人民教育出版社作为教育部的直属单位,要为校园足球的发展在教材建设上做些工作,就让我与其他专家共同策划、设计这本教材。过去我们中小学的体育教材，是一个综合本，田径、体操、武术、篮、排、足、滑冰、游泳什么都有，现在要专门为足球编一套教材，小学6年和中学6年，这12年要形成一个系统的足球单项教材。尽管人民教育出版社体育编辑室有很丰富的编写经验，但是也从来没有编过这样的书。因此就是召集了一批富有经验的体育教师、教研员，包括足球运动员出身的体育管理干部和青少年足球教练员，共同研讨策划。教材内容的设计很重要，首先是编什么，怎么能适合中小学的教学，适合校园足球的发展。纵向衔接怎么衔接，体育有体育的特点，足球有足球的特点，有些内容需要多次重复，但重复又不是原地重复，应该是递进衔接的，是个螺旋上升的，这种螺旋上升在教材中怎么体现，纵向衔接和横向联系怎么能够体现出来。有了内容了，如何展示？要能够吸引学生，不同年龄阶段的展示形式是不一样的。这是一种学生读本，而不是教师用书，要让学生乐意看，甚至能让他们爱不释手。在教材的展示形式上也动了一番脑筋，现在孩子们接受的东西太多了，电脑的东西、卡通的东西各方面都有了。我们就设计了两个卡通学生，一个叫"乐乐"，一个叫"洋洋"，以他们两个人学足球为线索贯穿教材。足球教材需要插图，而且要做到形式活泼。为了适合不同阶段学生的认知特点，插图不能找运动员进行示范，中小学生都乐意看卡通图，就根据教材内容还设计了一些卡通图。纸质教材是一个死板的东西，不能仅有纸质的教材，最好能够看动态的。一个踢球动作，光看图不行，最好能够看一个录像，就在教材上搞一个二维码，与具体的足球技术动作录像相链接。学脚背内侧踢球时，有说明，有插图，又可以看动作的录像，直观形象，激发学习的兴趣，加深对技术动作的理解。这在教材建设上应该说是一种创新，取得很好的效果。当时我配合人民教育出版社的体育编辑室主任进行工作，他担任第一主编，我辅助他做第二主编，编制了咱们国家第一套校园足球的教材，很好地配合了全国校园足球活动的推进，社会反响很好。我们河南省校园足球开展的时候，人民教育出版社还赠送了一百万元的教材，对我省校园足球的推进发挥了很好的作用。

赵：因为这个教材是图文并茂，并且还是彩色版的，孩子们拿到那个教材以后都是爱不释手，是不是？

王：这个教材现在也起到一定的示范引领作用，得到社会的认可。后来内蒙自治区、广东省也要编校园足球的教材，就与人民教育出版社合作编写具有地方特点的足球教材，我也参加了这些教材的编写工作，为它们的教材建设做了一些工作。

赵：王老师，教材建设当然是我们学校建设里面很重要的一个部分。您所从事的教材建设是从小学到初中、高中、大学，本科、专科、专升本、研究生，做了很多的工作。是不是也获得过一些国家级的、省部级的奖励啊？

王：教材建设是人才培养很重要的一个工作，也是一种教学成果。就像我们编写的《球类运动——足球》教材建设这个成果，2004年评为河南省优秀教学成果一等奖。另外我作为第二主持人，和苏州大学、首都体育学院共同承担的"21世纪体育教育人才培养的研究"获得了2009年全国优秀教学成果二等奖，这个成果得到全国高校体育教育专业的认可，还出了一本专著。2007年我作为第一带头人的体育学院球类运动教学团队，被河南省教育厅授予"河南省高等学校首届优秀教学团队"的称号。教材的建设是和科学研究紧密相结合的，是科学研究的一个结果，我主持的"体育、艺术二加一背景下球类运动技能等级评价标准的研究"是国家"十一五"教育规划的课题。另外我主持的"新世纪体育教育专业技术学科教学改革的综合研究"也被评为全国"十五"教育规划的一个科研项目。我们《球类运动——足球》这个教材是省级优秀教学成果一等奖，使用率高影响大，2016年还被全国高等学校大学出版社评为高校优秀出版物的二等奖。

赵：除了您这个教材使用率这么高，另外您主持的这个课程，也被评为国家级的精品课程。

王：精品课程的建设是高等学校教学改革的一项重要工作，国家精品课程建设的评判标准是我们课程建设的一个模板，也是我们共同追求的目标。我们体育学院足球教研室是一个团结战斗的团队，经过多年的队伍建设，已形成一支职称、学缘、学历、年龄结构合理，整体实力强，师生比恰当，在全国有一定影响的教学团队，教研室的几代人始终为教学的深化改革而不懈努力，在不同的发展时期，都取得了很好的业绩，并得到社会的广泛认可，我们以国家精品课程建设评判标准为努力方向，积极进行足球课程的改革，取得了很好的进展，在大家努力追求下，2009年足球课程被评为国家级精品课程。另外我牵头的球类运动教学团队2007年被评为河南省高校优秀教学团队。

赵：教材建设也好，课程建设也好，都为河南大学的学科建设、专业发展、课程建设做出了贡献。现在校园足球发展推进，是学校体育工作改革与发展的一个突破口，也是实验田。河南校园足球，您作为全国校园足球专家委员会的副主任，河南省的校园足球专家委员会主任，能不能谈一下对校园足球发展的一些感受？

王：足球运动是国家重点发展的体育项目，深受广大青少年学生的喜爱，受到党和国家的高度重视，国家领导人对足球运动的发展多次作出重要指示。校园足球活动是提高我国足球整体水平的基础性工作，能够有效提高足球运动在青少年中的普及率。开展校园足球活动是加强素质教育、磨练坚强意志、锤炼团队精神等良好品质的重要途径，在青少年体魄得到锻炼的同时，可以发现和培育那些品学兼优、德智体全面发展并具有足球特长的后备人才。校园足球的工作实际上是从2009年开始启动，教育部和国家体育总局为贯彻中央7号文件，落实《关于开展亿万学生阳光体育运动的决定》，2009年6月国家体育总局与教育部联合在全国大中小学校启动"青少年校园足球活动"工程，2014年11月26号，中央深化教育改革领导小组召开了全面推进校园足球工作的电视电话会议，会议之后下发了一系列文件，全面推进校园足球工作这就成了一项涉及全国的国家战略行动。

赵：是的，校园足球要干什么，这个问题是需要深层次去思考。那讲这等于是2014年11月26日，校园足球就进入了一个新的阶段。是按教育部所讲的，校园足球进入2.0时代。您作为专家委员会的主任，领着我们专门进行了头脑风暴，大家就是凝练出"育人为本，重在普及，面对全体，广泛参与，夯实基础，逐步提升"这24个字，作为我们指导河南校园足球发展的理念。

王：校园足球到底应该怎么做呢？在《中国足球改革总体方案》中关于校园足球的第一条就是要坚持育人为本的理念。校园足球是实现教育立德树人根本任务的育人工程，是提高中国足球普及程度和竞技水平的基础工程，也是推进学校体育综合改革的探路工程。习近平总书记在全国教育大会上指出，要树立健康第一的教育理念，开齐开足体育课，帮助学生在体育锻炼中享受乐趣，增强体质，健全人格，锤炼意志。这应该成为我们推进学校体育的根本遵循。校园足球不是说光抓一个足球队，它是面对全体学生的，是重在普及的，所有的学生在参加校园足球活动中普遍受惠，校园足球的推进一定要汲取过去历史上片面追求成绩忽视育人功能的教训。我们校园足球专家指导委员会为了很好地把握校园足球发展的方向，集思广益，提出足球是教育，足球是文化，足球是生活的理念。足球首先是教育，要育人为本，是培养提升学生综合素养的工作；足球是生活，能够真正成为孩子们生活的一部分，从小培养，到了成年以后，把足球作为参与体育活动、参与锻炼的生活形式；它是一种文化，是一种文化传承，谈足球，爱足球，从骨子里变成了他心灵上的一种感受。为了更好把握校园足球发展的正确方向，我们配合河南省校园足球领导小组办公室提出了"育人为本，重在普及，面对全体，广泛参与，夯实基础，逐步提升"的六条发展理念。第一条就是育人为本，不是成绩为本，不是锦标主义；第二重在普及，不是只抓代表队或少数人，是重在足球活动的普及方面；是广泛参与的，不仅仅是体育教师的工作，政府要主导，学校是主体，体育教师是活动的主力，社会、学生家长都要关注支持。不能急功近利，要一步一个脚印，夯实基础，逐步提升。

赵：王老师，您从事体育教育近50年，十年树木，百年育人，培养出来的学生，在我们河南乃至全国各个地方都有，应该有很多成才的，能不能举几个例子。

王：我从1972年在河南大学工作一直到2016年正式退休，在河南大学工作了四十多年，培养了很多学生，他们在不同的岗位上做出了突出的成绩，为我们国家的教育事业、体育事业做出了贡献。举几个我教的几个"第一届"的学生，如葛少纪同学，是我1972年在河大当教师后教的第一届学生，他是我足球专选班的学生，也是系足球队的队员。毕业后他先是在开封第十二中做体育老师，由于工作出色，后来担任了开封六中的副校长。他还是足球国家级裁判员，在全国足球比赛中执行裁判工作，在河南省的足球竞赛中一直担任裁判长，现在已经七十多岁了，仍然在为校园足球的竞赛工作四处奔波。比如说郭蔚蔚同学，是"文革"后1977年恢复高考的第一届学生，他原来是河南省青年足球队队员，后来考到河南大学体育系，我既是他的班主任，也是他足球专选班的老师，还是他的足球教练，带着他参加过省里以及一些全国性的比赛。他先是留校当教师，1985年作为教练员带领我校女子足球队获得全国女子足球邀请赛亚军，后来调到河南省教育厅工作，担任教育厅体卫艺处的处长，为河南省的体育卫生艺术教育工作的健康发展做出了突出成绩，在全国很有影响。他现在还是中国足球协会的青少年委员会的委员，也是全国校园足球专家指导委员会委员和师资培训组的副组长，河南省足协副主席。他担任河南省校园足球领导小组办公室主任期间，开创了河南省校园足球蓬勃发展的局面，在全国造成特别大的影响，被称为校园足球的"河南模式"。至于说研究生培养，我1987年担任硕士研究生导师带的第一届学生就是你，你既是足球教师，还先后担任过体育学院的办公室主任和副院长,为体育学院的建设做出了很大贡献,还是我一些课题研究和足球教材建设工作的主要成员。我担任《球类运动——足球》专业教材主编,你是副主编,做了大量工作。2018年为促进河南省校园足球的健康发展,我们两个担任总主编,在河南大学出版社策划出版了一套四册的校园足球指导书,这套书在全国产生了很大影响。现在你担任全国校园足球专家指导委员会委员和河南省校园足球专家指导委员会的副主任,现在也近60岁了,还在为校园足球的发展不辞劳苦,四处奔波。我的第一个博士生周珂,现在担任体育学院的副院长,负责学院研究生招生与培养、学位点建设、国际教育与合作交流、留学生培养与管理工作,在体育教师发展、学校体育治理领域承担多项国家级、省部级研究课题,并在本科生教学中不断探索,勇于创新,获得很好的评价。看到学生的发展和成长我倍感欣慰。

赵:这些事情都是在老师的指导下进行的,至于我就不多说了。

王:我觉得河大"铁塔牌"的学生,无论是在什么岗位上,都在努力为我们国家的体育事业、教育事业、足球事业不懈努力,作为教师看着他们的成长非常高兴。

赵:说到这儿了,王老师您是出生在山东济南,在北京体育大学学成以后却一直在河南呆了有半个多世纪,把您的一生最宝贵的时光奉献给了河南的高等教育事业。即使在您退休后也一直在关注我们河南大学,关注着体育学院的发展和建设,为体育学院的发展也是尽心尽力。最后也想请您谈一谈对河南大学和对体育学院的一些期待。

王:我从1972年2月份到河南大学工作至今将近50年了。我的成长受惠于河南大学对我的培养,学校送我出国学习,送我外出进修,给我这么多教学的、管理的工作,没有这些机会,我怎么成长?也受惠于广大教师、广大同志们对我的帮助和支持,我从心底感谢大家对我的帮助、支持和宽容。我从事教师的工作,特别推崇一句话,教育是事业,事业的意义在于奉献;教育是科学,科学的价值在于求真;教育是艺术,

艺术的真谛在于创新。这几句话一直在鞭策着我，激励着我要富有奉献的精神，为教育事业的发展，为体育事业的发展、足球事业的发展而努力。教育是科学，是有规律的，要遵循规律，不能瞎来，要探究其规律，把握规律，指导我们的教学、科研和工作。另外它也是艺术，不能因循守旧，在于不断创新，不要怕困难，在克服困难的过程中锻炼自己，培养自己的创新精神与能力，努力在工作中去开拓一些新的东西。我也想把这句话与大家共勉，共同为体育事业和教育事业去奉献，去探求，去创新。我们体育学院这些年来一直在不断地发展，中央《关于进一步加强和改进新时代学校体育工作的意见》，对我们体育学院的发展来讲是一个很好的发展机遇。在这新的时代，要在原来的基础上，在学科建设、科学研究方面，更多的是在人才培养方面做出更大努力，开创新的局面。我相信河南大学有这么优秀的传统，有这么好的氛围，有这么肥沃的土壤，体育学院一定也能够在新时代取得更为突出的成绩。我衷心地祝愿河南大学、体育学院在新的时期再创辉煌，取得更大的成就，也谢谢你的采访。

赵：好，谢谢王老师。非常感谢您接受邀请参加今天的访谈，也希望您今后能够更多地回到学校、回到学院去看一看，为学院的发展提供更多宝贵的建议。我们也会按照您所说的，把奉献、探索、创新作为体育学院下一步工作的指导思想。最后也祝您身体健康，万事如意，谢谢王老师。

31 | 朱敬修教授访谈实录

受访人：朱敬修
采访人：李法桢
时　间：2020年10月6日上午
地　点：河南大学档案馆（图书馆东楼）

朱敬修

男，1942年9月生，河南南阳人。作曲家、河南大学音乐学院教授、硕士生导师。中国音乐家协会会员、全国高校理论作曲学术委员会委员、全国西方音乐学会理事、河南省合唱协会副会长、14届CCTV青年歌手电视大奖赛合唱评委、中国合唱杰出贡献奖获得者。

1957年考入郑州师专音乐科五年制班，后合并到开封师范学院（今河南大学）艺术系，转为本科，1965年毕业。1983-1984年，到上海音乐学院进修，师从陈铭志、陈刚先生。数十年来，从事音乐理论教学、研究与音乐创作，创作了大量艺术歌曲、合唱、器乐曲、室内乐、民族管弦乐等多种体裁的音乐作品，并多次在全国、省、市音乐创作比赛中获奖。代表作品有：民族管弦乐音诗《木兰辞》，组曲《清明上河图》，艺术歌曲《念奴娇·追思焦裕禄》《啊，日出》《长恨歌》等。民歌改编曲《下扬州》在全国民族民间音乐会演中，获文化部、广电部颁发的音乐创作一等奖（1986）。在《中国音乐学》《人民音乐》《中国音乐》《交响》等刊物上发表学术论文30余篇，出版专著、教材15部。

李法桢

男，河南省音乐家协会会员、中国音乐史学会会员，河南大学音乐学院宋代音乐研究所所长，学术型硕士研究生导师。主要从事中国古代音乐史学的教学与研究，主要研究领域为中原音乐史、宋代音乐史。在《中国音乐学》《人民音乐》等专业杂志发表学术论文20余篇，出版著作8部。

李法桢（以下简称"李"）：朱老师您好，我知道您是1957年郑州师范专科学校音乐科的大学生，后来又经历过郑州艺术学院、开封师院艺术系等各个阶段。河南大学音乐学科60多年的发展历史，您是全过程的亲历者与见证人。我曾经听说，当初您的求学经历还比较曲折，真的是这样吗？

朱敬修（以下简称"朱"）：我是咱们河南省专业音乐教育从 50 年代开始到现在的亲历者。我们上学是这样的：咱们省的专业音乐教育，在在新中国成立前和初期都办有艺术学校，属于中专。到 1956 年，当时的郑州师范专科学校（就是郑州师专），他们建立了音乐科，开始招生，搞了两个专科音乐班。咱们都知道，音乐从小学习是最好的，18 岁以后，包括手指、声音条件等，有些东西再练就不行了。所以 1957 年音乐科就改为招收五年一贯制学生。五年一贯制就是从初中毕业生招生，到大专毕业，三年预科、两年专科，这样一贯制下来，初中毕业也就十五六岁，年龄小一点。那一年郑州师专音乐科招生，全省音乐招 40 名，20 名男生、20 名女生，我初中毕业从南阳市就考入了郑州师专音乐科。

李：全省招 40 个人，这个还挺难考的。

朱：挺难考！听说大概是报了近 2000 人，我们南阳地区一共考上了 5 个，南阳市就考上我 1 个。

李：百里挑一。

朱：进校以后，经历 1957 年、1958 年、1959 年当时的"反右"斗争"大跃进""大炼钢铁"等等，这个过程我们都经历过。然后一直到我们上四年级，就是我们预科上完接着上专科一年级的时候，时间到了 1961 年，国家经济形势非常糟糕，尤其 1958 年以后的浮夸风，上了一批大专院校，这批学校包括我们郑州师专的音乐科，在 1959 年独立出来，开始叫河南艺术学院，没多久就变成了郑州艺术学院。独立出来以后，到了 1961 年，国家经济形势不好，1958、1959 年新上马的一批学校因为经济困难，学生放长假一年，从 1961 年暑假放到 1962 年。这样，学生自己回家，你学习也好，临时工作也好，这个不管，所以我们就回家了。在这漫长的一年里，有些同学找了正式工作，有一部分参了军，还有很多像我这样就在家找点临时工作，等着开学。等了一年，到 1962 年的时候，国家经济形势稍微好了一点，但那时实行的政策叫做"调整、巩固、充实、提高"8个字,就是要把"大跃进"之后的很多东西调整一下,太冒进了,1959年上的那批新学校,有很多被砍掉了,郑州艺术学院就属于这里边的一个,被砍掉了。砍掉以后老师、学生怎么安排呢?老师都是公职人员,郑州艺术学院的一部分师生合并到河南大学,当时叫开封师范学院。怎么合并呢?老师过来,当然有一部分调走了,或者留到郑州了,老师过来一批,所有那边的钢琴之类的东西都运过来。学生是这样,学生不能全来,学生是要求进入大学的,像我们这第四年就算是大学一年级了,然后还有预科上完了该上大学的这些学生过来,其他一、二年级就不管了,就回家了。

李:那这放假一年,有参军的,有就业的,那些学生就不返校了?

朱:不仅如此,有一些参军、就业的不来了,这些不是很多。还有当时的规定是,学生吃商品粮的、家里是城市户口的过来继续上学,农村户口的就不管了,回家自谋生路。这就是人的命运啊,都是同班同学。好在南阳市虽是小城市,但我总算有个城市户口,所以有幸就转到这儿来了。还有不少的农村同学就回去了,务农或者自谋生路,就这样。

李:那等于1962年开封师范学院艺术系建立,您是第一届的大学生。

朱:河南大学建立艺术系,从郑州过来的学生就成为河南大学艺术专业的第一届学生。我们原来是专科,三年预科,两年专科,开封师范学院是本科学校,所以新建立的艺术系也应当是本科。我们就顺延,学制再增加2年,等于是5年加2年一共7年,期间还有长假一年,等于我上大学上了8年。

毕业时候也很惨痛。来的时候因为各种原因,我们那个班原来40名学生,转开封时剩下9人,又学习了3年,到1965年毕业时,有一名同学因身体原因留了一级,还有一个因当时"极左"政策原因被开除(后平反,恢复学籍),所以到1965年毕业时候只剩下7人,我经常戏称之为"七君子"。这"七君子"等于什么呢?是河南大学或者说河南省专业音乐教育本科毕业生的第一届,我和我夫人有幸成为这"七君子"之二。这就是当时我们上学的情况。

转入河南大学以后,艺术系的发展大家都比较熟悉,就是艺术系经过"文革",直到1986年前后分为音乐系、美术系,后来音乐又分为音乐一系、音乐二系,到1998年又合并成艺术学院,当时冠名河南艺术学院,实际还是河南大学艺术学院,然后又分开为音乐学院、美术学院,大概过程就是这样。

李:后半阶段的历程,大家都还比较熟悉。朱老师,郑州艺术学院创建于一个非常特殊的时期,当时全国的政治情况也特别复杂。有关那个时期咱们学校的办学情况,今天很多人已经不是很清楚了,听说当时我们音乐专业的创业还是很艰难的。那么这所学校它的专业设置情况如何?老师和学生们教学及学习的态度怎么样?

朱:那确实是一段很难忘的经历。我在郑州艺术学院的学习,4年加一个长假期,可以归纳为几个字:一个是艰苦;一个是努力;再一个是有成就。

所谓艰苦,首先是生活条件特别艰苦。老师我们不说,就说我们同学。在郑州艺术学院上学的时候,校址就在现在郑州实验中学的那个校址,当时是郊外,我们那时候生活条件特别艰苦,国家的经济整体困难,用粮票,年轻人吃不饱饭,这些我就不用说了,就说我们其他生活条件。那时大家家庭条件都不好,夏天没有蚊帐,我们40个人只有一个同学有蚊帐,其他都没有。那时夏天特别热,冬天特别冷,冬天能冷成啥样呢?现在没法比,校外水塘全结冰,厚厚的冰,人在上面跑,有时候体育课就在水塘上练滑冰,你想冷到啥程度,至少零下十几、二十度。夏天蚊子特别多,天又热,现在什么空调、暖气这些名词,那个时代根本没听说过。人瞌睡的不得了,但是夏天热,蚊子又咬,你根本睡不着,晚上能睡一两个小时,一觉醒来,全身都是包。学生们实在没办法了,睡觉时长衣长裤、穿上袜子、戴上手套,这样蒙住脸,防蚊子咬。冬天冷得不得了,又没有取暖设备,教室里边就一盆火,煤火。经常冻得手脸起冻疮，青一块紫一块，女同学冬天手全是肿的，条件特别艰苦。那时候提倡是啥呢？叫"大搞生活"，学校、全国各单位都要"大搞生活"。啥叫"大搞生活"？挖野菜，到野外挖野菜，我们有段时间上午上课，中午休息，下午全部出去挖野菜。

李：这也是经济困难时期，没有办法的办法。

朱：对，没有办法的办法，这是生活条件的艰苦。办学条件同样艰苦。因为初创，这个音乐科也是初创，我们1957年进校时，音乐科才刚办1年，没有其他的资料，音响、图书这些东西，几乎都没有，科里边也没有资料室。

李：那想听音乐，应该很少能听到吧？

朱：科里边有一些78转黑唱片，平常上课搬个录音机，胶带录音机，一个有十几斤、二十斤重，每天课前让学生专门搬过来，听一点音乐。平时我们自己弹琴、唱歌自己听，其他任何音乐没有。文字资料也是如此，当时欧美的东西不用说了，一概没有；跟前苏联关系还没有完全破裂时，进了一批教科书，包括斯波索宾的《和声学》、斯克列勃科夫的《曲式学》等，就是那时进的。除此以外，其他外文资料什么都没有，所以说学习条件也特别艰苦。学校进了一批钢琴，买的是东北营口产的东方红琴，质量很差，键盘不是白色，是黄色的，还有很大的味儿，弹一会儿嗓子发痒就咳嗽。平时就欣赏课能听到一些录音，就这么难。

当时老师和学生是什么情况呢？我们1957年进校，当时郑州师专接收了一批从北师大、天津音乐学院，还有当时叫中南音专毕业的学生来当青年教师。

李：就是今天的武汉音乐学院。

朱：对。当时像杜鹤鸣、黄砚如、李廼纮、黄丽明、林剑辉老师等这一批，就是那个时候和我们同时进校的，他们是青年老师，我们是学生。这些都是新鲜血液、刚毕业的大学生，来了以后工作非常勤奋，态度也很认真。当时没有教材，他们就自己编，不光理论教材，视唱、听音、乐理、歌曲作法等，全是老师们自己创编。还有二胡教材，像王寿庭先生出的那个《二胡练习曲》，就是那个时候编的，后来也出版了。手风琴、琵琶什么的，都是自己编教材。那个时候号召向民族民间学习嘛，包括中国的民歌，都可以改编。

老师们非常努力，同学也很努力。比如我，原来在南阳，到郑州来上学，第一次坐汽车，第一次见到火车。到学校以后，先到琴房看看那个钢琴长啥样，以前听说过，没见过。

李：考音乐没见过钢琴。

朱：没见过钢琴、小提琴，大提琴那么大个家伙啊，以前不知道，就这样的基础。来了以后，那感觉不一样，琴房里那么多钢琴，感觉这条件太好了，学习上自然就很努力。我年龄小，到郑州来上学时15岁，假期都是晚回去，早返校，都是要学习。

从1958年开始，我们杜绝了那些资本主义的东西，西欧的、美国的都杜绝了。那学习咋办呢？就提倡向民族民间学习，所以我们那个时候就下去采风，学习民间音乐，民歌、曲艺、戏曲等，也经常请一些名艺人到学校来讲课，比如说豫剧的常香玉、吴碧波，《朝阳沟》出来以后，魏云、马琳等都来学校上过课。我们还请了一些有名的老艺人，比如吹唢呐的洛阳老艺人朱生娃，当时在洛阳名声很响，来教我们唢呐和笙；还有教古筝的泌阳老艺人王省吾，他教我们古筝，也教我们唱大调曲子；还有南阳方城弹三弦的孟老师。他们大多识字不多，但是对民间音乐，尤其对乐器特别熟，所以我们当时学的东西还是很丰富多彩的。学习这些的好处体现在什么地方呢？三年级预科将近毕业时，我们班组织了一台节目，有民乐大合奏、合唱、独奏、独唱、表演唱等，一些老师也参加了。当时还有一个导演班，他们两年制该毕业了，我们共同组织了郑州艺术学院演出团，先在郑州，后又到洛阳、许昌、开封、新乡等地巡回演出。

李：在豫中西地区巡演。

朱：那时侯巡回演出可不是个简单的事儿啊，我还记得到开封在咱们大礼堂演出了一场，里面唯一一个本团创作的歌曲是我写的男声小合唱《蛤蟆洼》。演出节目除了独奏、独唱外，还有许多民间的曲剧、豫剧、三弦铰子书、坠子，都有表演，演出内容还是很丰富的，特别受欢迎。

到了第四年，就分专业了，我主修的是理论作曲，其他人也都分专业了。这就是我们当时生活、学习的基本情况。

李：那真是一个特殊的时期，因为这一段经历现在很多人都不熟悉了，所以您今天的介绍对我也很有触动。

朱：我们说当时的条件艰苦，吃不饱，穿不暖，对现在的年轻人来说，他们只是听听，肯定不可能有印象，只能是这样。

李：朱老师，您最初的专业方向是作曲与作曲技术理论，可是在近20年的时间里，河南大学西方音乐史和作曲理论这个专业方向的硕士生导师全部是由您来担任，我上大学时的歌曲作法课、西方音乐史课，也是由您来担任的。作曲理论与西方音乐史虽然都属于音乐学科，可它们实在是跨度很大的两个专业方向，您怎么会同时担任这两门课的教学任务？

朱：我大学期间的专业方向是作曲理论，从大学一年级开始选专业，我选的作曲理论。当初在郑州，作曲理论方向有5个人，到开封只剩我1人。当时全班也就9个人，人特别少。当时情况是老师多，学生少，就形成了一个特殊的现象：我一个人学作曲，但是这个专业需要修的主要课程就有四五门，一个老师只能教一两门课，于是就出现了5个老师教1个学生的现象。"文化大革命"时期，我已经毕业了，听说曾有人拿我作例子，说这是修正主义的"少、慢、差、费"。1981年，我回来的时候，教授作曲理论课程，但课时并不很多。当时河南大学没有教西方音乐史课的老师，77级以前所有学生也都没有学习过这门课。后来国家要求全面发展，需要开设这门课程，但河南省没有老师，就从西安音乐学院聘请教师，两周来一次，上两节课。我调回河南大学后，安排

西方音乐史这门课由我来兼任，我学的是作曲理论，这是两门不同的课程，当时我也很犹豫。但领导想让我教授这门课，河南省没有这个学科，我们必须先开设起来。我是学习作曲理论的，对西方音乐及作品相对熟悉。于是我接受了领导布置的任务，用一年多时间进修、搜集资料。我先后到西安音乐学院、上海音乐学院和北京等地去寻找资料，之后又到上海音乐学院进修了一年多。进修过程中，我一边学习西方音乐史，一边进修作曲理论。进修回来，为80级学生开设了西方音乐史课程，自此之后，河南省有了西方音乐史这门学科。

在教授这门课的过程中，我要经常开会、参加学术会议，当然需要努力进修、研究，也就成了河南省开设西方音乐史这门课的第一人。在成功申请硕士点之后，我就教授西方音乐史和作曲技术理论两个专业方向。到2002年，我本该退休了，延聘到2003年，学校让到达退休年龄的教师全部退休，不能延聘。但因为西方音乐史和作曲理论这两个方向没有老师带硕士研究生，为了这个学科后继有人，音乐学院返聘我，所以从2003年一直坚持到现在。今年我还带了4个研究生、3个西方音乐史、1个作曲理论方向。我原来培养的硕士生有的读博士后回河大任教，例如康长安、王丹。我把学习作曲理论的研究生交给他们带，但西方音乐史导师到现在还没有人，所以我还在带西方音乐史研究生。值得高兴的是，我们所带的研究生分散在全省各地，促进了西方音乐史学科在全省的发展，现在各个学校都有了西方音乐史这门课。

李：我知道您大学毕业后被分配到信阳工作，多年后又回到了河南大学，这中间一定经历过许多不为人知的生活坎坷和心理煎熬。在今天看来，您如何看待这种相对比较丰富的人生经历呢？

朱：在1965年，我大学毕业的时候，如果按学习成绩来讲，当时我和我夫人应该是可以留校任教的，但是因为当时的政治环境，我们因为家庭问题，都分配出去了。我们两个分到了信阳地区，她在信阳师范，我在潢川师范。直至1981年调回河南大学，前后一共16年，等于我大半个青春都在那里度过。从生活经历来讲，这16年既很丰富，也很坎坷。当时潢川还是穷乡僻壤，再加上当时国家形势，我1965年毕业以后，到了师范学校，先去搞"社教"，将近一年时间，还没搞完，"文化大革命"开始了。在"文化大革命"那个情况下，整个社会都比较动乱，我们的苦恼主要有两个方面：一是生活工作方面，学校都停课了，真的是很压抑；二是思想方面，我的专业方向是作曲理论，可是在那里基本用不到，思想上也很有压力，非常地煎熬。这个情况下该怎么办呢？我要适应社会。当时我因为家庭问题属于"靠边站"的，但运动也整不到我头上。当时已经停课了，我作为音乐专业一份子，办宣传队正好适应当时形势需要。先在潢川师范开始办，到1969年情况又变了，所有师范学校下马，信阳师范、潢川师范学校都停办了，我被分配到潢川高中。对于我来说，反正到哪个地方都得适应社会，那就办宣传队。当时的宣传队确实也办得红红火火，怎么红火呢？在潢川高中宣传队，我们演出样板戏和自己创编的一些革命歌曲，当时也很受欢迎。后来又到县委组织宣传队，发挥专业特长，开始写作，创作的作品有毛主席语录歌，还有一些革命歌曲表演唱。另外我为我们小民族乐队还写了一首《<白毛女>序曲》，前后加起来将近20分钟。我拿着当初李廼纮老师赠送给我的指挥棒，在那儿指挥演出，在潢川县很轰动，他们没见过拿着指挥棒演出的，序曲演奏得有声有色，大家都觉得挺好。后来又排演样板戏，比如我们排演《海港》其中一幕，我一个人拉京胡伴奏。在潢川一待就是8年，到1972年前后，国家政策调整了，原来停办的师范学校又恢复了，信阳师范想调我，我人事关系属于潢川县，潢川县不放人。我也是急中生智，当时提倡学生上讲台，我就在学生中培养一个人，叫周崇山（后来也上了河大，现在已是著名导演），我让周崇山去带初中音乐课，我不教音乐，安排我教语文，教了一年，后来反而成了好事。当时地区去调我，潢川县不放，说我们需要，地区的人说你需要还让他教语文？潢川县没法说了，我就调到了信阳师范，在信阳师范一干又是8年。当时师范学校都

创办有很多专业班,物理、化学、数学等,我就创办音乐班,一届两年,我们音乐老师少,不能每届都办,只能送走一届再办下一届,前后办了3届音乐班。当时真是一无所有,我们自己创编教材,不管是视唱、乐理还是歌曲写作,还是手风琴、二胡这些练习曲,都是我来编写。条件虽然艰苦,但音乐班还是很红火,在信阳比较出名。我们自己创作了一些作品,河南省人民广播电台把我们拉到郑州去录节目,这在当时是很不容易的。他们出钱把全班拉过去,录音、播放,这很不容易的。

后来我是怎么回到河大的呢?我们当初被分配出去主要是家庭出身原因,我在潢川有两到三年,河大就想把我们两个调回来,但调不回来,当地不放。咱们学校音乐系为了调我们两个,想了很多办法,比如1979年开始招研究生,想着研究生考试你总不能不放,音乐系第一次招研究生就两个指标,一个作曲,一个声乐,就是对着我们两个的。但是研究生考试要考英语,我们上学时候学的是俄语。当时河大这边说,第一次考估计外语要求不高,让我们考。最后我们两个报考,我的英语考了7分,尽管外语分数线低,还是没过线,所以我们两个也没调回来。

最后调回来是"文化大革命"结束以后,师范学校要恢复到"文革"前的秩序,之前办的专业班都要砍掉,只办普通班,这样音乐老师人数就多了。咱们学校派黄砚如、杜鹤鸣老师专门赴信阳,信阳那边儿也松口了,让我们把81级音乐班送走再调回来。

这一段经历尽管很坎坷,但是现在回想起来,也有很大的收获。这个收获是什么呢?一是在基层锻炼,了解了下边的情况,尤其是下边对音乐方面的需求。我原来在信阳师范办的音乐班里,许多学生毕业后都成了当地的骨干教师,还有很多成了当地文化系统的领导,说明下面很需要这样的人才。另一个是当时民族民间音乐需要整理,我曾经参与了信阳地区的民间音乐调查,信阳地处大别山区,是河南省的歌舞之乡。我参与搜集、整理信阳民歌,新县、商城、固始、光山、潢川这些县我都跑遍了,有一年春节我是在新县度过的。搜集民歌,使我掌握了大量第一手资料，这些资料为我后来的创作和研究确实提供了极大帮助。

我在南阳地区，1961－1962年放长假期间，省里组织专家到南阳搜集民歌，咱们学校的老师组成一个组，去镇平、内乡、西峡这一带搜集民歌，我参加了这个组。在镇平县，我收集到一首民歌叫《下扬州》，后来我把它进行改编，1986年到北京参加全国文艺汇演，获得了文化部、广电部颁发的创作一等奖。我还跟随南阳县曲艺团去下乡演出，搜集到大量民间曲艺资料，所以大调曲我就特别熟悉。这些都为我后来的研究提供了丰富的资料。16年尽管很坎坷，但我觉得自己没有虚度，一是培养学生，二是搜集民间资料，对于学习作曲理论专业的我来说，这真是宝贵的财富。

李：生活的磨难变成了您的人生财富。我知道您几十年一直坚持教学、音乐创作，还有学术研究，推出了很多有重要影响的音乐作品，发表了几十篇非常有影响的学术论文，包括在《人民音乐》上的论文，在全国造成了很大的影响。还有您出版了一系列的教材、专著，像刚才说的《南阳大调曲子研究》。我们都知道人的精力是有限的，您承担了本科生、研究生那么繁重的教学任务，怎么还能有精力在这些方面做如此多的投入呢？

朱：应该这样说，这也是工作需要、本人爱好的两相结合。首先是工作需要，你搞作曲的，教学生作曲，除了作曲技术理论，还要实践，你指导他写作，你自己不写，怎么指导别人？你怎么有效地把技术理论和这个创作实践结合起来？结合过程中你自己都没有体会，怎么去教学生？所以我必须要自己写作。同时我搞这个专业，写作确实是爱好，闲不住，没空抽空，也一定要搞创作。搞音乐史研究，尤其后来指导学生写论文，你自己都没有写过论文，行吗？当然不行。所以这既是工作需要，也是自己爱好。后来在写作方面，包括教材建设，在工作需要的前提下，加上自己爱好，就进行了一系列的写作、创作和研究。我是搞这个专业，这算是老本行吧。

从七八十年代开始，在信阳地区写作的一些歌曲，包括后来校庆演出也写，演完就扔掉了。到河大以后，开始写各种体裁的音乐作品，包括独唱、独奏、室内乐、大型器乐作品等。比如80年代艺术系组建一个民乐团，我就写作了两个比较大型的作品，一个是音诗《木兰辞》，前边是乐队对木兰从军过程的一种描述、描绘，后面有一个咏唱性的《木兰辞》，乐队加合唱，当时还挺有影响的。到1984年、1985年以后，又写了一部民族管弦乐组曲《清明上河图》，当时我正在上海音乐学院进修，还得到了陈钢先生的指导，就是那个《梁祝》的作者之一，我那时跟着陈钢先生学习，后来也都演出了。这两个作品后来河南省电台都播过。另外组曲《清明上河图》在全国电台作品评选时得过一个二等奖。此外就是一些独唱、重唱歌曲。

90年代，我和省里边的吴歌老师等5人，一同创办了河南省的合唱协会，就是现在的河南省合唱协会。之后我的创作就转向了合唱，合唱作品成为我后半期创作的一个主流。2007年我在河大、郑州举办了自己的合唱作品音乐会，出版了《朱敬修合唱曲选集》。《选集》中在全国有点影响的作品，是用豫剧《花木兰》"谁说女子不如男"唱段改编的那首混声合唱，应当说在全国影响比较大。我知道全国各地拿这个作品参加国际、国内合唱比赛的，至少有八九家，河南师范大学还排这个作品上了"青歌赛"（那年我也应邀当了这届"青歌赛"的合唱评委）。后来我带研究生以后，有些学生很不错，我为督促他们创作，组织了一个"朱家班"群，包括毕业和在校的，在这个群里的就必须坚持创作。咱们那年一块儿去信阳采风，我就组织学生用信阳民歌创编合唱曲，最后就出版了《信阳民歌合唱曲集》。

李：我见到那本书了。

朱：最近这两年的创作，我就带着学生，我自己写，他们也写。这两年我们搞了一个师生作品音乐会，艺术歌曲作品专场音乐会，在这个基础上，我出了一本"河南新歌丛书"的《艺术歌曲集》，2020年上半年又出了丛书的《合唱作品集》。我把这个作品集赠送给省合唱协会，现在全省一二百个合唱团都有了这本书。音乐著作方面，除了刚才说的作品集以外，前后有4本作品集，理论专著就是刚才说的《南阳大调曲子研究》。

李：这个也是今天学界研究大调曲子的必读文献。

朱：南阳大调曲子是这样，它是河南省内和坠子并列的最大曲种之一，在全国影响也很大。对大调曲子的音乐研究，最早还是40年代咱们河大的前辈张长弓教授，他写了一本《鼓子曲言》。

李：就是作家张一弓的父亲。

朱：对对对，他的《鼓子曲言》，是对南阳大调曲子研究的第一本专著，我这个算是接续他那个，又做了传承。他主要是从鼓子曲的流变、文学性等方面进行研究，因为他不是搞音乐的嘛，我主要是从音乐方面进行一些分析、研究。其他就是教材了，连教材带作品集、专著，现在我一共出版了15本书。教材主要是满足教学的需要，我写的除了有《西方音乐史》《音乐作品分析》《歌曲写作》，包括《基本乐理》《音乐欣赏》这些，差不多构成一个系列了。在全国比较有影响的有三个：一个就是高教出版社约稿、由我主编的《歌曲写作基础》，我组织全国的一些专业老师合作编写，我任主编，2001年第一版，改写后的第二版又发行了将近10年，在全国应当说是有一些影响。另外一本就是我那个《西方音乐史》，是咱们河大出版社出的教材。这个我不知道是怎么回事，2006年咱们国家高教司出来一个推荐书目，全国大学生必读的100本中外名著，范围涉及各个学科，包括马克思、恩格斯、毛泽东、鲁迅、巴金的都有。音乐有2本，其中一个是我的这个《西方音乐史》。当时我很惊讶，到现在也不知道是谁推荐的，也不知道为啥就推荐这一本。我估计是这样的：过去的《西方音乐史》重在音乐史实，各种乐派的风格、流变等等。我这本是在这个基础上，加入了一部分的名作赏析，就是音乐家们的经典作品，挑选一部分做了赏析，这样就把音乐史做活了。

李：史实与欣赏的结合。

朱：推荐人可能就是看中了这一点。而且从那以后，大概2006年以后，教育部《西方音乐史》的教改方案中就要求要加上名作赏析部分，我这个正好与要求相吻合，这个算是有点影响。还有一本《中外音乐欣赏》，不管是上海音乐学院、中央音乐学院的书店里，我都见到这本书在销售，而且销量还不错。

论文的情况是这样，因为我的教学牵涉两个方向，既有西方音乐史又有作曲，所以写的文章既有史论的东西，也有作曲的东西。这里边儿有点影响的，在《中国音乐学》《中国音乐》《人民音乐》等，还有一些其他学报吧，发表过一些东西。

李：您关于现代作曲技法得失的讨论，当时就引起了不小的反响。

朱：这个是针对现代音乐的，在《人民音乐》上发了五六篇文章，对现代音乐作品的分析，包括对河南合唱作品的分析，对河师大搞的中国版歌剧《爱的甘醇》的评论，都有。参加北京现代音乐节，听过一些新作品，有的喜欢有的不喜欢，我就从一个听众的角度，做了一些分析或者评论。

李：我读您的文章，我就觉得您针对当时中国作曲界那种试验派的音乐作品，提出了比较严厉的批评。

朱：有一部分属于自己的观点。

李：我看作曲界现在又有所转向，有回归到传统的迹象。

朱：退休以后，写论文就少了。最近一篇，是去年吧（2019），《南京艺术学院学报》每一期有个"本期名家"栏目，那期介绍我，同时配发名家的一篇文章，正好我有一篇文章原来宣读过，没有发表。文章是对一个前苏联作曲家一首现代作品的音乐学分析，大概有一万多字吧，这是最近的一篇。

李：朱老师，问一个比较私人性的问题。不仅仅是我，还有很多您的学生们对您和唐老师的爱情生活是非常地羡慕，看着您们身体这么好、这么恩爱,我们都非常开心。能跟我们说一说唐老师的工作或者生活情况吗?

朱:是这样,我夫人叫唐瑰卿,我们是大学同班同学,她是学声乐的,我们1957年就认识了,到快毕业才谈的恋爱。她也是咱们音乐学院的声乐教授,一生主要致力于声乐的教学与研究,培养了不少优秀歌手、歌唱家,她的学生现在也是遍布全国,仅咱们河大音乐学院声乐教师中,她的学生就有9位,包括咱们副院长韩梅,以及李静、郑慧玲、樊霞等。北京有一批,比如说中国"旗袍美人"的代言人歌手杜桦,还有其他人。郑州也有一批,广东珠三角一带有一批,国外的也有,培养了不少学生。她在培养学生方面确实有一些成就,60岁退休之前,搞了一场师生音乐会,她和她的学生们演唱,这个音乐会影响也不小。她退休以后还带了几年研究生,因为声乐教授多,后来就不带了。2011年她70岁的时候,又在省艺术中心开了一场"唐瑰卿教授师生音乐会",在全省还是有些影响的。另外她经常参加一些全国声乐方面的学会、年会等,跟很多著名歌唱家都很熟悉。她以前送两个学生到上海跟随周小燕先生学习,其中之一李静现在在咱院任教,另一个在杭州师大任教。因这个原因,她跟周小燕先生也很熟悉,周先生对她很认可。

我们两个人,都是音乐专业,而且互补性强,再加上互相理解,互相支持,所以关系一直很融洽。她看见我在写东西、看东西,她就离开,不打扰我;要是她有演出,那后勤都是我的,反正互相配合。另外,我是搞作曲的,我如果创作歌曲,她是第一个听众,也是第一个演唱者,而且我作曲、她演唱的作品,很多都在省电台播放过。比如80年代初我写了一首《春到鸡公山》,是一个独唱,就由她演唱,在河南省电台作为每周一歌播放;比如我写的《彩色的河》《笑吧,中国的乡村》也是她来演唱。后来在省电台播放她演唱的一组九首声乐作品中播放。反正这样合作的机会很多,专业上互补,生活中互相理解,所以我们在生活中基本上是比较协调的,当然家庭小矛盾不断,还真是没有大矛盾。

现在老了，比如我到外地去开会，啥时候都是两个人一块，无非自费罢了。

李：还经常拍个照片、发个朋友圈。

朱：2017年是我们两个的金婚。金婚的时候，原来在信阳潢川高中宣传队的那帮人，为了庆祝我们金婚，从全国各地专门赶到开封，既是他们的同学聚会，也是庆祝我们金婚纪念日。这帮人里边可是啥人都有，当时是高中生嘛，后来有的做了少将，有的是省银行总经理，还有校长啊、专家啊什么的，都云集在开封市，为我们庆金婚。所以我也很感慨，我就跟她说，你看我们后来教的都是音乐专业学生，这些宣传队学生，不是音乐专业的，但是音乐爱好使他们遍地开花了，各行各业都有。为了这个金婚纪念日，当时我还写过一首诗，诗是这样的："燕尔新婚初涉世，谨言慎语牵手行。银婚并肩闯世界，潇洒笙歌伴春风。转瞬金婚霜染鬓，始知相伴是恩情。含笑携手沐夕阳，真情相约定三生。"就这样，见笑了。

李：我看到朱老师在吟诵这首诗的时候，眼眶是湿润的，我很感动。当然作为学生，您和唐老师一辈子这么恩爱，经历过很多的艰难走到今天，我们学生都非常开心，请老师收下我迟到的祝福！

朱：其实我们两个现在生活真的很愉快、很开心，学生们牵挂我们，对我们是最大的安慰。

李：您们身体好、心情舒畅，也是学生最大的心愿。

朱：谢谢。

李：朱老师，已经这么长时间了，最后一个问题，河南大学音乐专业是您亲眼看着成长起来的，对于它的未来发展，您有着怎样的期许？

朱：这个我还真有些想法，如果说期许的话，无非两个方面。一是我对现在在职的老师，不管是青年的、中年的，还有学生们，因为我们这一代人最能体会到现在我们国家、我们社会的条件是多么优越，我最大的愿望就是现在的学生和老师们，不要浪费、不要辜负我们伟大的祖国、这个伟大的时代给予我们这么好的学习环境和条件，这是我最大的心愿。刚才我也说了，当初我们上学的时候，除了自己唱歌、弹琴以外，耳朵里没有音乐，收音机没有，唱片机和唱片也没有，那真是要资料没资料、要音响没音响。外国的东西一律禁止，偶尔有点苏联来的东西，到了"文革"期间，"苏修"的教本，我只能把它放到床底下。

李：藏起来。

朱：扔到床底下，假装是一堆废纸，别人就不看它了。你搁书架上摆着，说不定就给你收了、烧了。现在呢，你看不管搞科研也好、搞学习也好，要啥有啥，我们院里有资料室，学校有图书馆，网上更是啥都有，包括国外的。过去我们偶尔见到一个小本儿乐曲总谱，高兴得不得了，现在网上一搜，整个总谱集，要啥有啥，我简直羡慕得要死。当然光羡慕，不嫉妒、不恨，要恨就是恨不得重做青年、重新学一遍。所以我希望我们的老师和学生不要辜负这个时代，不要浪费这个时代，浪费时代给你提供这么好的条件，真正把自己的学习、科研搞好，这是一个最大的心愿。

第二个方面就是关于我们音乐专业。音乐专业从前身郑州艺术学院算起，到现在都60多年了，这是经历了几代人的努力，现在整个音乐专业的基础是不错的，我知道是去年还是前年国家有一个音乐专业的排名，包括综合院校的音乐专业，也包括专业音乐院校，像中央音院、上海音院都算，我们河大排到第13名。综合排名我们排第13名，这是很高的一个名次了。在河大之前综合院校只有两所，其他全是专业院校的，包括很多专业院校比如西安音乐学院、星海音乐学院，都没有上榜，我们河大是第13位，河南省独此一家。这个排名是几代人辛苦努力的结果，我们这个重点学科也好，硕士点、博士点也好，现在都有了，条件这么好，现在的发展正是蓬勃向上的势头。这是有利条件，同时也是一个很严峻的挑战：你要再前进，很不容易。13名往前进不好走，人家都在赶，搞不好有人超过你，你保持这个就很不容易。现在的领导也好，师生也好，都有一个巨大的压力，前辈人已经打下了良好的基础，后辈你就要在这个基础上继续往前奔、往上走。排名不是说你一定要再前进几位，但至少不能往下落，能够提升名次当然就更好了，这是我最大的心愿。所以我总希望我们的师生珍惜现在的时光，了解现在所处的位置，想清楚我们的路应该怎么走，这就是我最大的心愿。

希望我们河南大学音乐专业继续成为河南音乐专业的领头羊，同时继续往前走，奔向光明的前方。

李：非常感谢朱老师今天能跟我们聊这么多，最后也请允许我代表音乐学院的年轻教师，也代表您遍布全国各地的学生，向您和唐老师表达我们最诚挚的敬意！河南大学音乐学科的家底，是你们当年创下的，我们都希望它越来越好，我个人也愿意为此付出自己的一生。

朱：你的成绩也不小。

李：请老师您相信我们。最后，祝朱老师、唐老师身体健康，心情愉快，万事如意！谢谢老师！

32 | 丁中一教授访谈实录

受访人：丁中一
采访人：史正浩
时　间：2020年10月4日下午
地　点：河南大学档案馆（图书馆东楼）

丁中一

男，祖籍江苏南通市，1937年3月出生于上海，并在上海念完小学、中学。14岁创作发表连环画《团队的旗帜》，北京人民美术出版社出版时专为作序，誉为"天才儿童"。1955年高中毕业后考入中国美院的前身浙江美院的中国画系，1960年毕业。先后在郑州艺术学院、上海美专、河南大学艺术学院等高校任教。现为河南大学艺术学院美术学硕士生导师牵头人，中国美术家协会会员，河南美术家协会副主席，河南省优秀专家，河南省文联荣誉委员，河南省画院和河南省人物、山水画艺委会艺术顾问，河南省文史研究馆馆员等。作品《月是故乡明》被人民大会堂陈列，《八大山人》入选第七届全国美展，《虚谷先生》入选第八届全国美展并获优秀奖，《青藤山人徐渭》入选全国第九届美展并被中国美术馆收藏，《石涛》入选97全国中国画人物展览，《往昔》一画入选全国第十二届美展。出版有《素描技法论要》和《丁中一西部写生画集》等。

史正浩

男，1983年生，河南许昌人。南京艺术学院艺术学博士、河南大学历史文化学院博士后。2013－2021年供职于河南大学美术学院，现为郑州大学书法学院讲师。

史正浩（以下简称"史"）：丁老师，我想问您一下，您是怎么走上美术这条道路的，您能谈一谈吗？

丁中一（以下简称"丁"）：行，那我从小开始谈吧。我1937年出生在上海，但我老家是离上海不远的南通市。南通这个城市我感觉跟上海比，有几个特点：一是比较富裕，自给自足；二是读书人比较多；还有就是长寿者很多，是长寿之乡，我父亲活到102岁。南通书香门第人家较多，比方说我们家，我伯父家我的堂兄，字写得很好，很规范，有体的；

我父亲的字写得也很好，他画画的笔记都是用毛笔字写的，大大小小的行书，写得很好，很规范。另外我也讲一下我的祖父，我的祖父好像是个秀才。当时南通有一个爱国的实业家叫张謇，他就跟我祖父世交特别好。他觉得可能我的祖父比他大一点，因为听我父亲说，张謇曾经把他的孩子托付给我祖父，有这种关系。我父亲19岁就离开南通了，到上海去考刘海粟先生那个上海美专。刘先生那时刚留学法国回来，创办的上海美专，那时这也算是个洋学堂。上海美专这个专，我解释下，跟现在的本科、大专不是一个意思，它就是美术上专业的课程。听我父亲说，他在学生时期还有一个著作出版，是商务印书馆出版的。后来我看到过一些他的画，我估计自己画画的话还是蛮有他的这个基因的。我看他的画有水彩，也有油画。水彩画得很好，很豪放。后来他还自己学国画，我这手头上有几个他画的国画的册页，那里面的字，我看了以后觉得很惭愧，我自己都老年了，才发现我父亲的字写得那么好。我父亲的山水画，虽然好像也学"四王"，但他的画很整块的，不是很松散的那种画法。直到前几年我才发现，我在杭州美术学院上学到现在，我画人物画一直比较喜欢偏向于画立体的感觉。翻看过去在学校里的作业，感觉到我画的比别人偏向立体，再一看我父亲的画，我觉得是有传承关系在里面的。我父亲那个时候一个人来到上海，毕业以后为了生活要找工作，不能专心致志去画画。那个时候要成为画家，必须得有一点家底支撑。为了生活我父亲没有完成他的夙愿，但我觉得他把基因传给了我。前几年郭善涛老师、南艺的孔六庆老师编中国美术家名人大辞典，因为孔老师看过我的画，又听说我父亲也画画，他看了几张我父亲的画，把我父亲也编进大辞典里了。我父亲一辈子也没有完成他的心愿，终于能记他一笔，我觉得很欣慰。

史：丁老师，后来您是怎么一步一步考上中国美院的呢？

丁：我们姊妹三个，一个姐姐，一个妹妹，只有我对美术感兴趣。我小学时候美术课的作业就不一样。我喜欢画画，在14岁我就画了一本连环画，还出版了。我一个初中的同学，他父亲是搞戏剧教育的，办学校，后来是复旦大学教授，叫余上沅，演电影的赵丹就是他们学校培养出来的。我的这个同学把他父亲翻译的一本苏联作家波列伏依关于卫国战争的故事《团队的旗帜》给我了，他要改编成连环画脚本，由我来画，每晚作业做完我就画。当时我14岁，画了有100多张，画好后投到北京的人民美术出版社，人家看到14岁的孩子画得这么好，就写了个序，说我是天才儿童，给我们出版了，出了大概八九十幅，删掉了几幅。这对我来说算是一个起点吧。

史：现在那个连环画您手里边还有没有？

丁：前几天一个朋友给我买到了一本，而且买下来要1000多块钱了。后来我是越来越热衷画画，当时自己的感受是真的喜欢。所以高中毕业以后我就报考杭州的中央美术学院华东分院，当时我报的是油画，但给我录取到国画了。啥原因呢？我后来知道是在考试的时候我画了一副创作，画了好多人，都是勾线的人。当时在这个形势下，如果有人会画记忆默写的话，那是很牛的。我一家伙可以画那么多人，而且都用线勾出来的，这就给我录取到国画专业了。我本来喜欢油画，但我家里有好多父亲收藏的国画册我都看过，任伯年的画都有，所以被录取到国画专业，我也就去上了。当时上学情况怎么样呢？我是1955年入学的，我那个系叫彩墨画系，我前面一届有姚有信，再前面一届有刘文西。因为新中国成立以后认为中国绘画不可能反映现实，所以没开这个课，到我入学时候设了个彩墨画系，不叫国画系，到我读二年级的时候才改成中国画系的。我的5个老师李震坚、周昌谷、方增先、顾生岳、宋忠元，都是绘画系的骨干，为了搞继承革新传统，把他们抽出来，准备将来往中国画上发展。我入学时，他们刚从敦煌采风回来，他们去敦煌时画的都是素描、水彩。回来以后不久，周昌谷先生就画了《两个羊羔》，在世界青年联欢节上得了金奖。这是破天荒的，拿中国的宣纸、毛笔画的，以线为主的，头一回反映现实人物的画作得了金奖，这一下影响上去了。

我们学校就这5个老师搞这个人物画的继承革新传统，搞新中国人物画的探索。一方面他们在进修室里拿宣纸用木炭条写生起稿子，然后再上墨这样画，我看周先生有一张画的水墨人体，画的素描感觉那种。另外他们用线画人。杭州有这么5个老师，中间还把方增先先生派到上海画院去，去跟老画师学花鸟、学中国画的用笔。我了解到的情况是，当时广州美院就只有杨之光，他是画水彩的，他也往这个方向转。他就是把轮廓线一画，画明暗交界线用墨一蹭，两边颜色一画，出来了，很明显的明暗交界线画出来了，还是西画的成分多。他画毛主席的画作有好多。北京的就是叶浅予，叶浅予先生是速写出身的，他不是科班出身，他速写用毛笔来画人，这样子往真实上靠。当时国画革新的重镇，其实还是在浙江美院这里的。蒋兆和在北京，他原来画的是西画的水墨画，而这时只有他是反过来向中国画上靠。这三个地方比较起来，杭州规模最大，人最多，最有计划，就怎么继承、革新传统，要把这个路摸出来。他们边画边给我们上课，当时师生关系比现在还要好，老师跟学生都像朋友一样的。当时我们学生人很少。我们5个还是4个系，一共才20来个人。这个国画系人最多，版画也就2个人，很少。老师跟我们亲密无间，老师谈朋友还要告诉我们，我跟周昌谷先生关系尤其好。这时我有个体会，就是传统人物画是简单的一画就完啦，不多画，特别是文人士大夫，民间画工画得很写实很好，但到底他们是被排斥的。现在拿个宣纸对真人来画个脸，你老勾一个线画，总是觉得不够。画了一段以后，觉得单线平涂，这个对象好多东西都没画，都不够，那么方先生他们就用大坡面，画了脸以后这里画一块颜色，不是平涂的，有一点重有一点轻，两个鼓起来的感觉有了。后来还不够，就用小坡面，比方说眉弓骨啊、额头啊、鼻梁中间这个地方画一道颜色。但这个时候潘老有看法了，他叫洗洗脸。这个中国画画人脸上怎么能画那么多东西呢？他不习惯了，他觉得中国画不应该这样啊。而且是写生的，传统中国画不写生，就产生这个问题了。但全国都在这样画，坡面的画法也是由大到小，由大的到局部的。后来

觉得颧骨部分还不是只画一块,因为还有高光的,几个面呢。那咋办呢?当然不能说分面吧,就用颜色画个圈,中间留个亮的,再画个圈,中间留个亮的。鼻头呢在中间画圈留一点亮的,后来在鼻翼上再画两个圈,一个亮点。这就又往前走了一步。国内的其他画画的大家跟着学,素描不好的,解剖也不太懂的,就依样画葫芦,画得很难看。到这一步大家还觉得不满足。所以我印象最深的就是杨之光当时画了一个《矿山新兵》,画个女的,正面的,在戴帽子,是逆光的脸,脸上一片片起伏都画出来了,大家觉得很好。这人的看法又跟上去了,觉得这样画也可以。那么北京的画家也在这样摸索着弄。所以后来慢慢地大分面、小分面都画了,后来干脆把素描明暗的感觉结合起来画一点,就这样走下来。实际上的逻辑是想象的跟写生的不一样,写生是看着对象画不是只要能舍弃的就是好,而是有的放矢,这里面就在实质上出现了今天与传统的理念上的差别,而且就这样一步步往前走,走了有几十年吧。越画越跟对象接近,越深入了,就是这样一个过程。但是经常性的,大家脑子里受束缚的,便是中国画是以线造型,笔墨是主要的,时不时会有人提出质疑来。所以画画的对这个东西总是若即若离,但是总的趋势仍然是不断在素描里拿东西,这是很自然的事。但还是有一个观念就是画国画的人素描不一定要学得很好,因为就是有这个矛盾在里面,所以虽然是在向前走,但步子总走不好,素描学得不地道,不好走啊。这个过程是蛮漫长的,超过50年的,到今天已经65个年头了,是一点点往上积累的。因为我们是要表现一个个活生生的人的复杂多变的精神状貌,是万不能靠吹出来的!我在浙江美院念书是5年制的,是在1960年毕业的。

史:您1960年毕业,怎么到河南来的?

丁:我是在上海从小学、初中、高中毕业,都是从学校里出来的,但在我们同学里面有好多工农大学生,保送过去的,当时毛主席提出来掺沙子,大学里要无产阶级占领阵地,所以高中生只是一部分。我是从学校到学校,光知道搞业务,我一直就是这样过来的。我印象最深的一个事情就是第二天要毕业离校了，当天中国画系团支部突然开会批准我入团。我不知道，第二天我碰到团委书记，我也没打招呼。隔了一星期宣布，丁中一到河南，我就来河南了。过了几天，我跟赵舟进老师说我是团员啊，他说没有啊，他查了查说学校团委没有批准。后来我想为啥突击入团，可能是想留我，结果团委没批，就把我分到河南来了。此后我有三次南归的机会，这是第一次。我到这报到的1960年是困难时期，自然灾害正当口上。我当时被分配到郑州艺术学院，郑州艺术学院是大跃进时期好多省份都突击成立的艺术学院之一。困难时期下马了很多这样的学校，我来了一年就下马了，放长假了。放长假嘛，我没地方去咋办，有的是你把户口拿走都可以，我也没拿，就回了上海。我前面有两对上海的夫妇，都是杭州毕业来的。这两对，两个男的都在河南打成"右派"，亏得我来得晚。我们就回上海，回上海后没事就去上海美专，想去画画去，当时上海美专刚成立不久。

史：等于说是新中国成立以后又成立了上海美专，不是以前的那个上海美专。

丁：是的，新中国成立以前的上海美专是刘海粟等人创办的。刘海粟这个人大大咧咧，人家打他"右派"他就像没事人一样，他还是想咋说就咋说，想咋弄就咋弄。先是把他弄到苏州去，后又弄到南京，弄来弄去上海美专就没有了。

史：最后变成就是现在的南京艺术学院，前身就是它。

丁：到上海美专我们3个人去上课，美专说你们来进修可以，画画可以，但你们要给我们的学生上课，他们那正好没有国画老师。但你若想要留在上海，必须要解决户口问题，你不解决户口问题是没法留上海的。

史：那就等于说您在那边上课，但是留不到上海，户口在河南。

丁：是的，没办法。

史：我印象中以前听您讲过，画油画很有名的陈逸飞先生当时是您的学生，在上海。

丁：对，我本来是想讲一下，等会儿讲吧。

史：现在讲没关系，我们这个访谈很随意的。

丁：我在那教了半年多，当时他们相当缺老师。我想起来了，陈逸飞当时还小，检查同学们的速写作业时，我坐在那儿一个个看，他的个子可小，可是画得画很不错。他成了名到上海拍电影，到我家来看我在画什么。他对老师还很尊重，有一次我坐公交车，在车上碰到他，我到哪儿下车他也跟着我下来，之后他再拐回去。他还给我介绍什么国家（好像是丹麦的）的大使等等。他后来到美国很有名，这人还是很有能力，画画也确实很有才能的，小时候我是看着他长大的。我在上海的学生除了他以外还有陈古魁，陈古魁后来是上海油画雕塑院的院长，前几年他见到我孩子，他说，你爸爸当时上课的水平很不一般。

史：那是肯定的，丁老师，您等于说是他们的启蒙老师啊。

丁：不能，他们去上我课了，还有好几个人。

史：是上海美专这个时期的学生吧？

丁：对，陈逸飞，陈古魁，还有张培楚、戴明德。还有一个搞版画的，搞得相当好的一个，叫不出名字了。他们这几个人后来在上海都是比较有影响的人物。

史：基本上这些学生最后还是在上海活动。

丁：回头再讲这个。

史：那您在上海那儿呆了一年，然后就回到河南了。

丁：我也没把户口带上啊，就回来了。回来以后大部分老师后来合并到开封来了。

史：就是合到河南大学来了。

丁：郑州艺术学院没有了，合到开封了，少数年纪大的老师退休回老家，大部分人合到咱们学校来，当时叫开封师范学院吧。

史：那等于说您是62年就到开封师院了。

丁：对。

史：就是跟着学院直接合并过来了。1962年的时候你跟姚老师结婚没有？

丁：没有。我们是1966年"文革"期间结婚的，刚开始批斗会很吓人的，我们的一盘糖放桌子上，一星期也没人来吃。

史：丁老师1960年你已经来河南工作了，姚老师当时在上海，她怎么肯跟着您到河南来？

丁：当时她没工作了，就来了，来了在这里工作。她做得不错，当过市劳模。

史：就是开封市的劳模？

丁：是的，她的事迹在《开封日报》头版头条报道过，她还当选过人大代表。

史：姚老师原来是在一师还是二师附小吧？

丁：一师附小。

史：也是当了一辈子老师。

丁：她很敬业，很好的人。

史：能感觉到这个。

丁：所以我老笑话她，当了劳模不会劳动了，身体坏了。

史：您几十年培养了那么多的学生，而且这些学生不仅代表河南美术界的高度，有的在全国名望都很高，像李伯安、王颖生等。这么多年，您对培养学生有什么心得？

丁：在河南省，李伯安是非常杰出的一个，他的国画你要现在拿出来，没有人能跟他比。

史：目前国内画坛的中国画这一块。

丁：他画的水平、画的量都没说的。

史：对，我听过北京的一些画家对李伯安先生的评价，也确实是这样。

丁：对他刮目相看的，对河南也是刮目相看的。那么张江舟啊，王颖生啊，好几个啊。王宏剑，毛伟，韩学中，都在北京，很出色。在我的两次展览会上，刘国辉在大会上发言，说我的学生在国内画坛是强力集团，两次都提到这一点。

史：刘国辉先生说的一点都不假，因为基本上河南在全国叫得响的名家都是您的学生。

丁：那不错，因为这个阶段我在这儿了，是吧？这不是我的功劳，是历史注定让我在这个位置上。

史：历史是一方面，我认为关键的问题是，河南大学有像您这样的老师，而且他们也确实是人才，又碰到好的环境，所以他们能起来是几个因素综合在一起起作用的吧。

丁：不错。我说河南人很聪明，为啥呢？特别是那一段时间，教学条件很差，能看到的东西很少，但他们能画到这个程度，应该是基因相当好。所以你看，像张江舟，一般人画的画不用说啦，就是在全国现在没几个人能跟他比肩的。所以应该说河南人是蛮厉害的。包括马新宇调到上海去，我跟他说过，你把河南的本事拿十分之一到上海，你都厉害了，果然他一去上海成绩很突出。所以还是得益于河南文化底蕴丰厚，你看，开封还是古都，对吧？

史：学生勤奋也是一方面。

丁：素质也不一样的。我跟刘国辉说笑话，他是苏州人，但他老家是河南的。河南的哪个地方我老记不住，就是在离这儿不远，所以我说你不要看你苏州人，我说如果你老家不是河南的，你的画就没那么硬朗了。我说你是苏州的，但具有北方人的气质，他笑笑承认了。他的好画还是硬朗的，是吧？他不软的。

史：这我知道，因为我在江苏呆了十几年。丁老师，您有没有什么教学理念跟别人不一样的？有些认识跟别人不一样的？

丁：教学理念、教育方法我可以讲讲。我觉得学艺术、学绘画，跟学其他课程是不一样的，它是感性第一性，感受第一性，另外还有一个实践第一性。你感受生活，感受形象，这是天生的东西，但你必须画。不是说我感觉好了，我不画就可以，还是要动手画跟感受这两个方面都结合起来，实践是第一位的。老师讲授的关键在哪里？第一，知道或者理解适应学生的感受性以后，再启发他的感受。把你说的东西，变成他自己的东西让他自己再往前走，不能说你叫他怎么画，不行。这是感受性第一，实践第一，他要画，不能是光说。跟其他学科不一样，其他学科老师讲个例题，讲个公式出来以后，这道理知道了，拿着公式做题，就懂了，就学会了。画画不是的，你要感受，你画出来了以后就知道原来是这个感觉。这感觉对了，你就上升了一步。感受到了，画也画出来了，那么就上去了。说桃李满天下，我这样想，我到底有啥功劳呢？我一直感觉一个老师对学生的影响蛮深远的、多方位的。做老师的人，你的这个素质，咱也不要说的太高，很重要，是吧？我看搞艺术要真诚，你做老师也要真诚。搞艺术内心不真诚的话，这画肯定画不好的。

史：对，这个我赞同。心机太重的人搞艺术，层次是上不去。

丁：不行的。对待客观的东西，会反映到你的作品里的，内心都没有，你作品怎么会出来这个感觉呢？我作为一个老师，这些方面大概对学生有影响，是不是？应该这样来理解，不是我有啥功劳。另外还有执着，你执着，你老是这样的状态，那么学生也会受影响的。

史：对，那您讲这个我特别能体会到，因为平常跟您聊天就能感受到这些东西。

丁：比方说，生活中好多事情我不太理解，但画画我还是很执着的。我不断地在思考问题，然后再去画，我知道前面一步或者人家怎么走了，我下一步怎么走，我会去改，去思考，也不断去尝试。我最近这几年画的一批所谓比较写实的东西，也是这样的。我刚才不是说大家都这样发展过来，都是这样画了，画到后来，最后画到结构素描上完了。

史：画到结构素描，就是这种尝试、这个路就走到头了？

丁：已经比原来单线，以线为主不一样了。但是好多人还是不敢往前再走，那我也感觉为啥你画一个人，画结构素描是可以的，画得很深入也都可以。但画很多人，人在不同的空间里面，他的虚实关系是不一样的，你不能都这样来画，大家都这样地画，这个水平就这样子上不去了，我突然感觉好像应该突破一下。

史：对。您这个年龄还在思考这个人物画该怎么往前走。

丁：这个我想的。另外我也感觉到了，就是说大家都这样，而且这里面素描功底好的人可能表现得好一点，素描功底差的人，就是很吃力地画。

史：那等于说现在的结构素描，这个路子现在也遇到瓶颈了。

丁：那肯定的，总得你一直在往前走吧。我走这一步，最后我发现，我到美院我母校去搞展览，我一直担心他们那的传统观念会不认可我，结果他们特别肯定我这个东西，而且宋忠元老师说他们本来已经想了让素描课这样来上的，结果还没做到。到前几年，刚才我说的还有一个没说嘛，就是说第一届研究生出来以后，杭州决定把我跟刘文西调回去，这是我第二次有机会调回去。这个时候，我的画已经画得比较立体的啦，他们要调我回去。这次我去展览宋先生说他们也想这样弄，还没弄成，所以他们并不反对我这样画。

史：等于说，中国美院他们在探索的过程中，也注意到这个问题。但是还没有我们走的靠前，我们先把这一步迈出去了。

丁：这个若再早10年，恐怕就有好多人要反对。刘国辉给我写的文章不是说了吗，"勇敢的攻坚，悲壮地突围"，他题目就是这样写的，就是我走这一步是很不容易的。好多人看法都完全不一样，但是现在大家都承认，而且还有好多文章写关于我的评论。刘大为肯定我，说我人物形象画得生动，另外，精神状态画得好，画得深入。邵大箴先生说前一段中国画人物发展过程我有一份功劳，是必须肯定的，接着又说在当前人物画领域里面有我的位置。他也是肯定我的吧！那孙克先生，他是中国画艺术理论委员会的秘书长，评论家，他给我写的评论题目就是《杰出的画家和艺术教育家》，就是说都承认我这个水准了！没人直接说过我这样画素描不对。我看了邵大箴先生说我用的还是中国的笔墨、线条画的，但他们都承认这一条，就是你画人形象以外，必须得把人的精神面貌画出来。这是个标准，是什么画种都是第二位的，对不对？你说我画种坚持得很好，我画人物本质的东西没画出来，人家要看你画的是活生生的人啊！所以这一点呢大家都还能承认。

史：在教学生的过程中，素描课在中国画里边，您是怎么看的？

丁：我上课第一天，包括研究生，上我的课首先学素描。我是这样理解的，素描是西方的，是一门艺术，但它也是一个工具。你把工具拿来用，有啥不可以？刘国辉在文章里写"画家不应该为美术史负责"，我说美术史是美术家写出来的。所以好多人就老是想，中国画不是这样的，中国画应该这样、那样的，那永远不变了嘛！

史：那就没办法突破了，就没办法继续往前走出新路来，关键是一直按照原来那个模式往下走，也发展不下去啊。

丁：老是倒回去什么的，画人，活生生的人一直在变的，你必须跟着变，这是主要的。画人物画，不管是什么画种，把人物形象、人物精神刻画好才是主要的。像拍电视、电影一样，灯光再好，摄像再好，演员表情演得不对有啥用？要用表情把故事讲出来。有些评论家脑子也是过不来，老是强调传统，特别是他们不画画，只知道传统不知道明天该怎样画是很自然的事了！

史：尤其是这些年，我感觉好像传统回潮之后，对于传统有一种走向迷信的感觉。是不是因为有一部分人不画画，肚子里装的都是昨天的东西，也就根本不知道明天会怎样了？

丁：他思维里面主观的东西太多，太强调主观，甚至对更深层的真实表达是不屑一顾的，这是一种超脱胜利法！最后会把中国人物画引向衰微的结局。所以今天我认为我们必须补上这一课，要充满勇气而非泄气，我们甚至还要勇于甩掉这只拖住我们前进的手。这个恰如65年前

潘老的意见在今天的重演,显然当年潘老的意见,今天早被中国人物画发展所公认了。所以我相信历史总是前进的!我说过"高速路上骑毛驴,奢谈境界"。意思是他不管汽车在高速上跑得快的好处,我骑毛驴跑不快,我不管,我境界高就行了,那不是自欺欺人吗?

史:感觉根源还是在文化里边,是吧?他没有把现实东西先搞清楚。

丁:你也要跟着时代走吧。

史:开始走到内心里边的。

丁:你的内心主观的东西跟客观到底有多少依据,不好说啊,但是这很明确,你这东西主观东西总是落后客观的。现在科技发展那么快,你还主观的,不行吧?所以刘国辉这句话"画家不为美术史负责",我加一句"美术史是美术家写出来的",那就对了。我这样一变以后,结果有不少人承认了,我觉得挺欣慰的,把人画好是第一位的。我先走了一步。

史:我赞同。丁老师,您刚才讲一方面要注重老师的个人人格魅力,另外一方面要注重从理念和方法上对学生的引导。还有什么您觉得比较有价值的心得?

丁:我觉得画画基本功很重要,但是作为搞艺术的,绘画的天赋还是很重要的,是吧?你若没这个天赋,你再努力也不行。

史:我记得好像听过您讲过一句话,说是好的画家、优秀的画家不是教出来的。有没有?

丁:是的。我那句话有点偏,泛指艺术,我是说"会的不用教,不会的怎么教也教不会"。人家说你教了一辈子书,你把自己否定掉了。不是这样的,艺术的东西是感受性的东西,是不是?你说年轻人找对象你教啦?找什么对象都不用教。艺术就是这样子的,硬教的东西总是没有哪个会比自己学会的好,这说穿了就是这个意思,人和人感觉不一样的。

史:您讲这个我特别有体会,我以前画画,对于色彩跟素描的那种感觉不一样,就是你非常用功画到一定程度,你可以画得很熟练,但是就是迈不过去，像天花板一样。

丁：这种虚实的感觉，是很自然的东西。你画画得差不多的时候旁边会跳出来几个颜色，从生理上讲，它是补色关系，但有的人这种感觉可能要弱，有的人强。

史：以前画画的时候，我的色彩感觉就不是很好，我同学画花瓶那个颜色，他画出来的颜色，我说你这个颜色我怎么看不出来，但确实他画出来整体感效果都很好。

丁：另外一种可能是，他看别人的画看多了，借鉴一点。但是主观上确实有这个敏感性在这里边的，搞艺术的敏感性那是很重要的，你唱歌你这嗓子拉不出来，你这怎么唱也唱不好。我发现李双江一讲感情怎么样讲得很好，我想你嗓子好，这样一讲嗓子跟着上去了。嗓子不好，你上不去，说了没用。这感觉跟他嗓子连在一块就出来了。当一个歌唱家，老了嗓子差的时候他动作就多起来了，你发现了吧？实际上他上不去了，动作就跟着多了，这是很自然的东西。

史：丁老师您在中国画坛，尤其是人物画这一块儿，达到了很高的艺术水平，可以说是造诣非常高了。

丁：不是，还得努力。

史：您培养的学生，像陈逸飞等，都成了一流名家。省内也有很多您的学生，我们河大也有很多您的学生。

丁：马国强、谢冰毅、李明、李健强，这好多都是，还有宋伟、陈文利，这都是省里美术界的中坚力量。像郑大美术系，那里面大多都是我们河大毕业的人。因为我们这条线是主线，美术上的主线是从河南开封一直发展过来的。

史：等于说我们是河南现代美术的摇篮。

丁：是的，这不可否认。我退休以后到郑大去过两年半，他们那开会的就是没有老中青，他没有老的，请我们去的3个人是老的，其他都是年轻的，以前里面三分之二以上都是河大毕业的人，都是画得好的，像毛娜那几个，全是河大的啊。而且现在咱们院里边也很多啊，像袁汝波、彭西春、陈政、杨健生，都是很有成就的人。我开玩笑说，目前省里面画画的十个人里有八个半是我的学生。

史：这个不夸张。

丁：因为广州美院来的少，大部分都是我们这出来的。

史：我感觉尤其在90年代，基本上省里边的高校美术方面的师资，都是我们河大培养出来的。这些年有一些外面学校毕业回来的，师资相对来说比较多元化了。

丁：好多人都当上院长啦。基本上目前河南美术方面的学校骨干教师都是河大的，最近慢慢有一些外地来的。但我也发现一个问题，在我们河南，要说成绩很大也是很大，但是我们还没有人家广州、四川、西安那么好。我们河南比较好的人才，有不少调走了。你看广州和四川调走的就比较少。

史：丁老师，我们回到您这边。您这么多年实践下来，在绘画上还有哪些感受给我们讲一讲，有什么心得，跟我们分享一下。

丁：我刚才说了，作为一个画家或者艺术家，必须是真诚的人，这个蛮重要的。你嘴上说的这个，心里却不是那样想的，你怎么会画出好东西来？画不好的！

史：对，我接触到的名家，一个共同的特点就是人很真诚，没有心机，甚至有点儿不谙世故。这种人在这个艺术上能深入进去，能创造一个比较高的高度。

丁：是这样的，艺术为啥有价值，主要它内在的东西跟这个是联系起来的。它不是说组装一部汽车，你这些零件配好，组装好开起来跑了就完啦，艺术不一样。我也一直说，生活在南方好，搞艺术还是在北方好，北方的人文条件比较好。另外呢我觉得在开封，跟在上海杭州，对画画的影响肯定是不一样的。前几年杭州搞浙派人物画50年，我的作品拿去一对比，跟人家不一样啦。我学的时候也是水墨淋漓，现在我比较干涩了，我都没想过，而是自然就变成这样了。所以我觉得特别像我这种人在开封好，开封接地气。现在若叫我到北京去，除了得罪人我啥都不行。没那么沉静的一个环境，不行的。现在我其实是比较苦涩一点和厚重一点了，是跟这个环境有关系的。

史：您感觉河南、开封这个环境，对您的艺术发展其实是有帮助的。

丁：有好处，我觉得很有好处。陈老莲活到五十多岁，能画那么多工笔画，为啥他画得出来，因为他一辈子没接到过一个电话。最多一年有一个朋友来找他喝点小酒，每天就是画画。这跟现在不一样。

史：这点我有体会，刚来时，晚上9点以后没有夜生活了，有点不太适应。

丁：这个对搞艺术还是好的，是吧？否则好多东西影响你的思维，也影响你的精神。比方我看到那个小孩儿，这小孩子形象特别可爱，我总是心里一种特别喜欢的那种感觉，是吧？有的人整天忙于事务，他看小孩时是麻木的，他就不会有啥感受了。

史：真正热爱艺术的人很敏感，他容易发现生活里面一些美的东西。包括人的喜怒哀乐，他能深切地去体会，而且有想表现出来的欲望，是吧？

丁：演员能演出来不容易的，我看电视，一个镜头他出来了，好像真的这个时候那种紧张的情况、忙碌的感觉就带进来了。他是作为演员，他要用表演来展示这些。画家呢，你要去不断地感受生活，不是说下乡是生活，你走在路上除了吃饭，你走到哪儿的时候都在感受，都在看，随时随地感觉着，你的感受丰富，画画就丰富了。

史：丁老师，感性跟理性的关系您认为是怎么样的啊？

丁：感性呢，刚才我说了画画的感受是第一性，是必须的。我说过，做老师有啥好处呢？就是跟有些画家不一样，有一些画家年轻时候画得好，到老了画不好了。我分析，他年轻时的感觉好，但到老了感觉差了就画不好了。但是当老师呢，在年轻时的感觉好，我要跟学生讲的时候，我要分析好多道理，这种道理在你身上有作用的，到老了感觉差了，这些道理、理性的东西会出来，支撑你感受的不足。

史：教学相长的过程。

丁：还有你发现了吗，外国的油画家到老了画起来还是很好，因为西洋画中有讲理性的一面，感性是感受第一，但是它里面有好多科学的东西，这些东西真有。原因是它要表达客观的、真实的一面，需要逻辑的推理，逻辑就是理性的。比如油画要表达立体、光和空间等，这些都必须符合客观规律，这就与中国画光讲什么意象、意韵、笔墨等等主观的精神有本质区别。有些人到老了，不会画了，他没总结过这些东西。

史：那等于说，年轻的时候是凭感觉比较多，到了年纪比较大了之后，理性思考相对比较多，我感觉这跟研究学问也是相通的，年轻的时候，凭的是才气，年纪大了很多时候凭的是经验。

丁：前天，展览会上刘杰看了我一张画，说我画简单的就特别简单，简单得不能再简单了，画复杂的就特别的复杂。对此我在想，作为一个画家要能具备这一切应该是无可厚非的。尤其今天我们的人物画家，要表达人的丰富情感和精神状貌，光靠大笔一挥可能是很难奏效的，也是明摆着的事实。但是至今仍然有一些人（尤其一些纯粹搞理论的）仍然死盯着你的"传统"。我不是不懂传统、笔墨，但我知道用它来表达真实的生活，所以我实际是很重视传统的。说句笑话，我不仅让传统来倒茶，也让它来倒咖啡，这有何不好？但结构素描的不足是多人场面就是孤立无空间感，就死板了，也就是不符合客观规律了，这就得改，就要朝前走。我是这样朝前走的，但有人就出来说话了。事物发展到今天，这个社会多方位的发展变化，是很难跟有些人说得清的。65年前，潘老就反对人物画改革，现在没人说了，但新的潘老又来了！就是这个道理。

史：您是故意的夸张这个，把它拉开对比吗？

丁：也不是故意。

史：就是根据您要表现的去这么布置的。

丁：我觉得大家都画成这样，结构素描算完了，那我就想突破一下。中国画院的院长王明明说，一个画家50岁以后就不会再变了。现在看我70岁以后画的这些画，我也弄不清楚当时咋画出来的。好多地方觉得没印象，当时怎么画都不知道。这个时候我画画的感受性相当强，我画的人家说是素描，其实跟人家一般画的素描效果不一样，不是传统素描的那个概念，或者说里面好多巧的东西出来了，我都不知道，但我起码知道抓住它。这很怪，感觉整个人像是一片空白一样在那画。现在我来看，画的不一样，就像十二届美展那个老太太脸上的画法那样。

史：守望？

丁：不，往昔。这个脸上表情画出来，感觉需要表达的表情完全出来了，不是很清楚一块一块咋弄的，当时就这感觉，我这个人那个时候是不知道的。画在脸上的每一笔都是表情在闪动，在走，在闪烁。现在我自夸地说都是神来的表达，一个艺术的真人在思考、在思索。

史：您以前不是讲过叫游离状态，是吧？达到一定高度之后的一种游离的状态。

丁：我这一笔要这样画，下一笔要那样画，不是那么清醒的啊，就是跟着感觉走的，回过头去看好几幅画都是这样的。

史：有点像中国古代讲的胸无成竹画画。

丁：不知道。我也一直说这画到底咋画的不知道，怎么出来的效果，不知道。

史：您这个感觉像写意啊，跟写实的关系基本上也是这种关系了，是吧？

丁：是。一变一变地歪过来了，歪对了。这像音乐一样，音乐很抽象，再歪它这个节奏应该是美的东西，要符合这个道理，你乱来还是不对的。

史：现代音乐有一些。

丁：人跟动物不一样，他就有这种天赋，对吧？大家都想把唯美的东西表达出来，节奏也是这样。绘画里好多东西跟音乐是一样的，一个是形象，一个是声音。音乐的基本节奏是三拍子，"嘭嚓嚓，嘭嚓嚓"，这节奏谁一听都觉得痒痒的很舒服，这叫对立统一。对立再统一就舒服了，不对立仅统一人就疲乏啦，都要睡觉了，没感觉。那么绘画里到处是这样，比方从面积的大小讲，一大一小一个次大的，一强一弱一个次强啊，一黑一白，一个不黑不白，颜色也是这样的位置。基本上就这么简单的，是不是？有人不理解这东西，觉得写意画可以随便画。

史：对，他不知道里面的规律。

丁：规律是有的。对立统一法则是放之四海皆准的法则。

史：我本科的时候学设计，设计里面有一个就是构成，它跟美术不一样，美术从具象开始慢慢给你分析，设计是直接跳到构成上。

丁：对！直接平直地表达出来！

史：直接表达。老师在讲构成的时候，有两个词当时觉得特别难理解，一个是"节奏"，一个是"韵律"，当时老师讲完之后就不明白。后来有一个同学跟我讲，他说你去听一些音乐，你感受韵律的时候听歌剧，歌剧韵律感比较强；你要是感受节奏就听摇滚。后来我就从音乐开始，去认识这个问题，然后把它再放到设计、平面里边去体会它，去认识它。所以您说音乐跟美术是相通的，这个我特别理解啊。

丁：是这样。最基本的比如说画山头，那个山头，一大一小，一高一低，不大不小，这三个都放在一块就舒服了。大的跟小的放一块，不大不小的放一边。这一点就像一杆秤一样，这叫均衡，不是平衡，这就是舒服的形态。但也有人不理解的，我看南京有个老画家到晚年才画得好一点，因为他不知道怎么画这个山头，老是画来画去不舒服。看山水画，几个块大大小小不能重复，还有高低强弱、黑白大小。这其实是设计里的基本的形体，教学方法里面你要给学生讲的。

画人的脸，我刚说立体，有些人讲你画素描就立体了，光画线不立体，不对的。点连着线，线构成面，面构成体。那这个道理一讲就通了，就是构成体的面与面之间都是有点的，这些点的位置都坐落在相互透视的位置点上,也就撑起了体!你画这个线描这个头的话,你这个线那个点跟这个线的位置,点与点之间的位置,透视关系画对了,体就出来了,很简单。这东西你要跟学生讲的,点的位置找准,体就出来了。我专门有几张图是可以讲得很清楚的,不讲这个也就感觉不好,不知道。

史:这也是您在教学里边总结出来的教学方法。

丁:书上没写过,我有图啊。还有上次说过的眉毛跟眼皮两根线,两个点一错开它,上下不能垂直,左右不能平行。一张正面的纸是这样的,四个点是平的,你一侧后四个点错开了,这就立体了。很简单的道理,这个道理要跟学生讲。

史:这个道理你要是讲透了,他就理解了,你不讲透可能摸索多少年都找不到那个东西。

丁:中国人因为脸比较平,比西洋人学着难一点,但实际上肯定眼睛在眉毛里边的。知道这点这里是有差距的,在透视上有距离的。你抓住这个就对了,西方不用说本身就差着的,不用说的。

史:丁老师现在院里边有什么重要活动您都参与,包括引进人才,您对我们河南大学美术专业的发展有什么期望,有什么想法?

丁:我一直跟席卫权说这个事嘛,引进人才,至少要让河南最好的来,现在听说我们马上要断层了。

史:是存在这个问题。

丁:一些老师两三年以后就退了,退了就没有梯队了,还在那里一个指标要求,学校还办不办了?得跟学校里说这个事:没有人啦!

史:实践类课程老师一定要引进博士的话,过不了多少年,教学质量就会降下来。这个博士里面有好的,但是太难遇了!

丁:真好的他也不来啦。你像在易斯顿,他那几个年轻老师都是水平很高的,没一个是博士的,人家说要就要了,很简单。

史:这么下去教学质量肯定会下来的。

丁:现在我们的硬件在省里相当差相当差。研究生还有到人家储藏室里去上课的，我都去上过，没有教室。

史：郑大书法学院张海老师说，他们的教室装修要比照日本的大学教室来做，这个魄力就没法比了。

丁：最关键的是我们的教师都退得差不多了，三年以后要退下来三分之一都不止。山彦他们都要退的嘛，那还有谁上课啊？你说这一个指标一个指标地进人，你咋弄。

史：一个指标年年进都补不上这个窟窿，而且还分了很多专业，现在我们是马上就没有老师了。

丁：不能一个指标，一个指标那怎么行？

史：丁老师，我们今天就谈到这吧，非常感谢您来接受我们的访谈！

丁：也谢谢你们！

33 | 孙黎教授访谈实录

受访人：孙　黎
采访人：楚泓晋、孙红
时　间：2020年12月30日下午
地　点：河南大学档案馆（图书馆东楼）

孙黎

男，1961年11月生于郑州，1982毕业于广州美术学院本科，获文学学士学位。现为广东第二师范学院（原广东教育学院）美术系教授、硕士生导师、系主任。2016年11月，当选广东省美术家协会副主席。同时兼任河南大学艺术学院教授、广东省中小学教材审查委员会委员、中国美术家协会会员、中国版画家协会会员、广东省美协油画艺委会委员、广东美术创作院画家、广东水彩画会常务理事、广东高校美术与设计委员会副秘书长。

主要从事油画、水彩画、版画教学与创作，对美术教育学有较深入的研究和探讨。作品40余件入选由中华人民共和国文化部、中国美术家协会及国家级学术机构各艺委会主办的专业学术展览。获得国家级奖励二等奖1次，学术奖1次，优秀奖2次。获得省级以上专业展览一等奖10次，二等奖3次，三等奖4次，优秀奖多次。其油画、水彩画、版画作品和论文在《美术》《美术研究》《美术观察》《中国油画》《中国水彩》《中国版画》等多种高水平专业学术刊物上发表。著有《素描人物技法》《版画》等专著。作品被中国美术馆、江苏美术馆等多家机构及个人收藏。

楚泓晋

河南汝南人，本科毕业于中央美术学院中国画系，获文学学士学位，并获河南大学艺术学硕士学位。2003年至今任教于河南大学美术学院，现为河南大学美术学院造型艺术系主任，河南中国画学会理事，河南美术家协会人物画艺委会委员。获河南省文化厅、文联首批"优秀青年美术家"称号。先后参加并获得第十一届河南省美术作品展一等奖、第十二届河南省美术作品展一等奖、河南省画院优秀画家提名奖、河南省首届优秀青年画家提名奖。参加金陵百家全国美展、全国西部画展、全国首届中国画线描展等省部级和全国美术展览数十次。

孙红

郑州大学档案与校史馆馆长。

楚泓晋：欢迎孙老师！

孙黎：你们好！

楚泓晋：孙老师，看您年轻时候的照片很像毛泽东。

孙黎：当年有一次我去陕北，有个小孩跑过来说："青年毛泽东出来啦。"

楚泓晋：对，有一张照片真是像，像延安时期的毛主席，当时毛主席也留着长发。经常在网络、书刊上看到孙老师的照片，印象最深的是河南大学刘泮峒老师出的一本黑色封面的素描书。当时我们学生刚学素描，看那本书上的画是空间立体的，当时不太懂，但一下把我们深深地吸引了。作为学生，感觉那画的线条很潇洒，手法很潇洒，造型也很准确，空间的感觉像一个梦，甚至可以进入其中。这本书当时我就临摹了。那时开始认识、仰慕孙老师，但之前还从来没有见过本人。

孙黎：那本书当年是刘泮峒老师主编的。我是1982年从广美毕业应聘到了河南大学，从1982年到1995年，我在河大工作了13年。大概在1984或1985年，当时出版物还比较少，刘泮峒老师邀请我和其他几位老师一起出版一本素描书。他写了素描"百言歌"，请我画了其中很多石膏像、人像。当时很多学生都说："这本书出来以后，我见到的河南省的美术考生当年几乎都购买了。孙老师的素描画得很有意思，线条跟其他人不一样，是打圈的，而且那明暗造型的结构很清晰。"这个不同点在哪里呢？因为当年我们受西化影响比较重，画的那些素描相对来讲吸收了欧洲古典绘画时期的素描造型方法，像丢勒以结构造型为准，画得很严谨，而且造型很生动自然，以线面结合表现结构为主，所以说那个画儿还是很有特色的。印出来以后，那本书在不到一年内都发行了好几版，不断有学生买，据说销量很大，因为河南的美术考生历来在全国是相当多的。这本书是我作为青年教师进入到河南大学以后，为河南美术教育奉献的一份薄礼。总之这本书还是很有意义的，再版多次，而我看到的时候已是 90 年代初了。

楚泓晋：对，还在再版，我们都临摹了，但技艺还达不到。刚才这么一讲才明白，因为年代久远，现在淡忘了，但是还记得当时您大圈画的立体的感觉。我们技艺达不到的原因是刚才你讲的线面结合与结构的表现方式，即丢勒的方式，我们不熟悉。

孙黎：丢勒是文艺复兴时期德国的画家，那个时候的画，没有人指导，是画不了的。它属于德系素描。德国的素描以结构为主，很理性，很严格，是造型功力非常深厚的一种素描表现方法。当年河南大学的素描教学还是以苏派的影响居多。当时有一个素描教研室，王威先生是咱们素描教研室的老师和主任。当时的系主任是朱馨欣老师，后来美术系又不断地变更，等朱馨欣老师退休后才是王威老师担任主任一职。再后来，王威老师又做了河南美协的主席，在版画界一直非常具有影响力。

我觉得我和河南大学有着很深的缘分。这个缘分怎么讲呢？我当年实际上是考过一次河南大学的，考试的成绩也还是不错的。那是 1977 年，当时我在郑州十三中，我父亲任教师的单位。那一年恢复高考，这对我们的影响很大，应该说是改变命运的时候。当时我高中未毕业就考了一次河大。据说河南大学第一届仅录 50 人，我大概在第 51 名，差一名我就没有上成河南大学，这就成了我心里的遗憾，但是也就更加发奋努力地去学习了。1978 年，我就考入了广州美院。大学毕业时，我首先想到了当年来河南大学的情景。当时缘分也挺好的，恰逢河南省美协主席陈天然先生去广州美术学院访问，他亲自对我说："你回河南吧！要说大学，我们的河南大学好啊。请你一定要回来。"然后就给我写了推荐信，我是拿着信找到朱馨欣主任最后到了河南大学艺术学院工作的。还有个缘分是：我的父亲孙天章是1958年在河南大学中文系毕业的，河南大学在河南省整个教育界的影响意义是非同一般的。当我最后有缘分重新来到河南大学当老师的时候，我就更加了解了她是留美预备学校，而且她有着灿烂的历史，她原来是联合国教科文组织认可的世界36所在联合国备案的大学之一，所以说我对这个学校一直是充满了一种非常向往的情感。

孙红：我哥找工作的时候，我有印象。我在郑大上学，当时河南美术出版社单位在郑州，效益非常好，愿意接纳他，但他对教育情有独钟，选择了河大。

孙黎：河南美术出版社当年的效益比在河大当老师要高多少倍，你知道吗？3倍，我的同学一般都肯去做河南美术出版社的编辑。因为当时家庭对我的影响很大。我的父母是老师，我的姑姑、姑父都是做教育工作的。这等于是教师世家，这对我影响特别大。在这个过程中，我有个选择。我在美院的时候就问了我的老师刘其敏，我说："老师，是到出版社好呢，还是到大学教书好？"他说："你要想成为画家，你到大学就好了，有时间又能画画，又能教学，一直不丢。如果你想生活的好一点，赚钱多一点，就去出版社。"我想了想，可能我还是热爱绘画，最终就放弃去出版社了。当时我家在郑州，但是我还是来到了开封，为什么呢？因为开封是大学，而郑州是出版社，出版社是为他人做嫁衣，为社会服务也是很好的，又有效益，但是我的情怀更多的还是做老师。当时郑大没有美术专业，没有什么画家。要说我家在郑州，在郑州找一个高校更好，郑大和河大应该是全省最好的高校，而河大的历史更悠久，并有美术专业。放弃郑州，来到开封，感觉挺好。

楚泓晋：论当时的交通各方面条件，能愿意到这儿来，很不容易，这是真的。

孙红：所以我印象也很深刻，我觉得我哥真是喜欢教学，真的是非常好。他有一个同学因为在美术社，无论从分房子，还是分啥，他都不

能比。他在河大的时候，一间小房子待了好多年，但还是很乐在其中。

孙黎：在河大我是和范志刚、肖红三个人一起住一个房间，后来我和毕士明老师住一个房间。三个人住了起码两年，两个人又住了一两年，最起码四五年都是和这些老师们住在一起。我们像学生一样，就每天在教研室画画，拿饭票在公共食堂吃饭，然后回去睡觉。回首往事，是1982年，我刚刚来河大发生了一件有趣的事儿。当我刚刚进入教学大楼的时候，有个学生问我："喂，你找谁呀？"我说"我找你呀"，他说"你找我干什么"，我说"我来给你们上课"。"你来给我们上课？你多大了"？我说"我20了"。"你20了？给我们上课"？我说"我是广美毕业的，教版画的孙黎，你们是版画班"。我说"你们将成为我的第一届学生"。我16岁上的大学，当年求学的时候我很幸运，我16岁就以河南省文化专业各科总成绩第一名的成绩考入了广州美术学院，20岁就大学毕业了。

孙红：听我哥讲，广美那个负责招生的女老师还专门来郑州亲自去看看这个学生是不是真的，为什么他的专业能考到第一。在我的印象中，"文革"期间社会很乱，我哥我俩都分别到青少宫去学艺，他学绘画，我爸给我找的是学二胡。我哥到青少年宫的距离是十五六里，每星期不断徒步走到那儿，练就了一双铁脚板，背个画夹子，从郑州十三中过去。那个中学非常艰苦，他一直坚持。而且那个青少年宫在人民公园那边，除了每星期去学绘画以外，他就在那里边看见各色人等，素描速写，我印象特别深刻，这些画里的人物都非常形象生动。他最后能够达到那样的水准，我感觉和他在青少宫那段时期的学习、不断积累有很大关系。

孙黎：这样说吧，在我们这个年龄段里，我觉得一个人的命运的变化和国家整个形态的变化有很大的关系。因为当时刚好是"文革"结束，粉碎了"四人帮"，在中国教育开始转入到一个新的历史时期。1978年改革开放以后，有一次我父母把我叫到一边，我老爹就跟我说："小黎啊，现在咱们国家要知识青年上山下乡，你现在也没有什么机会上大学了,你妹妹是女孩子,这个女孩子下乡风险太大,你呢,是男孩子,那咱们家我还是觉得你应该下乡,让你妹妹在家安全,身边只能留一个。"我父亲就郑重地告诉我,我们家让她留在家让我下乡,那我肯定同意啊,我说应该我下乡,因为我年纪大,我是男孩子。后来没有想到我父亲说的一番话对我影响很大。他说我们可以像现在这样生活,就是混个肚圆吃饱饭,养你十年、二十年都没关系,但是你不可能让我养你一辈子,你早晚要走你自己的人生路。那么你就要好好地考虑,你该怎么学习。我在家人的诱导下,想了很多,大概14岁左右第一次失眠,那时还是有点调皮。我的兴趣爱好是从小就喜欢的,小学就学画画,跟着父亲学拉二胡,就是这么一直过来,但是真正的学习美术是初中以后。我的启蒙老师,小学是霍志红老师,然后是李鹏翎老师,中学是龚志伟老师,然后到少年宫接受正规训练,是曹新林老师。曹老师是对河南美术教育做出巨大贡献的人,我觉得这个老师,他对一个学生的影响是巨大的,如果没有曹老师,可能没有我的今天。为什么这样说呢?他本身是广州美术学院毕业的,再加上他是一个农村的孩子,到了河南,当时河南美术教育方面是一片荒野。他受过正规的训练,专业技术又很好,他到现在都非常努力,成就也非常卓越。1984年曾经拿到过全国美展的银奖,作品油画《粉笔生涯》,就是他自己的真实写照。他的一言一行影响我一生。我当时心里面想,有才华的孩子很多,大家都在努力学习,我是其中的一员,当时我就发誓,我说我一定要非常勤奋用功努力,一定要做老师最好的学生。实际上老师说的也并不多,他就看看你的画,他说你哪一张好,把这张卡好,他就用粉笔画个圈儿。自己就等着老师画哪张画,画哪个圈儿,然后在心里可乐开花了,觉得好像那天整个人呀,比吃啥都开心!人呢,精神的力量非常巨大。正因为他这样画这个圈,我每星期画了画,画了速写、素描、色彩都拿去给老师看,每星期去一次,我要从十三中步行,拿个黄面馒头,啃口萝卜丝,就这么走15里到青少年宫,走路一个半小时,要走那么远。画完画以后,再背着画板回去,走到家天都黑了，才开始吃饭。就是这样坚持了两年，一直到我考学。考学以后，仍是每天到少年宫，晚上学，白天学，每天学到晚上11点多。结果后来我还算了一下，比准备高考前的3个月，体重瘦了12斤，每天瘦4两，很辛苦。在老师的教育下，自己很顺利以很好的成绩考上了广州美术学院。回想起来，我和郑爽老师有着非常有意思的缘分！他带着卓德辉老师来咱们河南招生，那时候是要寄作品的，我寄了素描、色彩作品。初评之后，很多同学都接到初试通知书，我没有接到。我就想办法打电话问广美，电话里说，那你要问那个去招生的老师，后来我就问了郑老师，郑老师当时就到少年宫看我们的画，核实是不是我画的。一看我画的那画儿，才给我补了准考证。她当时说我的画交了几张，她都知道，怀疑不是我画的，是不是找人替画，太成熟了。当时给我很高评价，后来考完试以后，卷子一排出来，我的素描、水彩、速写创作全部是85分，这是当时河南省的第一名，一般75分就可以录取了。

孙红：我的印象是啥，他回家跟我说，我们那里有才华的很多，实际上，有的就是门里出身，有很多孩子，家里边就是搞这个的，有得天独厚的条件。而我们家没有，我父母就是普通的中学教师，我们的基本条件不如人家，我们家就没有那种传承，在这方面就是一片空白，所以他只有比别人更加努力，才能够比别人画得更好。我觉得这个东西很励志，也就是说，我要想超越别人，那我必须比别人更加用功，这是他能取胜的基础，他刚才没给你说出来。是这样的，他跟我说过好几个人，我都知道名字了。

我有一次出差是2003年左右，我跟我们同事到广州，夏天可热，一块儿吃了饭。我哥有个特点，他要是看电视，你给他说话哈，他都会听不见，做事儿特别专注，吃完饭就走了。我说我也没去过他单位，他就说让我去单位。我一去空空的一个大房间开着一个吊扇，那时候他光着个膀子，在一个油画架前，那个油画的那个框就跟这个差不多，就前面那个屏，很大，他在那抹。我第一次看画油画，那个边框是要打黑，

那个布是要上几层不同的颜色，他自己在弄，我说这些活儿你也干，这是不是可以让别人干？他说那不行，我得自己弄。每天都是这样，吃完饭就去了，确实是很用功，我说你都到这一步了，都是教师了，还是系主任了，还这样苦干。其实从河大走的时候是副教授，广东那边很重视人才，他是作为人才引进的，到那边儿入党、做系主任，给予很高的待遇和重视。但是他确实也没辜负对他的培养和认可，非常努力，因为当时他的同事很多也是国外留学回来的，可以说从学历方面、学位方面都很高，我觉得像我哥这样，就从广美本科毕业的一个学生，一直到现在取得这个成就，那真是每一天都在努力不断地在往前走，才有今天，我也很受他鼓舞。

孙黎：实际上一个人的一生，有很多缘分和机遇，遇到一个好老师，可以改变一个人的一生。我们的首任老师是父母、家庭，然后是直接教育你的老师。从小学、中学到大学，这种人生成长的经历，就使我们自己不断地反思，这种反思，就恰巧促成了我对教师的认可，然后又使我能够很好地从事这个职业。我选择从小学习绘画是兴趣！做到一定程度的时候，就把它作为一种担当与使命，从而在整个学习美术的过程中，没有任何人催我，发自于本真的学习努力，从而才能够有可能在这个行业里面一直坚持到现在。这个坚持不用人来说，你自己就会非常热爱，因为你把它视为你的生命！而且你生命的价值正在于你这种不间断的努力。我始终不会把自己当成一个什么了不起的人，我就是一个老师，就是一个画家，我就是画画的，我就是做这份工作的，然后我就好好地把握一种职业的精神道德，我就把这个事儿做好！所以说，我觉得我很有幸，在求学的那几年就不用说了，肯定很用功，那是最重要的。我想你当学生的时候是全心全意地学习啊，积累你的基础知识、历史文化知识和艺术学习有关的专业知识，从审美到做人到各个方面的学习，这是不用说的；当你能够做大学教师的时候，应更感荣幸，因为在那个时代能够大学本科毕业，广州美术学院毕业的，能够进到河大当老师的确是一件很荣幸的事情。因为河南大学有这么好的底蕴,河南大学艺术学院也成立得很早,当时是美术系。河南大学是最早的名字,中途改过开封师范学院,日后又变成了河南师范大学,最后又恢复河南大学,这个过程我都经历了。我在河南大学工作13年,从一个普通的助教开始,一步步成长为副教授,副教授是破格提的。在这十几年的时间里面,从20来岁到33岁,这是人生最好最年轻的时候,正是学习和积累的过程,有多重要吧!这是人生最好的年华,积累知识,完成自我成长,并创造出相应的艺术作品,达到相应的学术高度。你没有这样的一段时间积累,你怎能从一个助教到一个副教授?我是31岁做的副教授,也就是说在河南大学都是很早的。因为有这里的起点,导致我这一生总是能够往前赶,这13年的过程中首先完成了人格的成熟,艺术的成熟,包括自己从待人处事各方面,建立了自己的认知体系。比如说我把善、孝,把中国传统文化里面这些精华,自然地就纳入了我的内心世界。就像咱们的校训一样,就是你首先要明德明智,止于至善,我觉得这一点非常重要。我同时受到整个河大其他学科历史文化熏陶,河大有那么多名人,那么多名家,在这个美术学科里面有那么多我认识的老师,他们当年在河南省都属于大家,专业学术水平都是很靠前的。包括谢瑞阶当年都在这里头,像后来的王儒伯老师、马庆云老师、金小胶老师、马岭老师也都在,人太多了。那些老师都是前辈,而我就是个小青年,20多岁的小伙子,接触了这些人。他们是一种中原文化的脉络,我虽然是从广州来到这里的,但我是中原人,我自然受咱们这里的风土人情、整个文化资源的影响很大。由于生于这里,长于这里,我的语言实际上是河南话,是一种纯粹的开封话,郑州话的痕迹都已经抹去了。我16岁以前是在郑州长大,而从20岁到33岁这13年是在开封生活并工作,所以河南大学自然就构成了我人生中最美好的青春记忆,各个方面都有着非常多的故事。再回到你刚才说的出那本书的时候,那个时候我很年轻,但是有了那样的实践,然后就很有朝气,老师要求,就那么画了。同时最有意思的是,开设了版画班,因为到了河南大学以后,我是广美版画毕业的,王威老师是中国美术学院(原浙江美院)毕业的,董旭老师是中央美院毕业的,李大鹏他们是去广美进修的,刚好就构成了老中青三代人的一个梯队。老前辈是刘铁华,是当年的全国木版画大家;中年的是王威、董旭。这样我们就构成了版画教研室,从素描教研室里面拖出来一个版画,我们就一边教版画,一边教基础。基础主要是素描,包括色彩、创作、下乡采风等一系列的课程。课程都是和版画有关的,从基础训练开始,就这样通过版画教学,完善了河南的版画教育体系。目前河南早期成名的像山鸿跃、何家德、张艺、易丹、冯敏、张国平、郭正一,一大批人全都是我的学生。今天刚好来参加河南省第三届中原院长论坛,我做了主题发言,与会者中有商丘美术学院的院长,洛阳师院美术学院的院长,其他各个地市美院的院长,都是我的学生。所以说每次回到家乡,回到河南大学,见到的都是我的朋友、老师、领导,还有我的学生。这里就是我的第二个母校。

孙红:我哥每次从广州回来,我是必见他,我们兄妹俩感情很好,哥对我关爱有加。但是他每次回来也都必来河大,一次都没有少过。在我们家先点个卯说我去河大两天,然后就过来了,过两天该走了,又回家再点个卯,就回广州。父母是肯定要看,但一回来也就要与河大朋友聚会。那种深厚的情感,我特别能体会得到。我哥是个重情谊的人。

孙黎:我每年一定来河南大学,今年这是第二次了。2020年的暑假,我还专程回来,时间很短,因为疫情的关系很久没见父母了,回来就是为了看一下父母。然后我就马上跑到开封,给咱们河南大学艺术学院捐了一幅我在十三届全国美展的入选作品。这件作品深圳博物馆、河南美术馆、国家美术馆都有收藏,但我觉得因为有这段感情在,我在河南大学教学,我是这里的校友,那这一段记忆此生不可能抹掉。我从20岁到33岁都是在河大度过的,我每年是必来河大的。由于上大学早,当同龄人还在上学时,我就开始教学了,早几年,我的学生80%比我大。

我们版画班一共11个学生，现在我和黄启明还在广美当老师，我们是当年班上年龄最小的。我是16岁上大学，20岁大学本科毕业就来这儿当老师了，现在说起来都像神话。如今当我回首往事，毫无疑问，河南大学是我梦想成真的地方，也是我真正人生起飞的地方。没有这十几年的积累，我不可能有今天。积累主要在哪些方面呢？在艺术和生活这两个方面。在艺术上，我浸透在丰厚的中原文化的滋养里。说到开封，说到河南大学，除了河南大学本身的人文历史外，开封——宋朝古都、汴梁东京，这你肯定也会知道，然后再说清明上河图、宋翰林书画院。开封的历史文化资源太强大了，包括后来的开封大相国寺、铁塔、龙亭、御街等，很多民间艺术，朱仙镇木版年画等，共同构成了一种艺术文化氛围。而且这里保持了一种很民俗的风情。你在开封，星期六星期天会有狗市、猫市，还有粮食市场、农贸市场。关键是从开封到郑州，在我回家的路上，还有生产大蒜基地、小麦丰产基地。每年从这里过往的时候都能够看到不少农民，人的各种精神风貌的变化，植被一年四季色彩的变化。十几年来中原的这种风土人情深刻地影响了我。

从工作上来讲，比如说我带学生下乡画画，去实践，去考察，就自然画了很多东西，当时也不见得有那么强的意识，但是收集之后慢慢地就这么一天天地积累出来了。很有意思的是，我在河南大学的时候以版画、素描、速写为主，到1988年以后我才开始真正的画油画。为什么呢？因为当时的学生说老师你整天讲得头头是道，讲版画好，讲油画也好，你那么会讲，你会不会画油画呀？郑州大学的王国强、李意淳都是我的学生，李意淳现在是河南省水彩画艺委会主任。他们很有意思，当时李意淳就问我："老师你会不会画油画啊？"我说："那不会太难吧！"当时他已经学了几年了，我说："如果不信，咱们一起画画。"他说："你讲得很好，但是你会不会画呀？"我说："那好，咱们一起画吧，你把工具给我准备好。"

当时用他准备的画具，我说我们一起来画，他就找了一个在河大外语系任教的外教,进行了我人生中的第一次油画人像写生。画了6个小时,一次性画了八九成,画完以后他就惊呆了,说:"孙老师,这真不是开玩笑,我们这都学了几年白学了,你这一出手都比我们画几年的好。"后来我就告诉他:"不是我一出手就画得好,首先是我们要解决一个认识方法论,在思想认识上你必须把基础的知识真正掌握了你才能出手,画得好!为什么呢?你要了解油画的历史,你要了解西方美术史,你要了解西方油画的发展史,当代的所有材料媒介,你要知道,然后你才可能一步步地走过来。"当时我是比较系统地了解了这些东西,但也没有现在熟练。现在除了美国我没去过,德国、法国、意大利、荷兰、比利时、俄罗斯、英国、丹麦、瑞士,这些欧洲国家我全去过,各大美术馆我全看过。考察了这些馆藏作品以后,那么你对这些国家对西方文化的油画艺术语言有所了解,对各种手法的处理材料有所认识,再加上你读过的那些书,研究的所谓名画,大量的见过原作后,你以一个学者的态度去研究,你还有什么打不开的?早期我还看过一部分外国的原作,印象最深的就是在北京,1982年,当时郑爽老师带着我们去北京拜访了中国最具影响力的名家,比如说版画界的名家,中央美术学院的院长、副院长,油画界的名人。像袁运生,是画机场壁画《泼水节——生命的赞歌》的人,陈丹青当时(1981年)刚毕业就去美国了,但是袁运生还没走,陈丹青帮他办去美国的手续,我们就拜访了袁运生。然后又拜访了油画系的书记赵瑞椿,版画系的李华、古元、王琦、彦涵、黄永玉这一帮版画界的前辈。那真是不得了,这一帮人都是中国美术史上的经典人物,我们都拜访了。当时我们还去了中国美术馆。那时正迎来改革开放,人们整个学习气氛和求知欲非常强。一个时代有一个时代的气象。1982年,中国的学风真的是刚刚打开国门的感觉,任何人都非常喜欢学习,我们也一样。在这种状态里,我们去北京看到了"韩默藏画展""德国表现主义绘画展""日本现代版画展",又看到了"德国表现主义版画展""表现主义油画展",同时看了"日本现代版画浮世绘展",再加上汉末藏画,后来又看到了"法国 19 世纪农村风俗画展",那在当时都是很震撼的。我来到河南大学是 1982 年暑假以后了。我毕业以后,进入教学,就把最新的观念,自己所掌握的最新知识点,以及自己广美积累的经验全部运用到我的实际教学中,我把一些表现手法、处理手法,和传统的版画老师们不一样的教法带入课堂,对河南大学美术系的基础教育做出了有益的尝试,收到良好效果。

孙红:小时候母亲收集了各种杂志上的画,其中有法国米勒的油画《喂食》和《拾穗子》,那个画我印象比较深,我们两人小时候就是翻着画册长大的。

孙黎:说到这里,其实就和启蒙教育有关。在我启蒙教育的时候,我母亲就把《青年画报》、《工农兵画刊》等等各种画报上面好看的画片封底剪下来,然后把这些画片缝成一本书,这使得我在小学之前的时候就欣赏过许多世界名画。之后我参观俄罗斯美术馆、冬宫、夏宫美术馆以及法国卢浮宫美术馆、奥赛美术馆的时候还看过这些作品。我亲自到访了列宾美术学院,而且现在的列宾美术学院的油画系主任康斯坦丁是我的好朋友。现在我们还经常通过微信联系,用文字翻译来沟通交流。后来他来中国办画展并到我画室访问,他的展览我也会去现场,我以广东省美术家协会副主席的身份去给他祝贺!而这个过程就是从一个少年的启蒙教育,到自己小学喜欢画画再到少年宫开始接受专业系统学习,再到最后考学教育,然后再到自己真正的考上大学接受教育,最后自己成为一位大学教师。这个完整的成长过程,就是从启蒙到热爱,到真正从事这项工作,进行教育工作和创作的过程,而这也就完成了人生中从一个懵懵懂懂的孩子到进入艺术殿堂的过程。在这个过程中,家庭的熏陶、社会的关爱、老师的教育,以及自己的勤奋都起着至关重要的作用。也只有这几点结合在一起的时候才成就了我们这样的人。

孙红:我哥有句话我至今印象深刻,他说一个人一辈子做好一件事就足矣。我觉得他的幸福就在于他把他的爱好和他的事业结合在一起,并且乐此不疲，平常别人都觉得工作的时候会有一种心累的感觉，但是我哥就是不分上下班的时间，我觉得他随时随地都可以画，对于他来说工作本身很开心，我觉得我哥这辈子很幸福。

楚泓晋：刚才您谈到把世界名画剪掉粘在一个册子里面进行收藏。其实孙老师那些关于河南农村的作品也被我们许多青年学子剪掉以后收藏在笔记本里面的。

孙红：我跟你说，我哥之所以被称为乡土画家，是因为他从小跟着我奶奶在农村生活过，所以他对于农村的一草一木一土，是融入生命的一种感情，因此他才能将农村很好地呈现出来。我都没有他对农民对农村生活了解的那么清楚，他作品表现的所有的题材，比如《浆线》《太阳照在山岗上》《过年》等等，以及他出版的《苍天厚土画集》，我觉得80%到90%都是反映农民生活的。因为他说过，农民支撑了中国社会整体，接下来让我哥谈谈他自己的体会。

孙黎：说到这个问题，应该说中国社会是一个农耕社会。也就是说，在改革开放之前，中国还是一个农耕社会，甚至到现在，仍在向城市化社会变更的过程中，这个社会在转型，也就是说，现在我们到了百年巨变的时候。中国社会转型是要经历一个阵痛过程的，而我正好是60年代初出生的人，其实是伴随着中国从困难发展时期一步步走向改革开放。当然我们也遇到了最好的历史发展时期，直到今天，可以说我们是和时代同步成长！那么在这个过程中，我们从小经历了"文革"，就如刚才我妹讲的，因为父母工作需要，所以我是跟着奶奶长大的，那时候生活很艰苦！我们就兄妹俩，她要在郑州，我就不能在郑州！如果我要回来，她就要去我姥姥那里。而父母亲还在两地工作，这就导致生活上有很多困难，在我小时候，我每次回老家，走的时候脸胖胖的，一回来就瘦得很。所以我们这代人都经历过那种艰苦的生活，我们才真正体会到什么叫温饱！从小长到大，能够维持基本的生计，就已经很不容易了。对于在这样的环境中成长起来的孩子，我觉得那些经历过的艰辛和磨难才是他们

最好的财富。而我从小就是在这么一个艰难困苦的环境中长大的。在家庭教育方面，父母的人品和人格对我们有着直接影响。我之所以对中国农民充满了一种感情，甚至决定了我这一生的创作主线，是因为我认识到中国社会是个农耕社会，农民一直占有很大的比例，对于这么多的受众，他们命运的变革就是中国命运的变革。中国的农民问题永远是中国社会的根本问题，中国农民的问题不解决好，这个社会不可能发展好的。所以说，这一点非常重要，因此我认为我所关心的农民问题是中国社会的一个本质问题。我对这个问题最早的关注就是学习了毛泽东同志的《湖南农民运动考察报告》和《中国社会各阶级的分析》，他以宏观的眼光来看中国社会的问题，而他对中国社会的深刻理解也感染了我，所以我认同中国社会的根本问题始终是农民的问题，虽然我生活在城市里，但是我对农民的变化始终非常关注，我的作品95%都是表现农民的。

孙红：还有一点，我哥原来上的中学，是靠近农村的一个学校叫作郑州市十三中学。

孙黎：这个学校本来是郑州七中，是河南省的一所重点中学，在城乡接合部。经过"文革"中几次调整之后，学校就变成了十三中，其中农村孩子占百分之八十，所以我觉得对农民最早接触是从农民的孩子开始。在学校里我参加过挖河修路，每学期还要拔草、上肥料、翻地、浇地、收庄稼等等，因为十三中是处于城乡接合部，当年有20余亩园地，所以每个班的学生都要定时去种庄稼、干农活。

楚泓晋：这种感触，我从一个画画人角度来看作品的时候有很强的带入感，这个带入感可能有些东西看着很假。但是孙老师的画，就是我从大的角度来看他的色彩气氛是非常主观的。让我进入农村的这种苍凉风景，这种潇潇，人物的安静或者挣扎，然后看到局部时候，他造型执着，色彩朴素，形象特征明确生动可信，可以说如果对农村没有热爱和感触，对这片土地没有感情是很难画出来的。

孙红：我哥每年如果忙的话，春节不一定回家，但是到清明，一定会回老家南阳宋庄上坟，看望庄上的父老乡亲，几乎每年都回去。

孙黎：这十年的确是这样的。因为我觉得一个人到了一定年龄时候，他对于家乡，对于故土，对于自己曾经工作生活的地方，以及对农民、对土地定会充满一种感恩之心。为什么呢？因为你来自这片土地，这片土地滋养了你，无论是面对任何困难，它都是你人生的立身之本，不可替代不可重复。当你能够拥有一种健康乐观的心态去面对世界，你会感觉处处是希望，到处是阳光，而且到处是善良和美好。而这个心态的建立是有着非常重要的意义，因为你心里有阳光，那么你看外面才可能有阳光。如果你看什么都不顺，那你心里就肯定是灰暗的。所以说遇到任何事儿都不要找别人的麻烦，首先你要问自己内心，这才是正确的。我觉得一个人，如果能够把自己的工作和生活真正策划好，就可能有正常发展。就说咱们河南大学，现在做这件事应该说是非常有历史意义的，因为只有进入到国家档案的这个系统里面，你才能真的以进入历史的方式把它留存下来。例如我们看河南大学，她有着辉煌历史，如果当年没有那些影像资料，你怎么能知道河南大学从创立到现在的历史是如何？所以这个档案、文本，包括影像的存档，应该说是有非常重要历史文化艺术价值的。又如电影《辛德勒的名单》，它包括当年在"二战"时候拍的关于中国抗日战争时的日寇南京大屠杀。当年意大利的这个传教士，他拍下来了那么多资料和笔记，救了几十万中国人。此次疫情中国对意大利有个特殊的援助，他的孙子给中国政府写了求援信，中国政府无偿地给他捐了价值几十万的物资，25万只口罩。就是因为当年他爷爷曾经在南京那个地区救了很多中国人，而且他拍了很多这样的档案资料，留档存史，它不仅仅是记录了一个人，而是通过这一个人的叙述，真实地把这段历史完整地叙述传承下来。所以我觉得档案馆和文史馆的建立，是一种对历史和文化的尊重，因为只有这些东西，才能够真正承载记录历史的真实性。我觉得这个价值非同一般，很有幸来参加此项活动。在今年的第三届中原美术设计学院院长高峰论坛上，我感到非常荣幸，被邀请作为主讲嘉宾做主题演讲，演讲的录像和相关发言，可以在艺术学院找到。这样的话，我就可以很立体地记忆并表述河南大学在我经历的时代，也就是1982年到1995年，那一段非常有价值的历史人文资料。河南大学艺术学院的这段历史，也是河南大学美术教育的发展历史，而我恰好有幸见证了河南大学艺术学院这段历史与文化艺术教育的发展脉络。版画学科是在我任职以后，几个老师和前辈，老中青结合建立起来的。后来是油画工作室，因为李意淳让我画油画，我就开始画了，画了以后，最后系里当时的领导看我画油画画得不错，说，"那你还是教油画吧，"我就服从组织安排，真的就教油画了，教油画静物、油画人体写生等课程。我在这个阶段内通过这些课程的教学，不仅教学生，同时也完善了自我。作为一个老师，首先你得自己过关。我从此就养成了一个习惯，几十年不变，也就是从我大学教学到现在，38年过去了，只要上课，我一定不仅把每个课程中的教学重点、教学难点、课程目标和课程要求，全面地给学生讲清楚，还要求学生对这个课程所涉及到的方方面面必须有一个清醒的认识和思考。在这样的情况下，我还身先士卒，先讲给学生同时还做课堂示范，一边讲一边教，这样的话学生受益终生。我当年看过老师作画，现在我也言传身教，通过这种方式，首先讲清楚，然后自己再做出来，学生们就真正理解了教学意图，多方受益。从材料到表现到最后的画面效果，为什么要达成这样的效果？在上课的过程中，这方面就有很多故事可以讲了。给学生讲西方油画的表达，在早期古典绘画里面，西方所有油画几乎全是宗教绘画，即圣经故事绘画。从技术上来讲，它是以写实为主的，它运用了什么材料？怎么做的？素描怎么做？线描线稿怎么做？染色怎么做？分染怎么做？直接画法怎么做？印象派以后怎么回事儿？这样就很自然地把这种教学境遇带入并融入到课堂，学生接受得也很自然。学生学习能力是很强的、很快的。当年我教的在校本科生的作品，比如许家德的版画就被中国美术馆收藏了，这是很难得的。后来这些学生的作品都参加了全国版画展，是专业展览。那么我呢？在河南大学这十几年里,做过版画、黑白、水印、油印及油画创作,自己在艺术题材上是以表现中国北方乡土、农民为主,和我的生活有直接关系,不可脱离。我对农民的了解、对中国社会的把握,就是在这十几年的教学过程中逐渐实现的。同时,对中国美术思潮,也有了自己的认知。在那个时代,思想是最活跃的,西方的东西再多再厉害,在我看来,中国必须有中国的特色,必须有自己民族的文化,必须有自我的东西在里面。所谓文化自信,就体现在我们自己对自身民族文化的了解上,你了解了这些东西以后,你才知道我们的人民的根在哪里,基础在哪里。为了表现好这些东西,我们就要真真实实地通过一种油画表现语言,从绘画叙事性到情节叙事性再到表现的叙事性,用作品把它们很完整地表现出来。这样的话,你才能够有所选择,对中国农民形象、对各种事情做出选择的时候,选择与判断就是你一个人的修养、学养真正体现的开始。因为选择代表了你的高度,你没有这样的高度,就无法对事物进行筛选,往往是茫然的、偶然的。有的看来是偶然的东西,却有运用的必然,有的好像很厉害的东西,可能没有价值。为什么呢?就是你站在哪一种高度来判断你面前发生的所有的生活现象和艺术现象。因此我觉得这需要一个人用很多年的经验和学养来进行积累,积累到一定高度的时候,你的审美眼光、审美境界、思想境界和艺术境界就完全不同了。所以说,在河南大学的13年是奠定我人生艺术的关键,是起步和积累的13年,没有这13年在河南大学的教学和生活的历练,就没有我的今天。那时正富年华,又是学习的最佳时期,思想的活跃和中国社会的整体氛围和状态融在一起,那是一个完全蒸蒸向上的时期,是大家探索求知的一个过程,我们随着这个大潮,把中国社会文化推进、艺术推进,人们在一点点进步。所以我觉得这个社会对人生真的是一个大浪淘沙的过程,而这个过程是非常有意义的。

楚泓晋: 刚才通过孙老师讲您以前的创作,讲到《辛德勒名单》,讲到农民,讲到农村,您讲到这里的时候就有一种情绪感,也把我们带进去了。我觉得孙老师是一个特别有家国情怀的老师,再看您后来的"苍天厚土"展览的时候也有这种感触,虽然我没有在现场看,但是感触是很深的,给人感觉就是很宏远的、大气的,甚至是对中国的一种歌颂或者讴歌。我想求教一下孙老师,您在创作这些作品的时候,是不是也和在河南的经历或者自己以前的求学有关系?

孙黎: 对对对,苍天厚土,何为苍天?何为厚土?所谓苍天就是我们中国的老百姓、众生;厚土是指我们中国广大辽阔的国土和支撑我们国家民族的根,厚土不仅说一般的土地,还是几千年文明和文化的厚度。苍天厚土,当你对这个民族有了一种家国情怀的时候,你就会尊重每一个生命,每一个人的价值,哪怕他很普通,甚至他非常贫穷,但是他很有尊严。生命是非常有尊严的,因为来到这个世界上都不容易,而且每一个人都会有他的心酸与快乐,当你懂得每一个人都是一本历史的时候,你就会尊重每一个人。他一定有他难言的地方,有他快乐的时候,也有他辛酸的时候,有他自己踏踏实实做事的时候,也有他不太如意的时候。如此,你对人性有了充分的了解,对中国人有了充分的了解,然后你在做作品的时候,就应该真的把这种艺术的深度和生活的深度有效结合。2015 年,我在广东美术馆举办了大型的个人展,当时广东美术馆馆长罗一平先生就问我,"孙黎,你知道我为什么给你在广东美术馆举办这样大的展览吗?"我说:"您说为什么?"他说:"哦,你知道的。"我说:"我是知道。"他说:"那你就讲讲你的理由吧。"我认为,我对中国人的情感、中国人的家国情怀,对中国这几十年美术的发展,包括中国很多艺术家,他的历史担当与责任感,我有所认同,也有所不认同。我认同的是大家不再不断地思考艺术究竟要干什么,要表达什么,他们学习西方,学习的精神都非常好,这是值得敬重的地方。不认同的地方是让西方文化里的很多观念、方式方法,束缚了自己,而忘却了本民族。你是一个中国人,你是一个华夏子孙,你的血脉里流淌的应是华夏文化的根本,但你对自己本民族的人物形象、人物的喜怒哀乐都没有深刻体验,完全以他们(西方）的审美标准来看待中国人的造型、中国人的一切，我觉得是不恰当的。甚至有些理论家在评论中国美术作品的好坏、画得好坏的时候，完全是用西方的标准来看，我就有点不太认可了！实际上我觉得改革开放以后，思想解放在带来这种大变革的同时，也有相当一批人感到茫然，他们迷失在这种所谓的开放里，没有保持一个比较清醒的头脑。原因是什么呢？就是没有找到文化的选择、判断与支撑的点。因为一切必然要回归到我们习总书记所说的制度自信和文化自信。这种文化自信源自于你对本民族数千年来延续生存的特有情感，无论是寓言故事、民间故事，还是中国的文学艺术，都记载着人们对美好生活的向往，以及我们逢年过节各种各样的庆典，包括一年四季春夏秋冬的二十四节气等风土人情，我们各种很有意思却又再普通不过的生活。甚至端午节是干什么的，重阳节是干什么的，它都包含着不同的文化概念和中国人特有的情感。而这一切就构成了我们中国人的文化艺术史诗。如果你对中国农民和对中国社会的这些东西有着深刻的理解，那么你在把握意识形态，在选择中国人要表现的角度切入口的时候，我相信你对这个民族的感情和你要表达的内容就和以前不同了。中国当时（2015年）最少还有9亿农民吧，这几年城市化进展很快，现在也有6亿或7亿农民，在这个过程中，罗老师，我认为我的关注点是对的。我不是今天才关注农民，我关注农民已经有30年以上了，从1982年，再到2015年，已经有30多年的时间了。实际上我对土地、对农民，北方农民、广东农民，各个地方的农民，我到任何一个地方，只要是在这片土地上生存的生灵，因为在华夏大地上，我都认为他们是中国人。当你有了这样的心胸和文化底蕴，你再判断农民的时候，你对他们喜怒哀乐的感情，对他们的各种想法就有了更深层次的把握。有些画家把中国人表现在所谓"当代艺术"里，受西方人影响，在北京798的时候，有相当一部分所谓的艺术家把中国人画得很丑，后来甚至把中国人民的领袖，把中国象征性的建筑扭曲、抹黑，我认为这种心态非常不健康！我不认同这种所谓的当代艺术，我觉得任何时候都不能以艺术之名侮辱我们的民族。有些人是完全被西方文化殖民了，他们的观念根本就不符合我们的认知，我不赞成。这就是一种民族感情，就是一种对生存之根、生存之本的认知。所以我对这点非常明确，我们都是从中国大地走来，你我的祖辈，哪个不是从中国土地上走出来的？对不对？我们的祖辈，都是在土地上干活的。所以说我觉得我对农民是真正的充满了一种真情实感，我一直关注到现在。作为一个画家，我所承载的农民情结都是用绘画的语言来表现，表现农民的淳朴、善良、真诚。当然农民也有自私、丑陋的一面，但是作为一个歌者，我自己给自己定位要做一个中国农民的、中国人民的歌者，这是来自于一种真诚的文化认可。你对这个民族有根本的认可以后，你才能有一种来自真情实感的绘画表达。

孙红：我哥一直在广州、郑州这样的一、二线的城市生活，但一直表现出来的是对农民的关注，我觉得这种东西在他内心深处已经深深地扎了根，这是一种深沉的爱，就像艾青的诗"为什么我的眼里常含泪水？因为我对这土地爱得深沉"形容的那样。

孙黎：我们小时候看到的、包括读到的一些诗表现的是中国西北地区的"天苍苍，野茫茫，风吹草低见牛羊"等类似的苍凉，你会感受到什么叫中国疆域。有一次看《康熙大帝》电视剧，康熙手执煤油灯看地图的时候，他说着"这里是哪里，这里是哪里"。那张很简单的地图，我看着就很感动。无论他是帝王，还是老百姓，当说到这个国家，既然我们受到这么多年的教育，那么我们首先必须认可这个民族。我有这样的情绪，这个土地上又有这么多的人民，那我为什么不画他们呢？但是有相当一段时间，很多艺术家并不画农民，因为他觉得与自己没关系，他不是劳动者，他不用去干活，他也不知道农民盘中餐，粒粒皆辛苦。这些艺术家没劳动过，从小在城市长大，他们觉得画画是一件很优雅的事情。但画画不仅充满了一种优雅，更多的是一种劳动，这是一种很诚恳的需要用自己心血来创作的劳动。一个人如果没有丰厚的情感、明确的判断和界定选择能力的话，就找不到重要节点，说出来的话语是索然无味的。画家也一样，你的作品要具有深度，首先你自己就必须有深度，然后你才能有基本的判断，这点非常的重要。

楚泓晋：这就是我想继续问的一个问题。看您取得今天的成就，不是想一想就行了，也不是光有爱就行的，所以就想让孙老师来为我们讲一讲，您专业上是怎么样成长到现在的呢？

孙黎：这点也是我想说的。我主要还是靠长年的积累。我给自己规定，我自己必须努力。到现在快60岁的人了，这么多年来我没有真正地看过一个完整的连续剧。近20年来，我甚至连一个电视新闻都没有看过。我的时间几乎全部都是在画室度过的，除了吃饭、教学工作，业余时间全部是在画室度过。在从事专业的过程中，我能够走到今天首先就是因为我每年要求自己必须运用油画、版画或者是水彩的语言表现方式，当然现在是以油画为主，创作出不同作品参加全国美术作品展。每次全国美展的投稿量都是四五千张，最后能入选的不过300张左右，像五年一届的全国美展，更是每一个画种甚至是上万件作品，那么最后能入选的仍然是400张到500张，最终能够进京展出的全部画种加起来也不过500来张，其中油画90张。又如国家这次庆祝中国共产党建党百年重大历史题材绘画全国招标共200件，《红船颂》全国才100件。在这种国家重大历史题材创作活动中，给《红船颂》投稿我一个人主持，和三人分别合作，做了三件国家重大历史题材画。我独自创作一幅，今年共做了四件，所以说特别忙。画每件作品都要求艺术家要有一种文化和艺术的担当，这种担当就是我刚才讲的从选择题材开始。我选择了油画，我画了油画，我的所有的作品都是表现农民生活的各个层面的，有劳动的喜悦，有充满革命现实主义和浪漫主义相结合的作品，甚至还有英雄史诗般的象征性作品，像我画的油画《太阳照在山岗上》这张画就有一种浪漫主义的情怀，是一种红调子的，是九届全国美展的作品。《在敌后永远的记忆》也是一张油画，表现村庄景象，农民在支援前线，是表现抗日战争的一张作品。还有《大河堤》《奔大年》，这都是参加全国美展的，这些作品表现的是农民在春天时拿着工具，拉着化肥，拿着种子去耕种自己的土地，或者是去赶集。我的所有创作都真实表现了中国农民的日常生活状态，包括劳动、丰收喜悦，以及对大地的热爱，生孩子、吃甘蔗等家常事都成了我绘画的主题了。又如河南马街书会，咱们开封有很多有意思的这种乡村小景、市场小景，这种风俗人情就像张择端《清明上河图》中所表现的宋代史诗般的生活一样。我从生活里面摘取了非常有意义的一个瞬间，一个场景，然后把这里面的审美和传达的情感一个个进行了有趣的过滤，而后通过绘画的叙事方式表达了人物构成组合、性格气质特征、博大以及微观、精细，把绘画的叙事性语言，分层次地表述出来，每一个点都有画点，每一个点都有看点，而且画面每一个角落经营都充满了一种叙事性，绘画叙事和情节叙事，那里面的动作、肢体语言都不同。所以我刚才讲每一个人都是一本历史，你读懂每一个人的经历，就读懂了一个人的沧桑和一个人生活的喜怒哀乐。我就是以这样的方式研究了中国社会以及中国的农民，并把他们几十年来命运的变迁通过作品的方式有效地阐述出来。在表现中国农民这一点上，我学习法国画家米勒，他说："我是一个农民，我来自于农村，我来自这片土地，我更懂得这片土地和我的农民，所以我就很好地表现了他们的一切，无论是炊烟的升起，还是晚钟的响起，我知道他们的一切，那么当我画它的时候，就可以出神入化，自如从容地表现。"这种境界很高。通过学习米勒的感情与艺术表现，使我在艺术表现上基本可以想到哪里就画到哪里，达到一种艺术表达的自由境界。从选择题材到表现效果，每次我都能够设想我的作品，在全国美展的时候放在里边是什么样效果。因为我视觉与选材的独特性，在最平凡的生活现象里，挖掘出了作品人物的具象化人格，反映出了最真实中国人的方方面面，所以我就想我的每一件绘画都要真实地记载中国农民几十年来的社会变迁、生活变迁、生存状态的变迁，有了这种变迁和历史，那么看我的画就是读懂了中国农民的变迁史。这是我给我自己提出的一个目标,我在艺术上就这样一张张一件件累积。如油画《乐土乐土》,当母亲抱着孩子的时候,是她生男孩儿的时候那种骄傲与快乐自豪,你要知道,这是几千年的种族传承。这样的乐土使他们在这里生存,世世代代在这里繁衍。在秋天,农民在操场上打粮食,出山坐在拖拉机上,很多都是那些普通的平民百姓,就是这些农民工。我带学生去太行山,看到那些农民坐的拖拉机,我就画了《出山》,后来刚好参加改革开放30年全国美展。这幅画反映的是河南太行山农民,坐着拖拉机出来到外边打工,有退伍军人,还有呲着牙笑的妇女。那张画非常有意思,你看看画里面的每一张脸,那个拖拉机手是什么样的?抱着行李坐在前面的炊事班长是什么样的?旁边挂着的那些塑料桶、泥巴匠铁锹又是怎么样的?这是中国农民几十年来经历的艰难和不易的缩影,正是他们改变了中国社会的整体面貌。而从美术的角度该怎么表现呢?这就是要着眼于表现他们人性的伟大,人格的伟大。中国社会的今天能有改革开放之后的这些成就,正是因为有广大的人民,或者说农民,他们改变了中国社会,没有这些农民命运的改变,中国社会没办法改变的。所以每一个重要的历史节点在我油画里的呈现,都要表现人民的喜怒哀乐和他们的生存状态。这是我给我自己定的任务,我要成为一个有社会责任感的人,我应是一个有情怀有担当的人。然后呢?成为有责任感的艺术家,而不是仅仅是一个小我。小我是什么意思呢?很多意思。一些画家觉得我画画的意义就是为了我自己高兴啊,想画什么就画什么,不管别人看懂看不懂,只要自己想象力很丰富,画家自己玩得很快乐就足矣!但是不要忘了任何艺术,假如你没有脱离低级趣味,或者说你仅仅做一个太自我的人,仅仅表现自我喜乐的人,那么我想你的人格上还缺少一点社会责任感和完善。我觉得一个人人格的完善和学养的全面性决定了他在艺术上的基本选择和高度,所以说我是坚持这样的理念,把我的艺术、把我所感受到的真善美一步步地呈现在我的画面里的。就你说的这种带入感,这些农民也正是你看到的,就是那么纯朴，就是那么自然，他们的笑是真的笑，他们笑是因为他们生活改变了，能够进城打工，虽然很辛苦，但是挣到了养命钱，他们可以供孩子上学，孩子读了大学，成了有文化的人，就是这样一天天过来的。中国农民的一生是为了自己的家族改变而拼搏的一生，乃至付出了自己的生命，毫无怨言地牺牲掉自己的一生。你知道他们在工棚里是怎么过的吗？在路边寒冷的冬天，端着一个饭碗吃饭是什么样吗？当你了解到了这一切的时候，你一定会知道，同样是一个人，你生活和他生活虽然不同，但是正是由于他所经历的那些痛苦，或者说经历的不容易，你才有今天的高楼大厦，你才有今天的温暖如春。所以说这个社会公平不公平？也公平，公平在于只要你去奋斗，你就会获得你所需要的理想的快乐。中国梦是大家的梦，是自己的梦，每个人的梦不同，梦想不一样，那么它都实现了就可以了，因为人不可能完全一样。所以说我觉得，在我的艺术里面、人生里面，我就要把我此生所见到的方方面面，感受到的中国的人文情怀，中国人的喜怒哀乐，包括中国整个社会的变迁都表现出来。你去看看中国明清时候的农民和今天中国农民的精神状态多不相同啊，你看看30年前好像很土的农民和今天的农民之间发生了多大的变化呀。我的作品描绘了中国社会变迁中的农民形象，从农民的笑容，他的服饰，到他的自信，他的快乐，他的一切，发现并留存住这些历史画面！所以我觉得你必须从一个艺术家的高度来审视这个时代。审视这个时代中的每一个叙事和情节，历史的每一张脸，这个时候你的作品才能够有一种基本深度，你才可能攀到艺术上的一个高峰。我一直把自己当学生，绝对是这样，我一直非常努力用功，天天在画画，就像学生做作业一样，这样坚持几十年。我想我今后还是会这样，因为我画画状态就是这样。有时候，对人的判断，一看这个人的经历，二看这个人是干什么的，他会什么。艺术家基本上要判断个八九不离十，看人不会跑太多。为什么呢？人家说读万卷书，行万里路，同时，阅人无数，你的知识经历就不同了。在艺术创作上，首先也需要我们自身心胸豁达，以及自己人生完善，再加上能够非常客观地看待世界，理解生活里面发生的所有问题，而你不要仅仅以自己的这种小我把别人想成什么样，一定要尊重客观，研究表现提纯客观才行。这个社会进步，特别不容易！中国社会能够发展到今天很不容易。我还要在这时候再反过来补一句，当时罗一平馆长问完我以后，他说你知道我为什么给你搞展览策展吗？我说我知道："我是坚持人民性坚持了30年以上的人！"说到这里，现在有很多艺术家做不到这一点，太小我了，我说我的乡土、乡情、乡愁是符合我们总书记对中国人民情怀的一种真实写照，总书记2012年上任的时候，他就首先提出人民性，紧接着人民，然后就提出"乡土、乡情、乡愁"。当他到法国访问的时候，就谈到了法国印象派，包括中国写意油画的表现；同时，在文代会上的讲话，又谈到了高原与高峰的问题。特别十八大以后，中国又强调文化强国这个问题。所谓文化，它的呈现方式是有很多种的，毫无疑问，艺术是文化的一个重要组成部分。古典文学，我读了一些，西方文学，我也读了一部分，我不能说我读了万卷书，但是俄国、法国、英国、德国、美国，包括我们中国传统的文化都要去学习和了解。在上中学的时候，父母要求我读了一些书，上大学时，导师开的书单我全读了。这就构成了我基本的文化素养，有了这些基本点支撑，把这些点连起来，再加上对中国社会的了解，对中国几十年的时代变更，就能够作出比较恰当的判断。再加上勤奋努力，就可以一直做作品，参加了很多全国展览。积累到这一步，到今年换届，非常有幸地做了中国美协油画委员会委员。中国油委会，是中国美术油画界最高的学术机构，委员全国就33个人。这也是咱们河南人的骄傲，也是河大的骄傲。中国美协又成立了国家重大历史题材艺术委员会，我们作为美术人，如果我们要给国家的文化建设或者文化自信带来一点东西的话，那么就是要通过这种对国家重大历史题材、重大事件的梳理，反映民族和国家所有的制度优势、体制优势。我们的自信点在哪里？无论抗疫，还是国家整体人民生活推进的过程中，虽然有些问题，总体来讲，我们向好处发展。

当坐在温暖的这个房间里,来思考自己几十年艺术历程的时候,我不得不说,我们遇到了一个很好时代,想想过去那些画家流离失所,我现在在学院有五六百平方米大的工作室里工作,自己的工作室也有160平方米,能够带研带博,各方面条件非常好,有这样的环境,你再不创造出对得起时代的艺术,你如何交代?这就是要担当。所以我就自然地画了国家重大历史题材油画,表现的是中国农民运动。中国共产党明年建党百年了,在百年历史庆典的时候,要建设一个新的很大的中国共产党党史永久陈列馆。中国美协这个专业委员会的成立,意味着对我们国家的美术创作中的意识形态将起到引领作用,就像董希文通过《开国大典》表现我们国家重大历史事件一样,用美术创作的史诗性方式,把我们国家的人文历史文化表现出来。前段中国美协组织全国美术家做了中华文明工程。然后接着再讲百年,包括嘉兴的《红船颂》,它表现建党百年以来的中国,如1997年香港回归到澳门回归、改革开放,到港珠澳大桥建设,包括我们的亚运会、奥运会申办,所有的重大事件,美术作品全部都有呈现。你知道陈列馆是多大吗?几万平方米的建筑永久陈列在北京。到明年7月1日展览隆重开幕,总书记一定会亲自到场,这个馆将向全世界讲述中国故事与艺术,就像法国的卢浮宫、奥赛美术馆向世界讲述法国的艺术。中国将用中国共产党党史永久陈列馆、中国美术馆、嘉兴美术馆,用这样大型的艺术圣殿,向全世界真正讲述中国故事。通过作品这种方式,从1921年建党,一直到改革开放,到2021年,就这个时间的跨度,讲好100年的历史。我们欣逢盛世,谁能碰上这100年呢?我们刚好碰上。有很多艺术家走了,到我们年富力强,作为个人,我都差不多60岁了,该退休了,刚好遇到了这个节点,国家给我一个机会,施展我的艺术理想,借用这个时间段,用这种方式来表达我对国家的情感。尽管人的生命有限,总要死去,但是在自己活着的过程中,在力所能及范畴内,几十年的艺术学养积累,直到今天,我可以对我的国家、民族,我所生活的体制用我的画笔记录历史进程中所发生的真实事件,然后这件作品毫无疑问将留在历史里。作为一个画家,这是至高无上的光荣!能够以这样的方式进入历史,觉得非常庆幸。我是在河大完成了初步成长,如果不是在河南大学十几年的沉淀,我的人生、思想走向成熟,艺术进行积累,完成从版画到油画的转换,积极展现中原大地农民生活,我的作品就无法自然地充满一种朴素,一种像中原一样、像黄土地一样的博大、朴实无华。它充满一种内在力量,一种健康向上的能量。我的艺术和我们这个民族生活的方方面面紧密相连,一脉相承。经过这样努力,我觉得作为一个人,作为一个艺术家,能够为我所处的时代,我所生活的这段历史时期,我所亲眼见证的这段历史,用我的画笔把这些历史真实地记录下来,通过绘画作品留给历史,我想我是一个有担当、有情怀的人。我非常开心地把这件事做好,觉得对得起父母与家人,对得起培养我的单位、老师、朋友们。当然,今天你看咱们河大来做这个采访,我觉得它的意义真的不同,我也给咱们河南大学争光了!不要忘了我是个河大校友!到现在还一直是咱们的兼职教授!今天席卫权还说明年咱们招研究生希望我在壁画等很多方面再作些指导。美术创作的很多思路还要再往前推进。所以说我觉得精诚所至,刚好遇到了这个机缘,我义不容辞,将尽力而为。

楚泓晋: 对。孙老师您现在作为全国的油画名家,广州美术学院的教授,而你又是从河南走出去的,知名度非常大,影响力非常大,那么从你现在这个角度回看我们河南的美术教育与美术创作,您有什么指导性的建议供我们参考,以更好地促进我们河南本地的美术发展吗?

孙黎: 我觉得回到河大,首先是很亲和。我不能说指导,因为河南大学的底蕴是丰厚的,河南大学艺术学院培养的美术人才在河南中原大地有着非常好的成就。现在到了一个新的历史时期节点,在这样的情况下,我觉得教育行为要深化,因为现在的社会分工功能越来越细了,细化以后美术教育的功能就要发生一些变化。从美术教育、美术创作这两个角度来思考的话,今天我们开研讨会,我还作了简短发言,其中谈到很多问题,比如说体制,国家教育体制以及课程建设达标的问题,课标、新课标以及我们现在的课程建设、社会所需和社会经济结构的连接这些方面我们都要作出探索，而且要尽快地往前推进，要适应经济社会发展的变化。中国社会这几十年发展的这么快，我们也不说什么弯道超车，经过这么多年的苦难探索、学习和研究，中国人终于付出了那么多的辛苦劳动，使我们这个社会才有了如今的发展和繁荣。目前来讲，我们要围绕着中华民族的伟大复兴这个主题展开，我们教育强国的目的也是为了我们民族的复兴。从这种意义上来讲，包括我们文化的丰富性，文化的多样性，中原文化的风雅颂，我们要把它做好。中原文化是博大的中华文化的象征，因为得天下者必得中原。中原是我们中华文化的根和源，它的动势、起升，对整个中国民族文化影响是很大的。那么这一代中原人，如何给历史留下一些值得永远记忆的文化艺术作品，需要大家共同思考研究。到了现在这个节点，作为我们河南大学艺术学院，它要起领头羊的作用。在美术教育与美术创作这一块，要更好地真正对我们本地区的艺术形态，包括非物质文化遗产、民间艺术、传统艺术进行深入了解和研究，同时再创新，非常重要。我今天举了一个创新的例子，比如说河南开封朱仙镇木版年画，我们都知道过去在河南大学艺术学院也会提到。但只是提到，还没有真正地做更深一步的研究。大家都知道张择端的《清明上河图》是世界名画，成千上万的人都在研究，从史学角度、绘画角度等各个角度去研究，但是作为造型艺术来讲，我们能不能创作新的清明上河园？现在开封有旅游项目，作为美术样式来讲，对开封多少景，或者是当地的独特文化所有不同地区的中原文化的生态，依据文化的丰富性，我们用美术或者设计如何呈现？我想这给河南大学艺术学院又提出了一个新的课题。今天上午研讨会上，全省 100 多个美术高校的院长们，大家都从自己专业上进行了一种新的思考。那么相信在未来一段时间，咱们河南大学艺术学院，特别是在新一届领导的统一部署下，美术与设计这两个专业必将起到引领作用。河南大学毕竟是有上百年历史的名校，美术学科也有 70 年的历史了。有这么长历史的沉淀，培养了全省这么多的美术教育设计创作人才，现在只是把传统和历史现当代重新凝固，重新梳理，再细化，然后再创造出一些富有中原风情的艺术，这是完全可能的。河南大学的校友王宏剑、段建伟、李建忠等众多人才，国画也好，油画也好，各个画种里面都有很多出色人才，在全国都是非常有影响力的，包括我们也都是河大一分子。我们应为河南大学集思广益，在美术创作上出精品、出力作，把整个河南中原美术在全国推到一种新高度。今天上午，河南省美协刘杰主席也来了，谈到今年咱们河南在全国十三届美展取得了第九名的好成绩，这是历史上的一个突破。像商丘学院，居然是全省第一的。我相信我们河南大学在宋朝的古都开封有着这么多的文化积淀和非物质文化传统民间艺术，什么都全，又培养了那么多人才，那让我们从教学方法、创作思路、教学方式、学科发展等方面出发，在进一步拓宽视野前提下，相信经过一段时间沉淀和努力，在未来一定会取得好成绩。只是说大家要真正找到现实与历史的结合点，找到艺术创作新的原点和动力，然后把作品耐心地做出来，把研究的成果尽量推向社会，这样就迥然不同了。今天刘杰主席讲到一点，河南省实际上有很多大家，前一段时间刚刚在中国美术馆做了"河南中原风"展览。这个展览展现了中原文化对整个中国文化的影响。霸气一点说，百家姓中有76个源于河南。从种族学、文化学、地理学、历史学各个角度看，中原文化均是中国的代表。而河南又有13朝古都的存在，在这样一个地理位置上，躺在如此丰厚的历史文化积淀中，我们难道没有责任和义务创造出更加辉煌的艺术吗？所以，我相信只要我们这些人不浮躁，有耐心，再多一点历史担当与责任感，大家就一定能够在未来的中国美术界创作出更加辉煌的作品。我坚信河南大学老师们的默默奉献，总能在一个很重要的节点上被聚起来。正如我刚才说到的王宏剑这些人所取得的成就，在意大利所获得的"缪斯奖"不简单啊！他金、银、铜、优秀奖、全国各类油画奖，各种奖全拿完，不容易啊！王宏剑现象在咱们河南大学是一个个案，但是它代表着我们教学的成果。那么我们不仅要有点，还要有面。我们不仅要有油画，还要把其他的画种慢慢扩散出去。现在像我们的漆画、壁画、国画，很多方面都取得了成就，包括今天杨健生教授让我看他的美术作品。今年第十期《美术》是用来抗疫的,用他的作品做了封底,然后被国家博物院收藏了。那这说明什么问题呢?杨教授把握到了时代的主题并艺术地呈现了时代。其实河南大学这些人默默奉献,一直在中国美术界、教育界辛勤耕耘,将以自己的努力和成果为河南大学书写出更加美好的未来,通过这些艺术家的努力,师生们一定能够重新造就出河南中原美术的一派新气象。这可不是吹牛,而是完全有可能在全国独领风骚。这根源于我们中原人的气质和文化。因为前些年,经济发展了,大家老去看钱,觉得南方好一点。但是今天我们真正从文化的角度,翻看自己历史的时候,突然发现自己有那么多强大的东西还并没有真正地、深刻地去认识和研究。那么我们回过头来重新思考定位,把心收拢来,专心于学术和文化研究,就没有理由不创造出更加美好的未来,对吧?所以说我坚信经过一段时间努力,一定能够有重大成果,所以我建议大家共同努力创造河南大学艺术学院的未来,创造我们中原的大气象。

楚泓晋:谢谢孙老师,谢谢。谢谢孙老师接受这个采访,也希望您经常回来给我们做指导,祝愿您身体健康,创作出更加宏伟的作品!

孙黎:谢谢,我也非常感谢这一次的访谈。我觉得这是缘分,也非常感谢咱们河南大学档案馆,还有咱们的工作人员,他们很辛苦,这次用了这么长时间,把这段很有价值的、很有意思的历史通过我们口述方式被保存,我真的觉得河南大学的建设离不开每一个辛勤的踏踏实实为我们学校的学科建设以及学校发展做出贡献的人们。我们每个人都是河南大学的一砖一瓦,在这样的情况下,就你刚才讲的那个问题,我也坚信只要我们再增加点担当感、责任感,大家齐心协力就一定能够让河南大学艺术学院光耀全国,也真的是可以走向世界。

楚泓晋:感谢孙老师的指导和鼓励,谢谢!

孙黎:不客气,那今天就到这里好吧,谢谢各位,辛苦啊,谢谢你们!

后记

近四十年来，河南大学的发展突飞猛进、日新月异，取得的成就有目共睹。在这一过程中，一大批专家、学者、管理工作者贡献巨大，他们共同"书写"了学校的历史，他们的成长过程、奋斗经历、荣誉成就，所经历的坎坷乃至挫折，都是我们学校校史文化的重要组成部分。基于此，自2020年起，我们决定开展口述档案的建设工作，筛选一批重要人物进行访谈，以弥补纸质档案的欠缺和不足，切实完善学校的校史文化的收藏和整理。

首先，确定采访对象。经过讨论，我们确定了基本的筛选原则：除了"感动河大"人物作为首选外，鼓励各学院及相关部门选择本单位贡献较大、成就突出的人物，动员他们参加学校组织的访谈。对于年长者，我们优先安排访谈。因为经费所限，这一批次主要在校内教师中筛选。

其次，沟通交流。除了与每一位愿意接受访谈的受访者电话联系外，我们还要登门拜访一些电话交流不便的老师，向他们详细介绍项目的内容、目的、意义、采访的方式和受访者需要做的准备工作。访谈者由受访老师指定，然后访谈者和受访者反复沟通，确定采访提纲，梳理、归纳受访者的一些记忆碎片。

再次，现场采访。通过访谈者的提问，由受访者口述，完成整个访谈过程。访谈中聘请专业公司使用录音、录像、拍照设备现场拍摄、录制。完成现场访谈后受访者、访谈者向档案馆签署授权书。

最后，数字加工与存档。将访谈中所录制资料的数字化原版本在档案馆永久保存外，并且把学生团队将录音转换成的文字资料也保存在档案馆。完成访谈后，一些老师还提供了自己的实物、资料，我们也专人进行拍照、扫描、拷贝等数字化保存起来，为随后的人物档案建设做准备。

完成对第一批确定的老师访谈后，我们在整理文字资料时，认为各位老师的事迹深深体现了河南大学"百折不挠、自强不息"的精神，值得广为宣传。因此，我们申请将访谈文字资料整理成书，并纳入学校110周年校庆系列图书出版计划中。得到批准后，各位老师对自己的文字稿进行了校勘，我们又对文字中口语化表达方式进行了适当的统一规范化处理，最终呈现给大家。

书中排序方式为：校领导所谈内容涉及学校宏观方面较多，排在前面；对百岁名校友张效房教授的访谈内容排在其后；其他受访教授，循学校"院系设置"惯例排序，同一学院内的老师以年龄长幼为序。全部访谈内容无主次、轻重之分。

在本书编辑出版过程中，吴祖谋先生以96岁高龄、王振铎先生以86岁高龄辞世，我们深深怀念两位先生的同时，再次感谢他们接受我们的访谈，并对他们认真、细心做事的态度表示钦佩。

于利梅、王非、王岚、刘建民参与了文字编辑工作。黄雅君、樊国强、张俊莲、赵晖、邵景霞、杨凯参与了文字校对工作。

文化产业与旅游管理学院学生团队参与了对老教授的访谈实施过程，并负责录音转文字工作。学生团队成员有（排名无先后顺序）：刘玉平，熊坤胜、白梦银、刘艺博、张棋、齐欢欢、马楹、梁文莉、闫珂、张晨阳、郭明可、左佩瑜、王嘉鑫、文璐、周源。

卢克平书记百忙中为本书作序，对学校口述档案建设、对书中各位先生的成就都给予了很高的评价；冯淑霞副校长始终关心口述档案建设，帮助我们协调、解决工作过程中出现的困难，并对本书的出版给出了具体指导意见。特此一并致谢。

我们将持续做好我校师生、校友等相关人士的访谈工作，争取为河南大学留下更多宝贵的资料。

图书在版编目（CIP）数据

河南大学忆往 / 王守中，刘银华主编． -- 郑州：河南大学出版社，2022.7
ISBN 978-7-5649-5245-7

Ⅰ．①河… Ⅱ．①王… ②刘… Ⅲ．①河南大学－校史 Ⅳ．① G649.286.13

中国版本图书馆CIP数据核字（2022）第132224号

责任编辑　刘利晓　李亚涛
责任校对　王艾萍
封面设计　马　龙

出版发行　河南大学出版社
　　地　　址　郑州市郑东新区商务外环中华大厦2401号
　　邮　　编　450046
　　电　　话　0371-86059701（营销部）
　　网　　址　hupress.henu.edu.cn
排　　版　河南大学出版社设计排版部
印　　刷　郑州印之星印务有限公司
版　　次　2022年7月第1版
印　　次　2022年7月第1次印刷
开　　本　710 mm×1000 mm　1/16
印　　张　39.25
字　　数　526千字
定　　价　198.00元

版权所有·侵权必究
本书如有印装质量问题，请与河南大学出版社营销部联系调换